二十五史故事

杨建峰 主编

汕头大学出版社

图书在版编目(CIP)数据

二十五史故事／杨建峰主编. —汕头：汕头大学出版社，2018.4(2022.8 重印)
ISBN 978-7-5658-3498-1

Ⅰ.①二… Ⅱ.①杨… Ⅲ.①中国历史-古代史-纪传体-通俗读物 Ⅳ.①K204.2-49

中国版本图书馆 CIP 数据核字(2018)第 054031 号

二十五史故事　　　　　　　　　　　ERSHIWUSHI GUSHI

主　　编：杨建峰
责任编辑：邹　峰
责任技编：黄东生
封面设计：门乃婷
出版发行：汕头大学出版社
　　　　　广东省汕头市大学路 243 号汕头大学校园内　邮政编码：515063
电　　话：0754-82904613
印　　刷：三河市兴达印务有限公司
开　　本：880mm×1230mm　1/32
印　　张：20
字　　数：450 千字
版　　次：2018 年 4 月第 1 版
印　　次：2022 年 8 月第 3 次印刷
定　　价：45.00 元
ISBN 978-7-5658-3498-1

版权所有，翻版必究
如发现印装质量问题，请与承印厂联系退换

前　言

蔡元培说过："历史者，记载以往社会之现象，以垂示将来。吾人读历史而得古人之知识，据以为基本，而益加研究，此人类知识之所以进步也。 吾人读历史而知古人之行为，辨其是非，究其成败，法是与成者，而戒其非与败者，此人类道德与事业所以进步也，是历史之益也。"历史，记载着一个国家、民族产生和发展的全过程，蕴含着一个国家、民族的精神财富和智慧，昭示着国家和民族兴衰交替的客观规律。 学习历史，对于民族、国家和个人都具有重大的现实意义。

中国是世界文明古国，中华文明是世界上最古老的文明之一，也是世界上持续时间最长的文明之一。 我国可说是世界上最重视历史的国家之一，在祖先留给我们的精神财富中，史学典籍浩如烟海。 我国在数千年文明发展过程中保存下了大量的历史资料。 从《史记》开始，《汉书》《后汉书》《三国志》《晋书》《宋书》《南齐书》《梁书》《陈书》《魏书》《北齐书》《周书》《隋书》《南史》《北史》《旧唐书》《新唐书》《旧五代史》《新五代史》《宋史》《辽史》《金史》《元史》《明史》加上《清史稿》，这二十五部史书可说是中国的历史总集。 它所载历史横越数千年，浩浩汤汤，如一座取之不尽的宝藏，令后人从中获益无穷。 研读二十五史，除了可以丰富自己的史学知识，更重要的是可以以史为镜，探寻社会发展与国家兴亡的规律、经验和教训，寻找人生道路上的坐标。

这二十五部史书大多采用统一的纪传体裁，完整、系统地记录了我国从远古至清朝末年数千年的历史流传，全面展示了历代王朝的兴衰轨迹，涵盖了中国各个历史时期的政治、经济、科技、军事、艺术、外交等多方面的内容，是当之无愧的中华文明百科全书。

本书精选二十五部史书中的重大历史事件和重要历史人物，按照各部史书的时间顺序分为二十五个章节，以通俗、简练的故事形式，全方位、新视角、多层面地向读者展现中华文明的史学巨著。使得不同知识背景、不同行业的读者都能在有限的业余时间里，轻松地阅尽我国近五千年的历史沧桑，在丰富深广的历史经验中让自己的人生阅历获得深化和拓展。

2018 年 3 月

目 录

史 记

中华民族的祖先——黄帝 / 001
尧舜禅让 / 003
大禹治水 / 007
武王伐纣 / 009
烽火戏诸侯 / 011
三家分晋 / 014
商鞅变法 / 018
围魏救赵 / 020
铁嘴苏秦 / 022
张仪欺楚 / 026
昭王兴燕 / 032
胡服骑射 / 035
完璧归赵 / 036
负荆请罪 / 037
长平之战 / 038
毛遂自荐 / 041

奇货可居 / 043
李斯上谏议逐客 / 045
荆轲刺秦王 / 046
焚书坑儒 / 049
胡亥篡位 / 050
陈胜吴广起义 / 052
刘邦起兵 / 054
巨鹿之战 / 055
刘邦入咸阳 / 057
鸿门宴 / 059
萧何月下追韩信 / 063
张良圯桥进履 / 065
韩信背水布阵 / 068
项羽自刎乌江 / 070
冒顿单于兴匈奴 / 072
白登山之围 / 074
韩信之死 / 076

废立太子之争 / 078
吕后分封诸吕 / 080
诸吕作乱 / 083
周亚夫治军 / 086
七国之乱 / 087
飞将军李广 / 092
张骞出使西域 / 095
苏武牧羊 / 097

汉书
霍光废帝 / 102
呼韩邪单于归附 / 108
郅支单于被斩 / 110
史丹力保太子 / 113
赵飞燕姐妹受宠 / 115
王氏擅权 / 116
王莽篡汉 / 123

后汉书
绿林赤眉起义 / 127
刘秀起兵 / 128
刘玄称帝 / 130
强项令董宣 / 131
刘秀丈量田亩 / 132
班超出使西域 / 133
窦宪击匈奴 / 136
党锢之祸 / 138
窦武、陈蕃谋诛宦官 / 141
黄巾起义 / 144
董卓为乱 / 146
袁绍夺冀州 / 149
王允计除董卓 / 152

三国志
孙策起兵震江东 / 154
挟天子以令诸侯 / 156

孙权继承孙策 / 159
官渡之战 / 160
三顾茅庐 / 163
火烧赤壁 / 164
曹操平定关中 / 168
刘备入蜀 / 171
曹操得陇不望蜀 / 173
大意失荆州 / 175
曹丕速登王位 / 178
白帝城托孤 / 180
七擒孟获 / 183
出师表 / 184
失街亭 / 185
诸葛亮病死五丈原 / 188
蜀汉亡国 / 190

晋 书

贾南风毒计除太子 / 195

司马伦肇乱 / 198
刘渊称王建汉 / 201
司马睿经营江东 / 204
西晋永嘉之乱 / 205
怀、愍二帝受辱杀身 / 206
司马睿迁都 / 208
竹林七贤 / 210
闻鸡起舞 / 212
王敦阴谋篡位 / 215
苻坚重用王猛 / 219
谢安、王坦之稳晋 / 221
淝水之战 / 222

宋 书

王镇恶攻灭后秦 / 227
刘裕篡位建宋 / 230
檀道济因逸被杀 / 232
王玄谟滑台惨败 / 233

孝武帝荒淫无道 / 234
废帝刘子业 / 237

南齐书

萧道成建南齐 / 240
萧子响被逼冤死 / 241
萧鸾废黜萧昭业 / 244
王晏居功被杀 / 246
傅永文武双全 / 248
王敬则谋反 / 249

梁书

萧衍篡位建梁 / 252
萧宝夤逃奔北魏 / 253
高欢有远见 / 254
崔延伯马革裹尸 / 255
贺拔岳平万俟丑奴 / 257
王僧辩守巴陵 / 260

陈霸先袭杀王僧辩 / 261

陈书

陈顼独揽大权 / 264
高俨诛杀和士开 / 266

魏书

拓跋珪参合陂大捷 / 270
拓跋焘攻打统万 / 273
拓跋焘诛刘絜 / 275
孝文帝受禅让 / 277
尔朱荣立新帝 / 278
魏帝诛杀尔朱荣 / 281
宇文泰重用苏绰 / 283

北齐书

高澄弄权跋扈 / 284
高洋继承家业 / 285

高演犯颜谏兄长 / 287

高演夺位杀侄 / 290

周 书

名医姚僧垣 / 292

廉洁正直赫连达 / 294

王轨谏废太子 / 296

杨坚执政掌大权 / 298

宇文招谋除杨坚 / 300

南 史

侯景之乱 / 302

绣花枕头萧宏 / 304

北 史

高纬与冯淑妃 / 307

地理学家郦道元 / 308

隋 书

隋灭陈统一天下 / 311

陈叔宝全无心腹 / 315

杨广继位为帝 / 316

隋炀帝三征高丽 / 318

瓦岗寨起义 / 322

李渊起兵太原 / 323

旧唐书

玄武门之变 / 326

唐太宗李世民 / 329

千古第一谏臣魏征 / 334

文成公主入藏 / 338

武则天当皇后 / 339

兴告密任酷吏 / 343

李隆基诛韦氏 / 346

贤相姚崇、宋璟 / 349

奸相李林甫 / 350

杨贵妃受宠 / 352

马嵬之变 / 354

新唐书

武则天称帝 / 358

宰相狄仁杰 / 360

张柬之复兴李唐 / 362

太平公主伏诛 / 364

安禄山反叛 / 366

张巡死守睢阳 / 369

颜真卿宁死不屈 / 373

李泌孤身入陕 / 376

李愬雪夜入蔡州 / 379

牛李党争与扫除宦官 / 381

扫平藩镇 / 388

甘露之变 / 392

王仙芝、黄巢起义 / 398

旧五代史

晋王灭燕 / 401

周德威大败梁军 / 408

李存勖好优伶 / 412

石敬瑭甘当儿皇帝 / 414

郭威建后周 / 417

新五代史

后周北伐 / 430

赵匡胤兵变 / 433

李煜亡国 / 436

宋 史

赵匡胤黄袍加身 / 439

宋太祖杯酒释兵权 / 442

赵普治天下 / 445

铁脸将军狄青 / 451

明道先生程颢 / 454

士林领袖欧阳修 / 457
苏轼学问渊博 / 459
范仲淹改革 / 461
岳飞精忠报国 / 464
理学大师朱熹 / 467

辽 史
耶律阿保机建契丹国 / 472
耶律楚材功定八荒 / 473
耶律倍让天下 / 476

金 史
海陵王南下攻宋 / 478
昭德皇后乌林答氏 / 481
"小尧舜"金世宗 / 483

元 史
一代天骄成吉思汗 / 487

蒙古灭金 / 490
元朝创始人忽必烈 / 493
忽必烈访贤重士 / 495
《授时历》的编撰 / 497
大画家赵子昂 / 500

明 史
红巾军起义 / 503
和尚当皇帝 / 505
史上留名马皇后 / 507
开国第一将徐达 / 512
明相李善长 / 515
建文帝叔侄相残 / 517
郑和下西洋 / 522
土木堡之变 / 524
海瑞罢官 / 527
王守仁平定叛乱 / 531
贪玩误国的明武宗 / 533

严嵩乱天下 / 536
三朝重臣张居正 / 538
戚继光抗倭保国 / 543
魏忠贤陷害东林党 / 548
收复台湾第一人 / 550
袁崇焕抗敌 / 551
闯王来了不纳粮 / 554
吴三桂借清兵 / 561
史可法战死扬州 / 563

清史稿
努尔哈赤起兵 / 566
多尔衮辅政 / 568
康熙帝平三藩 / 570
《尼布楚条约》 / 572
三征噶尔丹 / 574

诸皇子争位 / 576
王夫之上传下教 / 579
一代名儒黄宗羲 / 583
汤若望传法东土 / 586
"和珅跌倒嘉庆吃饱" / 589
辛酉政变 / 593
曾国藩组织湘军 / 595
虎门销烟 / 597
魏源作《海国图志》 / 599
林则徐与鸦片战争 / 601
镇南关大捷 / 605
黄海大战 / 607
李鸿章出将入相 / 610
顾命重臣张之洞 / 614
康有为与"百日维新" / 619
宣统退位 / 622

史 记

中华民族的祖先——黄帝

黄帝，是少典族的子孙，姓公孙，名叫轩辕。少典族是生活在黄河流域姬水河畔的一个重要部落。据说轩辕一生下来，就显出了非同寻常的一面。他70天内就会说话，还只有几岁的时候就懂得了很多道理，而且脑子灵活，口齿伶俐。成人后，轩辕朴实敦厚、机敏神灵的优势更加显示出来。等到20岁的时候，他愈发显得知识渊博、明辨是非，为众人所公认。

这个时候，神农氏管辖下的各部落互相侵犯攻战，残害百姓，但是神农氏没有能力去惩罚他们。在这种情况下，已成为部落首领的轩辕就经常主动出兵，去征伐那些不服从神农氏、残害四方的人。轩辕的威信很快上升，各部落都自觉地归附于他，愿意听从他的指挥。

轩辕非常懂得如何壮大自身实力。他推行有利于生产的政策，还按照季节和气候的规律，种植黍、稷、菽、麦、稻等农作物，使民众的生活安定而富足。他安抚四方，苦练兵士，在他的统一协调下对外作战，征伐那些无法无天的部落。

炎帝是与黄帝同时期的一个重要部落的首领。这个时期，另一名重要部落的首领叫蚩尤，他所率领的部落生活在今河北、山东、河南交界处一带。据传这个蚩尤黑脸红须碧眼，力气过人，性情残暴，号称有八十一个兄弟，专门攻打弱小部落，还企图向北方即黄河流域一带扩张。由于蚩尤部落的实力非常强，还没有哪一支力量能够战胜它。

轩辕经过一番思索，决定先解决炎帝的问题，在拥有强大实力之后，再战蚩尤。

此时的炎帝已经遭受了蚩尤的攻击，被打得节节败退。很明显，蚩尤战胜了炎帝之后，下一个目标就是轩辕。轩辕知道自己不能再等了。在阪泉的郊野，轩辕率众部落兵士首先向炎帝的军队发起了进攻。经过几番战斗，炎帝的军队终于被战败。炎帝心里早已明白轩辕真正的用意，也就顺应大局，归顺了轩辕。就这样，炎帝与轩辕黄帝的两支力量合并在了一起，中华民族是"炎黄子孙"的说法由此而来。

两股合力形成之后，轩辕终于向蚩尤发动进攻。在进攻之前，轩辕首先规劝蚩尤，希望他能归降，但蚩尤根本不听从轩辕的劝降，反而进攻轩辕的军队。于是，在四方部落的支持下，轩辕决定征调最精锐的军队，在涿鹿（今河北省涿鹿县）与蚩尤进行决定性的一战。这一战，历史上称之为"涿鹿之战"。

轩辕的这一方，除了他自己的军队，还有原先炎帝的军队，各部落的军队也参加了，而蚩尤动用了他的81个兄弟，以及各自手下的强兵。蚩尤的军队虽然善战，但轩辕排开九宫之阵，蚩尤很快败下阵来。

从此，四方部落都尊崇轩辕做"天子"，代替了神农氏。轩辕从此号称"黄帝"，统一了整个中原地区。

黄帝统一中原后，积极扩大自己的版图。往东，他抵达了海滨，登上过丸山和泰山；往西，到达了位于今甘肃省境内的崆峒山和鸡头山；往南，他到过长江边上，登上了位于今湖南省境内的熊山和湘山；往北，他进入过北方少数民族聚居的荒蛮之地。他还在釜山（今河北省涿鹿县境内）接受了各部落首领的朝拜，从此彻底树立了领导整个华夏之地的威信。

黄帝还委任一大批甘愿为民造福的官员，甚至还要求民众对江湖山林的出产物都要按照时令收采，一切都要遵循天地四时等自然规律，使"天不异灾，土无别害，水少波浪，山出珍宝"。

黄帝的这些努力，不仅初步形成了中华民族的版图，还有效地促进了生产。

黄帝居住在一座名叫"轩辕之丘"的小山旁，娶了西陵部落的女子为妻，她就是嫘祖。黄帝共有25个儿子，其中后来建立姓氏的有十四人。黄帝与嫘祖所生的两个儿子叫青阳和昌意，他们的后代都分别掌控过整个华夏大地。黄帝逝世之后，安葬在桥山（今陕西省黄陵县境内）。他的孙子，昌意的儿子高阳继位，即帝颛顼。

传说在华夏大地上，最早称霸四方的是"三皇五帝"。这"三皇"往往指的是伏羲氏、神农氏和黄帝，而"五帝"则是指黄帝、颛顼、帝喾、唐尧、虞舜。由此可见，黄帝不仅名列"三皇"，又位于"五帝"之首，他在中华民族早期的形成和发展过程中，具有不可替代的地位。可以说，正是从以黄帝为代表的"三皇五帝"开始，华夏文明才真正拉开序幕。

尧舜禅让

五帝之一的帝喾有两个儿子。大儿子叫挚，小儿子叫放勋。帝喾去世后，挚继承了帝位。挚在任期间，在治理国家方面没有什么成绩。挚死后，放勋继位，他就是被世人称为"尧帝"的著名古代帝王。

尧帝为人仁慈，才华又十分出众。人们爱戴他，如同葵花总是向着太阳；人们需要他，如同植物渴望云彩洒播雨露。尧帝富有但从不骄纵奢侈；高贵但又显得亲近谦和。在尧帝的治理下，各部落之间和谐相处，互帮互助。尧帝还非常关心百姓的疾苦。为了帮助人们掌握生产季节，他派羲仲、羲叔、和仲、和叔等官员去各地观测日月星辰，制定历法，告诉人们按季节及时播种收获。有关一年共计365天，分为春夏秋冬四季的划定，就是在尧帝时完成的。

一天，尧帝问大臣们："究竟谁能按照天意，接替我的帝位？"

一位大臣回答："您的儿子丹朱通情达理，可以接替您的帝位。"

尧帝却说："丹朱十分顽劣，还喜欢与人争斗，不能继位。"

另一位大臣推荐道："有一个叫共工的，在广泛聚集人力方面已很见功夫。他能行吗？"

尧帝叹了一口气说："唉，共工很会说话，这没错，但他的话总含有邪意，听起来恭敬，其实暗藏着恶念，不可以让他来接替。"

很多大臣接着又推荐了鲧："鲧可是一个非常合适的人选，他还能治理天下的水灾呢。"

尧帝想了想，仍然把鲧给否定了："鲧个性太凶狠，经常违背我的命令，还常常诋毁自己的同族人，不能任用。"

大臣们实在找不出别的合适人选，便纷纷劝尧帝道："鲧不至于会这样吧，何况您又没有试过，不妨让他试一试。"

尧帝勉强同意了大臣们的提议，任命鲧去治理洪水。那时的气候反复无常，由于没有起码的水利设施，经常发生水灾。浊浪滔天，一片汪洋，包围了山冈，也淹没了丘陵。百姓们不得不四处逃命，饥寒交迫，叫苦连天……尧帝心里十分着急。他想，如果鲧真能治理好洪水，也算是建立了辉煌功勋，还能证明他怀有治理好国家的诚心。

可是，不出尧帝所料，鲧根本不懂得怎样治水，只知道到处堵截水患，这显然是一种错误的治水方法。九年时间过去了，水患依旧存在，甚至更加严重。显然，鲧不可能是接替尧帝帝位的合适人选。

时间一年一年地过去，尧帝也越来越老，寻找继承人的事情再也不能拖延下去了。这一天，他又召集各位大臣，再一次诚恳地询问："我占有帝位已经70年了，你们当中有谁能够按照天意，来接替我的帝位？"

大臣们纷纷推辞："我们没有这样的能耐，假如来执行天子的事务，会污辱神圣的帝位。"

尧帝说："那么，请各位推举贵族中间或者埋没在民间的贤才吧！"

大臣们议论了一阵子，接着一齐向他推荐："民间有一个还没有结婚的男子，叫虞舜，据说非常不错。"

尧帝接过话头："我也听说过他，他究竟是个怎样的人？"

大臣们又一齐禀告："虞舜是一个各方面都很优秀的人物。他是一位盲人的儿子。父亲做事糊涂，母亲愚顽不化，弟弟狂傲无理。虞舜却能以自己的美德感化他们，使他们变得互相亲善。不滑入邪恶的泥坑，这非常难能可贵。"

尧帝听了大臣们的话，越来越觉得虞舜是继承帝位的合适人选。他当即对大臣们说，必须好好地试试虞舜，全面考察虞舜的品行。

尧帝首先把自己的两个女儿娥皇和女英嫁给虞舜，观察他如何对待自己的两个妻子，以此评定他的德行。虞舜娶了娥皇和女英之后，并不因为她们是尧帝的女儿而大加娇宠，而是让她们迁居到妫河（今北京市延庆县境内）边，让她们按照普通百姓家的礼节去拜见公婆，让她们负责做好家里的一切事务，尊敬并侍奉好公婆。尧帝认为虞舜这样做很对，随即让虞舜担任司徒一职，掌管礼教之事。在虞舜的努力下，很快，爱护子女、亲近兄弟、孝顺父母的美德蔚然成风，社会风气大大好转。

尧帝见虞舜的工作如此出色，非常高兴。接下来，他又让虞舜协助他管理百官。在管理百官方面，虞舜的才能再一次显现出来。他举止得当，办事公正，赢得了百官的钦佩。百官的素质大有提高，天下治理得井井有条。后来，尧帝让虞舜负责接待前来朝见的部落首领和来自远方的宾客。虞舜的彬彬有礼和稳重从容感染了这些部落首领和远方宾客，他们也变得更加谦恭有礼、和蔼可亲了。尧帝还派遣虞舜进入山林川泽。尧帝发现，当遇到暴风雷雨时，虞舜仍然能够不停地往前走，从不迷失方向。"啊，你所谋划的事情都能办到，你所有的承诺都能兑现！看来，你已通过了我的考察，我可以把帝位传给你了！"尧帝由衷地赞叹道。

一开始，虞舜觉得自己还不够格，想推辞。但尧帝主意已定，命令虞舜听从他的决定。

正月初一这一天，在庄严的文祖庙，尧帝召集了各部落的首领，举行禅让大典，当众把帝位禅让给了平民出身的虞舜。

"禅让"的意思，是指把帝位传给有贤能的人，而不是传给自己的儿子。"尧舜禅让"是我国原始社会末期的重要事件。后来，舜帝效仿尧帝，没有把帝位传给自己的儿子商均，而是传给了更有才能、更有美德的禹。帝位的"禅让制度"在中国历史上写下了不朽的篇章。

尧帝退位之后，又生活了28年才去世。尧帝逝世后，百姓无不失声痛哭，像失去了自己最亲的亲人。大家都在怀念尧帝的仁慈圣明，永远不忘他的恩情和美德。

大禹治水

早在尧帝在位的时候，天下就经常发生水灾，给老百姓造成很大损失。尧帝曾经派鲧去治水。鲧采用了到处堵水的方法，治水事业没有成功。舜接替尧帝之后，在巡视治水现场时，看到鲧的治水事业劳而无功，便把鲧流放到边远的羽山，最后鲧就死在那儿。众人都认为舜对鲧的惩罚是正确的，因为鲧无效的治水方法让老百姓多吃了好几年苦头。

尧帝逝世后，舜帝曾经问大臣们："有谁能像尧帝一样做事完美呢？如果真有这样的人，应该请他担当重任。"

大臣们推荐道："鲧的儿子禹，可能成就一番事业。"

舜帝便把禹请来，命令他："你去平安水土。希望你能出色地完成这个任务，我还有更重要的职务请你担当。"

禹为人机智敏捷，吃得起苦。他具有良好的道德素质，怀有一颗仁爱之心。他的行为能让人亲近，他的言语能使人信服。事实上，禹是一个家庭背景十分显赫的人物。他的父亲是鲧，鲧的父亲是颛顼，为五帝之一。而颛顼的父亲是昌意，昌意的父亲便是轩辕黄帝。禹的出身如此高贵，可他仍然能够自觉做到这些，是相当难能可贵的。

接受了舜帝交给他的重任之后，禹决心彻底消除水患，发誓不战胜洪水不回家门。父亲因为治水失败而受到惩罚，禹知道必须改变原有的观念和方法。他带领部下，翻山越岭，走遍全国。他利用当时所有能派上用场的仪器设备，勘察地形，确定治理山川的规划。他决定按照春夏秋冬的季节规律，开发九州土地，疏通九条河道，围定九处湖泊，测量九条山系。他发现全国的地形是西高东低，而水是往低处流的，因此以硬堵的方法治水，肯定无法奏效。于是，他改变父亲硬堵的老一套，采取开挖渠道、疏通河流的方法，依势利导，把水排入大海。他还亲自戴上斗笠，和老百姓们一起拿着锹，开山挖山，修渠疏河。

当时，在黄河中游横着一座大山，叫作龙门山（今山西省河津市西北）。奔流而下的黄河水无法冲破龙门山的阻挡，只得溢出河道，每年的水灾总是特别大，给四周的老百姓造成了很大损失。禹几次去那儿察看地形，觉得不把龙门山凿通，就无法让黄河水畅流。他随即命令附近的部落首领和贵族，让他们发动百姓，一起出力，全力开凿大山。这可是一项大工程。经过好几年的奋战，龙门山被凿开了，黄河水再也不会在此满溢、肆虐，而是乖乖地往前畅流，一直流向大海。

禹通过同样的方法，让九条大河的水流都得以畅通，各地荒芜的土地也都得到了开发。遭受水患之苦的老百姓得到了拯救，日子变得安定而富裕。禹的功绩，得到了天下人的普遍称赞。

为了消除水患，禹的决心非常大，甚至不惜任何代价。在他治水的十三年里，多次经过自己的家门，但都没有进去。"三过家门而不入"的传说，就是禹为了众人的利益，不惜牺牲自己利益的生动写照。

舜帝对禹的治水功绩也非常佩服。有一次，舜帝在与大臣们聚会时，谈论起治水的事。舜帝问禹说："你是靠什么来治水的？"

禹回答说："我靠的是勤勉不息的工作。"

舜帝又问："能详细说说，你是怎样勤勉不息的吗？"

禹如实地回答:"治理洪水时,我与普通老百姓一起劳动。不管是劈山开河,还是挖泥运土,我都抢着干,昼夜不止。我的手指甲在劳动中被磨光了,再也长不出新指甲;我的小腿上的毛被磨掉了,再也长不出新的汗毛;我的手上和脚底也都长满了老茧,走路时疼痛难忍,但我从来都没有因此而停下来,直到治水完毕。"

舜帝和大臣们听了,对禹更加敬佩。舜帝还专门赏赐给禹一块黑色的宝玉,并以此告示天下,治水工程已经取得了成功。

禹通过治水,赢得了全国人民的爱戴。因为他治水立了大功,解除了老百姓的痛苦,所以人们都尊称他为"大禹"。大禹为治水"三过家门而不入"的高尚品德,更为历代人民所推崇。舜帝年老后,顺应民意,把帝位禅让给了禹。

禹帝在位期间,继续保持治水时的作风,勤政爱民,为民办实事。十年后,禹帝在巡视南方的途中,不幸病逝于会稽山(今浙江省绍兴市境内)。尽管禹帝在生前曾指定伯益作为他的继承人,各部落首领还是一致推举他的儿子启登上了帝位。启是个十分贤能的人物,政绩不凡,深得各部落民众的称颂。

此时大约是在公元前 20 世纪末到公元前 21 世纪初,距今约 4100 多年。启登位称帝之后,夏王朝开始。这是我国历史上第一个奴隶制王朝。

武王伐纣

西伯奠定了周朝事业的基础,但他在世的时候,一直没有讨伐商纣。他的"周文王"的称号也是他死后的谥号。周朝的历史真正始于周文王的儿子周武王。

周武王继位以后，一直在等待讨伐商纣的时机。好几次他手下的大臣建议说："现在可以讨伐商纣了。"他都说："不行，现在时机还不太成熟。"他是想等到民心彻底背离商纣的时候，才去一举击垮商纣，使商纣毫无反击的可能。

过了两年，商纣杀死了忠臣比干，更加昏乱暴虐了，他手下的许多大臣都逃到了周国。这时，武王便向部下宣告说："纣王已经犯下了重罪，现在可以去讨伐他了。"于是他率领三百辆兵车、三千名勇士、四万五千名穿着铠甲的武士，向东讨伐纣。途中，许多诸侯也带兵来与他会合。

二月的一个黎明，武王的部队到达商朝国都的郊外，即牧野。誓师大会之后，武王左手拿着大斧，右手挥着军旗，指挥军队开始了对商纣的进攻。

商纣听说武王来了，早已发兵七十万来抵抗武王。武王派手下的一员大将带领一百名勇士冲入敌军，大部队紧随其后。商纣的士兵虽多，但都没有打仗的决心，只是希望武王赶快攻进来。许多人掉转武器，冲在前面替武王开路。这就是典故"阵前倒戈"的出处。最后，商纣的军队全部溃散，商纣自己逃回宫中自焚而死。

牧野之战使周朝正式取代了商朝。这大约发生于公元前十一世纪，距今约三千多年。周武王登上天子位后，从周国眺望商朝的国都，夜里久久难以入睡。他的宰相周公问他为什么不能安睡。武王说："我们之所以能打败商纣，是因为他的统治腐败，民不聊生；现在，我们自己成了统治者，天下依然是田园荒芜、哀鸿遍野，长此以往，我们周朝必定也不能长久。"这番话表示了周武王要吸取商朝灭亡的教训，励精图治的决心。他下令解散部队，把马放养到华山的南面，把牛放养到原野树林里，把武器封入府库，向天下表示再也不动干戈了。

经过周武王的努力，天下开始安定下来。后来的几任天子在位期间，虽然有许多波折，但周朝的统治大体上是稳固的。到了周厉王在位时，周朝开始走下坡路。

烽火戏诸侯

西周最后一位国王周幽王刚刚继位，三川（渭、泾、洛）地区连续发生强烈的地震。地震过后，这三条河都干涸了，岐山也坍塌了，人民的生命财产遭到严重损失，但幽王把这些毫不放在心上，一味沉溺于声色。他任命虢石父为大臣，管理国家行政事务。虢石父处处迎合幽王，取得了幽王的宠信，他排斥朝中正义人士，独揽大权，疯狂搜刮民财。再加上天灾人祸，使人民怨声载道。

幽王即位的时候，所立的王后姜氏，是申侯的女儿，称为申后。申后生了一个儿子叫宜臼，被立为太子。幽王有一天临朝，虢石父上前报告说："褒国很久没有来进贡了。"

幽王生气地说："诸侯不尽自己的义务，应该派军队去讨伐！"

褒国是小国，国君听到幽王前来征讨，急忙商量应付的办法，他知道幽王最喜欢美女，就派人到民间去寻找。恰好这时褒姒已经长成，虽然是农村姑娘，但仍掩盖不了国色天姿，当然是最好的人选。另外又寻了九个凑成足数，送给幽王，请求赦免没有进贡的罪过。幽王收到美女，也就收兵了。

褒姒虽然得到幽王的异常宠爱，却从没有过笑容。幽王觉得很奇怪，再三问她有什么心事。褒姒只是说生平不曾笑过，并没有什么心事。

幽王说:"像你这样美的容貌,要是笑一笑,那一定更加娇艳妩媚,我无论如何要想办法使你笑。"幽王煞费苦心,用了很多方法来博取褒姒的欢心,褒姒依然如故,从不喜笑颜开。

申后看到幽王这样迷于褒姒,自然有些怨恨,多次向幽王提出劝告。幽王一气之下干脆把申后废了,立褒姒为王后,把太子宜臼也废了,立伯服为太子。

申后被废后,退居到后宫。太子宜臼被废后,担心幽王和褒姒还会加害于他,就逃往申国(今河南南阳)去了。

一天,天气晴和,幽王带了褒姒到骊山(今陕西临潼)游玩。那骊山在镐京的东边,山势蜿蜒曲折,山上层峦叠嶂。幽王和褒姒登上一座高楼极目远眺,一面饮酒一面谈笑。

正谈得高兴的时候,褒姒忽然指着山上一座台墩模样的东西问:"那是什么?"

幽王说:"那是烽燧。"褒姒听了,似乎还不明白,幽王又补充说,"烽燧,是用狼粪掺杂易燃物质筑成的高高的圆柱,如有紧急情况,就举火把它点燃。狼粪被烧,发出一股浓烟,直冲云霄,附近各地诸侯一见狼烟升起,就知道镐京危急,会马上发兵前来救援。"褒姒觉得很有趣,但又似信非信。

幽王为了讨褒姒的欢心,决定试一次给她看,于是传出命令:把山上的烽燧都点燃起来。

顷刻间,只见一股股狼烟升起,周王领地周围的诸侯,以为镐京告急,连忙点齐兵马,有些马还来不及套鞍,人还来不及披甲,就飞奔而来了。本来静谧的骊山,一下子变成金鼓齐鸣的战场,漫山遍野拥集了无数的军队。这些诸侯来到骊山后,只见幽王和褒姒正在饮酒谈笑……哪里有敌兵的影子!

诸侯正感到疑惑,幽王传旨说:"因为烽燧很久没有使用了,恐怕大家有所懈怠，今天特地试验一下。 现在没有事了，你们回去吧！"诸侯面面相觑，摇头叹气地散去。

褒姒看见烽烟一起，果然匆匆忙忙来了许多军队；幽王命令一下，大家又悄悄散去，好像演戏一样，不觉掩口大笑。 这一笑，真是百媚横生，幽王看了高兴极了。 以后，幽王又把烽燧点燃了几次，诸侯一再上当，最后，当烽燧燃起时，再没有一个诸侯发兵了。

太子宜臼逃到申国，向申侯诉说了母后被废和自己出走的经过，申侯极为愤怒，发誓要为申后和宜臼申冤，于是联合与周王有宿怨的缯国（今山东苍山县）和西边的犬戎族一道起兵进攻镐京。

事变出乎幽王意外，他派人到骊山点燃烽燧，向各路诸侯报警。 诸侯看到狼烟，但都一笑置之，以为又是幽王闲得无聊在和褒姒作乐。

幽王见势不好，急忙带了褒姒和太子伯服，坐上一辆小车，从王宫后门溜出，但被犬戎军队发现，被砍死于车上。 太子伯服也被杀了。 褒姒因为长得漂亮，犬戎首领不但没有杀她，还弄了一辆舒适的车子给她坐，准备带回本国安置宫中。 犬戎攻占镐京，并没有取代周政权的意思，在大肆抢掠，特别是把王宫的珍宝洗劫一空后就撤走了。

事变之后，申、鲁等国诸侯，在申拥立太子宜臼为周王，他就是历史上的周平王。 由于镐京毁于战火，短期不能修复，又处于犬戎的威胁之下，周平王决定把都城迁到东都洛邑。 从此进入了东周时代，而之前被犬戎攻灭的周政权则被称为"西周"。

东周时代，天子失去了控制四方诸侯的力量，天下大大小小的诸侯国林立，它们之间不时爆发战争，天下混乱不堪。 这就是我国历史上的一个大动乱时代——春秋战国时期。

三家分晋

春秋后期，晋国大夫智宣子专政，他想让儿子智瑶来继承家业。族人智果反对说："你的另一个儿子智宵要强过智瑶。虽然智瑶有五个优点，那就是：第一，他仪表堂堂，身材高大；第二，他精通射箭，擅长驾车；第三，他技艺出众，才华超人；第四，他能说会道，辞藻华丽；第五，他坚强果敢，刚毅勇敢。

"但他有一个致命的缺点，他不讲仁义，刚愎自用，为人傲慢。以为自己优点众多，就盛气凌人，不讲仁义，谁能受得了呢？假如最终让智瑶继承家业，智家一定会灭亡的。"

但是智果的建议没有被智宣子采纳。为了躲避智家的祸乱，聪明的智果就通过晋国太史证明，带领一小部分族人在智氏家族之外另立门户，改智姓为辅姓，成立辅氏家族。

大夫赵简子的儿子里，大儿子叫伯鲁，小儿子叫无恤，赵简子拿不定主意该让谁做继承人。于是他在两片竹简上写下训诫的话，交给两个儿子，让他们认真记住。

过了三年，赵简子把两个儿子唤来，问他们竹简上的内容。伯鲁支支吾吾说不上来，让他拿竹简出来，竹简早不晓得丢到了哪里。再问无恤，无恤倒背如流，问他要竹简，他就从袖子里拿出来交给赵简子。无恤的表现得到赵简子的赏识，于是被立为赵家继承人。

赵简子派尹铎治理晋阳，临走时尹铎请示说："您这次派我去是要我大肆搜刮民财还是要让百姓幸福安康？"赵简子说："当然是要让百姓幸福安康。"结果尹铎到晋阳后，轻徭薄赋，广施恩义，百姓的生活有了很大改善。

赵简子知道了，就对无恤说："假如晋国有祸乱发生，你不要嫌晋阳城小；尹铎地位低下，也不要怕距离太远，一定要去晋阳投靠尹铎。"

智宣子去世后，智瑶继立，做了晋国的执政，就是智襄子。智襄子专擅晋国大权，暴虐无道。他和大夫韩康子、魏桓子在蓝台喝酒，宴席上戏弄韩康子，还对韩康子的家臣段规大加污辱。智襄子的家臣劝说主公，让他以后以礼待人，以免招来灾祸，智襄子不予理睬。

智襄子还亲自向韩、魏两家索要土地。韩康子和魏桓子由于力量还不足以与智襄子抗衡，只好暂时忍让，给智襄子土地，但心里都窝着一团火，发誓一有机会便要报仇。

这时赵简子也已去世，无恤继承家业，就是赵襄子。智襄子又相中了赵地的蔡、皋狼两处，向赵襄子索要，赵襄子不给。智襄子大发雷霆之怒，召集韩、魏军队向赵地攻击。

赵襄子害怕了，准备出逃，就问："我该到哪儿避避呢？"

随从建议："离这里最近的城堡是您长子的，而且城墙坚固完好。"

赵襄子说："刚刚役使百姓夜以继日修好的城墙，现在又要他们冒着生命危险守城，谁还会跟我共同进退？"

随从又建议说："邯郸城的仓库里，谷物满盈，粮食储备首屈一指。"

赵襄子说："所谓粮食充足，还不是搜刮的民脂民膏？现在又要求他们冒死上战场，谁还会跟我共同进退？"

于是大家商量说："那还是到晋阳去吧，那是先祖的领地，尹铎又宽厚爱民，老百姓一定会感念恩德，和我们同甘共苦。"他们就到晋阳避祸了。

智襄子统领的联军把晋阳围得水泄不通，一年多后，又挖开汾水，引水淹没城墙。城墙被水浸没，露出水面的只剩六尺了，炉灶都沉在水底，到处爬满青蛙，可是被围困的老百姓宁愿把锅吊起来做饭，甚至互相交换孩子充饥，也没有一丁点儿怯意，誓死守城。

　　魏桓子驾驭战车，载着智襄子察看水势，韩康子在旁边保护。智襄子得意地说："我现在才知道，原来水也可以灭亡一个国家。"

　　魏桓子听了，暗地里用手肘碰到了碰韩康子，韩康子也轻轻踩了一下魏桓子的脚。两人同时会意：这么说来，汾水边上，魏的安邑城也不安全了；绛水边上，韩的平阳城也危险了。

　　智襄子的谋士絺疵提醒他说："您要注意提防韩、魏两家叛乱。"

　　智襄子问："你凭什么这样说？"

　　絺疵说："他们现在的表现已经出卖了自己。我们统率韩、魏两家的军队攻打赵家，赵家灭亡后，灾祸一定会波及韩、魏。本来互相约好打败赵家以后，赵家的地盘由三家瓜分。现在城墙快要被水淹没，城里的人都没有粮食吃了，靠吃人肉、马肉苦苦支撑。赵家快要灭亡了，韩康子和魏桓子眼看就能分到土地，但他们看上去一点儿也不高兴，反而愁眉苦脸的，这不是要反叛是什么呢？"

　　第二天，智襄子和韩康子、魏桓子见面后，把絺疵的话告诉了他们，他们赶紧解释说："絺疵这人专讲别人坏话，其实他才真的是想帮姓赵的说话，离间我们和您的关系，来动摇您攻打赵家的决心。您想，我们怎么会丢下唾手可得的赵家的地盘不要，反而要去做些只会带来危险，而且不可能成功的事呢？"

两人告辞离去以后,𫄨疵走进来说:"您怎么把我昨天的话转告给韩康子和魏桓子?"

智襄子说:"你又是根据什么判断的?"

𫄨疵回答:"他们见到我后,对我仔细端详,而且步履匆忙,我就什么都明白了。"

智襄子最终还是不听劝告。𫄨疵为了避祸,便请求智襄子让他到齐国去了。

另一头,赵襄子手下张孟谈被悄悄派出城去见了韩康子和魏桓子。张孟谈说:"我听说唇亡齿寒。现在智襄子带着韩、魏的军队攻打赵家。赵家如果灭亡了,韩、魏两家灭亡的日子也就是迟早的事了。"

韩康子、魏桓子说:"我们也知道,打算背叛他。就是怕事情泄露,不仅成功不了,还要大祸临头。"

张孟谈说:"这件事情你知、我知、他知,没有第四个人知道,有什么好担心的呢?"

于是韩康子、魏桓子就暗中与张孟谈策划好了谋反方案,然后把张孟谈送了回去。

到了约定的时间,赵襄子的人干掉堤坝的守军,决开堤坝放水直冲智襄子的军队。智襄子的人被大水冲得乱成一团,战斗力大减,韩、魏两家乘机从侧翼进攻,赵襄子也率领士兵冲击智襄子的前军,三家联手,智襄子大败。

于是他们杀死智襄子,并把智氏家族全部诛灭,唯独智果因为另立门户而得以保全。

此后晋国的朝政就被韩、赵、魏三家把持了。周威烈王二十三年(公元前403年),周王下令给予三家诸侯称号,韩、赵、魏三家分晋,晋国灭亡。

商鞅变法

商鞅，原名公孙鞅，祖上是卫国国君庶出的分支，因此又称卫鞅；由于他后来的封地在商，所以又称商鞅。

秦献公去世后，他的儿子即位，是为秦孝公。彼时六大强国虎踞在黄河、崤山以东，另有十几个小国星散在淮河、泗水间，所有的国家都把秦视同夷狄，排斥秦国，不让它参加中原诸侯的会盟。于是秦孝公发愤图强，治理国家，整顿政治，希望尽快增强秦国的国力。

周显王八年（公元前361年），秦孝公在全国张榜求贤，榜文篇首，先是追念秦先祖开创之功和建设国家的诸般努力，然后说："臣属中，不论高低，不讲尊卑，只要能够出谋划策，帮助秦国强大的，我就让他做大官，还封给他土地。"

公孙鞅知道秦孝公张榜求贤的消息后，就向西进入秦国。

公孙鞅推崇法家的学说。他曾在魏国国相公叔痤府上做门客，公叔痤非常赏识他的才干见识，想把他推荐给魏王。可惜公叔痤突然病重，推荐的事情就因此而搁置下来。

魏惠王来探病的时候，问公叔痤："万一您的病有个三长两短，该由谁来接替您的重任呢？"

公叔痤回答说："我门下便有一个合适的人选——卫国人公孙鞅，他虽然很年轻，却是一位奇才。希望主公把国家大事都交付给他！"

当时公孙鞅还是初生牛犊，没有名气，所以魏王不以为意，沉默不语。

公叔痤又说："主公如果不听我的建议，不任用公孙鞅的话，那就不要把他留在世上了,不要让他走出我国的国境,为别国效力。"魏王回去之前还是勉强答应了。

魏王走后,公叔痤把和魏王的谈话情形告诉了公孙鞅,然后对他说:"我以君主为先,以臣下为后,所以先替君主考虑,然后才告诉你。你赶快逃走,逃得越快越好、越远越好。"

公孙鞅说:"魏王既然不愿意听你的话而用我,还怎么肯听你的话而杀我呢?"结果最终没有走。

魏王回去后,对身边的人说:"公叔先生已经无药可救了,真不幸啊!他先让我把国家大事都交给公孙鞅,一会儿又央求我一定杀了公孙鞅,这不是自相矛盾、病得糊涂了吗?"

公孙鞅到秦国后,通过秦国的宠臣景监求见孝公,把自己的一套治国方略讲给孝公听。秦孝公听了只觉相见恨晚,当即和公孙鞅谈论起国家大事。

公孙鞅想实行变法,却遭到了秦国高层的一致反对。经过激烈的争论,秦孝公最终同意了变法的主张,公孙鞅被授以左庶长之职,实行变法。

于是下令:按五家一伍、十家一什的什伍组织法给老百姓重新编户,让他们互相监督,有事揭发,一家犯法,几家连坐;告发奸邪和隐匿不报分别视同斩敌首级和降敌予以相应赏罚;立下军功的人,按军功大小封赏上等爵位;私下械斗的人,各视情节处以相应的惩罚;努力做好本职工作,勤于农桑,从而增加土地、纺织产出的予以封赏;经商以及因懒惰而贫穷的,全家收为奴婢;就算是宗室出身,若没有立下值得称道的军功,也不能够录入族谱;为了更加明确等级差异,不同等级的人,用不同的名号称呼他们的田宅、妻妾和服饰。军功在身,光耀门楣;没有功劳的人再富有也不能封赏上等爵位。

在颁布法令之前，公孙鞅为了取得百姓的信任，就在国都的南门立了一根三丈高的木桩，并宣称：如果有人能把木桩搬到北门，就赏给他十斤黄金。

老百姓起初只是好奇地围观，却没人动弹。

公孙鞅又下令把赏金提高到黄金五十斤。

有一个人抱着试试看的心理，就走上去把木桩搬到了北门，果然得到了公孙鞅许诺的赏赐。公孙鞅就用这个方式，来向人民表示赏罚必行。随后秦国便开始了史上有名的"商鞅变法"。

变法令施行一年，上访抱怨、抨击指摘新法的老百姓有几千人。这时候太子也触犯了法令，公孙鞅说："王子犯法，却不加处罚，法令将失去公信力，就更难推行了。王子都犯法，还指望谁来遵从法令呢？"就要处罚太子。因为太子是国君的继承人，只能找替罪羊接受刑罚了，于是就处罚太子傅公子虔，又在太子师公孙贾的脸上刻了字以示惩戒。这样一来，第二天，全国上下人人都敬畏新法了。

新法施行十年后，秦国道不拾遗，盗贼匿迹，百姓为国家战斗时表现得很勇敢，但却不敢在私下里斗殴，举国上下秩序井然，欣欣向荣。

起初上访抱怨变法的那批老百姓中，又有重新来国都夸奖新法好的。公孙鞅说："这些都是扰乱法治的奸民！"就把他们全部流放到边疆去。从此以后，议论法令的声音都消失了。

围魏救赵

孙膑和庞涓原是同门师兄弟。后来庞涓在魏国做将军，自认为才能比不上孙膑，想害他，就把孙膑请到魏国。孙膑到魏国以后，庞涓诬陷孙膑，致使孙膑膝盖骨被挖（孙膑名字中的"膑"字即由所受膑刑而来），又在他脸上刺字，想让他成为废人，到死也没什么出头之日。

有一次，齐国的使者来到魏国，孙膑想法求见来使，说动了齐国的使者，使者就把他藏在车子里，偷偷带回了齐国。

到齐国以后，孙膑的卓越才能得到了齐将田忌的赏识，还受到了客卿的礼遇，将他推荐给齐威王。齐威王向孙膑请教兵法，同样佩服得五体投地，还将他奉为老师。

周显王十五年（公元前354年），魏国军队侵入赵国，包围了赵都邯郸。

第二年，齐威王调兵遣将，发兵救赵。本来齐威王想让孙膑做统兵的大将，孙膑以受过刑罚的人不可以出任大将为由推辞。于是，田忌被任命为大将，孙膑为军师随军出发，坐在随行的给养车里，为田忌出谋划策。

田忌想率军直奔赵国，孙膑说："想劝开打架的人，自个儿先张牙舞爪的，不好；想制止械斗的人，自己先舞枪弄棒的，不智。只要避实而就虚，让他们不得不罢战言和，那么问题也就解决了。

"如今魏国攻打赵国，部队倾巢而出，国内防守空虚。您不如率军突袭魏国的都城，占据交通要道，进攻防守薄弱的地方，魏国就不得不调前线的军队回师自救了。那么我们就一举两得，既解了邯郸之围，又乘机打击了魏国。"田忌依照孙膑之计，率领军队袭击魏国都城大梁。

十月，邯郸没能坚守住，向魏军投降。但魏军也很快接到魏王要求火速回援都城的文书，不得不仓促回救。此时，齐军早已埋伏在魏军必经之地——桂陵，以逸待劳，经过一番激战，魏军大败，连庞涓也被生擒。

铁嘴苏秦

苏秦，战国时东周洛阳人，字季子。出身贫寒，但素有大志，曾和张仪一起在鬼谷子门下学习纵横捭阖之术多年。最初，他将六合诸侯、一统海内的方略奏陈了秦国惠文王，可惜惠文王没有采纳他的意见，搞得他盘缠花尽，差点儿连家都回不了，狼狈不堪。

后来苏秦辗转来到燕国，游说燕国文公："燕国之所以长期未被卷入战火，是因为南面存赵国这一屏障。如果秦国进攻燕国，他们就得在千里之外作战；如果赵国要进攻燕国，百里之地就是燕赵战场。不忧虑百里之内的危险，却担心千里之外的灾难，还有比这更错误的策略吗？我希望大王与赵国结盟亲善，天下团结为一体，燕国就不会有什么危险了。"

燕文公采纳了苏秦的意见，资助他车马，请他去劝说赵肃侯与燕结盟。

苏秦对赵肃侯说："当今之时，崤山以东，赵国是最强大的国家，秦国最忌恨的也是赵国。然而秦国之所以不敢举兵进攻赵国，无非是顾虑韩、魏背后偷袭，如果秦国发兵攻打韩、魏，可以长驱直入，只要稍稍蚕食它们，就可到达两国都城。韩、魏不能支持时，必然向秦称臣；如果没有韩魏钳制秦国，接下来战祸就会降临到赵国头上。我从地图上察看，各诸侯国疆土五倍于秦，估计各国的兵力是秦国的十倍。六国如果能联合成一体，同心协力向西攻伐秦国，秦国必破。主张'连横'之策的人，对策就是不断地割地求和，在虎狼之秦那里得一时苟安，事成之后，他身享荣华富贵，各诸侯国利益受到损害，他却一点儿也不以为然，所以那些主张连横的人千方百计以秦国的力量来威胁诸侯,以求割地。我为大王您和赵国前途计,认为最佳的策略,是韩、赵、魏、齐、楚、燕六国结盟,共同抗秦,盟约规定:'任何一国受到秦国侵略,其他五国都要同时派出精兵,或骚扰秦国后方,或直接赴前线救援。如有任何一国不履行这项盟约条款,其他国家有义务合力讨伐。'各国诸侯结盟抗秦,秦国就只能龟缩在函谷关以西了。"

赵肃侯听毕大喜,待苏秦为上宾,厚加赏赐,请他去游说其他各诸侯国,以订立合纵盟约。

此时,魏国正受到秦国大将犀首率军攻打,魏国四万军队被击溃,大将龙贾被擒,雕阴地方被占领,秦还想乘胜把战火烧到别国。

苏秦怕战火烧到赵国,六国合纵盟约遭到破坏,考虑到没有合适的人选出使秦国并可受秦重用,就对老同学张仪用了激将法,激他去游说秦国了。

张仪原本是魏国人,和苏秦同是鬼谷子的学生,苏秦自以为才能不及张仪。然而张仪周游各国,都吃了闭门羹,最后在楚国陷于困境,苏秦就请他秘密来到赵国,却又故意侮辱他一番。张仪恼羞成怒,认为能打败赵国的只有秦国,于是就西行入秦,想要报复苏秦和赵国。苏秦秘密派自己的亲信带了很多金钱以资助张仪,张仪和秦惠文王终于得以会面。

秦惠文王大为高兴,拜张仪为客卿。苏秦的亲信见到张仪和盘托出一切:"苏秦对秦国进攻赵国甚为忧虑,因为这将会破坏他倡导的六国联盟。他相信你是唯一可以左右秦君决策的人,故意激怒你,还让我暗中资助你,这都是苏秦的计谋。"

张仪说:"哎呀,这一套本来正是我学过并想使用的权谋,我身陷其中竟未能省悟,苏君比我高明得多啊!请代我向苏君叩谢。苏君现在正是志满意得,我哪敢随便说话!"

于是,苏秦就又赴韩国去游说韩宣惠王,说:"列国中韩国面积堪称狭小,但军队也有数十万,而且韩国造的弓箭、刀枪等各式武器天下第一。韩国军卒奋力脚踏弓弩可以连发百箭而不停息。以韩国士兵的勇武,身披坚甲,脚踏劲弩,以一当百,毫无问题。君王屈服于秦国,恐怕要把宜阳、成皋忍痛割让给秦国;今年割让给它,明年它又会狮子大开口。给它吧,再没有地方可给了;不给吧,以往的割让则前功尽弃,而且仍然免不了灾祸。秦国欲壑难填而韩国国土却有限,以有限的国土迎合无尽的要求,这正是构怨结祸的行为。如此,秦国不用兵就能将韩国蚕食殆尽。俗话说:'宁为鸡口,无为牛后。'以大王的贤明,再加上骁勇善战的将士,却甘愿背着当牛后的劣名,我真私下替您感到不值。"

韩宣惠王被说服了。

苏秦又去游说魏惠王,说:"大王的国土,方圆千里,虽然国土面积狭小,但田野却满布村舍,耕地密集,甚至都没有放牧牛羊的空地了。人丁稠密,车马成群,日夜往来于通衢大道,人欢马叫,宛若军旅。魏国实力与楚国不分伯仲。据说贵国的军队,拥有全副武装的甲士二十万,以青巾裹头的所谓苍头军二十万,冲锋陷阵的死士二十万,运送粮秣辎重的运输部队十万,还拥有战车六百辆、战马五千匹。实力如此之强,您却被见识短浅的愚臣左右迷惑,而准备臣事秦国,所以敝邑赵王特意派我来向大王献上不成熟的见解,呈交六国合纵抗敌的盟约,成功与否,全仗大王您圣裁了。"

终于,苏秦合纵的主张也得到了魏惠王的支持。

随后,苏秦又到齐国游说,说:"齐国地理环境优越,国力强大。全境方圆二千余里,甲兵多达数十万,国库存粮积如山丘。

韩、赵、魏军队不可谓不精良，五国兵势不可谓不强大，其进如万箭齐发、战如雷霆万钧，撤退时又如风雨般顷刻消失，而他们的军旗兵甲也仅止于泰山，从未跨过清河、渡过渤海。齐国国都临淄城中拥有七万户居民，每户应该有至少三个男丁，不必到远处县邑征调，仅临淄一城即可召集精兵二十一万。临淄十分富足，临淄人都喜好踢球、下棋、斗鸡走狗。临淄街道之上，车轴互相碰撞，人肩彼此摩擦，衣襟连起可成帷帐，挥落的汗水犹如春雨。韩、魏之所以畏惧秦国，是因为与秦国接壤，双方冲突，交战便没有转圜的余地，不出十日，双方胜负存亡立见分晓。如果韩、魏胜了秦国，兵力也已折损一半，本国边境安危都保证不了；假如韩、魏战败，随之而来的便是亡国的威胁。因此韩、魏不愿和秦国交战，而宁愿比较轻易地向秦求和称臣。秦国想要进攻齐国就不同了，军队要穿过韩国、魏国，路过卫国境内的阳晋之隘，要经过亢父之险，那里车不能并行、马不能并驰，秦军想要通过就需集合十倍百倍的力量。秦虽想深入齐国腹地，但有后顾之忧，唯恐韩、魏军队在背后偷袭。所以，秦国对贵国，只能虚张声势，厉声恐吓，骄溢矜夸而不敢贸然东进，很明显，秦国对齐国是无可奈何的。但未料到，秦国丝毫威胁不到齐国，而齐国却要归附于秦而去称臣，就是因为朝堂上有一群糊涂大臣，才出此错误的计策。现今，齐国没有臣事秦国的名声，而有强国之实，何去何从，还望大王三思而行。"

结果，齐国也接受了合纵之策。

随后，苏秦又南下楚国进行游说，说："楚国是天下强国，疆土方圆六千余里，精锐兵卒一百余万，战车千辆，战马万匹，储备的粮米可食十年，以楚的实力问鼎天下，也并非诳语。秦国的心腹大患就是楚国，秦国和楚国就好像一山中的二虎不能并立。我为大王着想，应参加六国联盟，以使秦国陷于孤立。我能够说服秦以外诸国向楚国进贡，以听从大王号令；将国家、宗庙之命运尽皆委托给大王，训练士兵，磨砺兵器，以供大王调遣。所以，假如楚国同列国缔结合纵抗秦盟约，各国都将向楚割地以做您的臣属；您如果参加连横与秦合作，情形就完全不同了，割地称臣的就是楚国了。合纵、连横一个天上，一个地下，何去何从，请大王悉心选择。"

于是，楚威王也被成功说服了。

至此，苏秦便成为合纵同盟的盟约长，还一人执掌了六国的相印。苏秦北返向赵王复命，随行的车骑、辎重、护卫绵延不绝，那盛大的气派宛如国王出巡。

张仪欺楚

秦国想与齐国开战，但又顾虑齐、楚两国合纵亲善，便在周赧王二年（公元前313年）派遣张仪赴楚国谈判。

张仪向楚怀王进言说："秦齐交战在所难免，如果大王能够关闭边关，与齐国断绝邦交，我将请敝国把商於地区六百里之广的土地献给贵国，另外进献美女娇妻充塞大王后宫，使秦、楚两国嫁女娶妇，永远结为友好的兄弟之邦。"

怀王非常高兴，当即表示应允。群臣都为此向楚王表示祝贺，只有陈轸忧心忡忡，反而向楚王表示哀吊。

怀王生气地说："我不用一兵一卒，商於地区六百里土地就能到手，你为什么悲哀呢？"

陈轸说："不是这样。依我看来，商於之地我们肯定得不到，齐国却会因而加入秦国的连横盟约中。齐、秦结盟之日，也就是楚国陷入危境之时啊。"

怀王说："还有要说的吗？"

陈轸说："秦国之所以看重楚国，原因无非是齐楚缔结了合纵盟约。一旦我们与齐国毁约断交，楚国就将孤立，那时，您还有什么倚仗可以得到秦国的六百里土地呢？张仪回到秦国以后，定会食言而背弃大王，这样，北部与我国唇亡齿寒的盟友变为仇敌，而同时又从西面招来了秦国这个祸患，秦必定会联合齐国攻打楚国；为大王谋划，不如暗中与齐国仍旧保持友好而只是假装与其断交，先派人跟随张仪到秦国，果真拿到了六百里土地，再与齐国断交不迟。"

怀王说："先生闭口别再说了，您就看着我们的地盘扩大六百里吧。"便把楚国相印授予了张仪，还赐予他丰厚的礼品，而且迫不及待地和齐国断了交，然后派一位将军随同张仪去了秦国。

张仪回到秦国后，佯装坠车摔伤，闭门不出长达三个月之久。

楚怀王听到这个消息后，说："难道张仪是在怀疑我国与齐国藕断丝连？"于是派人北上齐国责骂齐王，以示坚决绝交之意。

齐王大怒，立即派人到秦国与秦结交。

齐、秦结交后，张仪才出来上朝，并召见楚国使者说："我答应给楚国的土地您怎么还没接收？从这里到那里，一共有六里。"楚使一听很生气，于是急匆匆返回向楚王汇报了情况。

楚怀王听后大怒，就想发兵攻秦。

陈轸说："大王，现在您可以恩准我开口说几句了吧！如今攻秦不如割让一座名城以贿赂秦国，然后与他合作攻齐，这样一来，咱们尽管在秦国这里丢了土地，却可以从齐国得到补偿。现在大王既已与齐绝交，再去责备、追究秦国对我们的欺骗，简直是在加速秦国连横，如果招致各国同仇敌忾，那我们楚国的元气可就要因而大伤了。"

楚王盛怒之下，不顾陈轸劝阻，命屈匄率师伐秦。秦亦命令庶长魏章领兵迎战。

第二年春天（公元前312年），秦军与楚军大战于丹阳。楚国战败，数万大军覆没，统帅屈匄及列侯等七十余人被俘。随后，汉中也被秦军拿下。

楚怀王不甘心失败，召集了楚国全部兵力，在蓝田与秦决战。结果楚军又大败。韩、魏得知楚国内部空虚，计划趁火打劫，偷袭楚国，大军攻占楚地邓邑。怀王得报后，引兵退回楚国，以割让两座城池的代价向秦求和。

两年后，秦惠王派人出使楚国，说秦国愿用武关以外的国土换取楚国的黔中地区。楚怀王此时还对张仪恨之入骨，于是对使者说："我不愿交换国土，只要把张仪交给我，我愿意双手送上秦相中的地盘。"

张仪听说之后，主动提出到楚国去。秦王说："楚国因受你的骗，正想找你报仇，你怎能去呢？"

张仪说："秦强楚弱，有大王在，我就不会被随意处置了。而且我和楚王的宠臣靳尚关系密切，靳尚又深得楚王爱妃郑袖的信任，而楚王对郑袖是言听计从。"于是，张仪就去了楚国。

楚王囚禁了张仪，准备杀掉。

靳尚在郑袖面前进言道："秦王甚爱张仪，听说秦国已提出用上庸六县及一些秦国美女来赎张仪。大王很看重土地，同时又对秦国心怀畏惧，而且到楚国的秦美女会成为大王的新宠，那时你可就要失宠了。"

于是，郑袖没日没夜地缠着楚怀王哭诉："人臣做事，各为其主。如果杀了张仪，秦国必然很恼火。求大王恩准我和孩子，先行迁往江南，以免将来受秦军凌辱。"

最后楚怀王不但赦免了张仪，并赐以厚礼。

张仪趁势对楚王说："合纵抗秦，等于是驱群羊而与猛虎相争，胜败已经是意料中事。现在大王不愿侍奉秦国，可秦胁迫韩、魏一起向楚发起进攻，楚国想独善其身也不可能了。秦国西面有巴郡、蜀郡，用大船运载粮食，沿岷江顺流而下，一日行程五百余里，抵达扞关也不过十日而已。扞关吃紧，您恐怕要集中兵力防守扞关以东的城池了，那时，黔中、巫郡怕就不会再属大王所有。如果秦再挥军出武关，楚国北部只怕也保不住了。秦军攻打楚国，三个月内即可决定贵国的存亡，您所倚仗的合纵盟军，要半年以上才可望到达。等待弱国的援救，却忘了强秦的威胁，这就是我替大王担忧的原因。假如您听从我的劝告，我将使秦、楚两国成为长久的兄弟之邦，不再互相攻伐。"

楚王既已得到张仪，却又不愿意把黔中拱手奉送出去，于是就答应张仪退出合纵与秦亲善。

张仪接着前往韩国，游说韩王道："韩国国狭居贫，穷山恶水，山岭多，平川少，所产粮食不是豆类杂粮就是麦子，粮食储备还不足两年之用，全部军卒亦不过二十万。而秦国拥有武装甲士百余万。东方各国的士兵，披上铁甲，全副武装才敢上战场，而秦国的士兵却可以丢下盔甲、袒露着膀子、打着赤脚冲锋陷阵，赤手空拳就能击杀、俘获敌人。在战斗中，秦军就像古代著名勇士孟贲、乌获一般以压倒之势攻打敌国，这好比是用千钧巨石砸压一枚鸟卵一样，结果不言自明。如果韩国不依附于秦国，秦将出兵占据宜阳、阻塞成皋，那大王的国土便会被分割，到那时鸿台之宫殿、桑林之园林，只怕是就要易主了呀。若为大王的利益考虑，莫如顺从秦转而进攻楚国，以嫁祸他国的办法求得秦国的欢心，这才是您的上上之选!"

韩王当即应允。

张仪把出使的成果汇报给秦惠王,秦惠王赏赐给他五个城邑,号称"武信君"。接着又派他东去游说齐王。

张仪对齐宣王说:"持合纵之策的谋士一定是这样说服您的:'齐有韩、赵、魏作为屏障,地广民众,兵强士勇,即使有一百个秦国,对齐国也无可奈何。'大王欣赏这种说法,对其可行性却不假思虑验证。现今秦、楚之间嫁女娶妇,结为兄弟之邦;假如您对秦不予侍奉,赵王就会亲赴咸阳朝觐,并献出河间之地以侍奉秦国。如果大王不侍奉秦,秦就会驱使韩、魏进攻齐国南部地区,动员赵军全部出动,东渡清河,直指博关。战事一旦爆发,齐国再想唯秦国马首是瞻,只怕也是一厢情愿了。"

齐宣王也接受了张仪的连横之策。

离开齐国,张仪西行入赵,拜见赵王,说:"大王统率东方各国共同抗秦,已使秦兵有十五年不敢轻易出函谷关东进。大王的声威远扬于东方各国,也威慑了远在关西的秦国。所以,我们只好不断修造武器,努力于田地耕种,广储粮秣,转攻为守,严察边防,丝毫不敢懈怠。唯恐触犯大王,借故惩罚我们。在大王对我们的监督下,已经征服巴、蜀,并吞了汉中,完全占领了东周和西周,据守着白马渡口。秦国虽是关外边陲的蛮荒之国,然而心中的积愤已经很久。现在,秦国的宿将兵卒摩拳擦掌,已集结于渑池,盼望着渡过黄河,跨越漳水,进据番吾,与贵国会兵于邯郸城下,期盼会战于甲子当日,以再现当年武王伐纣的故事。现在楚国已与秦国结为兄弟之国,韩、魏则成为秦国的臣属,齐国则向秦献出了盛产鱼盐的宝地,这一切等于斩断了赵国的右臂。一个人如果已经被断掉了右臂,要与别人决斗,又因失去友党的帮助而处于孤立的地位,欲求避免危亡,又怎么可能呢! 现今,秦军已经兵分三路准备攻赵:一路阻断午道,同时通知齐军渡过清河,屯兵于邯郸之东;一路驻扎于成皋,韩、魏被迫一路进军渑池。 约四国一齐向赵国发动进攻,赵国臣服后,国土必然被四国所瓜分。 我私下为大王着想,不如与秦王当面会谈,相约结为友好的兄弟之国。"

赵王亦应允了张仪的要求。

此后,张仪又北上燕国,游说燕昭王说:"如今,赵国也已对秦国表示臣服,并割让河间以表示对秦的诚心。 现在就剩燕国一国未臣服于秦了,那么秦国就将发兵到云中、九原,以促使赵国进攻燕国,这样一来,长城、易水就要属于别国所有了。 况且,现时齐、赵对于秦国来说,就像是秦国的两个郡县,不敢随便出兵动武。 假如燕国与秦亲善,那么齐、赵在较长时期内对贵国就不会再构成什么威胁了。"

燕昭王就答应敬献给秦国五座恒山脚下的城池以求和好。

张仪赶忙回去向秦惠王汇报,可是他尚未到达咸阳,秦惠王就去世了。

太子继位,是为秦武王。 张仪素来不为太子喜欢,待到太子继位以后,群臣纷纷在他面前诋毁张仪。

列国国君听闻张仪不受新君宠信后,便都放弃了与秦的连横,转而又恢复了六国合纵的局面。

张仪回来对秦武王说:"臣为秦国考虑,唯有东方各国有大变乱发生,大王才可趁势扩张。 据说齐王特别恨我,我在哪里,齐国就会将战火烧向哪里。 请大王允许我这不成器的人前往魏国,齐国一定会发兵攻魏。 齐、魏交兵,您一定要抓住机会拿下韩国,进入三川,挟持周天子,获取天下地图户籍,这可是安定宇内的千秋功业啊！"

秦武王接受了张仪的恳请。

张仪到魏国后，齐兵果不其然攻打魏国，魏襄王大为惊恐。

张仪说："大王不必担忧，我已经有退兵之策。"

他派自己的门客前往楚国，通过楚国的使者对齐王说："张仪如果能重获秦君隆宠，真要对您感恩戴德了！"

齐王问："此话怎讲？"

楚使说："张仪离开秦国到魏国，本来就是与秦王预先合谋好的，无非希望齐军伐魏，东方战乱，以给秦人取三川造成机会。眼下，大王您当真不负所望，这既在内消耗了自己的国力，又对外攻打了原来的盟国，而张仪则坐收渔人之利，重新受到了秦君倚重。"

齐王便下令收兵回国。

张仪在魏国任魏相一年，便去世了。

昭王兴燕

子之之乱后，被护送回的燕公子职得到全国臣民衷心拥戴而继承王位，是为燕昭王。

燕昭王在国破家亡、百废待兴之时继位，他哀悼死者，安抚孤寡，与百姓同甘共苦，并以十分谦恭的态度、隆重的礼节和丰厚的待遇广招贤才。

昭王对郭隗说："齐国乘我们内乱之机，发兵破燕，虽然燕国力量薄弱，无法报仇；然而如果能得到天下贤士，与我共商国是，得以雪先王之耻，我也没有什么遗憾了。先生若是发现了这种人才，让我亲自侍奉也乐意！"

郭隗说:"大王还是先听我讲一个故事吧! 从前有一位君王,派人持千金去寻找千里马,结果千里马已死。这人就用五百金将此死马的骨头买了回来。君王大怒,这人说:'死马还值重金呢,何况活马? 您安心等待,千里马不久就会送上门来。'不出一年,果然就有三匹千里马送上门来。 现在,如果大王您真的求贤若渴,就从我开始吧! 比我更高明的四方贤士,必然会慕名投入您的门下! "于是,昭王就将郭隗的住宅改建成宫殿一般,并尊其为师长。 果然,一时间,燕国谋士贤才云集而至,其中乐毅自魏来、剧辛从赵来。 乐毅被任命为亚卿,主持国政。

昭王对招纳的谋士良才无不全力慰劳,不断给他们高官厚禄。周赧王三十年(公元前285年),昭王与乐毅共商出兵伐齐之事。乐毅说:"齐国是富足大国,先辈曾一度成为春秋霸主,疆域广大,人口众多,我们燕国不能单独伐齐。 假如您决议伐齐,不如和赵、楚、魏三国联合起来共同出兵。"

昭王就派乐毅前往赵国,向楚国和魏国也分别派出使者,并通过赵国向秦国承诺将来要分给它伐齐成功之后的利益。

各国对齐湣王的骄横暴虐早已深恶痛绝,联合伐齐获得它们一致赞同。

第二年(公元前284年),乐毅被昭王任命为上将军,赵国也把相印授予乐毅。 秦军与赵、魏、韩三国军队会师,燕、秦、韩、赵、魏五国联军在乐毅的统率下浩浩荡荡攻向齐国。

齐湣王也倾举国兵力抗击伐齐联军,双方会战于济西,结果齐军大败。 乐毅让秦军、韩军先行回国,分出魏军顺路夺取了原来宋国的领土,部署赵军收复河间。 燕国军队则由乐毅亲自统率,追赶齐国溃军,直捣齐都。

剧辛对乐毅说:"齐国强大,燕国弱小,大败齐军靠的是五国合力，现在应当及时攻取其边境城镇，以扩大燕国疆土，此乃长久之计。 然而你放着这些城镇不取，而求深入腹地之名，这种做法既动摇不了齐的基业，对燕没有什么好处，反而深结怨恨，将来悔之晚矣。"

乐毅说："齐王骄傲蛮横，自以为功勋卓著，才能盖世，专断独行，刚愎自用，决策也不和大臣商量，废黜忠臣贤良之士，信任谄媚阿谀之人，政令暴虐不仁，不得民心，百姓十分怨恨。今齐国军队业已溃败，如果我们乘胜深入，其民必叛齐归燕，乱从内起，让齐国归属我燕国也不在话下。 如果不乘胜深入，一旦齐王悔悟从前的过失，改弦更张，体恤部下、抚慰国民，到时再想征服齐国就难如登天了。"随即率燕军深入齐国腹地。

齐国果真乱成一团，齐湣王仓皇逃跑。 乐毅率军进入齐国都城临淄，将齐国的金银珠宝及贵重的祭祀礼器运回燕国。 燕昭王亲自到济上慰劳军队、犒赏将士，乐毅被封为"昌国君"，留下来继续招降或攻取还没归顺的齐国城邑。

燕军乘胜长驱直入，齐国守军闻风丧胆，不战而败。 乐毅整训燕军，严禁侵扰掠夺，访求齐国民间的贤士良才，表彰他们并给以很高礼遇，宽减人民赋税，一改前朝推行的残暴政令，修正以往的法规。 齐国民众拍手称快。

乐毅分兵五路进击，派左军渡过胶水，抵达胶东、东莱；前军越过泰山引兵东进，直抵海边，占据了琅玡；右军沿黄河、济河，屯兵于东阿、鄄城，与魏国军队合兵一处；后军沿着北海，以去镇抚千乘；中军镇守齐国都城临淄。 对齐国先祖齐桓公和名相管仲在都城郊外隆重祭祀，表扬城内平民百姓中的良才名士。

半年之内，七十余座齐国城邑被燕军占领，皆收编为燕国的郡县。

胡服骑射

周赧王八年（公元前307年），赵武灵王向北进攻中山国，为了提升士卒的作战能力，就与大臣肥义商量让百姓改穿紧身而短小的胡人服装，再让他们学习骑射。

赵武灵王说："傻子笑话的地方，聪明人却另有发现。哪怕遭到全天下的嘲讽，我也要占领胡地和中山国！"便换上了方便骑射的胡服。

然而，改穿胡服的决策却遭到了保守士大夫的抵制。武灵王的叔父公子成假装生病，不去上朝，武灵王派人说服他："家中的事由父母做主，国家的事由君王做主。现在需要老百姓改穿胡服，而您却不肯穿，百姓就会以您为榜样，效仿您不遵法令的行为。"

"治国各有方略，却万变不离其宗，其根本在于要对百姓有利；推行政令也有一定的方法，根本在于命令能得到实施。恩泽应该先给百姓，政令推行则应该从上层开始，因此期待您能躬亲示范，来推动我胡服骑射的政策。"

公子成听了以后，拜了两拜，叩头说："臣听说所谓中国，是经圣贤教化过的文明之地，礼乐盛行，远方蛮夷纷纷前来观摩效仿。大王现在抛弃了象征文明的华服，而下令改穿胡人服装，变更自古以来的传统，违背百姓的意愿，诚望大王认真思虑后再做决断！"

赵武灵王听使者报告完公子成的话以后，亲自前去，向公子成请求，说："我国东面有齐、中山，北面有燕、东胡，西面有楼烦、秦、韩，如今若没有骑射的本领，凭借什么对抗四周环伺的强敌？

"以前，仗着背后有强大齐国的支持，连中山那样的小国都敢侵扰我们的领土、掳掠我们的百姓、引水围困我们的都城，多亏了祖宗神明的庇佑，都城才不致失守。先王因为这事，一直感到深深的耻辱。

"所以我要改换服装，教人骑射，是为了强化我国的武备力量抵御侵略，向中山国报往日之仇。您却只是一味固守传统形式，厌恶换装的名头，而忘记都城遭围攻的耻辱，这实在令我失望！"

公子成听了，勉强同意了穿戴胡服，起个榜样带头作用。于是赵武灵王立即赐予公子成胡服，让他第二天就穿着上朝。

然后赵武灵王才正式向全国发布胡服令，还倡导人民在生产的余暇勤练骑射。没过多久，赵国的军事实力大为增强，在同胡人和中山国的交战中，屡获胜利。

完璧归赵

赵王因机缘凑巧，得到楚国的宝物和氏璧，秦昭王想要，就派使者来，表示愿意拿十五座城池换取和氏璧。赵王不想给，又怕秦国军队强大；给吧，又担心秦昭王不守信用，于是就向蔺相如求教。

蔺相如回答说："秦昭王提出拿城池换和氏璧，大王您如不答应，那么理亏的是我们；我们给他和氏璧，秦王若不遵守诺言，那么理亏的是秦王。两相比较，宁可答应，就算得不到城池，也要让秦王理亏。我请求护送和氏璧到秦国去，如果秦王不给城池，我一定想办法把它完整地带回来。"

不久蔺相如作为赵王特派使者，带和氏璧到了秦国。秦王见了和氏璧，拿在手上反复把玩，爱不释手。蔺相如看出秦王其实无心割舍城池给赵国，就用计骗秦王，又把和氏璧拿了回来，然后派随从揣着璧抄小路送还给赵王，自己则留在秦国等候处置。

秦王虽然生气，但十分欣赏蔺相如的贤能、胆识，所以没有杀他，而是对他颇为礼貌，然后送他回到赵国。赵王见蔺相如立下大功，就任命他做了上大夫。

负荆请罪

秦王派使者告诉赵王，邀请赵王到渑池一聚，商谈国务。赵王害怕，不想去，廉颇、蔺相如劝他说："大王您若不去，赵国就会被各国看成胆小怯懦，从此受到轻视。"于是赵王决定去，并且让蔺相如做他的随从。

廉颇送他们到赵、秦边境，与赵王诀别，说："从您出发到各项事务结束回到国内，不会超过30天。假如您没有如期返回，我请求把太子立为赵王，以免您被当作人质，挟制赵国。"赵王同意了。

到了渑池，秦王举行宴会招待赵王喝酒，双方酒兴正酣之时，秦王提出要求，让赵王为他鼓瑟。赵王害怕，不得已，只好照他的话做了。

蔺相如为挽回赵国的尊严，就到秦王近前，请他为赵王击缶。秦王不愿意，蔺相如说："我跟您相距五步，如果您不击的话，我请求冒死一搏，请您恕我冒犯之罪。"

秦王侍从想杀蔺相如，蔺相如怒目呵斥，侍从被他的气势所震慑，不敢再轻举妄动。秦王虽然很不乐意，也没有办法，只好为赵王击了一下缶。就这样直到喝完酒，秦王欺压赵王的企图也没得逞。加上赵国同样是有备而来，秦国人也不敢造次。

回到赵国后,蔺相如被任命为上卿,地位还在廉颇之上。廉颇心里不平,四处宣言说:"我是赵国的将军,驰骋疆场,为赵国立下汗马功劳。蔺相如原本只是贫贱之人,不过是能逞些口舌之利,居然地位还在我之上,这对我是莫大的耻辱。我怎么能位居那个人之下呢!"并且扬言说,"要是让我看到蔺相如,一定要当面羞辱他!"

蔺相如听说以后,不肯再与廉颇相会;还称病不去上朝,不想和廉颇争位列的次序;出门远远望见廉颇的车驾,就像老鼠见了猫,赶紧改道回避。

蔺相如的门客都感到耻辱,纷纷为他鸣不平。蔺相如就对他们说:"若论威严,廉将军和秦王比如何?"

门客说:"比不上。"

蔺相如说:"即使是威严如秦王,我也敢当面斥责他、羞辱他的群臣。我虽然没本事,但也不至于唯独惧怕廉将军。

"只是我考虑到,强大的秦国之所以不敢攻打我们赵国,是因为赵国文有蔺相如、武有将廉颇。假如我们两虎相斗,必有一伤,恰恰投合了秦王的心意。我之所以对廉将军一味避让,是先考虑国家的利益,之后才考虑个人荣辱啊!"

廉颇听说以后,十分惭愧,于是赤裸上身,背上绑着带刺的荆条,去向蔺相如请罪。两人从此结为生死之交。

长平之战

周赧王五十五年(公元前260年),秦国左庶长王龁率秦军进攻赵国长平。当时,赵国老将廉颇统率部队驻扎在长平,他率领部队与秦军几次交锋,都被秦军打败,于是坚守壁垒,拒不出战。

赵王对于廉颇作战屡次失利、损兵折将早已颇有微词，如今见他还胆怯不肯出战，非常生气，屡次派人督促责备。

范雎乘机派人携重金去赵国离间赵王和廉颇，宣称："秦国什么都不怕，只怕让马服君赵奢的儿子赵括当将军。廉颇不难应付，况且他就要是自己人了！"

赵王听到以后，就派赵括接替了廉颇的职务，蔺相如劝谏说："您因为赵括有名气就派他做将军，这就像用胶粘住瑟柱然后再鼓瑟，怎么能称心如意呢？赵括只会纸上谈兵，却不晓得灵活变通，他一定会害了赵国的。"赵王没有听从。

当初，赵括从小就学习兵法，自认为行遍天下，难逢旗鼓相当的敌手。他曾经和父亲赵奢讨论军事，赵奢也难不倒他，但也没有称赞他。

赵括的母亲不解丈夫对儿子不加称赞的做法，赵奢说："打仗是处在最危险的绝地，而赵括那么轻易地讨论它。假若赵国不让赵括当将军倒还罢了，如果一定要他当将军，这小子会把赵军引向败亡的。"

赵括领命当了大将军，将要出发的时候，赵括的母亲上书，说不能任用赵括。赵王问为什么，赵母回答说："当年我侍奉他的父亲，他父亲担任将军，礼贤下士，曾经亲自为几十个人捧过饭碗，关系亲密的有几百位。国君和宗室所赏赐的东西，全部分给部下官兵。从接受任命之日起，就不再问家里的事情。

"如今赵括一下子当上将军，面东而坐接见部下，属下都不敢抬头看他。大王赏赐的金银布帛，他全部拿回来藏在家里。天天物色廉价的房屋地产，可以买的他就买下来。您一定以为赵括像他父亲，实际上赵括和他父亲相差太远了，希望大王不要派遣他！"

赵王说:"不要再说,我已经决定了。"赵母就说:"如果他以后领兵打仗犯下过错,我请求不要受到牵连。"赵王同意了。

秦王听说赵括已经被任命为将军,就由名将白起秘密潜入前线,在幕后指挥秦军作战,而让王龁做他的副将,并且下令全军:"如果有人把白起将军是幕后统帅的消息泄露出去,杀无赦!"

赵括到达前线以后,大改廉颇以前闭门守城的策略,更换了各级军官,出动大军进攻秦军。白起假装败退,同时分出两支奇兵进行迂回。赵括乘胜追击,深入到秦军的阵地前,但因防御坚固而无法攻入。

这时,白起派出的两支奇兵中,第一支二万五千万人,切断了赵军回国的道路;另一支骑兵五千人,又切断了赵括返回阵地的道路。这样一来,赵军被一分为二,粮食补给也已中断。白起调兵遣将和赵军真刀真枪打了一仗,赵军战斗失利,就筑起工事坚守,等待援兵到达。

赵军固守的消息传回秦国,秦王亲自到河内发动十五岁以上男子,让他们全部赶去长平,阻挠赵国的兵力和给养救援。这时,齐国、楚国开始发兵救赵。赵军缺粮,就向齐国请求支援,齐王拒绝供应。

到了九月,赵军断粮已经有四十六天了,出现了互相残杀吃人肉的现象。赵括见形势紧急无法再守,再次率军冲击秦军阵地,想分成四拨轮番进攻,这样连续攻了四五次,还是没能突围。赵括亲自率领精锐士兵战斗,被秦军乱箭射死,赵军大败,士兵四十万人全部投降。

白起见降兵太多,心里担忧,与部下商议说:"赵国士兵一向反复无常,今天留下他们的性命,恐怕迟早会惹出祸乱。"于是使用诡计,坑杀了四十万赵国降兵,只留下年纪尚小的二百四十人,放他们回了赵国。

总共有四十五万赵国将士在长平之战中被杀,赵国上下大为震惊。

毛遂自荐

周赧王五十七年(公元前258年),赵国国都邯郸遭遇秦军围攻,赵王派平原君出使楚国求救。

平原君想从他的门客之中选出二十个文武全才来,已经选出十九个,最后一个怎么也挑不到满意的。有一个门客就把自己推荐给了平原君,此人名叫毛遂。

平原君说:"有才干的人在人群里,就像锥子放在布袋里,锥子的尖头立刻就会露出来。而你在我的门下,算到现在已有三年了,周围的人没有称颂过你,我也没有听过你的名声,这就说明你没有什么长处。既然你没有什么长处,那还是请你留下来吧。"

毛遂说:"我只是直到今天,才愿意进入布袋里而已!如果让我早一点儿进到布袋,我早就脱颖而出了,哪会只是冒出个小小的尖头!"平原君听了,觉得他很有意思,就让他一起去了,其他19个人一路上都笑话他。

平原君到了楚国,拿合纵抗秦的利和害劝楚王救赵,从日出就开始谈,到了日中还没有达成决议。

毛遂此时手扶剑柄走上台阶,对平原君说:"合纵抗秦的利弊,明理人听两句就明白了。现在从日出开始谈,谈到中午了还没结果,到底是怎么回事?"

楚王大怒,呵斥说:"你怎么还不下去!主子们在交谈,哪轮得到你这个奴才插嘴!"

毛遂按住剑柄上前说:"大王之所以呵斥我,无非是仗着您手下人多。如今我和您相距十步,楚国人再多您也无法恃仗!您的生死就在刀光一闪之间,我的主人就在面前,您呵斥我干什么!

"何况我听说,商汤的封地只有区区方圆七十里,却能称王天下;文王靠着百里见方的国土,而能使诸侯臣服。他们倚仗的是地广兵多吗?不!他们靠的是利用当时的形势,然后发扬他们的声威。

"如今楚国国土方圆五千里,军队百万,实力足以称霸天下。以楚国的强大,有哪个国家能抵挡得住?白起,小角色而已,率领几万人的军队,兴兵与楚国作战,一战就把楚国的鄢、郢两座城池给打下了,二战就烧毁了楚国的夷陵,第三战甚至还破坏了楚国先王的陵庙。

"这是千秋万载也难以化解的仇怨,连我们赵国都为您感到耻辱,楚王您自己却不以为耻。合纵抗秦,不只是救赵国,也是为你们楚国着想。我的主人就在面前,呵斥我干什么!"

楚王说:"对对,先生说得太有道理了,我谨代表楚国,参加合纵。"

毛遂就问:"打定主意了?"

楚王说:"打定主意了!"

毛遂就让楚王的随从拿来鸡、狗和马的血,跪着把铜盆捧送到楚王面前,道:"大王您应当歃血盟誓,订立合纵,然后是我的主人,然后是我。"他们就在殿堂上订立了合纵盟约。

毛遂左手端着血盆,右手对另外十九个门客示意,说:"你们也一起在堂下歃血!虽然你们是因人成事,一路跟着来也辛苦了!"

歃血合纵后,平原君就率人离开了楚国,回到赵国后,他一再深有感触地说："我再也不敢以善于品评天下人才自许了！"于是让尊毛遂为上宾。

奇货可居

华阳夫人是秦国太子安国君的正室，却没能诞下子嗣，没有儿子。妾夏姬倒是生了一个儿子，名叫异人，可是夏姬很早就死了。

异人原本一直在赵国做人质，由于赵国常常受到秦军侵扰，所以赵人对他并不以礼相待。再加上异人是以王族庶出子孙的身份去诸侯国做人质，从秦国得到的钱财并不可观，所以生活得很不如意。

吕不韦原是阳翟的大商贾，他来到邯郸，见到异人，说："这是稀罕货物，可以囤积牟利！"

于是前去求见异人，对他说："我能帮助你光耀门楣。"

异人笑着说："你还是先光耀自己的门楣再说吧！"

吕不韦说："你不明白，你的门楣光耀了，我的门楣才能跟着光耀。"

异人心里明白他的意思，于是引他入内，坐下后进一步深谈。吕不韦说："秦王老了，太子喜爱华阳夫人，华阳夫人又没有嫡亲儿子。你有兄弟二十多人，你地位居中，不是很受宠爱，又长时间不在你父亲身边，太子即位以后，你就无法再争夺继承权啦。"

异人说："那该如何是好？"

吕不韦说："现在只有华阳夫人能帮你继承王位。我吕不韦虽然不富裕，但愿意花上千金为你到秦国游说，千方百计扶助你做继承人。"

异人说:"果真如你所说的话,我愿意将秦国与你共享。"

于是,为了让异人广交宾客,吕不韦取出五百金交给他。又用五百黄金购买各种珍奇宝物,自己带着西行进入秦国,通过华阳夫人的姐姐把珍奇宝物献给华阳夫人,然后借这个机会称赞异人贤能,广交天下宾客贤士,而且经常日夜哭泣,思念太子和华阳夫人。

吕不韦说:"异人视华阳夫人如生母一般!"夫人听了非常高兴。 吕不韦又让华阳夫人的姐姐劝夫人说:"以娇容获得荣宠的人,容貌衰老之后宠爱也就会减轻。

"如今夫人受到宠爱,但却没有儿子,不趁现在年华正盛,挑选一个孝顺贤达的庶子做依靠,把他立为嫡子,等到年老色衰、宠爱减轻时,后悔也来不及了。

"如今异人贤能,又明白自己身份并不尊崇,不可能做继承人,夫人若真能够在这个时候帮助他,对他无疑是一个莫大的恩典,夫人也添了一个可立为继承人的儿子。 这样一来,也就相当于夫人终身在秦国得宠了。"华阳夫人认为很对,于是找机会对太子说:"异人虽是庶出,却贤名远播,来往之人没有不称赞的。"

然后哭着说:"我膝下也没有一儿半女,希望把庶子异人立为嫡子,让我将来有所依靠。"

太子答应了她,和她刻下玉符,将来让异人继承他的位子;然后又送了非常多的财物给异人,并请吕不韦辅佐他。 从此,在诸侯之间,异人的声望也渐渐流传开了。

吕不韦身边有一名容姿绝佳的侍妾赵姬,而且知道她已经有了身孕。 异人在吕不韦那里喝酒,见到赵姬后,立刻被迷得神魂颠倒,就向吕不韦索要。 吕不韦起初佯装生气,后来就把她献给了异人。

赵姬怀孕一年后，生下一个儿子，名叫政，于是，异人立赵姬做了正室。后来异人回到秦国，继位成为秦国国君，是为庄襄王。庄襄王去世，嬴政继承秦国王位，就是后来扫灭六国、一统天下的秦始皇。

李斯上谏议逐客

秦王政十年（公元前237年），秦国宗室大臣纷纷议论说："来我国做官的外国人，目的在于充当他们本国国君的说客，应该把他们全部驱逐出去。"秦王认为有道理，于是在全国大加搜索，要把客居官员全部驱逐出境。

楚国人李斯时任客卿，也在被驱逐的行列。

出发后，李斯心有不甘，向秦王上书说："秦穆公曾经广纳贤臣，在西边的戎地得到由余，在东边的宛地得到百里奚，从宋国迎回蹇叔，从晋国求得丕豹、公孙支，让他们各尽其才，终于把二十个国家统一到秦国治下，从此在西戎称霸。

"秦孝公不计较商鞅的出身，大胆任用，诸侯从此不敢再疏远轻视秦国，到今天仍然国治民强。秦惠王采用张仪的计策，用连横瓦解了六国合纵，使他们全部侍奉秦国。

"秦昭王得到范雎，任用他削弱权贵、强化王权。这四位君主，都依靠客卿的帮助才得以建功立业。如此看来，秦国有什么理由驱逐客卿？

"美女、音乐、珍珠、玉石这些东西，采自各诸侯国的不计其数，对待人则不这样。不管是否能为秦国所用，也不管是非曲直，不是秦国的就不要，做客卿的一律驱逐。这是以美女、音乐、珍珠、玉石为重，反而轻视人才啊。

"我听说河海不捐弃细流，所以能成就其深；泰山不拒绝土壤，所以能成就其大；君王不抛弃百姓，所以能彰明其德行。这是古圣贤王创建千秋基业的不二法则。如今您竟然抛弃百姓而让他们帮助敌国，把客卿谋士驱逐到别国效命，这真是所谓的把兵器借给敌军、把粮草送给强盗啊！"

秦王看了以后，幡然悔悟，赶紧召回李斯，恢复他的官职，并且改驱逐客卿为笼络客卿。李斯此时已经走到骊县，终于接到秦王召唤返回。

后来秦王采用李斯的计策，暗中派遣能言善辩的人，赶到各国以重金游说。各诸侯国内有名的士人，只要是贪恋财物的，就送他丰厚的财物与之结交；不能收买的就派刺客将他暗杀，并且在君臣之间用反间计离间他们。

施行这些计策后，再派遣良将领兵攻打，几年后，秦国终于统一了六国。

荆轲刺秦王

以前燕太子丹被送到秦国为质，秦王对他礼数不周，太子丹生气，就逃回了燕国。

太子丹对秦王怨恨在心，想要报复，就向太子傅鞠武询问计策。鞠武建议西面与韩、赵、魏结盟，南面联合齐、楚，北面结交匈奴，之后再伺机打击秦国。太子丹说："您的计策，需要的时间太久了，令人心中烦闷，我恐怕等不及。"

过了不久，获罪出逃的秦国将军樊於期逃到了燕国。太子丹接纳了他，并给他安排住处。鞠武为此劝谏太子丹，不能置国家安危于不顾，为了结交一人而得罪秦国，太子丹不听。

太子丹听说卫人荆轲是一个人才，就准备了丰厚的礼品言辞谦卑地请求拜见。见面后，太子丹对荆轲说："韩王已经成了秦国的阶下囚，如今他们又兴兵往南攻打楚国，往北逼近赵国。如果赵国不能抵挡秦军，秦国的铁蹄很快就会踏入燕国。燕国弱小，屡次被战争消耗，哪里能够抵挡秦军！而各诸侯国都向秦国屈服，不敢抵抗。

"以我个人的愚计，假如能有一位仗义勇士挺身而出，出使秦国，乘机劫持秦王，逼秦王把侵占的土地归还各诸侯国，就像齐桓公当年被曹沫劫持，被迫归还鲁国的失地一样。若能那样，就皆大欢喜。否则，就把秦王刺杀了。

"秦国的大将都领兵在外，恰好国内又有变故发生，君臣之间就会互相猜疑。乘这个机会，各诸侯结成抗秦联盟，必定能把秦军打败。希望您多加考虑这事！"

荆轲答应了他。

太子丹就安排荆轲住进上房，自己每天都去探望。只要是荆轲提出来的，他都竭尽所能去办。

等到王翦攻灭赵国，太子丹惶恐不安，就想让荆轲立刻动身。荆轲说："我如今就算去了，没有能够取信于人的东西，也不能够接近秦王。如果能够得到樊於期的头颅，再加上燕国督亢的地图，秦王必然迫不及待地接见我，我才有机会报答太子。"

太子丹说："樊将军遭遇祸事，走投无路，我不忍心杀他。"

荆轲于是私下见樊於期，说："秦王对待将军您，可以说仇深似海，您的骨肉亲族都惨遭屠戮！现在听说又以黄金千金、封地万户来购求您的头颅，您将如何对待此事呢？"

樊於期神情黯然，悲戚地说："有什么办法吗？"

荆轲说："我冒昧地借您项上头颅一用，用来献给秦王，秦王一定高兴而接见我，我左手拉住他的袖子，右手拿刀捅他的胸口，那样一来，不但您的大仇报了，燕国也能一雪前耻。"

樊於期说："没想到我的项上之物还能有几分除秦功劳，我死也心甘了！"于是自杀而死。

太子丹听说后，跑去伏尸痛哭，但人已经死了，也没有办法，就命人将樊於期的人头装进盒里。

太子丹事先已经求得天下少有的锋利匕首，命人在匕首上淬了剧毒，用人做试验，只要沾上一丝血液，没有不立刻死去的。然后收拾齐备，命荆轲即刻上路，又派燕国勇士秦舞阳做他的副手，以使者的身份进入秦国。

秦王政二十年（公元前227年），荆轲到达咸阳，通过秦王的宠臣蒙嘉，言辞谦卑地请求秦王召见。秦王非常高兴，穿上朝服，安排九宾礼仪，召集群臣，正式接见荆轲。

荆轲上前把地图卷轴给秦王，并为他打开图卷。图卷完全展开的时候，匕首就露了出来，于是荆轲拉住秦王的袖子，拿起匕首刺他。匕首还没刺到，秦王早已惊慌离开座位，拉断了袖子。荆轲立刻去追秦王，仓皇之下，秦王也不能拔剑出鞘，只好绕着柱子躲闪。

这时群臣都惊呆了，事情发生得太突然，导致大家都惊慌失措了。而且秦国法律规定，臣子在大殿之上不准携带任何兵器，群臣只得赤手空拳扑向荆轲，并且喊："大王背剑！"秦王把剑推到背后，才拔剑出鞘来砍荆轲，荆轲左腿被砍掉了。

荆轲残废，就拿匕首狠命扔向秦王，但被铜柱挡住。荆轲自知行刺失败，就骂道："这件事之所以没有成功，是因为我想劫持活的，逼迫秦王签订归还土地的契约给太子啊！"结果，荆轲被分尸示众。

秦王为此勃然大怒，向赵国增派军队，各部队合兵一处，由王翦率领进攻燕国。秦军与燕军和代国的军队在易水以西大战，燕、代联军惨败。

焚书坑儒

秦始皇三十四年（公元前213年），丞相李斯上书说："从前各诸侯相争，礼遇士人，招揽各国人才归附。现在天下平定，法令统一，百姓致力于农业和手工业生产，士人应当致力于法令的研习。

"现在儒生们不学习今天的法令，反而去深究古老的学说，用古代学问来批评当今社会，惑乱百姓，一起攻击法令教化。新的法令一经颁布，这些乱民就各自用自己的学说议论它，在家则心生非难，出门在街谈巷议，靠夸耀主上来获取名声，靠提出反对意见来彰显高明，带领群众制造诽谤舆论。这样的事若不加禁止，就会损伤君主的威信，臣僚中也会出现党派和党争。

"我请求命令史官，烧掉秦国以外的史书。只要不是博士官所掌管，收缴民间私藏的儒家和诸子百家的著作，由各郡守、郡尉集中焚毁。有敢谈论《诗》《书》的，处死；用古代的理论批评当今社会的，族诛；胆敢隐匿包庇罪行的官吏，与犯者同罪；命令下达三十天，还敢私藏以上书籍的，在脸上刺字，罚去做苦工。医药、占卜、农业方面的书籍保留。"秦始皇下令照办。

次年，侯生、卢生互相讥讽议论秦始皇，害怕罪责难免，于是逃走了。秦始皇知道以后，大发雷霆，说："卢生这些人，我对他们那么尊重，赏赐也很丰厚，现在居然诽谤我！给我严加审问，还在咸阳的儒生，看看还有没有人妖言惑众扰乱百姓的。"于是让御史一一加以审讯。

儒生之间于是互相告发牵连，最后有四百六十多名儒生获罪，都在咸阳被活埋，并通报天下，用以惩戒后人。

胡亥篡位

秦始皇三十七年（公元前210年），秦始皇巡游至平原津时病倒了。始皇很厌恶谈论死，因此左右都对始皇死后的安排讳莫如深。等到病情更加严重时，秦始皇才命令中车府令、掌管符玺的赵高写诏书给长子扶苏，说："回来治丧，到咸阳会合后安葬我。"诏书封好后暂由赵高保管，待秦始皇死后交给使者送出。

秋，七月二十日，车队行至沙丘平台，秦始皇驾崩。丞相李斯因为君主在外驾崩，担心各皇子争位及天下发生变故，所以秘不发丧，把棺材藏在车上，用遮阴的帘子遮挡，由始皇以前宠幸的宦官在旁边陪乘。每到一个地方，所有安排一如既往，由宦官在车中假冒始皇，准许大臣所奏的事情，只有胡亥、赵高还有受宠幸的宦官等五六人知道这件事。

当初，蒙恬、蒙毅两兄弟备受秦始皇宠信。蒙恬在外为将，蒙毅在朝中参与谋划，有忠信之誉，即使是位列将相者也要礼让他们几分。赵高没有生育能力，秦始皇听说他力气大，又精通刑狱法令，就提拔他当中车府令，还让胡亥跟从他学习法令断案，胡亥很宠幸他。赵高犯罪，秦始皇让蒙毅处理。蒙毅依法判处赵高死刑，秦始皇因为赵高办事机敏，就把他赦免了。

赵高一向受胡亥宠幸，又怨恨蒙氏兄弟，此时于是劝说胡亥伪造一份始皇诏书，杀死扶苏，自立为太子。胡亥当然表示赞成。

赵高说："这事儿要想不出纰漏，必须得拉丞相入伙。"

于是去见丞相李斯,说:"胡亥那儿就有始皇驾崩前拟的诏书和符玺。 立谁为太子,就凭丞相您与我二人说了算。 您看这事情怎么样?"李斯说:"赵高,你好大的胆子! 这不是为人臣子应该议论的!"

　　赵高说:"您在才能、谋略、功劳、劳而无怨以及扶苏的宠信这几个方面,比之蒙恬孰高孰低?"

　　李斯说:"我不及蒙恬。"

　　赵高说:"这样说来,一旦扶苏即位,必定让蒙恬取代您的位置,那看来您终究不能够身怀列侯印玺而荣归故里了。 胡亥忠厚仁义,你我可以辅佐他继承皇位,做新朝的从龙功臣。 希望您仔细考虑后决定此事!"

　　李斯被赵高说得心动了,就与赵高一起谋划,假称得到始皇诏令,立胡亥为太子。 另外伪造了一封诏书给扶苏,责备他不能开辟疆土,无尺寸之功却耗损兵力,反而屡次上书,抗言诽谤,日夜抱怨,怕不能回来做太子;大将蒙恬不予匡扶,反而教唆参与谋反,两人一并赐死,将军队交给副将王离。

　　扶苏打开诏书,看后哭了起来,想在内室自尽以明志。

　　蒙恬说:"陛下在外巡游,还没有立太子,但是让您监督边境三十万将士的动向,这是国家的重任! 现在才派一介之使前来,如果这是一场骗局,你自杀就太不值了! 臣再次请求您弄明白事情真相以后再死,也不算晚。"使者屡次催促,扶苏对蒙恬说:"父亲命令儿子死,儿子不得不死!"就自杀了。 蒙恬不肯自杀,使者就把他交付有关官吏,囚禁在阳周。 又命李斯的手下接掌护军一职,然后使者回去报告。 胡亥听到扶苏自尽的消息,就想释放蒙恬。 正好蒙毅为始皇出巡而祈祷山川,回来时路过,赵高就对胡亥说:"先帝原来早想立您为太子的,而蒙毅劝谏说不可以，不如把他杀了！"因此派人囚禁了蒙毅，把他关在代县大牢里。

然后车骑从井陉出发，抵达九原。当时正值酷暑，臭气从车里源源不断地飘散出来，无法掩饰，几个人没有办法，只好下令随从将一石鲍鱼装在车上，这样尸体的腐臭就被鲍鱼的臭味掩盖了。车队走直道到达咸阳，然后才发丧。随后胡亥登基，即秦二世。

九月，秦始皇被安葬在骊山。秦始皇墓挖得很深，人们设法把地下水隔开；又想办法运来各种奇珍异宝，藏在墓穴里，装得满满的；还在墓中各处设下种种机关暗器，有敢挖洞进来盗墓的，机关会自动发动将靠近者射杀；用水银模拟百川、江河、大海，靠机械灌注输送；没有诞下子嗣的嫔妃侍妾，一律被拉去殉葬。

下葬以后，由于墓室、机关都是工匠们建造布置的，他们知道其中的秘密，里面藏宝丰富，恐怕他们泄露，于是等安葬完毕，工匠们全都在封闭的墓穴里给始皇帝做了陪葬。

秦二世想诛杀蒙氏兄弟，他的侄子子婴劝他对蒙氏兄弟手下留情，二世不听。于是先杀了蒙毅，蒙恬听说消息后，知道大势已去，于是选择了服毒自尽。

陈胜吴广起义

秦二世元年（公元前209年）七月，一个叫陈胜的阳城人和一个叫吴广的阳夏人在今安徽蕲县大泽乡一带揭竿而起，反抗暴秦。

当时，秦国征发平民去戍守渔阳，陈胜、吴广等一行九百人被征发赶往渔阳，陈胜、吴广是他们的小队长。行至大泽乡正好碰上天降暴雨，道路不通，即使赶到渔阳，也要延误期限了。按照秦的法律，征戍延误期限者，一律处斩。

于是陈胜、吴广趁天下百姓怨恨秦的暴虐，把押送他们的将官杀掉，召集戍卒号令说："我们都已延误期限，按律当斩。 就算上面大发慈悲，不把我们斩首，咱们这群人也要有多半死于戍边。 何况壮士不死也就罢了，要死，就要死得轰轰烈烈！ 王、侯、将、相，难道是生下来就已注定的吗？"这一号令得到了戍卒们的积极响应。

于是，假借冤死的公子扶苏和战死蕲县的楚将项燕之名，陈胜、吴广高举义旗，设坛盟誓，号称"大楚"。 陈胜自立为将军，任命吴广做都尉。

起义军首先一举攻下大泽乡，把投降的兵卒收编后，略加整顿，随即又攻破了蕲县。 于是命令符离人葛婴率领军队，从蕲县往东，攻打铚、酂、苦、柘、谯等城池，也全部攻下。 一路上不断有新兵加入，起义军的队伍迅速壮大，等到了陈县，拥有的战车已增至七百乘、战马一千多匹，士兵好几万人。

义军紧接着攻打陈县，陈县的郡守和郡尉都不在，只有郡丞带人在谯门迎战，未能获胜；郡丞战死。 陈胜率义军开进陈县，并以此城为都。

当初，大梁人陈馀、张耳交情深厚，是同生死、共患难的好朋友。 秦国灭亡魏国，听说二人是魏国名士，就出重金征召他们。 张耳、陈馀听说后，改名换姓，一起跑到陈县，靠在闾里给人看门混口饭吃。

一次，陈馀犯了过错，闾里小吏就要鞭打陈馀，陈馀想起身反抗，张耳用脚踩了踩他，让他忍受鞭打。 小吏走了以后，张耳把陈馀带到桑树下面，责备他说："当年我们是怎么说的？ 现在受了一点小小的侮辱，为了一个区区小吏就什么也不管不顾了吗？" 陈馀醒悟过来，赶紧向他道歉。

陈胜进入陈县以后，张耳、陈馀两个登门请求拜见。陈胜一向听说二人有才能，十分高兴。陈县的豪杰父老请求拥立陈胜为楚王，陈胜便征求张、陈二位的意见。

张耳、陈馀回答说："秦国专横无道，占领别国的土地，荼毒无辜的百姓，将军您不辞万死，起兵抗秦，为天下去除残暴。如今才到陈县就称王，这不是把您的私心诏告天下了吗？

"希望您不要称王，一鼓作气领军向西推进，派人迎立六国国君的后人，为自己多多树立盟友，给秦增加敌人。秦敌人多则分散力量，您盟友多则力量壮大。这样，直接和您交战的秦军少了，驻守城池的秦军力量也被削弱了。等您诛灭暴虐的秦王，占据秦都城咸阳，然后号令诸侯。诸侯灭亡后靠您复国，一定会感激您的恩德而服从您，如此您也就成就梦想的帝王大业了。现在只在小小的陈县称王，恐怕会惹来天下人的非议、嘲笑。"

陈胜不听，坚持称王，就在陈县建立了政权，定国号为"张楚"。

刘邦起兵

刘邦，鼻梁高挺，面相奇特，左边大腿有七十二颗黑痣。而且为人仁爱，喜好施舍财物，心胸宽阔，不拘小节，一向心怀大志。

起初，刘邦在泗水上做亭长。单父县人吕公，擅长相面之术，看见刘邦的相貌，心中暗自称奇，就把他招为了东床快婿。

后来刘邦作为亭长为县里送刑徒到骊山，半路上逃跑了很多刑徒。刘邦估计等到了骊山，他也快成光杆司令了，于是到了丰地以西一个沼泽中的亭子，就停下来喝酒。

到了晚上，刘邦索性把所有刑徒都放了，对他们说："你们都走吧，我也要从此逃亡了。"

刑徒之中，有十几个年轻力壮的愿意跟随他混饭吃。

刘邦喝了酒，晚上穿过沼泽，看到一条大蛇挡在路上。刘邦拔剑出鞘，斩了那蛇。

不一会儿有一个老妇人哭着找来说："我的儿子，就路中间那条蛇，他是白帝儿子的化身。现在赤帝的儿子把他杀了！"说完后，老妇人转眼消失了。

刘邦逃亡过程中，藏身于芒、砀的山泽之中，类似的不可思议的奇事时常发生。沛县的年轻人听说后，很多人想去投奔他。

陈胜在大泽乡起义后，沛县县令打算响应陈胜在沛县举义。

县掾萧何、主吏曹参说："您身为秦国县令，却要背秦起事，这样去命令沛县的子弟，只怕不能服众。您如果能把在外逃亡的流民召回来，可以获得几百人，然后再胁迫大家，大家就不敢不听了。"于是樊哙被派去召回刘邦。

彼时刘邦所率的小部队已达数百人，沛县县令很后悔，害怕他会叛变。于是紧闭城门，严加防守，想杀萧何、曹参。萧何、曹参害怕了，为了自保他们冒险逃出县城，投奔了刘邦。

刘邦给沛县父老写了一封信，让人把信射到城上，为他们陈说利害得失。沛县父老就率领子弟一起杀死县令，开城门迎刘邦入城，并把他立为沛公。

萧何、曹参等人为他招收沛县子弟，得到两三千人，刘邦率领这批人马与各路诸侯遥相呼应，共诛暴秦。

巨鹿之战

秦二世二年（公元前208年），秦将王离率秦兵包围了义军据守的巨鹿。次年，章邯修筑甬道连到黄河，军粮通过这条甬道源源不绝地运送到王离军营。王离的军队粮食充足，攻打巨鹿更卖力了。

巨鹿城内粮食耗尽，士兵人数也不足，义军守将张耳一再派人向陈馀求救。陈馀估计兵力不足，战胜不了秦军，迟迟不敢发兵。

这样过了几个月，张耳大怒，埋怨陈馀，派张黶、陈泽前去责备他说："我们曾经一起经历过生死患难，现在赵王和我早晚性命不保，你手上有几万兵马，却不肯前来援救，当年所说的同生共死体现在什么地方？如果信守前言，为何不赶来和我并肩死战？况且还有十分之一二得以保全的机会。"

陈馀说："我估计前往巨鹿终究不能拯救赵军，救援部队也要白白牺牲。而且我陈馀之所以不与你一起赴死，是要留着这口气找秦军为你们报仇。现在一定要共同赴死，就像把肉块丢给饿虎一样，没有任何意义！"

张黶、陈泽再三恳求陈馀务必出兵救援，陈馀于是让张黶、陈泽带领五千人先试着进攻秦军。到了阵前，五千士兵在与秦军交战中，无一苟活，全部战死。这时，齐国的军队、燕国的军队都来援救赵国。张耳的儿子张敖通过收编北面代地的士兵，也得到一万多人，悉数带了赶过来。这些军队都在巨鹿附近设营固守，但是没有哪一支敢和秦军正面交锋。

这时，楚上将军宋义由于不肯出兵救赵已经被项羽杀掉，而后项羽又被楚怀王任命为上将军，威名震动楚国。英布、蒲将军率领二万人马，从水道去救巨鹿。交战之后，取得了一些小的胜利，章邯铺设的运粮甬道被切断，王离的部队因补给中断而缺粮。陈馀再次向项羽请求增援，这次项羽亲自率领全部士卒赶了来。

军队渡河以后，项羽下令凿沉所有来时乘坐的船只，砸烂了所有炊具，把营房全部烧掉，每人只带三天干粮，以此向全军将士表示必死的决心。因此楚军一到巨鹿，就包围了王离，与秦军接战，九个生死存亡的回合过后，终于重创秦军。章邯领兵退却。诸侯的援军这时才敢前进攻击秦军，战斗中，秦将苏角被杀，王离被俘，涉间不肯投降，自焚而死。

经过巨鹿一战，各路义军中，楚军异军突起。刚开始时，援救巨鹿的各路诸侯军有营垒十几座，却没有敢出兵进击的。而当楚军和秦军正在激战之时，各诸侯军的将领都在营垒上观战。看到楚军战士无不以一当十，喊杀声震天动地，骇人的气势令观战的诸侯军将士也胆寒心惊。结果打败秦军以后，项羽召见各路诸侯军将领，这些将领进入辕门的时候，无一不是跪着前行，谁也不敢仰视他。从此，诸侯军中，项羽位列上将军，各路诸侯对他的指挥调遣无不服从。

刘邦入咸阳

汉高帝元年（公元前206年）十月，刘邦率先领兵到咸阳，驻军霸上。秦王子婴乘坐白车，驾着白马，颈上系着绳子，携带传国玉玺和符节等宝器，在轵道亭旁边向刘邦投降。

众将领中有人主张杀掉子婴，刘邦说："当初怀王派我前来，就是看重我待人宽厚。何况人家已经投降了，再杀他是不吉利的。"最后，把子婴交由官吏酌情发落。

刘邦领兵向西进入咸阳，各位将领发疯似地找财宝、找府库，将金帛财物抢出来分掉。只有萧何先进去搜集各种地图和档案，将它们收藏起来。刘邦后来因此得以详细地了解天下的地理环境、户口多寡以及军事力量分布。

刘邦看到秦的宫室、帷帐、猎狗、骏马、重宝和宫女不计其数，忍不住想住在宫里面。樊哙劝谏他说："您是想拥有天下呢，还是只想做一个富翁？这里骄奢安逸的生活，就是秦朝灭亡的原因，您要它们做什么？希望您赶紧返回霸上，不要留在宫中！"刘邦不听。

张良说："秦暴虐无道，您才有机会讨伐到这里。为天下人铲除残害百姓的秦贼，应当穿素净的衣服赢得百姓拥戴。如今您才刚入咸阳，就安于享乐，这就是人们所说的'助桀为虐'啊！况且忠言逆耳利于行、良药苦口利于病，恳请您能接受樊哙的提议。"刘邦不再坚持，率领大军返回霸上。

十一月，各县父老、地方豪强被刘邦召集到一处，刘邦对他们说："父老们被秦朝苛刻的法律所苦已经很久了。各路诸侯之间有约定，封先入关的人为关中王。按照约定，我就应当在关中称王。所以我愿与各位父老乡亲约法三章：杀人者处死，伤人者和偷盗者抵罪。

"除此之外，废除所有秦朝法律，各官吏和百姓都按照原来的位置不动。我之所以到这里来，是为了替父老们除害，而不是要来侵犯你们，请你们不必害怕！而且我的军队驻扎在霸上，只等各路义军首领到齐后，一起制定法令，好让大家安居乐业。"于是派人和秦朝的官吏一起走遍各县、乡、邑，广泛宣传自己的意图。

秦地的百姓非常高兴，争相慰劳刘邦的军队，献上酒肉犒劳将士们。刘邦辞让不肯接受，说："仓库中的粮食还很多，没有缺乏，不想让百姓破费。"百姓们更加高兴，都希望刘邦能在秦地称王。

鸿门宴

汉高帝元年（公元前206年），刘邦进入咸阳后，有人劝他说："关中地区最为富庶发达，且地势险要。听说项羽已经封章邯为雍王。现在如果他来了，您恐怕就不能再拥有此地。眼下应立即派兵把守函谷关，不让诸侯的军队进入。然后再慢慢从关中地区征召士兵，增强自己的实力，以抵御各路诸侯的军队。"刘邦觉得他说得有道理，就听从了。

不久，项羽到达函谷关，只见关门紧闭。刘邦占据关中的消息已经让项羽很恼怒，这下更是忍无可忍，于是派英布等人攻破了函谷关。

十二月，为了邀功请赏，刘邦的左司马曹无伤派人向项羽告密："沛公想在关中称王，让秦王子婴担任丞相，奇珍异宝全都收归己有。"项羽大怒，让将士饱餐一顿，打算第二天进攻刘邦的军队。当时，项羽军队驻扎在新丰鸿门，有四十万，号称百万；刘邦军队驻扎霸上，号称二十万，但实际只有十万。

亚父范增劝项羽说："刘邦在崤山以东的时候，既贪财又好色。听说到了关中地区后，一不搜刮财物，二不宠幸女色，这说明他的野心不小啊。我让术士望过他的气，都是龙虎形状，并有五色祥云缭绕不散，这是天子的气啊！您要乘机攻打他，要快！"

楚的左尹项伯，是项羽的叔父，他和刘邦手下的张良交情很好，听闻要杀刘邦的消息后，就骑着马连夜赶到刘邦的军营中，偷偷会见张良，告诉他项羽要来进攻，想让张良和他一起走，说："别跟刘邦一块儿死！"

张良说："我为韩王送沛公，现在有人要对沛公不利，我独自逃生是不义之举，不能不告诉他。"张良就进去禀报刘邦，刘邦知道后心中大骇。

张良说："您有能够抵抗住项羽大军的兵力吗？"

刘邦沉默了一会儿，才说："项羽军远胜于我的军队。该怎么办呢？"

张良说："我让项伯回去禀告，说您不敢背叛项羽。"

刘邦说："项伯与你关系不浅吗？你怎么和项伯有交情啊？"

张良说："秦朝还没亡时，我们曾一同外出，他杀了人，是我救了他；现在情况紧急，所以他幸而来告诉我。"

刘邦说："年龄上你大还是他大？"

张良道："他比我大。"

刘邦说："你帮我叫他进来，我会待他如兄长。"张良出去，坚持邀请项伯进去，项伯于是进去见刘邦。刘邦手捧酒杯为项伯祝寿，还订下了儿女亲事，说："我入关以后，连一点儿小东西都没有碰过，登记官民百姓，封闭府库，专等项羽将军到来。我在函谷关布兵把守，是为了防备盗贼出入和异常的情况。我盼项羽将军接手还唯恐不及，怎么敢反叛呢？希望您将我的心意转达给项羽将军。"

项伯答应了，对刘邦说："沛公不如明日一早过去，亲自向项王道歉。"

刘邦说："一定。"

于是项伯又连夜回去，回到军营后面见项羽，把刘邦的话转述给他，趁机说："刘邦如果不事先攻下关中，您又怎么敢进来呢？无故攻伐有功之人，是不义呀。不如就此好好对待他。"项羽同意了。

第二天，刘邦带领百多名随从骑马到鸿门见项羽，道歉说：

"为了讨伐暴秦,我与将军各自领兵征战,您在黄河以北,我在黄河以南,自己也没想到能先攻入关中,和您在这儿会合。现在有小人进谗言,是想离间我们的关系。"

项羽说:"这是你的左司马曹无伤说的,否则,我是不会对你有猜疑的。"项羽就留刘邦一起喝酒。

席间,范增对项羽不断递眼神,并三次举起他佩戴的玉玦暗示项羽快下决心,项羽沉默不语,没有回应。范增起身出去,召来项庄,对他说:"项王心慈手软,你现在捧着酒过去给刘邦祝寿,祝完寿以后,请求表演舞剑,乘机在坐席上袭击刘邦,把他杀了。不然的话,早晚有一天,我们都得成为他的阶下囚!"

项庄就进去为刘邦祝寿,然后说:"军营中没有什么娱乐,不如让我来舞剑助兴吧。"

项羽说:"好。"项庄于是拔剑起舞。

项伯也起身舞剑,总是为刘邦挡住项庄的剑,使项庄无法行刺。

张良看出情形不妙,于是到营帐门前见樊哙,樊哙说:"里面现在什么状况?"

张良说:"项庄正在舞剑,意图却是寻隙袭杀沛公。"

樊哙说:"那现在沛公不是很危险吗?让我进去与项庄拼命!"

樊哙就握着剑、举着盾往里闯,守卫的军士挡住他不让他进,樊哙侧过盾牌一撞,把卫士撞倒在地上。

樊哙闯进去,掀开帷幕站在那里,睁大眼睛瞪着项羽,头发倒竖,眼眶欲裂。

项羽离开席位,手中握着剑柄,问:"你来干什么?"

张良说:"他叫樊哙,是沛公的参乘。"

项羽说:"给壮士赐酒!"

侍从们端了一大杯酒给樊哙。 樊哙拜谢，起身后，站着一饮而尽。

项羽说："赐壮士猪腿！"

左右侍从又端来一条生猪腿给樊哙。 樊哙把他的盾牌倒扣在地上，把猪腿放在盾牌上面，拔出剑来大片割肉，大口吃。

项羽说："壮士，还喝得了吗？"

樊哙说："我连死都不躲避，还会推辞一杯酒吗？ 秦的野心犹如虎狼一般，杀人就像怕杀不完一样，用刑罚也唯恐用得不够，所以遭到了天下人的反叛。 楚怀王曾与各路将领约定：'先打败秦军攻入咸阳的，在关中为王。'现在沛公先打败秦军攻入咸阳，把金银财宝封装好，自己却分文未取，就率领军队返回霸上等待将军到来。 劳苦功高成这样，不仅得不到任何赏赐，您还听信小人的谗言，要诛杀有功之人。 这是在重复秦朝的暴行，是不可取的！"

项羽无话可答，就说："坐。"樊哙就坐在了张良后边。

坐了一会儿，刘邦起身上厕所，樊哙也跟着出来，想和刘邦一起溜走。

刘邦说："如果没有告辞就离开，不好吧？"

樊哙说："您现在就是项羽案板上待割的鱼肉，还告什么辞！"于是离去。

鸿门到霸上有四十里的距离，刘邦把车辆、马匹丢下不管，自己一个人骑马，樊哙、夏侯婴、靳强、纪信四个人跑步跟随，手上拿着剑和盾，从骊山下去，取道芷阳，抄小路回到霸上。 留下张良向项羽辞谢。

刘邦临走前对张良说："我抄小路回霸上，大概二十里路程。 估计我已经到达军营了，你再进去。"

张良估计刘邦已经安全了，就进去道歉，说："沛公因为喝醉了，不能亲自告辞。 谨让我将这对白璧奉上，再拜敬献给将军；将这对玉环敬献给亚父，再拜敬意。"

项羽说："沛公现在何处？"

张良说："听说将军有意责难，所以抽身离开，现在已回到军中了。"

项羽接过白璧把玩起来。 范增接过玉环放在地上，拔出剑来将它们击碎，说："唉，小子不足以和他图谋大事！ 刘邦一定会夺了将军的天下，我们这些人也要成为他的俘虏了！"

刘邦回到军中，立刻把曹无伤正法了。

萧何月下追韩信

当初，韩信还只是个少年人的时候，家境贫寒，又没有德行，不能被推举去做官，也不会做买卖谋生，经常混吃赖喝，大家都很讨厌他。

有一回韩信在河边钓鱼，有个在水边漂洗棉絮的妇人看到他饿了，就给他饭吃。 韩信很高兴，对妇人说："我一定会报答你的。"妇人生气地说："几尺高的汉子养活自己还困难！ 我是可怜你才给你饭吃，是指望你会报答我吗？"淮阴一个年轻的屠夫侮辱韩信，说："你虽然身材高大，喜欢佩刀带剑，其实胆怯懦弱。"又当众羞辱他说，"如果你韩信有种，就拿剑刺我。 要是怕死，就从我胯下钻过去！"韩信仔细地看了看他，没有说话，从屠夫胯下爬了过去。 事情传开了，人们都说韩信胆小怯懦，纷纷嘲笑他。 等到项羽的叔父项梁渡过淮河北上，韩信背着剑去投奔他，在他手下一直默默无闻。 项梁失败后，韩信又投奔项羽，项羽让他做郎中。 韩信在项羽面前屡次献计，都没有被采纳。 汉王刘邦进入蜀地，韩信又转投到刘邦帐下，仍然没有什么名声。

后来，韩信受到别人牵连，就要被处斩。一起的十三个人都被斩了，轮到韩信的时候，他抬起头，正好看见滕公夏侯婴，就说："汉王想成为天下主吗？为什么要斩杀壮士呢？"滕公听了十分惊奇，又见他相貌威武，就没有杀他，交谈之后，更加认定他是个人才，就奏报了刘邦。刘邦任命韩信为治粟都尉，却并不怎么重视他。

韩信经常和萧何聊天，萧何看出他不是常人。刘邦到达南郑的时候，将领和士兵都唱着歌想回到东边的家乡，中途逃掉了不少人。韩信估计萧何等人已经向刘邦举荐他，但刘邦仍然没有重用他的意思，就也逃走了。萧何听说韩信逃走，匆忙去追赶，根本没来得及报告刘邦。有人报告刘邦说："丞相萧何逃走了。"刘邦大怒，又心痛，好像被人砍断了左右手似的。过了一两天，萧何回来拜见刘邦。

刘邦又是生气，又是欢喜，责问他逃走的原因。

萧何说："我哪里敢逃走？我是为您追赶逃跑的人。"

刘邦说："哦，谁值得丞相劳驾去追啊？"

萧何说："韩信。"

刘邦又骂他说："至今有几十个将领逃跑了，你都没有去追。追韩信？骗我的吧？"

萧何说："其他将领很容易得到，可是天下没有第二个韩信。大王如果只想在汉中称王，自然用不着韩信；如果想要争夺天下，则不可不用韩信，而且一定要重用他。就看大王您的志向了。"

刘邦说："我也想要东进，不希望总是被困在这一隅难酬壮志。"

萧何说："如果您决定向东发展，能任用韩信，他就会留下来；假如得不到重用，他还是不会留下来的。"

刘邦说："那就给你面子，让他当个将军好了。"

萧何说："您任命他为将军，他还是会逃走的。"

刘邦道："那就授以大将军之职。"

萧何说："我先替韩信拜谢大王！"

说完，刘邦就要派人去传韩信，任命官职，萧何说："大王一向轻慢无礼，现在要任命大将军，却像呼喝小孩儿一样，所以韩信才要逃走。您如果要授予他官职，就要挑选吉日、斋戒、设坛场、安排仪式，然后才可以。"刘邦答应了。等到做好准备，就要拜任大将军了，将领们无不暗自得意，觉得自己是大将军的不二人选。最后看到刘邦拜任的大将军，竟然是韩信，大家都非常惊讶。韩信接受任命，拜谢完毕，就在上座就座。

刘邦说："大将军，丞相在我面前数次举荐你，对你赞不绝口，你有什么计策献给我？"韩信谦让了一番，就为刘邦分析天下形势，以及他和项羽各自的优劣利弊，还提出了精妙的方略以平定三秦。刘邦听了大喜，只恨没有早点儿任用韩信。

后来韩信帮助刘邦平定天下，被封为楚王。韩信到了楚地，派人寻找到当年对他有一饭之恩的老妇，赐她千金。又召见当初让自己蒙受胯下之辱的年轻屠夫，任命他为楚国的中尉，并且对手下将相说："这是壮士啊。当他侮辱我的时候，我完全能够取他性命的。只是杀了他也没有名目，所以才忍下来，成就了今天的功业。"

张良圯桥进履

张良字子房，是汉朝开国功臣，因功封为留侯。他以善于谋略、运筹帷幄著称，与长于协调政务的萧何、擅长排兵布阵带兵打仗的将才韩信一起被后人称为"汉初三杰"。

战国时期，张良家族世居韩国，他的祖父和父亲都做过韩国的相国。张良身为贵族公子，热衷于建功立业。他受过良好的教育，性情刚毅傲岸，行事有江湖侠客风范，意气风发，敢作敢为。秦国兼并韩国以后，张良发誓为韩国报仇，以此来报答韩国君主的恩德。

张良准备趁秦始皇出游时派人刺杀他。他通过一个名叫仓海君的人，找到了一位大力士。大力士被张良的勇敢和忠诚所感动，同意参与刺杀秦始皇，报韩国被灭之仇。张良为这位大力士打造了一个重一百二十斤的大铁锤，让他日夜练习武艺，然后派出大量人员，探查秦始皇出游的踪迹。一次，秦始皇离开都城咸阳，到东方地区游玩。张良得到这个情报后，与大力士一起埋伏在博浪沙准备袭击秦始皇。秦始皇一行经过他们的埋伏圈时，张良一声令下，大力士扔出铁锤。可惜当时车马太多，都一样华丽，张良判断失误，大铁锤砸到了另一辆车上。秦始皇受到惊吓，极为紧张，派出大批人马，紧急搜查刺客。全国上下一片紧张，折腾了十天也没查出刺客是谁。张良改名换姓，到下邳隐居避风头。

在下邳生活时，张良经常到一座桥上漫步。这座桥称为圯桥。有一位老者，身着粗布短衣，同样时常整日闲坐在桥边。这个老人头发花白，慈祥睿智，长期观察着张良的一举一动、一言一行。

一天，张良又像往常那样，悠然自得地走了过来。老者正在桥头栏杆上坐着，等到张良来到身边时，一抬脚，把鞋子掉到了桥下泥地上，冷冷地对张良说："年轻人，到桥下给我把鞋子捡回来。"张良吃了一惊，看了看老人，默不作声也没有动弹。老人又说了一遍。 张良看着老人花白的头发，微微笑了一下，走下桥头，把鞋子捡了起来，然后走上桥头，在老者身前停住把鞋子放下。 老人板着脸，把脚一伸，说道："给我穿上。"张良简直要被惹毛了，他有些愤怒了。老人又说了一遍。 张良想了一想，低下头，给老人穿上了鞋。 老人又说："把带子系好。"这下张良被气坏了。 他蹲下身子，又给老头儿系好鞋带。 老人站起身来，笑了一下，一言不发，傲然离去。 张良觉得非常奇怪，站在那里，目送老人离去。 走出去一里多地了，老人好像突然想起了什么，又转身走回来。 张良注视着老人，没有动弹。 老人走到张良身边，淡淡地说道："年轻人，我看你是个可塑之才。5天以后天亮时，到这里和我见面。"张良态度恭谨地回答："好的！"

第五天早晨，天色一亮，张良就赶到桥头，而老头儿早就来到桥头坐着等他了。 老人生气地说道："跟老人见面，不应该迟到。5天以后再来！"到第五天时，张良听到鸡叫，就赶忙去了桥头，只是老头儿又早早地在桥头坐着等了。 老人再次批评张良，让他5天以后过来。 这次到了第5天，张良索性不再睡觉，夜里就去了老地方，坐在那里等待老人。 过了好一会儿，老人才从远处走来。 他看见张良在桥上等他，非常高兴。 夸奖了几句以后，老头儿交给张良一本书，让他好好攻读，读透这部书，就可以做帝王的老师，帮助君主建功立业。 张良感谢一番，将那部书收下。这部书叫《太公兵法》，是姜太公辅佐周文王、周武王打天下时所使用的各种计谋的汇编。 送书的老头儿，人称黄石公，他认为张良是可造之才，便通过实际行动，把张良身上的锐气、傲气打磨下去，让张良知道忍辱负重、委曲求全的必要性和重要性。

张良非常聪明，有悟性，很快就明白了老人的良苦用心。《太公兵法》多次强调了忍耐与克制的重要性。 张良下功夫对

《太公兵法》反复认真研读，详细反思总结了自己过去的所作所为。他认识到，秦始皇只是秦国的一个国君，即使刺死他，韩国也难以复兴。只有推翻整个秦朝的残暴统治，才能为韩国报仇。从此以后，张良变得温文尔雅、审慎理智，改掉了以前意气用事、争强好胜的毛病。过了几年，天下大乱。张良竭尽自己的超凡才智，积极协助刘邦，最终推翻了秦朝统治，建立了汉朝政权，实现了自己为韩国复仇的夙愿。

韩信背水布阵

汉高帝三年（公元前204年）十月，韩信、张耳领兵东进攻打赵国，军队仅数万人。赵王赵歇和成安君陈馀听说后，便命令部队到井陉口集合，号称20万大军。

广武君李左车劝成安君说："韩信、张耳刚打了胜仗，士气正高。我听说：'从千里之外运送粮草，士兵就会面有饥色；如果断了粮食供应，军队就会食不果腹。'井陉口的道路，车辆、骑兵只能逐一通过，行军的队伍前后拉开几百里，那么粮草一定落在最后面。

"希望您拨给我3万士兵，从小路包抄，断了他们的粮草补给阻断了退路。而您守在深深的壕沟、高高的营垒后面，不要与他们交战。前进城池攻不下来，往后无路可退，野外又没有东西可抢，不到10天，您就能坐收韩、张二将的人头了。否则的话，我们一定会被他们俘获。"

陈馀曾经自称是义兵，不愿意用计谋使损招，说："韩信兵力薄弱而又疲惫不堪，这样还要躲避不出去攻击，别的部队也会认为我软弱好欺，而轻易来攻击我了。"

韩信派探子打探消息，听说李左车的策略没有被采纳，非常高兴，这才敢于率领军队这样前进，在距离井陉口30里的地方停下来扎营。半夜，命令军队出发，选出轻装骑兵共2000名，每个人都拿着一面红色旗帜，从小路上山，为了察探赵军动向，还得小心隐蔽着。

韩信告诫他们说："交战时，我们会佯装败退，赵军一定会出动全部兵力追赶我们，大营必定空虚，你们就趁机冲进去，用我军的红旗换下赵军旗帜。"

又命令他的副将分发食物给将士们吃，说："今天大胜以后，再犒赏你们一顿大餐！"将领们都不相信，假装迎合说："好。"

韩信说："赵军抢占了有利地形安营扎寨，我军大将的旗鼓出现以前，他们是不会进攻我们的先行部队的，就是怕我掉头跑了。"

所以先派了1万人出战，出营后，背靠河水布阵。赵军看见后纷纷大笑。

天刚亮，韩信就把大将旗鼓打出来，敲着战鼓开出井陉口。赵军出营迎战，两军激战了很久。然后，韩信、张耳佯装惨败溃退，逃回河边的军阵。河边军阵放他们进去，又和赵军激战。赵军果然全军出动，争抢汉军的旗鼓，追击韩信、张耳。韩、张率部队返回河边军阵，全军拼死奋战，赵军无法攻破军阵。

韩信派出的2000骑兵等赵军全体出动去争夺战利品时，趁机向赵军大营冲击，拔掉赵军旗帜，插上2000面汉军的红旗。赵军无法抓获韩信等人，就想退回营地，却见汉军红旗插在营中各处，惊慌失措，以为赵军将领已被擒获，于是士兵乱作一团，纷纷逃跑。

赵军将领斩杀逃兵也不能阻止，汉军乘机前后夹击，大败赵军,在泜水岸边斩杀了成安君陈馀,活捉了赵王歇。

敌人的首将、俘虏被敬献上来,汉军将领对韩信既是祝贺又万分钦佩,并问他:"兵法上说'右边和背后应该靠山,前面和左边可以临水',您这次却命我们背水一战,还说'攻破赵军后会餐',我们都不相信,但是竟然取胜了,请将军赐教。"

韩信说:"这也是兵法上有的,你们只不过没注意到而已!兵法上不是说'陷之死地而后生,置之亡地而后存'吗?而且我率领的士卒没有什么军事素养,这就是所谓的'驱赶平民百姓去打仗',一定要把他们置于死地,让他们为了各自的生存而战斗。假如让他们有路可退,他们就会逃走,还能指望他们全力抗敌吗?"

将领们都心悦诚服,说:"是啊,将军果然深谋远虑,高人一筹!"

韩信下令如有人活捉李左车,悬赏千金。有人把李左车绑着送到韩信的帐前,韩信为他松绑,让他面向东坐,像尊敬老师一样尊敬他。李左车见韩信诚恳,就为他出谋划策,成为韩信的得力助手。

项羽自刎乌江

汉高帝五年(公元前202年)十二月,项羽到达垓下,只剩少数士兵和少量食物,与汉军交战没能取胜,就退入营寨固守,被汉军和诸侯人马团团包围。

晚上,项羽听到汉军从四面都唱起楚歌,大惊失色,说:"楚地已经尽皆被汉军占领了吗?为什么有这么多楚人?"于是夜里起来,在帐中饮酒,慷慨悲歌,泪流满面,随从的属下也忍不住哭起来。 项羽骑上他那匹名叫乌骓的骏马，有800多名勇士骑上马跟随着他，乘夜色突破重围，往南奔逃。

天亮之前，汉军都没发现项羽跑了，发现后就命令骑将灌婴率领5000骑兵追赶。 项羽渡过淮河，跟上的骑兵只剩100多人。 到达阴陵后，项羽一行迷了路，恰好碰到一个农夫，就请他指路，农夫骗他说："往左。"项羽等人往左走，结果陷入沼泽，于是被汉军追上了。

项羽又领兵向东奔逃，到达东城时，身边只剩下28个骑兵，可是却有几千汉军骑兵追来。 项羽知道自己这次是真的走到尽头了，就对手下骑兵说："我起兵到现在，已经8年了，身经70多次战斗，从来没有失败过，这才称霸天下。 之所以有今天的结局，是老天要亡我项羽，不是我用兵的过错！ 今天要决一死战，咱们并肩作战，突破重围，斩杀敌将，砍倒军旗，连胜三次，让你们知道是老天要亡我，我用兵没有过错。"

项羽手下人马被分成四个小队，面朝四个方向，汉军把他们重重包围。 项羽对他的骑兵说："看我为你们斩他一名将领！"下令四队骑兵朝不同方向冲过去，约定在山的东边会合，分为三个地方。 接着项羽大声呼喊，策马飞奔而下，汉军溃散，一名将领被项羽砍杀。 郎中骑将杨喜追击项羽，项羽瞪大眼睛呵斥他，杨喜人马都受了惊，退避了好几里。

项羽与他的骑兵分三处会合，汉军不清楚项羽的确切位置，就兵分三路，又把他们包围起来。 项羽奔突冲杀，又斩杀了汉军的一名都尉，杀死汉军几十人，随后把他的手下聚集起来，只损失了两名骑兵。 项羽对他的骑兵说："怎么样？"手下都敬佩地回答："和您说的一样！"

项羽想东渡乌江，乌江亭长的船靠在岸边准备渡项羽过河，他劝项羽说:"江东虽然狭小,地方也有千里,百姓几十万人,也足以称王了。希望大王赶快渡江!现在只有我有船,汉军只能眼看着我们渡江了。"

项羽笑着说:"老天要亡我,我还渡江干什么?况且当初八千江东子弟跟随我过江,如今只有我一个人回去。即使江东父老可怜我,仍旧让我为王,我又有什么脸面去见他们呢?就算他们什么也不说,难道我就能心安理得吗?"于是把自己的坐骑乌骓马送给了亭长。

项羽让骑兵都下马步行,与汉军短兵相接。仅项羽一人就杀死了几百人,他自己也身受10多处伤。

项羽回头看见汉军骑司马吕马童,说:"这不是老朋友吗!"

吕马童转过头,对郎中骑将王翳说:"项王就是这位了!"

项羽说:"听说刘邦悬赏了一千金和万户地求我这颗头,我就把这个好处送给你吧!"于是自刎而死。

王翳砍下项羽的头颅,其余的骑兵互相践踏争抢项羽的尸体,有几十个人自相残杀而死。最后,项羽的五块肢体分别被王翳、杨喜、吕马童和郎中吕胜、杨武抢到。五个人把项羽的肢体拼在一起,都对得上,于是万户封地被五人平分了,五人全受封为列侯。

冒顿单于兴匈奴

当初,在秦军的威慑下,匈奴北遁,10多年不敢南侵。等到秦朝灭亡,匈奴才又渐渐往南渡过黄河。

冒顿是匈奴单于头曼的长子,被立为太子。后来,头曼所宠爱的阏氏(单于妻子的称号)又为他生了个小儿子,头曼便想立小儿子为太子。周边的东胡和月氏强大起来,头曼就派冒顿到月氏去当人质。不久以后,头曼猛烈地进攻月氏,其实是想逼着月氏杀掉作为人质的冒顿。结果冒顿偷了一匹月氏的好马骑上逃回了匈奴。头曼因此认为冒顿勇猛强壮,就把1万名骑兵交给他统率。冒顿就为自己制作了响箭,让部下练习马上射箭的技术,下令说:"我的响箭射出以后,不一齐射向目标的人,斩首!"然后冒顿就用响箭射他自己骑的好马,然后又对他宠爱的妻子射响箭,手下的人有不敢跟着射的,都杀了。最后冒顿又朝头曼骑的好马射响箭,他手下的人也都跟着放箭射单于的马。此后冒顿知道这些士兵可以用了,一日,冒顿和头曼一同外出打猎,用响箭射向头曼,他手下的人也跟着响箭一齐射头曼,就把头曼杀死了。冒顿又杀掉了后母、胞弟,还有不一心的臣子,自立为单于。东胡知道冒顿继位以后,就派出使者对冒顿他说:"我们想得到头曼当单于时的千里马。"冒顿向群臣询问,群臣都说:"不能拱手把我们的宝马送给他们!"冒顿说:"怎么能与人相邻却舍不得一匹马呢?"于是送了东胡这匹千里马。过了不久,东胡又派使者来对冒顿说:"我们想得到单于的一位阏氏。"冒顿再度征求大臣们的意见,群臣都愤怒地说:"东胡太不像话,竟敢索求阏氏,请发兵攻打它!"冒顿说:"怎么能与人相邻却舍不得一个女子呢!"就送了东胡一名自己宠爱的阏氏。

在东胡与匈奴之间,有一块没有人居住、被丢弃的荒地,方圆1000多里,双方各自占据地的一边,设置了哨所戍守。

东胡王越来越骄纵,这次又派出使者对冒顿说:"我想要得到这块没有人居住的荒地。"冒顿还向群臣询问,群臣中有人说:"这是块荒地,给不给都无关紧要。"谁知冒顿却勃然大怒,说:"土地是国家的根本,怎么能给别人呢?"立即处决了那些同意送出土地的大臣。然后冒顿骑上战马,下令说:"都城里有晚出发的人,斩首!"随即率领军队袭击东胡。此前东胡一直轻视冒顿,完全没有防备匈奴的进攻而一败涂地,冒顿因此就这样轻而易举地灭掉了东胡。冒顿凯旋之后,又进攻西邻月氏,月氏远遁;往南兼并了居住在黄河以南的楼烦、白羊二王的领地;随即入侵燕、代地区,当年被秦军攻占的匈奴旧地趁机全部被收复,还乘胜从中原夺取了大片新土地。

这时,汉军正与项羽相持,中原被战争拖累得疲惫不堪,两大军事势力都无暇也无力分心他顾,因此冒顿得以强大起来,能弯弓射箭的士兵有30多万,周边各国无不受其威慑。

白登山之围

汉高帝七年(公元前200年)冬天,韩王信投降匈奴,刘邦亲自率军讨伐,获得胜利,韩王信逃奔匈奴。其部将白土人曼丘臣、王黄等拥立赵国旧贵族赵利为王,纠集韩王信溃散的士兵,与韩王信和匈奴计划一起攻打汉军。匈奴派左、右贤王率领骑兵1万多人,与王黄等人驻扎在广武以南,出击晋阳。汉军迎击他们,再次获得胜利。

刘邦在晋阳听说冒顿在代谷,就想要去攻打他,先差遣手下到匈奴去侦察。冒顿把他的精锐士兵、肥牛壮马都藏了起来,只让外人见到老弱残兵和瘦弱的牲畜。有10多批使者先后被刘邦派出,回来后都说匈奴可以攻打。刘邦又派刘敬出使匈奴,还没返回汉军就出动全部兵力32万人往北追逐匈奴,越过了句注山。刘敬回来后对刘邦说:"大凡两国交战,正应该炫耀自己的力量,显示自己的优势。这次我到匈奴去,仅看到瘦弱的牲畜和大批弱残兵士，这一定是匈奴想故意显示自己的弱小，然后埋伏奇兵以赢得战争的胜利。我觉得不能攻打匈奴。"

可是此时汉军早已出发了，刘邦很生气，骂刘敬说："你这个齐国佬，靠着耍嘴皮子才得到一官半职，现在竟然敢胡言乱语，打击我军队的士气！"于是将刘敬押扣于广武。刘邦先行抵达平城，后面大军尚未全到，冒顿就派出精锐骑兵40万，把他团团围困在白登山，长达7天之久，汉军内外联络中断，不能够救援补给，刘邦只好采用陈平的计策，派使者偷偷用重金贿赂冒顿的阏氏，还讲了一大通歪理。阏氏于是对冒顿说："两位君主不应该互相迫害。如今就算夺取了汉朝的土地，单于您终究也不能住在那里。况且汉朝的君主也有神灵保护，希望单于明察！"

冒顿与王黄、赵利约定好时间会师，可是却迟迟不见军队的到来，冒顿因此怀疑他们与汉军合谋，于是就打开了包围圈的一角。

那时正好天降大雾，汉军走动往来，积极准备着突围，匈奴人毫无察觉。陈平请求刘邦命令士兵们用强弩搭上两支箭，箭头朝外，从包围圈打开的一角直接冲出去。

刘邦脱出包围圈后，想要快马疾驰，可是太仆滕公执意让他缓慢行进。到了平城，汉军主力部队也已赶到，匈奴的骑兵于是解除包围离去。汉军也收兵回师，让樊哙留下来平定代地。

刘邦回到广武，赦免了刘敬，说："我不听你的话，所以受困于平城。我已经把先前的10多批使者都杀掉了！"于是封给刘敬二千户的食邑，赐爵关内侯，名为建信侯。

刘邦南归，经过曲逆县，说："好壮观的县城啊！我走遍天下，仅见到洛阳与这个城市有如此规模。"于是改封陈平为曲逆侯，将全县全户给陈平充当食邑。陈平跟随刘邦南征北战，一共6次献上奇谋妙计，每次都增加了封邑。

韩信之死

当初，汉高帝刘邦任命阳夏侯陈豨为相国，赵、代二地的边境部队都由他监管。陈豨曾经拜访淮阴侯韩信，两人临分别时，韩信握着他的手，屏退左右，与他在庭院中散步，仰天长叹，说："可以跟你说说心里话吗？"

陈豨说："对于将军您，您说什么我就做什么！"

韩信说："你所就任的地方，聚集了天下精兵；而你本人，是陛下所信任宠爱之臣。如果有人说你造反，陛下一定不相信；第二次有人这么说，他就会起疑心；如果再有第三个人这么说，那他一定雷霆震怒，将亲自率领军队前去讨伐你了。你还不如率领边界的军队造反，然后让我在腹地起兵响应你，那么天下很可能易主。"

陈豨一向知道韩信的能力，所以相信他的话，就说："我听你的。"

汉高帝十年（公元前197年）九月，陈豨叛乱称王，攻打劫掠赵代二国。刘邦亲自率领军队往东讨伐他，到第二年的冬天，陈豨军队被击败。

韩信假称生病，讨伐陈豨时他不参加，暗地里却派人到陈豨那里，与他串通谋划。韩信计划在夜里与家臣伪造诏书赦免官府里的役工以及奴仆，鼓动他们袭击吕后和太子。一切都已准备好了只等陈豨的消息。

韩信手下有个舍人曾得罪韩信，被关在监狱里准备处斩。次年正月，那个舍人的弟弟上书举报，告诉吕后韩信要造反。吕后想把韩信召来，又担心他可能会不服从，就与相国萧何商量，让人假装从刘邦那儿来,说陈豨已经被捉杀头。

列侯及群臣听到消息,都来朝中祝贺,萧何又骗韩信说:"你虽然病了,道贺也是要去的。"韩信入朝,吕后便让武士将他捆起来,在长乐宫钟室里斩首。

韩信将要被斩首的时候,说:"我真后悔当时没有用蒯彻的计策,结果栽在一个女人手里,这难道不是天意吗?"吕后下令诛韩信三族。

刘邦回到洛阳,听到韩信谋反被杀,心里既惋惜又兴奋。他问吕后:"韩信死前说了什么?"吕后说:"韩信说没有用蒯彻的策略让他很后悔。"刘邦道:"哦,他说的是齐国的辩士蒯彻啊!"于是下诏命令齐国逮捕蒯彻。

蒯彻被押来后,刘邦问他:"你有没有指使韩信造反?"

回答说:"是的,我确实说过。但韩信不听我的,所以才自取灭亡,落到这个地步。假使他听了我的话,陛下怎么还能捉住他并诛他三族呢?"

刘邦大怒,下令:"烹了他!"

蒯彻连忙叫喊:"哎呀!冤枉啊!居然要把我烹了!"

刘邦说:"你指使韩信谋反,我没有冤枉你!"

蒯彻说:"秦朝丢失了他们的鹿,天下人一起去追,跑得快长得高的人可以抢先得到。古代盗跖的狗对着尧吠,并不是尧不仁,而是狗天生就是要对非主人的人叫的。在那个时候,我只知道韩信,不知道有陛下。手持兵器想做皇帝的人多着呢,只是力量不够罢了,您难道能把他们都烹了吗?"

刘邦听完,想了想说:"别追究他了。"

后世有人认为,韩信为刘邦南征北战,汉朝能够得到天下,很大程度上是依靠了韩信的军事能力;再看他先前拒绝蒯彻的建议,在陈迎接刘邦,怎么会想着谋反呢? 实在是由于爵位被削,心里不平,才不得不造反;其实刘邦也有对不起韩信的地方。

　　司马光对此评论说:"刘邦在陈用欺骗的手段抓住韩信,说他自己确实有对不起韩信的地方;不过,韩信在某些地方也是咎由自取。 当初,刘邦与项羽在荥阳相持,韩信消灭齐国,不回来报告刘邦,却自己在齐地称王;后来刘邦在固陵追击项羽,和韩信约好同时进攻,结果韩信又不来。 在那个时候,刘邦已经产生了诛杀韩信的想法,只是力量还不够而已。 等到天下已经平定,韩信还能倚仗什么呢? 借机谋利是小人,报答恩德是君子。 韩信自己像小人那样谋取利益,却指望刘邦待他如君子,岂不是太荒谬了吗?"

废立太子之争

　　戚夫人很受刘邦宠爱,生下了赵王如意。 刘邦不满太子刘盈生性懦弱,而认为如意像自己,所以虽然如意的封地在赵,刘邦却让他常住长安。

　　刘邦出巡关东,戚夫人经常跟着去,日夜在刘邦面前哭泣,请求将儿子如意立为太子。 吕后因为年纪大了,总是在长安留守,渐渐与刘邦疏远开来。

　　刘邦想废黜刘盈,改立如意为太子。 大臣们努力阻止,刘邦却仍一意孤行。 御史大夫周昌在朝廷上极力争辩,刘邦同意他陈述理由。

　　周昌口吃,当时又非常生气,说:"我嘴里说不上来,但我确确实实知道这不行! 陛下想废太子,我就……就……就是不同意!"

这时候，吕后正在东厢房悄悄偷听，退朝以后，去见周昌，跪下来谢他，说："要不是您，太子差点儿就要被废了。"

汉高帝十二年（公元前195年），刘邦平定英布叛乱后回来，病情加重，就更加想换太子。张良劝阻不被接受，于是谎称生病从此不问政务。

叔孙通劝谏说："从前晋献公因为宠爱骊姬，废黜太子，另立奚齐，导致了晋国几十年的内乱，被天下人耻笑。秦朝由于错失良机，没及时立扶苏为太子，使赵高得以用欺诈手段立胡亥为皇帝，使自己宗庙绝祀，这是陛下您亲眼所见的。现在天下无人不知太子厚德仁义、孝顺温良。吕后又与陛下同甘共苦艰难创业，陛下又怎能忍心相背弃？陛下如果坚持让小儿子取代嫡长子的地位，我愿先受诛杀，让地上浸染我脖子里的血！"

刘邦说："你别这样，我不过是开个玩笑！"

叔孙通又说："太子，是天下的根本；如果根本动摇，天下就会不安。陛下怎么能拿辛辛苦苦打下的天下来开玩笑呢？"

当时大臣中坚决劝阻的人很多，刘邦知道群臣中没有人扶持如意，就没有改立。四月二十五日，刘邦在长乐宫驾崩，太子刘盈继位，是为汉惠帝；吕后被尊奉为皇太后。

吕太后命人将戚夫人囚禁于深巷，剃掉头发，扣住脖子，穿上赭色的囚服，让她在那儿舂米。她又三次派使者召如意过来。

赵国国相周昌对使者说："高帝生前将赵王托由我照顾。赵王年纪小，我听说吕太后怨恨戚夫人，召回赵王后也会被杀掉，所以我不敢让赵王去。而且赵王也病了，不能接受诏令。"吕太后大为愤怒，先派人召周昌。召回周昌后再次派人召如意。

如意来到长安，还没有到达的时候，惠帝刘盈知道吕太后憎恶如意，就亲自去霸上迎接他，与他一起入宫，吃饭睡觉步步不离，生怕母后加害于他。吕太后想杀如意，但始终找不到机会。

次年十二月的一天，惠帝很早就外出打猎，如意因为年纪小，不能早起，所以就没去。吕太后终于找到机会，就把如意用毒药毒死了。黎明，惠帝回来时，如意已经死了。

吕太后仍不放过戚夫人，又命人砍断她的手脚，挖去眼珠，熏聋耳朵，灌下哑药，让她待在厕所里，称她为"人彘"（意思是"人猪"）。

过了几天，吕太后召惠帝来看"人彘"。惠帝见了，大为吃惊，几番询问后竟得知这就是戚夫人，于是大哭一场，从此卧病在床一年多。他派人向吕太后请求说："这种事不是人做的。我作为太后您的儿子，没有颜面再来掌管国家。"惠帝从此每天饮酒作乐，不理朝廷政务。

吕后分封诸吕

汉惠帝七年（公元前188年），惠帝刘盈驾崩于未央宫。当初，太后吕雉让张皇后抱别人的儿子来抚养，把他的亲生母亲杀死，立为太子。太子于惠帝驾崩后登位，因为年龄幼小，吕太后当时身份为太皇太后掌握实权。

汉高后元年（公元前187年），吕太后与群臣商议，欲将吕家人封为诸侯王。问右丞相王陵，王陵说："高帝刘邦曾经杀白马饮血盟誓，说：'称王的若非刘氏，天下人可以一起消灭他。'若吕氏称王，则盟约将被打破。"

太后很不高兴，又问左丞相陈平、太尉周勃，他们回答说："高帝平定天下，规定刘氏后代才能称王；现在太后临朝，分封吕氏为王，也是合情合理的。"太后很高兴，就宣布退朝。

退朝后，王陵责备陈平、周勃说："当初与高帝饮血盟誓，你们也是亲自在场的。现在高帝驾崩，太后一个女人主持朝政，要封吕氏为王，你们只顾奉迎太后，却背叛约定，还有什么脸面在九泉之下见高帝呢？"陈平、周勃说："今天在朝上有胆量坚持劝谏，我们的确不如你；但将来保全社稷，为刘氏确保江山，你却未必如我们二人。"王陵没有话可以对答。

不久，太后任命王陵为太傅，表面上升了他的职，实则将其右丞相实权削夺。王陵于是告老还乡，没几年以后就死了。

太后将父亲临泗侯吕公封为宣王，追尊哥哥吕泽为悼武王。这两位当时都已离世，吕太后这一手叫"投石问路"，想以此试探朝臣的反应，然后开始逐渐分封吕氏称王。

太后计划逐步将吕氏封王，就先封名义上是惠帝儿子的刘强为淮阳王，刘不疑为常山王。于是，大臣们心领神会，就上奏太后请求将悼武王吕泽的长子郦侯吕台封为吕王，划出齐国的济南郡，将其封为吕国。

到了汉高后七年（公元前181年），吕氏封王的越来越多，朝政渐渐掌握在了吕家手中。朱虚侯刘章是齐王刘肥的次子，年方二十，身强力壮，也很有谋略，一直对刘氏没有实权愤愤不平。

刘章曾在宫中负责侍奉太后饮酒，太后让他为监酒官，刘章自己请求说："我是将军的后代，请太后允许我按军法监酒。"太后说："好啊。"喝得差不多时，刘章想唱《耕田歌》为大家饮酒助乐，太后答应了。刘章就唱道："深耕埋种，秧苗疏松；不是同种，锄头挖走。"太后听出了他的弦外之音，没有说话。

过了一会儿，有一吕家人不胜酒力，想离席逃酒，刘章追上去，拔剑斩杀了他，回来报告太后说："有一人逃酒，我已按军法将他处斩！"在场的人都大吃一惊，吕太后因为已经同意他按军法监酒,找不出治他罪的理由,于是结束宴会。

从此之后,刘章受到吕家人的敬畏,朝廷大臣也依附于他,刘氏宗室的势力因此得到增强。

陈平担心吕家的人作乱,又苦于自身力量薄弱无法制约,还担心大祸落到自己头上。有一天,陈平闲居在家,苦苦思索对策。正好陆贾来拜访,没向陈平请示就径直进入,而陈平竟然没有发现。

陆贾说:"丞相这么专注思考什么事?"

陈平说:"你认为我在思考什么事呢?"

陆贾说:"您富贵已到极点,没有其他欲望了;能让您忧虑的,就只有吕家人,还有年幼的皇帝了。"

陈平说:"对啊。你有什么办法吗?"

陆贾说:"天下是否安定,取决于宰相;天下是否战乱,取决于大将。将相相处融洽,士人就会归附;那么天下即使有变故,大权也不会旁落。社稷的安危大计,实际就取决于将相二位。我曾想对太尉周勃说明这些道理,周勃把我的话当作笑话不放在心上。您为什么不与太尉交好,紧密联合呢?"于是在对付吕家的重要问题上为陈平献计献策。

陈平采纳陆贾的计策,在周勃大寿时献上500斤黄金,并举办丰盛的宴席;周勃也以相当的礼节回报他。之后两人相互结好,关系紧密,吕氏篡国的阴谋越来越难以得逞。

次年七月,吕太后病得很厉害,就任命赵王吕禄为上将军,率领北军;南军则由吕王吕产率领。太后告诫吕产、吕禄说:"吕氏受封为王,众臣一直愤愤不平。我就要去世了,皇帝年纪还小,我担心大臣们会乘机发难。你们一定要将军权牢牢把持在自己手中,守住皇宫,千万不要为我送丧,以免离开重地后被人牵制。"

不久，太后去世，留下遗诏：大赦天下，任命吕王吕产为相国，皇后封给了吕禄的女儿。

诸吕作乱

太后吕雉去世后，吕家人预谋造反，因为惧怕大臣周勃、灌婴等人，所以没敢贸然发动。朱虚侯刘章当时在长安负责朝廷宫中住宿警卫，他娶了吕禄的女儿为妻，所以预先得知了吕氏的阴谋，就秘密将消息告诉了哥哥齐王刘襄，想让刘襄率领军队向西，自己和东牟侯刘兴居在长安城内加以接应，来诛灭吕家的人，立刘襄为皇帝。齐王就和他舅舅驷钧、郎中令祝午、中尉魏勃密谋起兵大计。

齐国国相召平反对发兵，齐王听说后决定杀他灭口。召平得知后，就发兵包围王宫。魏勃骗召平说："齐王没有朝廷的虎符就擅自发兵，是违法的。您发兵包围王宫，做得很好，我请求为您带兵入宫围住齐王。"召平相信了，就将军队指挥权交给了魏勃。

魏勃得到军权后，就把相府包围起来，召平只好自杀。于是齐王任命驷钧为国相，魏勃为将军，祝午为内史，发动起国内所有军队。

祝午奉齐王之命前往东面的琅玡国，骗琅玡王刘泽说："吕氏发动变乱，齐王发兵准备西入长安诛杀他们。齐王因为自己年纪轻，不熟悉军事，想请大王来掌管齐国大事。大王您在高帝时就已经开始带兵了，经验丰富，请您前往齐都临淄，协助齐王共谋大事。"

琅琊王相信了他的话，立即前往拜见齐王。齐王趁机扣留了琅琊王，而让祝午征发琅琊国的全部军队，交由自己亲自统一指挥。

琅琊王对齐王说："大王贵为高皇帝嫡长孙，立为皇帝是理所应当之事；现在各位大臣对拥立谁做皇帝犹豫不定，而我在刘氏宗族中年龄最大，这件事自然也应当由我决定。现在大王把我留在这儿，我什么也做不了，还不如让我入关为您谋划大事。"齐王认为他说得有道理，就准备了许多马车送琅琊王入关。

琅琊王出发后，齐王就率领军队向西进攻济南国。齐王派人将檄文送到各诸侯王手中，历数吕氏的罪名，并直言出兵意图，就是要诛杀他们。

相国吕产等人听说齐王举兵，马上命颍阴侯灌婴带兵讨伐。灌婴行军到达荥阳，心里想："吕氏在关中手握重兵，预谋造反，取代刘氏自立为帝。现在我若打败齐军，回去报告朝廷，等于是在帮助吕氏谋反。"

于是灌婴就在荥阳驻扎下来，并对齐王和各诸侯国表态，与他们相联合，静待吕氏发起变乱，然后一起诛灭吕氏。齐王得知以后，就退回到齐国的西部边境，等待联合发兵的时机。

吕禄、吕产虽预谋叛变已久，但朝廷内畏惧周勃、刘章等人，朝廷外害怕齐国和楚国的军队，又担心灌婴背叛他们，就想先让灌婴讨平齐军之后再动手，所以一直犹豫不决。

周勃手中当时已没有兵权。曲周侯郦商年老生病，儿子郦寄与吕禄关系甚好，周勃就与陈平谋划，派人劫持了郦商，让他儿子郦寄去骗吕禄说："天下是由高帝和吕后一起打下来的，姓刘的有9个人被立为诸侯王，姓吕的有三个人被立为诸侯王，这些都已通过众臣商议达成一致，事情已经向天下的诸侯宣布，诸侯也表示同意。

"现在太后驾崩，皇帝年幼，您身佩赵王大印，不赶紧回封国严加防守，却出任上将，率领军队留在京师，这些举动都引起大臣、诸侯的怀疑。您为何不把将印交还给朝廷，把军队交给太尉，再请梁王吕产归还相国大印，然后您和梁王一起与群臣立约，各自回到封国？

"这样齐国就会撤军，大臣得以心安，您也可以高枕无忧，去做千里之逍遥自在地的诸侯王了。这真是后辈子孙的福祉啊。"

吕禄相信郦寄，也同意了他的计策，想把军队交给太尉，就派人把这个打算告诉吕产和吕氏的长辈。但是大家对此意见不一，一直犹豫不决，还是不能做出决定。九月初十清晨，正行使御史大夫职权的平阳侯曹窋，到吕产家与他谋事。郎中令贾寿出使齐国返回，数落吕产说："大王为什么之前不早去封国？现在就算想去，还去得了吗？"于是把灌婴与齐、楚两国联合，想诛灭吕氏的事详细告诉了吕产，劝吕产立即动身，回皇宫死守。贾寿的话曹窋听到了不少，就快马加鞭赶回去告诉陈平和周勃。

周勃试图进入北军军营，却被守卫阻拦。襄平侯纪通负责掌管皇帝符节，周勃就让他持符节，谎称太尉进北军军营是经皇帝允许的。

在这之前，周勃已命令郦寄和典客刘揭先去劝说吕禄："皇帝已将北军交由太尉守护，想让您去封国。您快交出将印，告辞离去；否则的话，大祸就将来临了！"吕禄以为郦寄不会欺骗自己，就解下将印交给刘揭，由周勃指挥北军。所以周勃进入北军时，吕禄已经离去。

周勃进入营门，在军中下令说："拥护吕氏的袒露右胳膊，支持刘氏的袒露左胳膊！"军中将士全都袒露左胳膊。太尉因此得以指挥北军，但南军尚未控制。

刘章被陈平调来辅佐周勃，周勃派刘章监守军门，派曹窋告诉统率禁卫军的卫尉说："不许让相国吕产踏进殿门！"

吕产不知道吕禄离开北军的消息，就进入未央宫，准备作乱。吕产来到殿门前，却被禁卫军阻挡，无法入内，只好在殿门外走来走去。曹窋怕拦不住吕产入宫，就骑马告诉周勃。周勃当时还怕不能战胜诸吕，就没敢将诛灭吕氏的意图公开宣布，就对刘章说："赶紧入宫护卫皇帝！"刘章请求给他士兵，周勃将一千多人调拨给了他。

刘章进入未央宫大门，正看到吕产在廷中走来走去。当时将近傍晚，刘章率领军队向吕产攻击，吕产逃走。天空忽然刮起大风，吕产的军队自乱阵脚，没有人敢上前战斗。刘章等人追逐吕产，最终将吕产杀死在郎中府的厕所里。

刘章杀死吕产后，受到由皇帝所派手持皇帝符节的谒者前来慰劳。刘章要夺符节，谒者不肯放手，刘章就与谒者坐上同一辆马车，凭借皇帝的符节，驱车疾驰，斩杀了长乐卫尉吕更始。

刘章回来之后，驾车驰入北军，报告周勃。周勃十分高兴，向刘章下拜，祝贺说："所担忧的只有吕产。现在吕产伏诛，天下已定了！"于是派多路人马搜捕吕氏族人，不论老少一律处斩。

周亚夫治军

汉文帝后六年（公元前158年），有一次，文帝亲自前往军队慰劳将士，先到达驻扎在霸上和棘门的军营，文帝一行直接骑马进入营寨，并受到将军和部下的热情迎送。

接着文帝到达细柳的军营，那里由周亚夫率兵驻扎。只见细柳营的将士们都身披铠甲,手执锋利的武器,拿着张满弦的弓弩。文帝的先驱队伍先到,想进去,遭到营门口卫兵的阻拦。先驱说:"天子马上就要到了!"把守营门的军门都尉说:"将军有令:'军队听的是将军的号令,不听皇帝的诏令。'"

过了一会儿,文帝也到了,仍然受到阻拦。于是文帝便派使者持符节诏告周亚夫:"朕想进入军营慰劳军队。"周亚夫方才下令道:"打开军营大门!"守卫军营大门的军官要求文帝一行驾车骑马的人说:"将军有规定:军中不允许骑马。"于是文帝等人就拉着缰绳缓缓前行。到了军营,手执兵器的周亚夫向文帝作揖说:"穿着盔甲的武士不能够下拜,请允许我以军礼参见陛下。"文帝被他感动,神情庄重,扶着车前横木,派人称谢说:"皇帝敬劳将军!"等劳军仪式结束后才离开。

出了营门,群臣都表示惊讶。文帝说:"唉!真正的将军应该是这样的才对!前面所经过的霸上和棘门的军队,就像儿戏一般。如果遇到偷袭,他们很容易就会被俘虏。至于周亚夫,谁能够冒犯他呢?"。

七国之乱

汉文帝的时候,吴国的太子入京朝见,陪皇太子一起赌博喝酒。吴太子赌博的时候争棋,态度不是很恭敬,皇太子一气之下就拿棋盘砸死了吴太子。

吴太子被送回吴地安葬,吴王刘濞生气地说:"天下都是刘家的天下,死在长安就葬在长安好了,又何必送回来!"又把吴太子送回长安安葬。

吴王从此以后,就不太遵守朝廷礼节,后称病不去朝见。文帝没有追究，吴王又在他的封地征敛赋税，包庇罪犯。

晁错多次将吴王的恶行上报，提出削减他的封地。文帝宽厚，不忍心处罚吴王，吴王因此更加骄横。景帝继位后，晁错又劝说景帝，景帝在朝廷发起群臣的讨论。吴王听说后，怕朝廷做出对自己不利的决定，就想发动叛乱。

朝廷最终决定将吴国的会稽、豫章两郡割夺，诏书送到吴国，吴王立即起兵，杀死了朝廷任命的俸禄不足两千石的官吏。吴王起兵后，胶西、胶东、淄川、济南、楚、赵也一同叛乱，一共7个诸侯国，史称"七国之乱"。

吴王实行全民皆兵制，在吴国下令说："我今年62岁了，亲自率领军队；我的小儿子14岁，也跟着军队打仗。凡是年龄在我和我小儿子之间的，都要从军出征。"一共征发了20多万人。吴王在广陵起兵，向西渡过淮河，会合楚军一同向梁国进攻，节节胜利，梁王被迫退到睢阳城据守。吴王还向各诸侯传送檄文，列举晁错的罪名，借口诛杀晁错、清除皇帝身边的奸臣，想与各诸侯联合。

当初，汉文帝临终前，对还是太子的景帝嘱托说："假如国家有事，周亚夫是真正能领兵打仗的。"听说七国发动叛乱后，景帝就任命中尉周亚夫为太尉，统率36位将军带兵前去迎击吴、楚叛军；又派遣曲周侯郦寄攻打赵国，派将军栾布将围攻齐国的叛乱消灭。景帝又召回窦婴，任命他为大将军，让他屯兵荥阳，对去齐国和赵国的汉军严加监督。

晁错与吴相袁盎向来彼此憎恶。袁盎曾收取吴王的财物，现在吴王造反，晁错就想趁机治袁盎的罪。

袁盎害怕，想办法见到景帝，为景帝出主意，说："吴王和楚王书信互通，说高皇帝分封同姓子弟，各有封地，而现在奸臣晁错将诸侯随意贬斥,削夺他们的封地,所以他们才造反,准备一起向西进军诛杀晁错,直到要回自己的封地。 现在唯一的办法,只有杀死晁错,派出使者赦免吴、楚七国,恢复他们原有的封地。 那么,不用打仗,就可以平定七国之乱。"

景帝听了,沉默了很久,说:"不知道这样能不能真正解决问题,我倒不会舍不得用他一个人向天下以死赎罪的。"

袁盎说:"我的计策就是这样,要不要尝试由皇上决定。"

景帝最后同意了袁盎的计策,任命他为太常,秘密收拾行装,做出使的准备。

过了10多天,景帝让丞相、中尉、廷尉上书弹劾晁错:"空蒙皇上的仁德和信赖,想疏远皇上与群臣、百姓的关系,又企图为叛逆的吴国献上城邑,不守臣子的礼节,大逆不道。 晁错应当腰斩,亲眷也通通处死。"景帝批复:"同意。"

晁错此刻还蒙在鼓里,什么也不知道。 景帝派中尉召晁错,骗他上车走过街市,然后就当场处斩了,当时晁错还穿着朝服。

谒者仆射邓公当时担任校尉,准备将对军事形势的分析上书景帝。 邓公觐见景帝时,景帝问他:"你从军中来,有晁错被杀和吴楚罢兵的消息吗?"

邓公说:"吴国想要叛乱已有几十年了,他不满意朝廷削减封地,真正的目的并不在晁错,杀晁错只是幌子。 现在晁错被杀,我担心天下士人都会紧闭嘴巴,不敢再向朝廷吐露真言了。"

景帝问:"为何是这样?"

邓公说:"晁错担心诸侯过于强大,朝廷不能约束,所以请皇上将诸侯封地削减,这是造福子孙后代的好事。 可惜刚开始实施,自己就惹来了杀身之祸。 朝廷这样做,是内堵忠臣之口、外替诸侯报仇,我认为陛下这样做是不对的。"

景帝长叹一声，说："你说得对，我不该杀晁错！"

袁盎和吴王的侄子刘通被景帝任命为使者出使吴国。袁盎、刘通到达吴国，吴军和楚军已开始进攻梁国的防御工事了。因为刘通是吴王的亲戚，就先进去见吴王，拿着皇帝诏书，让他跪拜领命。

吴王听说袁盎来了，猜到他要劝说自己撤兵，就笑着说："我现在已经是东方的皇帝，还要向谁跪拜？"吴王不肯见袁盎，而将他留在军营中，逼他做吴军将领。袁盎不答应，吴王就派人把他关押起来，准备把他杀了。袁盎找到机会逃脱，将具体情况告诉了景帝。

周亚夫对景帝说："楚军剽悍机动，正面将其歼灭不容易。我建议放弃梁国，先断绝吴、楚军队的运粮通道，这样才能将他们牵制住。"景帝同意了。

周亚夫接连乘坐6辆驿站的马车，赶去荥阳与大军会合。走到霸上时，士人赵涉阻拦住他不让往前，劝说周亚夫："吴王一向富有，早就收买了一批不怕死的勇士。现在听到将军去前线的消息，他一定会在崤山、渑池之间地势险要的地方安排刺客对付您。况且要秘密进行军事行动，你不如改变路线往右走，过蓝田，出武关，然后抵达洛阳。这样虽然多绕一点儿路，但最多晚一两天，却可以直接进入洛阳的武库，擂响库中战鼓。叛变的诸侯听后，说不定还会以为将军是从天而降呢！"

周亚夫听取了赵涉的对策，改变路线，到达洛阳，高兴地说："7个诸侯国一起反叛，我乘坐驿站的马车到达这里，居然毫发无伤，连自己都出乎意料。现在我已经占据荥阳，荥阳以东的地区就没有什么值得担忧的了。"然后派出官吏在崤山、渑池之间搜索，果真将吴国伏兵搜获，于是就上奏景帝，将赵真涉任命为护军。

周亚夫往东北行军，到达昌邑。吴军猛攻梁国，梁王屡次请求周亚夫援救，周亚夫都不答应。梁王将此情况报告景帝，景帝就派人诏告周亚夫，让他救援梁国。周亚夫不接皇帝诏书，让军队坚守营垒，不许出战，但却命令弓高侯韩颓当等人率领轻装骑兵，从淮泗口穿出，将吴、楚军队的后路阻断，堵塞了吴、楚军队的运粮通道。

梁国让中大夫韩安国及楚相张尚的弟弟张羽为将军。张羽英勇善战，韩安国谋事稳重，两人相辅相成，这才得以稍稍挫败吴军。吴军想向西挺进，但碍于城池由梁军驻守，不敢绕过去继续向西。于是吴军就去进攻周亚夫的军队，两军在下邑相遇，吴军求战，周亚夫拒绝出战。吴军粮道断绝，士兵饥饿，屡次挑战，周亚夫仍然坚守营垒，拒绝出战。周亚夫的军营中，夜里突然受惊扰而骚动，自己人互相攻击，喧闹到了周亚夫的大帐附近，周亚夫不动声色，安然睡觉，不久扰乱就又自动停止了。

吴军将军队调集到汉营垒的东南方，周亚夫却下令加强西北方向的防御，不久，敌人的精锐士兵果然突袭西北方，不料汉军早有戒备，不能攻入。吴、楚士兵有许多被饿死，或者背叛离散，于是吴王率领军队撤退。周亚夫的精锐部队领命追击，大败敌军。吴王刘濞丢下他的军队，与几千名勇士一起狼狈夜逃，楚王刘戊自杀。

吴王只顾自己逃命而抛弃了军队，吴军也就崩溃了，各部队逐渐向周亚夫和梁国的军队投降。吴王渡过淮河，往丹徒逃亡，想借东越自保，这时他还有1万多人的剩余兵力，又召集了一些逃散的士兵。朝廷派人用好处收买东越首领，东越首领就骗吴王出来慰劳军队，然后将他刺杀。

吴、楚军队已经战败，其他诸侯见大势已去，有的投降朝廷，有的仍然死守。后来胶西王投降汉军后自杀。胶东王、菑川王、济南王都被处死。赵王据守邯郸城，后来汉军引水淹邯郸，把城墙泡坏后，赵王也自杀了。"七国之乱"当年就被朝廷平定。

飞将军李广

汉景帝中元六年（公元前144年）六月，匈奴将雁门关攻破，兵临武泉县。还攻入上郡，抢走了牧马场里的马匹，2000多名汉军将士战死。

陇西人李广担任上郡太守，曾经率领100名骑兵出巡，与几千名匈奴骑兵狭路相逢。匈奴人看见李广的部队，以为是汉军的诱敌之计，都吃了一惊，跑上山坡布下军阵。

李广手下那100名骑兵都很害怕，想骑着马跑回去，李广说："从这里到大部队驻地有几十里路，如果就这样往回跑，匈奴骑兵追射我们，我们很快会全军覆灭。现在我们留在这里，匈奴人一定以为我们是诱敌的部队，不敢对我们轻易出击。"

于是李广对骑兵下令："前进！"快到距离匈奴军阵二里远的地方，李广又让大家停下来，下令说："全都下马，解下马鞍！"他手下骑兵说："敌人很多，而且离我们很近，如有不测，怎么办？"李广说："敌人以为我们会逃走，现在我们解下马鞍代表我们不会逃走，他们就会更加相信我们是诱敌部队。"结果匈奴骑兵真的没敢进攻。有一个骑白马的匈奴将领出阵，掩护匈奴军队。李广和10多个骑兵骑马飞奔而去，将他射杀；然后又返回到他手下骑兵群中，解下马鞍，让士兵把战马解开，然后躺在地上休息。这时正好太阳西下，匈奴骑兵摸不透李广部队的意图，也不敢进攻。到了半夜，匈奴军队以为汉朝军队在附近有埋伏，想连夜突袭他们，于是率领士兵离开了。黎明时分，李广和100骑兵才得以返回大部队。

武帝元光元年（公元前134年），卫尉李广被任命为骁骑将军，驻守云中郡。中尉程不识担任车骑将军，驻守雁门郡。李广和程不识都作为边境郡守统率军队，在当时很有名气。李广行军没有固定编制，不讲究行列阵型，只要遇肥沃之地都可驻扎，各人自便，夜间也不派敲着刁斗的士兵巡逻警卫，指挥系统的文书往来尽量简洁。不过，李广也很注意远远地派出侦察部队，被敌人突袭之事从未遇到。

程不识则注重编制整顿，讲究行列队伍、营寨阵形，夜间派士兵敲着刁斗巡逻，军队中的文吏要把文书整理得非常清晰，军队很少驻扎休息，但也从来没有遭遇过危险。

程不识说："李广的军队非常简单随便，敌人如果突然袭击，就没有办法抵御了。但李广手下的士兵也很轻松自在，都心甘情愿誓死效忠李广。我的军队虽然事务烦琐纷扰，但敌人也不能侵犯我。"但是李广的足智多谋令匈奴十分畏惧，汉军士兵也多数愿意跟随李广打仗，而以跟随程不识打仗为苦差。

元光六年（公元前129年），李广在雁门关大战匈奴，被匈奴打败。匈奴活捉了李广，拿绳子在两马间编网，把李广放在里面。李广躺着装死，走了十几里路，突然跃起跳到一个匈奴骑兵的马背上，把他推下马，夺了他的弓箭，骑马向南飞奔而回。匈奴人惊叹不已，从此称李广为"飞将军"。

元狩四年（公元前119年），汉武帝派出大军袭击匈奴。郎中令李广多次请战，开始武帝考虑到他年龄太大，没有批准，过了很久才答应，任命他为前将军，跟随大将军卫青。

卫青大军出塞以后，捉来俘虏，打听出单于驻地，便亲自率领精锐部队急速进击，让李广和右将军赵食其集合为一军，从东路进发。

东路要绕道，路途遥远，水少草稀，李广就向卫青请求说："我是前将军，应该做前锋，如今您却另外让我从东路进军。而且我自少年起就对抗匈奴，直到今天才有机会正面对付单于，所以希望能做大部队前面的先锋部队，先去和单于决一死战。"

临行前，武帝悄悄嘱咐过卫青，认为："李广年纪大了，总是没有好运气，不要让他正面攻击单于，不然的话，我怕单于会逃跑。"而且公孙敖不久前刚失去侯爵爵位，卫青也想给他个立功机会，于是让他和自己一起正面攻击单于，所以才把前将军李广调到东路。李广知道这个情况，坚决地向卫青推辞，卫青没有同意。于是李广没经过卫青同意，就率领军队出发，心里十分恼怒。

李广与赵食其率领的东路军因为没有向导，在沙漠中迷失了道路，所以被卫青赶上并超过，没能赶上与单于的战斗。等到卫青的军队战完返回，经过沙漠南部时，才遇到李广和赵食其。卫青拿迷路之事派长史前去责问，并责令李广到军府完成书面报告。李广说："校尉们没有过错，是我自己迷了路，我自己到军府完成报告。"

又对自己的部下说："我从少年时开始，与匈奴交锋70多次，这次有幸跟着大将军出征，能有机会正面攻击单于。谁知大将军将我的部队调到东路，路绕而且远，结果还迷失了方向，这是老天的安排啊！况且我60多岁了，总不能再去面对那些刀笔小吏吧？"于是拔刀自刎。

李广为人清廉，奖赏会与部下分享，吃喝与士兵一起，在二千石俸禄的职位上做了40多年，家中没有任何积累下来的财产。

李广的手臂很长，擅长射箭，几乎百发百中。他带领军队，在困难的情况下找到水源，士兵们还没有都喝到水，李广自己就不喝；士兵们若没有饭吃，李广自己就不吃。士兵们因此都乐意被他所用。等到李广自杀，全军将士都悲伤痛哭。百姓听说以后，不管认识还是不认识的，也都痛哭流泪。

张骞出使西域

匈奴投降汉朝的人说："月氏从前在敦煌和祁连山间生活繁衍，是一个强国，匈奴的冒顿单于攻下了它；杀了月氏王，用他的头骨当尿壶，剩下的月氏部众逃到很远的地方去了。月氏人仇恨匈奴，但又找不到可以帮助他们攻打匈奴的盟友。"武帝听到以后，就招募能出使月氏的人。

汉中人张骞以郎官的身份应募，取道陇西，然后直接进入匈奴腹地。匈奴单于将张骞逮捕，把他扣押了十几年。张骞得到机会逃脱，就跑向西方月氏的所在地，跑了几十天，到达大宛。

大宛对汉朝的富饶早有耳闻，想与汉交通往来，但却无法实现，所以见到张骞十分高兴，为他安排了向导和翻译，先抵达康居，最后到达大月氏。

大月氏原来的太子做了国王，攻打大夏国之后，将大夏国的土地瓜分，在那儿安居下来。当地土地肥沃，物产丰富，很少有外敌入侵，所以他们已经渐渐丧失了复仇匈奴的想法。

张骞在月氏待了一年多，终究也没搞清楚月氏人的打算，就返回中原。张骞沿着南山走，想通过羌人的领地返回，不幸又落入匈奴手中，被扣押了一年多。

刚好伊稚斜驱逐军臣单于的儿子于单，匈奴国内大乱，张骞和堂邑父得以逃脱,回到中原。

武帝任命张骞为太中大夫,堂邑父为奉使君。张骞当时带了100多人出发,去了13年,只剩了他和堂邑父回来。后来匈奴浑邪王向汉朝投降。匈奴被驱逐到大沙漠以北,盐泽以东再也不见匈奴的踪影,由此打通了到西域的道路。

于是张骞向武帝建议说:"乌孙王昆莫本来是匈奴的属国,随着军队越来越壮大,不肯再侍奉匈奴。匈奴派兵攻打,战败而归。

"如今匈奴单于刚刚受困于我们,而浑邪王原来的领地现在正闲着。蛮夷之族的习俗是依恋故土,又贪图我朝的财物,如果我们拿重礼贿赂乌孙,招他们东迁,住到以前浑邪王的领地去,与我国成为友邦,他们势必顺从我们,顺从我们就相当于砍断了匈奴的右臂。

"与乌孙结盟之后,也能使乌孙以西的大夏等国做我们的属国。"

汉武帝表示赞同,就任命张骞为中郎将,率领300人,每人两匹马,牛羊数以万计,和价值千万的黄金布帛。又派出众多副使,拿着天子符节,如果别的国家有方便的道路,就派一个副使前去通路。张骞到达乌孙以后,乌孙王昆莫接见了他,但却傲慢没有礼数。

张骞传达汉武帝的谕旨,说:"若乌孙能住回东边故土,那么我们大汉将把公主许配给乌孙王为夫人,两国结为兄弟之国,共同抗拒匈奴,匈奴就构不成什么威胁了。"

然而乌孙认为自己距离汉朝太远,也不了解汉朝的规模,而且做匈奴的属国已经很久了,与匈奴距离又近,大臣们十分害怕匈奴,不愿意东迁。

张骞在乌孙待了很久，始终没有得到确切答复，于是向大宛、康居、大月氏、大夏、安息、身毒、于阗与附近各国都派使节前往联络。

乌孙派翻译和向导将张骞护送回国，又派几十个人带了几十匹马跟随张骞到汉答谢，趁机了解汉的大小。当年，张骞回到长安，被汉武帝封为大行。

又过了一年多，张骞派去联络大夏等国的副使和所到国家的使臣也回到汉朝，从此西域各国与汉开始友好往来。

苏武牧羊

汉武帝天汉元年（公元前100年），中郎将苏武奉汉武帝之命出使匈奴，与副使中郎将张胜和暂时充任使团官吏的常惠等一起出发。

苏武一行在抵达后，遇到曾归降过汉朝的匈奴缑王和长水人虞常，与跟随卫律投降匈奴的汉朝人一起，谋划将单于母亲阏氏劫回汉朝之事。

卫律原是汉朝的使节，他父亲是长水地区的匈奴人，因为汉朝抓捕了推荐他的李延年一家，害怕获罪，便投降匈奴并受到重用。

虞常在汉朝时是张胜的好友，就来与张胜商量，说愿意为汉天子刺杀卫律，希望张胜回去多说好话，让他在汉朝的家人获得赏赐。张胜答应了，并将许多财物赠予虞常。

过了一个多月，单于出去打猎，虞常等人策划借此机会发动。谁知他们中有一个人夜里逃出去告发，单于派他的子侄前来镇压，缑王等人战死，虞常被活捉。

单于将此事交由卫律处理。张胜听到后，担心此前与虞常合谋的事被查出，就把详细情况向苏武禀报。

苏武说："事已至此，一定会牵连到我。我作为大汉的使节，若先受侮辱然后再死，将会使国家蒙羞。"于是准备自杀，张胜、常惠一起阻止了他。

虞常果然招出了张胜，单于大怒，召集贵族一起商议，要杀掉所有汉朝使者。左伊秩訾说："谋害卫律，就要将他们处死；如果是谋害单于，还怎么加罪呢？应让他们全部投降。"

单于派卫律劝苏武等投降。苏武对常惠等人说："卑躬屈节，有辱使命，就算活下来，又有什么脸面回到汉朝？"拿出佩刀自杀。

卫律大吃一惊，亲自抱着苏武，让人骑着马去把医生叫来。医生来了，在地上挖了一个洞，点起炭火，把苏武放在上面，用脚踩苏武的背，让瘀血流出来。苏武呼吸都停了，很久之后终于醒了过来。

常惠等人哭着将苏武抬回驻地。单于对苏武的气节十分敬佩，早晚都派人问候，只将张胜逮捕，关进狱中。

苏武身体慢慢恢复，单于派人来劝说苏武，想让他归降匈奴。这时，虞常刚好被定为死罪，单于以此为契机促使苏武归降。

虞常被斩首后，卫律说："汉使张胜想谋杀单于的亲信大臣，罪当处死。单于现在正在招降，所以宽大处理，只要投降，就可以赦免。"说完举剑要刺张胜，张胜当即归降。

卫律又对苏武说："副使有罪，身为正使，你也该受连坐之罚。"

苏武回答说："我本来就没有参与谋划，也并非张胜亲属，为什么要连坐受罚？"卫律举起剑威胁苏武，苏武仍无归降之意。

卫律说："苏先生，我曾经背弃汉朝，投降匈奴。蒙单于大恩，赐号称王，拥有几万人众、漫山遍野的马匹牲畜，富贵至此！苏先生今天如果归降，明天就会有我这样的待遇。否则白白地牺牲自己，又有谁知道呢！"苏武没有回应他。

卫律又说："你要是听我的，归降了匈奴，你我就如同兄弟手足；如果不听，以后就算是再想见我，还会有可能吗？"

苏武骂他说："你身为汉朝臣子，背信弃义，抛弃亲人，投降蛮夷异族，我为什么要见你？单于信任你，让你决定别人的生死，你不但不公平处理，反而预谋挑拨两国关系，引发争端。以前南越国杀了汉使，被汉所灭，成为九郡；大宛王杀了汉使，后来被砍下人头，挂在长安宫北门；朝鲜杀了汉使，即时被消灭；只有匈奴还没这样做过。你明知我不会投降，却想借此挑起两国的战争，恐怕匈奴会因为我而受难了。"

卫律知道自己无法让苏武归降，只得禀报单于。单于听了，更想让他归顺，就把他囚禁在一个大地窖里，不给他食物，以此逼他归降。当时下着大雪，苏武躺在地上，把雪和衣服上的毡毛一起吞下去，几天后竟还活着。

匈奴人迷信他受神灵保护，就把他放逐到北海荒无人烟的地方，让他放牧公羊，说："等到公羊能产出羊奶，你就可以回国了。"常惠和其他拒绝归降的官员也被分别扣押在其他地方。

苏武被匈奴放逐到北海边上，没有粮食供应，就被迫挖野鼠洞里的草籽充饥。他牧羊的时候手里总拿着汉朝的符节，起居都带着它，到后来符节上的毛缨都掉光了。

李陵与苏武曾一起做过汉朝侍中。李陵投降匈奴以后，不敢和苏武见面。过了很久，单于派李陵到北海边，李陵为苏武安排了酒宴和歌舞。

李陵对苏武说："单于知道我们素来交好，所以派我来劝你。

单于愿意恭敬地对待你。你不可能再回汉朝了，自己在这里白白地受苦，在这荒无人烟的地方，又有谁能看见你的忠操义节呢？

"你的两个兄弟，都因连坐获罪，已经自杀了；我来的时候，你母亲也不幸过世了；你的夫人年纪尚轻，据说也早已改嫁；剩下两个妹妹、两个女儿、一个儿子，现在又过了十几年，是否还在人世还不知道。人生就像早晨的露水一样短暂，你何必跟自己过不去呢？

"我刚投降的时候，狂躁得快要发疯了，悔恨愧疚自己背弃汉朝，还连累老母亲被囚禁在监狱里。我比你更不想投降匈奴，何况皇上老了，法令变化无常，大臣无罪而被灭族的有几十家。自己都顾不了了，你究竟是为谁这样做呢？"

苏武说："我们父子无功无德，蒙皇上厚恩，才有今天的地位。我们兄弟能够亲近皇上，自愿为皇上赴汤蹈火。现在可以牺牲生命来报效皇上，就算是遭受斧钺砍杀、汤锅烹煮也心甘情愿！身为臣子，侍奉君王，就像儿子侍奉父亲一样，儿子为父亲死是理所应当之事。你不要再劝我了。"

李陵陪苏武喝酒喝了好几天，又劝他说："子卿，你再听我一句话。"

苏武说："我早已经认定自己是死了的人。大王硬要逼我归降，就请结束今天的欢聚，我现在就死在你面前！"

李陵被苏武的忠义打动，叹着气说："唉！你真是义士！我和卫律的罪过，真是上通于天！"说完哭泣，眼泪打湿了衣服，与苏武分别离去，送给苏武几十头牛羊。

后来，李陵又到北海边，把汉武帝去世的消息告诉了苏武。苏武一连几个月，每天的早晨和晚上都面向南方悲哭哀号，甚至吐血。

壶衍鞮单于即位后,他的母亲阏氏行为不正,内乱不止,又怕汉军趁机攻入,于是卫律为单于谋划,打算与汉朝通婚和亲。

汉朝的使者来到匈奴,要求放苏武等人回国,匈奴谎称苏武已死。 后来汉使又来匈奴,常惠私下去找汉使,教使者这样对单于说:"天子在上林苑打猎,射下一只大雁,脚上系着一封帛书,称苏武被放逐在某处湖泽。"

使者非常高兴,就拿这话质问单于。 单于大吃一惊,环顾左右侍从,然后向汉使道歉,说:"苏武确实还没死。"于是把苏武放回。

李陵为庆祝苏武被释放,大摆酒宴,说:"现在你返回汉朝,名声传遍匈奴,功劳显于汉朝,就算是史书里记载、丹青上刻画的人物,又怎么能与你相比?

"我虽然愚笨怯懦,但汉朝当初若不追究我的过错,保全我的老母,我也能忍辱负重,像春秋的曹刿在柯会盟时那样,做出劫持齐桓公的壮举,这一直是我的志向所在。

"谁知汉朝竟将我满门抄斩,手段极尽残暴之能事,我还能再顾念什么呢? 现在一切都过去了,你能了解我的心意就行!"说完李陵泪流满面,与苏武诀别。

单于召集当年随从苏武的官属,除了已经归降和去世的,与苏武回汉的共有9人。 抵达长安后,汉昭帝下诏命令苏武用牛、羊、猪的太牢之礼,到汉武帝的陵庙祭拜。 封苏武为典属国,品秩中二千石,并赐予苏武200万钱、两顷公田、一处住宅。

苏武在匈奴被囚禁19年,去的时候正当壮年,回来的时候,头发、胡子全都白了。

汉 书

霍光废帝

汉昭帝元平元年（公元前 74 年），四月十七日，汉昭帝驾崩于未央宫，没有儿子。当时汉武帝的儿子只剩下广陵王刘胥，大将军霍光与群臣商议立新帝时，大家一致推立广陵王。广陵王原来因行为不合法度，没有被汉武帝立为太子，所以霍光心里感到不安。

有郎官请奏朝廷，说："周太王不立长子太伯，而立太伯的弟弟王季为继承人；周文王不立长子伯邑考，而立伯邑考的弟弟姬发为继承人。可见在立新帝时，只要人选适合，废长立幼也是合理之事。广陵王这个人，不是能继承宗庙的。"

这道奏章一上，正合霍光心意。霍光让丞相杨敞等人也看了奏章，并提升这位郎官担任九江太守。当天，上官皇后下诏施令，派人迎接昌邑王刘贺，准备立他为帝。

刘贺在封国中一向狂妄放纵，所作所为毫无节制。当初听闻汉武帝驾崩后，刘贺依旧出外游猎。接到诏书后，刘贺一直拖到第二天中午才出发，而且一出发就是"急行军"，黄昏时就到了定陶，三个时辰走了135里，其间累死了很多匹随从人员的马。

刘贺到达济阳，在当地强征特产"长鸣鸡"作为沿途解闷的玩意儿，又在途中购买积竹杖。经过弘农时，刘贺派一个名叫善的奴仆用有帘子的车载美女以供泄欲。到达湖县时，负责迎接的朝廷使者质责昌邑国相安乐这些事情。安乐转告郎中令龚遂，龚遂质问刘贺，刘贺说："没有的事。"

龚遂说："就算并无此事，王爷至于为了一个奴仆，而破坏礼义？请将善抓起来，交付官吏惩处，来恢复王爷的名誉。"于是立即抓出善，交给卫士长，将他处死。

刘贺抵达霸上，大鸿胪到郊外迎接，侍奉刘贺换乘皇帝的御车。昌邑太仆寿成奉刘贺之命为他驾车，龚遂在一旁陪同。

快要进广明东都门时，龚遂说："按照礼仪，奔国丧的人望见国都时，就应该痛哭。这就是国都外城的东门了。"

刘贺说："我嗓子疼，没办法痛哭。"

龚遂在到达内城城门时又提醒了一遍。刘贺说："城门和郭门一样。"

将要到达未央宫东阙，龚遂说："东阙外驰道的北边就是昌邑国吊丧的行帐，帐前有一条南北向的通道。通道很窄，无法让马车进入，王爷应当下车，面朝西边的宫阙，伏地痛哭，极尽悲哀，然后停止。"

刘贺答应说："好吧。"于是下车步行，按规矩哭悼。

六月初一，刘贺接受皇帝玺绶，承袭帝号，尊上官皇后为皇太后。

刘贺当皇帝后，淫乱放纵，没有节制。他把原昌邑国的官属都召入长安，很多人得到破格提升。龚遂等人上奏劝谏，太仆张敞也上书劝说，刘贺不听。

霍光听说后，忧虑烦恼，便单独向所亲信的旧部、大司农田延年询问。田延年说："将军身为国家柱石，确信这个人不成，为何不禀告太后，另择贤帝呢？"

霍光说:"我现在想这样做,但不清楚古人是不是也有过这样的做法。"

田延年说:"当年伊尹辅佐商朝,为了国家的安定而废黜太甲,其忠正仁诚为后人赞颂。将军如果也能这样做,就是汉朝的伊尹啊。"于是霍光任命田延年为给事中,与车骑将军张安世秘密谋划此事。

刘贺外出巡游,出发时却被光禄大夫夏侯胜拦住车马,夏侯胜劝谏道:"天气阴了很久却不下雨,预示臣下阴谋对付主上。陛下要出宫去哪里?"

刘贺发怒,认为夏侯胜口出妖言,下令将他绑去官吏那里领罪。负责这件事的官吏向霍光报告,霍光饶过了夏侯胜。

霍光以为张安世泄露计划,就责问他,发现不是张安世将计划泄露出去的,于是召夏侯胜来询问,夏侯胜回答说:"《鸿范传》上说:'君王若有过失,老天就会让天阴很久但不下雨,以此来惩罚他,那时就会发生臣下反叛主上的事。'我不敢那样说,只好托言'臣下阴谋对付主上'。"霍光、张安世听到后十分吃惊、叹服,因此更加重用经师和术士。

侍中傅嘉多次向刘贺进谏,最终也被绑入狱。

霍光、张安世计议已定,就派田延年报知丞相杨敞。杨敞对此事十分惊恐,不知说什么好,汗流浃背,只是口头诺诺而已。

趁田延年去厕所的机会,杨敞的夫人也即司马迁的女儿急忙从东厢房出来对杨敞说:"这是国家大事,如今大将军计议已定,派田延年来通知你,你还犹豫不决,就会在事发前被杀掉!"田延年回来,杨敞夫人也参加谈话,许诺说:"一切听从大将军调遣!"

二十八日,霍光把丞相、御史、将军、列侯、中二千石、大夫、博士召到未央宫商议此事。霍光说:"昌邑王行为昏乱,恐怕会危害国家,该怎么办?"群臣一听,无不惊恐万分,不敢作声,只是小声答应而已。

田延年离开坐席,走上前去,手按剑柄说:"先帝让将军辅佐幼小的皇帝,并把国家前途委托给将军,是因为相信将军忠诚贤明,能把刘氏天下坐稳。如今下面怨声鼎沸,社稷将要面临颠覆危机。

"我大汉历代皇帝的谥号总有一个'孝'字,意图就是想让江山永存、宗庙祭祀不断。如果汉家祭祀断绝,将军就算以死赎罪,也无颜到地下面见先帝。今天的事,决不能迁延后退,群臣最后响应的,我会将他斩首!"

霍光向田延年认错,说:"田延年责备我,说得很对!现在国家民怨沸腾,我应当受处罚。"

于是参加会议的人都叩头说:"百姓的命运,都取决于将军,我们一切听从大将军吩咐!"

霍光随即与群臣一起觐见太后,向太后禀告,将昌邑王刘贺不适合继承宗庙的原因一一详述。皇太后听了,命令车驾前往未央宫承明殿,下令昌邑国群臣不准入宫。

刘贺进殿朝见完太后,准备坐车回宫。他进去时,中黄门宦官早已分别抓住门扇,等刘贺一进去,就将大门关闭,把昌邑国群臣拦在外面。

刘贺问:"怎么回事?"

霍光跪着回答说:"皇太后有诏令,昌邑国群臣不能入宫。"

刘贺说:"慢慢吩咐就是了,何必搞得人心惶惶?"

霍光将所有昌邑国臣子赶出金马门外。张安世带着羽林军的骑兵,绑了赶出来的200多人,将其全部关入廷尉负责的牢狱中。

霍光将刘贺交给担任过昭帝侍中的宦官来看守,并命令手下人说:"小心守护! 如果他突然死了,或者自杀了,我就会有负天下,背上杀主的恶名。"

这时刘贺还不知道自己即将被废,对身边的人说:"我的老臣属都哪里做错了? 大将军为什么关押他们?"

过了一会儿,太后下诏,召刘贺进见。 刘贺被召后,心里害怕,就说:"我犯了什么错? 太后为何要召见我?"

太后身穿珍珠串缀的短袄,华服盛装,坐在武帐之中,几百名手拿兵器的侍卫与持戟的期门武士排列于殿下。 群臣按品级先后进殿,然后召刘贺,让他上前伏在地下,听候宣读诏令。

霍光联合群臣一起上书,弹劾刘贺,由尚书令宣读奏文:"丞相杨敞等冒死上奏皇太后陛下:孝昭皇帝过早去世,朝廷将昌邑王召来,主持丧葬礼仪。

"昌邑王虽然身穿丧服,却无哀悼之意,废弃礼仪,在路上不吃素,还派随从官员掳掠女子,偷偷藏在有帘幕遮挡的车里,送到驿舍陪宿。

"昌邑王到了长安,谒见皇太后,被立为皇太子,还常常偷吃鸡肉、猪肉。 昌邑王在先帝灵柩前接受皇帝的印玺,回到住处,将印玺打开后就不再封好珍藏。

"还让手下拿着皇帝符节,前去召引昌邑国的从官、车马官、官奴等200多人,常与他们一起住在宫里,整日游戏玩乐。 曾经写信说:'皇帝问候侍中君卿,让中御府传令高昌奉上黄金千斤来赏赐君卿,允许他娶10个妻子。'

"先帝的灵柩还停在前殿,竟搬来乐府的乐器,把昌邑国的乐师召进宫,鼓吹弹唱,演戏取乐。 又把泰一祭坛和宗庙的歌者、舞者召进宫,遍奏各种乐曲。

"还驾着天子的车驾,在北宫、桂宫等处驱驰,玩猪、斗虎。

不经同意便把皇太后御用的小马车随意征用，让官奴在掖庭游玩。又与孝昭皇帝宫女蒙等淫乱，给掖庭令下诏说：'有敢泄露的，腰斩！'"

刘贺离开坐席，伏在地上请罪。太后听不下去了，说："停！为人臣子，竟然这么乱来？"

尚书令接着读道："把朝廷授予诸侯王、列侯、二千石官员的绶带，赏给昌邑国郎官及被免除奴仆身份的人佩戴。肆意将国库中的金钱、刀剑、玉器、彩色丝织品等，赏给一起游玩的人。

"与官仆整夜醉饮，沉迷于酒醉之中。在温室殿设下九宾大礼，于夜晚单独接见其姐夫昌邑关内侯。没等祭祀大礼举行，就私自颁发正式诏书，派使者携带皇帝符节，以三个太牢（太牢一般指牛、羊、猪三牲合用），祭拜父亲昌邑哀王，自称'嗣子皇帝'。

"即位的27天中，使者不断，持皇帝符节、以诏令向各官署征发的，共有1127次。荒淫无度，昏庸迷乱，失去了帝王的礼仪，破坏了国家制度。臣等多次规劝，昌邑王非但不肯更正，反而日益严重，长此以往恐怕会动摇江山，使天下不得安宁。

"臣等与博士共谋，一致认为：

"陛下承继皇位，却行为放荡，不守礼仪。《孝经》上说：'五种死刑之罪中，以不孝罪孽最大。'以前周襄王对母亲不孝，所以《春秋》上说'天王出居郑国'；因为其不孝，所以被放逐到郑国，被天下所抛弃。宗庙重于君王，陛下既然承担不了天命授予的重托，奉持宗庙，爱民如子，就应该罢黜！

"因此，恳请太后下令以太牢之礼，向高祖之庙祭告。"

皇太后说："可以。"

于是霍光命刘贺站起来，拜受皇太后诏书。刘贺说："我听说：如果天子有七位忠义臣子辅佐劝谏，即使昏庸无道，也不会丧失天下。"

霍光说："皇太后已经下诏将你废黜，你怎么还以天子自称？"

当即抓住刘贺的手，解下戴在他身上的玺绶，交给皇太后。然后扶他下殿，从金马门出宫，群臣跟在后面目送。

刘贺出宫后，面向西方拜别，说："我愚蠢戆直，承担不了汉朝天命！"起身，登上御驾的副车，在霍光的护送下抵达长安昌邑王住所。

霍光表示歉意，说："大王的所作所为，是自绝于天。我宁愿有负大王，也不敢对不起社稷！希望大王自爱，我不能继续辅佐大王了。"说完流泪而去。

呼韩邪单于归附

匈奴呼韩邪单于被郅支单于打败后，左伊秩訾王向他献策，劝他归附汉朝，向汉朝称臣，请求支援来使匈奴安定。

呼韩邪单于征求群臣的意见，大家都说："不可以。匈奴的风俗，崇尚以力量取胜，耻于侍奉别人，靠马上征战立国，所以才在蛮夷各国之中享有威名。壮士就应该战死沙场。现在兄弟争夺国家，不是哥哥的就是弟弟的，就算战死仍能享有威名，各蛮夷也一直受匈奴后代统治。汉朝虽然强大，还是不能兼并匈奴，我何必非要破坏祖祖辈辈延承的制度，向汉朝称臣，让历代先王受辱，被其他各国笑话？即使能让匈奴安定，又怎么能再统辖各蛮夷？"左伊秩訾王说："不对。强弱是随着时间改变的，现在汉朝兴盛，乌孙等国就归降了汉朝。我们从且鞮侯单于以来，力量日益削弱，不能恢复，虽然竭力维持支撑到今天，却没有一天的安宁。现在侍奉汉朝，就可以安全生存；不称臣，一定会有亡国的危险。还有比这更好的方法吗？"群臣争论了很久。呼韩邪单于听从了左伊秩訾王的建议，率领大家南下，靠近边塞，并将儿子右贤王铢娄渠堂交给汉朝作为人质。郅支单于也命令他的儿子右大将驹于利受入汉朝充当人质。

汉宣帝甘露二年（公元前52年），匈奴呼韩邪单于抵达五原边塞，自愿将国宝献给汉朝，于甘露三年（公元前51年）正月朝见汉宣帝。汉宣帝下诏，召集相关大臣讨论朝见仪式。丞相、御史大夫都说："按照以前的制度：京师先于诸侯，诸侯先于夷狄。匈奴单于来进见，接待的礼仪应该与接待诸侯王相同，位次应该排在诸侯王的后面。"太子太傅萧望之则认为："单于不是汉朝的臣属，不能再以君臣之礼接待，应让他的位次在诸侯王之上。外夷俯首称臣，我们谦让不以他为臣，可以拢匈奴人心，彰显汉朝的大气。《尚书》上说'戎狄很难驯服'，说明他们的归附变化无常。如果日后匈奴子孙不再朝贡，也不算叛臣，这才是长远的打算。"汉宣帝采纳了萧望之的意见。下诏说："匈奴单于自称北方藩属，明年正月初一将来京朝见。朕的恩德不足以承受，还是以国宾之礼相待，列于诸侯王位次之前，朝见之时，只称臣，不具名。"呼韩邪单于前来朝见，在做介绍时，只将他称为藩臣，不称他名字。之后单于住在长安，汉宣帝在建章宫设宴款待他，请他观赏珍宝。二月，送单于回国。单于自己请求说："请求留居入住大沙漠之南的光禄塞，有紧急情况，可在汉朝的受降城内躲过劫难。"汉宣帝派遣长乐卫尉高昌侯董忠、车骑都尉韩昌率领骑兵1.6万人，又征发边疆各郡数千士兵及马匹，将单于护送出朔方郡鸡鹿塞。诏令董忠等人留下来保护单于，讨伐威胁单于统治的人。又转运边疆的谷米粮食共三万四千斛，供应匈奴人。

以前,从乌孙以西到安息,与匈奴接近的各国都蔑视汉朝,害怕匈奴。等到呼韩邪单于朝见汉天子之后,就都开始顺奉汉朝了。

郅支单于被斩

郅支单于自以为匈奴汗国是个大国,名扬天下,受人敬畏,又因为打了胜仗,更加骄傲。因为不被康居王礼遇,一气之下就将康居王的女儿杀害,包括康居的贵族、平民,共有几百人同时被残杀;有的还被肢解,扔到都赖河里。他让康居人给他做工,修建城池,每天500名工人,修了两年才完工。又派遣使节,要求阖苏王国与大宛王国每年进贡,两国都因害怕而被迫进贡。

汉朝往康居国派遣使者,被郅支单于关押,而且受到侮弄。致支单于不接受汉朝的诏书,但又想做汉朝的西域都护官,于是他上书故意说:"居住的地方困顿,愿意归顺强大的汉朝,将儿子交由汉朝充当人质。"态度非常高傲自大。

汉元帝建昭三年(公元前36年),汉元帝派西域都护骑都尉甘延寿,与副校尉陈汤一同带兵出征,讨伐郅支单于。

陈汤为人沉着勇敢,善于谋划思考,常常能立大功。他与甘延寿商量,说:"各少数民族都畏惧匈奴,这是他们的天性。西域本来属于匈奴,现在郅支单于的大名天下敬畏,侵略乌孙和大宛,又经常给康居出谋划策,想将这两个国家征服。如果让郅支单于得到乌孙和大宛,几年之内,西域各国都要面临险境。

"郅支单于剽悍骁勇,喜好战争,屡战屡胜,这样下去,一定会成为西域的祸患。虽然现在他们所处的地方遥远,但是用于防守的城池和弓弩却十分单薄。我们如果征发屯田的队伍,再率领乌孙的军队，直接进军到他城下，他若想逃跑，没有地方让他逃；要坚守，兵力又不足。这样，千载难逢的功业，只要一天就可实现。"

甘延寿很赞成他的计谋，想上奏朝廷请求批准。陈汤说："圣上会召集众公卿商议，大计不是那些普通人能理解的，他们一定不会赞成。"甘延寿迟疑着没有同意。

正巧这时甘延寿生了很久的病，陈汤自己假传命令，征发各城以及诸侯国的军队、车师戊己校尉的屯田军士。甘延寿得知后，大吃一惊，想阻止他。陈汤大发脾气，手中握着剑，大声质问甘延寿，说："大军已经会合，你要扰乱军心吗？"甘延寿只好听从。

经过整编、会合汉军组成4万大军。甘延寿、陈汤上奏，弹劾自己假传命令的罪过，但是也说明了这样做的理由。当天，率领大军推进，分成六部，其中三部通过南道翻越葱岭，穿过大宛；另外三部由甘延寿亲自率领，由温宿国沿北道行入赤谷，穿过乌孙，沿着康居边境，开赴阗池西岸。

当时，康居的副王抱阗率领几千名骑兵，大肆掠夺赤谷城东地区的财物，杀死和俘虏乌孙国了大昆弥的几千人，抢走大批牛、羊、马等牲畜，不期正好和陈汤所部狭路相逢。

陈汤当即派西域兵进攻，杀了460人，将被抱阗俘虏的470名乌孙百姓夺回，把他们交由大昆弥带回。那些马、牛、羊就当粮食发给军队，还俘获了抱阗手下的贵族伊奴毒。

进入康居国东部边境后，陈汤吩咐将士不可以劫掠，然后秘密召和致支单于交恶的康居贵族屠墨前来会面，告诉他汉朝的威信，让他立誓不与汉朝为敌后送他回去。

大军继续推进，驻扎在单于城外约60里的地方，捉来康居的贵族具色子男开牟，让他做向导。 具色子男开牟，是屠墨的舅父，他们对郅支单于都非常不满，汉军于是详细掌握了郅支单于的状况。

第二天，继续进军，驻扎在单于城外30里的地方。

郅支单于派遣使者过去，问："汉军为何而来？"

回答说："单于上书，说'居住的环境困顿，自愿归顺富强的汉朝，亲自入朝'，皇帝哀怜单于，将偌大的国家抛弃，屈居在康居，所以派遣都护将军前来迎接单于及妻子儿女。 担心惊扰左右，就没有来到城下。"

双方的使者往来了好几次，甘延寿、陈汤责备单于说："我们是为了单于千里迢迢赶来，但是到今天，还没有一位名王、显贵来进见都护将军接受诏令，单于怎能这样大意，没有主人待客的礼节？ 军队远道而来，人困马乏，粮草也将用尽，恐怕不能支撑回程所用，请单于和大臣慎重考虑。"

第二天，大军前进到都赖河畔，在单于城外3里的地方，扎营布阵。 远远望见单于城上插着五色旗帜，有穿着铠甲驻守城楼的士兵数百名；又出来100多名骑兵，在城下来回奔驰；100多名步兵在城门两侧，排成"鱼鳞阵"演习。 甚至有城楼上的士兵挑衅汉军说："来打呀！"

100多名匈奴骑兵冲向汉营，汉营将士准备好用箭攻，匈奴骑兵撤退。 士兵射击城门外的匈奴骑兵、步兵，将他们逼回城内。

甘延寿、陈汤命令军队："听到鼓声，就直冲城下，四面包围，各军驻守好自己负责的地方，挖掘战壕，堵塞门户。 盾牌在前，戟弩在后，仰射城楼上的士兵。"如此将城楼上的士兵击退。

土城外面，还有两层木头城墙，匈奴人从木城里射箭，汉军损失惨重。 于是汉军放火，烧毁了木城。

夜里，匈奴的数百骑兵企图突围，汉军迎击，杀了他们。

郅支单于听到汉军来到的消息，想离开单于城。后来因怀疑康居王怨恨他而做了汉军的内应，又闻乌孙各军都已被发动，认为无处可逃，所以离开单于城后不久又回去了，说："不如坚守。汉军到这里路途遥远，不可能进攻很久。"

郅支单于身披铠甲站在城楼上，与他的阏氏、夫人数十人，都拿起弓箭向城外的汉军射击。汉军射中郅支单于的鼻子，很多夫人也被杀死了。郅支单于就下了城楼。

午夜过后，汉军将木城攻破了。木城里的匈奴军退入土城，登上城头高呼。正好康居1万多名骑兵驰援赶到，分散在十几个地方，四下包围，应和着城上的守军。夜里，匈奴军几次进攻汉军的营地失败，只能次次撤军回城。

天亮的时候，四面起火，官兵大喜，乘着火势大喊，锣鼓声惊天动地。康居军队被迫再次撤退。汉军推着盾牌，四面出击攻入土城。郅支单于率领男女100多人逃进王宫，汉军放火，官兵争先恐后地冲进宫殿，郅支单于负伤后死去。

汉军杀掉的阏氏、太子、名王以及以下官员共1518人，俘虏145人，归降的1000多人由出兵的15个国王分享获得。

史丹力保太子

汉元帝的太子刘骜，是元帝做太子时和王政君生的儿子。他小时候爱读经典，为人宽厚，博学谨慎，长大后却染上酒瘾，贪恋声色安乐，元帝觉得他难负重任。皇子山阳王刘康很有才能，他的母亲傅昭仪又深受宠爱，元帝因此想改立刘康为太子。

元帝晚年经常生病，不过问国家大事，只喜欢音乐。有时在殿内放上军队用的旗鼓，元帝自己在走廊上倚着栏杆，用铜丸扔到鼓面上，敲出错落有致的节奏；后宫嫔妃和左右侍从里有音乐素养的人都做不到这一点，但是刘康却能，因此经常受到元帝的夸赞。

侍中史丹进谏说："所谓才干，是敏而好学、温故知新，就像皇太子这样。如果用演奏乐器水平选择人才，那么陈惠、李微都能胜过匡衡，可以辅佐国家了。"元帝一笑了之。

等到元帝卧病在床，傅昭仪和刘康时常服侍左右，皇后王政君和太子刘骜却很少进见。元帝的病日益恶化，心意烦躁，几次向尚书询问当年汉景帝废掉皇太子刘荣改立胶东王刘彻的事情。当时太子的大舅父阳平侯王凤担任卫尉、侍中，与皇后、太子整日焦虑担心，不知道该怎么办好。

史丹是元帝亲近的大臣，可以直接进殿探病。等只有元帝一人在的时候，他就直接进殿，叩头流泪说："皇太子是嫡长子，被立为太子已经十几年了，尊号为百姓所知，天下人无不归心，愿意做他的臣子。我看见山阳王刘康平时很受陛下宠爱，如今外面谣言四起，认为太子的地位不稳。如果真是这样，三公九卿及以下的官员一定不会同意，并且会以死相谏。我请求陛下先赐我一死，以警示群臣。"

元帝一向很仁慈，不忍心看到史丹流泪，而且史丹又说得十分诚恳，因此很是感动，有所觉悟，叹气说："我的身体一天不如一天，太子刘骜、山阳王刘康、信都王刘兴年纪都还小，我心里念念不忘！但我并没有改立太子的想法。而且皇后为人谨慎，先帝又很喜爱太子，我怎敢有违先帝的遗愿？你说的这些都是从哪儿听来的？"

史丹听后马上后退，叩头说："臣愚昧，轻信谣言，罪该万死！"

汉元帝听从了他的谏言，对史丹说："我的病情日益严重，恐怕好不了了，你要好好辅佐太子，不要让我失望。"

史丹哭着退了出去，太子的地位由此巩固。汉元帝驾崩后，刘骜继位，是为成帝。

赵飞燕姐妹受宠

汉成帝对许皇后和班婕妤都十分宠爱。有一次，成帝在后宫庭院游玩，想和班婕妤同乘一辆车，班婕妤拒绝了，说："观看古代的图画，圣明的皇帝都由名臣跟随，三代末世的君王身边才有宠妾。现在陛下身旁由我陪同的话，是不是有些类似呢？"成帝对她的回答很赞赏，于是作罢。

太后听说后，也非常高兴，说："古有樊姬，今有班婕妤！"班婕妤的侍从李平也被献给了成帝，李平受到宠爱，也获封婕妤，赐姓卫。

后来，成帝微服出行，经过阳阿公主家，喜欢公主家的舞女赵飞燕，把她召进宫，宠爱有加。后来赵飞燕的妹妹赵合德也受召入宫，姿色同样非常美艳，左右的人见了她，全都惊叹赞美。汉宣帝时候的一位披香博士淖方成，成帝时候还在，号淖夫人，却唾骂赵氏姐妹说："这是祸水呀，汉朝的火肯定被她们毁灭（按当时的五行学说，汉属火德）！"女人为祸水一说即从此来。赵飞燕姐妹都被封为婕妤，比后宫任何人都要尊贵，许皇后、班婕妤都失宠了。赵飞燕还向成帝进谗言，诬陷许皇后、班婕妤在后宫给美人们施巫术，诅咒她们姐妹，蛊惑皇上。

鸿嘉三年（公元前18年）十一月，皇帝将许皇后废黜，让她迁居昭台宫。皇后的姐姐许谒等人都被处死，亲属也被赶回老家。

班婕妤被问到巫术之事时，回答说："我听说'死生有命，富贵在天'。 行为正当的人还没有蒙受福祉，邪恶的就更不用妄想了。 如果鬼神能够明白，不会听从蛊惑主上的诅咒；如果鬼神不能明白，向鬼神诅咒又有什么用？ 所以我绝对没有那样做。"

成帝被她说服，赦免了她，还赏赐给她黄金 100 斤。 赵氏姊妹骄横好妒，班婕妤害怕时间长了还是会被她们陷害，就上奏请求侍奉陪伴住在长信宫的皇太后。 成帝答应了。

成帝打算将赵飞燕立为皇后，皇太后嫌她出身卑微低贱，进行阻拦。 太后姐姐的儿子淳于长任侍中，经常到东宫为成帝传话，替赵飞燕说情。 过了一年多，太后才下旨答应了。

赵飞燕当上皇后，却日渐不被宠爱。 她的妹妹赵合德代替了她的位置，被封为昭仪，住在昭阳宫。 中庭的墙全部由朱红色漆成，而殿上漆成黑色；门框全包上铜，再涂上黄金；台阶用白玉雕成；屋内墙壁的横木上嵌着黄金环，并用蓝田美玉、明珠、孔雀羽毛镶嵌装饰。 这是后宫从来没有过的奢华。

赵飞燕皇后在另一所宫殿居住，耐不住寂寞又对成帝不满，经常和侍郎、宫奴私通。 赵昭仪曾经对成帝说："我姐姐性格刚烈，如果被人诬陷，赵氏就要灭族了！"哭得很悲伤，成帝相信了。 所以当皇后私通的事被人告发时，成帝二话不说就杀掉了告发者。

王氏擅权

汉成帝建始元年（公元前 32 年）正月，汉成帝将舅父关内侯王崇封为安成侯，将舅父王谭、王商、王立、王根、王逢时封为关内侯。

四月，黄雾漫天，成帝下令广泛询问公卿大夫，是否犯了什么忌讳。博士驷胜等人都认为，这是阴气侵犯阳气所致。高皇帝曾有约定：只有功臣才能封侯。现在太后的弟弟们都是无功封侯，以前的外戚从没享受过这种待遇，所以天气变化，异于平时。

大将军王凤害怕，向成帝请辞，却没被批准。

汉成帝河平二年（公元前27年）六月，成帝将舅父全部封侯：王谭为平阿侯、王商为成都侯、王立为红阳侯、王根为曲阳侯、王逢时为高平侯。因他们五人在同一天受封为侯，所以世人称之为"五侯"。

李氏为太后之母，后改嫁给河内人苟宾，生子苟参，太后想以田蚡（孝景王皇后同母异父之弟）为例，封苟参为侯。成帝说："封田蚡是不对的。"于是将苟参封为侍中、水衡都尉。

到了第二年，光禄大夫刘向见王氏势力日益强盛，而成帝正欣赏《诗》《书》等古书，就以《尚书·洪范》为基础，汇集自上古以来，经春秋、战国，到秦汉时期在祥瑞、灾祸方面的记录，推究事情的经过，和引发的福祸，写下占卜及验证的情况，分门别类，各立条目，共11篇，定名为《洪范五行传论》，向成帝献上。

成帝知道刘向忠心耿耿，议论都是源自王凤兄弟，然而却始终没能剥夺王氏手中掌握的权力。

汉成帝河平四年（公元前25年），琅玡郡中发生灾害，郡太守杨肜是王凤的亲家，丞相王商（并非王氏兄弟"王侯"中的王商，同名同姓）负责调查此事，要办杨肜的罪。

王凤为他说情，王商不答应，并上奏皇上请求将杨肜罢免，结果奏章上呈后不见批复。

王凤由此对王商十分痛恨，暗中探查他的短处，并指使频阳人耿定上书说:"王商与父亲的贴身婢女通奸;他的妹妹淫乱,奴仆杀掉她的奸夫,大概是受王商指派而去的。"

成帝认为这都是真伪难明的过失,不足以伤害大臣。王凤却一再要求由司隶继续追查下去。

太中大夫张匡一向奸诡,也上奏皇上诬蔑王商。有关部门上奏请求把王商逮捕下狱。成帝一直对王商十分尊重,知道张匡言辞阴险,下令说:"不能治罪!"王凤却极力相争。

成帝最后不得已罢免了王商的相位。王商被免相后三天就生病吐血而死。王商的子弟、亲戚,凡是在京师担任大小官职的,都被调离京师。有关部门上奏要求废除王商的国邑,成帝下诏:"封其长子王安为乐昌侯,继承爵位。"

这时大将军王凤掌权,成帝谦让软弱,决定不了任何事情。有一次,身边的人向他推荐光禄大夫刘向的幼子刘歆。

成帝召见刘歆,发现他博学、有奇才,成帝十分欣赏,打算将他封为中常侍。派人取来衣冠、快要拜官就职时,左右侍从都说:"还没通知大将军。"

成帝说:"这是小事,不用告诉大将军!"

左右叩头坚持,成帝于是对王凤说了此事。

王凤认为不可以,成帝也只好作罢。

王氏子弟都是卿、大夫、侍中、诸曹,在朝中各自占领关键职位,充斥朝廷。属官杜钦看到王凤专权太厉害,劝诫他说:"请将军学习像周公一样的礼让,减少穰侯的威风,放弃武安侯的欲望,不要使范雎之流从中挑拨。"王凤听不进去。

成帝没有儿子,身体又常有病。定陶共王(即原山阳王刘康)来京师朝见,太后和成帝遵循孝元皇帝的遗愿,对定陶共王特别厚爱,以其他王的10倍来加以赏赐;不因以往元帝要用他代太子而有一点儿迁怒，把他留在京师，陪在成帝身边。

成帝对定陶王说："我没有儿子，人命无常，不可避讳，一旦有事，便不能再相见，你就长期留下陪伴我。"

之后，成帝身体大有起色，定陶共王因留住在定陶府第中，早晚都陪侍成帝，成帝对他特别亲近、重视。

大将军王凤不想让定陶王在京师长留，赶巧发生日食，王凤就借题发挥说："日食是阴气太盛的征候。定陶王虽然亲，但按礼仪应守在封国，而今却长留京师侍奉皇上，违反常理，所以上天才进行警告，他应该回封国去。"

成帝拿王凤没办法，只好同意。

定陶王告辞，成帝挥泪送别。

王章为人刚正耿直，虽然是因王凤的推荐而被选任为京兆尹，但他反对王凤专权，并不亲近依附王凤，所以关于日食一事他上密封奏疏说："日食的发生，是因王凤独断大权、欺瞒皇上。"成帝召来王章，让他进一步解释。

王章回答说："上天总是扬善惩恶，以祥瑞、灾异作为征兆。现在陛下因没有儿子，亲近定陶王，是要承嗣宗庙、安定国家、顺应天意、安抚民心。这是好事，理应有祥瑞出现，为什么反而出现灾异？灾异的发生，是由于大臣专政造成的。现在听说大将军把日食的罪责归咎于定陶王，建议让他返回封国，是要将天子推到孤立位置，自己独擅朝政以满足私利。这不是忠臣。况且，日食的形成是因为阳气受阴气侵犯、臣专主权引起的。眼下政事不论大小都由王凤决断，天子不曾有任何的表示，王凤也丝毫不知道反省，反而归罪于好人，排斥定陶王。而且，王凤诬陷忠良还不只是这一件事。前丞相乐昌侯王商，本是先帝的外亲，忠善温厚、受人尊崇，历任将军、丞相，是国家的柱石之臣，其为人正直，不肯屈节附和王凤，因而最终受王凤诬陷丢掉相位，忧愤而死。 另外，王凤知道他的妻妹张美人曾嫁过人，按礼仪不应再配与皇帝，却以她宜于生子为由，送入后宫，用各种非法手段袒护自己的妻妹。 羌人、胡人尚且杀掉第一个孩子，以保证血统纯正，何况天子，怎能与嫁过人的女子有染！ 这三件都是大事，陛下亲眼所见，以此足可推论揣测其他的事。 不能继续放任王凤专权，应让他辞职回到侯国，然后选择忠贤代替他。"

自打王凤将王商罢免，后又送走定陶王，成帝心中就一直不是滋味，等听了王章的话，顿觉醒悟，好多事一下子明白了。

这天，成帝对王章说："没有你的直言，我难辨国家大势。 只有忠臣才能发掘忠臣，你为我寻找能够辅佐我的忠臣吧。"

于是王章上密封奏疏，推荐信都王的舅父琅玡太守冯野王，认为他忠正贤良、足智多谋。 成帝自从做太子时就耳闻冯野王大名，此时决定依靠他，抑制王凤。 王章每次被召见，成帝都让其他人回避。 有一次，太后堂弟的儿子侍中王音偷听到了王章与成帝讨论的事情，赶紧报告了王凤。

王凤听后非常害怕，杜钦劝王凤请辞，到侯府去。

王凤请奏辞去职务，措辞十分哀痛。 太后听说后，痛哭不已，不思饮食。

成帝从小就亲近依赖王凤，不忍心罢免他，就下诏书给以安慰，鼓励他重新振作。 王凤便又掌权了。

王凤让尚书弹劾王章："早就清楚冯野王身为王舅，不适宜为九卿，所以才出任外郡，如今却私自推荐他，想让他在朝廷中偏袒亲附诸侯王；也早知张美人进宫侍奉皇上，却胡乱说羌、胡杀子洗肠这种不宜讲的话。"

王章被交付法吏，廷尉判他为大逆之罪，说他"把皇帝同夷狄相比,想断绝皇位的延续;背叛天子,偷偷替定陶王谋略"。 结果王章死于狱中,妻子儿女流放合浦。

从此,公卿们看见王凤,都又恨又怕,不敢正视。

冯野王恐惧不安,结果病倒,三个月病假期满,准其续假,带着妻儿到杜陵调养。 大将军王凤暗示御史中丞上书弹劾:"野王承蒙龙恩,得以续假养病,却自行其便,拿着虎符离开郡界回家乡,对皇命毫不尊重。"杜钦对王凤说:"拿两千石回家养病休假,这是有先例的,律令中没有明文规定不可以离开郡中。 古书中说'赏与不赏,有疑问时则赏',这是为了广布恩德、鼓励立功;'罚与不罚,有疑问时则不罚',这是为了不滥施刑罚、让疑难空缺。 现在不顾律令、先例,而假托法律定其不敬之罪,完全违反'罚与不罚,有疑问时则不罚'的古训。 即便由于二千石御守国土、肩负兵马重任,不应该离郡,要制定刑律做以后的规范,冯野王的罪也要先于未定律令。 刑罚赏赐是有关诚信的大事,必须要谨慎!"

王凤不听劝告,竟将冯野王免掉官职。 汉成帝阳朔二年(公元前23年)四月二十七日,成帝将侍中、太仆王音封为御史大夫。 于是王氏的权势更盛,郡守、王国相、刺史都出于王氏门下。 王氏五侯的生活十分奢靡,贿赂馈赠的珍宝从四面八方纷纷而至,他们又都通晓人情、灵活处事,爱士养贤,给予优厚待遇,互比高尚。 于是一时间宾客满门,纷纷宣传王氏美名。

刘向对陈汤说:"外戚日益掌握实权,发展下去必然威胁刘氏。 我作为宗室遗老,侍奉过三代皇帝。 皇上因为我是先帝的老臣,每次召见进宫,都尤为尊重礼敬。 我如果不指出问题的严重性,还有谁能指出!"于是上密封奏疏,力谏成帝。

密奏呈上后,成帝召见刘向,感叹他的忠诚之心,对他说:

"你不必再说了，我要好好考虑！"然而，最终还是没有采纳。

汉成帝阳朔三年（公元前22年）秋，王凤患病，成帝多次前往探望，拉着王凤的手哭着说："将军患病，若真有意外，就让平阿侯王谭接替你了。"

王凤叩头哭着说："王谭等人虽然与我最亲，但品行太过奢侈，无法统率引导百姓，不如御史大夫王音正直慎重，我敢以死推荐他！"

王凤临死前，上书感谢成帝，再一次坚决推荐王音代替自己，劝皇上不要任用王谭等五人；成帝认为有道理。当初，王谭傲慢，不肯侍奉王凤，而王音尊敬王凤，谦虚礼让有如儿子一般，所以王凤推举他。

八月二十四日，王凤去世。九月初二，王音被成帝任命为大司马、车骑将军，而王谭的职位是特进，统率城门军。

安定太守谷永认为王谭应得王音的职位，劝他推辞，不接受统率城门军的职务。从此，王谭、王音之间结怨。

王氏五侯兄弟争相奢靡，相互赶超。

成都侯王商一次患病，要避暑，想要借成帝的明光宫。后来又穿凿长安城，把沣水引入府第的大池塘中，用来行船。船顶立羽盖，四周挂帷帐，船夫唱着越地民歌。

成帝到王商的府第，看见穿城引水，很不满意，但只是暗暗记下，没有明说。后来出宫游玩，经过曲阳侯王根的府第，又发现园中的土山、渐台，房屋样子足可和宫中的白虎殿媲美，于是发了火，以此责备车骑将军王音。

王商、王根向太后请求以黥面、劓鼻谢罪，成帝听说后大怒，就让尚书责问司隶校尉和京兆尹：早知王商等人过度奢侈、犯法越科、藏匿罪犯，却偏袒纵容而不弹劾处罚。

王商、王根二人来到宫门下叩头谢罪。成帝又赐书给车骑将军王音说："外戚绝不会甘心这样灭亡！而且想要自己黥面、劓鼻，故意当太后之面彼此羞辱，以此伤害慈母之心、危乱国家！外戚宗族势力强大，我已经孤弱很久了，今天我将要一同处罚。你召唤几位列侯，命令他们在府第候命！"

　　这一天，成帝诏令尚书将文帝时诛杀舅父薄昭的事情上奏。车骑将军王音伏在草席上请求处罚，王商、王立、王根都身负刀斧砧板谢罪，过了很久成帝的怒气才稍稍平息。

　　说白了，成帝只是想吓唬他们，并没有要杀他们的意思。

王莽篡汉

　　汉平帝元始五年（公元5年），有官员上书说："周公因周成王年幼而居摄政之位。如今皇帝年纪还轻，安汉公王莽理应代天子行使职权，就像周公那样。"群臣都说："应该照刘庆说的办。"

　　平帝年纪渐渐大了，因王莽让他母亲卫后留在中山，不让他们母子见面，所以心中怨恨，非常不高兴。

　　十二月，王莽在腊日向平帝进贡椒酒，据说在椒酒里下了毒。总之结果是平帝生病了，王莽写了策书，请求到泰畤祈祷上天，愿意自己代替平帝。随后将策书隐藏在金縢内，放在前殿，敕令大臣们不准说出去。

　　平帝在未央宫驾崩，太皇太后与朝廷群臣商量册立子嗣。元帝没有后代，宣帝的曾孙为王的有5人，为列侯的有48人，王莽忌惮这些人都已成年，就说："兄弟之间不能相互做后代。"那就只能在宣帝的玄孙中，挨个儿挑选了。

当月，前辉光郡的长官谢嚣上奏，通报武功县长孟通疏浚水井的时候，挖出来了一块白色的石头，上圆下方，上面镌刻着朱红色的字，是"告安汉公莽为皇帝"。于是符命之说，从此兴起。王莽授意群臣将符命之事告知太皇太后，太皇太后说："这是欺骗天下，不能施行！"

太保王舜对太皇太后说："事已如此，也没有办法，即便是想阻止也心有余而力不足了。王莽也没有别的企图，只想公开摄政，加强自己的权力，慑服天下罢了。"太皇太后内心明白不能这样做，却又无力阻止，只好同意。

王舜等人一齐让太皇太后下诏，说："孝平帝英年早逝，已经命令主管部门征召孝宣皇帝玄孙23人，挑选合适的做孝平帝的子嗣。玄孙年龄还小，如果没有道德达到极致的君子辅佐，天下怎能安稳？

"安汉公王莽一共辅佐过三代君王，与周公时代不同，但功业相同。最近前辉光谢嚣和武功县长孟通上书，汇报刻在白色石头上的符命，我仔细思考了一下，'为皇帝'意思就是代行皇帝的职权。现在任命安汉公居位摄政，效仿周公。详细策划典礼时的仪式，然后上奏。"

群臣于是上书，要求让王莽登基成为皇帝，穿戴天子的衣冠，南向朝见臣子，居位摄政。太皇太后下诏同意。

居摄元年（公元6年），三月初一，宣帝玄孙刘婴被册立为皇太子，号称孺子婴。刘婴是广戚侯刘显的儿子，当时只有两岁，王莽假意说根据卜卦的卦象显示他最适合当皇帝，于是将他册立，尊王莽的女儿王皇后为皇太后。

孺子婴初始元年（公元8年），各地纷纷出现符瑞，预示王莽要成为真龙天子。这些符瑞也不知是真是假，但王莽均一一笑纳。

王莽准备正式即位，首先拿出各种符瑞上报太皇太后，太皇太后大吃一惊。 当时孺子刘婴还没有即位，皇帝的印绶御玺仍被太皇太后收藏在她居住的长乐宫。 等到王莽即位，向太后请求交出御玺，太皇太后不愿交给王莽。 王莽指使安阳侯王舜去劝太皇太后。

王舜一向严谨，太皇太后很喜欢他，也很信任他。 王舜拜见太皇太后，太皇太后知道他是为王莽求取御玺，大怒，骂他说："你们父子宗族，承蒙汉朝恩典才得以富贵，不但不回报，反而趁机夺取政权，不再顾念恩义。 这样的人，连猪狗都不吃他剩的东西，天下又怎会饶恕你们呢！

"你们自己以金匱符命做了新皇帝，更改历法、服饰、制度，也该刻新的御玺，万世流传，何必还来抢这个不祥的亡国御玺？ 我是汉朝的老寡妇，就快死了，要和御玺一起下葬。 你们到头来谁也别想得到！"

太后边说边哭，身边的侍从和下面的卫士都哭泣流泪，王舜也忍不住悲伤流泪。 过了很久，王舜才抬头对太后说："我无话可说，但王莽一定要得到传国御玺，太后难不成要反抗他吗？"太后听王舜说得诚恳，又怕王莽以武力胁迫，于是将御玺往地下一扔，对王舜说："我老了，快要死了，你们兄弟肯定迟早要被灭族！"

王舜得到御玺，报告王莽。 王莽大喜，在未央宫大摆宴席宴请太皇太后，让大家尽情作乐。

王莽想为王太后更换新的封号，更换她的玉玺印绶，又担心她拒绝。 王莽的远支族亲王谏想向王莽献媚，上书说："皇天废除汉朝，建立新朝，太皇太后的封号也该更改，应该跟随汉朝废除，以迎合天命。"

王莽向太后呈递奏章，太后说："说得对啊！"

王莽却说："此大臣背弃仁义，罪该诛杀！"

冠军人张永将一块玉璧形状的铜片呈上，上面有符命文字，说太皇太后应称为"新室文母太皇太后"。王莽同意他的提议，于是用鸩酒毒死王谏，封张永为贡符子。

始建国元年（公元9年），正月初一，太皇太后接受了王莽和文武百官献上的皇太后御玺，顺应上天的符命，将汉朝封号名称全部废除。

王莽颁下册书，将孺子婴册封为安定公，封给他居民一万户，土地方圆100里。让他在封国内建立汉朝宗庙，与周朝的后代一样，可以遵照自己的历法，穿自己的服饰颜色。

册书宣读完毕，王莽拉起孺子婴的手，流着眼泪说："当初周公摄政，最终能够把政权还给周成王。如今独有我迫于上天威严的命令，不能遵照内心所愿，把政权交还给你！"悲伤哀叹了很久。

中傅带着孺子婴下殿，面朝北方，对王莽称臣。两旁百官都深受感动。

后汉书

绿林赤眉起义

新朝王莽的法令,琐碎而且苛刻,百姓很容易获罪,根本没有时间耕田植桑;徭役也很繁重,旱灾、蝗灾又接连发生;各种案子积压,很多人被押入狱,却总是不能结案。

官吏苛刻残暴,以此树立威信。他们凭借王莽的禁令,侵吞百姓财产。有钱的人尚且不能保住自己的财产,穷人生活更是艰难。于是百姓纷纷去做强盗。他们占据高山大泽等险要地势,官吏们不能擒获他们,只好隐瞒事实,由此导致盗贼越发增多。临淮人瓜田仪占据了会稽郡的长洲。琅琊人吕母将几千名农民会集起来,杀死海曲县宰,逃到海上当起了海盗,人数逐渐增多,达到上万人。荆州发生饥荒,百姓逃往山野沼泽,靠挖野菜为生,并为争抢地盘而相互残杀。

王莽天凤四年(公元17年),新市人王匡、王凤因为处理纠纷很公平,被一群逃难的人推举为首领,聚众数百人。

那些逃亡的人,有南阳人马武,颍川人王常、成丹等,都来投靠他们。他们结伙抢掠村落,平时隐匿在绿林山里。

短短数月之内,王匡、王凤手下就聚集起七八千人。王莽派使者到当地赦免这些强盗。使者回来后上奏,说:"强盗解散之后,不久又聚集起来。问他们原因,都说:'因为律法复杂烦琐，动不动就会犯法。辛苦劳动的报酬，还不够缴纳赋税。就算关在家里没做什么，也会因为邻居私自铸钱而连坐入狱。此外还有官吏的趁机欺压。'百姓因为贫困，所以都起来做强盗。"王莽听了大发脾气，免去使者的官职。有的使者则故意逢迎王莽，说："小民猖狂狡猾，应当处死。"或者说："时运刚好这样，不久就会平息的。"王莽听后就十分开心，给他们升官。第二年，琅玡人樊崇率领百姓自莒城发兵，有100多人，辗转进入泰山。盗贼们因为樊崇很勇猛，都去归附他，一年便聚众1万多人。与樊崇同郡的逢安，还有东海人徐宣、谢禄、杨音，也分别起兵，总共有数万人。他们的军队会入樊崇大军，一起进攻莒城，没有攻破，就在青州、徐州一带流窜抢掠。王莽将各郡、国的军队征发起来进行镇压，都未能取胜。王莽地皇三年（公元22年）四月，太师王匡、更始将军廉丹奉王莽之命东征，讨伐盗贼。当初，樊崇等人的力量逐渐壮大时，互相约定："杀人者，死；伤人者，偿创（意思是罚受同样的伤）。"其中尊称最崇高的人为三老，其次是从事，最后是卒史。

樊崇听到王匡和廉丹的军队要来征伐的消息，担心自己的部下与王莽军队在交战时候互相混淆，就让士兵在眉毛上涂上朱砂，以便互相区别，从此其所部就号称为赤眉军。

王匡、廉丹率领精兵十几万，一路行来，对士兵的恶行放任不管。东部地区传出民谣说："宁逢赤眉，不逢太师！太师尚可，更始杀我！"

刘秀起兵

刘秀是汉长沙定王刘发的后代，父亲是担任过南顿令的刘钦，共生了三个儿子：刘縯、刘仲、刘秀。兄弟三人幼年丧父，在叔父刘良的养育下成人。

刘縯性格刚强坚毅，慷慨大度，对王莽篡权之事，心中愤愤不平，有光复汉朝的大志。他不经营家业，反而卖田卖宅，喜欢与英雄豪杰交往，以致破产。刘秀长得鼻梁高耸、额角突出，种地十分勤劳。刘縯常嘲笑他，说他像刘邦的哥哥刘喜。

刘秀的姐姐刘元，嫁给了新野人邓晨。刘秀曾经和邓晨一起拜访穰县人蔡少公，少公对图谶有所了解，说："刘秀是天子之命！"

有人说："是国师公刘秀吧？"国师公刘秀可是王莽手下的红人，专门负责起草文书，刘秀开玩笑地说："怎么知道不是我呢？"在场的人无不大笑。只有邓晨心里暗自欢喜。

宛城人李守，喜好星象与谶纬，担任过王莽的宗卿师。李守曾告诉儿子李通："刘氏定当复兴，李氏将会辅佐。"新市、平林起兵后，南阳郡颇为慌乱，李通的堂弟李轶对李通说："现在天下动荡，汉朝应当复兴。南阳的刘姓宗族，称得上仁慈宽大的就只有刘伯升（刘縯字伯升）兄弟，可以和他们一起图谋大事。"李通笑着说："我正有此意。"正巧此时刘秀来宛城卖粮食，李通派李轶迎接刘秀，和他会面，详细述说了谶文的事，并立下誓约，定下计谋。李通打算在立秋那天，趁武士骑马检阅的时候，劫持南阳前队大夫甄阜和属正梁丘赐，命他们发动出兵，让李轶与刘秀回春陵起兵接应。

刘縯将当地英雄豪杰聚集在一起，与他们商议，说："王莽残酷暴虐，百姓分崩离析。现在连年大旱，战乱四起，这是上天灭亡他的时候，也是汉朝复兴、建国立业的时候！"大家都表示同意，于是分别派遣亲友宾客到各县起兵，刘縯则在春陵独自发动起兵。大家很害怕，都逃走躲了起来，说："刘縯要害死我！"但当看见刘秀身穿红色衣服，戴着武官的帽子，都吃惊地说："谨慎敦厚的人也这样做了呀！"心里才稍稍安定。刘縯一共聚集了七八千人，分给手下带领，自称"柱天都部"。当时刘秀28岁。李通还没有发兵，计划就被觉察，只得被迫逃走，四处流亡。他的父亲李守与家人共64口被连坐处死。刘縯让族兄刘嘉说服了新市、平林兵，和他们的首领王凤、陈牧一起向西进发，进攻长聚。又攻打唐子乡，还杀死了湖阳县尉。这时军队里财物分配不公，大家很愤怒，准备倒戈攻打刘姓部队。刘秀集中同族人得到的财物，悉数拿出分配给他们，大家才满意。

起义军继续往前行军，攻克了棘阳。李轶、邓晨也都带着他们的宾客前来会合。

刘玄称帝

更始元年（公元23年），反对王莽、复兴汉朝的起义军已经壮大到了十几万人，将领们商议，认为军队虽然力量强大，却缺乏一位能带领大家的共同领袖。于是想拥立一个刘姓皇族，以顺从大家的愿望。

南阳郡的豪杰与下江兵王常等人，都想立刘縯为皇帝。但是新市兵、平林兵的将领平日里恣意妄为、不守军纪，害怕刘縯的威严。舂陵戴侯刘熊渠的曾孙刘玄，当时在平林兵中被称为更始将军。新市兵、平林兵的将领们"喜欢"刘玄的怯懦，就先私下商定要拥立刘玄为共同领袖，然后才召刘縯来，告知他们的决定。刘縯说："各位将领主张拥立一个刘姓皇族，这很好！但是现在赤眉在青州、徐州兴起，拥有几十万人。如果听到南阳拥立了刘姓皇族，恐怕他们也会拥立一位刘姓皇族。王莽还没有消灭，刘姓皇族就先互相攻击，这会使天下人起疑，而损害自己的力量，这样是不能够击溃王莽的。春陵距离宛城只有300里，贸然地自己称起皇帝就会成为天下攻击的目标，使后起之人得以利用我们的疲敝，这也不是好的计策。不如暂时称王，掌握发令大权，也够可以杀将的了。如果赤眉拥立的人贤明，我们就去投奔他，他们肯定不会罢免我们的爵位。如果赤眉没有拥立皇帝，那等我们消灭了王莽，收服了赤眉，之后再自称皇帝也不会太晚。"大部分将领都说："好！"张卬却拔出佩剑，击在地上，说："对自己所做的事持怀疑的态度，就不可能成功。今天的决定，不允许有别的意见！"大家都只好顺从。二月初一，在淯水岸边的沙滩上设置坛场，拥立刘玄登上皇位，刘玄面向南方站着，接受群臣朝拜。刘玄非常羞愧，汗流满面，举起手却说不出话来。刘玄登上皇位后，宣布大赦天下，更改年号，任命堂叔刘良为国三老，王匡为定国上公，王凤为成国上公，朱鲔为大司马，刘縯和陈牧则分别为大司徒和大司空，其余将领都被封为九卿或将军。英雄豪杰对刘玄的表现感到失望，很多人都不服气。

强项令董宣

陈留人董宣做洛阳令的时候，刘秀的姐姐湖阳公主的奴仆在光天化日之下杀了人，藏匿在公主家中，官吏不敢抓捕他。

公主出门，让这个奴仆陪乘。董宣就在夏门旁边的亭子那里等候，车来了，只见他走上前去，一把勒住拴马的缰绳，用刀划地，大声指责公主的过失，斥责那个奴仆，命他下车，随即杀了他。

公主立即回宫，把这件事告诉了刘秀。刘秀非常生气，将董宣召进宫来，准备拿刑杖打死他。

董宣叩头说："在死之前请允许我说几句话。"

刘秀说："说吧。"

董宣说："陛下怀有圣明的德行，匡复了汉室，却放纵奴仆杀人，怎么能治理天下呢？我不用被打死，请让我自杀吧！"于是一头向柱子撞去，登时鲜血直流。

刘秀让太监拉住他，让他向公主口头赔罪，董宣不从，刘秀就命人强行压着他的脑袋，强迫他磕头认罪。董宣用双手撑着地，坚持不低下头去。

公主对刘秀说："你是平民百姓的时候，窝藏逃犯，官吏不敢把你怎么样；现在做了皇帝，威权难道不能施于县令了吗？"

刘秀笑着说："天子有别于平民！"于是命令道，"硬脖子县令出去！"

刘秀将三十万钱赐予董宣，全部被他分给了手下官吏。从此以后董宣放手打击豪强，京城里的人都畏惧他。

刘秀丈量田亩

光武帝刘秀因为全国的耕地面积都是自己上报的，不符合实情，并且户口、年龄都有增减，就下诏命令各外郡调查。

当时州刺史、郡太守中，很多都是狡诈之徒，他们以丈量土地为由，把农民聚集到田里，连房屋、村落也一并丈量，百姓为此在道路上哭喊；有的则优待富豪人家，欺凌弱小。

当时，各郡选派的使者向朝廷汇报，刘秀发现陈留郡官吏的简牍上面有字，看到写的是："颍川、弘农可以问，河南、南阳不可问。"就询问陈留的官吏。 官吏随口编道："是在长寿街上捡到的。"刘秀很生气。 当时东海公刘阳只有12岁，在帷幕后说："这些官吏都是按郡守指示做的，说的应该是和其他郡的情况做比较。"

刘秀说："既然如此，为何河南、南阳不可问？"

刘阳回答说："河南是京师所在，很多宠臣居于此；南阳是陛下的家乡，有很多皇亲国戚。 他们都私占田地，不合规定，不能做标准。"刘秀命令虎贲中郎将讯问陈留官吏，那个官吏才说出实情，跟东海公刘阳所说的一样。 于是刘秀派遣谒者考察核实俸禄二千石的官员中徇私枉法的行为。

大司徒欧阳歙因为过去任汝南太守的时候，丈量土地时作假、收受贿赂1000多万钱，被关进监狱。

欧阳歙家里世代教授《尚书》，八代都是博士。 收捕欧阳歙的时候，他家里站满了他的学生门徒，替他求情的有1000多人，有的人甚至剃掉自己的头发，要代师受罚。 平原人礼震，17岁，请求代替欧阳歙受死。 但刘秀一概不理，到最后也没赦免欧阳歙，欧阳歙死在了狱中。

班超出使西域

汉明帝永平十六年（公元73年），假司马班超和从事郭恂按奉车都尉窦固的指示一起出使西域。 班超到达鄯善国，鄯善王广一开始以礼相待、嘘寒问暖，后来忽然冷淡疏远了。

班超对他的手下说："广的态度好像忽然变冷淡了？"

手下说："胡人做事经常变化，无须大惊小怪。"

班超说："一定是有北匈奴的使者来到，鄯善王犹豫不决，不知如何是好。明眼人事情一有端倪就能看出来，何况现在事情已经很明白了呢！"

他召来胡人的侍从，诈他说："匈奴使者来了几天了，如今在何处？"

胡人侍从惶恐地说："来了三天有余，在离此地30里的地方。"

班超就关押了所有胡人侍从，又召集手下的属官，一共有36人，和他们一起喝酒。酒喝到酣畅的时候，班超趁机激怒大家，说："你我远离长安身居边塞，现在北匈奴的使者才来了几天，鄯善王的态度就转变了，如果使者让鄯善王把我们抓起来送给匈奴，那我们的骨头都要喂给豺狼吃了。这如何是好？"

属官都说："现在在这危险的地方，您说什么就是什么！"

班超说："不入虎穴，焉得虎子。为今之计，只有在夜里火攻匈奴，让他们不知道我们确切的兵力。他们一定会受惊害怕，这样就能把他们全部消灭。只要除掉北匈奴的使者，鄯善胆破，此事必成。"

大家说："这件事情要跟郭从事商量。"

班超很生气，说："吉凶就在今天决定，郭从事作为文职人员，听了我们的计划一定害怕，说不定还会泄露计划。那时，我们死得无名无分，又何谈壮士之名！"大家都说："好！"

当天夜里，班超就带领部下悄悄前往北匈奴使者的营地。夜晚刮起大风，班超让10个人拿着鼓，藏在匈奴人帐房后面，与他们约定："着火后就摇鼓高喊。"剩下的人都拿着刀剑弓弩，埋伏在营门两边。

班超顺着风势放火，营帐前后一起大声呐喊。匈奴人阵脚大乱。班超亲手杀了三个人，下属斩杀北匈奴使者及其随从一共30

多人，并烧死了余下的100多人。

　　第二天，班超等人返回，告知郭恂。郭恂吓得脸色一变。班超明白他的心意，举着手说："从事虽然没有参与行动，但我不会独占功劳！"郭恂于是高兴了。班超叫来鄯善王广，给他看匈奴使者的头颅。事情传开，鄯善全国都为之震惊。班超把汉朝的国威和恩德告诉鄯善王，说："从今以后，不许再和北匈奴来往。"

　　鄯善王叩头，说："愿意一心一意臣服大汉。"于是把王子送到汉朝做人质。

　　班超回来后把情况报告给窦固，窦固非常高兴，详细上报了班超的功劳，并请求重新选派使者出使西域。

　　明帝听了说："有班超这样的人才，就不要另选他人了。现在就任命班超为军司马，让他完成未完的功业。"

　　窦固又让班超出使于阗，想扩大他的随从队伍，但是班超只要带领原来跟随他的36人。他说："于阗是个大国，路途遥远，现在如果率领几百人前去，非但增强不了战斗力；万一有不测发生，人多反而添乱。"

　　当时于阗王广德刚刚打败莎车国，在西域南道称雄，但于阗国依然被北匈奴使者监护着。所以班超到达后，广德待他十分冷淡。

　　于阗国有迷信巫术的风俗，巫师说："神很生气，问我们归顺汉朝的原因。汉朝的使者有一匹黑唇黄马，我需要它做祭品！"

　　广德于是派宰相私来比去找班超，要求他把马送给于阗王。班超心里早有计议，就答应了，但取马必须巫师亲自前来。

　　不久，巫师果然来了，立即被班超斩首，并抓住私来比鞭笞了几百下。班超把巫师的首级送给广德，并谴责他。

　　班超在鄯善斩杀北匈奴使者的事广德早有耳闻，他十分惊恐，立刻杀了北匈奴的使者，向汉朝投降。班超重重赏赐于阗王及其大臣，并设镇安抚他们。

从此以后，西域各国都派王子到汉朝做人质。在中断了65年后，西域与汉朝终于重新恢复了交往。

窦宪击匈奴

北匈奴因为饥荒发生内乱，每年有几千人向南匈奴投降。汉章帝章和二年（公元88年）七月，南匈奴的单于向汉朝上书，建议趁北匈奴内乱借机出兵讨伐，帮助南匈奴统一南北匈奴，解除汉朝北方的忧患。当时朝政掌握在窦太后手中，窦宪以侍中身份入宫参与机要，对外宣读诏旨；窦宪的几个弟弟也都凭借外戚身份位居要职。

齐殇王刘石的儿子都乡侯刘畅到京城凭吊国丧，屡次被窦太后接见，与他商议事情。窦宪怕刘畅受宠会影响自己的权力，就派遣刺客在皇宫的禁卫军营将刘畅刺死。查清案情后。窦太后大怒，把窦宪囚禁在内宫。窦宪害怕自己被杀，就请求让自己去攻打匈奴，以免除死罪。

十月，窦宪被任命为车骑将军，讨伐北匈奴；任命执金吾耿秉为副统帅。

永元元年（公元89年）春，窦宪准备出发。三公九卿都到朝堂上书劝谏，认为没有匈奴的主动入侵，不应该无缘无故劳师远征，耗费国家财力。窦太后心意已决，坚持要讨伐匈奴。

六月，窦宪、耿秉大军从朔方鸡鹿塞出发，南单于从满夷谷出发，度辽将军邓鸿从稠阳塞出发，会合于涿邪山。

窦宪分别派遣副校尉阎盘、司马耿夔、耿谭率领南匈奴的1万精兵，与北匈奴的单于在稽洛山大战，北匈奴大败，单于逃走。于是追击匈奴各部，一直追到私渠北鞮海，斩杀部落首领以下1.3万人，活捉了大量士兵，俘获各种牲畜100多万头。各副王、小王率领部族前来投降的前后共有81部20多万人。窦宪、耿秉出塞后300里没遇到任何抵抗，登上燕然山，命令中护军班固立石刻碑，记叙汉朝的国威和恩德，然后班师回朝。

窦宪派军司马吴汜、梁讽给北单于送去金帛财物。当时北匈奴内部大乱，吴汜、梁讽一直到西海边才赶上单于，向他宣示汉朝的声威和诚信，并以大汉天子之名赏赐了他们。单于叩拜接受。

于是梁讽劝说北匈奴单于，可以像呼韩邪单于一样归附汉朝。单于听了很高兴，立即率领部众同梁讽一起归顺汉朝。

抵达私渠海时，得知汉军入塞的消息，单于就派他弟弟右温禺鞮王带着贡品，去汉朝做人质，跟着梁讽一起入京朝见。窦宪因为单于没有亲自前来，便上奏遣返了单于派来做人质的弟弟。

九月初七，窦宪被朝廷任命为大将军，封武阳侯，享有二万户食邑。以前，太尉、司徒、司空的地位要高于大将军的地位；到这时，太后下诏，规定窦宪的地位在太傅之下、三公之上。

次年九月，北单于因为汉朝将他送去做人质的弟弟遣回，再次派遣使者表达臣服之愿，并表示想入京朝拜。十月，窦宪派班固、梁讽前去迎接。

正在这时，南匈奴单于再度上书请求一统南北匈奴，听说北单于请求臣服的消息，就派遣左谷蠡王师子等人率领左右两部共8000骑兵去攻打北匈奴单于。夜间，大军到达，包围了北匈奴单于。北匈奴单于突围受伤，败退逃走。南匈奴单于俘获北匈奴单于的妻子及其子女5人，斩杀了8000人，数千人被生擒。班固等使者到达私渠海，听到南匈奴袭击了北匈奴的消息，就直接返回了。

窦宪见北匈奴势力衰微，不由得起了杀心。永元三年（公元91年）二月，他派遣左校尉耿夔、司马任尚率军出居延塞，在金微山包围了北匈奴单于。结果北匈奴军队大败，北匈奴单于的母亲阏氏、被俘部落首领以下5000余人被斩杀。北匈奴单于逃走，不知去向。

汉军继续深入，深入匈奴腹地5000多里后才班师回朝。这一次深入距离之远，是自汉朝出击匈奴以来的距离之最。

党锢之祸

汉桓帝还未继位的时候，甘陵人周福当过他的老师。等到他做了皇帝，就提拔周福担任尚书。

当时，与周福同郡的河南尹房植德高望重，于是同乡们编了一首歌谣说："天下人的榜样啊是房植，而周福却是靠帝师才当官的。"

结果这两家的宾客就开始彼此嘲讽攻击。他们各自联结党羽、招收门徒，慢慢结下了怨仇。从此，甘陵的士人就分为南北两派，也开始了党人议论的风潮。党锢之祸真正发生，是在桓帝延熹九年（公元166年）。当时有三万多太学生，其中郭泰和贾彪最出色，他们两人与当时的士大夫李膺、陈蕃、王畅互相推重，在学生中流传这样一句话："李膺是天下楷模，陈蕃不畏强权，王畅才智出众。"

这样的风气也影响到了朝廷内外，官员纷纷以品评人物、交相褒贬为时尚。自三公九卿以下，满朝大臣没有不怕受到这些名人贬低的，所以纷纷与他们交好。河南人张成通风水、会推算，他推算朝廷将会大赦天下，就教唆他的儿子杀人。担任司隶校尉的李膺督促有关部门逮捕了张成父子。不久,朝廷果然大赦天下,但却更加惹怒了李膺,处斩了张成父子。

张成平时结交宦官全凭方术,有时候连桓帝也找他卜卦。于是宦官就指使张成的徒弟牢修上书,控告李膺等人"拉拢太学游士,结交各郡派到京都求学的学生,结党营私,议论朝政,扰乱风俗"。桓帝大怒,下诏命令各郡、各封国逮捕党人,并布告天下,引来天下人的斥责。

诏书经过太尉、司徒、司空三府,太尉陈蕃退回了诏书,说:"此次获罪之人,都是天下称赞、忧国忧民的忠臣,可以宽恕子孙十代,怎么能稀里糊涂地就逮捕他们呢?"

桓帝更加生气,把李膺等人关进了黄门北寺监狱。被李膺等供词牵连的人有太仆杜密、御史中丞陈翔,还有200多个包括陈寔、范滂在内的太学学生。有的人逃走未能捕获,朝廷就悬赏捉拿,派出使者到处搜捕。

陈寔说:"我不去投案,大家心里就会失去依靠。"于是主动投案自首。

范滂被关进监狱,狱吏对他说:"来这儿的人都要祭拜皋陶。"

范滂说:"皋陶是古代正直的大臣,如果他明白我是清白的,就会为我向天帝申诉;如果我真的犯了罪,祭祀他又有什么用?"结果其他的囚犯也拒绝祭祀皋陶。陈蕃又上书劝谏桓帝。他的激烈言辞激怒了桓帝,就以陈蕃推荐的官员不称职为借口,免去了他的官职。

当时,因党人案被牵连入狱的,大多是天下名士。度辽将军皇甫规认为自己是西州的豪杰,却没有被列入名单,以此为耻,就上书说:"我以前推荐过前任大司农张奂,这是依附党人。我过去被罚到左校服苦役的时候,被太学生张凤等人力保,这是被党人所依附。所以连坐入狱怎能少了我呢？"朝廷知道情况，并不追问。

陈蕃被免去官职后，吓坏了朝中大臣，没有人再敢为他们说话。贾彪说："我要是不去一趟，是不能免除此次祸事的。"于是次年五月西行至洛阳，劝说城门校尉窦武、尚书霍谞等人，让他们出面营救党人。

窦武向桓帝上书，替党人求情。呈上奏章后，就称病辞职。霍谞也上了相同意思的奏折。桓帝看了他们的奏章，怒气稍微消了一点儿，就派中常侍王甫去监狱审问范滂等人。

范滂等人颈上戴着木枷，戴着手铐脚镣，头被布袋蒙住，站在台阶下面。王甫挨个儿审问，说："你们互相推举、互相袒护，是何居心？"

范滂回答说："孔子说过：'看到善，就要快快地学习；看到恶，赶紧远离，就像手伸进滚水会马上抽出。'我只是想称赞良善，让高洁的思想影响众人；贬斥奸恶，让大家都知道远离污秽。

"我本来以为这种做法会得到朝廷鼓励，却没想到被认为是在结党。古人修德积善，可以为自己谋福；现在修德积善，居然惹祸上身。我死后，希望能把我的尸首埋在首阳山侧，上不负皇天，下不愧对伯夷、叔齐。"

王甫听了范滂的话，深受感动，就让官吏解下了他们身上的刑具。

李膺等人的口供中，许多宦官子弟也被牵连；宦官们也怕事情扩大，就请求桓帝，以日食为借口，赦免了他们。

于是桓帝下诏大赦天下，200多党人都被遣送回家乡；还把他们的姓名登记在太尉、司徒、司空三府之中，终身不得为官。

窦武、陈蕃谋诛宦官

汉灵帝时，陈蕃为册封窦妙为后出过力。等到窦妙临朝主持朝政，就把大小政事都交给陈蕃处理。陈蕃和窦武齐心协力，辅佐王室，召来天下名士如李膺、杜密、尹勋等人，共同参与朝政。天下的士人都殷切地盼望创造一个太平盛世。

灵帝的奶妈赵娆和女尚书们是窦太后身边的侍从，和中常侍曹节、王甫等人互相勾结，谄媚奉承窦太后，得到窦太后的宠信，多次下诏给他们封官。这让陈蕃、窦武等非常生气。

有一次，上朝时陈蕃悄悄地对窦武说："曹节、王甫等人，从先帝的时候就操纵国家大权，扰乱天下，此时不除，将来就更没有办法了。"窦武很赞同，陈蕃非常高兴。窦武就和志同道合的尚书令尹勋等人策划起来。

当时正好发生日食，陈蕃对窦武说："以前一个石显就困住了萧望之，如今有几十个石显为祸作乱！我今年已经80岁了，只想帮助将军铲除祸害。日食之机不可错过，我们正好以顺应天意消除异象为由废黜宦官。"

窦武于是禀告太后说："依照旧制，黄门、常侍只负责宫内的职务，看守门户，保管财物。现在他们却能参政议政掌握大权，结果家人子弟遍布天下，贪婪暴虐。天下议论纷纷，都是缘于此。应该把他们全部诛杀或者废黜，以肃清朝廷。"

窦太后说："汉朝以来的制度，世代都有宦官；只应该诛杀有罪的，不能祸及无辜啊！"

当时，中常侍管霸颇有才能谋略，横行霸道。窦武请窦太后先逮捕管霸与中常侍苏康等人处死。

窦武又多次请求窦太后诛杀曹节等人，窦太后一直犹豫，事情悬而未决。

陈蕃又上书说："现在京城之人纷纷议论，都说侯览、曹节、王甫等人，和赵娆及尚书相互勾结，扰乱天下。只有依附他们才能升官发财，违背他们的意愿就会被陷害。满朝官员就像河水里漂着的木头一样，随波逐流，毫无原则和立场，只知道贪图俸禄，唯恐会遭到陷害。如果这些奸佞小人不除，一定会有变乱发生，危害国家，灾祸难以估量。请把我的奏章宣示左右，让天下的奸佞小人都知道我对他们深恶痛绝。"但他的意见并没有被窦太后采纳。

侍中刘瑜精通天文，见金星侵犯房宿，上将星侵入了太微垣，认为不吉之兆已现，就向窦太后上书说："按照《占书》上所说，宫门将会关闭，不利于将相，奸人就在身旁。应该紧急防备。"同时，又写信给窦武、陈蕃，认为星辰错乱对大臣不利，要当机立断采取措施。

于是朱瑀被窦武、陈蕃任命为司隶校尉，刘祐为河南尹，虞祁为洛阳令。窦武奏请免除了黄门令魏彪的官职，接替者是他的亲信小黄门山冰。又让山冰上奏，弹劾并逮捕了长乐尚书郑飒，囚禁在北寺监狱。

陈蕃对窦武说："这些小人，就该当场诛杀，无须审问！"窦武没有听从，让山冰、尹勋、侍御史祝瑨一起审问郑飒。曹节、王甫等人被郑飒供出。尹勋、山冰根据郑飒的口供，奏请逮捕曹节等人，奏章由刘瑜呈递。

建宁元年（公元168年）九月初七，窦武出宫回府休息。

得知消息的主管奏章的宦官先报告了朱瑀，朱瑀偷偷拆阅了窦武的奏章，大骂说："宦官恣意妄为，自然应当诛杀，但我们何罪之有？竟然要全部灭族？"于是朱瑀大声叫喊，说："陈蕃、窦武奏请皇太后，要废黜皇帝，此乃逆天篡权！"

朱瑀的亲信张亮等17人被连夜召集出来，他们歃血盟誓，谋划杀害窦武等人。

曹节急忙禀报灵帝，说："形势危急，请陛下赶快登上德阳前殿。"并让灵帝拔出佩剑，做出刺杀的样子，灵帝由奶妈赵娆等人保护。曹节自己则拿着符信，关闭宫门，又召来尚书台官属，用刀威胁他们写了诏书，任命王甫为黄门令，拿着符节到北寺监狱，逮捕了山冰、尹勋等人。

山冰怀疑诏书是假的，拒绝不受。王甫就杀了山冰，又杀了尹勋，而放走了郑飒。然后率领卫兵回宫，劫持窦太后，夺取玉玺。

王甫命中谒者守卫南宫，关闭宫门，通往北宫的各条道路都被截断。派郑飒等人持符节率领侍御史、谒者，去逮捕窦武等人。

窦武对诏令拒不接受，骑马逃到步兵校尉军营，和他的侄儿步兵校尉窦绍一起射杀使者。他们召集了北军五校尉营的将士几千人，屯兵都亭，对将士们说："黄门、中常侍谋反，我会重赏尽力作战的人。"

陈蕃闻讯，带领80多个部属官员和门生，拔出刀剑，闯进承明门，一直闯到尚书台门前，振臂高呼，说："大将军忠心卫国，黄门反叛，为何诬蔑窦大将军谋反呢？"

王甫出来，刚好碰见陈蕃，听到他说的话，斥责他说："先帝刚刚去世，陵墓都还没竣工。窦武有什么功劳，可以同时封爵父兄三人？窦武在家里大摆筵席，挑选宫中美女陪伴，10天之内，财产累积巨万，身为朝廷大臣，竟然这样做，难道不是大逆不道吗？你身为宰辅大臣，胡乱依附他，还怎么肃清奸贼？"于是让武士逮捕了陈蕃。

陈蕃拔剑斥责王甫,声色俱厉。可是武士终于把陈蕃逮捕,囚禁到北寺监狱。

黄门从官骑士用脚踢陈蕃,得意扬扬地说:"死老怪,有本事再来削弱我们的兵力啊?再来削减我们的俸禄啊?"当天就把陈蕃杀了。

这时,护匈奴中郎将张奂正好被召回洛阳。曹节等人认为张奂刚到,他们的计划无人知晓,就假传圣旨,和张奂率领五校尉营剩下的将士讨伐窦武。

这时天色微明,王甫率领1000多名虎贲、羽林卫士,在朱雀掖门外布阵防守,与张奂等会合。不久,全部抵达宫廷正门,对阵窦武。

王甫的兵力渐渐强大,他让士兵们向窦武的军队大喊,说:"窦武谋反,作为宫中禁军,你们应当保卫皇宫,现在却追随谋反之人。先投降的有赏!"

北军五校尉营的官兵一向畏惧宦官,于是窦武的部队开始军心涣散,从清晨到早饭的时候,统统缴械归降了。

窦武、窦绍逃走,遭追击包围,走投无路,只能自杀身亡,窦武的人头被悬挂在洛阳都亭示众。

黄巾起义

东汉末年,巨鹿人张角信奉黄老之术,传授门徒法术,号称"太平道"。他用念过咒语的符水治病,仪式中让病人跪着忏悔自己的过错,不时有病人因此痊愈,让人们大为赞叹。

张角分别派遣他的弟子去各地收徒。通过口耳相传,经过十几年的时间，信徒多达几十万，青、徐、幽、冀、荆、扬、兖、豫八州，响应者众多。很多人抛弃家产，或者将家产变卖，背井离乡前去投奔张角，路上被堵得水泄不通。还没有到达就在半路上生病或死亡的，也数以万计。郡县官员不明白张角想做什么，反而向上报告说，张角教人行善，因而民心都向着他。太尉杨赐当时担任司徒，上书说："张角欺骗百姓，皇上虽赦免了他，但他不思悔改，反而逐渐发展其势力。现在如果下令州、郡拘捕镇压，必会人心惶惶，给自己招惹灾祸。

"应该命令刺史、郡守清查流民，派兵将他们分别遣回本郡，这样张角一伙的势力才能削弱，然后再诛杀那些首领。这样无须大动干戈即可化险为夷。"

正好这时杨赐离职，他的建议被束之高阁。司徒掾刘陶再次上书，重提杨赐的建议，说："张角等人正加紧谋划，各地私下传言，说张角等人偷偷潜入京城洛阳，窥探朝廷的动静，下面还有党羽策应。

"州郡官员怕如实报告会受到朝廷处分，不愿意上报，只在私下里相互转达，正式公文上却一字不提。陛下应该明确颁下诏书，悬重赏捉拿张角等人，许以封侯；办事不力的官员，与张角等人同罪论处。"灵帝非但不重视，反而下诏让刘陶整理《春秋条例》。张角设置了36方。方，有点像将军，大方率领1万多人，小方率领六七千人，由他们自己任命下面的各级头领。又讹称："苍天已死，黄天当立。岁在甲子，天下大吉。"把"甲子"二字用白土写在京城各官署及各州郡官府的大门上。大方马元义等人先集结荆州、扬州的徒众几万人，约定在邺城会合起事。马元义多次前往洛阳联系中常侍封谞、徐奉等人做内应，约定在次年的三月初五，京城内外同时发动。

汉中平元年（公元184年）正月，张角的弟子唐周将此事禀告朝廷。于是朝廷逮捕了马元义，并对他处以车裂之刑。灵帝给三公和司隶校尉下诏，命令找出皇宫及各官署、禁军还有普通百姓中，信奉张角"太平道"的，1000多人被处死。同时还下令冀州的官员，让他们捉拿张角等人。张角等知道计划败露，便派人昼夜兼程赶往各地通知各方首领，一时之间全都起兵。头扎黄巾是他们的标志，所以当时的人叫他们"黄巾贼"。

二月，张角自称天公将军，他弟弟张宝称地公将军、张梁称人公将军。官府被烧，人口众多的郡县也被劫掠。各州郡无力抵抗，官吏大多逃跑。不到一个月，天下响应，京师为之震动。

董卓为乱

汉中平六年（公元189年）八月，宦官杀死大将军何进，他的部下吴匡等人与虎贲中郎将袁术联合带部下攻入皇宫，诛杀宦官。

中常侍张让、常侍、段珪等人没有办法，只好带着少帝刘辩和陈留王刘协等十几个人从洛阳逃离。当天夜里，逃到小平津，赶来与他们会合的还有河南中部掾闵贡等。

闵贡大声呵斥张让等人，说："你们要是还不快死，我就大开杀戒了！"并且亲自挥剑，砍死了几名宦官。闵贡的举动吓坏了张让等人，他们向少帝叩头辞别说："我们死了，请陛下自己保重！"然后投河而死。

少帝与陈留王在闵贡的搀扶下，循着萤火虫的微光向南走，想回到宫中。走了几里路，从百姓那里获得一辆板车，得以继续前行，一直到洛舍才休息。后来又找到马匹，少帝单独骑一匹马，陈留王刘协和闵贡合骑一匹，从洛舍向南前进。

并州牧董卓听到消息,率军来到显阳苑,远远望见宫中起火,明白已经发生了变故,就率领军队迅速前进,在黎明之际到达城西,听人说少帝在北边,就和大臣们一齐到北芒阪奉迎少帝。

少帝看见率大军前来的董卓,吓得哭了起来。大臣们对董卓说:"皇帝下诏,要军队撤走。"董卓说:"你们身为国家大臣,不能辅佐王室,致使皇帝流亡在外,居然还要我撤军?"

董卓与少帝说话,少帝语无伦次,说话杂乱无章;问陈留王刘协事变经过,刘协自始至终都回答得很清楚,没有什么遗漏。董卓听了很高兴,认为刘协有才能,而且他由董太后抚养长大,董卓自以为与董太后是同一宗族,就开始想废黜刘辩而立刘协为帝。

少帝回到宫中,大赦天下。

骑都尉鲍信到泰山郡招募士兵,正好回来,他劝袁绍说:"董卓兵强马壮,意图造反。现在不趁早谋取,他必会率兵攻击我们。应该乘他刚到,军队还很疲惫,赶紧偷袭,可以把他抓住!"袁绍害怕董卓,放弃了主动出击的机会,鲍信就率领军队返回泰山郡。

董卓到洛阳的时候,只有3000步兵、骑兵。他害怕自己兵力单薄,大家不肯服从,每隔四五天就带着军队在晚上从军营悄无声息地离开,第二天早上再大张旗鼓地回来,让人们以为凉州又有军队来了。洛阳城中的人都以为董卓部队人数很多。

不久以后,董卓招降了原先何进与弟弟何苗的队伍,又暗中说动执金吾丁原的手下吕布,让他杀死丁原,这样丁原的军队也被董卓吞并。这样一来,董卓的兵力大大增强。他暗示朝廷,以接连下雨为理由,让皇帝罢免司空刘弘的职务,换自己来做。

董卓对袁绍说:"天下的君主,应该由贤明的人担任才对。我每次想到灵帝,心中只有愤恨。刘协看起来还可以,不如立他为帝，不知他是否能胜过刘辩？ 有的人小事聪明，大事糊涂，不知道刘协是不是这样。 如果他也不行，那我看我们也不用再辅佐刘氏后代了！"

袁绍说："刘氏统治天下400多年，在百姓中根基很深。 现在皇上年龄还小，又没有什么过失让天下人埋怨。 你想废嫡立庶，大家肯定会反对的！"

董卓握着剑柄呵斥袁绍，说："大胆！ 天下的事难道不是我决定的？ 我想这样做，谁敢不服从？ 你以为我董卓的刀是摆设吗？"

袁绍也勃然大怒，说："天下只有你董公一人是英雄豪杰吗？"拔出佩刀，横着作了个揖，就直接出去了。

董卓由于才到洛阳，而袁家历代为官，四世三公势力极大，所以不敢害他。 袁绍出去后，把司隶校尉的符节挂在东门，立马逃走，直奔冀州去了。

九月，董卓召集文武百官，昂着头说："皇上不配为一国之君。 现在我想依照伊尹、霍光的做法，改立陈留王为帝，大家觉得如何？"公卿以下的官员都很惶恐不安，没人敢回答。

董卓又大声说："以前霍光废黜昌邑王，田延年手持宝剑，要诛杀后响应的人。 现在谁敢反对，都以军法处置！"朝堂众人极其恐慌。

尚书卢植说："从前太甲即位后昏庸无能，昌邑王由于怙恶不悛，所以伊尹、霍光才会将他们废黜，另立新帝。 现在皇帝还小，没做罪大恶极之事。"

董卓大怒，马上站起身想下令杀了卢植。 蔡邕为卢植求情，议郎彭伯也劝阻董卓，说："卢尚书是天下的大儒，受世人敬重，若是杀了他，天下人都会震惊不安的。"董卓这才罢手，只罢了卢植的官，后来卢植逃到上谷郡隐居起来。

董卓又派人将废立的消息告诉太傅袁隗，袁隗不得已，只好表示同意。

董卓在崇德前殿召集百官，逼迫何太后下诏废黜少帝刘辩，说："皇帝在守丧时期未尽孝道，全无君主仪表垂范之效，现在废他为弘农王，立陈留王为皇帝。"

袁隗解下刘辩身上的玺绶给陈留王刘协手下，随后扶刘辩下殿，向坐在北面的刘协称臣。何太后见了非常伤心，群臣心里极为悲愤，但没有人敢说话。

董卓又说："何太后以前逼迫董太后，使她忧虑而死，没尽到做媳妇的职责。"于是把何太后迁到永安宫，后来又把她害死，公卿及以下官员不准穿丧服；举行葬礼的时候，只穿白色的衣服。次年正月，董卓又派郎中令李儒将刘辩毒死。

董卓性情残忍，控制朝政以后，坐拥天下珍宝，把持军权，威震天下。尽管如此位极人臣他的欲望也还远远没有得到满足，他曾对门客说："我乃九五之尊之相啊！"

袁绍夺冀州

东汉末年，天下群雄并起，讨伐董卓。大家推选袁绍作为他们的首领，袁绍让冀州刺史韩馥驻守邺城，掌管粮草。

韩馥看到袁绍受到众人拥护，心里嫉妒他，就私下减少对袁绍的军粮供应，想让他的士兵离散。这时麹义叛变，韩馥前去讨伐，却被麹义打败。袁绍就乘机与麹义联合。

袁绍的门客逢纪对袁绍说："将军想做大事，但粮草却不自给自足，这样是不行的。如果无地则无立足之所。"于是劝他夺取冀州。

袁绍说："冀州兵力强盛，而我军又饥又疲，如果失败，就没有立足之地了。"

逢纪说："韩馥是一个庸才，您可以私下联合公孙瓒，让他进攻冀州。趁韩馥慌乱之时，我们就派使者去劝降。韩馥迫于突然发生的危机，一定愿意把冀州让给您。"

袁绍认为有道理，于是如此行事。公孙瓒率领军队到达冀州，表面上声称讨伐董卓，暗地里却袭击韩馥。韩馥与公孙瓒一交战就败下阵来。

适逢董卓进入函谷关，袁绍就退兵返回延津，派辛评、荀谌、郭图等去劝降；公孙瓒统率燕代两地的军队乘胜南下，各郡纷纷响应，不可抵挡。袁绍又率军东进，意图不明，将军危险。

韩馥很害怕，问他们说："既然如此，如何是好？"

荀谌说："您认为自己的宽厚仁义，与袁绍相比怎么样？"

韩馥说："不如他。"

荀谌又问："那么，临危决断，智勇过人，又如何？"

韩馥说："也不如。"

荀谌再问："那么家势威恩，使天下人家都受其恩惠方面，您与袁绍相比呢？"

韩馥说："也不如。"

荀谌说："袁绍是一世豪杰，将军虽不如他，却一直位居其上，他一定不肯屈居将军之下。冀州，富饶之地，如果他与公孙瓒合力夺取冀州，将军立刻就会陷入危亡的困境。袁绍与将军以前结盟，一起讨伐董卓。如今之策，不如把冀州让给袁绍，他必定感恩戴德，公孙瓒也无力与他争夺。这样，将军既有让贤的美名，而自身又能比泰山还要安稳。"韩馥生性怯懦，于是答应了。

韩馥的长史耿武、别驾闵纯、治中李历得知后，劝谏说："冀州兵强马壮，粮草充足。袁绍仅有一支孤军，没有自己的地盘，仰仗我们的鼻息，就像怀里的婴儿，不给他奶吃，立刻就会饿死。为什么要听他的呢？"

韩馥说："我原为袁家的老部下，况且才能也不如袁绍，所以让给他。知道自己不如贤人而让位给他，是义行，你们为什么要反对呢？"

之前，韩馥派赵浮、程涣率领1万名弓弩手守备孟津，他们听到这个消息，就带兵迅速赶回冀州。那会儿袁绍驻扎在朝歌清水口，赵浮等人从后面偷袭，战船几百艘、士兵1万余人，军容严整，晚上时候在袁绍军营穿来穿去，袁绍很是厌恶。

赵浮等赶到冀州，对韩馥说："袁绍军中无粮，人心不稳，虽然近来有张杨、於扶罗等归附于他，但却并不为他效力，所以他并非我们的对手。我们几个愿为前卒，率领现有的部队进攻他，不出10天，他们肯定大败。将军您只需关上房门安心睡觉，没有什么可担心害怕的！"

韩馥还是不听，于是避开冀州牧的官位，搬到以前中常侍赵忠的房子里，并将冀州让给了袁绍。

袁绍快要到达邺城，韩馥手下数十人离开了他，只有耿武、闵纯挥刀阻拦，但也无济于事，只得作罢。袁绍就将耿武、闵纯二人处死，并以皇帝的名义任命韩馥为奋威将军，但无官无兵；又任命广平人沮授为奋武将军，派他监管所有将领，对他十分宠信；袁绍任命田丰为别驾、审配为治中。

袁绍任命河内人朱汉为都官从事。朱汉曾经受韩馥侮辱，又想讨好袁绍，就擅自发兵包围了韩馥的住宅，想杀掉韩馥。韩馥跑上了楼，朱汉捉到韩馥的大儿子，打断了他的双腿。袁绍听说后，立即逮捕朱汉并杀死了他。

韩馥仍然惊恐不安，于是投奔了陈留太守张邈。后来，袁绍派使者去见张邈，有事情要商议。使者附在张邈耳边说话，韩馥却以为在打自己的主意。过了一会儿，他起身去厕所，自杀了。

王允计除董卓

董卓性情残暴，杀人如麻。属下一说错话，就被当场处死，以致每个人心里都惶恐不安。

中郎将吕布擅长骑射，膂力惊人。董卓素来残暴，怕人报复，平时总让吕布随从保护，还将吕布收为义子。然而董卓性格暴躁，曾经因为一件小事不合心意，就拔出手戟向吕布扔去。幸亏吕布身手敏捷，躲开后又和颜悦色地向董卓道歉，董卓才消了气。

吕布因而不再敬重董卓，反而开始怨恨他。董卓又让吕布守卫中阁，吕布乘机与董卓的侍女私通，因之心里更加不安。

司徒王允与司隶校尉黄琬、仆射士孙瑞、尚书杨瓒一起密谋诛杀董卓。吕布一直与王允交好，所以吕布见到王允时，告诉了自己对董卓的不满。王允就趁机把诛杀董卓的计划告诉吕布，并让他做内应。

吕布说："可我们情同父子啊……"

王允说："你本姓吕，并非他的骨肉。现在担心危及生命，还谈什么父子？他拿手戟扔你时可曾顾及过父子之情吗？"吕布权衡之后就答应了。

汉献帝初平三年（公元192年）四月，献帝大病初愈，召见群臣。董卓身穿朝服，乘车入殿，从军营到皇宫，道路两旁重兵把守，皇宫周围也都安排了卫士，吕布等人不得近身。

王允让士孙瑞亲自寄信给吕布。吕布派骑都尉李肃与勇士秦谊、陈卫等十几个人身穿卫士的服装，假冒卫士，在北掖门一带埋伏。等董卓一进门，李肃就用戟刺他，董卓由于穿了铁甲，只伤了手臂，却从车上摔了下来。

董卓大呼："吕布在哪儿？"

吕布说："奉圣上之命，诛杀贼臣董卓！"

董卓大骂道："狗贼，竟忘恩负义！"

吕布立马用铁矛刺死了董卓，让士兵砍下他的头。主簿田仪和董卓的仆人扑到董卓尸体前，立马也被刺死。

吕布从怀里拿出诏书，对官兵宣布："皇帝下诏，只诛杀董卓一人，其余属下一概赦免。"

官兵于是高呼万岁。百姓知道后，在街上唱歌跳舞；长安城里的男男女女变卖衣服首饰，用来买酒买肉，全城欢庆。

三国志

孙策起兵震江东

孙坚娶钱塘人吴氏为妻子,并生下四子,分别取名为孙策、孙权、孙翊、孙匡,此外还有一个女儿。孙坚在外征战,把家属留在寿春。

孙策10多岁时,就开始结交当地名流。舒县人周瑜与孙策同岁,听到孙策的名声,从舒县前来拜访。两人一见如故,相见甚欢,周瑜劝孙策把家搬到舒县,并把路边的一座大宅院让给孙策住。

初平二年(公元191年),孙坚奉命讨伐刘表时,被刘表手下黄祖设下的伏兵射死。当时孙策才17岁,他迎回父亲尸首并葬于老家曲阿,然后渡过长江,住在江都,结交英雄豪杰,立志要为父亲报仇。

兴平元年(公元194年),丹阳太守周昕与袁术对立,袁术上奏推荐孙策的舅舅吴景兼任丹阳太守,并攻打周昕。获胜后,又任命孙策的堂兄孙贲为丹阳都尉。

孙策把家人托付给广陵人张纮,自己直接到寿春去见袁术,流着泪对袁术说:"先父当年曾与您在南阳相会,订立盟约,结下友谊。他不幸中途遇难,没能成就功业。我很感念您对先父的旧恩,希望继续为您效力。"

袁术很欣赏孙策，认为他不同常人，但仍然不肯给他兵马。他对孙策说："我已经任命你舅舅吴景为丹阳太守、你堂兄孙贲为都尉。你可以回去依附他们，在那儿自己招募兵马。"

孙策就与汝南人吕范、同族孙河将母亲接到曲阿，自己则去投奔舅舅吴景，并借助父亲的影响，在当地招募了数百名将士。就在这时，孙策遭到泾县本地的豪强祖郎袭击，几乎没能幸免。于是他又去求见袁术，袁术过意不去，把孙坚旧部1000多人还给了他，并上表推荐他担任怀义校尉。

孙策手下有一名骑兵犯了过错，逃入袁术大营，躲藏了起来。孙策派人进去，就地处死那名骑兵并亲自拜见袁术，向他谢罪。袁术说："士兵多喜欢叛变，我和你一样痛恨这种行为，你无须道歉？"从此以后，孙策部下对他更加畏惧。

袁术最初曾答应任命孙策为九江太守，但后来却任用了丹阳人陈纪。过后，袁术想攻打徐州，希望庐江太守陆康提供3万斛米，陆康不给。袁术于是非常恼怒，派孙策去进攻陆康，对孙策说："以前我错用陈纪为九江太守，非常后悔。这回你如果战胜陆康，庐江就归你所有。"

孙策进攻陆康，大获全胜。但是袁术又任用旧部刘勋为庐江太守，孙策对他更加失望。

丹阳人朱治曾任孙坚的校尉，他看到袁术毫无仁义之心，就劝孙策返回故乡，去占领江东。当时他舅舅吴景进攻了一年多还未能攻克，孙策就趁机向袁术请求说："我家在江东做过不少好事，在当地有些声望。我愿意帮助舅舅进攻横江。攻下横江后，我就回到家乡去招募兵马，用来辅佐将军平定天下。"

袁术知道孙策对自己不满，并且当时扬州刺史刘繇驻守曲阿、会稽太守王朗占据本郡，他想孙策未必能够取胜，就同意了，上表推荐他为折冲校尉。孙策率领1000多名士兵，还有几十匹马，边走边招兵，到达历阳时，手下已经有五六千人了。当时周瑜的伯父周尚担任丹阳太守，周瑜率军前来迎接孙策，并支援他军费和粮草。孙策喜出望外，说："得你相助，我一定能够成功！"

孙策进攻横江、当利，大获全胜，刘繇的手下樊能、张英大败。

孙策渡江以后，辗转作战，所向披靡，因为百姓听说孙策要来了，全都吓得失魂落魄；地方官们纷纷弃城而逃，躲到深山之中。孙策攻城后，严明军纪，士兵们都不敢掳掠百姓财物，小到鸡、狗、蔬菜都不敢触碰。于是百姓万分喜悦，争着用牛肉和美酒去犒劳孙策的军队。

孙策容貌俊美，谈吐幽默，性情豁达，能礼贤下士，善于任用人才。因此，无论士人还是百姓，都愿意为他效死。孙策进攻刘繇设在牛渚的军营，夺取了存在那里的全部粮草和器械。随后击败薛礼、笮融，后来又在梅陵打败了刘繇的另外一支部队，转而进攻湖孰、江乘，也大获全胜。于是进军曲阿，攻击刘繇。

刘繇与孙策交战，战败后逃往丹徒。孙策进入曲阿，犒赏将士，并且还通知各县说："凡是刘繇、笮融等人属下，只要来自首归降的，既往不咎。愿意从军的，一家只要有一人从军，免除全家的徭役；不愿意从军的，也不勉强。"不到10天，共有两万多人前来投奔，并获得战马1000多匹，"小霸王"孙策的声威震动江东。

挟天子以令诸侯

汉建安元年（公元196年），献帝在韩暹、杨奉等人保护下，重返东都洛阳。当时曹操在许昌，打算迎接献帝，但属下都认为:"崤山以东尚未平定。韩暹、杨奉等人以为护驾有功,骄横跋扈,一定不服您。"因而群起反对。

独有荀彧说:"从前晋文公重耳接来周襄王,诸侯归顺;汉高祖为义帝服丧,天下归心。自从天子流离在外,将军率先倡导义军,由于崤山以东变乱尚未平定,因而未能远行迎接圣驾。

"现在献帝车驾返回洛阳,可是旧都荒芜,义士百姓无不感慨。如果您真能趁机满足大家的期望,前去奉迎天子,肯定能收服人心;以大公无私感服天下人心,是极重要的策略;扶助朝廷,弘扬大义,招揽天下英才,若能如此,即使四方还有叛逆,他们又能有什么作为?

"韩暹、杨奉之流无须上心,若不赶紧决定,让别的豪杰生出奉迎的念头,抢先一步,那就错失良机了。"

于是曹操派遣扬武中郎将曹洪前往洛阳迎接献帝。可是董承等人扼守险要阻拦,使曹洪不能前行。

议郎董昭认为杨奉兵强马壮,只是缺少同伴援助,就以曹操的名义给杨奉寄信,信中说:"我仰慕将军已久,想跟您推心置腹。如今将军在危难之中救出天子,护送回旧都洛阳,此举盖世无双,难以用语言赞美!

"现在,各地纷扰,天下不得安宁,那么最重要的就是君主的平安,而这主要靠辅佐的大臣。臣下必须共同努力,才能扫清君王道路上的障碍,这绝不是一个人的力量所能办到的。

"身体与四肢,缺一不可,即使缺少了任何一部分,都会成为残废。将军应当在朝廷主持大政,我则在朝廷之外援助;如今我有粮草,将军有兵马,相互合作可以成就大事。我们要紧密团结,生死与共。"

杨奉接到信后非常高兴,对属下说:"兖州刺史曹操的军队驻守许昌,有兵有粮,朝廷正需他的支援。"于是联名上表,推荐曹操担任镇东将军,并承袭他父亲曹嵩的爵位费亭侯。

韩暹凭借护驾之功,专横放肆,董承对他极为不满,就秘密征召曹操,曹操亲率大军到达洛阳。到达后,向献帝痛斥韩暹、张杨。韩暹害怕被杀,于是投奔了杨奉。献帝因为韩暹、张杨护驾有功,赦免其罪不予追究。

八月十八日,献帝任命曹操兼任司隶校尉、录尚书事。后来曹操处罚有罪之人,处死尚书冯硕等3人;封赐有功之臣,封卫将军董承等13人为列侯;追怀烈士,追赠射声校尉沮俊为弘农太守。

曹操请来董昭,请教道:"现在我到了这儿,应当采取什么措施?"

董昭说:"将军发起义兵,讨伐乱臣贼子,侍奉天子,辅佐王室,这是和春秋五霸一般的功业啊。洛阳的各位将领各有算盘,未必肯服从将军的调遣。现在将军如果留在洛阳辅佐朝政,会遇到非常大的阻碍,最好的办法还是请天子移驾到许昌。

"但是天子初回旧都,远近之人都盼望从此能够安定。如果再要移驾,倒不符合人心。不过,非常之事需要非常之举,希望将军衡量利弊,做出最佳的选择。"于是劝曹操迁都。

曹操说:"我也有此意。只是杨奉就在附近,听说他军队强盛,该不会成为我的障碍吧?"

董昭说:"杨奉缺乏党羽,也无外援,所以是真心与将军结盟。任命您为镇东将军,封费亭侯,都是他奏请的。您应该不时派遣使者,带上厚礼前去表示谢意,让他安心。并告诉他迁都的缘由,就说:'洛阳无粮,想让献帝暂时移驾鲁阳;鲁阳靠近许昌,交通较为方便,军粮可得保障。'杨奉虽然作战勇猛,但为人缺少心眼儿,一定不会怀疑您的用意。在使者往来过程中,我们大事已成，他怎么能成为您的障碍呢？"

曹操说："很好！"立即如此行事。

二十七日，献帝东行迁都许昌。任命曹操为大将军，封武平侯。

孙权继承孙策

孙策杀死吴郡太守许贡，许贡旧部打算为许贡报仇。

孙策喜欢外出打猎。他有一匹骏马，速度非常快，卫士们的马根本跟不上。有一次，孙策骑着快马疾驰，不料遇到许贡的三个门客，他们用箭射孙策，射伤了孙策的面颊。很快后面的卫士骑马赶到，制服了刺客。但孙策伤得很重，就把张昭等人叫进来留下遗嘱："中原正逢战乱，而吴、越人口众多，三江地区易守难攻，足以脱身事外，看他们拼死拼活。你们千万好生辅佐我弟弟！"又叫孙权进来，把印绶给他挂上，对他说，"率军作战，与天下英雄争胜负，你不如我；选贤与能，任用人才，使他们效忠尽心保卫江东，我不如你。"随后，孙策就去世了，年仅26岁。

孙权悲伤号哭，不理军政大事。张昭对他说："孙将军，这难道是哭的时候吗？"就给孙权换上官服，扶他上马，要他出去巡视军营。张昭率领文武官属，向朝廷上表奏报孙策的死讯，下令各部严守岗位。周瑜从巴丘带兵赶来奔丧，就留在吴郡，担任中护军，与张昭一起主持大局，那时孙策虽然已经占据会稽、吴郡、丹阳、豫章、庐江、庐陵等地，但偏远之处尚未完全降服；从中原流亡而客居江南的士大夫，也还抱着暂时躲避战乱的想法，与孙氏之间的君臣关系还不够稳固。但张昭、周瑜等人觉得孙权可成大事，所以对他尽忠效劳，一心一意。

官渡之战

汉建安五年（公元200年），袁绍率军攻打许都，曹操驻扎在官渡抵抗。

七月，袁绍大军驻扎在阳武，沮授劝袁绍说："我军士兵比曹军多，但不如其精；曹军粮草不足，物资储备比不上我军。因此，曹军适宜速战速决，而我军适合打持久战。应当持久作战，以时间赢得战争。"袁绍没有采纳。

八月，袁绍大军稍稍向前进军在沙丘驻军，队伍东西长达数十里。曹操也将军队分开驻扎，使两军营垒数量相当。

九月，曹操与袁绍交战，未获胜，于是退回营垒，坚守不出。袁绍造起高楼，堆起土山，居高临下向曹营射箭。曹军将士在营中出行都要用挡箭牌挡着。曹操派人制造霹雳车，向袁绍的高楼发射大石头，击毁了高楼。随后袁绍又挖地道进攻，曹操下令让士兵在营内挖掘深沟，以防备袁军地道。

曹操兵力不足，粮食吃尽，士兵都疲惫不堪，百姓也感到赋税沉重，于是有很多人背叛曹操，向袁绍投降。曹操非常担忧，给荀彧写信，说准备撤退。

荀彧回信说："袁绍将全部军队调到官渡，打算与您一决胜负。您若不能战胜制敌，就将为敌所制，现在正是平天下的关键。况且袁绍仅仅是布衣中的英雄罢了，能够招揽人才，却不予以任用。而您人才济济并且尊奉天子，名义上我们以顺讨逆，怎么可能会不成功呢？

"如今粮食虽少，却也不至于像楚汉在荥阳、成皋之间对峙时的那般情景。那时刘邦、项羽谁也不肯先撤退，因为先撤退就意味着输掉了战争。您以袁绍1/10的军队,拉开战线与敌军对峙,凭借扼守要害防守住袁绍,已经快半年了。眼看僵持局面已经到了尽头,形势必定要发生变化,这正是出奇制胜的时机,一定不可错失。"曹操于是坚守营垒,继续与袁绍相持。

曹操遇见运送粮草的人,安抚他们说:"15天后,我为你们击败袁绍,不用再辛苦你们了。"

袁绍的运粮车几千辆来到官渡。荀攸对曹操说:"袁绍粮车将至,押运的将领韩猛虽然勇敢,但骄傲轻敌,若此时进攻,肯定能一举成功!"曹操问:"可以派谁去?"荀攸说:"徐晃可以。"于是曹操派偏将军徐晃与史涣前去夹击韩猛,击退了韩猛,将辎重烧毁。

十月,袁绍又要运送粮草,让大将淳于琼等人率领1万名士兵守卫,在袁绍大营北面40里处宿营。沮授劝说袁绍:"不妨派遣蒋奇另外率领一支军队,日夜巡逻,以防曹军偷袭。"袁绍不听。

许攸说:"曹操军队本来就少,现在全部兵力又都集中在官渡,因而许都守卫一定很弱。如果趁机前去偷袭,一定可以攻陷许都。

"攻下许都后,就奉迎天子讨伐曹操,曹操无处可逃。如果许都暂时没有攻下,也能使曹操两头疲于奔命,一定能获胜。"

袁绍不同意,说:"我先打败曹操再说。"

此时,许攸家里有人犯法,留守邺城的审配将他们逮捕。许攸知道后非常生气,于是归降了曹操。曹操一听许攸来归顺,来不及穿鞋,光着脚出去迎接他,拍手笑着说:"许子卿,你远道而来,我的大事可以成功了!"

入座后,许攸对曹操说:"袁绍兵强马壮,您如何对付他?现在还剩多少粮草?"

曹操说:"还能支持一年。"

许攸说:"我不信。"

曹操又说:"还能对付半年。"

许攸说:"您不想打败袁绍吗? 怎么能说假话呢!"

曹操说:"前面所说全是戏言。 其实只够坚持一个月了,该怎么办呢?"

许攸说:"您孤军独守,外无援军,粮草也已吃完,此刻危急万分啊。 袁绍的辎重车有1万多辆,都停在乌巢一带,守军戒备松懈,假如派骑兵前去偷袭,出其不意地将他们的粮草与军用物资焚毁,那不出三个月,袁绍大军就会自行溃散了。"

曹操大喜,就留下曹洪、荀攸驻守营寨,自己率领5000名骑兵夜里从小路安静行军,每人抱一捆木柴,路上遇到有人盘问,就回答说:"袁公担心曹操袭击后方辎重,派兵去加强守备。"所有人都未起疑心。

到目的地后,曹军马上放火,营中顿时乱作一团。 这时天色开始发亮,淳于琼等看到曹军人少,就出营击敌;曹操率军猛攻,淳于琼抵挡不住,退回军营防守。 随后曹军全力进攻辎重营。

袁绍听到曹操袭击淳于琼的消息,对儿子袁谭说:"即便曹操攻破淳于琼,那我现在去进攻曹营,也能让他无家可归了。"于是派遣大将高览、张郃等前去攻营。

张郃说:"曹操亲率精兵来袭,一定能攻破淳于琼;淳于琼一败,辎重被毁,我军必败,请让我先去救援淳于琼。"

郭图却坚持先攻曹营。 张郃说:"曹操营寨坚固,只怕难以攻下。 如果淳于琼等被捉,我军将惨败。"但袁绍只是派轻装骑兵援救淳于琼,而派重兵进攻曹军大营,结果果然没能攻下。

袁绍增援的骑兵到达后,有人上报曹操说:"敌人的骑兵离我们越来越近了,请分出士兵前去抵挡。"曹操大怒:"敌人到了背后,再来报告!"曹军全部拼死作战,结果大胜,斩杀了淳于琼等。

曹操烧毁袁军粮草,又将袁军士兵 1000 多人的鼻子与牛马的嘴唇、舌头割下,扔给袁绍军队看。袁军将士看到后,极为害怕。

郭图却不自责,又去袁绍那里诋毁张郃说:"张郃对我军失利幸灾乐祸!"张郃听说后,又怒又怕,就和高览烧毁攻城的器械,到曹营投降。

曹操生怕中计,不敢受降。荀攸说:"张郃由于计策不被袁绍采用,一怒之下前来投奔,不用生疑!"于是接受张郃、高览的投降。

辎重被烧,张郃归顺曹操,袁绍军队大为慌乱,于是全军崩溃。袁绍与袁谭等人戴着头巾、骑着快马,仅率领 800 骑兵渡河逃离。

曹操没能赶上,于是将袁绍的辎重、图书和珍宝全部收缴。袁军剩下的士兵投降曹操后,全被诛杀,先后杀死 7 万多人。

三顾茅庐

刘备在荆州时,向襄阳人司马徽请教寻找人才之法。司马徽说:"儒生俗士,不懂天下大事;懂得天下大事的,只有俊杰。而卧龙与凤雏两人可称俊杰。"

刘备询问两人姓名,司马徽说:"即诸葛亮与庞统两人。"

过后,徐庶在新野拜见刘备,并得到刘备重用。徐庶对刘备说:"诸葛亮乃是卧龙,将军想要见他吗?"刘备说:"你带他一起来吧。"徐庶说:"这个人只能去拜访,而不会应召,将军应当屈尊枉驾去拜访他。"

于是刘备亲自去前去拜访,三顾茅庐才见到诸葛亮。

刘备询问诸葛亮:"汉室已经衰微,奸臣窃位,控制大权。"我不自量力,想为天下伸张正义,但是智谋短浅,毫无作为。 但我仍有当初的雄心壮志,你认为我应当怎么做呢?"

诸葛亮说:"如今,曹操拥有百万大军,挟天子以令诸侯,势不可当。孙权占据江东已有三代,地势险要,民心归附,人才济济,可以与他联盟,但不能够谋取他。

"荆州地区,北方有汉水、沔水,南方直通南海,东边接壤吴郡、会稽,西边可通巴郡、蜀郡,正是险要之地,但刘表却不能据守,这正是上天送给将军您的。

"益州地势险要,土地肥沃,是天府之国;益州牧刘璋昏庸懦弱,但得张鲁翼护,百姓富庶,财力充足,却不知道珍惜,那里的百姓都盼望有一个圣明的君主。

"将军您是汉朝王室的后代,仁义智勇,如果能占据荆州与益州,据守关隘险要,安抚戎、越等族,与孙权联盟结交,处理好内政外交,这样就能建立霸业、复兴汉朝王室了。"

刘备大喜,于是与诸葛亮的情谊日益亲密。

关羽、张飞对此不满,刘备解释说:"我得到诸葛亮,就像鱼得到水,希望你们体谅。"关羽、张飞于是不再抱怨。

火烧赤壁

汉建安十三年(公元208年),曹操写信给孙权,说:"我奉圣上之命,北征南讨。现在,我统率水军80万人,准备与将军在吴地较量一番。"

孙权将此事告诉手下大臣,他们全都大惊失色。

长史张昭等人说:"曹操是豺狼虎豹一般的人,他挟天子征讨四方、命令诸侯。现在我们若是抵抗,必败无疑。何况将军所用来抵挡曹操的是长江天险。现在,荆州天险之处,已经由曹操接管。我方兵力不如曹军,长江天险也已和曹操共同拥有。照这样看,还是应该迎接曹操。"

只有鲁肃没有说话。孙权起身上厕所时,鲁肃追到房檐下。孙权握住他的手问:"你想说什么?"

鲁肃说:"刚才那些人都是在贻误将军。如果我现在投降曹操,曹操当然会让我回乡。凭我的名声地位,可以谋个官职,出门可以乘牛车,带几个侍从,结交些士大夫,或许以后还能升官升到州郡一级。如果将军投降曹操,准备到哪里去安身呢?希望您赶紧决定,不要被众人所误。"

孙权叹气说:"那些人太让我失望了,你倒是和我想的一样。"

周瑜当时正在鄱阳,鲁肃劝孙权召他回来。周瑜回来后,对孙权说:"曹操名为汉相实为汉贼。以将军的英明神武、雄才伟略,再加上父亲和兄长奠立的基础,割据江东,地方几千里,军队精锐,物资充足,人才济济,正应当横行天下,为朝廷清除奸臣。现在我们怎么能迎降呢?

"并且现在北方还没有完全平定,马超、韩遂还驻守在函谷关以西,威胁曹操。曹操南来,舍弃鞍马,改用舟船,到吴越之地来一争高下,地利上丝毫不占便宜。现在又正值严寒,战马缺少草料,骑兵的战斗力要打一个折扣。曹军士兵多为北方人,如今来到江河湖泊众多的水乡来打仗,水土不服,一定会生病。天时、地利、人和都在我们方,正是将军打败曹操的绝好时机,又怎么能错过呢? 我请求率领几万精兵,进驻夏口,为将军打败曹贼。"

孙权说:"曹操老贼早想篡位自立了,只是顾忌袁绍、袁术、吕布、刘表和我而已。 现在,他们都被曹操打败,只剩下我了。 我与老贼势不两立! 你主张迎战曹操,正合我心意,是上天把你赐给我的啊!"

孙权当着群臣的面拔出佩刀,砍向面前的桌案,说:"不论武将文官,谁若敢再提议投降曹操的,就与这张桌案一样!"于是结束了会议。

当晚,周瑜又去见孙权,说:"曹操说有军队80万,众人于是慌乱恐惧,实在幼稚。

"不如我们来估算一下曹军情况。 曹操率领的中原部队不过十五六万,而且经过长期征战,早已疲惫不堪;新近收编的刘表军队,顶多七八万人,并且这些人怕也疑虑不安。 一支疲惫的部队,再加上一些疑虑不安的士兵,不足为惧。 我只需要5万精兵,就能制服他们。 请将军无须担忧!"

孙权赞赏说:"周公瑾,你此番话,正合我的心意。 张昭他们只知顾念自己的妻子儿女的安危,不为别人考虑。 只有你和鲁肃与我的看法相同,这一定是上天派你们两个人来帮助我的。

"5万精兵,短时间里难以集结,我已经选了3万人,战船、粮草和武器也都已备好。 你和鲁肃、程普先率领军队出发,我则在后方调派人马、征集粮草,作为你的后援。 你若觉得能够打败曹操,就勇往直前;如果情况不妙,就先退回来,让我与曹操一决高下。"

于是，孙权任命周瑜、程普为左右二军统帅，与刘备一起迎战曹操；任命鲁肃为赞军校尉，协助筹划战略。

刘备驻守在樊口，每天派人巡逻，在江边眺望，等候孙权的部队。周瑜军队一来，就有人立刻骑马报告刘备。

刘备派人前去犒劳，周瑜说："我有军务在身，不能离开，还想请刘使君屈尊前来相会。"

刘备听了，就乘一只小船去见周瑜，说："我们联合抵抗曹操，一定胜利。你们有多少兵力？"周瑜说："3万。"刘备说："可惜少了点儿。"周瑜说："这就足够了，请您放心。"

刘备想要召鲁肃等来一起商议，周瑜说："他也有军务在身，不能前来。如果您想见鲁肃，只能前去拜访。"刘备心里非常惭愧，但也很高兴。

周瑜继续前进，在赤壁与曹操相遇。当时曹军里已有许多士兵由于水土不服而生病了，刚一交锋曹军就失利了，只好退回长江北岸。周瑜于是在长江南岸驻扎。

周瑜的部将黄盖说："现在敌众我寡，宜速战速决。曹军现在把战船连在一起，首尾相连，我们可以用火攻！"于是选了10艘战船，装上干草和枯柴，在里边浇上油，外面用帐篷蒙起来，上边插着旌旗；并在船尾系上了快艇。

黄盖佯装向曹操投降。当时东南风正急，黄盖把10艘战船排在最前面，到江心时升起船帆，其余的船也跟在后面。曹军官兵都走出军营张望，指着船说黄盖来投降了。

黄盖等离曹军的船还有二里多远时，下令点燃10艘战船，战船借着风势，像箭一般向前飞驶，把曹军船只全部烧光，并且还引燃了陆地上的营寨。一时之间，火光冲天，曹军人马烧死和淹死的不计其数。

周瑜等人率领精锐骑兵随后进攻，战鼓声震天动地，曹军大败。曹操仓促从华容道撤退，但狂风暴雨之中，道路泥泞不通，于是曹操让伤残士兵背负柴草，垫在路上，骑兵才得以通过。垫路的士兵被人马践踏，伤亡惨重。

刘备、周瑜水陆并进追击曹操，直至南郡。

曹操平定关中

汉建安十六年（公元211年）三月，曹操派司隶校尉钟繇讨伐张鲁，令夏侯渊军前去，与钟繇会合。

丞相仓曹属高柔劝曹操说："大军西进，韩遂、马超会疑心我们要进攻他们，一定会互相煽动。应当先平定了三辅，只需在各地区发下檄文，就可以平定汉中。"曹操不听。

果然如高柔所说，马超、韩遂、侯选、程银、杨秋、李堪、张横、梁兴、成宜、马玩10人起兵反叛，10万多人，据守潼关。曹操派安西将军曹仁统率各将领抵抗，让他们坚守营寨，不要出战；让曹丕防守邺城，让奋武将军程昱协助曹丕处理军务；任命门下督徐宣为左护军，统领各部；任命乐安人国渊为丞相府的居府长史，管理留守事务。

七月，曹操亲率大军攻打马超等人。

属下劝说："函谷关以西的士兵擅长使用长矛，不挑选精锐的部队做前锋，是抵挡不住的。"

曹操说："我早有安排。他们虽然善用长矛，我会让他们的长矛无法刺杀。你们就等着看好了。"

八月，曹操到达潼关，与马超相对安营扎寨。曹操希望马上控制局势，暗中派遣徐晃、朱灵率领步兵、骑兵4000人前往黄河以西扎营。

闰八月，曹操从潼关向北渡过黄河，大军先渡，曹操与100多名勇士断后。这时马超率领1万多名士兵进攻，箭像雨点一样飞来，曹操仍然坐在折凳上不动。许褚扶曹操上船，可船上士兵都被箭射伤、死了，许褚左手举起马鞍为曹操抵挡乱箭，右手撑船。校尉丁斐把曹军携带的牛马放出来引诱敌人，马超属下士兵都争先恐后去争抢牛马，曹操顺利渡过黄河。

曹操渡过西河，沿河开凿甬道，并向南推进。马超等人退守渭口，也就是渭水流进黄河的入口。曹操表面摆出阵仗，暗中却用船载着士兵进入渭水，修筑浮桥，再趁夜另派士兵到渭水南岸扎营。马超等人连夜进攻，却遭到伏兵，马超等人大败，到渭南驻军，派使者前去愿割地求和，曹操不答应。

九月，曹操率大军渡过渭水。马超等人屡次挑战，曹操都不与他们交战；并一再求和，要割地并送儿子做人质。贾诩觉得不妨假装答应，曹操问他下一步怎么办，贾诩说："离间他们。"曹操点头大笑。

曹操与韩遂是旧识，韩遂求见曹操，曹操就答应了。他们骑着马聊天，聊了很久，说起旧友、往事，相谈甚欢。当时，当地的关中人与胡人都来看热闹，很多人前来围观，曹操笑着对他们说："你们来看曹操吗？曹操也是人，并不是有四只眼睛两张嘴的怪物。"

过后，马超等人问韩遂："你们说了些什么？"韩遂说："什么都没谈。"马超等人怀疑韩遂。有一天，曹操给韩遂寄去一封信，并把信圈改涂抹了很多，弄得就像是韩遂改过一样，马超等因此更加怀疑韩遂。

曹操与马超等约定日期交战。曹操先派小部队挑战，过后，才派精锐骑兵夹击，大获全胜，斩杀了成宜、李堪等。韩遂、马超、杨秋三人逃走。将领们问曹操说："当初，敌军据守潼关，却不防守渭水之北的道路。但您不从黄河以东进攻冯翊，反而在潼关附近等了许久才北渡黄河，为什么？"

曹操说："敌军据守潼关，如果我军进入河东，敌军反会驻守各处渡口，我军则无法渡河。我故意派大军进军潼关，敌军也就在那儿集中防守，西河的戒备松懈，所以徐晃、朱灵两位将军能够轻易夺取西河。随后，我再北渡黄河，敌军无法与我争夺西河，因为已经有两位将军在那里驻军了。

"我连接车辆，打下木栅，开凿甬道往南推进，既为备战，也为示弱。渡过渭水后修筑营垒，敌人挑战而坚守不出，是想麻痹敌人，因为敌军没有修筑营垒，而只是请求割地。我答应他们，是为了使他们骄傲轻敌。同时，我们养精蓄锐，一旦进攻，就迅雷不及掩耳。用兵之道，贵在多变。"

关中各将领纷纷率军前来支援马超，曹操很高兴。部下将领觉得奇怪，就问他原因，曹操说："关中地域辽阔，如果他们各自据守关隘险要，我们想征服他们，需要花费一年两年；如今他们自己集中在一起，人数虽多，但相互之间谁也不服谁。军队没有主帅，可以一举消灭，比分而击之要容易多了。所以我见他们来，就很高兴。"

十月，曹操从长安出发，攻打杨秋，包围安定。杨秋投降，曹操恢复他的爵位，让他留下来安抚百姓。

十二月，曹操大军返回京师，让夏侯渊留在长安，任命议郎张既为京兆尹。张既用怀柔的政策招集流亡难民重返家乡、重建家园，很受百姓的拥戴。

刘备入蜀

扶风人法正一直没有受到刘璋重用，又被和他一同客居益州的同乡所轻视，郁郁寡欢，很不得志。法正与益州别驾张松关系很好，张松自负自己的才干，觉得与刘璋一起不能成大事，经常暗自叹息。

张松劝刘璋联合刘备，刘璋说："谁做使者？"张松推荐法正。刘璋于是派法正出使，法正先是推辞，然后假装不得已的样子表示同意。出使回来后，对张松说刘备有雄才大略，两人就密谋奉迎刘备入蜀。

曹操派钟繇攻打张鲁，刘璋听说后，非常恐惧。

张松乘机劝他说："曹军如果攻下汉中，利用张鲁的物资进攻益州，有谁能够抵挡呢？刘备是您的同宗，擅长用兵。又与曹操敌对，如果让刘备去讨伐张鲁，一定能打败他。张鲁一破，益州就得到支援，曹操就算进攻，也已无能为力。而在本州的将领如庞羲、李异等人，都凭旧功骄纵蛮横，还有投靠别人的想法。如果得不到刘备的帮助，外有强敌，内有叛乱，我们一定会失败的。"刘璋听从了他的建议，派法正率领4000人去迎接刘备。

主簿黄权劝刘璋说："刘备以骁勇著世，现在把他请来只当部下对待，怕他不会满意；如果以礼相待，那么一国之中又难容二主，客人安如泰山，主人就会危如累卵。不如封锁边界，再看局势而定。"刘璋不听，把黄权调出去担任广汉的长官。

从事王累把自己吊于城门之上，想以此劝阻刘璋不让刘备入川，刘璋也一概不听。

法正到荆州后，私下向刘备献计说："将军英明神武，而刘璋懦弱无能。 张松是益州长官,有他内应,攻取益州易如反掌。"刘备还有疑心,所以没有轻易点头。

庞统对刘备说:"荆州凋敝,而且东有孙权、北有曹操,难以施展。 现在益州人口众多,土地肥沃,财物充足,如果真能获得益州,以此为根据地,可以成就大事!"

刘备说:"曹操与我水火不相容:曹操严厉,我就宽厚;曹操凶暴,我就仁慈;曹操诡诈,我就忠信。 凭此,我才可以成就大事。 如果现在因贪图小利而在天下人面前失去信义,以后我何以立足?"

庞统说:"天下混乱的时候,一种方法不会处处灵通。 而且兼并弱小,进攻愚昧,取之不义,但再用合乎礼义的方法治理,都是古人所崇尚的。 等大事已定,再赐给刘璋一块大的封地,不算违背信义;如果我们不去夺取,终究会落到别人手里。"

刘备同意了,留下诸葛亮、关羽等驻守荆州,亲率大军进入益州。

刘璋下令沿途各郡、县,为刘备提供兵马粮草。 刘备进入益州,就像回到家里一样,前后获赠的各种资财数以亿计。

刘备到达巴郡,巴郡太守严颜悲愤地说:"这真是所谓'独坐空山,放虎自卫'呀!"

刘备前行至涪城。 刘璋率领步兵、骑兵3万多人,还有车辆帐篷,恭迎刘备。

张松让法正向刘备建议,趁会面之机偷袭刘璋。 刘备说:"这件事情,不能做得那么仓促!"庞统说:"如用此计,那么将军不用兴兵动武,就可坐得一州之地。"刘备说:"大过已成,万万不可。"

刘璋、刘备相互推崇,以礼相待。 两人部下的官兵,也互相交往，常聚众宴饮。

刘璋给刘备补给车马、粮草，让他去进攻张鲁，还让刘备指挥驻守在白水的益州部队。于是加上刘备所指挥的军队总共有3万多人，车辆、铠甲、武器、粮草和军费都很充足。

刘璋返回成都，刘备则北行至葭萌。这时刘备并没有立即进攻张鲁，而是先广施恩德，收买人心。

曹操得陇不望蜀

汉建安二十年（公元215年）三月，魏公曹操攻打张鲁，计划从武都进入氐人的地盘。氐人在路上阻截，但却大败。

四月，曹操从陈仓出发，取道大散关，到达河池。击败氐王窦茂。西平、金城的守将麴演、蒋石等人一起杀死韩遂，并将他的首级送给曹操。

七月，魏公曹操抵达阳平。张鲁投降，他的弟弟张卫不愿意，率领几万士兵坚守关隘，抵御曹操。

曹操曾听闻："张鲁很容易攻破，阳平城与南边和北边的山相去甚远，无法防守。"就听信了。等他亲自前去观察后，发现并非如此，于是感叹说："不能轻信他人所言啊。"

曹操攻打阳平山上的各处驻军，由于山势险峻，不易攀登，久攻不下，曹操很沮丧，就想开拔军队，截断山路后撤退，派大将军夏侯惇、将军许褚召回山上的士兵。

但是先头部队夜里迷了路，误入张卫军营，营中士兵惊慌失措，纷纷逃走。侍中辛毗、主簿刘晔等人于是马上报告夏侯惇、许褚说："我军已经占领了敌人的重要据点，敌人已经溃散。"夏侯惇亲自前去观察，证实后回去报告曹操，于是曹操派大军进攻张卫、张卫等人连夜逃走。

张鲁于是准备向曹操投降。 阎圃说："现在迫于形势投降，结果一定非常悲惨，不如依附杜濩，投奔朴胡，共同抗曹，然后送上礼物，再行归顺，功劳一定比现在大。"于是张鲁依计行事。

张鲁的部下想烧掉所有的财物和库房，张鲁说："我们原想归降，只是未能。 现在离开，只是为了躲避锋芒，并没有恶意。 财物和库房，是属于国家的，不能烧。"如此离开。

曹操进入南郑，非常赏识张鲁的做法；又因为张鲁原有投降之意，于是派人去劝慰他。

丞相主簿司马懿对曹操说："刘备使诈劫持了刘璋，蜀人并未完全归附，他却又率军远征江陵；机不可失，时不再来。 我们现在攻克了汉中，益州震惊恐惧，趁这个时机进攻，敌人一定会土崩瓦解。 要把握良机。"

曹操说："人贪心太多，已经得到了陇地，还想得到蜀地吗？"

刘晔说："刘备，是人中之龙。 现在他取得蜀地还不是很久，蜀人还没依附。 我们刚刚攻取汉中，蜀人震惊，肯定惊慌。 以主公的英明，趁着他们崩溃，率兵进攻，战无不克。 如果稍稍迟缓，诸葛亮善于治国，做了丞相；关羽、张飞勇冠三军，担任大将；蜀地的百姓安定以后，据守险要，以后进攻就难了。 现在不去攻取，后患无穷。"曹操没有听从。

七天后，蜀地来投降的人说："蜀中骚乱，守将虽然斩杀作乱的人进行镇压，但仍不安宁。"曹操问刘晔："现在还能进攻吗？"刘晔回答说："现在蜀地已经略微安定，不能再进攻了。"

于是曹操撤军，回到中原。 将夏侯渊、张郃、徐晃、杜袭留守下来督管汉中的事务。 杜袭采取怀柔的政策，汉中的百姓自愿迁徙到洛、邺两地的有8万多人。

大意失荆州

汉建安二十四年（公元219年）七月，关羽率军攻打曹仁。曹仁派左将军于禁、立义将军庞德驻守樊城。

八月，暴雨连至，汉水泛滥，平地上水深数尺，于禁等人的七支部队都遭到水淹。于禁与将领们登上高处躲洪灾，关羽率军乘坐大船前去进攻。于禁走投无路，于是向关羽投降。庞德被擒获但是不肯投降，被关羽杀死。

关羽得到于禁等人的士兵几万人，一时间，粮草供应不上。关羽擅自取走了孙权粮仓的存粮。孙权知晓后，派兵进攻关羽。

孙权让孙皎和吕蒙分别担任左右两军主帅。吕蒙说："一军只能有一名主帅。以前，周瑜和程普分别担任左右两军主帅，前去攻打江陵。虽然周瑜主职，但程普仗着自己是老将，而且和周瑜一样是主帅，因而不服，几乎坏了国家大事。这是应该引以为戒的。"

孙权醒悟过来，向吕蒙道歉，说："以你为统帅，孙皎辅助你。"

曹操派平寇将军徐晃驻扎在宛城，于禁兵败之时徐晃前进到阳陵陂。关羽调遣军队驻守郾城，徐晃用计围绕郾城挖了一道壕沟，假装要截断郾城守军的后路。于是关羽撤退；徐晃占据郾城后，靠营寨相连，又往前稍稍推进了一点。

曹操派赵俨以议郎身份参与曹仁的军务，让他和徐晃一起前往。但此时大军未到，而徐晃的军队不足以解樊城之围，但属下却一味催促他去救曹仁。

赵俨对将领们说:"现在敌军已将樊城包围,水势仍然很大,我们兵力单薄,与曹仁隔绝,不能协同作战。

"如用强攻,正好恰恰会使城里城外一齐受困。如今不如向前逼近关羽的包围圈,然后派人通知曹仁,让他知道援兵已到,以此激励守城将士。

"算来曹仁被围不超过10天,还可以坚守一阵子。待时机成熟,我们再里外配合一齐发动,一定能战胜敌人。将来若为此获罪,由我一人替各位承担。"将领们听了都很高兴。

徐晃在离关羽的包围圈不远的地方,用计通知曹仁,多次和他互通消息。

孙权写信给曹操,要求他讨伐关羽,为朝廷效力,并请求他保守秘密,不要让关羽有所防范。

曹操向群臣询问,群臣认为理应如此。董昭却说:"行军打仗,讲究随机应变,我们可以答应孙权为他保密,但暗中将消息泄露出去。

"关羽听到孙权要进攻他,如果退兵自保,那樊城之围也就解除了,我们不费吹灰之力,还能让孙权和关羽对应,我们可以坐收渔利。

"如果保守秘密而不泄露,正好让孙权得志,并非上策。何况被围困的将士并不知晓又有救兵,若城中粮草将尽,估计难以坚守,一定会惊慌不安,万一生出投降的想法,那我们的损失就大了,所以还是泄密好。并且关羽为人强悍,自恃江陵、公安两座城池防守牢固,一定不会马上退兵。"

曹操说:"董昭所言极是!"于是马上派徐晃将孙权的书信用箭射入被围的城中与关羽的军营。围城里的将士得到书信后,士气大振；而关羽果然迟疑起来，没有撤兵回去。

关羽在围头和四冢都派兵驻扎，徐晃表面要进攻围头，实际上却暗地攻打四冢。关羽见四冢危急，亲自领兵出城迎战，徐晃上前迎击，关羽军队失利，逃回大营，徐晃率军紧追不舍。

关羽原本在包围圈的营垒四周布置了十重鹿角，用来防御敌军，这次撤回来时，徐晃紧追关羽，跟着关羽进入樊城的包围圈，并大胜关羽，关羽只好撤除包围圈，率军败走，但他的舰船仍然控制着沔水，阻断襄阳水路。

吕蒙到达浔阳，将精兵藏在普通的船中，让百姓摇橹，自己穿着商人的衣服，日夜兼程。又抓捕了关羽设置在江边据点里的侦察人员，因而关羽对吕蒙的行动一无所知。

糜芳、傅士仁一向不是很受关羽重视，因而对他心怀不满。关羽军队出外作战，糜芳、傅士仁负责供应军需物资，未及时送到，关羽说："回去以后，一定要治他们的罪。"糜芳、傅士仁非常害怕。

吕蒙令原骑都尉虞翻写信劝说傅士仁，叙说利害得失。意思是劝降他，傅士仁收到虞翻的书信，马上投降。虞翻对吕蒙说："这是一支奇兵，应该带上傅士仁同行，留下自己的部队守城。"

于是吕蒙将傅士仁带上，前往南郡。糜芳驻守南郡，吕蒙突然叫傅士仁出来与其见面。糜芳于是开城投降了。

关羽得知南郡失守后，迅速向南撤退。曹操从弟曹仁召集将领们商议对策，众人认为："现在关羽处境危险，也极为慌张，如果派军队追击，肯定能将他擒获。"

赵俨说："孙权借着关羽军队与我军作战之机，想从关羽后方实施偷袭，却害怕关羽撤军回救，怕我军渔翁得利，所以才低声下气，表面是要为我们效力，实际上只不过是想占一些便宜罢了。

"如今关羽势单力孤，仓促逃走，我们应该保护他去牵制孙权。我们若对关羽穷追不舍，将他抓住，那么孙权少了关羽这个敌人，就会给我们带来麻烦，魏王肯定会对此深为忧虑的。"

于是曹仁不再追击关羽，下令军队戒严休整。曹操得知关羽败逃，担心属下追杀，于是迅速给曹仁下达指令，就如赵俨所判断的那样。

关羽多次派使者与吕蒙商议战事，吕蒙每次都厚待关羽的使者，让其在城中自由活动，向关羽部下妻儿表示慰问；有人写家书托他带走，作为平安的证明。

使者返回后，关羽部属私下向他询问家中情况，尽知家中平安，并得到很好照顾，因此关羽的将士都无心再战了。

关羽自知走投无路，便向西退守麦城。孙权派人诱降，关羽假装投降，把假人立在城墙上，然后弃城逃走，士兵们也纷纷逃走，仅十几名骑兵跟随他。

孙权事先已派朱然、潘璋切断了关羽的退路，关羽和他儿子关平被吴将马忠擒获，杀害。从此以后，整个荆州都被孙权占据。

曹丕速登王位

魏黄初元年（公元220年）正月，魏武王曹操抵达洛阳。二十三日，曹操逝世。

当时太子曹丕正在邺城，洛阳军队开始骚动。大臣们想先保守秘密，暂时不公布曹操去世的消息。谏议大夫贾逵却认为应尽早公布。

有人建议把守城将士都换上曹操嫡系的谯县人和沛国人，魏郡太守徐宣反对:"现在天下一统,人人都愿意为国效忠,为何一定要任用谯县、沛国之人,而伤害原来那些守将的感情呢?"撤换的事情于是作罢。

青州籍的原黄巾军士兵擅自击鼓逃走,众人都认为应该阻止,如果有人不服从命令,就应立即处死。贾逵说:"这样做不行。"并且还写了一篇很长的文告,命令青州兵所到之处的地方官府照料他们的饮食。

鄢陵侯曹彰从长安赶来,询问贾逵曹操的玺绶在什么地方。贾逵怒斥他:"国家已经确立了正式的继承者,先王的玺绶之事,并非君侯您能打听的。"

噩耗传到邺都,太子曹丕放声痛哭,悲痛欲绝。中庶子司马孚安抚道:"先王驾崩,陛下应振奋精神;应当上为宗庙祭祀的延续着想,下为天下百姓的生计考虑,怎么能像普通人行孝一样,只知道号哭呢?"太子于是强止住眼泪,说:"您说得对。"

这时群臣听闻魏武王的死讯,聚在一起痛哭,朝堂之上毫无行列章法。司马孚在朝中大喊,说:"现在君王去世,天下震动,新君宜尽早即位以稳定全国局势。你们难道只会哭吗?"于是下令让群臣退朝,加强警卫,料理丧事。

群臣认为太子即位应该等待皇帝的诏令。尚书陈矫说:"大王突然去世,举国惶恐不安,太子应当节哀,继承王位稳定大局。况且还有先王宠爱的其他儿子在一边觊觎此位,万一发生变故,那么国家就会有危机了。"于是立即安排官员备办礼仪,一天之内全部准备齐全。

次日一早,借用王后的名义命令魏王太子即位。汉朝皇帝也马上派遣御史大夫华歆前来授予曹丕丞相官印、魏王玺绶,让他兼任冀州牧。

白帝城托孤

魏黄初四年（公元223年），汉主刘备去世，临终前拜托丞相诸葛亮并尚书令李严一起辅佐太子。

刘备对诸葛亮说："你的才能胜过曹丕十倍，一定能治理好国家，并完成光复汉室的大业。如果刘禅还能辅佐，你就辅佐他；如果他不争气，你就取而代之吧。"

诸葛亮痛哭道："我一定竭尽全力，以忠贞之节相报效，至死不渝！"

刘备给太子留下遗言："人活到50岁而死已经不算夭折，我活了60多岁，也没有遗憾，只是担心你们兄弟。要努力，再努力！不以恶小而为之，不以善小而不为！只有贤明和德行，才能够使人折服。你父亲德行浅薄，不足以令你学习。你要和丞相一起处理政务，并像尊敬父亲一般。"

四月，蜀汉先主刘备在永安病逝，谥号昭烈。丞相诸葛亮护送刘备尸首返回成都，让李严留下来镇守永安。

五月十七日，太子刘禅即位。尊奉先主皇后为皇太后，大赦天下，改年号为建兴。

封丞相诸葛亮为武乡侯，兼任益州牧。凡事都听诸葛亮的意见。后来诸葛亮精简官职，修订法制，告诫百官说："所谓参与政事、署理政务，就是要集合众人的智慧，广泛听取有益于国家的建议。如果因为一点儿小小的嫌隙而互相疏远，不能广集众议，对我们的事业将是重大的损失。听取不同意见并得出正确结论，才是为官之道。

"但人们常常做不到这一点,只有徐庶做到了。 还有董和,参与政事、署理政务7年,万事处置稳妥,他都反复向我征求汇报,甚至能有十几次。 如果你们都能做到徐庶的1/10,像董和那样勤勉,对国家尽忠职守,那么我们的百姓就幸福了。"

又说:"过去我结交崔州平,他常帮助我改正缺点;后来又结交徐庶,得到很多启发和教诲;原先和董和商议事情,他总是知无不言、言无不尽;与胡伟度共事,他也经常劝诫我,阻止我犯错误。

"我虽然生性愚昧、见识浅陋,不能全部听取他们的教诲,但与他们四人一直相处融洽,这应该能说明我能采纳直言。"

胡伟度,就是诸葛亮的主簿、义阳人胡济。

诸葛亮曾亲自校改公文,主簿杨颙走进来劝谏他说:"治理国家是有体制的,各级之间的权限要明确。

"我不妨以治家为您打个比方:一个家里奴仆负责耕种,婢女负责做饭,雄鸡管报晓,狗看门防盗,牛拉车负重,马代步远行,事事无忧,主人高枕无忧,可以放心饮酒。

"如果哪天他想所有的事不再交给奴婢、牲口,而代之以自己的辛劳,结果为这种种琐碎的家务,辛苦至极却还闹得一事无成。这难道是因为他的智力比不上奴婢鸡狗吗? 当然不是,是因为他顾小弃大而已。

"因而古人说:'坐在殿堂之上议论治国之法的人,叫作王公;在下面切实实行具体政策的,叫作士大夫。'所以丙吉不过问横在路中的死人,而担心农务;陈平不想知道钱粮收入的具体数目,而说'自有具体负责的人'。 这正是各司其职的道理。 现在您要治理整个国家,却亲自去校改公文,整天汗流浃背,不正是因小而失大?"

诸葛亮马上承认错误。后来杨颙去世,诸葛亮哭了三天。

尚书邓芝对诸葛亮说:"现在主上年幼,应该派遣重臣再次向东吴表示诚意联合。"

诸葛亮说:"我也一直在考虑这个问题,但是一直没有找到合适的人选,现在总算找到了。"

邓芝问:"是谁呢?"

诸葛亮说:"正是你呀。"于是任命邓芝为中郎将并派他去东吴重建友好关系。

冬,十月,邓芝到达东吴。当时吴王正在犹豫之中,因而没有立即接见邓芝。

邓芝便主动请求接见,说:"臣下这次来,也是为吴着想,并非只是为蜀。"

于是吴王接见他,说:"我确实愿意与蜀和好,但是担心蜀主年幼、蜀国势力微弱,如果被魏钻了空子,就不能够保全自己啊。"

邓芝回答说:"吴蜀两国,疆域极大。大王您是当世的英雄,诸葛亮也是一代人杰;蜀国地势险要,吴国也有长江天险可守。如果两国联合起来,像唇齿般互相依存,进可以兼并天下,退可以鼎足而立,这是很自然的道理。

"大王您现在若对魏退让,魏一定会得寸进尺,上则要求大王入魏朝拜,下则要求太子为人质侍奉;如果大王您不遵从,他们借机前来讨伐,蜀也会顺流而下寻找机会进攻。如此,江南将不会再属于大王您的了。"

吴王沉默许久后,说:"先生所言极是。"于是和魏断交,一心与蜀汉联合。

七擒孟获

魏黄初六年（公元 225 年），诸葛亮前往南中，平定叛乱，每战必胜。诸葛亮从越嶲进攻，斩杀了雍闿和高定。李恢从益州进攻，马忠从牂牁进攻，并最终与诸葛亮会合。

孟获收编雍闿残部对抗诸葛亮，孟获一直在当地受人敬仰，诸葛亮要求把他活捉。活捉后，带他参观蜀军兵营军阵，并问他说："这样的军队怎么样？"

孟获回答说："以前我不了解虚实才失败的；现在我参观了你的兵营军阵，如果只是这个样子，我还能取胜。"诸葛亮于是放走孟获，让他再来交战。

如此七擒七纵而诸葛亮还要再放他走，孟获留下不走了，说："您啊，天降的神威，南边的人永远归顺了！"于是诸葛亮才前往滇池。

益州、永昌、牂牁、越嶲四个郡攻克后，诸葛亮依旧任用先前部落首领为四郡的长官。下属不解，诸葛亮说："如果留下外地人做四郡的长官，就要留下驻守的军队，这首先需要粮草，这是第一个难题；这些夷族刚刚经历过战争，父兄多有死伤，如果留下外地人而不留军队，可能会起叛乱，这是第二个难题；另外，夷族多次废杀地方长官，自知有罪，如果留外地人为长官，他们难免疑心，这是第三个难题。

"现在我这样做，是想不费兵不费粮，而能使法纪大体确立，夷族和汉人大致相安无事啊。"

于是诸葛亮把孟获等旧长官任命为地方官吏，让他们每年上交金银丹漆、耕牛、战马，从此在诸葛亮有生之年，南中再也没有反叛。

出师表

魏太和元年（公元 227 年），蜀汉丞相诸葛亮出师北伐。三月，大军向北挺进，驻军汉中，长史张裔、参军蒋琬留守以管理内政。出发前，诸葛亮上书后主刘禅说：

"先帝刘备创立大业，宏志未成而中途去世。现在天下分而为三，就数益州的蜀国最为弱小，现在是生死存亡的危急关头。然而陛下身边的近臣仍然兢兢业业在朝廷内尽职，忠诚的将士依旧奋不顾身在战场杀敌，他们之所以这样，是因为追念先帝不同寻常的礼遇，而想报答给陛下您。陛下应该虚心听取臣下意见，光大先帝遗留下的美德，振奋有志之士的气节；不应该妄自菲薄，出言不慎，以致阻塞忠臣进谏的渠道。

"宫廷和相府理应一致，提拔、贬黜、表彰、批评，都不应该有什么区别。如果有作奸犯科或者尽忠立功的人，应该交给有关部门按法律进行处罚、奖赏，以示公正；不应该偏心护短，使宫廷内外执法标准不一。

"侍中郭攸之、费祎和侍郎董允等人，善良诚实、忠心耿耿，因而先帝让他们来辅佐陛下。我认为宫中的事务，不论大事小事，都应当先向他们咨询一下再去施行，一定能够弥补缺漏，获益良多。

"将军向宠，生性善良而不偏颇，精通军事，因而被大家推举为掌管禁兵的中部督。我想军中之事，都应该向他咨询，就一定能使将士相处和睦，任人以能。

"亲贤臣，远小人，这是前汉兴盛的原因；亲小人，远贤臣，则是后汉衰败的原因。先帝在世时，每当提起此事，常叹息痛恨桓帝、灵帝两个昏君。 侍中、尚书、长史、参军，他们都是正直贤良、舍身报国的忠臣，如果皇帝能亲近并信任他们，那么汉室的兴盛，就无可忧虑。

"我本是平民百姓，在南阳耕田，只求能在乱世保全性命，并不想飞黄腾达、闻名天下。 先帝不嫌弃我地位卑下、见识浅鄙，竟三顾茅庐来拜访我，询问我当今天下的大事。 我由此感激万分，从此为先帝奔走效命。 后来军事上遭遇失利，我在兵败之时承担重任、在危难之际接受使命，至今已有21年了。 先帝了解我为人谨慎，所以临终前将辅佐之事托付给我。

"我自从接受先帝遗命，担心辜负重托，而损害先帝的知人之明。 因此前年五月我率军渡过泸水，远赴荒凉的不毛之地。 现在南方已经平定，武器、兵马也已充足，正应当激励将士，统率三军，北伐平定中原。 我愿意竭尽全力，铲除奸贼，兴复我大汉皇室，重返故都，这是先帝的心愿，也是我尽忠的职责与本分。

"至于处理朝政，进谏忠言，则是郭攸之、费祎、董允之职。 请陛下把征伐国贼、兴复汉室的重任交付给我，如果我没完成使命，则请您将我治罪，因为我辜负了先帝；如果不能进献增进圣德的忠言，那就责备郭攸之、费祎、董允等人疏忽职守，以表明他们的过错。 陛下您也应多听多看多想，征询好的治国方略，听取群臣的意见，认真体会先帝的遗诏，我将受恩匪浅、不胜感激。 眼看就要远离陛下，我极为不舍，眼含泪水，都不知道自己说了些什么。"

失街亭

魏太和二年（公元228年）春，诸葛亮计划攻魏，与属下共商对策。

丞相司马魏延说:"长安长官夏侯楙是曹操的女婿,此人胆小也无智谋。现在如果我能率领5000精兵,带着5000人的口粮,直接从褒中出发,沿着秦岭向东进发,到子午道后折向北方,不出10天,就能抵达长安。

"夏侯楙听说我蜀军到,一定会弃城逃跑,这样长安城中就只剩下御史、京兆、太守这些文官了。长安的粮食,足以供我的军队取食。等魏在东方集结起军队,还需20日,但那时我军可从斜谷出来接应,也够时间抵达。这样,一下子就可以平定咸阳以西各个地区。"

诸葛亮认为这个计划过于冒险,想采取稳妥的方法,可以顺利夺取陇右地区,成功的机会大而没有风险,所以没有采用魏延的计策。

诸葛亮扬言从斜谷道进攻郿城,让镇东将军赵云、扬武将军邓芝做疑兵,防守箕谷。魏明帝则派遣曹真统率关右诸军,驻扎在郿城。诸葛亮亲率大军攻打祁山,行军整齐,号令严明。

开始,魏由于先帝刘备死后,蜀汉几年来都没有什么动静,因此几乎没有做什么防备;结果突然听说诸葛亮出兵,朝野上下都非常恐惧,并且天水、南安、安定都纷纷归降蜀汉,朝野震动,大臣都不知道该采取什么对策。

魏明帝说:"诸葛亮以前凭借天险进行固守,现在自己前来,正合兵书所说的诱敌出动的策略,我们定能取胜。"于是统领步兵、骑兵共5万大军,派右将军张郃监管军务,向西抵御诸葛亮。

越巂太守马谡才华横溢,喜好谈论军事谋略,诸葛亮十分器重他。刘备临终前曾对诸葛亮说:"马谡为人浮夸,超过他的实际才能,不能委以重任,希望你明白。"

诸葛亮却不这么认为,任命马谡为参军,时常召他来议论,从白天一直谈到夜晚。等到从祁山出兵,诸葛亮任命马谡统率各路军队在前面,与张郃在街亭交战。

马谡不听诸葛亮的指挥调度,竟舍弃水源到山上驻扎,而不在山下据守城池。张郃切断马谡水道,发动进攻,马谡大败,蜀军溃散。诸葛亮失去了前军的据点,于是攻取西县1000多户人家返回汉中。回到汉中后,下令斩杀马谡。诸葛亮亲自前去吊丧,痛哭流涕,养育其子女,恩待如马谡生前一样。

蒋琬对诸葛亮说:"过去晋楚相争,楚王下令杀贤臣,晋文公喜形于色。现在天下尚未平定却杀掉有智谋的人,是不是不合适?"诸葛亮流着泪说:"孙子之所以能够无往而不胜,是因为执法严明;因此有人触犯法令,魏绛就杀了他的仆从。如今我国北伐,如果置法度于不顾,如何讨伐贼寇呢!"

马谡尚未战败时,裨将军王平一再规劝马谡,马谡不肯听从;等到失败,兵众四下逃散,只有王平率领1000人击鼓守营,张郃怀疑他设有伏兵,所以不去进逼,于是王平召集残部,率领人马返回。

诸葛亮诛杀马谡与将军李盛以后,还废除了黄袭等人的兵权,而王平的功劳则尤其突出,于是提拔他为参军,统领五军兼管军中大小事务,官位晋升为讨寇将军,封亭侯。诸葛亮自降三级,蜀汉后主任命诸葛亮为右将军,兼理丞相事务。

当时赵云、邓芝也在箕谷战败,赵云坚守不降,所以损失不大,但也被牵连贬为镇军将军。

诸葛亮问邓芝说:"街亭兵败撤退,全军溃散;箕谷兵败撤退,兵将还能够聚集。这是什么原因呢?"

邓芝回答说:"赵云亲自负责断后,各种军需物资都未遗失,兵将没有理由散乱逃失。"

诸葛亮准备将剩下的军用物资以及绢帛等物品赏赐给众将，赵云说："战事失利，哪有赏赐！请先行入库，等到十月作为冬季慰问品再行赏赐。"诸葛亮对他的回答极为赞赏。

有人劝说诸葛亮率大军再次出征，诸葛亮说："上次大军在祁山、箕谷两个地方的兵力都超过敌人，但却都没打胜，这说明问题不在兵力不够，在于缺少良将。现在我想精简兵将，明令赏罚，反省过错，再谋未来取胜之道。如果能做到这些，士兵多或少影响就不那么大了！从今以后，凡是要为国家谋划效忠的人，希望多和我提意见，那么大事就能够成功、敌人就能被打垮，功业只需跷着脚等它到来了。"

于是有功之人，一定加以奖赏；对壮烈之士加以选拔；引咎自责，把自己的过失在国境内公开宣布；砥砺将士，宣扬武道，以备他日之用。结果兵将精练，百姓也忘记了以往的失败。

诸葛亮病死五丈原

魏青龙二年（公元234年）二月，诸葛亮率全国10万大军从斜谷出发前去伐魏，并派遣使者前往东吴商议联合进攻。

诸葛亮到达郿县，大军驻扎在渭水南面。魏军司马懿率军过河，并沿河筑营抵抗诸葛亮。司马懿对将领们说："诸葛亮如果从武功出发，依山往东进发，那么形势危险；如果向西前往五丈原，我们就高枕无忧了。"诸葛亮果然在五丈原驻军。

雍州刺史郭淮对司马懿说："诸葛亮肯定会争夺北原，我们应先取此地。"许多人不认同此议，郭淮说："如果诸葛亮跨过渭水登上北原，和北山连兵，断绝长安与陇西的通道，会导致民情不安，不利稳定大局。"司马懿便派郭淮驻防北原。堑壕和营垒尚未筑成，蜀军就已杀来，郭淮带兵迎战，击退了蜀军。诸葛亮以前出兵，都因为粮草不足才未成功，此次让部分部队实行屯田，作为长期驻军的基础。屯田的士兵和渭水之滨的百姓相安共处，百姓安居乐业，军队不生私弊。

司马懿同诸葛亮对峙百来日，诸葛亮屡次挑战，司马懿就是不出战。诸葛亮就把妇女用的服饰赠予司马懿，以示羞辱；司马懿恼羞成怒，请求应战。

魏明帝派遣卫尉辛毗去节制司马懿的行动。姜维对诸葛亮说："辛毗持符节到来，敌人定不迎战了。"

诸葛亮说："司马懿无意迎战，因而才向朝廷请求出战，是要向部下表示自己不害怕出战而已。将在外，军令有所不受。如果他真能够打败我，哪里还需要向魏帝请战呀！"

诸葛亮遣使司马懿，司马懿向使者询问诸葛亮的睡眠、饮食和事务多寡，而不打听军事的消息。使者回答说："诸葛先生早起晚睡，事事亲为；吃的饭食不到几升。"司马懿对别人说："诸葛孔明进食少而事务烦劳，身体坚持不了多久的！"

诸葛亮病重，后主派遣尚书仆射李福来军营探病，并咨询国家大事。李福和诸葛亮谈完话，离去几天后再次回来。

诸葛亮说："上次我们虽然谈了一整天，有些事却还没有交代，所以你又回来询问，以后凡事询问蒋琬。"

李福道歉说："请问您百年之后，谁可以担当重任？再请问蒋琬之后，谁可担当重任？"

诸葛亮说："费祎可以继任。"

李福又继续询问，诸葛亮没有回答。

这个月，诸葛亮在军中去世。长史杨仪整顿军马撤退，有人将此消息泄露给了司马懿，司马懿率军追赶。姜维让杨仪掉转战旗顺序，擂响战鼓，像是要向司马懿进攻。司马懿见状，命令军队后退，驻扎原处，于是杨仪结阵离去，进入斜谷之后才发丧。百姓为此事编了一句谚语说："死诸葛吓走活仲达（仲达是司马懿的字）。"

司马懿听后，说道："我只能猜测活着的诸葛亮，不能够猜测死了的诸葛亮。"司马懿前往蜀军军营察看，感叹说："真是天下的奇才啊！"追到赤岸没能追上蜀军，于是率领军队返回。

大军返回成都。朝廷宣布大赦，赐诸葛亮谥号"忠武侯"。以前，诸葛亮曾和汉主说："我在成都有桑树 800 株、薄田 15 顷，供给家人衣食完全没有问题，我也不另置产业来增加收入。我死的时候，家中仅够小康，决不置办家产而辜负陛下。"最后真的就像他说的那样。

丞相长史张裔曾称赞诸葛亮说："先生行赏不会不留意生疏之人，处罚不宽恕熟悉人，封爵不乱给无功之人，刑责不因为权贵而免除。这正是无论贤愚都能够忘身报国的原因啊！"

蜀地民众请求为诸葛亮建庙祭祀，后主没有准许，百姓就常在路边祭祀。步兵校尉习隆等人向后主建议：请在沔阳诸葛亮的墓边修建祭祀之庙，使百姓不必再私下祭祀，后主同意了。

蜀汉亡国

魏景元四年（公元 263 年）八月，魏下诏命令各路兵马全面攻击蜀汉。派遣征西将军邓艾率领 3 万士兵，从狄道向沓中进军，牵制姜维；派遣雍州刺史诸葛绪领军 3 万人，从祁山进攻武都，切断姜维的退路；派遣镇西将军钟会统领 10 万大军，分别从斜谷、骆谷、子午谷进军，欲乘虚取汉中，然后直趋成都。

蜀汉听说魏兵将要抵达,就派右车骑将军廖化前往沓中,做姜维的后援;派左车骑将军张翼、董厥等人到阳安关口协助各据点防守。命令各据点都不准与敌人交战,保住汉、乐二城,城中各有士兵5000人。

张翼、董厥向北到达阴平,听到诸葛绪准备向建威发兵,就在阴平等待诸葛绪,在此驻扎了一个多月。钟会率领各路军队齐头并进,到达汉中。九月,钟会让李辅率领1万人把王含围在乐城,护军荀恺把蒋斌围在汉城。

起先,蜀汉的武兴督蒋舒负责把守阳安口,但他整日无所事事,蜀汉朝廷派傅佥顶替他的位置,蒋舒因此怀恨在心。

钟会派护军胡烈为先锋,进攻阳安口关口。蒋舒教训傅佥:"现在敌人到了,不去进攻而闭城自守,不是好的打算。"

傅佥说:"我奉命把守此城,只有保全它才是我的功劳;现在若违背命令出城作战,如果战败,也没有死得其所。"

蒋舒说:"你以保全此城为功,我以主动出击胜利为功,让我们各行其志好了。"于是带领自己的部下出击,傅佥以为他是要去出战,所以没有设防。

蒋舒归顺了胡烈,胡烈乘虚袭击城池,傅佥战死。钟会听说阳安口关口已经攻下,就长驱直入,缴获了丰收的粮食。姜维听说钟会率领的各支军队已经进入汉中,就率领军队返回。魏金城太守杨欣等人乘胜追击,双方发生激烈战斗,姜维兵败撤退。又听说诸葛绪已经切断通道占据桥头,于是就进入北道,打算绕到其后面。

诸葛绪得到情报后,向后撤退了30里。姜维进入北道30多里,听闻诸葛绪后撤,于是马上掉头往回走,从桥头通过。诸葛绪赶上去阻截姜维,晚了一天没追上。

姜维退到阴平，聚集军队，想奔赴关城。又听说关城已被攻下，就向北水撤退，遇到廖化、张翼、董厥等人，聚集兵力，据守剑阁以抵御钟会。

邓艾进兵到达阴平，挑选精锐部队，想和诸葛绪一起从江油直奔成都。诸葛绪的主要任务是拦截姜维，向西进攻不是他的任务，于是带领军队前往白水，与钟会会合。钟会想专擅军权，就偷偷奏报朝廷诸葛绪畏首畏尾，不敢前行，用囚车把诸葛绪押送回京，将两路军队全部置于自己的统辖之下。

姜维排列阵营据守剑阁险要，钟会进攻但没有取胜。运粮道路又坎坷不平，很难运输，魏军粮食缺乏，钟会就想领军撤回。

邓艾上奏说："敌人士气受到损害，应乘胜追击，如果从阴平出发走小路，经过汉朝的德阳亭奔赴涪县，出剑阁以西100里，那里是平原，道路平坦，离成都就只有300多里了。用奇兵冲击敌人的要害，出其不意，剑阁的守军必定会掉头回涪县，那么大军就可以两车并排着前进了；剑阁的守军不回头，那么接应涪县的兵力就不够了。"

于是邓艾从阴平越过700多里的无人之地，凿穿山岭打通道路，架桥梁修阁道，山势陡峭，峡谷凹深，险恶至极。又因为后勤跟不上，粮食也快要吃完。邓艾用毡毯裹住自己，不顾危险滚下山去，将士们都攀着树木悬崖，排列前进。

邓艾先到江油，蜀汉守将马邈不敌投降。邓艾到涪县后，诸葛亮、诸葛瞻统率诸军抵御，邓艾无法再继续前进。尚书郎黄崇是黄权的儿子，屡次劝说诸葛瞻应当讲求兵贵神速，抢占险要地方，不能让敌军进入平原地带，诸葛瞻犹豫再三，最终没有接纳。黄崇再三劝说，甚至急得哭了起来，诸葛瞻还是听不进去。

于是邓艾长驱直入，击败诸葛瞻的前锋，使其被迫撤退到绵竹。 邓艾写信给诸葛瞻诱降，说："如果你投降，我让朝廷既往不咎，并封你为琅玡王。"诸葛瞻发怒，斩杀邓艾的使者，布好阵势等待邓艾进攻。 邓艾派儿子邓忠进攻他的右翼，派司马师纂等人攻击他的左翼。邓忠、司马师纂进攻失利，一起撤回，说："敌人还不可以攻打。"邓艾发怒，说："存亡之际，在此一战，哪有什么不可以的！"叱责邓忠、司马师纂等人，宣称要将他们斩首。

邓忠、司马师纂坚持不懈地再战，大败蜀兵，斩杀诸葛瞻和黄崇。 诸葛瞻的儿子诸葛尚叹息着说："我们父子蒙受国家大恩，没有早点儿斩杀黄皓，以致让他祸国殃民，我活着还有什么用！"驱马冲入敌阵战死。

蜀汉没想到魏兵这么快就到，还没有做好防守的准备，听说邓艾已经进入平原地带，百姓惊恐纷扰，都逃往山林大泽避难。

后主刘禅让群臣一起商议，有人认为蜀汉与东吴原本是友善邦国，应该投奔东吴；有人认为南中七郡险峻阻隔，易于防御，应该逃往南中。

光禄大夫谯周认为："自古以来，没有在他国俯首称臣还是天子的，现在如果进入东吴，也应当向吴主臣服。 并且统治都差不多，那么大国就能吞并小国，这是自然的道理。 也就是说，魏、吴两国实力悬殊，魏能轻易吞并吴，是很明显的。 同样是称臣，向小国称臣不如向大国称臣，受两次称臣的侮辱不如受一次！ 如果想逃往南中，应该早做准备，然后可以成功。 如今大敌已经接近，大祸临头，众多小人之心，没有一个可担保的，恐怕出发的时候，会发生难以预测的变故，还去什么南中呢！"

有人说："现在邓艾就在近处，恐怕不肯受降，那怎么办？"

谯周说："现在东吴还没有臣服，形势让他们不得不受降，受降后他们肯定会善待我们。如果陛下归降魏以后，魏不分封陛下，谯周请求亲自前往许都，用古之大义为陛下争取。"

大家都听从谯周的建议。刘禅还想逃往南中，犹豫不决。

谯周上书说："南方偏远蛮夷之地，平时就服从朝廷政令，既不缴赋还数次造反，丞相诸葛亮用武力威逼他们，他们无计可施才归顺。现在如去南中，外要抵抗敌兵，内要供给日用物品，费用巨大，没有其他的地方可以征收，只能损耗各夷人部落，他们必定会造反的！"

刘禅没有办法，就率领太子、诸王、群臣60多人等捧着玺绶向邓艾投降。

晋 书

贾南风毒计除太子

当初，晋武帝司马炎把才人谢玖赐给太子，谢玖生下了皇孙司马遹。有一天夜里，皇宫失火，司马炎登楼查看。司马遹当时只有五岁，他牵着司马炎的衣服下摆走进暗处，说："夜里突然失火，应当防备不寻常的变故，君主不可以站在亮处让别人看到。"司马炎因此认为司马遹很不一般。

司马炎曾经当众称赞司马遹像宣帝，所以天下人都归心于司马遹。司马炎知道太子没有能力，但是因为司马遹聪慧，司马炎才没有废除太子。

晋惠帝司马衷即位以后，皇后贾南风的母亲郭槐因为皇后没有孩子，常常劝皇后把太子视如己出。贾南风的外甥贾谧骄纵放肆，屡次对太子无礼，郭槐总是严厉地指责他。

郭槐打算让韩寿之女嫁给太子，太子也想与韩氏联姻以稳固自己的地位。韩寿的妻子贾午及皇后都不同意，而要王衍的小女儿嫁给太子。太子听说王衍的大女儿容貌美丽，而皇后却为贾谧聘定了她，所以心里很气愤，说了一些抱怨的话。

郭槐生命垂危时，拉住贾南风的手，叫她对太子尽心，言辞非常恳切。又说："赵粲、贾午，肯定会掺和你的家事；我死后，不要再让他们随便进出宫殿。用心记住我的话！"皇后却没有听从，反而与赵粲、贾午图谋陷害太子。

太子年幼时乖巧懂事，拥有好名声，等到长大，却不喜欢学习，只知与周围的人玩耍。贾南风又让黄门之类的人引诱他，使他逐渐沉迷于奢侈虚浮，而且强横暴虐。从此太子的声誉逐渐衰落，而骄横傲慢等缺点却日益突出，有时沉迷享乐而不愿晋见皇上。

他还在宫中设立市场，让手下人买卖酒肉，太子用手拈分量，非常正确。太子的亲生母亲，原来是屠夫的女儿，所以太子也喜好买卖。太子月俸有50万，却透支到预支两个月还无法满足他的需求。他又让西园出售蔬菜、蓝草籽、鸡、面粉等物品，收取利润；又爱好阴阳术数之类的小把戏，有许多忌讳之处。

辅佐太子的官员劝说太子，太子也不听。中舍人杜锡，害怕太子地位不保，经常极力劝谏，言辞恳切。太子不但不感激，反而觉得杜锡讨厌，把针放在他所坐的毡垫里，杜锡被扎出了血。

太子性格刚烈，知道贾谧倚仗皇后的势力而骄横，因此不能容忍他。贾谧当时担任侍中，到太子所住的东宫来，太子有时对他置之不理，自己到后园玩耍。

太子的属官詹事裴权劝谏太子说："贾谧是皇后亲近的人，一旦他想陷害你，就来不及了。"太子不听。

贾谧果然向贾南风诬陷太子说："太子储藏很多私财，与小人为伍，就是要图谋您啊。如果皇帝驾崩，他登基继位，一定会按照您过去对杨太后的做法，诛杀我们，废除您并把您打入冷宫金墉城，这些对他来说很容易。不如早做打算，另立一个心慈面顺的人做太子，这样您就可以放心了。"

贾南风采纳了贾谧的建议，于是四处诽谤太子。又假称自己怀孕，在宫内准备了接生用具，随后暗地接来妹夫韩涛的儿子韩祖慰来代替太子。

晋元康九年（公元299年）十二月，太子的大儿子生病，太子为他请求王爵，没有获得同意。后来大儿子病情加重，太子为他祈祷求福。

贾南风听说后，就假称惠帝抱恙，召太子入宫朝见。太子进宫后，皇后不让他见惠帝，把他安排在其他房间，派婢女陈舞假造惠帝的命令赐给太子三升酒，让他全部喝掉。

太子推辞说喝不了三升，陈舞逼迫他说："不孝啊！陛下的酒你都敢不喝，难道酒中有脏东西吗？"太子迫不得已，勉强喝完，于是大醉。

贾皇后让黄门侍郎潘岳草拟了一封信，又让小婢女承福，拿着纸、笔和草稿，趁着太子喝醉，伪称惠帝下诏命令他抄写，内容是这样的："陛下应当自行结果自己的性命，否则，我就要进宫替您了断。皇后更应该尽快自己了断，若不如此，我当亲手将你了断。而且我已经和谢妃约定，一起发动政变，请不要迟疑犹豫，以免招来后患。我在日、月、星三辰之下辛苦难耐，请老天爷准许我除掉为害之人，立道文为王、蒋氏为王后。"

太子酩酊大醉，头脑不清醒，于是就照着写了。有的字只写了一半，皇后把它补完整，然后交给了惠帝。

三十日，惠帝召公卿入宫，让黄门令董猛向大家展示太子的信和诏书，然后说："司马遹以下犯上，图谋造反，现在赐死。"把太子的信和诏书拿给所有的王公大臣看，大家都不作声。

张华说："这样做后果会不堪设想，自古以来，常常因为废黜太子而导致祸乱。再说我朝拥有天下的时间还短，希望陛下慎重对待。"

裴𬱖认为应当调查这封信的真伪，又请求核对太子的笔迹，否则的话，恐怕里面有欺骗妄为的地方。

贾南风就拿出太子平时报告事情的十几张启事，大家对比着看，没人有异议。贾南风又让董猛假托长广公主的话对惠帝说："这件事应当尽快决断，大臣们意见不统一，对那些不服从命令的，应当按律法处置。"大臣们商议到太阳落下，还没有决定。

皇后见张华等人态度坚决，害怕发生变故，就建议把太子贬为庶民，惠帝同意了。于是派人到东宫宣读诏书，把太子贬为平民。

太子换上平民的衣服，步行出宫，坐上简陋的牛车，士兵把他们一家人囚禁在金墉城。王衍亲自上表要求女儿和废太子离婚，惠帝司马衷准许，太子妃王氏痛哭流涕，悲伤地回到娘家。

次年正月，贾南风又安排一个黄门自首，说自己想和太子一起以下犯上做出谋反之事。于是司马衷下令将太子转移到许昌的宫殿囚禁。

三月，贾南风命令太医令程据配制毒药，假造惠帝旨意，命令黄门孙虑把太子毒死。太子自从被废，担心被人下毒，常自己做饭，并一直守在灶旁。

孙虑向看管太子的监守刘振传达主诏命，要求他毒死太子，刘振就让太子搬到小房间里，断绝了他的饮食，但是宫人还是把食物悄悄送给太子吃。孙虑拿毒药逼太子吃，太子不肯吃，跑去厕所躲避，孙虑就趁机用药杵把太子打死了。

司马伦肇乱

皇后贾南风施计废黜了太子，朝廷的官员都愤愤不平。晋永康元年（公元300年），右卫督司马雅、常从督许超，都曾经侍奉过太子，深受太子恩遇，就一起策划废黜皇后，恢复太子的地位。

他们认为右军将军赵王司马伦掌握兵权,生性贪婪冒失,可以借刀杀人完成此事,于是劝司马伦的亲信孙秀说:"皇后心狠手辣,不操守德行,与贾谧等人一起诬陷、废黜太子。现在国家失去继承人,社稷面临危险,大臣们将要发动政变。您表面上在皇后的中宫服侍她,与贾氏、郭氏关系亲密,太子被废黜,都说您早已知晓。一旦发生政变,灾祸一定会落到您头上。为什么不让赵王先行起事,废黜皇后呢?"

孙秀于是将此事告诉了司马伦。司马伦同意了,于是通知通事令史张林和省事张衡等人,让他们做内应。

打算要发动废除皇后的政变时,孙秀又对司马伦说:"太子聪明刚猛,如果让他回到东宫,一定不会受制于人。众所周知,您一直是倾向于皇后一派的,如今就算为太子立下大功,太子也会认为您只是为了满足百姓的愿望,为了免受惩罚,才会倒戈相向、协助太子的。

"您即使忍气吞声,太子也一定不会对您感恩戴德。将来如果发生一点儿小矛盾,您还是不能避免被杀。不如拖延时间,贾后一定会加害太子,那时候您以为太子报仇的名义,将皇后废除。这样不但能免去灾祸,还可以让您高升。"司马伦认为孙秀说得有道理。

于是孙秀就派人到处散播谣言,扬言说宫中有人想废黜皇后、扶立太子。贾南风多次派宫女乔装打扮去民间探察,听到这些流言蜚语后十分惶恐不安。司马伦、孙秀也趁机劝说贾谧等人尽快除掉太子,让人们断绝希望。结果,贾南风就派人除掉了太子。

太子死了以后,司马伦和孙秀打算起事废除贾后,告诉了阎和。阎和追随他们,约定四月初三半夜的时候,用鼓声示意。

到了约定的时候,司马伦颁布假诏书,命令皇宫禁卫军三部司马说:"贾皇后与贾谧等人杀害朕的太子,现在派遣车骑将军去宣布把皇后废黜的旨令,你们都应该服从命令。事情过后,赐爵关中侯。不服从的人,诛灭三族。"大家都没有异议。

司马伦又假称诏令骗开宫门,趁天黑进宫,让士兵驻守在路南边,派翊军校尉、齐王司马冏带领100名士兵入宫。华林令骆休为内应,把晋惠帝司马衷接到东堂,下诏把贾谧杀了。

贾南风见到司马冏,诧异地问:"你来干什么?"

司马冏说:"有诏令要抓捕你。"

皇后说:"诏令除了从我这里发出的以外,就不会有其他的了!"

贾南风跑到皇帝住的地方,远远地对司马衷喊:"陛下的妻子要被人废黜,这说明陛下自己也将要被废除了!"

当时,梁王司马肜也一同起事了,贾南风问司马肜说:"事情是谁发起的?"

司马肜说:"梁王和赵王。"

贾南风说:"系狗本来应该系在脖子上,结果弄颠倒了,将其系在尾巴上,怎么能不这样呢?"

于是司马伦把皇后废为庶民,拘禁在建始殿。

司马伦在废黜贾南风这件事上大功告成以后,又与孙秀图谋篡夺皇位,打算先除掉朝廷中有名望的大臣,并趁机对与之有过节的人进行报复,于是就把张华、裴頠等人抓起来杀掉,并诛杀三族;由自己担任相国、侍中等多项要职。

晋永宁元年(公元301年)正月,相国司马伦和孙秀让牙门赵奉假托司马懿的灵异,说:"司马伦应当尽快入西宫登基。"

散骑常侍、义阳王司马威一直对司马伦阿谀奉承,司马伦就让司马威兼任侍中,派他逼迫惠帝交出玺绶,起草禅让的诏书。又派尚书令满奋手持符节捧上玺绶，代表惠帝已经同意禅位给司马伦。

初九，司马伦乘坐已准备好的皇帝专用的车马，并配皇帝专用的仪仗，进入皇宫，即皇帝位。然后大赦天下，改年号为建始；让司马衷居住在金墉城，派张衡带兵看守，然后尊他为太上皇。

司马伦当上皇帝，大肆封官，越级提拔的人不计其数，甚至奴仆士兵也都封官加爵。每当朝会，朝堂上坐满了插着貂尾、蝉羽的高级官员。当时的人为此编了谚语说："貂不足，狗尾续。"

这一年，赏赐的钱财超过了府库的储备。封侯的人太多，来不及铸造官印，有的就给他一个无字的印代替。

司马伦废黜了司马衷，自己当上了皇帝，众藩王对此大为不满。于是各地纷纷起兵，讨伐司马伦。

此后，他们又互相攻伐，连年不止，西晋局势不稳，陷入悲惨的战乱之中。卷进这一系列攻伐的主要有八个藩王，所以这一段历史也就被称为"八王之乱"。

刘渊称王建汉

当初，皇太弟司马颖奏请任命匈奴左贤王刘渊为冠军将军，五部匈奴的军务都由他管理，让他在邺城统领军队。

刘渊的儿子刘聪，很是骁勇，能拉开300斤张力的大弓。又博览经史典籍，很会写文章，20多岁的时候到京都游玩，贤士名人都乐意跟他交朋友。司马颖因为他聪颖，就任命他为积弩将军。

晋"八王之乱"开始，中原陷入一片动荡、离乱当中。

刘渊堂祖父右贤王刘宣对他的族人说："自从汉朝灭亡以后，我们的单于已名不副实，不再有一寸土地了。像我这样的王侯，地位也降到与百姓一样。尽管我们现在不再强盛，但仍然有两万多人，怎么能这样低声下气地被奴役100年呢？

"左贤王英明威武，上天如果不想让匈奴复兴的话，这个人肯定不会出现在世上。现在司马氏骨肉相残，四海扰动，如同鼎中的沸水一样。我们若要重振呼韩邪单于的千秋伟业，现在正是时候！"于是一起谋划，刘渊被拥立为大单于，派他的同党呼延攸到邺城去告诉他。

司马颖不批准刘渊回去参加葬礼的请求，刘渊就让呼延攸先回去，通知刘宣等人，让他们召集五部匈奴以及其他小民族，佯称援助司马颖，实则准备造反。

安兆将军王浚和并州刺史司马腾起兵以后，刘渊劝司马颖说："现在幽、并二州的守将非常胆大妄为，部下10多万人，只怕敌众我寡，不能取胜，我请求为殿下回去说服五部匈奴来救国难。"

司马颖说："你真的能发动五部匈奴吗？纵然他们来救援，但要对付鲜卑、乌桓也是很难的。我想侍奉皇帝回洛阳，这样就能避开他们的强大士气，然后再向天下发送檄文，宣布他们为叛逆，以此来制服他们。你觉得怎样？"

刘渊说："殿下是武帝的儿子，为王室立过大功，威武恩德远近著称，普天之下，有谁不想效忠殿下呢？又有什么难以发动的？

"王浚是个小人物，司马腾是皇室远亲，怎能与殿下相比！倘若殿下一走，就是向人示弱，能否到达洛阳还是未知之数。即使到了洛阳，殿下的威望权势也不会再有了。

"希望殿下留在这里鼓舞士气，镇伏他们，我请求为殿下用两部匈奴摧毁司马腾、三部匈奴杀王浚，悬挂两个小子的脑袋指日可待。"

司马颖很欣喜，任命刘渊为北单于、参丞相事。

晋永兴元年（公元304年），刘渊回到左国城。他被称为大单于，20天之内召集了5万人，把离石县作为首都，封刘聪为鹿蠡王。

王浚与鲜卑、乌桓等族军队攻打邺城，司马颖离开邺城，服侍惠帝回京都。

刘渊听说后，感叹说："不接受我的建议却逃走，真是奴才啊！然而我和他有言在先，不能不救他。"策划发兵攻打鲜卑、乌桓。

刘宣等人劝谏说："晋朝人奴役我们，如今他们自相残杀，天下一片混乱，是上天抛弃他们，要复兴我们呼韩邪单于的大业啊。鲜卑、乌桓是我们的朋友，能够帮助我们成就大业，怎能攻打他们呢？"

刘渊说："好！大丈夫应当效仿汉高祖和魏武帝，做一世枭雄，成就千秋霸业，呼韩邪单于有什么可效仿的？"

刘宣等人叩头说："意外之喜。"

刘渊将都城迁到左国城，胡人、汉人归顺他的越来越多。

刘渊对群臣说："过去汉能长久统治天下，是因为恩泽百姓而得民心。我是汉朝刘氏的外甥，祖上曾经和汉相约为兄弟，哥哥亡故而弟弟继承，未尝不可啊。"于是建国，国号为汉。

刘宣等人请求奉上皇帝尊号，刘渊说："如今天下不稳，暂且像汉高祖当年那样称汉王。"于是即王位，宣布大赦，改年号为元熙。把蜀汉后主、晋安乐公刘禅追封为孝怀皇帝，制作汉高祖、世祖、昭烈皇帝三祖，以及汉太宗、世宗、中宗、显宗、肃宗五宗的灵牌位来供人祭奠。

司马睿经营江东

晋永嘉元年（公元 307 年），朝廷任命琅玡王司马睿为安东将军，于是扬州和江南各军务都由他管理，持符节镇守建业。

九月初一，司马睿到达建业。司马睿让安东司马王导做自己的心腹谋士，每件事都要询问他。

司马睿一向庸碌无为，吴人都不依附他。在建业住了很久，也没有士大夫前来拜访，王导非常忧虑。

恰好司马睿要去参观禊祭，王导让司马睿乘上抬轿，并安置了隆重威武的仪仗，王导和名士们都骑马侍从。贺循、顾荣等江南名士看见感到很惊讶，都于道路左边敬礼。

王导趁机劝司马睿说："顾荣、贺循是这个地区最有名望的人，应该与他们交朋友以笼络人心，他们两人来了，其他人自然而然也会归顺。"司马睿就派王导拜访贺循、顾荣，两个人都接受邀请来见司马睿。

司马睿任命贺循为吴国内史；顾荣为军司马，加授散骑常侍。司马睿与他们商议所有大小军务。另外又任命了很多江东士人做各级官员。

王导劝说司马睿："谦逊地对待士人，节俭使用度充足，理政须明察秋毫，安抚以前的部下与新结交的士人。"因此在江东地区渐渐声名远播。

司马睿刚来时，经常因饮酒而坏事，王导劝说他，司马睿就命人斟上酒，他接过酒杯后把酒倒掉，从那以后便戒了酒。

晋永嘉五年（公元 311 年），全国一片混乱，唯独江东稍显稳定，中原的士人百姓大多南渡长江去避乱。镇东司马王导劝说司马睿，招贤纳士，共同建成伟业。

司马睿听从了，任用了100多人作为掾属，当时的人称之为"百六掾"。

江州刺史华轶是华歆的曾孙，认为自己受朝廷任命却做司马睿的下属，觉得委屈，所以经常不接受司马睿的命令。所属郡县的长官大都劝谏他，华轶说："我只受朝廷领导。"

后来司马睿派扬州刺史王敦、历阳内史甘卓等合力讨伐华轶，华轶的军队大败，他自己逃奔安成被杀，他的五个儿子也同时被难。

西晋永嘉之乱

晋永嘉五年（公元311年）三月，东海孝献王司马越在项县去世，其灵柩被太尉王衍等人共同送回东海郡安葬。四月，石勒带领骑兵一路追击司马越的灵车队伍，追到苦县的宁平城，消灭了10多万护卫的晋朝军队。

五月，刘汉昭武帝刘聪派前军大将军呼延晏率领2.7万人攻击京城洛阳。

等汉军到达河南的时候，晋军已经被打败了12次，一共死了3万多人。刘汉始安王刘曜，还有王弥、石勒都带领军队与呼延晏集合。

刘曜等人的增援军队还没赶到，呼延晏留下粮草，自己先于二十七日到达洛阳。

第二天攻击平昌门，于两天后顺利攻克。于是焚烧东阳门以及各官府衙门。

六月初一，呼延晏因为增援部队还没赶到，烧杀劫掠了一阵后准备撤军。

晋怀帝司马炽在洛水准备了很多舟船，准备从水路往东逃走，呼延晏一把火将它们焚烧殆尽。

初五，王弥到达宣阳门。初六，刘曜到达西明门。十一日，王弥、呼延晏势如破竹，攻占了宣阳门，进入南宫，将宫女、珍宝洗劫一空。司马炽从华林园的园门逃走，想逃奔长安，结果还是被抓到了，关在端门。刘汉军队攻入洛阳后，大开杀戒，杀死大量还待在皇宫的官员，加上士人百姓，一共有3万多人。

当初，刘曜因为王弥不等自己到达，就先行攻入长安，因此心生怨恨。

到了洛阳以后，王弥劝刘曜说："洛阳地理位置优越，处于中心，而且四面有天险做屏障，城墙和宫殿房屋都不用再修建，可以建议主上，让他把都城从平阳迁到这儿。"

刘曜认为天下还没有平定，洛阳四面受敌，不可以据守，因此没有听从王弥的想法，而是放火焚烧了洛阳。

当时的西晋，军队接连打败仗，京城失陷被焚，皇帝也被抓走，举国上下一片混乱。

然后是各少数民族趁机侵犯，中原的士人百姓为避战乱，纷纷往南渡过长江，迁移到相对安定的江东去。

变乱发生时正是永嘉年间，因此历史上称之为"永嘉之乱"。

怀、愍二帝受辱杀身

晋永嘉五年（公元311年）五月，刘汉昭武帝刘聪征派大军侵入京都。六月十一日，汉军攻进洛阳，冲入皇宫，晋怀帝司马炽从华林园门逃出去，想逃奔长安。结果还是被汉兵抓获，送到都城平阳。 刘聪任用司马炽为特进左光禄大夫。

刘聪又封司马炽为会稽郡公,加仪同三司。 刘聪平心静气地对司马炽说:"你过去当豫章王,我与王武子拜访你。 王武子向你推荐我,你说如雷贯耳,送给我柘木做的弓和银制砚台,你还记得吗?"

司马炽说:"臣下我怎么敢忘记呢? 只可惜当时没有识出真龙天子。"

刘聪说:"你家骨肉为什么自相残杀到如此地步?"

司马炽说:"大汉将要顺应天命,我们之所以骨肉相残是为了赶紧拥立真正的天子您。 这是天意,不是人力所能决定的。 况且我家如果能谨奉武皇帝的大业,家人和睦,陛下又从哪里得到天下呢?"

刘聪很高兴,把小刘贵人赐给司马炽做妻子,说:"她出身名门世家,你要好好待她。"

晋建兴元年(公元313年),正月初一,刘聪在光极殿宴请群臣,故意羞辱司马炽,让他当仆人为众人斟酒。 宴席上庾珉、王儁等以前的晋朝大臣悲伤不已,以至于痛哭流涕,刘聪非常厌恶。 正好有人告发说庾珉等人谋叛,于是二月初一,刘聪杀庾珉等以前的晋朝大臣10余人,司马炽也一同被毒死了。

晋建兴四年(公元316年),大司马刘曜攻打长安。 十一月十一日,愍帝司马邺出城投降,刘曜把他送到都城平阳。 刘聪在光极殿接见司马邺,司马邺向他叩首。 刘聪任命司马邺为光禄大夫,封怀安侯。 刘聪出去打猎,司马邺则被当作临时车骑将军,穿上军服、手持画戟作为先导。 看见的人指着他说:"他是前皇帝。"大家都赶过来观看,西晋遗老中有的人流下了眼泪。

太子刘粲对刘聪说:"以前周武王怎么会斩纣王呢? 正是担心

恶人聚集、酿成祸患啊。现在聚众起兵的人，都打着司马邺的旗号，还是将他除掉以绝后患。"刘聪说："我以前杀了庾珉等人，但民心仍然这样。我不忍心再杀司马邺，暂时静观其变吧。"

十二月，刘聪在光极殿大宴群臣，让司马邺倒酒洗杯子，让他拿厕所盖子以羞辱他。晋朝旧臣见了，很多人都悲痛不已，有的甚至哭出了声。尚书郎辛宾站起来，抱着司马邺大哭，刘聪就把辛宾杀了。赵固和河内太守郭默进攻刘汉的领地河东，刘粲率领军队迎战。赵固扬言要活捉刘粲，用他换回愍帝司马邺。

刘粲向刘聪上表说："倘若司马邺死了，百姓也就没有希望了，就不会再被赵固等人利用，那么他们就会不攻自破。"二十日，司马邺在平阳被杀。

司马睿迁都

晋建兴四年（公元316年），丞相、琅玡王司马睿听闻长安被占，愍帝被捕，带领军队露宿野外，亲自穿上铠甲，并向各地发送檄文，约定时间北上征讨。

督运令史淳于伯因漕运没有及时到达而被斩首。行刑以后，刽子手在柱子上擦刀，血沿着柱子往上流，一直到两丈多高的柱子顶端才流下来，众人都为淳于伯鸣冤。

丞相司直刘隗进言说："淳于伯没有犯下滔天大罪，不应当斩首。"于是右将军王导等人上书归咎于己，请求辞职。

司马睿说："政令和刑罚失当，都是由于我的昏聩造成的。"没有怪罪任何人。

次年二月二十八日，平东将军宋哲到达建康，自称接到愍帝司马邺诏书，让司马睿执政。

三月，司马睿出宫，居丧三日。于是西阳王司马羕和官员、掾属等共同奉上皇帝尊号，司马睿不同意。

司马羕等人坚持请求，不肯罢休，司马睿感慨流泪，说："我身为丞相，没有做好分内之事，是有罪之人。倘若你们一定要这样，我只好回琅玡封国去了。"然后传呼私人奴仆，命令准备车驾，要返回封国。

司马羕等人就请求司马睿依照魏、晋旧例，称晋王。司马睿最后终于答应了。

初九，司马睿即晋王位，大赦天下，改年号为建武。设置朝廷，建立宗庙社稷。

晋大兴元年（公元318年），三月初七，建康听闻愍帝已死，晋王穿上丧服，移居倚庐。百官请求奉上皇帝尊号，司马睿不允许。

纪瞻说："晋朝嗣统中断，到现在都已两年了，陛下应当继承大业。纵观皇家子孙，还可以推让给谁呢？陛下如果荣登皇位，那么祖先的牌位和举国上下都会有所依靠。如果忤逆天命，失去人心，大势一去，就不会再回来了。

"现在洛阳、长安两座京城都被焚烧洗劫，刘聪在西北自立尊号，而陛下却不肯称帝以示正统，这就如同要您救火，您却作揖谦让啊。"

司马睿还是不同意，让殿中将军韩绩撤掉准备好的登基宝座。纪瞻呵斥韩绩说："皇帝的座位与天上星辰相应，敢挪动的斩首！"司马睿很感动。

奉朝请周嵩上书说："古代的帝王，道义周全然后择取，谦让完备然后拥有，因此能统治国家千秋万世。现在愍帝的梓宫还没有归国，故都还没有恢复，义士泣血，士民子女惊惶不安。

"陛下应当听取各方面意见和忠言，训练士卒，整治兵器，先洗雪大耻，满足天下人的共同愿望，那代表天下的帝位还会落到什么地方呢！"

周嵩说的不符合司马睿的心意，于是他被贬出京城，担任新安太守；后来又因为抱怨被免除了官职。

初十，司马睿即皇帝位，文武百官陪立两列。司马睿让王导与自己同登宝座，王导坚决拒绝，说："倘若太阳与世间俗物无异，怎么能普照众生！"司马睿于是不再坚持。大赦天下，改年号为太兴。

竹林七贤

谯郡人嵇康，文章写得大气凛然，喜好谈论《老子》《庄子》，崇尚新奇，好侠仗义。他与陈留人阮籍、阮籍的侄子阮咸、河内人山涛、河南人向秀、琅玡人王戎、沛国人刘伶是至交好友，号称竹林七贤。他们都崇尚虚无的道家哲学，把世俗之讽抛诸脑后，每日纵情饮酒，不问世事。

阮籍担任步兵校尉的时候，他母亲去世。当时他正和人对弈，对方要求别下了，但阮籍硬要留下他一决胜负。下完棋，又喝了两斗酒，高呼一声，吐血数升，虚弱不堪。居丧期间，和平日一样饮酒无度。

司隶校尉何夔的儿子何曾很讨厌他，就在司马昭面前直斥他说："他这个纵酒无度、违背礼仪、败坏风俗的人，如今忠诚贤明的人执掌朝政，要综合考察人物是否名实相符。像他这类人，绝不可以助长其气焰！"

于是对司马昭说："您正以孝道治理天下，却放纵阮籍戴孝期间大开荤戒,以后还怎么教导别人? 应该把他流放到荒远之地,以免败坏风气。"

司马昭喜爱阮籍之才华,常常袒护他。

阮咸喜欢姑姑的婢女。 姑姑带婢女离开的时候,阮咸正在陪客人,听闻婢女离开后立刻用客人的马去追,然后两人共骑一匹马回来。

刘伶喜欢喝酒,经常带一壶酒坐在小车上,让人扛着锄头跟着,说:"万一醉死就把我埋了。"当时士大夫都称赞他的行为,争相效仿,认为很洒脱。

钟会正得宠于司马昭,知道嵇康很有才,就去拜见他。 嵇康正张开腿坐在那儿打铁,对他置之不理。钟会将要离去,嵇康问他:"你听到了什么而来? 见到了什么而去?"钟会答:"听到听到的而来,见到见到的而去!"从此对嵇康不怀好意。

山涛任吏部郎,推荐嵇康代替自己。 嵇康写信给山涛,说自己与世人格格不入,并且有菲薄商汤、周武的意思。 司马昭听说后很生气。 嵇康与东平人吕安是好朋友,吕安的哥哥吕巽诽谤他不孝,嵇康为吕安做证表明他并非不孝。

钟会借此事挑拨说:"嵇康曾经想帮助毌丘俭,并且吕安、嵇康声名远播,然而他们言语放荡,扰乱当世,应该借此机会杀掉他们。"司马昭就把嵇康和吕安杀了。

嵇康曾经拜访隐士汲郡人孙登,孙登说:"你才华横溢但是处世之道甚少,想要在当今之世避免被杀,恐怕不容易啊!"

西晋统一中国以后,王戎担任了三公那样的高官。 他随势沉浮,却不做任何积极的努力。 他把事务都交给手下人去办,自己则出去游玩。 他嗜钱如命,土地田产遍布天下,经常自己精打细算,不分白天黑夜在那儿计算,仿佛总是还不满足的样子。 他有品种很好的李树，卖李子时害怕别人获得种子，就用钻子把李核钻透，让人无法再种。他看重的人，也都只看重虚名。

阮咸的儿子阮瞻曾经去见王戎，王戎问他："儒家看重名教，道家与他们是相同的吗？"阮瞻说："将无同（差不多一样吧）。"王戎赞叹不已，于是召他做下属。当时的人称之为"三语掾"，意思是三个字的属官。

闻鸡起舞

范阳人祖逖，年少时就有宏图大志。他和刘琨一起担任司州主簿，与刘琨一起睡觉。夜半时听到鸡叫，就把刘琨踢醒，说："多美妙的声音啊。"于是起床舞剑。

逢乱渡江以后，左丞相司马睿让他担任军咨祭酒。祖逖住在京口，招募勇猛健壮的士兵。

他对司马睿说："晋朝的变乱，不是因为君主无道使百姓怨恨反叛，而是因为皇室内部争权夺利，自相残杀，结果让戎狄钻了空子，殃及中原。

"现在晋朝的遗民遭到残害以后，个个都想振兴中原朝廷，大王如果真能够派遣将领调动军队，让像我这样的人统率他们来光复中原，各地的英雄豪杰必定会追随的！"

司马睿向来没有打算北伐，他听了祖逖的话后，就任命祖逖为奋威将军、豫州刺史。但只拨给他1000人的口粮、3000匹布，不供给兵器，让他自筹。

祖逖带领100多户人家过长江，到江心的时候，斩桨发誓，说："我如果不能廓清中原，再渡江回来，就以死谢罪！"于是驻扎在淮阴，建造熔炉冶炼兵器；又招募了两千多人后继续前行。

当初，流民张平和樊雅在谯地都有几千名手下，自任坞堡堡主。司马睿担任愍帝丞相的时候，曾经派遣行参军桓宣前去劝说张平、樊雅，于是，二人归顺了司马睿。豫州刺史祖逖出兵以后，派遣参军殷义拜见张平和樊雅。

殷义轻视张平的贫寒，看着张平的房屋，说："可以当马房。"看见大锅，又说，"可以铸铁器。"

张平说："这是帝王的锅，只有等到天下太平，它才会发挥作用，怎么能毁坏它！"

殷义说："你小命都不保，还吝惜铁锅吗？"

张平很生气，在座位上斩杀了殷义，率领军队固守。

祖逖攻打了他们一年多，也没拿下他们。祖逖于是诱降张平的部将谢浮，让他杀掉张平，然后进军占据太丘。

当时樊雅还占据着谯城，抵抗祖逖。祖逖久攻不下，故此请求南中侍郎派兵增援。桓宣当时担任王含的参军，王含派遣桓宣率领500人援助祖逖。祖逖对桓宣说："对方已深知你的深明大义，这次请再为我劝说樊雅。"

桓宣于是一个人骑马，只带两个随从，前去见樊雅说："祖逖正打算讨平刘聪、石勒，要倚仗你为后援。上次殷义傲慢轻率，祖逖并没有要他如此。"樊雅立即前去拜见祖逖，请求归降。

祖逖进入谯城以后，石勒派遣石虎围困谯城，石虎由于王含派桓宣解救谯城，只有离去了。祖逖上表恳请任命桓宣为谯国内史。

晋大兴三年（公元320年），陈川旧城被一分为二，西台由后赵将领桃豹占领，东台由祖逖的部将韩潜占领。桃豹出入经由南门，韩潜出入经由东门。双方对峙了40天。

祖逖把土放到布袋里，好像盛满粮米的样子，派1000多人运到台上。 又让一些人挑着真米在路边休息，桃豹的士兵追他们，他们就丢下担子逃走。 桃豹的士兵已经饥饿了很长时间了，得到粮米，以为祖逖粮食充足，心中更为害怕。

后赵将领刘夜堂把军粮用 1000 头驴子运送前去以支援桃豹，祖逖派遣韩潜和别将冯铁在汴水截击，全部缴获。 桃豹连夜潜逃，驻扎于东燕城。

祖逖让韩潜进军驻扎在封丘来威胁桃豹。 陈川旧城的东西二台由冯铁占领，祖逖则镇守雍丘，经常派遣士兵截击后赵军队。 有无数后赵镇守边界的士兵归顺祖逖帐下，国土也日渐缩小。

七月，司马睿下诏加授祖逖镇西将军。 祖逖在军中与将士们同舟共济、遵纪守法，鼓励农业生产，安抚新归附的士民，即使是无身份、无关系的人也用恩惠礼貌去结交他们。 黄河流域的许多坞堡，此前有人质被扣留在后赵，便唯后赵马首是瞻，并且不时派遣机动部队假装抄掠，以显示自己并未归附他们。

坞堡主人们都感恩戴德，一旦后赵有异常行动，就秘密报告祖逖，因此祖逖经常胜利。 黄河以南地区，多半抛弃后赵而归附东晋。

祖逖训练士兵，积蓄粮食，打算收复原来属于东晋的黄河以北的地方。 后赵王石勒为此担心，于是下令让幽州守吏为祖逖修葺祖父和父亲的陵墓，而且安排两户人家守墓。然后写信给祖逖，要求互通使节和开放贸易。 祖逖没有回信，但听任边界贸易，所以赢利很多。

祖逖的牙门童建杀死新蔡内史周密，投降后赵。 石勒把童建的脑袋给祖逖说："我无比厌恶的是叛徒。将军憎恶的人，也是我所憎恶的。"

祖逖很感激他，从此凡是从后赵叛归祖逖的人，祖逖都不接纳。不准士兵骚扰后赵老百姓，边境之间，逐渐得以恢复。

晋大兴四年（公元321年）七月，司马睿任命尚书仆射戴渊为征西将军，其任务涵盖豫州在内的六州军事。

豫州刺史祖逖认为戴渊是吴人，虽然有才能和名望，但没有宏图大志和远见卓识。而且自己披荆斩棘，收复河南失地，而戴渊却坐享其成来领导自己，所以心中郁郁不乐。而且耳闻朝廷内部钩心斗角，争权夺利，国家将有内乱，知道统一北方的大业难以成功，受到很大刺激，因此卧病不起，九月在雍丘去世。

祖逖死后，豫州百姓就像失去避风港湾一般，谯、梁二地的人们都为祖逖建立祠堂。

王敦阴谋篡位

晋太宁元年（公元323年），王敦密谋夺位，暗示朝廷征召自己。晋明帝司马绍亲手写诏书征召他。

四月，加授王敦黄钺，批准他直接上奏不用报姓名，入朝可以不趋行，还可以佩剑着履上殿。

王敦迁去镇守姑孰，驻扎在湖县，让司空王导任司徒，王敦自任扬州牧。王敦图谋起事，王彬极力劝谏他。

王敦十分生气，暗示抓捕王彬。王彬神色凛然地说："您过去杀害兄长，现在又要杀害兄弟吗？"王敦这才作罢，指定王彬为豫章太守。

王敦的侄子王允之，当时还是个小孩子。王敦因为他机灵敏捷，所以十分喜爱他，经常把他带在身边。

有一次，王敦夜里请钱凤喝酒，王允之喝醉了，先告辞去睡觉。王敦便与钱凤共商起事，被王允之一字不漏听到了。王允之随即在睡觉的地方呕吐，衣服、脸上都沾上了脏东西。钱凤走了以后，王敦果真举灯来试探，看见王允之睡在呕吐出的污物之中，就没有起疑心。

不久，恰好王允之的父亲王舒升任廷尉，王允之要求探望父亲，趁机把王敦、钱凤的密谋全都告诉了王舒。王舒与王导一起报告晋明帝司马绍，秘密做了防御准备，以防变故。

王敦病越来越严重，便伪造圣旨，任命王应为武卫将军，做自己的副职；任命王含为骠骑大将军、开府仪同三司。

钱凤问王敦说："如果您有不幸，是否让王应处理身后事呢？"

王敦说："这不是一般的事情，不是平常的人能够胜任的。王应太年轻，恐怕不能担大任。我死后，你们最好向朝廷俯首称臣，以保全家族，这是上策；退回到武昌，集中军队自保，仍旧给朝廷进献物品，这是中策；乘我还活着，发动所有的兵力攻打京城，希望能侥幸取胜，这是下策。"

钱凤对他的党羽说："王公说的是反话，下策实为上策。"于是与沈充谋划，等王敦一死就作乱。又认为京城的禁卫军仍旧太多，上奏要求减少2/3。

当初，晋明帝司马绍信任中书令温峤，导致王敦非常忌恨他，请求任命温峤为左司马。于是温峤假装勤勉恭敬，治理王敦府上的事务，经常出些主意来附和王敦的意思。

温峤又与钱凤结交，帮助钱凤提高声誉，他一直对人说："钱世仪仪表堂堂，谈吐不凡。"温峤向来有知人的美名，钱凤于是十分喜悦，尽力与温峤交好。

恰好丹阳尹的职位空缺，温峤就对王敦说："京尹是咽喉要地，您应当自己找钱世仪来担当，否则只怕朝廷任命的人，有的会怠慢治理。"

王敦认为他说得很正确，问温峤说："谁比较适合呢？"

温峤说："我认为钱凤是最佳人选。"钱凤也推举温峤，温峤假装推辞，王敦没有答应。

六月，王敦上表任命温峤为丹阳尹，而且让他在朝廷当内线。温峤担心钱凤在自己走后再挑拨离间，趁着王敦设宴饯别的时候，起身祝酒。走到钱凤面前，钱凤还没有喝，温峤假装喝醉，用手板打掉钱凤的头巾，板着脸说："钱凤你算老几？我温太真敬酒，你竟敢不喝？"王敦以为温峤醉了，就把双方劝走。

温峤临走的时候，向王敦辞行，痛哭流涕，几次出门了又转回来。温峤走后，钱凤对王敦说："温峤与朝廷关系非同一般，与庾亮也有深交，不能信任这个人。"王敦说："温峤昨天喝醉了，对你稍有失敬，你怎么能立刻就诬陷他呢！"

温峤到达建康以后，向司马绍禀报了王敦打算反叛之事，请求事先做好准备。又和庾亮一起谋划讨伐王敦的办法。

王敦听说以后，勃然大怒，说："这个奸险之徒竟然敢骗我！"于是写信给司徒王导说："温峤才离开几天，竟然就做出这种事情！我要找人把他活捉回来，亲自割下他的舌头。"

司马绍想要征讨王敦，就向光禄勋应詹征询意见，应詹鼓励司马绍，司马绍最后做了决定。于是下诏任命将领，准备征讨王敦。

这时，司徒王导听闻王敦病危，就赶紧带领家中子弟为王敦发丧。大家以为王敦真的死了，士气高昂。于是尚书向王敦府第颁下诏书，列数王敦的罪状。

王敦见到诏书，非常生气，但因为病情越来越严重，自己已经不能领兵出战了。准备发动军队攻打京师的时候，王敦让记室郭璞占卦，郭璞说："事情不会成功。"

王敦一直怀疑郭璞帮助温峤、庾亮，听说卦象是凶兆，就问郭璞："你再算算我还能活多久？"郭璞说："由刚才的卦象推算，明公如果起兵，那就死到临头。如果您不起兵，仍然住在武昌，还可以活很长。"

王敦生气了，说："你的命有多长？"

郭璞说："活不到今天晌午。"

王敦就把他抓起来斩了。

王敦让钱凤和冠军将军邓岳、前将军周抚等人率军进攻京城。

王含对王敦说："这本是我们王家的事，我应当亲自披甲上阵。"王敦于是任命王含为元帅。

钱凤等人问他说："事成之日，天子该如何处置？"

王敦说："还没有去南郊祭天，怎么能称天子？你们倾尽所有的力量，保护东海王和裴妃就是了。"

于是王敦以诛杀奸臣温峤等人为由，向司马绍上书。

七月初一，王含等人率领水军、步兵共 5 万人，到达江宁秦淮河南岸，京城的人都十分恐惧。

温峤把部队转移到屯河北岸驻扎，烧掉朱雀桁以削弱敌方锐气，使王含等人无法渡河。

司马绍还想亲自挂帅出战，听说桥已经被烧断，勃然大怒。温峤说："现在宿卫的士兵人少体弱，征召的援军还没到，如果让敌人冲进来，就会危及朝廷，只怕连祖宗的牌位都会受损，陛下又何必可惜一座桥呢！"

司马绍亲自统率各军出城迎战，在南皇堂驻扎。初三夜里，招集精壮士兵，派遣将军段秀、中军司马曹浑等人率领 1000 名披甲士兵渡过秦淮河，出其不意袭击叛军。清晨，在越城与敌人交战，大获全胜，斩杀了敌军的前锋将何康。

王敦听说王含战败，勃然大怒，说："我这个哥哥，如同老弱妇孺一般。这下门户衰败，大事不成了！"他回头对参军吕宝说："我要起来。"然后用力起身，但因体弱多病，只能再躺着了。

于是，王敦对舅父少府羊鉴和王应说："我去世后，王应代替我，先设立朝廷百官，然后再安排丧事。"过了不久，王敦就去世了。

王应不让死讯泄露出去，也不发丧，用席子包裹尸首，在外面涂上蜡，埋在议事厅里，然后和诸葛瑶等人日夜纵酒淫乐。

王敦死后，叛军没有了领头人，人心涣散，很快就被打败了。王含、王应父子投奔荆州的王舒，王舒带着军队前来迎接，接到后把他们二人扔入长江淹死。

钱凤逃到阖庐洲，被先前投奔王敦的浔阳太守周光斩杀。周光赴朝廷打算以此向天下人谢罪。

沈充潜逃时找不到方向了，来到自己以前的部将吴儒家。吴儒骗沈充躲在自己家墙壁的夹层里，然后笑着对沈充说："三千户的侯爵在这里了。"

沈充说："你如果还顾念以前的情义保全我，我家必定会对你感恩戴德；你如果为了谋取利益而杀我，我死了，你家必定也会被牵连而灭族！"吴儒就把他杀了，把他的头颅送到建康。

苻坚重用王猛

晋升平二年（公元358年）六月，苻坚废黜厉王苻生，自己即位，没有用帝号，只称大秦天王。

当初，苟太后姑姑的儿子李威，与魏王苻雄走得很近。苻生好几次想杀掉苻坚,全靠李威营救才得以逃脱。 李威受苟太后宠爱,苻坚对他很尊敬。

李威知道王猛很贤明,经常劝苻坚重用他。 苻坚对王猛说:"李公了解你,就像鲍叔牙了解管仲一样。"王猛对待李威亲如兄长。

苻坚到中书省巡视,见官备荒废,就罢免了左丞程卓的官职,让王猛代替。

到了第二年,王猛越发得到苻坚的赏识,宗族亲戚以及有功的旧臣都很讨厌他。 特进、姑臧侯樊世,本是氐族的豪强,曾扶持前景明帝苻健平定关中。 他对王猛说:"你是坐享其成吗?"

王猛说:"现在的功业还不够,还要锦上添花才行!"

樊世勃然大怒,说:"一定要把你的脑袋挂在长安城门上,不然,我枉为人!"

王猛告诉了苻坚,苻坚说:"一定要把这个氐族老头儿杀了,然后众人才能俯首帖耳。"

刚好樊世进宫奏事,和王猛在苻坚面前争论起来。 樊世想起身打王猛,苻坚怒不可遏,杀了樊世。 从此以后,群臣见到王猛都有些畏首畏尾。

苻坚从河东回到京都,任命骁骑将军邓羌为御史中丞,任命咸阳内史王猛为侍中、中书令,兼领京兆尹。 特进、光禄大夫强德是强太后的弟弟,他沉湎于饮酒,骄躁霸道,抢夺别人的财产、子女,是百姓的祸害。

王猛一上任就拘捕了他,还没等上奏的奏章答复,就已经把强德杀了,并且在街市上示众。 苻坚见到奏章后赶紧派使者来赦免强德,但已经迟了。

王猛与邓羌志同道合,惩奸除恶。 短短几十天的时间,被依法处死和判罪免职的权贵、豪强、贵戚就有20多人，朝廷上下为之震动，奸臣贼子再也不敢放肆，境内路不拾遗。苻坚感叹地说："我现在才知道法纪严明的样子！"

谢安、王坦之稳晋

晋咸安元年（公元371年），大司马桓温废黜司马奕，立会稽王司马昱为帝，铲除了反对派，权倾一时。中书侍郎郗超是桓温的亲信，朝廷中人都很畏惧他，小心翼翼对待他。

谢安曾经与王坦之一起去见郗超，等到夕阳西下，还未被传唤。王坦之想走了，谢安说："你难道就不能够忍一时之气，而保全自己吗？"

次年七月，简文帝司马昱身体不适，留下遗诏，说："大司马桓温依旧惯例来顶替圣上执政。"又说，"太子年轻，可以辅佐就辅佐他，如果不可以辅佐，你可以当皇帝。"侍中王坦之自己拿着诏书进入寝宫，当着司马昱的面毁了诏书。

司马昱说："天下，只不过是凭运气偶然得来的，我都这样了，你还想怎么样？"

王坦之说："天下，是宣帝司马懿和元帝司马睿的天下，陛下怎么能以为只是属于自己的呢？"

于是司马昱让王坦之修改了诏书，说："皇位继承和国家政事全都让大司马桓温掌管，就像以前诸葛亮和王导辅政一样。"当日，司马昱去世。

桓温本来指望司马昱临终时将帝位禅让给自己，否则也该让他摄政。结果愿望落空，很是生气，于是给弟弟桓冲写信说："遗诏只让我辅佐效命于陛下。"桓温认为之所以这样，一定是王坦之、谢安在背后搞的鬼，于是心生怨恨。

晋宁康元年（公元373年）二月，桓温来晋见孝武帝司马昌明（即司马曜，字昌明）。 二十四日，司马昌明命令吏部尚书谢安、侍中王坦之到新亭等候桓温。

当时，京城里人心惶惶，有人说桓温来是要诛杀王、谢，随后取而代之做皇帝。 王坦之很害怕，谢安神色如常，说："晋室是存是亡，在此一行。"

桓温到了以后，布置了很多士兵护卫，然后在大殿接见朝廷百官。 有权有势的人都惶恐不安，神色紧张。 王坦之也害怕得汗流浃背，沾湿了衣服，还把手板给拿倒了。

谢安泰然自若，就座后，对桓温说："我听说'诸侯有道，守在四邻'，您哪里用得着在墙壁后面安排卫兵啊？"桓温笑着说："正是由于不得已啊。"于是让手下将卫兵撤了，与谢安谈笑了很久。 郗超是桓温的谋臣，谢安与王坦之见桓温，桓温让郗超藏在帐幕后面听他们的谈话。 刚好刮起一阵风，吹开了帐幕，谢安笑着说："郗超可称得上是'入幕之宾'了。"

当时，天子年少，势单力薄，外面又有强大的藩臣，谢安与王坦之竭尽忠诚辅佐保护，最后才让晋室得以保存。

淝水之战

晋太元八年（公元383年），前秦王苻坚置王猛临终嘱咐而不顾，打算进犯东晋。 七月，苻坚发布诏令，开始征兵。

百姓每10个成年男子中抽调一名士兵。 贵族子弟有勇有谋的还没有到20岁的，都征拜为羽林郎。 贵族子弟中有3万多人自带马匹来请求被任，苻坚任命秦州主簿赵盛之为少年都统。

当时，朝野上下都以为苻坚出征实为不智，只有京兆尹慕容垂、兖州刺史姚苌以及贵族子弟劝说出征。

阳平公苻融对苻坚说："鲜卑、羌的族人，与我们是仇敌，常常盼望风云突变，这样他们就有机可乘。他们所献的计策，怎么可以听从呢？贵族子弟养尊处优，不懂军事，只是苟且用阿谀谄媚的话来迎合陛下。如今陛下听信他们的话，轻易地发兵进攻，我只怕最终没有获胜，还将留下后患，到时候后悔莫及！"苻坚没有听从。

八月初二，张蚝、慕容垂等人共有25万骑、步兵，苻坚任命苻融统率他们，并作为前锋。任命姚苌为龙骧将军，全面负责益州、梁州各项军务。

苻坚对姚苌说："过去我从龙骧将军这个位置创建大业，我从不轻易让他人来担任这个职位。你可得努力啊！"左将军窦冲说："君无戏言，这话不是吉言啊。"苻坚沉默不语。后来姚苌果真建立后秦。

初八，苻坚发兵长安，将士共60多万，骑兵27万，旗帜飞扬，战鼓喧天，队伍前后长达1000里。

东晋积极部署军事，任命尚书仆射谢石为征虏将军、征讨大都督，以徐州、兖州二州刺史谢玄为前锋都督，与谢安的儿子、辅国将军谢琰，还有西中郎将桓伊等人共同统领8万人进行抗击。让龙骧将军胡彬率领水军5000人支援寿阳。

当时前秦的军势非常强盛，京城建康人心惶惶。谢玄前去求见谢安，向他讨教良策。谢安很平静地回答说："我早有打算。"接着就什么也不说了。

谢安命令驾车出游山间别墅，大家齐聚一堂，与谢玄下围棋赌博。以前谢安下棋总是输给谢玄，这一天谢玄惶恐不安，结果谢安赢了他。谢安就去登山游玩，到了晚上才回来。

江州刺史桓冲十分忧虑陛下的安危，派遣精锐部队 3000 人进京保卫。谢安坚决拒绝了，说："朝廷早已有了良策，士兵和武器都不缺乏，你们还是留在西藩防守吧。"

桓冲对下属叹息说："谢安有能力在朝廷辅佐，但不熟悉军事战略。现在大敌当前，还纵情玩乐、高谈阔论，只派没有经历过战争的年轻人去抵抗。而且势单力薄，一切已经注定，我们要受外族的统治了！"

十月，苻融等人攻打寿阳。十八日，寿阳被拿下，平虏将军徐元喜等人也被俘虏。慕容垂攻下了郧城。胡彬听闻寿阳已沦陷，于是退守硖石。苻融率领军队攻打硖石。前秦卫将军梁成等率领 5 万士兵驻扎在洛涧，沿淮河设防以遏制东面的东晋部队。

谢石、谢玄等在离洛涧 25 里的地方驻军，由于畏惧梁成而畏首畏尾。胡彬的粮草快用完了，就秘密派遣使者向谢石等人报告，说："如今敌人士气高昂，而我军已无粮草，恐怕不能再见到大军了！"前秦士兵俘获了胡彬的信使，他被送到苻融那里。

苻融立刻派使者报告苻坚说："现在敌人兵力不足，容易擒获，只是怕他们逃走，应该派兵乘胜追击。"苻坚就把大部队留在项城，亲自带领 8000 轻装骑兵，马不停蹄赶到寿阳与苻融会合。

苻坚派尚书朱序去劝说谢石等人，认为："胜负已定，不如快快投降。"

朱序偷偷为谢石等人出谋划策说："如果前秦百万军队全部抵达，的确难以抵挡。如今乘着各路军队还没有会合，应当迅速攻击他们。如果能打败他们的前锋部队，就能够挫其锐气，然后才可以大败他们。"

谢石听说苻坚在寿阳，十分害怕，打算以逸待劳，和前秦军队对峙。谢琰劝说谢石听从朱序的话。

十一月,谢玄派广陵相刘牢之率领5000精锐士兵进军洛涧。在离洛涧相隔10里的地方,梁成驻守山涧布阵等待刘牢之。刘牢之所向披靡,勇猛渡河,与梁成交战,大胜,斩杀了梁成和弋阳太守王咏。又分出部队攻占了他们逃回的渡口。

前秦的步、骑兵全部溃败,纷纷投入淮河,死了1.5万人。这一仗,俘虏了前秦扬州刺史王显等人,收缴了他们所有的装备及后备物质。

于是谢石等各路军队从水路、陆路相继进发。苻坚与苻融登上寿阳城眺望,看到东晋的士兵严阵以待。又看见了八公山上的草木,也以为那是东晋的士兵伪装成的。苻坚回头对苻融说:"这也是劲敌,如何能轻敌呢!"神色怃然,开始害怕起来。

前秦的军队靠近淝水布阵,东晋的军队无法渡河。

谢玄派使者对苻融说:"您孤军深入,却紧逼淝水布阵,这是相持的策略,更不是一招制敌的计策。如果您让军阵稍稍退后,让我们的军队能够渡河,决一死战,岂不是上策吗?"

前秦的将领都说:"敌寡我众,不如压制他们,让他们不能上岸,这样才可以万无一失。"

苻坚说:"只要稍微后退一点儿,让他们渡河,渡到一半,我们再出动铁甲骑兵攻击,肯定战无不胜!"

苻融也认为可以,于是指挥军队后退,结果一退后果就不可收拾。

谢玄、谢琰、桓伊等人率领军队渡过淝水攻击他们。苻融骑马跑过军阵,打算重整后退的队伍,结果战马跌倒,被晋兵杀死。前秦军队于是大败而逃。

谢玄等乘胜追击,一直追到青冈,前秦军队大败,很多人自相践踏而死。逃跑的人闻风丧胆，都以为是东晋的军队要到了，日夜兼程，风餐露宿，冻饿交加，死掉的人有十之七八。晋军获得了苻坚所乘坐的装饰云母的车子。

当初，前秦的军队稍稍后退时，朱序在军阵后面高声呼喊："秦军败了！"士兵们以为是真的，就都逃走了。朱序乘机与张天锡、徐元喜都投奔了东晋。

苻坚中了流箭，独自一人逃到淮河以北，饥饿难耐。百姓送来泡饭、猪骨头，苻坚吃了，赏赐给他们10匹帛、10斤锦。

这些人推辞说："陛下厌倦困苦，安于享乐，因此才会身陷泥淖之中。我们是陛下的儿子，陛下是我们的父亲，哪里有儿子给父亲饭吃还要报偿的呢！"他们看都没看一眼赏赐，头也不回走了。

苻坚对张夫人说："我现在还有什么资格去治理天下呢！"说着潸然泪下。

谢安收到驿站送来的书信，得知前秦已溃不成军。当时他正与客人下棋，拿着信放在床上，并未表露半点儿欣喜之情，仍旧像刚才一样继续下棋。

客人问是什么事，谢安慢慢地回答说："小孩子们已经打败敌人了。"下完棋以后，回到房间里，过门槛时，心里高兴得连木屐的屐齿损坏了都不知道。

宋 书

王镇恶攻灭后秦

　　晋义熙十二年（公元416年）八月，太尉刘裕统率大军从建康出发征讨后秦。刘裕派遣龙骧将军王镇恶、冠军将军檀道济率领步兵从淮河、泗水向许昌、洛阳进发。而且另派数路人马分别攻击后秦各重要据点。

　　总管朝政的左仆射刘穆之对王镇恶说："刘公这次委托你伐秦的重担，你要努力啊。"王镇恶说："我不攻克关中，发誓不再回来！"

　　王镇恶、檀道济进入后秦境内，攻无不克，战无不胜，不久就攻克了许昌。

　　十月，檀道济进军逼近洛阳，后秦镇守洛阳的陈留公姚洸出城投降。这时后秦的援军阎生、姚益男还在路上，听说洛阳已被攻克，就没有继续前进。

　　次年二月，王镇恶进军渑池，派毛德祖在蠡吾城袭击尹雅，将他擒获。尹雅越狱逃走，王镇恶穷追不舍直到潼关。三月，檀道济等人也抵达潼关，与王镇恶会合。

　　后秦鲁公姚绍出战不利，退守地势险要的据点，并对手下将领说："敌人势单力薄，独自进攻，只能坚守营垒等待后援。我们分出兵力断绝他们的运粮通道，坐等他们粮食吃完，然后擒获他们易如反掌。"于是派遣部下把守大路上的据点，断绝了王镇恶他们的运粮通道。

当初，刘裕曾命令王镇恶等人，让他们在攻克洛阳后等候大军到来，然后共同前行。王镇恶等人乘胜直接进攻潼关，结果后秦拼死抵抗，无法前行。而且运粮通道被切断，时间一久，军队缺粮，人心有点儿离散。

有人提议舍弃物资装备，退回洛阳会合大军，建武将军沈林子按着宝剑发怒说："刘裕相公立志统一天下，如今许昌、洛阳都已平定，关右地区也即将收复，能否胜利就全看我们前锋的表现了。怎么能打击胜利后的士气，半途而废，舍弃即将到手的大业呢？

"而且大军离我们还远，敌人士气正旺，我们就算想退回去，难道就那么容易吗？我接受命令以来，从没想过回头。今天的事，我将自己率领军队完成使命，只是不知道你们退回去后，有何颜面见刘相公！"

王镇恶等人派遣使者去通知刘裕，请求支援粮草。刘裕正沿着黄河水陆进军，叫来使者，打开船上朝北的窗户，指着黄河北岸牵制他们的北魏大军说："我告诫过他们不要孤军深入，致使如今受困；我的形势也不佳，又怎能派得出援军呢？"

王镇恶只好亲自到弘农去，请求百姓献粮，他动之以情，晓之以理。百姓纷纷捐献粮食，军队的粮饷重新得到补充。

八月初二，刘裕亲抵潼关，王镇恶恳请领水军绕道从黄河进入渭水，然后从渭水直趋长安，刘裕赞成。

后秦镇北将军姚强与姚难会师，驻守于泾水岸边以抗衡王镇恶。王镇恶派毛德祖率领军队进击，打败他们并杀死了姚强，姚难逃奔长安。

王镇恶率领水军沿渭水逆流而上，乘坐艨艟小舰，士兵藏在船内划桨。后秦人看到战舰前进却没有看到划桨的人,都很诧异,认为东晋军一定有仙人帮助。

二十三日凌晨,王镇恶军队抵达渭桥,命令战士们吃饱喝足,随后拿着武器,登上河岸,落后的人斩首。士兵们全部登上河岸以后,渭水水流湍急,东晋的战舰很快漂流得不见了踪影。

当时长安城内,后秦国主姚泓还有数万兵力。王镇恶向士兵们宣告说:"我们的亲属和家园都在江南,这是长安北门,离家有万里之遥,而且所有帮助我们回去的东西都被水冲走了。如今我们前进作战,胜利了,可以立功扬名;失败了,身首异处。就这两种可能,没有第三条路可选。大家努力吧!"

于是,王镇恶身先士卒冲在前面,士兵们也都奋勇杀敌。结果在渭桥大败后秦守卫渭桥的姚丕军队。姚泓领兵救援,却被姚丕四处逃窜的士兵践踏冲散,不战自溃;姚泓单人匹马逃回皇宫。

王镇恶从平朔门进长安城,姚泓和车骑将军姚裕等率领数百名骑兵向石桥逃去。东平公姚赞听说姚泓战败,急忙率领军队前来救援,可是部队没有一点儿士气,一下子就溃散了。

姚泓打算出去投降,他的儿子姚佛念当时才11岁,对父亲说:"晋人要借助我们来完成他们的大业,就算投降了也不能免死。不如自杀吧。"姚泓悲痛不已。姚佛念爬上宫墙,自己跳下去自杀而死。

二十四日,姚泓带着家属和群臣到王镇恶的军营门口请求投降,王镇恶将他们交给了手下官吏。

九月,刘裕到达长安,王镇恶到霸上迎接。刘裕慰劳他说:"你帮助我成就大业了呀!"

王镇恶拜了两拜,谦让说:"全靠明公的威望以及各位将领的努力,我只是略尽绵力。"

刘裕笑着说："你是想学冯异的谦卑吗？"

冯异是东汉光武帝刘秀手下大将，屡立军功，但为人谦恭，当将士们纷纷议论战绩时，他经常独自躲到大树底下，所以被称为"大树将军"。

王镇恶生性贪婪，后秦仓库里财物堆积得满满的，王镇恶暗地取走的财物不计其数。刘裕念他功劳大，所以佯装不知。

有人向刘裕报告说："王镇恶私藏了姚泓做伪皇帝时的车驾，将要谋反。"刘裕暗地找人去侦探，王镇恶赶紧把车驾上的金银剔下来，随后扔掉车驾，刘裕这才放心。

刘裕下令没收后秦的礼器、浑天仪、记里鼓、指南车等，送到建康。其余财宝全部拿来犒赏士兵。后秦宗族100多人到刘裕的大营投降，刘裕把他们全杀了。又把姚泓送到建康，斩杀在街市上。

刘裕篡位建宋

刘宋永初元年（公元420年），东晋的宋王刘裕，希望晋恭帝司马德文将帝位禅让于自己，却又不知如何说，于是召集朝廷群臣，设宴饮酒。

在酒宴上，刘裕故意漫不经心地说："当年桓玄篡位，晋国政权被夺取，是我最先倡导大义，复兴宗室，南征北战，平定了天下。建立功业后，又蒙皇上恩赐九锡之礼。如今我已年迈，又位极人臣，凡事忌讳太满，太满则难保久安。我现在想辞职，回到京师养老。"

朝臣只是称颂他的功德，无人听出他的隐讳之意。天色已晚，大家散席离去。中书令傅亮走出宫门，突然醒悟，但是宫门已经关闭。傅亮敲门求见刘裕，刘裕马上接见了他。

傅亮入宫，只说："我应该短时间内回到京师。"

刘裕心知肚明，也不多说别的，直接问他："你要多少人护送？"

傅亮回答："几十个人就够了。"然后辞行。

傅亮出宫时已经是半夜了，正好看见彗星划过夜空，傅亮拍着大腿感叹说："我以前觉得天象是无根据的，但如今来看，真的要应验了。"

傅亮抵达京师建康。到了四月，晋恭帝让刘裕扶持自己。六月初九，刘裕到达建康。

傅亮委婉地示意恭帝禅位于刘裕，并草拟了退位诏书呈给司马德文，让他亲自抄写。

司马德文假装乐意，提起笔来对左右侍从说："桓玄的时候，晋朝已经失去天下，全靠刘公才得以重新延续将近20年。我非常乐意禅位给他。"于是在红纸上抄写了诏书。

十一日，司马德文回到琅琊旧居，百官叩拜辞别，秘书监徐广痛哭流涕，伤心不已。

十四日，刘裕于南郊举行即位仪式。仪式结束，刘裕从石头乘法驾进入建康宫殿。徐广又悲痛哭泣。

侍中谢晦对他说："徐公有点儿过度了吧！"

徐广说："您是宋王佐命的大臣，我是晋朝元老，忧喜体悟，当然不同。"

刘裕登上太极殿，大赦天下，改年号为永初。以前随便议论朝政的人，一律既往不咎，让他们改过自新。

刘裕尊奉司马德文为零陵王，对待他的礼节全都依照晋初的惯例。

第二年，刘裕命令过去的琅琊郎中令张伟带着毒酒，让他毒死司马德文。张伟叹气说:"毒死君主保全自己,还不如死!"于是在路上自己把毒酒喝了。

后来刘裕派人偷偷进入司马德文住处,让他自己服毒。 司马德文不肯,说:"佛教的教义,自杀的人不能够投胎再得人身。"士兵们就用被子将他活活闷死了。

檀道济因谗被杀

刘宋的司空、江州刺史、永修公檀道济,在刘宋朝建功立业,恩威并著。 他左右的心腹都曾身经百战,几个儿子也很有才气,朝廷很忌惮他。

刘宋元嘉十三年(公元436年),文帝刘义隆身体欠安,很久都不见起色,将军刘湛对司徒刘义康说:"皇上万一去世,就没人牵制檀道济了。"正好刘义隆的病情加重,刘义康于是劝刘义隆召檀道济入京。

檀道济的妻子向氏对他说:"功高盖主,锋芒毕露,从来都会作为攻击的对象。 现在没有什么事情却召你入京,你要大祸临头了。"

檀道济到建康后,在京城逗留了一个多月。 刘义隆身体微有好转,就送他回去。 已经到了码头,还没有出发,刘义隆突然病危,刘义康假传皇帝诏令,召檀道济回去为他饯行,然后伺机抓了他。

三月初八,刘义隆下诏,说:"檀道济暗地招兵买马,乘朕病重,图谋不轨。"把他交付廷尉,将他和他的儿子、给事黄门侍郎檀植等11人,一起诛杀,只饶过了他的孙子。 又杀了司空参军薛彤、高进之,因为此二人很得檀道济信赖,足智刚勇,当时的人都把他们比作关羽、张飞。

檀道济被捕的时候，怒目圆睁，像火炬一样。他脱下头巾扔在地上，说："朝廷竟然摧毁自己的万里长城！"

北魏人听说檀道济被杀的消息，高兴地说："檀道济死了，江南那帮小子不成气候，再也无法成就大业了。"

王玄谟滑台惨败

刘宋元嘉二十七年（公元450年）七月，文帝刘义隆下诏北伐，发动所有军队，全面进攻。青、冀二州刺史萧斌命令宁朔将军王玄谟率军围困滑台。

九月，北魏太武帝拓跋焘率领军队南下，赶来支援滑台。

王玄谟的军队兵力强盛，装备精良，但王玄谟顽固保守，嗜杀好财。刚刚包围滑台的时候，滑台城里有很多茅草房，士兵们请求放火箭烧了它们。王玄谟说："那些都是我的财产，不能毁了！"

滑台城里的人马上拆掉茅草房，躲到地洞里。当时，黄河、洛水一带的百姓都竞相给刘宋军队送粮食，每天拿着武器来投奔的有几千人。王玄谟不让他们以前的领导统率这些人，却把他们分给自己的亲信，还要求每家交一匹布和800个大梨，于是众人都大失所望。

王玄谟数月都没有攻克滑台，听说北魏的援军就要到了，大家都请求用战车围成营垒，王玄谟也不赞成。

十月，拓跋焘到达枋头，派关内侯陆真夜里和几个人穿过包围圈，潜入滑台，安抚城中的士民，并登城查探王玄谟的动静，回去报告太武帝。

过了两天，拓跋焘渡过黄河，号称百万大军，战鼓声震天动地。王玄谟仓皇逃跑。魏军追击，杀死1万多人。王玄谟的部下不是逃跑就是战死，惨败，丢下的物资和武器堆积如山。

在这之前，王玄谟派钟离太守垣护之以100艘小舟打头阵，占据石济，位于滑台西南120里的地方。垣护之听闻敌军快要赶到，赶忙派人通知，劝王玄谟迅速进攻，说："以前武皇帝进攻广固，死了很多人。如今形势更为严峻，怎么还顾得上士兵的伤亡疲惫！希望赶紧屠城。"王玄谟没有听从。

等到王玄谟惨败，时间仓促，没有告知垣护之。北魏军队把缴获的王玄谟的战舰用铁链连起来，拴了三重，切断黄河，断绝了垣护之的退路。河水湍急，垣护之沿河顺势而下，遇到铁链，就用长柄大斧把它砍断，魏军无法阻止。垣护之只损失了一只船，其他都毫发无损，安全撤退。

萧斌派沈庆之统领5000士兵去援救王玄谟。沈庆之说："王玄谟的士气低沉，敌军已经逼近，得有几万人才能前往。小部队轻易挺进，不会有收获。"萧斌坚持派他去。

正好王玄谟逃了回来，萧斌要杀他，沈庆之极力劝谏，说："佛狸（拓跋焘）有百万雄师，实力雄厚，王玄谟根本就不是他的对手。而且，斩杀战将只会削弱自己，不是好办法。"萧斌这才饶了王玄谟。

孝武帝荒淫无道

刘劭弑父夺位后，武陵王刘骏征讨他。讨伐成功后，刘骏登上皇位，是为刘宋的孝武帝。即位后，几个兄弟的反叛都被刘骏镇压，政权得到了巩固。

刘骏自从为父亲服丧期满，就变得荒淫无度。深宫中的女子不避亲疏、尊卑，他一个也不放过。丑闻传到民间，闹得无人不知。

刘骏外出打猎、游玩，从不节制自己。曾经有一次出城，回城已经是夜里了，命令手下拿着皇帝的棨信，去叫人打开城门。当时值班的是侍中谢庄，他认为棨信不一定是真的，不肯开门，一定要等看到皇帝的亲笔手书才开。

后来在宴会上刘骏假装不在乎地问谢庄说："你想效仿郅恽吗？"郅恽是东汉光武帝时看守洛阳城门的小官，有一次光武帝刘秀出城打猎，回城的时候已经是晚上了，郅恽不给他开门，结果刘秀表彰了他。

谢庄答道："我听说皇帝出入都有规定和节制。现在陛下清晨出宫，夜里才回来，我担心有人假造圣旨，因此只有看到陛下的亲笔手书，才敢开门。"

刘骏每次宴请群臣，都要大臣们相互取笑作乐。吏部郎江智渊向来有儒者风范，刘骏曾经让江智渊传令，要让王僧朗戏弄自己的儿子王彧。江智渊神情凝重地说："这样怕是不好吧！"

刘骏非常不开心，说："江僧安真是个傻瓜。"江僧安是江智渊的父亲。江智渊听了，立刻趴在桌子上哭了起来。此后，刘骏不再像以前那样恩宠江智渊。

刘骏的宠妃殷淑仪去世，被追赠为殷贵妃。江智渊提议追谥她为"怀"，刘骏没有采纳，认为"怀"字不够尊崇，因此更加讨厌他了。

某日，刘骏和百官骑马经过殷贵妃的坟墓，刘骏用马鞭指着墓前的石碑，对江智渊说："这上面不准有'怀'字。"江智渊恐慌万分，竟然因为过度忧虑而去世。

刘骏喜欢捉弄、侮辱群臣，从太宰刘义恭以下，皆不能幸免。刘骏经常叫金紫光禄大夫王玄谟"老寒酸"，叫仆射刘秀之"老抠门儿",叫颜师伯"大板牙";其他人不论高矮胖瘦,都被他取了外号。

黄门侍郎宗灵秀很胖,跪拜后很不容易站起身来,每次聚会,刘骏都要重重赏赐他,就是要看他跌跌撞撞地谢恩,以此取乐。

刘骏还宠爱一个昆仑奴,喜欢让他用棍子殴打群臣,从尚书令柳元景以下,都不免被打。只有蔡兴宗庄重严肃,刘骏不敢戏弄他。

颜师伯对仪曹郎王耽之说:"蔡尚书常常不被戏弄,实在有别于大家。"

王耽之答道:"蔡豫章(蔡兴宗之父)当年在宰相府,同样因为方正严肃,而免于被戏弄。武帝刘裕从来不让他参加自己举办的私人宴会。现在,蔡尚书继承了他父亲的品德。"

殷贵妃安葬之后,刘骏经常与群臣到墓前凭吊。他对刘德愿说:"你哭殷贵妃,哭得动容就有重赏。"话音刚落,刘德愿就放声大哭起来。刘骏很高兴,就让他做了豫州刺史。

刘骏又让医师羊志哭殷贵妃,羊志哭得很悲恸。后来有一天,有人问羊志:"你怎么那么快就可以哭得那么悲恸?"羊志说:"我那天只是哭自己死了的小妾。"

刘骏聪明果敢,学问渊博,文章华丽机敏。他阅读书信和奏章,能一目十行,又善于骑射,然而却过度骄奢。

东晋渡江以后,没有大修宫殿,朝见或者宴会只在东堂或西堂而已,直到孝武帝末年才建造了清暑殿。刘宋兴起,依然保持原样。刘骏即位后,开始大修宫室,并且装饰华丽。府库的储藏都用于赏赐他的宠妾和亲信。

刘骏在刘裕的宫殿原址重修玉烛殿,刘骏和手下大臣一起去察看工程进度,以前的床头处还剩一截土墙,麻葛灯笼和麻线蝇拂挂在上面。侍中袁顗趁机称赞刘裕生活俭朴，刘骏没有回答，自言自语地说："作为庄稼汉，这确实算是很奢侈了。"

刘骏晚年越发贪财，刺史、二千石俸禄的官员罢官回京都要进贡，刘骏还和他们一起赌博，直到赢光他们的钱财为止。他整天喝酒，经常醉得不省人事，很少有清醒的时候，往往趴在案几上就睡着了。可外面有事上奏的时候，他马上神色严肃，非常清醒。因此，朝廷内外都很畏惧他，大家都不敢松懈怠慢。

废帝刘子业

孝武帝刘骏驾崩以后，太子刘子业继位，是为刘宋废帝。刘子业荒淫残暴，还甚于他的父亲。他动辄就刑杀大臣，弄得朝廷上下人心惶惶。

刘子业担心叔父们在外地为患，就把他们全都囚禁在京城建康宫殿里，殴打鞭笞，不一而足。

湘东王刘彧、建安王刘休仁、山阳王刘休祐，体形偏胖，刘子业就把他们关在竹笼里，放到秤上称。刘彧因为最胖被称为"猪王"，刘休仁为"杀王"，刘休祐为"贼王"。这三个人年纪都比较大，刘子业格外讨厌他们，经常把他们押在自己身边。东海王刘祎生性顽劣，被刘子业称为"驴王"。桂阳王刘休范、巴陵王刘休若年纪还小，行动倒不怎么受限制。

刘子业曾经用木槽装饭，拌上杂食，把刘彧的衣服脱光，放到泥坑里，让他用嘴就着木槽吃饭，以此取乐。

他前后10多次想杀了三位叔父，幸亏刘休仁聪明，一次次阿谀奉承躲了过去。

少府刘矇的妾怀孕，临盆之前，刘子业命人把她接到后宫，如果生个男孩儿，就准备立为太子。

刘彧曾经违背圣旨，刘子业就让人脱光他的衣服，捆住手脚，用一根木棍把他抬着交付太官，说："今天杀猪。"

刘休仁笑着说："现在不能杀。"

刘子业问原因，刘休仁说："等皇子出生以后，再杀猪掏出肝肺。"

刘子业的怒意才消解，说："暂且交付廷尉。"刘彧次夜被放。

刘曚的妾生了一个男孩儿，刘子业就立他为皇子，下令大赦；有继承权的所有官员也都加赐一级爵位。

当时民间相传湘中要出天子，刘子业就准备南巡，加以压制。第二天早上，打算杀了刘彧之后再出发。

原告的时候，为了防止臣属谋害自己，刘子业杀了很多官员，因为直阁将军宗越、谭金、童太一、沈攸之等人勇猛，就收他们做了自己的爪牙，赏赐给他们的美女、金帛，家里都装不下。

宗越等人任职时间久了，大家都很害怕他们，他们也都为刘子业尽力。刘子业倚仗他们，更加肆无忌惮，朝廷内外人心骚动。左右的侍从卫士也都想背叛，因为害怕宗越等人而不敢轻举妄动。

刘彧等三王被幽禁的时间太长，想不出脱身的办法。刘彧的主衣阮佃夫、内监王道隆、学官令李道儿，和直阁将军柳光世及刘子业的侍从淳于文祖等人，商量发动政变谋杀刘子业。

刘子业由于要册封皇后，借调各王府宦官，其中包括刘彧的侍从钱蓝生。刘彧让钱蓝生暗中监视刘子业的一举一动。

在这之前，刘子业去华林园竹林堂游玩时，让宫女们脱掉衣服，相互追逐嬉戏，有一名宫女因抗令不遵而被杀。

当晚，刘子业梦见竹林堂有一个女子骂他，说："你惨无人道，明年麦熟之际就是你的死期。"刘子业就在宫里找了一个与梦中女子长相相像的宫女，把她杀了。

夜里，又梦到被杀的宫女骂他，说："我已经把你的恶行告诉玉皇大帝了！"巫师都说竹林堂里有鬼。

这一天的午后，刘子业走出华林园，左右跟着刘休仁、刘休祐和会稽公主，刘彧一人在秘书省，没有被征召，他愈发感到忧心害怕。

刘子业一直讨厌主衣寿寂之，看见他就浑身不舒服。阮佃夫把刺杀刘子业的计谋告诉了寿寂之和细铠主姜产之、细铠将王敬则、中书舍人戴明宝、外监典事朱幼等人，他们知道后一致赞同。朱幼提前安排一切，让钱蓝生秘密报告刘休仁、刘休祐。

这时，刘子业准备南巡，他的心腹宗越等人都回家为南巡做准备，华林阁守卫只剩下队主樊僧整。柳光世和樊僧整是同乡，柳光世暗中劝樊僧整参与谋杀，樊僧整答应了。整个行动总共只十几个人参与谋划。

阮佃夫害怕由于力量太小而导致行动失败，想再找些人，寿寂之说："谋划的人太多就会泄露，没有必要找那么多人。"

当天晚上，刘子业驱遣随身侍卫，和一群巫师、宫女共几百人，在竹林堂捉鬼。结束之后，正准备奏乐。寿寂之拔出刀，领头走进竹林堂，姜产之、淳于文祖等人相继跟在后面。

刘休仁听见动静之后，就对刘休祐说："开始了。"于是二人紧跟着跑到景阳山。

刘子业看见寿寂之过来，用弓箭射他，没有射中。宫女们四下逃散，刘子业边跑边呼救，寿寂之杀掉他并向卫士们宣布说："湘东王刘彧遵照太皇太后的旨意，除去暴君，现在天下已定。"刘彧于是被拥立为帝。

南齐书

萧道成建南齐

南齐建元元年（公元479年）三月初二，太傅萧道成被梁顺帝刘准任命为相国，统领百官，封给他10个郡，号齐公，赐九锡，他以前的官职仍然保留。

四月初一，齐公萧道成的爵位被刘准晋封为王，加封10个郡。

二十日，刘准下诏，退位，齐王继承帝位。

第二天，刘准理应朝见百官，但他躲到佛像的宝盖下面不肯出去。王敬则率领卫队到大殿前抬着板舆迎接刘准。太后害怕，亲自带着宦官找到刘准。王敬则把刘准从宝盖下劝说出来，带着他坐上板舆。刘准哭着对王敬则说："要杀了我吗？"

王敬则说："只是让你居住到外面的宫殿，你家也是这样取代了司马家。"

刘准哭着说："希望以后永远不要生在帝王家！"宫里的人都哭了。

刘准拍着王敬则的手说："假如一切顺利，就赏赐你10万钱。"

当天，百官陪坐，参加典礼。应该由值班侍中谢朏解下刘准身上的玺绶，然而他却装作不知道，问："有什么公事吗？"

有人传诏说:"把玺绶交给齐王。"

谢朏说:"我是宋的侍中,不是齐的侍中。"然后拉过枕头睡觉。

传诏的官员害怕,就让谢朏称病,预备找别人临时兼任。谢朏说:"我身体无恙,没必要这样说。"于是穿上官服,从东掖门出来,坐车回家。

最后让王俭担任侍中,解下了皇帝玺绶。

典礼结束后,刘准坐着四轮车,出东掖门,去往太子的府第。

刘准问:"今天怎么不演奏音乐?"左右无人回答。

右光禄大夫王琨此时抓着车上的獭尾失声痛哭,说:"人家都因为长寿而高兴,我却因为长寿而哀伤。就是因为不能早死,才频频看见这样的事情!"哽咽不能自已,百官都泪如雨下。

司空兼太保褚渊等人捧上玺绶,与百官齐往齐宫,请萧道成即位,萧道成辞让不受。

前任安成太守、褚渊的堂弟褚炤问褚渊的儿子褚贲:"今天司空去了哪里?"

褚贲说:"在齐宫大司马门奉玺绶。"

褚炤说:"我真不懂,你家司空为什么把一家的东西给另一家?"

二十三日,萧道成在建康南郊继位。回宫后大赦天下,改年号为建元。尊奉刘准为汝阴王,像当年刘宋对待晋恭帝那样优待他。

萧子响被逼冤死

南齐荆州刺史、巴东王萧子响,十分勇猛,善于骑射,爱好军事，亲自挑选随从侍卫60人，个个胆量与才干兼具。到任以后，多次在内宅设宴，用美食犒劳他们。又偷偷地做了锦袍、红袄，想与少数民族交换武器用。

长史刘寅、司马席恭穆联名，向武帝萧赜秘密报告。萧赜下诏，彻查此事。

萧子响听说有官员抵达，不见诏令，就召集刘寅、席恭穆和典签吴修之、魏景渊、咨议参军江愆等人，询问他们。刘寅等人保守秘密，没有作答。

吴修之说："既然皇上已经下诏，理应想办法瞒过去。"

魏景渊说："还是先调查清楚再说吧。"

萧子响震怒，把刘寅等8人抓起来关在后堂，全都处死，然后向萧赜做了详细报告。萧赜原本想赦免江愆，听说他们全都被处死，十分愤怒，让随王萧子隆任荆州刺史。

萧赜想派淮南太守戴僧静率军讨伐萧子响，戴僧静面谏道："巴东王年纪尚幼，长史刘寅等人过于着急，气愤之下没有考虑后果。天子的儿子因失误杀人，不算大罪！陛下忽然派大军西上，人们惊慌失措，场面容易失控。我不敢奉旨。"

萧赜没有回答，但心里认同他的说法。于是派卫尉胡谐之、中书舍人茹法亮和游击将军尹略率领内廷武士几百人前往江陵，调查逮捕那些作祟之人。下诏说："萧子响如果请罪认罚，自己返回建康，就没有性命之忧。"

胡谐之的副手平南内史张欣泰对胡谐之说："此次出征，取胜没有功名，失败则是奇耻大辱。萧子响聚集的那帮人凶狠狡诈，他们或者因为利益，或者迫于萧子响的威望听从他，肯定不会自动溃散。

"如果我们在夏口扎营，向他们讲清楚利害祸福，用不着交战,就可以俘获他们。"

胡谐之没有听从。

胡谐之等人率军抵达江津,在燕尾洲修筑营垒。

萧子响穿着便服登上城楼,屡次派使者告诉胡谐之,说:"作为儿子我不会反叛父亲,我不是叛臣,只是做事有欠考虑。我现在就只乘一条船返回京城,接受处罚;你们不必修筑营垒,劳神来抓我!"

尹略独自回答说:"我们不跟你这反叛父亲的人说话!"萧子响除了哭泣别无他法。

萧子响准备饭食,犒赏朝廷的大军,尹略把这些酒菜统统扔掉。

萧子响想见茹法亮,茹法亮胆怯犹豫不肯过去。萧子响又求见使者,茹法亮也不派使者前去;萧子响派去的使者也被关了起来。

萧子响十分恼怒,派他素日训练的勇士,把州、府士兵两千人聚集起来,由灵溪向西渡河。自己则率领100多人携带弓箭驻扎在长江江堤上。

第二天,双方交战,萧子响在江堤上用弓弩射击,打败了朝廷军队,尹略战死,胡谐之等人逃走。

萧赜又派丹杨尹萧顺之率军讨伐。萧子响当天率领便衣侍从30人,乘小船顺江而下,前往建康。

太子萧长懋向来就妒忌萧子响,萧顺之离开建康的时候,萧长懋悄悄告诉他,让他早点儿把萧子响杀了,不能让他活着回建康。萧子响见到萧顺之,想为自己解释,萧顺之没有答应,在演武堂用绳子把萧子响勒死了。

萧子响临死前,写信给萧赜说:"臣罪孽深重,理应甘心接受惩罚。您下诏派胡谐之等人来此，竟然不宣读圣旨，就树起大旗进入渡口，面对城池，在南岸筑营。

"臣多次派人送信，求与茹法亮便服相见，茹法亮始终不应。下面的人害怕，以致交战，这都因臣而起。

"臣于本月二十五日放下武器投降朝廷，希望回到京城住在家里一个月，然后自杀以谢罪，让齐代不会因为诛杀皇子而被人讥讽，我也不会因为背叛父亲而遭人诽谤。

"然而这个愿望实现不了，今天就要死了，临信哽咽，不知所云！"

很久以后，萧赜游览华林园，看见一只猿猴上蹿下跳，哀号悲鸣，询问侍从，侍从答道："它的孩子前天摔下悬崖死了。"萧赜想起了萧子响，因而悲伤欲绝，流下了眼泪。

萧赜严厉斥责茹法亮；萧顺之惭愧恐惧，生病而死。豫章王萧嶷上书，请求收葬萧子响，萧赜没有答应，追贬萧子响为鱼复侯。

萧子响被方镇指责为叛逆，兖州刺史垣荣祖却认为："这样说是不对的，应该说：'刘寅等人辜负皇上的恩德，逼迫巴东王，才导致现在的结果。'"萧赜反思，认为垣荣祖说得对。

萧鸾废黜萧昭业

齐永明十一年（公元493年），武帝萧赜去世，皇太孙萧昭业继位。临终之时，萧赜留下遗诏，让竟陵王萧子良辅政。萧子良向来宽仁博爱，不喜好处理政务，就向萧赜推荐西昌侯萧鸾，任命他为知尚书事，让他参与辅政。

第二年，萧子良因病去世。萧昭业即位后荒淫无道，萧鸾数次劝谏，萧昭业不仅不听，反而心生忌惮，想除掉萧鸾。

萧鸾与征南咨议萧坦之、卫尉萧谌、左仆射王晏、丹杨尹徐孝嗣等人商讨废掉萧昭业，另立新君。当时，萧昭业信任萧谌、萧坦之，王晏总领尚书事务。

萧昭业对萧坦之说："大家均说镇军将军萧鸾与王晏、萧谌想废黜我，说得有根有据，你听说了什么呢？"

萧坦之说："天下会有此等事情吗？谁闲来无事要废黜天子呢？朝中的大臣不会造这样的谣，不能相信！陛下如果无缘无故除掉他们三人，以后肯定会人人自危！"

直阁将军曹道刚怀疑情况有变，暗中安排布置，但没有实施。

当时，南阳太守萧颖基、始兴内史萧季敞都被调任朝廷，萧谌想借他们二人的力量一起发动。萧鸾担心情况有变，告诉了萧坦之。

萧坦之告诉萧谌说："废黜天子，在历史上这是天大的事情。最近听说曹道刚、朱隆之等人已经对我们有所怀疑，你如果明天还不行动，恐怕以后都没有机会了。我上有百岁老母，不能坐等灾祸降临，应该考虑长远。"萧谌很是惶恐，赶紧匆匆答应了。

七月二十日，萧鸾派萧谌先入宫，遇到曹道刚与中书舍人朱隆之，杀掉了他们。萧昭业的车后侍卫徐僧亮震怒，对众人大喊，说："我们蒙受皇恩，今天应该以死相报！"也被萧谌杀掉。

萧鸾带兵从尚书府进入云龙门，在铠甲外面穿上朝服，由于紧张，刚进宫门，鞋子就掉了三次。徐孝嗣、王晏、陈显达、萧坦之、沈文季、王广之等人紧随其后。

萧昭业正在寿昌殿，听说有人叛乱，还暗中写信叫萧谌来，又派人把内殿的门窗全部关闭。稍后，萧谌率领士兵进入寿昌殿，萧昭业匆忙跑到徐姬屋里，用剑自杀，但没有成功。萧谌用布帛裹好他的脖子，用轿子把他抬出延德殿。

萧谌刚进殿时，侍卫均拿起弓箭盾牌准备抵抗，萧谌对他们说："要杀的另有其人，不是皇上，你们不要乱动！"这些侍卫平时都归萧谌管理，对他的话都很相信。等到看见萧昭业出来，又准备反抗，萧昭业竟然没有出声。

萧谌走到延德殿西边的小道，杀掉了萧昭业，用轿子把尸体抬出宫，在徐龙驹的府第出殡，安葬规格一如帝王。徐姬和其他被萧昭业宠幸的嫔妃全部被杀。

萧鸾想假传太后懿旨，徐孝嗣从袖子里拿出提前准备好的递给他，萧鸾非常高兴。二十一日，萧鸾传太后懿旨追赠萧昭业为郁林王，贬何皇后为王妃，迎立新安王萧昭文为帝。

王晏居功被杀

南齐尚书令王晏在武帝时很得宠，明帝萧鸾谋划废黜萧昭业，王晏马上欣然赞同。萧昭业被废以后，萧鸾与王晏在东府宴饮，提及此事，王晏拍着手说："您常说我胆怯，现在不这样认为了吧？"

萧鸾即位，王晏认为自己辅佐新朝有功，妄自菲薄武帝做过的事情。在朝臣里他的地位最高，做事独断专行，把自己的亲信安插在朝中重要职位上，经常与萧鸾在用人方面争执。萧鸾因为正值用人之际，必须依赖王晏，但内心十分不喜欢他。

萧鸾曾经整理武帝的诏令文书，找到萧赜写给王晏的300多张谈论国家政事的敕书，又找到王晏劝谏萧赜不要让自己负责铨选的奏章，对王晏的讨厌猜忌更逾从前。

始安王萧遥光曾劝萧鸾杀了王晏，萧鸾说："王晏有功于我，而且并无过错。"

萧遥光说:"王晏对武帝都不忠心,更不会忠心于陛下了。"萧鸾没有说话。

萧鸾派遣心腹陈世范等人到大街小巷去收集关于王晏的传言。王晏为人轻率浅薄,毫无防备,想修建住宅,风水先生说会富贵临门。王晏与宾客说话的时候,喜欢屏退侍从。萧鸾得知后,怀疑王晏要谋反,就想杀掉他。

奉朝请鲜于文粲秘密上奏,说王晏要谋反。陈世范又上奏萧鸾,说:"王晏密谋趁南郊祭天之时,与武帝的主帅在道中起事。"正好有老虎闯进南郊祭坛,萧鸾愈发觉得恐惧。

郊祀前一天,萧鸾下令取消祭祀,派人通知王晏和徐孝嗣。徐孝嗣奉旨,王晏却说:"郊祀是大事,圣上必须亲自去。"萧鸾更加相信王晏要谋反了。

齐建武四年(公元497年)正月二十八日,萧鸾在华林省召见王晏,杀掉了他,传诏说王晏等人阴谋造反,想奉立河东王萧铉为君主。

萧昭业被废黜之前,王晏的堂弟、御史中丞王思远对王晏说:"兄长蒙受武帝恩德,现在帮助别人谋反,那个人也许只是暂时利用兄长,兄长将来会无立足之地。如果现在能自刎而死,还可以保全门户与英名。"

王晏说:"我正在喝粥,没有时间谈论这事。"

萧鸾即位后,任王晏为骠骑将军。王晏把家人召集到一起,对王思远的哥哥王思微说:"隆昌末年,思远劝我自刎,如果听从了他的建议,我怎么会有今天呢?"

王思远马上回答说:"如果听从小弟的建议,现在还为时不晚。"

王思远知道萧鸾表面上对王晏很优厚，但内心并不完全信任他，就找了个机会对王晏说："近来事情有些奇怪，兄长是否觉察？人们大多为别人谋划而忘了自己。"王晏没有说话。

王思远走后，王晏感叹道："世上竟有劝人死的人。"

10天之后，王晏被杀。萧鸾听说了王思远对王晏的劝告，不但没有治他的罪，还升任他为侍中。

王晏的表弟阮孝绪也认为王晏一定会败亡，王晏几次到他家去，他都避而不见。曾经吃酱觉得味道很好，问了以后知道是从王晏家拿来的，阮孝绪马上把酱扔掉，吃到嘴里的也吐了出来。等到王晏被杀以后，人们都为他担心恐惧，他说："我们只是亲戚不是同谋，没必要害怕。"后来果然没事。

傅永文武双全

南齐将军赵公政、鲁康祚率领军队一万人攻掠北魏太仓口，北魏豫州刺史王肃命令长史傅永率领士兵3000人前去袭击。

赵公政、鲁康祚驻扎在淮水南岸，傅永驻扎在淮水北岸，双方相去十几里。

傅永对部下说："南方人偏好夜间攻营，他们必定会在水浅渡河的地方放置火把来标明。"

夜里，傅永把军队分成两部，在军营外面埋伏。又派人偷偷渡到南岸，用大瓢装满易燃物，放在水深的地方，叮嘱部下说："火起的时候点燃它。"

鲁康祚等人果然率领士兵夜袭傅永的军营。被傅永的伏兵左右夹击，鲁康祚等人逃走，渡过淮河撤退。结果火光竟相亮起，鲁康祚的士兵分不清哪里水深哪里水浅，淹死的和被斩首的达数千人。 傅永活捉了赵公政，找到鲁康祚的尸体，班师回朝。

南齐豫州刺史裴叔业率手下王茂先、李定入侵北魏楚王戍，傅永受命袭击他。 傅永只带了一名心腹，骑马去到楚王戍，刚赶到就让守兵填平外面的壕沟，夜里又让千余士兵埋伏城外。

破晓时分，裴叔业率领军队抵达城东，安排部署，准备围攻。后面的军队被傅永的伏兵突袭打败。 裴叔业留下将领驻守军营，亲率精兵前去救援。

傅永登上城楼，发现裴叔业已经南行数里，就命令打开城门全力出击，打败了他们，缴获裴叔业的器物1万多件。 裴叔业进退两难，只好逃走。

手下的人想乘胜追击，傅永说："我们的兵力不足3000人，他们兵力强盛，不是力量不足，是中了我的计而失败。 他们既然不知道我们的虚实，已经把他们吓破胆了。 我们俘获了这些，已经非常之多，不必追击了。"

北魏孝文帝派遣谒者任命傅永为安远将军、汝南太守，封为贝丘县男。 傅永文武双全，孝文帝经常感叹地说："上马能击贼，下马能写文章，只有傅永啊！"

王敬则谋反

南齐明帝的时候，大司马、会稽太守王敬则身为高帝、武帝两朝旧将，内心十分不平衡。 明帝萧鸾虽然表面上对他恩宠有加，但心里却猜疑提防他，多次询问他的饮食起居状况。 听说他年事已高，身体衰弱，又待在内地，才稍微放宽心。

萧鸾的病情几次加重，于是在东方安置兵力，暗中提防王敬则。 谣言传遍朝廷内外，又将有大事发生了。

王敬则听说后，暗地里说："东边现在只有我，只是想除掉我而已。我怎么会是那么容易就能除掉的？我到底不会接受他的毒酒。"

一天夜里，他与手下的官员玩赌博，对大家说："我该怎么做？"无人敢先发言。防阁丁兴怀说："您应该起事。"王敬则没有回答。

次日清晨，王敬则召见台传御史钟离祖愿、山阴令王询，把刀横着跪坐在席上，问祖愿、王询两人说："如果发兵可以召集多少人？府库里还有多少钱财器物？"

王询说："情急之下没有多少人可以召集起来。"祖愿说："府库里没有多少钱财。"王敬则非常生气，打算把他们二人拉出去斩首。

王公林劝谏说："别的事都能反悔，唯独这件事不能反悔。您为什么不再三思虑一下呢？"

王敬则唾了王公林一脸口水，说："我做的事情，与你小子无关！"于是举兵谋反，召集兵力，分配战服，两三天后就出发了。

前任中书令何胤，辞官隐居若邪山，王敬则想胁迫他任尚书令。长史王弄璋等人劝言说："何大人清高隐居，一定不会顺从，那样的话只能杀了他。但是做大事先杀有名的贤士，一定失败。"王敬则只能作罢。

王敬则亲自率领甲兵1万人渡过钱塘江，张瓌派遣兵力3000在松江拦阻。这些士兵胆小如鼠，被王敬则的战鼓声吓得四下逃散，张瓌只好抛弃郡署，躲进民间。

王敬则以前朝旧将的身份起兵，百姓带着家当纷纷前来投奔，追随他的有十几万人。到达晋陵，南沙人范修化杀了县令公上延孙响应王敬则。经过武进高帝陵墓所在的陵口，王敬则触景生情，痛哭而过。

曲阿县令乌程人丘仲孚，在王敬则的前锋部队刚刚抵达时，就对手下的官吏百姓说："敌人现在乘势而来，气势很盛，但只是乌合之众，坚持不了多久。现在如果把船舰收起来，挖开长冈水坝，把河水放掉，阻拦他们前进的道路，如果能阻挡他们几天，朝廷的军队就会到了，这样一定能取得成功。"王敬则的军队抵达后，因为河渠干涸，前进的道路受阻。

五月，萧鸾下诏命令前军司马左兴盛、后军将军崔恭祖、龙骧将军马军主胡松、辅国将军刘山阳在曲阿长冈修筑营垒。任右仆射沈文季为持节都督驻兵湖头，防守进京之路。

王敬则进攻刘山阳、左兴盛，朝廷的军队抵挡不住，准备撤退，但是没有办法突围，只能死战。胡松率领骑兵从背后进攻王敬则的军队，百姓手里没有武器，都惊慌失措，四下逃散。

王敬则的军队大败，王敬则连一匹能继续战斗的马都找不到，被崔恭祖刺中倒在地上，被左兴盛手下的军容袁文旷斩杀。初五，王敬则的首级被送到建康。

当时，萧鸾已经病入膏肓，王敬则突然在东边起兵，震惊朝廷。太子萧宝卷让人爬上屋顶，看见征虏亭失火，以为是王敬则到了，吓得赶紧想办法逃走。

王敬则听说后，非常高兴，说："檀公三十六策，走为上策，估计你们父子也只有如此了。"所谓"檀公三十六策，走为上策"，在当时被用来讥讽檀道济躲避北魏军队。王敬则来势汹汹，声势浩大，但没过多久就失败了。

梁 书

萧衍篡位建梁

南齐大司马萧衍拥立和帝萧宝融，讨伐东昏侯萧宝卷，平定天下，立下赫赫大功。萧衍占领建康，迎接宣德太后进宫临朝听政，行使皇帝职权。

萧衍与南清河太守沈约、黄门侍郎范云，曾经一起在竟陵王西官邸共事，关系非同一般。当上大司马后，萧衍任命范云为咨议参军、领录事，沈约担任骠骑司马，一起谋划各项大事。

萧衍内心想受禅为帝，沈约稍稍挑明，萧衍没有表态。某日，沈约又向萧衍进言说："现在不同于古代，不能期望还有淳朴的古风，士大夫们都攀龙附凤，忙着争功。现在连小孩儿牧童都知道齐命数已尽，明公应当继承它的国运。天意如此，不可违背，人心不能失去。既是天意，即使想要谦让，也是行不通的。"萧衍说："我正在考虑。"

沈约又说："明公在樊、沔起兵之时应该考虑，现在王业已成，无须考虑。如果不早点儿定下大业，万一有人心生异心，就会损害您的威德。何况人又不能像金石一样坚定不移；风云变幻，怎么能把建安郡公的封爵留给子孙？一旦皇帝返回京城，公卿各司其职，那么君臣的名分确定，人们就不会再有异心。君主圣明，群臣忠于职守，怎么还会有人再起来反叛呢？"

萧衍非常赞同。 沈约出去后，萧衍召见范云，告诉了他这件事，范云的看法与沈约不谋而合，萧衍说："英雄所见略同。 你明天早上和沈休文一同再来。"范云出去后告诉了沈约，沈约说："你务必要等我！"范云答应了。 但是次日沈约却提前到达，萧衍让他起草登基诏书，沈约从怀里取出提前写好的诏书和人事安排的名单，萧衍全部同意。 稍后，范云从外边来，到了殿门口，卫士不让进去，又没见到沈约，只好在寿光阁外等候，感觉非常惊奇。 沈约出来后，范云问他："如何安排我的？"

沈约举手表示安排范云为尚书左仆射，范云笑着说："与我期待的一样。"

稍后，萧衍召范云进去，赞叹沈约的才华横溢，并且说："我起兵距今3年了，功臣将领的确出了不少力气，但你们二人帮我成就了帝业。"

梁天监元年（公元502年）正月，宣德太后下诏加封萧衍为梁公，封地十郡，加赐九锡。 二月，又晋封为梁王，加十郡封地。

四月，宣德太后下旨，南齐皇帝决定效法刘宋，将帝位禅让给梁王萧衍。 随即颁下策书，派人把皇帝玺绶，送到梁王宫殿进奉梁王。 萧衍接受，在南郊继位，梁朝正式取代南齐。

萧宝夤逃奔北魏

梁王萧衍打算谋害南齐各藩王，但还没有那么急迫。 鄱阳王萧宝夤家里的宦官颜文智和亲信麻拱等人暗中策划，夜里挖开墙壁，把萧宝夤偷偷送了出去，在长江岸边为他准备了一只小船。 萧宝夤乔装打扮，腰里系着1000多钱，悄悄跑到江边，两只穿着草鞋的脚全都磨破了。

看管的人第二天白天才发现，赶紧去追赶。 萧宝夤化装成渔民，和追赶的人在江里并舟而行，行了很长一段路，追赶的人也没有发现。 追赶的人离开之后，萧宝夤就渡到西岸，投奔到百姓华文荣家。

华文荣和他的同族人华天龙、华惠连抛家弃业，带着萧宝夤逃往深山；然后给他租了一匹毛驴，白天躲藏，夜里赶路，最后到了寿阳的东城。

北魏戍主杜元伦快马加鞭去报告扬州刺史、任城王元澄，元澄热烈迎接萧宝夤。 萧宝夤当时年方16岁，由于徒步赶路，非常憔悴，见到他的人还以为是被掠卖的人口。

元澄像对待客人一样对待他，萧宝夤请求用为皇帝守丧的生麻布做丧服，元澄派人劝说了他一番，给他准备了为兄长守丧穿的熟麻布做的丧服。

元澄率领手下的官吏前往凭吊，萧宝夤的一举一动守礼知节，就像为君父服丧一样。 在寿阳的南齐的旧人都来凭吊，因为夏侯详跟从了萧衍，所以夏侯一族没有人来。 元澄非常器重萧宝夤。

高欢有远见

梁天监十八年（公元519年），北魏征西将军张彝的二儿子张仲瑀上书，请求修订选官条例，限制把武将列入士大夫。 于是到处充斥了抗议声，大家在街上张榜，约定时间屠害张家。 张彝父子泰然自若，全然不放在心上。

二月二十日，羽林、虎贲将士将近1000人，全部到尚书省闹事，到处找张仲瑀的哥哥左民郎中张始均，找不到，就用瓦片、石头砸尚书省的大门。 尚书省的上下官吏均非常恐惧，无人敢阻挡。

这些武士又拿火把点燃路边的蒿草，拿着石头、木棍，直奔张家府第，把张彝拖到堂下，暴揍一顿，纵情发泄一番，还烧了他的房屋。

张始均翻墙逃走，又回来替父亲向他们求饶。这些人趁机殴打他，把他扔到火里。张仲瑀受重伤逃走了，张彝被打得第二天晚上就气绝身亡。

远近的人都既震惊又害怕。胡太后仅仅抓了羽林、虎贲将士里最凶恶的8个人，将他们处死，其余的人一概不究。二十五日，宣布大赦，安抚他们，下诏宣布武将可以入选士大夫。有见识的人都知道北魏国将不国了。

当初，燕国的燕郡太守高湖逃到北魏国，他的儿子高谧曾担任北魏侍御史，因罪被流放到怀朔镇，世代居住在北部边境，逐渐鲜卑化了。高谧的孙子高欢，沉稳而且志向远大，一贫如洗，给人做奴隶。有钱人娄氏的女儿看到他，觉得他不是一般的人，就嫁给了他。高欢因此才有了马匹，在镇上做了信使。

高欢在洛阳看到张彝被打死，回家后就散尽家财广结宾客。有人问他何故，高欢说："宫里的卫兵纠合起来，焚烧大臣的府第，连朝廷都因为害怕他们而不敢管。政治到了这个地步，事情已经显而易见。"

崔延伯马革裹尸

北魏莫折大提造反，莫折大提去世后，一子莫折念生自称天子，另一子莫折天生驻扎黑水，势力强大。

梁普通六年（公元525年），岐州刺史崔延伯被北魏任命为征西将军、西道都督，率领5万大军讨伐莫折天生。

崔延伯与行台萧宝夤驻军在马嵬。崔延伯向来骁勇善战，萧宝夤催促他出战，崔延伯说："明天一早出战摸清对方底气。"

于是挑选精兵数千名，向西渡过黑水，直奔莫折天生的军营。萧宝夤作为后援驻扎在黑水东岸。崔延伯直接抵达莫折天生的军营前，并不交战，只是向对方展示军威，然后率领士兵从容返回。

莫折天生的军队看到崔延伯的士兵很少，争先恐后打开营门，一路追击，人数10倍于崔延伯的军队，把崔延伯逼到河边，萧宝夤见了，惊得脸色大变。

崔延伯亲自殿后，避免与敌军交战，让手下的士兵先渡河，军容整齐，莫折天生的士兵不敢贸然进攻。

一会儿，队伍全部渡过河后，崔延伯才从容不迫地渡河，莫折天生的士兵也撤回了。

萧宝夤大喜，说："崔君的勇敢，胜过关、张二人。"

崔延伯说："这些贼子岂是我的对手？明公尽管安稳地坐着，看老夫怎样把他们打得落花流水。"

正月初八，崔延伯率领军队向敌军进发，萧宝夤领兵跟在后面。莫折天生全军出动，崔延伯身先士卒，先打败敌军的前锋部队，将士锐不可当，大败敌军，俘虏、斩首了十几万人，一直追击到小陇。岐、雍以及陇东地区遂告平定。

敕勒酋长胡琛造反，占据高平为王。胡琛派大将宿勤明达、万俟丑奴等人入侵北魏泾州，将军伊甕生、卢祖迁前往讨伐没有成功。

四月，萧宝夤、崔延伯打败莫折天生之后，率领军队在安定与卢祖迁会合，总计士兵12万、战马8000匹，兵强马壮。万俟丑奴驻扎在安定西北7里处，时常派轻骑挑战，不等大部队交锋便已溜走。

　　崔延伯凭借着勇敢与新近战功，提议担任前锋去进攻。崔延伯另外造了大盾，里面安上锁柱，让壮士抬着前进，把辎重放在里面，士兵在外面，前往敌营。

　　交战在即，有几百名骑兵拿着信件、诈降的名单前来，请求暂时停战。

　　崔延伯、萧宝夤还没有顾得上查看，宿勤明达率领军队从东北方抵达，那些诈降的骑兵却从西边冲下来，从背后大举进攻。

　　崔延伯跳上马全力攻击，向北一直追到敌人营垒。因为敌人全是骑兵，崔延伯骑兵与步兵结合，交战时间一长，兵马疲惫，敌人趁机冲进排城。

　　崔延伯大败，死伤近两万人。萧宝夤聚集残余，退守安定。

　　崔延伯无法忍兵败之耻，厉兵秣马，招募骁勇的士兵，又从安定向西进发，在距离敌人军营7里远的地方安营扎寨。

　　十八日，崔延伯没有报告萧宝夤，就单独向敌军进发，大败敌军，没多久，敌人的几座栅围就被夷平。敌人看见崔延伯的将士只顾争抢财物，乱作一团，又趁机杀了回来，魏军大败，崔延伯身中流箭阵亡，士兵战死1万多人。

贺拔岳平万俟丑奴

　　万俟丑奴侵扰关中，北魏尔朱荣派遣武卫将军贺拔岳前往讨伐。贺拔岳暗地里对他的哥哥贺拔胜说："万俟丑奴是强敌，假使不能取胜就会获罪；如果胜了，又会招惹嫉妒谗言。"

　　贺拔胜说："那该如何是好？"

　　贺拔岳说："希望由一位尔朱氏的人做统帅，我做副手。"

贺拔胜告诉了尔朱荣，尔朱荣非常开心，就任命尔朱天光为使持节、都督二雍二岐诸军事、骠骑大将军、雍州刺史，任命贺拔岳为左大都督，征西将军侯莫陈悦为右大都督；俩人一起辅佐尔朱天光，讨伐万俟丑奴。

尔朱天光出发之际，仅仅配备了 1000 名士兵，沿途征发洛阳以西百姓的马匹作为补给。当时道路被赤水蜀地的叛贼截断，朝廷命令侍中杨侃先去招降抚慰，并征集他们的马匹。叛贼首领一时拿不定主意。

北魏军队到达潼关，尔朱天光不敢继续前进，贺拔岳说："蜀地的叛贼根本不值一提，您还要迟疑不进，如果遇到真正的强敌，该如何应战呢？"

尔朱天光说："现在的事情，我授权一切由你做决定。"

贺拔岳于是进攻渭水北岸的蜀贼，把他们打败，缴获战马两千匹，挑选当中优良的补充魏军，又征集百姓的马匹总计 1 万多匹。

因为士兵人数依然不多，部队再次停止前进。尔朱荣大怒，派骑兵参军刘贵快马加鞭赶到军营，责怪尔朱天光，杖责 100，又增派士兵 2000 人。

三月，万俟丑奴亲自率领军队包围了岐州，派仆射万俟件、大行台尉迟菩萨由武功南渡渭水，围攻北魏军营。尔朱天光派贺拔岳率领 1000 骑兵前去援救，尉迟菩萨已经得胜返回，贺拔岳蓄意杀害万俟丑奴的官吏，掠夺他的百姓以激怒他，但尉迟菩萨已经率领两万步兵和骑兵返回渭水北岸。

贺拔岳带领数十名骑兵在渭河南岸与隔河对峙的尉迟菩萨说话，盛赞北魏的国威。尉迟菩萨派使者传话，贺拔岳愤怒地说："我跟尉迟菩萨说话，你有什么资格传话！"用箭把他射杀。

次日，贺拔岳又带领 100 余名骑兵隔河跟敌军说话，一步一步把敌军引到东边，到了水浅能够渡河的地方，贺拔岳马上骑马向东边跑，敌军误以为贺拔岳要逃跑，就舍弃步兵，派骑兵渡过渭水追击。

贺拔岳沿着横冈埋伏好士兵，等敌军一半人马刚渡过冈东，贺拔岳回头痛击，大败敌军。贺拔岳下令，下了马的士兵不杀，敌军于是纷纷跳下马，如此迅速俘虏了3000人，连马匹一并俘获，最后还擒获了尉迟菩萨。

于是北魏军队渡过渭水，1万余步兵归降，把敌军辎重也一并缴获。万俟丑奴听说后，放弃岐州，北逃到安定，在平亭扎营。尔朱天光此时才从雍州抵达岐州，与贺拔岳会合。

四月，尔朱天光的军队抵达汧水和渭水之间，停止作战，安营扎寨，喂养战马，宣称："天气将要炎热，不能行军，等到天凉了以后，再决定进军还是撤退。"北魏军队俘虏了万俟丑奴的侦察兵，又故意放了他。

万俟丑奴相信侦察兵的话，就解散军队，让士兵在细川耕作，派遣太尉侯伏侯元进率领5000名士兵依据险要地势设立营栅，还有许多营栅人数少于1000。

尔朱天光得到万俟丑奴兵力分散的消息后，于傍晚时分秘密地命令各支部队，让他们先后出发。黎明，围攻侯伏侯元进的大栅，大败之。驾拔岳再次命令把俘虏的士兵全部释放，其他各营栅听说后，全部投降。

尔朱天光连夜赶路，抵达安定城下，万俟丑奴的泾州刺史侯几长贵献出城池投降。万俟丑奴从平亭城出逃，想逃奔高平城，尔朱天光派贺拔岳乘胜追击。

二十二日，贺拔岳在平凉追上敌军。敌军还没来得及布阵，直阁侯莫陈崇独自快马冲上前去活捉了万俟丑奴，并呐喊助威。

敌军望而生畏，无人敢阻拦。 北魏的后续骑兵也相继赶到，敌军士气崩溃，溃不成军。 万俟丑奴被押送到洛阳，斩首示众。

王僧辩守巴陵

梁大宝二年（公元551年）四月，湘东王萧绎任命王僧辩为大都督，并让淳于量、杜龛、王琳、裴之横等人东进攻打侯景，自徐文盛以下将领都由王僧辩指挥调度。

初五，王僧辩等人率兵前往巴陵，听说郢州已经被攻陷，就留守巴陵。 萧绎给王僧辩写信，说："敌军肯定会乘势西下。 我们无须远道攻击，只要驻守巴陵，以逸待劳，不必担心打不败他们。"

萧绎又对身边的僚属们说："如果敌军分水陆两路直取江陵，这是上策；占据夏首，休养士兵，储蓄粮草，这是中策；全力攻击巴陵，这是下策。 巴陵城池虽小，但很坚固，王僧辩完全可以守住。 侯景进攻无法攻克，也没有东西可掠夺，酷暑瘟疫不时发生，粮草用尽，士兵疲惫，我们一定能胜利！"于是命令罗州刺史徐嗣徽从岳阳出发、武州刺史杜崱从武陵出发，支援王僧辩。 侯景派丁和率领士兵5000人据守夏首，宋子仙率领士兵1万人为先锋部队，进军巴陵。 另外派任约直指江陵，水陆大军则由自己亲自统率。 自此，萧绎手下沿着长江防御的士兵，望风归降。 侯景把巡逻的范围扩大到隐矶。 王僧辩据城固守，并藏起来军旗，不许敲响战鼓，大摆"空城计"。

十九日，侯景的军队渡过长江，侯景派骑兵前去询问："谁驻守城里？"

回答说："王领军。"

问:"还不投降吗?"

王僧辩说:"大军尽管进军荆州,巴陵城不值得一提。"骑兵离去。 没过多久,侯景派人押着王珣等人到城下,想以此诱降王琳。 王琳说:"兄长接受命令讨伐叛贼,不能以死解救危难,难道不内疚吗? 反而想诱我投降?"拿过弓箭射他,王珣很羞愧。

侯景让士兵分成上百列赤膊攻城,城里的战鼓声和呐喊声震天动地,弓箭飞石漫天乱舞。 侯景手下的士兵死了很多,只好撤退。

王僧辩派骑兵出去交战,十几次都赢了。

侯景穿着铠甲督战,王僧辩佩戴印绶,坐着轿子,奏着鼓乐,在城池上巡视。 侯景望见,对他的胆识十分佩服。

五月,萧绎派武猛将军胡僧祐率军援救巴陵,到达湘浦时,侯景派 5000 精兵由任约指挥迎击。 胡僧祐避开任约,由别的道路前进,任约率军不停追赶。 胡僧祐把军队带到赤沙亭,正好信州刺史陆法和也增援过来,两路兵马会师。

六月初,胡僧祐、陆法和将随后追到的任约军队打得大败,还捉住了任约,解送到江陵。

侯景包围巴陵城以后,日夜不停地攻打,一直攻不下来。 军粮消耗殆尽,又染上了瘟疫,士兵死伤了一大半,听说任约被打败,就烧掉营帐,连夜直接跑了。

陈霸先袭杀王僧辩

王僧辩和陈霸先一起消灭了侯景,两人之间的私交很不错。王僧辩为儿子王颁迎娶陈霸先的女儿,正逢上王僧辩的母亲去世,没能成婚。 王僧辩居住在石头城,京口由陈霸先驻守,王僧辩对他十分信任，王颁的哥哥王顗屡次劝说提醒他提防陈霸先，王僧辩都听不进去。

梁绍泰元年（公元555年），北齐胁迫王僧辩，迎立投降北齐的贞阳侯萧渊明为帝。陈霸先派使者苦苦劝阻，使者先后去了好几趟，王僧辩不听。陈霸先私下感叹，对他的亲信说："武帝的子孙很多，只有孝元帝萧绎能为祖宗报仇雪耻。他的儿子没有罪过却被废，我和王公僧辩一起接受先帝托孤，然而王僧辩改弦更张，对外依附戎狄，随意立天子，他到底想干什么呢？"于是秘密地准备了几千件战袍和丝帛金银等，以做赏赐之用。八月，有报告说北齐大军准备南下进犯。王僧辩派记室江旰通知陈霸先，让他布置防备。陈霸先于是把江旰扣留在京口，举兵进攻王僧辩。九月二十五日，陈霸先秘密召集部将，设下计划，当天夜里即率领各军出发。了解这件事情的人只有侯安都等四位将领，其他人都以为是江旰来征调兵马抵御北齐，所以对军队出发丝毫不感到奇怪。二十七日，侯安都准备先攻石头，陈犹豫不决。侯安都大为惊恐，追上陈霸先骂他说："现在造反已成定局，生死必须做个决断，你留在后面还想什么？如果失败，我们都得死，落在后面难道就能免死吗？"陈霸先说："侯安都责怪我！"于是进发。

侯安都弃船上岸，攻到石头城北。石头城北连接着山丘高陵，不算太险峻。侯安都穿着铠甲，拿着长刀，让士兵把他抬起来扔到城墙里，部众随即跟着进去，一直闯进王僧辩的卧室；这时陈霸先的部队也已攻进南门。王僧辩正在处理公事，外面报告说有士兵。过了一会儿，里面也有士兵出来，王僧辩与儿子王颁一起，带领左右侍卫几十人在议事厅前苦战，抵挡不住，逃到南门楼上，跪拜请求哀怜。陈霸先以放火要挟，王僧辩和王颁只好下楼做俘虏。陈霸先说："我有错吗，你想和北齐军队讨伐我？"又问,"你为什么一点儿也不布置防备?"王僧辩争辩说:"你不是驻守北门吗?"当天夜里,陈霸先吊死了王僧辩父子。但后来齐军始终没有出现,可见起兵之事也并不全是陈霸先的诡计。

二十八日,陈霸先写了檄文,布告中外,将王僧辩的罪状公布,还说:"我要讨伐的只是王僧辩父子兄弟,与其余人毫无关系。"二十九日,萧渊明退位,出宫返回自己的府第。百官上表晋安王萧方智,劝他做皇帝。十月初二,萧方智即皇帝位,是为梁敬帝。

陈 书

陈顼独揽大权

陈天康元年（公元566年），文帝陈蒨因病去世，继承皇位的是太子陈伯宗。陈蒨去世前留下遗诏，命中书舍人刘师知、安成王陈顼、尚书仆射到仲举共同辅佐新皇帝。

陈光大元年（公元567年）二月，刘师知看到陈顼的地位、名望、权势受到朝廷上下瞩目，心里非常嫉妒，和尚书左丞王暹等人谋划，想把陈顼从尚书省踢出。大家都徘徊不前，没人敢先有举动。

东宫通事舍人殷不佞，向来看重自己的名望气节，又受先皇委托，于是跑到尚书省，假传太后的敕令，对陈顼说："当前社会稳定，安成王可以返回自己的东府管理州郡事务。"

陈顼正准备出发，中记室毛喜骑马赶来进见，对陈顼说："陈朝初得天下，国家丧事不断，朝廷内外人心未定。太后深思熟虑，才决定让您进尚书省，共同参与朝政。

"今天殷不佞说的，肯定只是他个人的看法。社稷重任在，希望您多加考虑。应当向朝廷奏明，不要让奸邪小人得势。现在你离开尚书省，就会受制于人，到时像曹爽那样，哪怕只想做个富翁，也没可能了。"

陈顼于是派遣毛喜和领军将军吴明彻筹划，吴明彻说："新皇帝还穿着丧服，平时的政务繁多，殿下与皇室亲如周公、召公，应该辅弼新皇以使社稷安稳，希望殿下留下，不要犹疑。"

因此陈顼以生病为由，召刘师知进见，把他留下谈话。又派毛喜进宫禀报太后。太后说："现在伯宗皇帝年纪尚幼，国家大事都委托给二郎陈顼。殿不佞假传我的懿旨。"

毛喜又去向皇帝禀报这件事，陈伯宗说："这是刘师知他们自己干的，朕也不知道这件事。"

毛喜出宫，向陈顼汇报了这些情况。陈顼于是囚禁刘师知，亲自入宫进见太后与皇帝，详细报告刘师知的罪过，草拟了敕令，请皇帝御批，把刘师知交付廷尉。当天夜里，便赐刘师知狱中自尽。

陈顼又任命到仲举为金紫光禄大夫。王暹、殷不佞等人交由司法部门处理。从此以后国家政权全部让陈顼掌管。

右卫将军韩子高镇守领军府，在建康的众多将校中，他是军事实力最强的人，曾经与到仲举密谋，但无人知晓。毛喜请求陈顼选派兵马给韩子高，并把铁和木炭赐给他，让他整修兵器、盔甲。陈顼惊讶地说："韩子高想要谋反，应该让他住监狱，为什么反而这样做？"

毛喜说："先帝的陵墓刚刚完成，盗贼还在边境猖獗，韩子高受前朝的委任，如果逮捕他，恐怕不但不能斩杀，还可能诱发动乱。应该对他亲近安抚，让他不起疑心，找机会再解决他。到那时，只需一个壮士就足够了。"陈顼对这些建议很认同。

到仲举被罢除官职，返回府第，心中惶恐。他的儿子到郁，娶了文帝的妹妹信义长公主，被授予南康内史的官职，但并未去做官。

韩子高自己也意识到身临险境，请求调离京城，前去镇守衡、广等地。到郁总是坐着小轿，穿戴妇女的衣服去与韩子高密议。

恰好前上虞令陆昉和韩子高的主将揭发韩子高有谋反的行迹，当时陈顼正在尚书省召集文武百官商议册立皇太子的事。清晨，到仲举、韩子高到尚书省，一齐被抓获，与到郁共同交付廷尉，下诏在监狱里赐死，其余的党羽概不追究。

第二年近年底，陈顼以太皇太后的命令诬告废帝陈伯宗，说他与刘师知、华皎等人串通合谋，还说："当年文皇帝并不想让儿子继位，就像唐尧那样；而传位给弟弟的心意，则能与泰伯相比。现在应当重申文皇帝过去的意愿，再找另一个圣明的君主。"

于是让陈顼为帝，是为陈宣帝；而把陈伯宗废为临海王。当初始兴王陈伯茂因为陈顼独揽朝政，非常不满，经常出言不逊。陈顼即位后，就下令把陈伯茂贬为温麻侯，安置在京城六门之外的别馆，又让强盗在去别馆的路上拦截，在车里杀了他，死时年仅18岁。

高俨诛杀和士开

北齐太保、琅邪王高俨因为和士开、穆提婆等人专横跋扈、骄奢淫逸，非常不满。

和士开、穆提婆都说："琅邪王神采奕奕，人未走近便觉英气逼人；平时跟他稍稍面对，就紧张得全身冒汗。我们进见天子，当面奏事也不会这样。"因此非常忌恨他，所以把他调到北宫，五天上朝一次，不让他随时能够见到太后。

陈太建三年（公元571年）四月，高俨被任命为太保，并且他的其他官职不予保留，不过仍然担任御史中丞和京畿大都督。和士开等人因为北城有武器库，就想把高俨调到城外，然后夺取他的兵权。

治书侍御史王子宜会同高俨的助手开府仪同三司高舍洛、中常侍刘辟强一起对高俨进行劝谏，说："殿下被疏远，在中间作梗的是和士开，您怎么能离开北宫住到民间去呢？"

高俨对侍中冯子琮说："和士开罪大恶极，我该怎么把他除去呢？"而冯子琮心里想的是废黜后主高纬而立高俨为帝，就趁机劝说高俨除掉和士开。

高俨让王子宜上表弹劾和士开，并要求对他进行逮捕询问。冯子琮把这份奏表夹杂在其他文书里一起上奏，高纬没有认真翻阅就批准了。

高俨骗领军库狄伏连说："奉皇上旨意，命令领军将和士开逮捕归案。"

库狄伏连告诉了冯子琮，让他再上奏一次，冯子琮说："琅玡王已经接到敕令，不用再上奏皇帝了。"库狄伏连相信了他，让京畿士兵在神虎门外埋伏，并告诫守门的卫士不要让和士开进入。

七月二十五日清晨，和士开和平常一样进宫早朝，库狄伏连上前拉住他的手说："今天有一件大好的事情。"

王子宜把一封信放在和士开手里，说："皇上有令，让你去台省见他。"又派卫士护送他。高俨让都督冯永洛在台省杀了和士开。

高俨本来只想杀和士开，他的同党却对他劝谏说："事已至此，不能中途停止。"高俨于是率领京畿士兵3000多人驻扎在千秋门。

高纬派刘桃枝带领禁兵80名召高俨朝见，刘桃枝远远地就向高俨跪拜，高俨下令把他反绑起来，扬言要杀了他，禁兵四散而逃。

高纬又派冯子琮召见高俨，高俨推辞说："和士开犯下的罪过罄竹难书，阴谋废黜天子，让亲生母亲出家做了尼姑，臣因此才假称陛下的诏令诛杀他。兄长如果要杀我，我不敢反抗；如果能饶过我，希望派姐姐来找我，臣立刻去进见陛下。"

所谓姐姐，说的是高纬的乳母、穆提婆的母亲陆令萱，她以小皇帝乳母的特殊身份和本身强烈的权力欲望，在身边聚集了一帮无耻小人供她驱使，做尽了坏事。高俨本想也趁机杀了她。陆令萱拿着刀躲在高纬背后，听到高俨的话，吓得浑身发抖。

高纬又派韩长鸾召见高俨，高俨准备进宫，刘辟强拉着他的衣服劝他说："假如不杀掉穆提婆母子，殿下就去不得。"

广宁王高孝珩、安德王高延宗从西边过来，说："为什么去不得？"

刘辟强说："兵少。"

高延宗看着大家说："孝昭帝只有80个人便杀了杨遵彦。现在有几千人，怎么还说少？"

高纬哭着对太后说："有缘自当再见，母亲，无缘就永别了！"于是急忙召见右丞相斛律光，高俨也召见斛律光。

斛律光听说和士开被高俨杀了，抚掌大笑，说："龙子的作为，自然不同一般人！"于是入宫，在长巷进见高纬。

高纬带领在宫中宿卫的步、骑兵共400人，身披铠甲及战刀来迎接高俨，斛律光说："小孩子动干戈，战斗起来会很混乱。俗话说：'奴才见了皇帝，心就死了。'陛下应当亲自前往千秋门，琅玡王肯定便没动静了。"高纬听从了。斛律光走在前面带路，让人走出队伍大喊："天子来了。"高俨的属下都吓得逃走了。

高纬在桥上勒住马，远远地叫高俨，高俨在原地站着不动，斛律光劝他："天子的兄弟杀一个奴才，有什么了不起的？"于是硬拉着他的手往前走。

斛律光向高纬请求说:"琅玡王年少,心思幼稚,举止率性,等到年长一些,自然不会再这样。希望您能饶过他。"高纬拔出高俨的佩刀,用刀环胡乱打他的头,打了很久才放开他。

太后责问高俨,高俨说:"这是冯子琮的计谋。"太后很生气,派遣使者到台省用弓弦绞死了冯子琮,把他的尸体放在库车上让太监拉着送回家。从此以后,太后经常把高俨留在宫里,每次吃饭都要自己先尝一尝。

九月,陆令萱等人劝高纬杀了高俨,高纬便对太后说:"明天一早想和仁威(高俨字)一起出去打猎。"

快到凌晨,高纬召见高俨,这使高俨疑心大起。陆令萱说:"兄长叫你,为什么不去?"

高俨出门刚走到长巷,就被刘桃枝捆绑起来。高俨大喊:"让我去见母亲、兄长。"刘桃枝用衣袖堵住他的嘴,把他的头用衣服蒙住,背到大明宫。高俨的鼻血流了满脸,被人摧折而死,当时才14岁。尸体用席子裹起来,在屋里就地掩埋。

高纬派人启奏太后,太后前往哭吊。才哭了十几声,就被众人拖着回宫了。

魏 书

拓跋珪参合陂大捷

晋太元二十年（公元395年），北魏魏王拓跋珪背叛后燕，后退到边塞地区依靠后燕的一些部落。后燕武成帝慕容垂派太子慕容宝、辽西王慕容农、赵王慕容麟率领8万士兵，于五原进发征伐拓跋珪。又让范阳王慕容德、陈留王慕容绍另外率领步、骑兵共近两万人当作后援。

北魏长史张衮听闻后燕的大军将要杀来，向拓跋珪献计，说："后燕国被滑台、长子两次战役的胜利冲昏了头脑，这次动员全国的人力物力来攻打我们，这是瞧不起我们。我们应该假装疲惫衰弱，让他们愈加有恃无恐，这样就可以打败他们。"

拓跋珪听从了他的计策，把部落的主要财产转移，渡过黄河，向西走了1000多里去躲避。后燕军队到达五原，北魏其他部落的3万多户百姓都归降了，收割杂粮100多万斛。设置黑城，把大军开到黄河边，建造船只。拓跋珪派遣右司马许谦去向后秦求援。

八月，拓跋珪于河南训练士兵。九月，开拔军队，到达黄河边。慕容宝摆开军队，正要渡河与北魏交战，忽然风起云涌，把他们的几十艘战船都刮到黄河南岸去了。船上的300多名甲兵全都被北魏军队俘虏。北魏把他们又都送回后燕。

慕容宝从中山出发的时候，慕容垂身体已欠安。等他们到了五原，拓跋珪派人埋伏在从中山来的路上，等后燕的使者经过，就把他们全都抓住，所以慕容垂几个月杳无音信，慕容宝等人都不知道发生了什么事。

拓跋珪把俘虏的后燕信使带到河边，让他隔着黄河告诉慕容宝："你父已去世，为何还不尽快离开？"慕容宝等人忧心忡忡，士兵也恐慌不安。

拓跋珪派陈留公拓跋虔统率5万骑兵驻于黄河东岸防守，派东平公拓跋仪带领10万骑兵驻扎在黄河北岸，又派略阳公拓跋遵率领7万骑兵在后燕军队的南边堵截。后秦文桓帝姚兴也派杨佛嵩率领军队前来营救北魏。

后燕术士靳安对慕容宝说："还没具备天时，我们一定会大败。如果赶快撤退，就可以免除这场灾难。"慕容宝不听。靳安退出去后，对别人说："我们都要抛尸荒野，再也回不去了！"

后燕与北魏相持了10多天，后燕赵王慕容麟的部将慕舆嵩等人相信慕容垂确实不在了，就图谋造反，推举慕容麟当后燕君主。事情败露后，慕舆嵩等人都被处死，慕容宝与慕容麟开始相互猜疑。

十月二十五日，后燕军队焚烧了自己的战船，趁着夜色撤退。这时天气还算暖和，黄河还没有冻结，慕容宝以为北魏的部队一定无法渡过黄河追击，因此没有防备。

十一月初三，突然刮起大风，黄河结冰，拓跋珪率领军队过河，留下辎重，挑选了两万多名精锐骑兵，快速追赶后燕军队。

后燕军队到达参合陂，狂风大作，乌云漫天，像大堤一般从后面压上来，将后燕军队全部覆盖。

僧人支昙猛对慕容宝说："大风迅猛，这是北魏军队就要赶到的征兆，我们应该未雨绸缪，及早防御。"慕容宝认为现在离北魏军队已经很远了，不以为然。

支昙猛不停地请求，慕容麟生气地说："我们君主决断圣明，加上军队那么强大，足以在沙漠上横行，敌人怎么会不辞辛苦，千里迢迢来攻击我们？支昙猛妖言惑众，理应斩首示众！"

支昙猛哭着说："当初苻坚率领百万大军，却在淮南淝水之战中惨败，就是自以为兵力强大，而轻视敌人，不守天道啊！"

司徒慕容德劝慕容宝听从支昙猛的话，慕容宝这才派慕容麟率领3万骑兵殿后，防备不测。慕容麟认为支昙猛胡说，不肯设置防备。慕容宝派骑兵回去侦察北魏军队，他们走出十几里后就解下马鞍，整天放任士兵玩乐。

北魏军队马不停蹄地赶路。初九黄昏，追到了参合陂的西边，而后燕军队就在参合陂的东边，在蟠羊山南面的河边扎营。拓跋珪打算夜袭后燕，让士兵咬着木棍，系住马嘴，悄悄前进。

初十，太阳才出来，北魏军队已经登上山头，下面就是后燕的军营。后燕军队正打算向东前进，回头发现北魏军队，士兵们惶恐不安，不知所措。拓跋珪乘机指挥士兵进攻，后燕士兵逃进河里，人仰马翻，死了几万人。

拓跋遵率领士兵在后燕军队的前边阻击，四五万后燕士兵瞬间丢盔卸甲，举手投降，侥幸逃走的只有几千人。太子慕容宝等人都是独自骑马逃走的。

北魏军杀了慕容绍，俘虏几千官员。缴获的兵器、铠甲、粮草、辎重等物资，更是数以万计。他们把俘获的后燕士兵残酷地统统坑杀。

次年闰三月，慕容垂率领军队路过参合陂，看到尸骨遍野，于是为死难将士设立供桌，进行祭奠。军士们都号啕大哭，哭声穿透山谷。慕容垂既惭愧又愤怒，当场吐血，结果生了病，不久就死了。

拓跋焘攻打统万

北魏司空奚斤与夏国平原公赫连定在长安对峙。北魏太武帝拓跋焘想趁夏国防守空虚，进攻夏国的都城统万。于是整顿兵力，部署军事：任命司徒长孙翰等人率领3万骑兵，为前锋部队；常山王拓跋素等人率领3万步兵，当作支援部队；派遣南阳王拓跋伏真等率领步兵3万人，运送攻城的器具；将军贺多罗带领3000精锐骑兵，负责探察敌情。

刘宋元嘉四年（公元427年）五月，拓跋焘从平城出发，命令龙骧将军陆俟统领军队镇守大碛，防备柔然汗国的进攻。

五月初九，拓跋焘从君子津渡过黄河，抵达拔邻山后，在那儿建筑城寨，并留下物资储备，然后率领轻骑3万人，加速前行。

随行的官员都劝他，说："统万城十分坚固，不能速战速决。现在您率领轻装部队前去讨伐，进不能取胜，退没有依靠。还是与步兵一起，带着攻城器具进发。"

拓跋焘说："用兵的策略，攻城是最下策，不到走投无路是不能轻易使用的。现在如果以步兵带着攻城器具一起进发，敌人见了心里恐惧，一定会坚守。到了那个地步，倘若没有速胜，粮草用尽，士兵疲惫，城外还没有粮食物资，就会进退维谷了。不如先用轻骑直接进军到统万城下，敌人没看见我们的步兵，一定不会在意。我们故意向他们示弱以欺骗他们，他们如果出城迎战，就能擒获他们了。

"之所以这样做，是因为我们距离家乡两千多里，又隔着黄河，所谓'破釜沉舟'啊！3万轻骑，虽然不能攻城，但足以速战速决。"于是率军出发，抵达统万，分出大批兵力埋伏在山谷里，只用少数兵力攻城。夏国的大将狄子玉投降北魏，报告拓跋焘说："夏王赫连昌听说北魏大军将至，就征召平原公赫连定率军返回。赫连定说：'统万城易守难攻，等我擒获奚斤，再赶赴统万，里应外合，必定能胜利。'所以赫连昌决定坚守等待赫连定。"

拓跋焘得知后，十分惶恐，于是撤退示弱。又派遣娥清和永昌王拓跋健率领骑兵5000人到西边抢掠百姓。北魏军队里有士兵因为犯罪逃走，投降夏军，报告魏军已无粮草物资，士兵们每天只吃野菜，辎重补给还在后面，步兵也还没到达，应当马上乘势攻打。赫连昌听从了。

六月初二，赫连昌披甲上阵，统领步、骑兵共3万人出城。

北魏司徒长孙翰等人都说："要攻克夏国的阵势会很辛苦，应该避开他的锋芒。"

拓跋焘说："我们远道而来，为的就是让他们上钩出城。现在他们出城了，我们却躲避不战，就会长他人志气，灭自己威风，不是好计策！"于是集合士兵，假装逃跑，引诱敌人追赶，使他们身体疲惫。夏军兵分两路追击，大声呐喊。追了五六里路，从东南突然袭来暴风雨，扬起漫天沙尘。

北魏军中的宦官赵倪通晓方术，对拓跋焘说："现在风雨从敌人那边袭来，我们迎风而敌人背风，形势对我们很不利。况且我们的将士又饥又渴，望陛下暂避其锋芒，以后再寻找机会。"

太常崔浩呵斥他说："这是什么话！我们千里而来，已经准备好了谋略，一天之内怎么能说变就变？敌人肯定会乘胜追击，又没有后继军队。我们应该让隐藏的军队分头出击，出其不意。刮风下雨，要看人怎么利用，怎么会有固守不通的计策？"

拓跋焘说："对！"于是把骑兵分成左右两队，牵制敌军。

拓跋焘突然因为坐骑失蹄，摔下马来，差点儿就被夏国的士兵擒获。 拓跋齐拼死保护拓跋焘，魏军个个拼死力战，夏国的士兵终于被打退。 拓跋焘乘势上马，刺杀了夏国尚书斛黎文，随后又杀死十几个敌人，虽然被流箭射中依旧浴血奋战。 夏军大败。

北魏部队穷追不舍直到统万城北，杀死了赫连昌的弟弟河南公赫连满和侄儿赫连蒙逊，斩杀士兵1万多人。 夏王赫连昌来不及进城，只好逃奔上邽。 拓跋焘乔装成平民百姓追赶逃跑的敌人，追进了统万城。 拓跋齐坚决劝阻，拓跋焘一意孤行。

夏国人察觉了，就紧闭所有城门。 拓跋焘与拓跋齐等人混进内宫，弄了几件女人的裙子，系在槊（一种长柄武器）上，拓跋焘凭借它越过城墙，侥幸逃脱。 黄昏的时候，夏国的尚书仆射问至保护赫连昌的母亲逃走。 北魏司徒长孙翰率领800骑兵追赶赫连昌，追到高平都没有追上，于是返回。

初三，拓跋焘攻克统万城，抓捕了夏国的亲王、公卿、将领以及赫连昌的太后、皇后、嫔妃、姐妹、宫女数万人。 缴获马匹30多万、牛羊几千万头，国库中的财宝不计其数。 拓跋焘按等级赏赐给众将士。

当初，夏王赫连勃勃非常奢华，修筑城池统万城，城墙高10仞，城墙根基厚30步，上部宽10步，宫墙高5仞，坚硬无比。亭台水榭都很雄伟壮丽，全部雕刻着图画，挂着锦绣，华丽奢侈到了极点。 拓跋焘回头对左右侍从说："一个小国，如此奴役百姓，不灭才怪呢！"

拓跋焘诛刘絜

刘宋元嘉二十年（公元443年）九月，北魏太武帝拓跋焘率骑兵突袭柔然，前进到鹿浑谷，正好遇上柔然国的敕连可汗。 太子拓跋晃对拓跋焘说:"敌人不会料想我们突然杀到,应该趁他们没有防备,出其不意,攻打他们。"

尚书令刘絜坚决反对,认为:"敌人军营里尘土漫天飞舞,兵力肯定强大,出兵到平地,恐怕会被他们包围,不如等大军到了后再进攻。"

拓跋晃说:"尘土飞扬,是士兵惊慌混乱所导致,否则军营里何来如此多的沙尘?"

拓跋焘举棋不定,没有马上行动,柔然军队趁机逃走。魏军追到石水,追不上了才撤回。

过了不久,捉到柔然的骑兵,说:"柔然军队并没发现魏军的踪影,全都惊慌失措,率领军队向北逃跑,走了六七天,发现你们没有追来,才开始慢慢前进。"拓跋焘非常后悔。

拓跋焘因为刘絜长期管理机要大事,倚仗自己受重用而独裁,心里开始憎恶他。

第二年,北魏又准备袭击柔然,刘絜进谏说:"他们居无定所,以前出兵,都是徒劳无功。不如扩大粮食种植,等他们自己前来。"

司徒崔浩坚持劝拓跋焘出兵,拓跋焘听从了他的建议。刘絜由于拓跋焘没有听从自己的意见,觉得无地自容,就想让北魏军队失败。

拓跋焘与诸将领约好时间,在鹿浑谷会合,刘絜假造圣旨,更换了日期。拓跋焘到达鹿浑谷6天,其他将领都还没到,柔然却早已逃之夭夭,追不上了。魏军撤回,经过沙漠时,粮草用尽,死了很多士兵。

刘絜又暗地里使军心离散,劝拓跋焘丢下军队自己回京,拓跋焘不听。刘絜以出师无功为理由,请求处罚崔浩。

拓跋焘说:"诸将领延误日期,我遇敌退缩,崔浩有什么罪呢?"崔浩把刘絜假传诏令的事情告诉拓跋焘,拓跋焘抵达五原后,立即囚禁了刘絜。

拓跋焘北伐的时候,刘絜私下里对亲信说:"倘若陛下战死,我就拥立乐平王拓跋丕。"刘絜听说尚书右丞张嵩家有图谶,就问他说:"刘氏继承大统,有我的姓名吗?"张嵩说:"有姓无名。"

拓跋焘听说后,下令搜查,搜查了张嵩的府第,找到了谶书。这件事情牵连了南康公狄邻,刘絜、张嵩和狄邻都被诛灭三族,斩杀了100多人。

刘絜掌权的时候,作威作福,将领打败敌人,都要分给他一些辛苦所得的财物。刘絜死后,抄他的家,发现家财巨万。拓跋焘后来每次说起他,都表示切齿痛恨。

孝文帝受禅让

北魏献文帝拓跋弘从小就非常聪明果敢,喜好黄老哲学和佛学,经常与朝官和僧侣一起谈论玄理,淡泊荣华富贵,总想出家修行,把帝位让给他的叔父,沉稳宽仁、德高望重的京兆王拓跋子推。

当时,太尉源贺率领各路军马驻守漠南,被拓跋弘急召回京。源贺抵达的时候,正好赶上公卿会议,大家都不敢先发言。

拓跋子推的弟弟任城王拓跋云说:"陛下正逢天下太平,君临四海,不可以上违背祖宗,下抛弃百姓。而且皇位一直都是父子相传,陛下一定要退位出家,也该由皇太子继承。天下是祖宗的天下,陛下如果要禅让给旁支,不仅不合祖制,还会引发奸人的野心。灾祸由此而起,必须要谨慎。"源贺说:"陛下现今想要禅位给皇叔,继承顺序被扰乱,祭祀次序被颠倒,会被后世嘲笑。希望仔细考虑任城王的话。"

东阳公拓跋丕等人说:"皇太子德行见长但年纪尚幼;陛下正当壮年,刚开始治理天下,怎能置皇家宗庙和亿万百姓于不顾?"

尚书陆馛说:"陛下如果舍弃太子传位给亲王,我将以死谢罪,不能奉命。"

拓跋弘气得脸色大变,又问宦者选部尚书赵黑。赵黑说:"我以死侍奉皇太子,其余一概不知。"拓跋弘没有说话。

这一年,皇太子拓跋宏才5岁。拓跋弘因他年纪尚幼,因此才想禅位给亲王。

中书令高允说:"我不敢说太多,希望陛下谨记宗庙的重要,追念周公辅佐幼主的事情。"

拓跋弘说:"那么让皇太子登基,由你们辅佐,有没有什么不妥?"又说,"陆馛忠心耿耿,一定能保护太子。"

于是任命陆馛为太保,与源贺一起持符节,传位给皇太子拓跋宏。

刘宋泰始七年(公元471年),拓跋宏即位,是为北魏孝文帝。

拓跋宏自小感情丰富,两年前,父亲身上长疮,拓跋宏亲自用嘴吸脓。继位的时候,拓跋宏伤心痛哭,控制不住自己。拓跋弘问他缘由,他回答说:"接替父亲的感伤,一直抵达内心深处。"

尔朱荣立新帝

北魏胡太后再次摄政之后,亲小人远贤臣,政事不修,恩德不施,威信不立,导致国内盗贼四起,疆土日益缩小。

梁大通二年（公元528年）二月，北魏孝明帝元诩出乎意料驾崩，胡太后立皇女为帝；几天之后，又立前临洮王元宝晖的长子元钊为帝。 元钊当时年仅3岁，胡太后为了自己能够长久地掌权，所以才选中年纪尚幼的他。

尔朱荣为北魏车骑将军、仪同三司，同时兼任并、肆、汾、广、恒、云六州讨虏大都督，重权在握，朝廷也很畏惧他。 听说胡太后立了个小皇帝，尔朱荣震怒，对并州刺史元天穆说："皇上19岁驾崩的时候，天下人还称他为小皇帝，现在立一个三岁小孩儿统治天下，国家怎么能长治久安呢？ 我准备率领骑兵奔赴国都，哀悼皇帝，除奸安民，另立一位年长的皇帝，如何？"

元天穆说："您这么做就是伊尹、霍光再生。"

于是尔朱荣上书朝廷，表示怀疑皇帝的死因，要求太后让他回到京城，参与国家大事，调查元诩的死因，诛杀朝中奸佞，重新遴选符合条件的皇家子弟继承大统。

尔朱荣的堂弟尔朱世隆时任直阁。 胡太后派他去晋阳安抚尔朱荣。 尔朱荣想把他留在晋阳，尔朱世隆说："朝廷怀疑兄长才派我来，如果我不回去，就会让朝廷预先防备，这个提议不好。"于是尔朱荣送尔朱世隆回去。

尔朱荣跟元天穆商议，认为彭城武宣王元勰功勋显著，他的儿子长乐王元子攸素来名声不错，于是想立元子攸为帝。

尔朱荣又派侄子尔朱天光与心腹奚毅、奴仆王相到洛阳，与尔朱世隆密谋此事。 尔朱天光与元子攸见面，告诉他尔朱荣的打算，元子攸答应了。

尔朱天光等人回到晋阳之后，尔朱荣仍然下不了决心，于是用铜为皇室成员铸造铜像，只有元子攸的铜像铸造成功。 因此尔朱荣从晋阳起兵，尔朱世隆从京城逃往上党与尔朱荣会合。

胡太后得知后十分害怕,把王公大臣全召进宫商量。宗室大臣都非常怨恨她,无人发言。只有徐纥一个人说:"尔朱荣这个胡人胆敢谋反,攻击京都,禁军一定可以制服他。只要守住关隘,以逸待劳,他们长途跋涉,兵马疲惫,必败无疑。"

胡太后认为徐纥说得有理,于是任命黄门侍郎李神轨为大都督,率军抵挡;副将郑季明、郑先护率领士兵守护河桥;武卫将军费穆屯兵小平津。

军队抵达河内之后,尔朱荣派王相悄悄潜入洛阳城,迎接长乐王元子攸。四月初九,元子攸与哥哥彭城王元劭、弟弟霸城公元子正偷偷地从高渚渡过黄河。次日,在河阳与尔朱荣会合,将士们高呼万岁。

十一日,大军渡黄河成功,元子攸登上皇位,任元劭为无上王、元子正为始平王;尔朱荣为侍中、都督中外诸军事、领左右、尚书令、领军将军、大将军,封为太原王。

郑先护一向与元子攸关系不错,听说他已即位,就与郑季明一起打开城门,迎接尔朱荣的军队。李神轨到达河桥,听闻北中已经被攻陷,马上逃了回来。费穆干脆抛下军队,先投降了尔朱荣。

胡太后把元诩的后宫嫔妃召集起来,自己与她们一起削发为尼。

尔朱荣召集群臣迎接皇帝车驾。十二日,群臣捧着皇帝的玉绶,准备法驾,从河桥迎接孝庄帝元子攸。

十三日,尔朱荣派骑兵抓获了胡太后和小皇帝,把他们送到河阴。胡太后苦苦恳求,尔朱荣拂袖而起,后来下令把胡太后和小皇帝沉入了黄河。

魏帝诛杀尔朱荣

北魏孝庄帝元子攸与尔朱荣不和，外界也传言纷纷，说两人都想杀死对方。梁中大通二年（公元530年）九月，尔朱荣入朝，照看女儿尔朱皇后生产，元子攸就想趁机杀了他。

十八日，元子攸召见中书舍人温子升商量诛杀尔朱荣的事，又问他东汉王允杀董卓之事。

元子攸说："王允如能赦免凉州士兵，结果一定不会那样。"

过后，元子攸对温子升说："这事，我就是死了也一定要做，何况不一定会死。我宁愿像曹髦那样死，也不愿像曹奂那样活！"

元子攸打算杀掉尔朱荣、元天穆后，马上赦免他们的党羽，那些人应该都不会反叛。应诏官王道习说："尔朱世隆、司马子如、朱元龙十分效忠尔朱荣，也了解国家的虚实，我认为不应该留下他们。"

元徽和杨侃都说："如果尔朱世隆被杀，尔朱仲远和尔朱天光肯定也不会归降！"元子攸认为的确如此。

元徽说："尔朱荣腰间常佩刀，逼急了也许会伤人，届时陛下躲避一下。"于是决定让杨侃等十几个人埋伏在明光殿东侧。

那天，尔朱荣与元天穆一起入朝后，饭未吃完就起身出去了。杨侃等没及时跟上，事情没有成功。

二十一日，尔朱荣上朝没待多久，就到陈留王家里喝酒，喝醉后称病，其后好多天都没有上朝。

元子攸的计划外泄，尔朱世隆转告尔朱荣，并劝他赶快逃走。尔朱荣很轻视元子攸，认为他无能，说："为什么要这么着急？"

元子攸的臣下也都很害怕，元子攸也很担心。元徽说："以皇后生太子为由宣召，尔朱荣一定会入朝，到时趁机杀了他。"

元子攸说："皇后才怀孕九个月，这借口行得通吗？"

元徽说："产妇不足月就生子的很多，尔朱荣肯定不会怀疑的。"元子攸听从了。

二十五日，元子攸在明光殿东厢埋伏了武士，以皇太子出生为由召见尔朱荣。当时尔朱荣正在和上党王元天穆赌博，元徽摘下尔朱荣的帽子，欢呼舞蹈，表示庆贺。文武官员也来朝赞，尔朱荣相信了，就和元天穆一起入宫。

元子攸听说尔朱荣来了，不觉变了脸色，温子升提醒他，元子攸连忙要酒来喝。

元子攸命令温子升起草赦文。写完后，温子升拿着出宫时，刚好碰到尔朱荣，尔朱荣问他："这是什么文书？"温子升神色如常，说："赦文。"尔朱荣没觉出异常，就走了进去。

元子攸在东墙下面西而坐，尔朱荣、元天穆在御榻西北面朝南坐。元徽进内朝拜时，尔朱荣看见光禄少卿鲁安、典御李侃晞等人拿着刀突然闯入，马上站起来，快步走到元子攸身边。元子攸事先把刀横在膝下，这时就亲手杀了尔朱荣。众人乱刀齐下，尔朱荣与元天穆一起被杀。

尔朱荣之子尔朱菩提与车骑将军尔朱阳睹等30个跟随尔朱荣入宫的，随后也都被埋伏的士兵斩杀。元子攸得到尔朱荣的几份奏折，上面记满了皇帝身边要除去或者留下的人的名单，并想将不是自己心腹的人全都逐出朝廷。

元子攸说："这小子今天如果不死，以后局面就不能控制了。"于是朝廷内外人人都很高兴，庆贺的声音充满洛阳城。百官入朝庆贺，天子下诏大赦。

宇文泰重用苏绰

西魏丞相宇文泰任用苏绰为行台郎中。一年后，宇文泰对他仍不了解，但是臣下都称他有才能，遇上疑难问题都请他帮助解决。

宇文泰与仆射周惠达商议事情，周惠达回答不出来，就请求向人求教。

周惠达向苏绰求教，苏绰帮周惠达分析问题，周惠达再进去按照苏绰说的回答。

宇文泰非常满意，问是谁教的，周惠达说是苏绰，并称赞苏绰有辅佐君王的才能，宇文泰于是提升苏绰为著作郎。

宇文泰与公卿一起去昆明池参观打鱼，走到汉代传下来的仓池，问属下这一典故，无人应答。宇文泰叫苏绰来，苏绰回答得又详细又生动。

宇文泰很高兴，并继续询问千古之事，苏绰对答如流。宇文泰与苏绰骑着马并排前行，到了昆明池，竟没有打鱼就回去了。

宇文泰把苏绰留下过夜并询问政事。开始时，宇文泰躺着听；后来苏绰说到要点关键时，宇文泰起身端坐而听，无意间膝头已经往前移动。苏绰从晚上讲到第二天清晨，宇文泰还没有厌倦。

次日上朝，宇文泰对周惠达说："苏绰真是个奇才，我要重用他。"随即任苏绰为大行台左丞，掌管机要大事。从此，苏绰越来越受到宇文泰的宠信。

苏绰确定处理文书的程序，比如朱笔批黑笔签，以及记账、管理户籍的办法，后世一直遵循沿用。

北齐书

高澄弄权跋扈

东魏孝静帝元善见仪容俊美,膂力过人,勇猛异常,能抱着石狮子跨越宫墙,射箭百发百中。他还喜好文学,举止从容优雅,颇具孝文帝拓跋宏遗风。大将军高澄对此非常忌惮。

高澄掌权后,行为高傲怠慢,让中书黄门郎崔季舒观察皇帝的动静,元善见事事都要告诉他。高澄给崔季舒写信,说:"傻子比以前怎么样了?聪明些了没有?你应该用心观察。"

元善见曾在邺城城东打猎,骑马驰奔,监卫都督从后面大声劝阻:"皇上不要纵马飞奔,大将军不准!"

高澄曾经陪元善见饮酒,他举起大酒杯傲慢地说:"臣高澄劝陛下酒。"

元善见埋怨道:"自古没有不灭亡的国家,朕此生有什么用!"

高澄生气地说:"朕?朕?狗脚朕!"让崔季舒打了元善见三拳,生气地离开了。次日,高澄让崔季舒进宫道歉,元善见也道了歉,还赏赐100匹绢。

元善见不堪受辱,常诵谢灵运的诗:"韩亡子房奋,秦帝仲连耻,本自江海人,忠义动君子。"常侍、侍讲荀济明白元善见的心意,就和元瑾、刘思逸、元大器、元宣洪、元徽等人计划密谋诛杀高澄。

元善见假装询问荀济:"您预备何时开讲?"于是假称要在宫里修一座土山,挖掘地道通向城北。地道挖到千秋门的时候,被守门士兵发现,就报告了高澄。

高澄入宫晋见元善见,痛斥他道:"陛下为什么要谋反? 我们父子忠心耿耿,有哪里对不起陛下? 这一定是您身边的侍卫和嫔妃这些人干的。"

高澄准备杀掉胡夫人与李嫔。 元善见怒斥道:"自古以来,只听说臣子反叛国君,没听过君王反叛臣子的。你怎能用此罪骂我? 我杀了你,江山社稷就能安定;不杀你,国家很快就会灭亡。 我自顾不暇,何况这些嫔妃! 你如果一定想弑君反叛,早晚都在你自己!"

高澄于是下床叩头,痛哭谢罪。 三日后,高澄把元善见幽禁在含章堂,在街市上烹杀了荀济。

高洋继承家业

东魏丞相高欢之子高洋聪明果断,但看起来却很笨拙,兄弟与其他人都经常笑话他,也看不起他,只有高欢认为他不一般,认为:"这个孩子的见识谋略都比我强。"

小的时候,高欢想试试几个儿子的才智,让他们各自整理一团乱丝,只有高洋一个人抽出刀砍断了乱丝,说:"快刀斩乱麻!"

高欢又给他们兵马,让其出征,让都督彭乐率领穿着铠甲的骑兵假装进攻他们。 兄长高澄等人都畏惧求饶,只有高洋上前与彭乐对抗。 彭乐脱去铠甲说出实情,高洋绑住他献给高欢。

高欢死后,长子高澄继位,封勃海文襄王。 由于弟弟太原公高洋年龄仅次于他,所以对高洋十分顾忌。 高洋非常小心谨慎,很少开口说话,经常贬低自己,与高澄说话也总是顺从他的意思。

高澄很看不起高洋,常说:"此人也能得到富贵,相书怎么解释呢?"

高洋为他的夫人李氏买衣服、小玩意儿,高澄看到后夺去。高洋的夫人有时候很生气,不愿给高澄,高洋笑着说:"只要兄长需要,怎么能吝啬呢?"高澄有时候也有些羞愧,再退回去,高洋就拿回来,也不客气谦让。

每次退朝回家,高洋就躲进楼阁静坐,在家也不作声。有时候还光着脚跑跑跳跳,夫人问他为何如此,高洋说:"娱乐一下。"其实是在锻炼身体。

高澄抓获徐州刺史兰钦之子兰京,将其贬为负责膳食的奴仆。兰钦请求把兰京赎出去,高澄不答应。兰京也经常自己请求,但是一求高澄就棒打他,说:"再说,就杀了你!"兰京于是召集部下六个人,谋划作乱。

高澄住在邺城北城的东柏堂,在那里宠幸琅玡公主,为了使他们往来方便没有干扰,经常把侍卫指派到外面。

梁太清三年(公元549年)闰八月初八,高澄与属下陈元康、杨愔、崔季舒一起密谋逼东魏皇帝禅让给高澄,并且准备商议百官的名单。

兰京要送膳食,高澄喝令他退下,对几个心腹说:"昨天夜里梦见这个奴才用刀砍我,应该赶快把他杀了。"

兰京听后将刀子藏于盘子下面,假称送食物进来,高澄生气地说:"我没要食物,为何又闯进来?"

兰京挥着刀说:"来杀你!"高澄闪躲,并迅速钻到床底下,兰京把床掀开一刀杀了他。

杨愔狼狈逃走,掉了一只鞋;崔季舒藏到厕所里;陈元康用身体掩护高澄，肠子都流出来了；库直王纥迎着刀抵抗；纥奚舍乐在搏斗中被杀死。当时事发突然，所有人都十分震惊。

高洋听说后，神色从容，马上布置军队去讨伐乱贼，杀了他们，把尸体切成碎块。然后宣告天下："奴才造反，大将军受伤了，并不严重。"朝廷内外都很惊讶。高洋未宣布高澄死讯，秘密发丧。

陈元康写信和母亲诀别，口头给功曹参军祖珽交代诸多事项，当天夜里就死了。高洋把陈元康收殓在府第里，却假装任命他为中书令派他出使外地。又任命王纥为领左右都督。

孝静帝元善见开心地说："现在大将军死了，好像是天意，威权应当重新归还皇室！"

功臣权贵们担心军队远在并州，劝高洋尽快赶到晋阳，高洋接受了这一意见。高洋留下太尉高岳、太保高隆之、开府仪同三司司马子如、侍中杨愔镇守邺城，带领其余功臣贵族前往晋阳。

十一日，高洋到昭阳殿晋见元善见，还带领两百名穿着铠甲的卫兵入朝。

高洋貌似忧心地说："我有家事，必须赶到晋阳。"只拜了两拜就出宫了。

元善见大惊失色，看着高洋离开，说："这个人看起来又是不能容我，我不知道自己哪天会死。"

晋阳朝臣原本都很轻视高洋，等到高洋抵达晋阳，大会文武百官，神采飞扬，英姿勃发，言辞敏锐恰当，大家都极其吃惊。高洋还将之前不合适的政令一一做了更改。

高演犯颜谏兄长

北齐常山王高演因为文宣帝高洋整天酗酒，十分忧虑怨愤，并在神色上有所表现。 高洋发觉了,说:"有你在,纵情取乐又何妨?"高演只能流泪哭泣,伏在地上跪拜,竟然说不出话来。

高洋也很悲伤,把酒杯扣在地上说:"既然你不愿我这样,从今以后,有敢向我进献酒的,就把他斩首!"于是把自己用的酒杯全都砸碎。 以后果然坚持了好几天没有喝酒。

高洋有时候在皇亲贵戚们家里摔跤格斗,一玩就什么都不顾了,但是只要高演一到,就立刻安静下来。

高演秘密地撰写条陈,准备进谏,他的朋友王晞却并不同意他这么做。 高演不听,坚持上书,说得非常彻底,惹得高洋非常生气。

高演性情严肃,他手下的尚书郎中处理事情若有过失,经常遭到鞭打;令史们如果作奸犯科,就会被拷打质问。

高洋站在高演面前,用刀上的环抵着他的肋骨,又找出那些高演曾经惩罚过的人,用刀刃指着他们,问他们高演的过失,结果都没有说出什么,于是高演被释放了。

高洋怀疑这一切都是王晞的主意,想杀了王晞。 高演私下里对王晞说:"王博士,明天要做一件事,为了让您活命,希望您体谅,不要责怪我。"王晞还没闹明白怎么回事,就被狠狠打了20 杖。

高洋刚好发怒,听说王晞被杖打,就饶了他,但却将他的头发剃了,鞭笞一顿,发配到兵器坊。

过了3 年,高演也因为诤谏被鞭笞。 高演绝食,太后日夜哭泣,高洋不知所措,说:"如果这小子死了,那我拿老母亲怎么办好呢?"

于是几次去问候高演,对他说:"如果你努力吃饭,我就放王晞出来。"

高洋释放了王晞，让他去看望高演。 高演抱着王晞说："我感觉很累，以后害怕再也见不到你了。"

王晞痛哭流涕，说："天道神明，殿下不会死在这里。 论亲皇上是您兄长，论尊他是君主，不能跟他计较。 殿下不吃饭，太后也不吃饭，殿下即使不爱惜自己，也应该顾念太后啊！"

话还没说完，高演就勉强坐起来吃饭。 王晞因此免去服役，官复原职。

等到高演任录尚书事，新任的官员上任时都向高演道谢，调任的官员离开时也去拜见高演辞行。 王晞对高演说："朝廷大臣从天子那里接受官爵，却向私人拜谢，从来都没有这样的事情，应该全部拒绝。"高演听从了。

很久以后，高演从容地对王晞说："皇上起居没有规律，你多加留意一点儿，我怎么能因为以前冒犯过皇上一次，就不再进谏呢？ 你应当为我起草谏书，我来上传。"

王晞给高演列举了十几条，说："现在朝廷能依靠的，只有殿下。 您却想学匹夫的耿介，轻率地冒生命之险！ 酒能乱性，让人失去理智，刀剑怎么能分清亲疏呢？ 一旦出乎意料降下灾祸，殿下的家业要怎么办？ 皇太后又该怎么办呢？"

高演流泪欷歔，不能自已，说："真会这样吗？"

第二天，高演见到王晞说："我想了一整夜，还是算了。"于是让人燃起火，当着王晞的面把谏书的草稿烧了。

后来，高演还是按捺不住，又乘机进谏，高洋让武士把高演反捆起来，拔刀要杀他，骂他说："你小子知道什么？ 是谁教你的？"

高演说："天下除了我还有谁敢这么说话？"高洋拿起木杖，乱打了几十下，正好酒意涌上来，醉倒了，高演这才得以脱身。

高演夺位杀侄

陈永定三年（公元559年）十月，北齐文宣帝高洋因纵酒而病倒不起。太子高殷继位，大赦天下，尊称皇太后为太皇太后，皇后为皇太后。

高洋临死前，对李皇后说："人生难免一死，没什么值得留恋的。只是舍不得太子年幼，恐怕别人会篡夺他的皇位！"又对常山王高演说："皇位随你去夺，请保全我儿子！"

陈天嘉元年（公元560）二月，尚书令、开封王杨愔作为顾命大臣，害怕高演和长广王高湛会对新主不利，想将他们在朝中的势力削弱。高湛和高演发动政变，将杨愔诛杀。

司马王晞是高演的朋友，也是他的谋臣。高演认为王晞儒雅迟缓，害怕武将不喜欢他，就每天夜里用车载他进府商议，白天却不理他。

高演曾经把王晞叫进密室，对他说："最近王侯贵族总是逼迫我，说我有违天意，恐怕会有变乱发生。我想依法治他们的罪，行吗？"

王晞说："皇上近来疏远亲戚宗室，殿下仓促间诛灭杨愔等人的行动，已经超出了人臣的范围。芒刺在背，上下怀疑，这样持久不了的。

"殿下纵然谦让，把国家神器看成秕糠，其实恐怕是违背天意，破坏基业啊。"

高演说："你大胆，我要依法治你的罪！"

王晞说："天时人事，所有的都一个目的，所以才敢冒被诛戮的危险。或许，这是神明所赞同的！"

高演说:"拯救危难,匡正时世,要等待圣贤哲人的出现,我不敢私下议论这件事,你也不要再说了!"

丞相从事中郎陆杳准备出使外地,想让王晞去劝谏。王晞把陆杳的话告诉了高演,高演说:"如果朝廷内外都有此意,赵彦深早晚都在我身边,他为什么什么话都不说?"

王晞于是利用办公事的空闲偷偷询问赵彦深,赵彦深说:"我也很头疼这些议论,每次想把我听到的说出来,总因为害怕而放弃。你既然开了头,我也要冒死表露我的心意!"于是两人一起劝说高演。

高演于是告诉了太皇太后。赵道德说:"相王应该好好辅佐皇上,你要是骨肉相侵,就不怕后世人说你篡位吗?"

太皇太后说:"赵道德说得对。"

没过多久,高演又启奏说:"天下未定,人心不稳,害怕迟早会有动乱,必须早点儿确定名位。"太皇太后于是同意了。

八月初三,太皇太后发布敕令,将高殷废了,让他住到别宫。让高演入朝登基,并且告诫高演:"一定要保证高殷安全!"

高演登基,定都晋阳,是为北齐孝昭帝。大赦天下,改年号为皇建。太皇太后恢复皇太后称号,皇太后则改称文宣皇后。

到了第二年九月,高演还是偷偷派人去毒杀高殷。高殷不肯喝毒药,派去的人就掐住高殷的喉咙,将他掐死。不过事后高演又后悔了。

十月,高演外出打猎,一只兔子窜出来,惊吓了高演的马,将高演掀落,摔断了肋骨,不久就死了。

死前,娄太后去探病,不停地询问高殷的下落,高演不回答。太后发怒说:"被你杀了吧?不听我的话,死了活该!"头也不回就走了。

周 书

名医姚僧垣

姚僧垣是吴兴武康人,父亲因为长期患病,所以干脆潜心研究医学。在父亲的影响下,姚僧垣也对医学产生了兴趣,24岁那年继承了父业。

梁武帝召他入宫面试,姚僧垣对答如流,梁武帝很欣赏他,让他担任了医官。当时葛修华患病很久,一直都治不好,梁武帝命姚僧垣医治。姚僧垣回来后,向皇帝汇报病人的症状,对病情的变化汇报得很详细,梁武帝感叹道:"你用心细密到了这种程度,凭这种态度和医术行医,还有什么病治不好?"不久把他调任为太医正。梁武帝曾经发热,想服用大黄。姚僧垣劝他:"大黄药性凶猛,您岁数大了,不应该随便服用。"梁武帝没有听他的,结果导致病情加重。

西魏军攻克荆州的时候,梁武帝已经死了,当时的皇帝是梁元帝,西魏军已经打到宫殿里了,姚僧垣仍然不肯离开梁元帝,士兵们强行阻止他,他才哭着离去。

金州刺史伊娄穆请他给自己看病,告诉他自己的病情:"从腰到肚脐好像有3道绳索缠绕一样,两只脚抖个不停,根本不能控制。"姚僧垣为他诊脉,然后给他开了3服汤药。伊娄穆服用第一服后,感觉上面的束缚没了;服用第二服后,感觉中间的束缚没了；服用第三服的时候，3道束缚都没了，但脚还是又痛又麻痹，而且没有力气。姚僧垣再给他开了服药，服下后脚稍微能够屈伸了。姚僧垣说："等到霜降后，这病就好了。"到九月时，伊娄穆果然能下地行走了。

大将军贺兰隆得了气疾，后来又加上了水肿，坐卧不安。有人劝他服用决命大散，他的家人因为有疑问而没敢用，于是询问姚僧垣。他说："我认为这病和决命大散并不对症，如果你要自己吃药的话，那根本就不用来问我。"说完就要走。贺兰隆的儿子向他道歉道："久闻您的大名，今天才和你相见，没想到这病已经不能治了，我们的歉意实在无法表达。"姚僧垣知道这病可以治好，就给他开了药，让他尽快服用，吃下去后大有好转，然后再开了一剂药，吃下去就好了。

大将军龚集忽然得了风疾，精神错乱，先前给他看病的医生都说不能治了。姚僧垣诊断之后说："要治疗确实很困难，但也不至于死。如果专门让我给他治的话，我能治好。"他的家人就请姚僧垣治病。姚僧垣为龚集调制汤药，吃下去就好了。永世公叱伏列椿患痢疾很长时间了，但还是坚持上朝。于谨问姚僧垣："龚集和叱伏列椿两个人都得了难以治愈的病，依我看来，叱伏列椿的病要轻些。"姚僧垣回答说："疾病有深浅，但并不代表深的一定会死，而浅的一定会痊愈。龚集病虽然重，但最后还是能治愈。叱伏列椿病虽然轻些，但肯定免不了一死。"于谨问道："您预见他会死，那是什么时候的事呢？"姚僧垣回答："不会超过4个月了。"结果果然如他所说。

太后卧床不起，医生说法都不一致。皇帝召见姚僧垣，对他说："太后的病不轻，所有医生都说不用担心，他们的意思我能体会得到，但君臣之间，不应该相互隐瞒。卿认为到底如何？"姚僧垣说："我为太后感到害怕。"皇帝流着泪说："您既然都这样说了，我还能说什么呢？"太后没过多久就死了。

次年，周武帝讨伐北齐，在河阴患病，说不了话，眼睛也睁不开，一只脚变短，路也没法走。姚僧垣认为皇帝五脏都有病，不能同时治疗。治理军队最重要的事莫过于语言，于是用药，很快周武帝就能开口说话了；然后又治眼睛，也能看见东西了；最后治脚，也好了。到了华州，皇帝的病全好了。后来周武帝去云阳宫的时候得了病，让姚僧垣医治，有人私下问医治结果如何，姚僧垣说："唉，没办法了，没有人是不死的。"不久周武帝就死了。

周宣帝当太子的时候，心口经常痛，让姚僧垣给他治疗，很快就好了。为此周宣帝很高兴，等到他即位后，对姚僧垣更加敬重了。有一次周宣帝很和气地问姚僧垣："常听先帝叫您姚公，是这样吗？"姚僧垣说："我担当不起这样的称呼，但确实如此。"周宣帝说："这是尊重老人的称呼，不是爵位。我要为您开辟领地，建立家园，成为您家子孙永远的基业。"于是封他为长寿县公，食邑 1000 户。

不久周宣帝生病，病情越来越重，姚僧垣晚上也到宫里值班侍奉。周宣帝对杨坚说："我的命现在只有托付给他了。"姚僧垣知道皇帝的病很危险，已经不可能治愈，于是对他说："我受到那么深重的皇恩，真的想尽全力效劳。但是我能力有限，不敢不尽心而为。"皇帝点头称是，不久皇帝就去世了。3 年后，姚僧垣也去世了，享年 85 岁。

廉洁正直赫连达

赫连达性情刚强耿直、胆大。他年轻时跟随贺拔岳征战有功，被任命为都将，又迁任都督。后来贺拔岳被侯莫陈悦杀害，赵贵建议迎接宇文泰主持军务，诸将犹豫未决。赫连达说："夏州刺史宇文泰先前担任行台左丞，谋略过人，是一时之杰。今天的事情，非此公不可。赵将军的建议是正确的。我请率轻骑去报告哀讯，并迎请他前来。"诸将中有的人想要向南追回贺拔胜，有的人想要向东报朝廷。赫连达又说："这些都是远水救不了近火，没什么好说的。"

赵贵于是决定迎接宇文泰，命令赫连达立即赶往夏州。宇文泰听到贺拔岳被害的消息后痛哭，问赫连达原因，赫连达将情况如实告诉他。宇文泰于是以数百名骑兵南赴平凉，率军向高平进发，命令赫连达率领骑兵占据弹筝峡。当时百姓惶惧不安，四散奔逃者很多。有许多村民，正扶持着老幼，驱赶牲畜，想要入山避难。赫连达部下的军士争着想劫掠他们。赫连达说："远近的黎民百姓，大多受制于贼，如今要是遇到就加以抢掠捆绑，怎么能称为抚慰百姓讨伐罪人！不如趁此来加以安抚百姓，以显示义军的品行。"于是他以恩德信义来安抚百姓，使百姓乐于归附，并相互转告，恢复旧业。宇文泰听说后对赫连达大加称赞。

侯莫陈悦被平定后，赫连达升为平东将军。宇文泰对诸将说："当清水公（贺拔岳）遇害之时，你们的性命都控制在贼人手中，虽然想要来告诉我，但无路可通。平东将军冒万死的危险，远道来向我报告，我们才能共尽忠节，同雪仇耻。虽然这是靠众人的力量，但他所起的作用十分关键。这样的功劳还不加以酬报，怎么能劝人行善？"于是赐给赫连达二百匹马。赫连达一再辞让，最后在宇文泰坚持下才接受。魏孝武帝入关后，褒赏犒劳，因赫连达首先迎请元帅，匡复秦、陇，给他晋爵为魏昌县伯，封邑有五百户。

赫连达因屡立战功，不久他就晋爵为公，被任命为大都督，又授予他仪同三司。他跟随大将军达奚武进攻汉中。梁宜丰侯萧循抵抗许多日子以后，才表示愿意投降。达奚武询问诸将应采取什么对策。有人说梁军粮食已尽，想要猛攻以消灭梁军。赫连达说："不战而取得城池，是最上策。不该贪图得到他们的子女，夺取他们的财帛。穷兵黩武，仁者是不这样做的。而且看他们的将士马匹还很强，城池也很坚固，即使能攻克，必然将是双方都损失巨大。如果他们困兽犹斗，则成败尚未可知。何况行军作战之道，以保全军力为上。"达奚武说："你说得很对。"就命令将帅各抒己见，于是开府杨宽等都同意赫连达的提议，达奚武遂接受萧循的投降。班师还朝后，赫连达升任骠骑大将军、开府仪同三司，加侍中，并进爵为蓝田县公。

初建六官制度时，赫连达被任命为左遂伯。后出任陇州刺史。周武帝保定初，迁任大将军、夏州总管、三州五防诸军事。赫连达虽然不是文官，然而性情质朴正直，尊奉朝廷法度，虽多施用鞭刑，而对判处死罪十分慎重。他性格又很廉洁俭朴，边境的胡民有人送羊给赫连达，他想要与胡人相结交，就以缯帛进行回报。主管官员请求使用官物，赫连达说："羊被送入我的厨房，而用官府仓库的东西去回报，是欺瞒上司。"命令取自己私人的绢帛给予胡人。有见识的人都很称赞他这种仁厚的行为。

王轨谏废太子

北周武帝宇文邕严格要求太子宇文赟，太子每次朝见，都要求他进退举止与群臣一样，哪怕隆冬酷暑也要坚持。因为太子好酒，就禁止别人送给太子好酒；太子有过错，总是用棍棒责打。

宇文邕曾经对太子说："自古以来有多少太子被废掉？我其他几个儿子难道不能立为太子吗？"还命令东宫的官员记录太子的言语举动，每个月都要向他报告。

太子对宇文邕很是惧怕，故意修饰自己的言行，因此他的过失宇文邕都不知道。上开府仪同大将军王轨曾经对小内史贺若弼说："太子可能难堪大任。"贺若弼也这样认为，劝说王轨向宇文邕上表。

王轨在后来与宇文邕闲聊时，趁机对宇文邕说："皇太子的仁孝没怎么听说过，恐怕他不能胜任陛下的家事。愚臣没什么见识，说得也不一定对。陛下一向认为贺若弼有文武奇才，他也常为这件事忧虑。"

宇文邕就当面向贺若弼询问这件事，贺若弼回答说："皇太子在东宫修养品德，没听说有什么过失。"

出宫以后，王轨责备贺若弼："你一向是有什么话都直说，今天为什么如此反常？"

贺若弼说："过错在你身上。太子是国家将来的君主，怎么能轻易议论？如果有了点儿差错，就会全家被抄斩。这样的事本来应该秘密上条陈，怎么能公开说呢？"

王轨沉默不语，过了很久才说："我在想这件事情时，只想国家了没想自己。以前当着大家的面说的确不太合适。"

后来王轨到宫里参加宴会为宇文邕祝寿，假装醉酒，捋着宇文邕的胡须说："可爱的好老头儿，可惜继承人不行啊。"

在这之前，宇文邕曾经询问过右宫伯宇文孝伯，说："最近我的儿子怎么样？"

宇文孝伯回答说："太子近来畏惧陛下的威仪，没有什么过错。"

宇文邕停下饮酒，责怪宇文孝伯说："你常对我说太子没有过失，现在王轨那样说，肯定是你骗了我。"

宇文孝伯说："父子之间的事，别人不好开口。臣知道陛下不能忍痛割爱，所以也就不敢多说了。"

宇文邕明白了他的意思，沉默了很久，说："朕既然把太子托付在你身上，还希望你尽力辅佐！"

宇文邕认为王轨等人的建议很合理，但是第二个儿子汉王宇文赞才干更不行，而其他的儿子年纪又都太小，所以没法废黜太子。

杨坚执政掌大权

北周杨皇后的父亲杨坚功高盖主，地位声望都很高。天元皇帝宇文赟很害怕他，生气的时候曾经对杨皇后说："我一定要灭你全族。"

宇文赟召见杨坚，对左右侍从说："如果他神色有变，便把他立刻诛杀。"杨坚到后，神色自若，宇文赟只得作罢。

内史上大夫郑译，与杨坚从小在一起学习，惊奇于杨坚的相貌，倾心与他交往。杨坚既然被宇文赟忌惮，心里很是忐忑。有一次在宫中的长巷里，对郑译偷偷地说："很久以来我就想镇守藩镇，你早了解我的心意，希望你能帮我留心！"

郑译说："天下都很信服你的德行威望。我也想祈求多福，怎么敢忘呢？我自当向皇帝禀明。"

宇文赟准备让郑译率军进攻南陈，郑译请求任命一位元帅。宇文赟问："你认为派谁合适？"

郑译回答说："只有国戚重臣才能平定江东，不然难以镇守安抚。可以让随公杨坚同行，担任寿阳总管，督管军事。"这个建议被宇文赟采纳了。

陈太建十二年（公元580年），五月初五，杨坚被任命为扬州总管，让郑译发兵前往寿阳与杨坚会合。正要出发，杨坚脚突然生病，没能成行。

初十夜，宇文赟乘坐车驾到天兴宫过夜，次日生病返回。小御正刘昉一向以擅于阿谀奉承受宇文赟宠爱，宇文赟很信任他和御史大夫颜之仪。宇文赟召刘昉、颜之仪到卧室，想托付后事，但是喉咙嘶哑，话都说不出来。

刘昉因为静帝宇文阐年幼，杨皇后的父亲又是杨坚，声名隆盛，于是与领内史郑译、御饰大夫柳裘、内史大夫韦谟、御正下士皇甫绩商议，让杨坚做辅政大臣。

杨坚不肯接受这个建议，坚决地想推辞掉。刘昉说："您如果想做，就赶快上任；不然，我自己干。"杨坚于是听从了，声称接受诏命，居住在宫里以侍奉疾病。

当天，宇文赟去世，却谁都没告诉。刘昉、郑译又假传诏命，让杨坚把持所有军队。颜之仪知道不是皇帝的意思，拒绝接受。

刘昉等人把自己的名字签在草拟的诏书上，逼颜之仪也署名，颜之仪严厉地说："天元皇帝已经升天，继承的皇帝年幼，辅佐朝政的任命应当在宗室中选择德才兼备的人。你们备受朝廷恩惠，应当考虑如何报效国家，怎么能把社稷拱手让给外人？我颜之仪宁愿死，也不能欺骗先帝。"

刘昉等人知道颜之仪不听话，就替颜之仪署了名，然后把圣旨颁布。各将领既然接受了诏命，就接受了杨坚的调度派遣。

杨坚索要兵符玺印，颜之仪严厉地说："这种东西属于天子，自然有人保管，宰相为什么要呢？"杨坚大怒，让人把他斩首，随即又因为颜之仪很有声望放过了他，把他调离京城，去西部边境任郡守。

杨坚最初接受任命并执掌大权的时候，派邘国公杨惠对御正下大夫李德林说："朝廷赐令，让我总管文武大事。治理国家，责任重大，现在我想与你共事，你一定要接受。"

李德林说："我愿意以死侍奉您。"杨坚听了很高兴。

当初，刘昉、郑译商议让杨坚任大冢宰，郑译想把大司马这个官职归为己有，刘昉又要求担任小冢宰。杨坚向李德林私下询问，说："我该怎么安排才好呢？"

李德林说："您应当任大丞相、假黄钺，主管内外的军政大权，不然就不能使天下归心。"等到为宇文赟发丧后，杨坚就听从了李德林的建议。当时群臣还没有全部服从杨坚，杨坚把司武上士卢贲安置在自己身边。杨坚准备去正阳宫，百官都不知道该怎么办好。

杨坚秘密命令卢贲把侍卫禁军布置妥当，同时召见百官公卿，对他们说："想有荣华富贵就跟随我。"大家都窃窃私语，众心不一。卢贲带着全副武装的禁兵赶到，大家谁都不敢动弹。

众人出崇阳门，到正阳宫，却遭到了守门卫士的阻拦，卢贲上前说明，卫士仍然不退下。卢贲发怒，对他们大声呵斥，守门的卫士退下，杨坚进入正阳宫。于是让卢贲负责丞相府的守卫，任郑译为丞相府长史，刘昉为司马，李德林为府属。前两位因此都对李德林有意见。

杨坚执政以后，把宇文赟时期的严刑峻法革除，改行宽厚简便的措施。他删削旧律，制定《刑书要制》，上奏朝廷颁行天下。他提倡节俭并亲力亲为，朝廷内外的人都很高兴。

宇文招谋除杨坚

北周太师、赵国公宇文招想把丞相杨坚杀掉，邀请杨坚到他的府第。宇文招把杨坚带进寝室，他的儿子宇文员、宇文贯和妻弟鲁封等人都站在旁边，身披铠甲，手握战刀。又藏了兵器在帷幕与坐席之中，把武士埋伏在寝室后面。

左右侍卫都不曾跟着杨坚，只有杨坚的从祖堂弟、开府大将军杨弘与大将军元胄坐在门旁，只是杨坚下属杨弘及元胄都很凶猛强劲。酒喝到酣畅，宇文招不断用佩刀刺着瓜果给杨坚吃，想在酒席上杀掉他。元胄上前对杨坚说："相府有事，您该回去了。"宇文招呵斥他说："我与丞相说话，你有什么资格插嘴？"呵斥他退下。元胄怒目相视，手按着佩刀，守卫在杨坚身旁。宇文招赐元胄酒喝，说："我难道会有恶意？你不用这么提高警惕。"宇文招假装呕吐，想去后阁。元胄担心有变，就反复地把他扶好。宇文招又假称口渴，命令元胄到厨房拿水，元胄不动。恰好滕王宇文逌迟到，杨坚想去迎接他，便走下了台阶。元胄乘机附耳对杨坚说："情况有异，应当赶快离开！"杨坚说："兵马又不在他手上，怕什么？"元胄说："兵马都是他的，他如果先发制人，大事就完了。元胄并不怕死，只是元胄却不能白死。"杨坚不听，重新入座，元胄听到寝室后面有士兵穿戴铠甲的声音，于是上前说："相府需要处理的事还多，您该走了。"于是强行把杨坚拉下坐床，快步离开。把宇文招隔在屋内，元胄用身体挡住门，宇文招出不去。等杨坚出了大门，元胄才从后面追上他。宇文招后悔错过了良机，把手指都弹出了血。

过了几天，杨坚诬陷宇文招与越野王宇文盛谋反，把二人处死，还一并诛杀了他们的儿子，并给了元胄很多赏赐。

南 史

侯景之乱

侯景是羯族人，原北魏怀朔镇（今内蒙古固阳南）戍兵，渐升为镇功曹史。北魏末年六镇起义时，侯景率部众投靠契胡族酋长尔朱荣，参加镇压起义，因大破义军、活捉葛荣之功被擢升为定州刺史。高欢灭尔朱荣，侯景又叛归高欢。侯景狡诈多变，残忍酷虐，但掠得财宝都赏赐给将士，因此能得将士死力报效，所向无敌。历任东魏尚书左仆射、吏部尚书、司空、司徒、河南道大行台（即河南道最高军政长官），拥兵10万，专制河南，权力仅亚于高欢。东魏武定五年（公元547年），高欢死，太子高澄执政。侯景平时很看不起高澄，而高澄则忌惮侯景叛乱，于是征调侯景入京，以剥夺其兵权。侯景唯恐被杀，于是投降西魏，但西魏也调他入京，因而侯景转而求降于萧梁。梁朝臣多表示反对，而梁武帝竟说夜里梦太平盛世，侯景求降，正与他的梦相符，于是封侯景为河南王、大将军、大行台。

高澄不想放过侯景，派慕容绍宗攻打他。侯景听说慕容绍宗率兵前来，派人对他说："你是想送我去南方呢，还是想和我一决高下？"慕容绍宗回答："当然是和你决战了。"双方摆开阵势，短兵相接，慕容绍宗败下阵来。慕容绍宗见不能取胜，于是按兵不动，等待战机。两军相持了几个月，侯景的粮食快吃完了，他怕部下生异心，骗他们说高澄把他们的家属都杀了。大家相信了他的话，都死心塌地地跟着他。慕容绍宗对他们赌咒发誓："你们的家属都没事。"侯景的部下都是北方人，不想去南方，很多人投降了。侯景的部下一下子就溃散了，只剩下800人跟他一起逃跑。走到一座小城的时候，城墙上有人骂他："你这个跛脚奴能干什么？"侯景大怒，带他的人攻下那座城，杀了骂他的人才离开。

侯景好容易才逃到梁朝的地界就骗取了寿阳城，梁武帝没有忍心追究他。不久东魏请求和梁朝和亲，大臣们都建议答应这件事。侯景听说后怕梁武帝出卖他，假造了东魏的书信送给梁武帝，上面说要用一个逃到东魏的梁朝宗室换侯景。梁武帝准备答应，有人反对说："侯景是被逼得没办法才来归顺的，抛弃他，以后谁还敢来归顺？再说侯景身经百战，哪那么容易对付？"谢举和朱异却说："侯景就是个丧家之犬，一个使者就能把他抓住了。"梁武帝就回信答应了这事。侯景大怒，说："我就知道他没安好心！"他又请求王、谢两家的女儿为妻。王氏和谢氏是南方门第最高贵的姓氏。梁武帝对侯景说："那两家门第太高了，你配不上。我看你在朱氏和陆氏以下的门第里找个老婆得了。"侯景更生气了，说："我一定要把那些人的儿女配给奴隶！"从此决定造反。他把自己管辖范围内的百姓全部招募到军队中，把他们的女儿配给将士们。又请求朝廷发给他衣料做军服，还要求重新给他的士兵打造武器，梁武帝都满足了他的要求。

侯景想造反的风声传到朝廷里，朱异说："侯景手下那点儿人，哪里能打仗！"

朝廷对他根本没有防备。侯景又暗中勾结对朝廷不满的萧正德，让他做自己的内线。侯景以铲除奸臣为理由，请求带兵入朝，然后攻下了几个城池。梁武帝发兵讨伐侯景，但当时手握兵权的亲王们都不想为梁武帝作战，表面上答应发兵，实际却按兵不动。萧正德暗中派遣船只接应侯景，侯景从采石渡江，秘密开赴京城，而朝廷对他的动向毫无所知。

侯景到达京城后，守城人问他带兵来干什么，侯景脱口而出："要当皇帝！"

朝廷的军队根本没有战斗力，侯景很快就攻下了京城。侯景得势后，杀萧正德，软禁梁武帝。不久梁武帝忧郁而死，侯景立萧纲为帝，又废杀萧纲立萧栋。天正元年，侯景终于废萧栋而称帝，国号汉。次年，梁将王僧辩、陈霸先大败侯景军，攻下建康。侯景乘船出逃，被部下杀死。

绣花枕头萧宏

梁武帝萧衍很反感前朝皇帝滥杀宗室，他即位后对家里人非常宽容，就连他的六弟萧宏这样的人，他都一直原谅，始终如一。

萧宏身高八尺，相貌堂堂，一举一动都很优雅，外表无可挑剔。梁武帝即位后，萧宏被封为临川王，担任扬州刺史一职。

不久，梁武帝下令萧宏都督各军征伐北魏，萧宏作为皇弟，他率领的部队都用崭新的武器装备，军容也十分严整，北方人认为这是很多年来都没有见过的。梁军到达洛口后，萧宏指挥有误，多次违反朝廷制订好的军事计划。本来刚刚取得了胜利，大家都想乘胜追击，但萧宏听说北魏援军来了，心里很害怕，召集大家想班师回朝。吕僧珍首先站出来同意萧宏的意见，但是其他将领都纷纷表示反对，有的将领还责骂吕僧珍贪生怕死。会议结束后，吕僧珍悄悄对那些将领说："大王不光是没有一点儿谋略，简直平庸胆怯得厉害！我和他谈军事根本谈不到一块儿，看这种形势，失败是肯定的了,所以我才提议撤军的。"萧宏见大家都反对撤军,所以也不敢回去,只好按兵不动。 北魏人知道萧宏是个胆小鬼,送给他女人用的头巾和头饰来羞辱他,但萧宏仍然不为所动。 吕僧珍对萧宏很失望,私下叹息道:"如果让我去辅佐始兴王和吴平侯的话,中原早就平定了,结果现在居然这样被敌人羞辱。"他想分兵攻打寿阳,萧宏不准他这样做,搞得军政不和,将士们士气也低落了下来。

没过多久,九月的一天晚上,天空中突然下起了暴雨,梁军因此大乱,萧宏以为敌人乘雨前来偷袭,吓得带了几个骑兵逃走了。大家找不到萧宏,都四散逃跑,百万大军就这样作了鸟兽散,武器辎重丢得满地都是。 萧宏逃回京城后,梁武帝不但没有责罚他,反而还加以慰劳,不久又升他为司徒和太子太傅。

萧宏小妾的弟弟吴法寿倚仗他的势力在外面横行霸道,竟然随便杀人。 遇害者的家属含冤告状,梁武帝下诏严查,吴法寿就躲到萧宏家里,官府也不敢上门去抓人。 最后还是梁武帝下圣旨要萧宏把人交出来,把吴法寿处决了。 萧宏虽然犯了窝藏罪,但还是没有受到追究。

由于皇帝对萧宏很纵容,京城里面每次有人图谋不轨,都用萧宏的名义,所以他经常被弹劾,但每次都被饶恕。 有一年梁武帝差点儿遇刺,那刺客被抓到后说自己是受萧宏指使,梁武帝把萧宏找来,哭着对他说:"我比你聪明100倍,当皇帝还怕被推翻,你怎么能继承我呢? 我并不是不能诛杀兄弟,只是考虑到你太笨了。"萧宏赶紧谢罪,一再保证没有这回事,但还是被免去了官职。 可是他还是不知道悔改,奢侈到了极点,家里有美女上千人,个个都奢侈浪费。 他的宠妾的家人仗着他的势力一向违法乱纪,但都没有受到追究。

按理说梁武帝对他如此宽容,他应该竭尽全力为国尽忠的,可是他却把全部精力用在搜刮民脂民膏上面，他家里收藏的钱有3亿之多，其他物品更是数不胜数。萧宏在京城附近开了几十个店面，专门放高利贷，用百姓的田产做抵押，债务一到期就把原来的主人赶走，把田产归为己有，因为他而失去田产的百姓非常之多。他的贪婪就连宗室都看不下去了，豫章王萧综就写了文章讽刺他。梁武帝看到这篇文章后不但不去责备萧宏，反而批评了萧综，那文章虽然很快就被销毁，但已经流传了出去，萧宏也觉得丢不起人，稍稍收敛了一点儿。

禽兽不如的萧宏还和梁武帝的女儿，也就是自己的亲侄女永兴公主私通。他们知道这种事见不得光，害怕梁武帝发现后处罚他们，干脆密谋杀害梁武帝，让萧宏登基，永兴公主当皇后。有一次梁武帝举行斋戒，公主们都参加了。永兴公主认为这是个好机会，让两个家人穿上婢女的衣服一同前往。谁知道带去的家人太紧张了，在跨过门槛的时候不小心把鞋子蹭掉了。负责安全工作的官员看到后产生了疑心，秘密报告给了丁贵嫔，想让梁武帝知道这事，但又怕他不相信。于是派人暗中布置，派了8个人站在帷幕后面，伺机而动。斋戒结束后，永兴公主请求让人退下，梁武帝同意了。永兴公主走上前去，身边两个家人突然冲到梁武帝背后，8个埋伏好的人马上奔出来将那两个家人拿下。梁武帝大吃一惊，最后从两个家人身上搜出了刀子，他们供认是受萧宏的指使。梁武帝把这事压了下来，把那两个人灭口，用车把公主送了出去。公主后来怨恨而死，梁武帝连葬礼都不去参加。即使如此，萧宏最后也没有被追究。

萧宏后来得病，梁武帝前前后后一共去看望了7次。萧宏死后，梁武帝还很伤心，追赠得很丰厚。萧宏误国害民，结果还落个善终，死后还倍极哀荣，只能说没有天理了。

北 史

高纬与冯淑妃

冯淑妃，名小怜，原是北齐大穆皇后的侍婢。大穆皇后在皇宠渐衰之际，于五月初五后主高纬诞辰献上她，号称"续命"。冯淑妃机智灵巧，善弹琵琶，长于歌舞。后主痴迷于她，坐则同席，出则并马，期望生死相随。后主令冯淑妃住隆基堂，但淑妃因其曾为曹昭仪的居所而不愿居住在那里，后主便命令所有嫔妃互调住处。

武平七年十月，北周武帝亲自率领三路大军，向北齐进攻。第一个目标是军事重镇——晋州（今山西临汾）。与此同时，高纬和冯淑妃在邺城郊外打猎。晋州告急的文书从早上到中午络绎不绝，右丞相高阿那肱扬手把文书扔到一边，若无其事地说："皇上正在兴头上，边境交兵是日常小事，何必大惊小怪！"黄昏，驿使带来了坏消息：晋州陷落。高纬有点儿心慌，想马上回皇宫，冯淑妃娇嗔地要高纬陪她再玩一会儿，高纬欣然应允，把国难暂时抛到脑后。晋州陷落几天后高纬才派遣大将安吐根率军收复晋州。安吐根叫部下在城外深挖地道通向晋州城。不几日，地道已通到晋州城内。城内平地下塌了三尺多，高纬竟然下令暂且停止进攻，说冯淑妃想进地道玩玩。北齐士兵只好拖延时光等待冯淑妃前来观赏之后再进攻，结果这位妃子在自己房内涂脂抹粉整整花了一个时辰，使北周赢得时间，周武帝及时率领 8 万援军赶到晋州城外。 高纬一看打算逃跑，安吐根等大将反对临阵脱逃，并率军向北周发起反攻，北周拼力相抗，北齐大军往后退了半里。 高纬和冯淑妃骑着马在后面观战。 冯淑妃一看将士后退，对高纬说："我们败了，快逃吧！"高纬便仓皇北逃。 北齐将士一看皇上已逃，顿时军心溃散，大败而逃。

逃至洪洞扎营，淑妃刚拿出粉镜独自赏玩，后方就传来"敌军来了"等乱糟糟的吵嚷声，于是后主与淑妃接着奔逃。 内侍带着皇后服饰从晋阳赶到，后主为之停马，命淑妃穿上皇后服饰再继续逃跑。 后主逃至邺城，太后随后驾到，后主没有出迎；淑妃将至，后主凿开邺城北门赶至十里外去迎接。 后来，他又带着淑妃逃至青州，被俘。 后主被解送至长安时，他求周武帝宇文邕赐还淑妃，周武帝说："朕连天下都不放在眼里，岂能吝惜一个老妇人？"又将冯淑妃赐还与他。

后主遇害后，周武帝将冯淑妃赐予代王宇文达，宇文达也很宠爱她。 宇文达之王妃被淑妃的逸言所害，几乎殒命。 宇文达死后，隋文帝杨坚把她赏给宇文达王妃之兄李询，淑妃被迫穿着布裙去舂米。 李询之母逼她自杀而亡。

地理学家郦道元

郦道元，字善长，魏孝文帝延兴二年生于涿州郦亭。 少年时期，因父亲郦范担任青州刺史，跟随父母居住青州（今山东省青州市）。 父亲去世后，郦道元继承爵位，被封为永宁伯，担任太傅掾。 太和十七年秋季，北魏王朝迁都洛阳，郦道元担任尚书郎。 第二年，他跟随魏孝文帝出巡北方，因执法清正，被提拔为治书侍御史。

魏宣武帝景明二年，郦道元担任冀州镇（今河北省冀州市）东府长史，采取严厉手段，打击邪恶势力。为政严酷，奸匪盗贼闻风丧胆，纷纷逃往他乡，冀州境内大治。正始元年，郦道元调任颍川（今河南省许昌市）太守。永平元年，又调任鲁阳（今河南省鲁山县）太守，上表请求在当地建立学府，教化乡民。

郦道元勤奋好学，广泛阅读各种奇书，立志要为西汉后期桑钦编写的地理书籍《水经》作注。他引用的文献多达480种，其中属于地理类的就有109种。经过多年辛苦，终于写成名垂青史的著作《水经注》。

作为一位杰出的地理学家，郦道元在《水经注》的序言中对前代的著名地理著作进行了许多点评。秦朝以前，我国已有许多地理类书籍，但当时国家不统一，生产力水平不发达，人们对地理的概念还比较模糊，这些作品中普遍存在的问题就是虚构，如《山海经》《穆天子传》《禹贡》等。郦道元坚决反对"虚构地理学"，他在《水经注》序言中提出了自己的研究和工作方法，那就是重视野外考察的重要性。

《水经注》一书中记载了郦道元在野外考察中取得的大量成果，这表明他为了获得真实的地理信息，到过许多地方考察，足迹踏遍长城以南、秦岭以东的中原大地，积累了大量的实践经验和地理资料。《水经》记录河流137条，而《水经注》则记录河流1252条；《水经》只有1.5万字，而《水经注》竟达30万字！

郦道元在实地调查中原地形的同时，又广泛搜求南方的地理著作，进行对比研究，得出自己的结论。例如江南会稽郡的诸暨县，有五泄瀑布，景色壮丽，向来不为世人所知。郦道元在《水经注》里面首次记载了五泄飞瀑壮观的气势："浙江又东，合浦阳江,江水导源乌伤县,东经诸暨县,与泄溪合。溪广数丈,中道有两高山夹溪,造云壁立,凡有五泄:下泄悬三十余丈,广十丈;中三泄不可得至,登他山远望,乃得见之,悬百余丈,水势高急,声震林外;上泄悬二百余丈,望若云垂。此是瀑布,土人号为泄也。"从此,世人方知五泄的山水景观。

  郦道元留下了不朽的地理巨著《水经注》40卷,不仅开创了我国古代"写实地理学"的历史,而且在世界地理学发展史上也占有重要的地位,不愧为中世纪最伟大的世界级地理学家。

隋 书

隋灭陈统一天下

陈祯明二年（公元588年）三月，隋文帝杨坚下诏，把陈朝的罪恶都罗列出来，宣布将要讨伐陈朝。又让使者把玺书送去陈朝，列举了后主陈叔宝的20条罪状。还下令将诏书抄写30万份，散发到整个江南地区。

十月二十八日，杨坚宣布隋准备对陈用兵，于是祭告太庙，接着任命各路统帅，部署行军路线。共有各路军总管90人，士兵51.8万人。

十一月初二，杨坚亲自为将士饯行。隋师出发后，各路军队经过长途跋涉，很快到达长江北边。然而后主陈叔宝却丝毫不在意，很长时间都不派遣军队。他虽然让朝廷群臣商议对策，但是由于奸臣阻挠，一直定不下方案。

陈后主曾经从容地对身旁侍奉的近臣说："这里有帝王之气。齐军三次进犯、周军两次入侵全都惨败，现在的隋朝当然也打不过来。"

都官尚书孔范说："长江是天堑，从古到今都起着隔绝南北的作用。现在敌军难道能飞过来吗？是边境的将领想立功，才把情况报告得很紧急。我总是嫌自己官职太低，敌军如果真的横渡长江，我一定可以立功当上太尉了。"

有人谎报说隋军很多马匹都死了,孔范说:"这些都将是我们的马,为什么会死呢?"陈后主觉得他的分析正确,所以没有布置防备,仍然奏乐、歌舞、纵酒、赋诗不断。

隋开皇九年(公元589年)正月,隋军成功渡过长江,靠近建康。当时建康还有正式武装的军队10多万人,但是陈后主胆小怕事,又不会带兵,只是白天黑夜哭泣,台城里的一切安排布置,全都委托大监军施文庆。

施文庆知道自己一直遭到将领们的痛恨,此时唯恐他们立功,于是上奏说:"这些将领总是不满足,平时就不服从陛下,现在情况紧急,对他们根本不能完全信任!"因此这些将领凡是有事上奏的,大部分都不被批准。

隋吴州总管贺若弼进攻京口的时候,陈朝都督萧摩诃向陈后主上书率军迎敌,陈后主不答应。等贺若弼进军到钟山,萧摩诃又说:"贺若弼孤军深入,他的营垒还没有构造坚固,此时出兵袭击,一定可以攻克。"陈后主还是否定了这个建议。

陈后主召集萧摩诃、镇东大将军任忠到宫内商议军情。任忠说:"兵法有言:到敌人地盘进攻,最好便是速战速决;在自家地盘抵抗,稳重一些更为有利。现在国家兵力粮草都很充足,应该固守台城,沿秦淮河修建栅栏,隋军即使前来进攻,也不能应战。

"然后兵分两路把长江水路截断,让隋军的消息无法传递。陛下再给我1万精兵、金翅战船300艘,从长江沿线顺流而下,直接进攻六合镇。隋朝军队肯定猜测他们渡过长江的士兵已经被俘虏,气势自然挫败。

"我以前就与淮南的百姓熟络,现在听说是我前往,他们一定会响应服从。再扬言说要进军徐州,截断敌军的退路,那么敌人一定不攻自退。等到雨季春水上涨,上游的周罗睺等各部队一定会及时赶来援助。 这是良策。"

陈后主没有听从。

第二天，陈后主忽然说："长期相持不战，让人心烦，让萧摩诃迎战吧。"任忠跪地苦求不要出战。

忠武将军孔范又上奏说："请求决战，必当为陛下在燕然山刻石记功。"

陈后主听从了，对萧摩诃说："你可以为我决一死战！"

萧摩诃说："从来作战都是为了国家与自己，如今也是为了家庭。"陈后主拿出很多金帛财物赏赐给各军队。

二十日，陈后主让鲁广达在各路大军的最南边白土冈摆开阵势，接下来依次是任忠、樊毅、孔范，萧摩诃的军队在最北边。各路军队南北绵延了20里，首尾之间却互不知晓进退。

隋将贺若弼率领轻骑登上钟山，对陈朝各路军队查看，然后飞奔下山，与手下的七位总管杨牙、员明等人，士兵共8000人，也严阵以待。

因为陈后主私通萧摩诃的妻子，所以萧摩诃一开始就没有拼死作战的想法。 只有鲁广达率领士兵奋战，邀抵挡贺若弼的军队。隋军只能数次后撤，贺若弼手下的士兵死了273人，后来靠放烟火掩护自己，才使士气重振。

陈朝士兵拿隋军人头邀功，都跑去献给陈后主以求赏赐。 贺若弼知道他们骄纵松懈，于是又带领军队进逼孔范。 孔范的军队刚一交战便四散溃逃，陈朝其他各路大军看见，骑、步兵都陷入混乱，根本不能阻止溃散，稀里糊涂死了5000人。

总管员明把萧摩诃擒获，押送到贺若弼那里，贺若弼命令把他砍了，萧摩诃神色自若，贺若弼于是把他放了，并且以礼相待。

任忠骑马进入建康台城拜见陈后主，向他汇报了军队的失败，说:"陛下自己保重,我是无能为力了!"

陈后主给了他两串金子,请求他募兵再战,任忠说:"陛下只有准备船只,前往上游会合各路大军,我当以死保护皇上。"

陈后主听信了他,让他出外布置,命令宫女整理行装等待,可任忠却好久不曾回来,大家都觉得奇怪。当时韩擒虎从新林率军前进,原来任忠已经率领几名骑兵去石子冈投降。

陈朝领军将军蔡征率领部队镇守朱雀航,一听说韩擒虎的军队即将抵达,兵士立马溃逃。任忠领着韩擒虎从朱雀门直接进入,一些陈军士兵想抵抗,任忠劝阻他们:"连我都投降了,你们还想干什么?"于是大众全都四下逃散。

台城里的文武百官全都逃走,或者躲了起来,还剩下尚书仆射袁宪、尚书令江总等几个人留在尚书省。陈后主对袁宪说:"我一向把你与别人都一视同仁,今天只感到非常惭愧。这不仅因为我缺少道德,也是因为江东士大夫的道义全都丧失了。"

陈后主惊慌失措,想要逃走躲起来,袁宪严肃地说:"隋军入侵,肯定不会对陛下加以冒犯。情况已经这样了,哪里还有陛下的容身之地呢?请陛下整理衣冠,在正殿端坐,像梁武帝萧衍见侯景一样。"

陈后主不听,下了坐床骑马离开,说:"刀斧之下,不能抵挡,我有良方!"与十几个宫人走出后堂景阳殿,准备跳到井里,也不听袁宪的苦苦劝谏。后阁舍人夏侯公韵用身体挡住井口,陈后主与他争执良久,才得以跳进井里。

过了不久,隋军士兵来了,向井里张望,叫了好长时间都无人应答,准备要扔下石头时才听到呼叫声,于是用绳子往上拉,却发现下面很重,后来才发现,原来陈后主与张贵妃、孔贵嫔三个人是一起被拉上来的。

沈皇后仍然在平时住的地方，淡定若平时。皇太子陈深当时15岁，关闭阁门坐在屋里，在旁边侍奉的只有舍人孔伯鱼。隋军推门进屋，陈深安然而坐，慰劳他们说："一路行军，很辛苦吧。"隋军士兵都向他致敬。

当时，陈朝宗室王侯在建康城里的有100多人，陈后主怕他们添乱，把他们全都召进宫，在朝堂聚集，让豫章王陈叔英监视他们，又偷偷地加以戒备。等到台城失守，他们一起出去投降。

陈叔宝全无心腹

陈后主陈叔宝以太子的身份，成为陈朝的末代皇帝，做了皇帝以后，不好好地治理国家，反而大兴土木，尤其喜好女人，荒淫无度。

陈至德二年（公元584年），陈后主在皇宫光昭殿前把临春、结绮及望仙三座楼阁都修建起来。每座有几十丈高，一连几十间，用沉香木和檀香木做窗户、壁带、悬楣、栏杆、门槛等，用黄金、玉石夹杂着珍珠、翡翠饰品，把珠帘都挂在外面，里面有宝床、宝帐，衣物与玩物的瑰丽精美，自古以来都没有过。每当微风吹过，在几里外都能闻到香味。楼阁下面用石头堆成假山，引水为池，奇花异草相间种植。

临春阁陈后主自己住，张贵妃住在结绮阁，龚、孔两贵嫔住在望仙阁，楼阁之间都有复道往来。陈后主还宠爱王美人、李美人、张淑媛、薛淑媛、袁昭仪、何婕妤、江修容，他们经常到三座楼阁上嬉戏，又任宫女中通文学的袁大舍等人为女学士。

尚书仆射江总虽然是宰相，却对政务毫不关心，每天都和都官尚书孔范、散骑常侍王瑳等十几个文官侍奉后主在皇宫后庭游玩宴饮，与皇帝没大没小地瞎闹，被称为"狎客"。

每次陈后主在宴会上喝酒,都让各位嫔妃与学士及狎客一起赋诗,互相赠答,选取其中特别艳丽的谱上新曲,让千余名宫女诵唱,分成几个部分依次进行。歌曲有《玉树后庭花》《临春乐》等,大多是赞美各位嫔妃的容貌姿色。君臣饮酒唱歌,常常通宵达旦。

后来,隋朝灭亡了陈朝。隋朝军队攻进建康时,陈叔宝被俘,然后被带到长安,住在修葺过的民宅里。隋文帝杨坚把他赦免了。

杨坚赐予陈叔宝非常丰富的财物,几次接见他,与三品官员同列。每次陈叔宝参加宴会,隋文帝都担心他会忧愁,不许乐队演奏吴地的音乐。

后来,看守陈后主的官吏上奏称:"陈叔宝说:'既没有官职,又不得不在朝见集会上露面,希望能得到一个官号。'"

杨坚感慨地说:"陈叔宝真是没心没肺呀!"

看守官吏又说:"陈叔宝经常喝醉,清醒的时间很少。"

文帝问他说:"一天喝多少酒?"

看守官吏回答说:"每天和他的子弟喝一石酒。"

文帝十分震惊,命令让他喝酒有节制一些,过了不久又说:"随他便吧,不然让他怎么打发日子呢!"

杨广继位为帝

隋文帝仁寿四年(公元604年),杨坚在仁寿宫避暑却因此得病。七月,文帝病重,尚书左仆射杨素、兵部尚书柳述、黄门侍郎元岩等都进入仁寿宫伺候皇帝。

文帝召皇太子杨广在大宝殿入住。杨广考虑如果文帝去世,首先应做好准备，于是亲手写了一封信送出去询问杨素，杨素将所有应注意事项一一罗列。结果宫人错把回信送到文帝的寝宫，文帝看了十分生气。

文帝宠爱的陈夫人清晨去厕所，被太子杨广逼迫，陈夫人拼命挣扎才得以保全。回到文帝的寝宫，文帝看出了她怪异的神色，问她原因，陈夫人流着泪说："太子无礼！"

文帝大怒，拍打着床说："我怎能把国家大事托付给这个畜生！独孤误我！"于是叫来柳述、元岩说，"召我的儿子来！"

柳述等人准备去叫杨广，文帝说："是杨勇！"原来的太子便是杨勇，因为失宠，又被杨广设计陷害，所以杨勇的太子位被废。

柳述、元岩出了寝宫，起草诏书。杨素听说之后告诉了太子杨广。于是杨广假传文帝的诏令，逮捕了柳述、元岩，并让他们进入大理寺监狱反省。然后命东宫士兵迅速赶到仁寿宫守卫，宫门禁止出入，派宇文述、郭衍负责，又命令右庶子张衡入文帝的寝宫侍候。让后宫所有侍从都到别的房间去待命。过了不久，文帝去世的消息便传了出来，这件事使很多人议论纷纷。

陈夫人与后宫的宫人们听说变故，互相对视，脸色大变，浑身发抖。黄昏的时候，杨广派使者送来小金盒，外面贴着封纸，杨广亲自在上面题字：赐给陈夫人。陈夫人看见后吓得魂飞天外，以为是鸩毒，不敢打开。使者催她她才勉强打开盒子，只见几枚同心结放在里面。

宫人们都很高兴，彼此庆幸说："可以免死了！"

陈夫人很生气，没有半分高兴的表示。众宫人一起逼她，她才拜谢使者。当天夜里，太子杨广就在陈夫人那里过夜。

二十一日，为文帝发丧，杨广即位，是为隋炀帝。杨广派人假传文帝的诏命，把前太子杨勇赐死。

隋炀帝三征高丽

隋炀帝大业六年（公元610年），由于高丽王礼数不周，隋炀帝打算征讨高丽。炀帝强令天下富人购买军马，以致军马价格暴涨，每匹卖到10万钱；又命人挑选、查验各种精细的新式兵器。

次年二月，隋炀帝下诏征讨高丽。命令幽州总管元弘嗣到东莱海口造船300艘。官吏监督劳役，民夫日夜在水中操劳，从腰部以下都生了蛆，死掉的人有很多。

四月十五日，炀帝驾临涿郡的临朔宫，随从的九品以上的文武官员都命令安置宅第。在这之前，炀帝下诏征发天下各处的士兵都在涿郡集合。又征发江淮以南的1万水手、3万弓弩手，岭南的3万排镩手，各处的士兵于是像河水一样从四面八方涌过来。

五月，命令河南、淮南、江南制造兵车5万辆送到高阳，让士兵自己用车来装载衣物、铠甲、幔幕。征发河南、河北的民夫供应军需。

七月，征发江淮以南的民夫及船只，将黎阳和洛口各粮仓的粮食运送到涿郡，舟船相连数千里。运送兵器、铠甲和攻城器具的几十万人来往于路上，挤满道路，昼夜不停。死掉的人互相叠压，路上到处散发着臭气。一时之间，天下骚动。

炀帝为了讨伐高丽，命令山东设府并养马，专门供应军队使用。又征发民夫运米，积蓄在泸河、怀远二镇。拉车运送粮食的牛几乎没有能回来的，超过一半的士兵死亡。

由于耽误了耕种庄稼的季节，田地大多荒芜，再加上发生饥荒，谷价上涨，东北边境的情况最为严重，一斗米要几百钱。运送的米如果质量不好，就命令百姓自己把这些米买回去，算是补偿。

又征发鹿车夫 60 多万，两个人推 3 石米，道路险阻遥远，一辆车上的米还不够两人一路上吃的，到达地方的时候，粮食已经没有了，因为害怕获罪，农夫只好逃亡。

再加上官吏贪婪残暴，趁机剥削，百姓穷困潦倒，一无所有。安分守己的无法忍受饥饿寒冷，死期迫近；巧取豪夺的却能够活下去，于是百姓开始成群结伙做盗贼。

大业八年（公元 612 年），正月初二，炀帝正式下达命令，命令左十二军由镂方、长岑、溟海、盖马、建安、南苏、辽东、玄菟、扶余、朝鲜、沃沮、乐浪等道出发，右十二军从粘蝉、含资、浑弥、临屯、候城、提奚、蹋顿、肃慎、碣石、东潜、带方、襄平等路出发。所有人马，在平壤城集中，总计 113 万多人，号称 200 万大军；而负责运送军需的总人数还是这个数目的两倍。

炀帝在桑干河南面祭祀土地，在临朔宫南面祭祀上天，在蓟城北边祭祀马祖。炀帝亲自指挥调度：大将、亚将每支军队中各一人；骑兵 40 队，每队 100 人，10 队为一团；步兵 80 队，分为四个团，每团各有一名偏将；每团的铠甲、缨拂、旗幡颜色都五颜六色，设受降使者一名，负责承奉诏书、慰劳安抚，不受大将节制；其他的辎重、散兵等也分为四个团，由两旁的步兵护卫；进军、停止、扎营，都有次序规矩。

初三，第一军出发。以后每天出发一军，前后相距 40 里，军队紧密联系，经过 40 天，所有的军队才全部出发。各军首尾相连，甚至可以听见彼此的战鼓号角声，旌旗相连，绵延 960 里。

炀帝的御营共有十二卫、三台、九省、九寺，分别隶属内、外、前、后、左、右六军，按照次序最后出发，又绵延了 80 里。这么大规模的行军在以往的历史中绝无仅有。

六月，九路大军齐发，在鸭绿江的西岸会合，然后渡过鸭绿江，追击高丽军队。 左翊卫大将军宇文述一日之内七战七捷后渡过萨水，在平壤城外30里处依山扎下营寨。 后因平壤城坚固难攻而撤退。

七月，宇文述军队再渡萨水，这次可倒了大霉，刚渡到一半时，高丽军队突然发动攻击，隋军大败，各路军队也相继溃乱，无法制止。 将士们狂奔到鸭绿江，行程450里。 将军王仁恭殿后，攻击追来的高丽军队，将高丽军打退。 渡江的30.5万人，回到辽东城下，就只剩下2700人了，军用物资、武器装备丢失得不计其数。 二十五日，炀帝撤军。 第一次征高丽，隋军仅仅在辽水以西攻下了高丽的武历逻，在那里设置了辽东郡和通定镇而已。

第二年正月初二，炀帝下诏，集结天下军队到涿郡。 开始招募平民，建立新军，称为"骁果"。 并修筑辽东古城，在那里储备军粮。

二月，炀帝对侍臣说："大隋上国被高丽海盗侮慢。 如今以我们的国力，就算是移山填海，也不在话下，何况这个小强盗呢！"于是又让朝廷商议出征高丽。

三月，炀帝不顾到处都有起义，坚持出征高丽，并亲自驾临辽东。

四月，炀帝过辽水，派宇文述和上大将军杨义臣进军平壤。

炀帝命令将领们进攻辽东城，并汲取教训，给将领们更大的自由度。 隋军用飞楼、云梯、地道从四面攻城，昼夜不停，高丽守军随机应变，攻了20多天仍然无果。

炀帝让人做了100多万个布袋，装满土，要堆成一个坡道，像鱼背一样，宽30步，和城墙一样高，打算让战士登上去攻城。 并且设计灵活的楼车，安置在坡道的两旁，打算让士兵在上面居高临下向城内射箭。

攻城的日期已经定下，辽东城危在旦夕。 正在这时，杨素的儿子杨玄感造反了，炀帝只好私下里让将领带领军队秘密回国。军用物资、武器装备、攻城器具，堆得像山一样，加上营寨、帐篷，全都丢弃在原地。 当时隋军人心惶惶，不听约束，各路军队跟第一次溃败时几乎一样，毫无组织。 第二次出征高丽，因为国内叛乱，就这样不了了之。

又过了一年，也就是大业十年（公元614年），杨玄感的反叛已经被镇压下去，出征高丽的念头又涌上炀帝心头。 二月，炀帝下诏让文武百官商议此事，可惜的是文武百官根本不予配合，一连几天都鸦雀无声。

不过胳膊到底拗不过大腿，文武百官不合作归不合作，炀帝最后还是决定了。

七月十七日，炀帝车驾驻留怀远。 当时天下大乱，所征召的军队大都没有按时到达，不过高丽当时也已困顿疲惫。

右骁卫大将军来护儿率领军队抵达毕奢城，高丽出兵迎战，被来护儿打败。 隋军准备进逼平壤。 高丽王高元十分害怕，于七月二十八日遣使向来护儿请降。 炀帝大喜，派遣使者持符节召回来护儿。

来护儿召集部下说："大军三次出征，高丽都没能平定，这次回去就不能再来了，劳而无功，我私下很以为耻。 现在高丽的确困顿疲惫，以我们这么多兵力进攻，取胜指日可待。 我准备进兵直接包围平壤，擒获高元凯旋，不是更好吗？"

于是来护儿上表请求出征，想擒获高元后再班师。 长史崔君肃坚决争执，来护儿不答应，说："看高丽的形势，一定会被攻破，大家相信我，我们可以的。 我在朝廷之外，可以自己决定，我宁愿擒获高元而受到谴责,也不能放弃这次成功的机会!"

崔君肃对大家说:"如果听从元帅违抗诏命,那么皇上怪罪下来,我们都会受到牵连。"每个将领都很恐惧,要求返回。来护儿只好接受诏命。

炀帝返回西京,让高元到西京朝见,但高元竟然不来。于是炀帝下令众将领整理行装,准备再一次进攻,但终究没能成行。

隋朝建国之初,曾经富庶一时,炀帝不恤国力,三次征讨高丽,不但最后无功而返,而且使百姓苦不堪言、怨声载道,结果起义不断。隋朝覆亡的祸根其实就是种在这里呀。

瓦岗寨起义

东郡韦城人翟让原是东郡的法曹,由于触犯了法律应当问斩。狱吏黄君汉惊奇于他的骁勇,夜里偷偷地对他说:"翟法司,我看你也是条汉子,怎么能在监狱里等死?"

翟让惊喜地说:"翟让现在就是关在圈里的猪,是死是活只能由您说了算。"

黄君汉立刻把翟让身上的枷锁打开,放他出来,翟让说:"我蒙受您的再生之恩,得以幸免,可是您怎么办呢?"说完哭泣流泪。

黄君汉生气地说:"本来以为你是个大丈夫,日后能救大众性命,这才冒死放你出来,你怎么能学小儿女的样子流泪感激呢!跑吧!不要为我担心!"于是翟让逃到东郡附近的瓦岗做了盗贼。他的同郡人单雄信骁勇矫健,擅长骑马用槊,号召了一帮青年人一块儿去追随他。

离狐人徐世勣家在卫南,当年才17岁,勇敢又有谋略,他劝说翟让,说:"东郡是我们的家乡,很多人都认识,侵犯东郡不大合适。荥阳、梁郡，汴水从那儿流过，我们抢掠行船、掠夺商旅，足以自给。"

翟让同意了，于是率领众人进入荥阳、梁郡的边境，抢夺行船，以供自用，后来归附的人越来越多，很快达到了1万多人。

此时跟随翟让的人很多，蒲山公李密跟随杨玄感谋反失败，从雍州逃亡后，四处奔走，也找到了翟让的队伍，向他们游说夺取天下的谋略。

开始时大家都不相信，慢慢地大家开始信任李密，都说："这个人是公卿子弟，能有这样的志气，实属难得。现在人们都说杨氏将要灭亡，李氏将要兴起，都说最后做王的人大难不死，这个人就是这样，他们说的难道就是这个人吗？"于是渐渐开始敬重李密。

李密观察各首领，只有翟让势力最强，于是由人引见，见到了翟让，为翟让谋划事情，去游说那些力量小的盗贼都归附翟让。翟让很高兴，逐渐亲近李密，一些大事都和他一起商议。

李渊起兵太原

李渊任河东讨捕使的时候，请求让大理司直夏侯端辅助他。夏侯端是夏侯详的孙子，长于观察星象和相面。他对李渊说："现在玉床星动荡，帝座星不安，岁星在参宿的位置，一定有真命天子在这里兴起。除了您还会有别人吗！主上刻薄残暴，特别猜忌各李姓家族，如今李金才已经死了，如果您不想变通，李金才就是您的榜样。"

李渊认为很有道理。等到他留守晋阳，鹰扬府司马许世绪也劝他说："图谶上有您的姓氏，歌谣里有您的名字，您掌握五郡的军队，身处可以四面用兵的地方。举兵起事，就可以成就帝业；

安坐不动,则很快就会灭亡。 您可一定要慎重啊!"

行军司恺武士彟、前太子左勋卫唐宪、唐宪的弟弟唐俭,都认为李渊应该兴兵。 唐俭说:"您在北面招抚戎狄,南面收附英雄豪杰,以此夺得天下,这是商汤、周武王才能够做到的壮举。"

李渊说:"我不敢自比商汤、周武,为私要保全自己,为公要拯救动乱,你姑且自己注意,我会认真考虑您说的话。"当时李建成、李元吉还在河东,受制于人,因此他不敢轻举妄动。

刘文静对裴寂说:"先发者制人,后发者制于人,应该劝唐公早点儿起兵,为什么他反而推迟拖延? 何况你是宫监,却用宫人侍奉宾客,你死了无所谓,为什么要耽误唐公呢?"裴寂非常害怕,屡次催李渊起兵。 李渊让刘文静假冒宫廷伪造敕书,征发太原、西河、雁门、马邑等地 20 岁以上、50 岁以下的人,全部当兵,规定年底在涿郡集合,进攻高丽。 因此人心惶惶,越来越多的人想造反。

等到反叛隋朝的刘武周攻占汾阳宫时,李世民再次对李渊说:"父亲大人受诏留守,皇上的离宫却被盗贼占据,如果不早点儿定下大计,灾祸真的就要降临了。"

李渊于是召集将领幕僚,对他们说:"刘武周占据了汾阳宫,我们如果不能制服他们,按律罪当灭族,怎么办?"副留守王威、高君雅等人都很害怕,叩拜不停,请求一切由李渊做主。

李渊说:"朝廷用兵,发动停止都要禀报,服从调度。 现在盗贼离我们很近,江都在 3000 里之外,道路险阻,还被别的盗贼占据,如果单单依靠据城固守的方法和不能变通的军队,来对付气焰嚣张且狡猾的敌人,一定无法保全。 我们进退都没有办法,该怎么办呢?"王威等人都说:"您既是宗室亲戚,又是贤德大臣,与国家休戚相关。 如今奏报已经来不及了,关键是要平定盗贼,您自己专断也可以。"李渊装作勉为其难的样子，说："这样就要先征集兵力。"

于是命令李世民与刘文静、长孙顺德、刘弘基等人各自招募兵马。附近百姓都来归附，近万人在10天之内前来归附。李渊秘密派人去河东召李建成、李元吉，去长安召柴绍。

王威、高君雅看到兵众聚集，害怕李渊造反，对武士彟说："长孙顺德、刘弘基二人都是逃避征役的人，罪该处死，怎么可以统领士兵！"想要收捕长孙顺德与刘弘基。

武士彟说："这两个人都是唐公的宾客，咱们如果这样做，大乱是免不了的。"王威等人只好作罢。留守司兵田德平想劝王威等人查看归附人的资料，武士彟说："讨贼之兵都属于唐公，王威、高君雅只是寄身在唐公这里，他们不能怎么样！"田德平也只能作罢。

晋阳乡长刘世龙秘密报告李渊说："王威、高君雅想趁您去晋祠祈雨，来行刺您。"

五月十四日夜，李渊让李世民率领士兵在晋阳宫城外面埋伏。十五日清晨，李渊与王威、高君雅坐在一起处理公事，刘文静带着开阳府司马刘政会进来，在庭院里声称有密旨下来。李渊看着王威等人，让刘政会拿给他们看，刘政会不给，只说："告发的是副留守的事情，只有唐公能看。"

李渊佯装吃惊地说："怎么会有这样的事？"看完状子后，说，"王威、高君雅刘政会不给，只私下勾结突厥人入侵。"

高君雅捋起袖子大骂，说："造反的人想杀人灭口。"

当时，李世民已布置军队堵住街道，王威、高君雅被刘文静和刘弘基、长孙顺德等人一起捉住，关进了监狱。至此，李渊正式起兵，反叛隋朝。

旧唐书

玄武门之变

唐高祖武德九年（公元626年），天下已定，太子李建成、齐王李元吉对秦王李世民的功劳很妒忌，三人间的嫌隙越来越深，太子和齐王还联合后宫嫔妃，日夜在高祖李渊面前说李世民坏话，李元吉甚至还劝李渊干脆杀掉李世民。

秦王府中人人自危。李建成和李元吉更是挖空心思使尽招数，或是治罪关押，或是外派官员，或是诬陷驱逐，千方百计把李世民身边的人弄走，使其力量削弱。后来，秦王府中，李世民的亲信已所剩无几。

恰逢突厥入侵，李建成便推荐李元吉，让他代替李世民率领北伐盟军。李元吉请求派李世民手下大将尉迟敬德、程知节等一起前往，还挑选秦王军中的精锐士兵，使自己的军队充实。

李元吉得到李世民的兵将后，李建成便建议他趁李世民为他饯行的时候，埋伏武士刺杀李世民。这个消息让李世民知道了，便与长孙无忌、尉迟敬德、房玄龄、杜如晦等人商量，决定发动事变，诛杀李建成和李元吉。

六月初三，李世民向高祖呈上奏折，称李建成和李元吉与后宫嫔妃关系密切，而且说："我没有丝毫对不起哥哥与弟弟的地方，但他们的眼里已容不下我，像是要为王世充和窦建德报仇。我如今含冤而死，我们再也不能见面，魂魄回到地下，实在耻于见到那些被我诛杀的贼人！"

李渊看了奏章之后惊愕不已，回复说："明天朕就调查这件事，你应该早点儿告诉我。"

初四，李世民率领长孙无忌等人入朝，把士兵埋伏在了玄武门。

张婕妤暗中得知了李世民上表的内容，便赶紧通知李建成。李建成把李元吉叫来商议，李元吉说："我们应当控制住东宫与齐王府的军队，借口生病，不去上朝，静观其变。"

李建成说："我已经周密部署好军队了，我与你应当入朝参见，亲自询问消息。"于是他们一起入宫，走向玄武门。

当时，高祖已经召见过裴寂、萧瑀、陈叔达等人，将要对李世民说的事进行调查。李建成与李元吉走到临湖殿的时候，发现情形有些不大对劲，立刻掉转马头，准备往东返回东宫和齐王府。

这时李世民从后面叫他们，李元吉回头拉开弓射李世民，但是弓却很遗憾地在关键时刻有了毛病。李世民射李建成，一箭就把他射杀了。尉迟敬德带领骑兵70人随即赶到，他身边的士兵也射伤了李元吉。

李世民的坐骑奔入树林，被树枝勒倒在地上。李元吉随即赶到，夺过弓，准备把李世民勒死，尉迟敬德赶忙过来帮助李世民。李元吉想逃到武德殿，尉迟敬德追着射他，把他射死了。翊卫车骑将军冯立听说李建成死了，叹息道："怎能在别人生前接受他的恩惠，别人死了就躲避他的祸患呢？"于是与副护军薛万彻、左军骑谢叔方亲率东宫和齐王府的精兵两千人迅速赶往玄武门。

张公谨力气很大，把城门独自关闭了，冯立等人无法入城。

云麾将军敬君弘掌管宿卫军，在玄武门驻扎，准备出战。他身边的人劝告他说："事态还不清楚，先把情况打探清楚再说，等卫兵集合完毕，排好阵形再出战也为时不晚。"敬君弘不听，与中郎将吕世衡大声呼喊着杀过去，全都被冯立等人杀死。

守卫玄武门的士兵与薛万彻等人奋勇交战，持续的时间很长。薛万彻擂鼓大喊，准备进攻秦王府，这引起了士兵们的恐惧。这时，尉迟敬德提着李建成和李元吉的首级给他们看，东宫和齐王府的兵马立刻溃散，薛万彻与几十名骑兵逃去了终南山的方向。

冯立杀了敬君弘，对手下的人说："这也可以稍稍告慰太子了。"然后他扔下武器，也逃走了。

高祖李渊正在海池划船，李世民让尉迟敬德到宫里通报，尉迟敬德顶盔贯甲，手握长矛，直接来到高祖所在的地方。

李渊大惊，问他说："今天有人作乱吗？你穿成这样到这里来干什么？"

尉迟敬德回答说："秦王因为太子和齐王作乱，已举兵把他们诛杀。唯恐惊动了陛下，所以派臣来保护陛下。"

李渊对裴寂等人说："想不到今天竟然有这样的惨事发生，该怎么办呢？"

萧瑀和陈叔达说："建成与元吉本来就没有在推翻隋朝中做出什么贡献，对天下也没有功劳，还妒忌秦王功高望重，所以才共同图谋不轨。现在秦王已经声讨并诛杀了他们，秦王功盖寰宇，天下归心。如果陛下能够立他为太子，委托国家大事，天下人人便太平了。"

李渊说："好！这也正是我的心里话啊。"

当时，宿卫军、秦王府兵与东宫、齐王府的士兵仍然在继续战争，尉迟敬德恳求李渊颁布亲笔敕书，命令由秦王管理各处军队，李渊答应了。天策府司马宇文士及由东上阁门出来宣读敕令，大家听了这才乖乖罢手。李渊又让黄门侍郎裴矩到东宫向各将士通报，将士们都放下武器，各自逃散。

李渊传召李世民，安抚他说："近日来，我差点儿误信别人的谗言而疏远你。"李世民跪下来，趴在高祖的胸前哭泣，哭了很久。

初七，李渊立李世民为太子，并下诏说："从今往后，军队和国家的事务，不论大小，全都交给太子处置决断，然后再向我汇报。"

八月初八，李渊颁下诏书，让太子李世民继承皇位。李世民再三推辞，李渊不答应。第二天，李世民在东宫显德殿登基，李世民就是唐太宗。

唐太宗李世民

唐太宗李世民即位为帝，改年号为贞观。太宗居安思危，励精图治，选拔人才，虚心纳谏，实行轻徭薄赋、减缓刑罚的政策，终于形成了国富民强、百姓安居乐业的四海升平景象，史称"贞观之治"。

太宗与群臣商讨把强盗消灭干净，有人主张施行严刑峻法，太宗不以为然，认为百姓之所以做强盗，是因为赋役太重、官吏贪暴，饥寒交迫才不得已做了强盗，所以应该减轻赋税和徭役，整顿吏治。这样经过唐太宗几年的整治，天下太平，路不拾遗，夜不闭户，客商行旅甚至可以放心在野外睡觉。

太宗经常告诫身边的大臣："君主依靠国家,国家依靠百姓。剥削百姓侍奉君主,就像割下自己身上的肉来充饥,吃饱了人也死了,君主得到满足却使国家灭亡。所以君主的忧虑,不来自外界而往往是在自身。欲望多则花费大,花费大则赋税沉重,赋税沉重则百姓愁苦,百姓愁苦则国家危殆,国家危殆则君主不保。我时时对这些事进行考虑,所以从来不敢放纵欲望。"

太宗对大臣裴寂说:"最近上奏的折子里对我提出了很多建议,朕都把它们贴在寝宫的墙上,进出的时候可以阅读,这样对治国方略经常性地思考,有时到深夜才入睡。你们也应当恪尽职守,不要辜负朕的这番心意。"

太宗神采英武刚毅,群臣晋见他都非常紧张。太宗知道后,每次朝见大臣奏事,都神色温和,希望听到规劝诤谏。

太宗曾经对公卿说:"人只有借助镜子才能看到自己的样子。君主想知道自己的过失,一定要依靠忠臣。如果君主刚愎自用,只相信自己,大臣只会对君主阿谀奉承,君主会失去国家,大臣又怎能独善其身?像虞世基等人,对隋炀帝谄媚以求保住富贵,结果炀帝被杀,世基等人也都受诛。希望你们引以为戒,事情总有得失,切勿拘束,畅所欲言!"

贞观四年(公元630年),各地方少数民族的首领都到宫殿前,请求给太宗上尊号,称"天可汗"。

太宗说:"我是大唐的天子,难道可汗的事务也要我负责吗?"朝廷群臣及各民族首领一起高呼万岁。从此以后,太宗给西北各族首领的玺书中,都盖着"天可汗"的印章。

贞观五年(公元631年),河内人李好德得了心病,对百姓胡说八道,太宗下诏审理此事。

大理丞张蕴古上奏说："好德生病有医生证明，依法不应治罪。"

治书侍御史权万纪弹劾张蕴古说："相州是张蕴古的籍贯，李好德的哥哥李厚德为相州刺史，张蕴古为了讨好李厚德，所以弄虚作假。"

太宗大怒，下令将张蕴古斩首，很快又后悔了，于是下诏说："以后如果判了死刑，即使下令立即处决，也要再上奏三次才能执行。"

当年十二月，太宗根据自己虽然下令在处决死刑犯前要复奏三次，但有关部门仍然往往流于形式、三次复奏往往很短的时间内完成的实际情况，颁下制书，增加复奏次数。结果很多被冤枉或是判刑过重的人，因此得以幸免。

第二年底，太宗到监狱亲自对囚犯进行审核，见到应该处死的人，心生怜悯，就放他们回家，但是约好到来年秋天再回到京师接受死刑。并且下令把全国的死刑犯都放回家，让他们到期赶往京师领刑。

又过了一年，当初全国放回家去的死刑犯，共有390人，在没有人监督管理的情况下，都自己按期赶往监狱报到，没有一个人逃亡。太宗于是全部赦免了他们。

太宗对执政的官员说："朕常常担心因为个人的原因而造成赏罚不公，所以希望你们净谏。你们也应接受别人的劝谏，不能因为自身的原因而讨厌别人违背自己的意愿。如果自己不能接受劝谏，又怎么能对别人劝谏？"

太宗曾经问魏征："群臣上书，大多都很有可取性，可以采纳；而等到召见他们当面询问的时候，往往都语无伦次，这是什么原因？"

魏征回答说："我观察各部门的上奏，他们经常要思考好几天，可是在您面前却只能说出一点儿。何况进谏的人担心陛下生气，陛下如果不和颜悦色，他们怎么敢畅所欲言呢？"

从此，太宗在接见大臣的时候，神情更加和蔼可亲，曾经说："隋炀帝多猜忌，临朝的时候很少和群臣说话。朕跟他不同，与群臣亲近得像一个人一样。"

太宗还曾询问身边的大臣："创业与守成哪个更难？"

房玄龄说："建国之初，我们与其他人一起起兵反隋，以实力相竞争，然后使之臣服，最艰难的是创业！"

魏征说："古往今来的皇帝，都是从艰难中取得天下，在安逸中失去天下，所以守成更难！"

太宗说："玄龄与我经过生死拼搏才拥有天下，所以知道开创大业的艰难。魏征与我共同安定天下，经常担心因为富贵而生出骄傲奢侈的毛病，因为忽视小问题而导致发生灾祸，所以知道守成的艰难。然而创业的艰难，已经过去了；守成的艰难，各位应该与我共同慎重面对。"

房玄龄等人谢恩，说："陛下能够这样说，是天下百姓的福气！"

太宗善于驾驭臣下，让群臣为他分忧。李世勣曾经得急病，药方说龙的胡须烧的灰可以治疗。太宗亲自剪下自己的胡须，让他治疗。

李世勣叩头跪拜到流血不止，太宗说："这是为了社稷，不是为你，有什么可谢的！"

李世勣曾经侍奉太宗宴饮，太宗似乎不经意地对他说："朕想在大家中找到可以照顾我孩子的大臣，没有人能比得上你，当年你对李密尚且忠心不贰，又怎么会辜负朕？"李世勣流泪辞谢，咬破指头流血发誓，因此喝醉，太宗把自己的衣服盖在他身上。

太宗把晋王李治立为太子后，曾经对身边的大臣说："朕自从立李治为太子，遇到事情就趁机教育他，看到他吃饭，就说：'你知道耕种的艰难，才不至于饿肚子。'看到他骑马，就说：'你知道马的劳逸，不要耗尽它的力量，才能经常骑它。'看见他坐船，就说：'水能载舟，亦能覆舟。百姓就像水，君主就如舟。'看到他在树下休息，就说：'只有穿过墨线矫正的木头才是直的，君主接受劝谏才能圣明。'"

太宗在未央宫过夜，卫士已经走过去，太宗忽然在路边草丛里看见一个人带着刀，就质问他，那人回答说："我听见卫士经过，害怕不敢出来，卫士没有看见我，我便在那里躲着。"

太宗带他回宫，对太子说："这件事一旦被发现便会处死几名卫士，你从后面立刻送他出去。"

太宗坐轿，有卫士不经意间擦到太宗的衣服，十分害怕，甚至变了脸色，太宗说："这里没有御史弹劾你，我也不会加罪于你。"

太宗死前，写成《帝范》十二篇赐给太子，对他说："这里面包含所有修身治国的道理。有一天我死了，便只有这些文字能告诉你一些道理。"

太宗还告诉太子，要以古代的圣哲先王为师，要效法他们，知道一些治国之道。太宗认为自己即位以来，有很多事情都不应该做，如锦绣珠玉之类的享受不能免除，还不停地兴建宫室，平时喜好打猎，罗致鹰犬骏马，又巡游四方，使各地疲于供给，这些都是不可取的。

千古第一谏臣魏征

唐高祖的时候，魏征担任太子洗马，经常劝说太子李建成赶快把秦王李世民铲除。等到李建成失败被杀，李世民召见魏征时说："你为什么挑拨我们兄弟之间的关系呢？"

大家都替魏征的安危担心，魏征却从容地回答道："如果太子早听我的话，一定不会有今天的下场。"

李世民以前便很欣赏魏征的才华，这时就改变态度，以礼相待，让他担任詹事主簿，后来又任命他为谏议大夫。

李世民即位以后，励精图治，甚至在卧室内向魏征询问政治得失。魏征知无不言，太宗也很愉快地采纳。不久以后，魏征被任命为右丞。

贞观元年（公元627年），有人告发右丞魏征对他的亲戚有所偏袒，太宗派御史大夫温彦博审查，没有找到证据。温彦博对太宗说："魏征办事光明磊落，不避嫌疑，虽然没有私心，但也有可以责备的地方。"

太宗让温彦博责备魏征，并且说："从今以后，要注意自己的行为举止。"

有一天，魏征入宫觐见，对太宗说："我听说君主与臣下就像一个人，应当彼此信任坦诚。如果上下都对自己的行为加以掩饰，那么便不知道国家的兴亡。我不敢遵奉诏令。"

太宗顿时醒悟，说："我已经后悔了。"

魏征拜了两拜，说："我有幸能侍奉陛下，希望陛下让我做良臣，不要让我做忠臣。"

太宗问:"忠臣、良臣有什么不同吗?"

魏征回答说:"稷、契、皋陶,君臣同心合力,荣华富贵共享,这是所谓良臣。龙逄、比干,朝廷上对皇帝直言劝谏,身死国亡,这就是所谓的忠臣。"

太宗十分高兴,赏赐他500匹丝绢。

魏征貌不惊人,但有勇有谋,善于让皇帝回心转意,常常冒犯龙颜坚持劝谏。有时候碰上太宗发怒,他也面不改色,太宗也往往因此稍为缓和。

他曾经告假回去为先人扫墓,回来后对太宗说:"人们都说陛下要到南山考察,外面都准备妥当了,您最后却没去,为什么?"

太宗笑着说:"起初确实有这个想法,害怕你责怪,于是便没去。"

太宗曾得到一只很好的鹞鹰,把它放在手臂上,望见魏征从远远的地方走过来,害怕他又要讲大道理,就把它藏在怀里。结果魏征故意向太宗奏事,说个没完没了,鹞鹰最后竟在太宗怀里憋死了。

贞观六年(公元632年),文武百官请求封禅,太宗也想听从,唯独魏征不同意这件事。

太宗说:"你不想让朕去封禅,是认为朕的功劳太少吗?"

魏征回答:"功劳很高了!"

问:"德行不够厚吗?"

答:"非常厚!"

问:"大唐在动乱吗?"

答:"安定了!"

问:"四方的夷族还在叛乱吗?"

答:"归服了。"

问:"老百姓的收成还不够好吗?"

答:"够好了!"

问:"出现祥瑞没有?"

答:"出现了!"

问:"那么不能封禅的原因是什么啊?"

答:"陛下虽然拥有这6个条件,但天下方定,隋朝灭亡后户口没有恢复,粮仓还很空虚,而陛下的车驾东巡,随从如云,肯定会消耗很大。

"而且陛下封禅,各国君主、远方夷族首领都要作为随从聚集一起。现在从伊水、洛水东到大海、泰山,人烟稀少,满眼都是草莽,这是引戎狄进入我们的腹地,把我们虚弱展示给他们。何况即便赏赐无数,这些人的欲望也不能得到满足。

"封禅一次,就算免除几年徭役,老百姓的劳苦也不能补偿。崇尚虚名而损害实际,陛下怎么可以实行呢?"恰好这时黄河南北几个州县发大水,封禅的事情于是不了了之。

贞观十三年(公元639年),魏征见太宗开始懈怠,上疏说:"陛下治国,比起贞观初年,不能善始善终的,共有10条。"

其中有一条是这么说的:"滥用劳力,就说:'百姓没有事情就会变得安逸,劳役使他们容易差遣。'古往今来,国家没有因百姓安逸而灭亡的、因百姓劳苦而安定的。这恐怕不是振兴国家的话。"

太宗十分赞赏,感慨地说:"朕已经把你的奏折挂在屏风上,早晚阅读,抄阅一遍送交史官。"赏赐魏征黄金10斤、御马两匹。

太宗对身边的大臣说:"朕如今感觉打江山易,守江山难啊。"

魏征回答说："我听说取胜容易，守成最难。这样的话从陛下嘴里说出，是宗庙社稷之福呀！"

太宗曾经询问身边侍臣说："自古以来，有时候君主昏乱而臣下清明，有时候君主清明而臣下昏乱，二者哪个更过分？"

魏征回答说："君主清明则善恶赏罚得当，下臣不会昏乱！如果放纵暴虐、刚愎自用，即使有良臣，又能有什么用？"

太宗说："齐文宣帝得到杨遵彦，这不是君主混乱而臣子清明吗？"

魏征回答说："他也只能拯救危亡罢了，治理天下还谈不上。"

贞观十七年（公元643年），正月，郑文贞公魏征卧病不起，太宗让使者去探望他，赐给他良药，去看望的人络绎不绝。太宗又派中郎将李安俨住在他的家里，时刻关注魏征情况。太宗又和太子一起去他的府第，指着衡山公主，想让魏征的儿子魏叔玉娶她。

十七日，魏征去世，太宗命九品以上文武百官都去吊丧，赐给仪仗和鼓吹，让他陪葬昭陵。

魏征的妻子说："魏征一向生活简朴，现在用一品官的礼仪安葬他，这并非他的意思。"对于所有的赏赐全都推辞不接受，只用布罩在车上，载着棺材安葬。

太宗登上禁苑西楼，眺望哭泣，非常难过，于是亲自撰写碑文，并且亲自写到碑石上。

太宗非常思念魏征，对身边的大臣说："人们用铜做镜子，可以使衣冠变整齐。用历史做镜子，可以观察历代的兴衰更替。用人做镜子，可以知道自己的得失。魏征死了，朕失去了一面镜子啊。"

文成公主入藏

使者冯德遐曾被太宗派去抚慰吐蕃,吐蕃赞普(国王)听说突厥、吐谷浑都曾经娶过唐室的公主,就派使者跟随冯德遐入朝,带了很多金银珠宝,上表请求通婚,太宗回绝。

使者返回,对吐蕃赞普弃宗弄赞说:"臣初到大唐时,大唐对我很好,答应通婚。恰好碰到吐谷浑王入朝,挑拨离间,从此唐朝的礼节逐渐减轻,通婚就不可能了。"

于是弃宗弄赞出兵攻打吐谷浑,吐谷浑抵挡不住,逃到青海北面,百姓的牲畜很多都被吐蕃掠夺。吐蕃接着又攻破了党项、白兰等羌族,率领军队 20 多万人,在松州西部边境屯兵,派遣使者进献金银绸缎,说是来迎接公主。

过了不久,吐蕃又进攻松州,都督韩威被打败。羌族首领阁州刺史别丛卧施、诺州刺史把利步利一起献出州郡投降。吐蕃不停地在边境挑衅滋事,其臣下劝谏却被斥责,因而自杀的一共有八个人。

贞观十二年(公元 638 年)八月二十七日,吏部尚书侯君集被唐朝廷任命为当弥道行军大总管,督率各路人马,步、骑兵共 5 万人攻打吐蕃。

吐蕃进攻了松州城十几天。唐军以牛进达为前锋,九月初六,乘敌军不备,大败吐蕃军于松州城下,杀死 1000 多人。弃宗弄赞害怕了,率领军队撤退,派遣使者谢罪,并再次希望能通婚。这次太宗答应了。

贞观十四年(公元 640 年)十月,吐蕃赞普派他的宰相禄东赞将黄金5000两献上，还有珍宝、器玩几百件来请求通婚，太宗答应吐蕃赞普迎娶文成公主。

次年正月，唐朝任命禄东赞为右卫大将军。太宗赞赏禄东赞善于应对，想让他娶琅玡公主的外孙女段氏，禄东赞推辞说："臣在吐蕃已有发妻，是父母命我娶的，不能抛弃。而且赞普还没有迎娶公主，陪臣怎么敢先娶！"

太宗更加认为他贤德，想要以厚恩安抚他，但禄东赞最终也没有答应。

十五日，太宗命令礼部尚书、江夏王李道宗带着符节送文成公主入藏。吐蕃赞普大喜，拜见李道宗时，完全按照子婿的礼节。

赞普喜欢唐朝的服装和仪仗的美丽，把文成公主安置在布达拉宫，自己穿着丝绸的衣服与公主见面。吐蕃人都喜欢用红褐色的颜料涂在脸上，公主十分讨厌，赞普于是下令从此不准涂脸，并逐渐改变自己猜忌粗暴的性格，还派遣子弟去长安学习礼仪。

武则天当皇后

唐太宗贞观二十三年（公元649年）五月，唐太宗李世民去世，太子李治登基，也就是唐高宗。高宗立太子妃王氏为皇后。

起初，王皇后没有儿子，萧淑妃被高宗宠幸，皇后非常妒忌。高宗做太子的时候，入宫侍奉太宗，看见才人武氏，十分喜欢她。

太宗驾崩，武氏跟随众嫔妃到感业寺出家为尼。高宗在祭奠太宗时，在感业寺见了武氏，武氏哭泣，高宗与之同泣。王皇后听说后，让武氏暗中蓄发，劝说高宗纳武氏入后宫，想用她来隔断高宗对萧淑妃的宠爱。

武氏机敏聪慧,很会玩弄权术。在她刚入宫时,谦卑恭敬,委屈自己以奉承皇后。皇后非常喜欢她,经常在高宗面前称赞。过了不久,皇上开始宠幸她,封为昭仪,皇后与萧淑妃的宠爱都减弱。两人又成了盟友一起诬告武氏,高宗不理不睬。

武昭仪想追赠她的父亲武士彟官爵,可又无口实,于是假托要褒奖功臣,武士彟也在其中。

王皇后、萧淑妃与武昭仪互相排挤,高宗不相信王皇后、萧淑妃的话,只认为武昭仪正确。王皇后不会刻意奉承高宗的左右侍从,她的母亲魏国夫人柳氏与舅舅中书令柳奭进见六宫的时候,又不讲礼节。

武昭仪对皇后不尊敬的人,都刻意地结交他们,得到的赏赐也分给他们。由是王皇后与萧淑妃的举动武氏都知道,并且都告诉高宗。

皇后虽然失宠,但高宗并不打算废掉她。恰好武昭仪这时生了一个女孩儿,王皇后很喜欢,在屋里逗弄她。等皇后走后,武昭仪偷偷地把小孩儿掐死,再用被子盖上。高宗正好驾临,武氏假装欢笑,打开被子看孩子,却发现孩子早死了,立即惊讶痛哭。

他们询问左右侍从,都说:"皇后刚刚来过。"

高宗大怒,说:"皇后杀了我的女儿!"

武昭仪于是哭着列数她的罪过。皇后没有办法辩解,高宗就想废黜皇后,让武昭仪做皇后。又害怕大臣们不满,就与武氏一起临幸太尉长孙无忌的府第,喝酒喝到兴头上,高宗在酒席上把长孙无忌宠姬的三个儿子都拜为朝散大夫,又赏赐给长孙无忌10车金银财宝、锦缎丝绸。

高宗乘机说王皇后没有子嗣,暗示长孙无忌,长孙无忌故意说其他的话,而绝口不提废立皇后的事情,高宗与武氏都很不高兴,罢席回宫。武昭仪又让自己的母亲杨氏多次请求长孙无忌,长孙无忌自始至终坚持原则。礼部尚书许敬宗也屡次劝说长孙无忌,长孙无忌每次都严厉地斥责他。

唐高宗永徽六年(公元655)九月,高宗在一天退朝后,在内殿召见长孙无忌、李世勣、于志宁和褚遂良。

褚遂良说:"今天皇上召见,多半是为了立皇后的事情。他主意已决,冒犯的人一定会被处死。太尉(长孙无忌)是元舅,司空(李世勣)是功臣,皇上担不起杀害元舅与功臣的罪名。而我褚遂良出身草民,无功劳居高位,又受先帝的嘱托,不以死谏争,怎么有颜面去九泉之下拜见先皇?"

李世勣借口生病,没有入殿。长孙无忌等人到了内殿,高宗对他们说:"武昭仪有子嗣而皇后没有,现在朕想立武昭仪为皇后,如何?"

褚遂良回答说:"皇后出身名门望族,娶皇后乃先帝之意。先帝临死的时候,拉着陛下的手对我说:'朕的好儿子好儿媳,现在就托付你了。'皇上您当时也在场,言犹在耳,又没听说皇后有什么过错,怎么能轻易废黜?恕臣不能听从,违背先帝的遗愿!"高宗很不高兴,于是作罢。

第二天,又说起这件事,褚遂良说:"如果皇上非得这么做,我请求挑选全国的世家望族,何必一定要立武氏?武昭仪曾是先帝的侍妾,众所周知,天下人的悠悠之口哪能遮掩得住!万世之后,天下人对陛下又该做何评价呢?愿陛下三思!我今天触怒陛下,罪当处死。"

说完把朝笏放在殿内台阶上,解下头巾叩头叩到流血,说:

"还陛下的朝笏，我请求告老还乡。"高宗非常生气，命人把他拉出去。

武昭仪在帘幕里大声说："为何还留着这个老家伙！"长孙无忌说："褚遂良是先朝顾命大臣，有罪也不能用刑。"褚遂良因此免于一死。

有一天，李世勣入宫进见高宗，高宗问他说："朕欲立武昭仪为皇后，可褚遂良从中作梗坚决反对，认为不行。褚遂良是顾命大臣，难道就这样算了吗？"

李世勣回答说："这是陛下的家事，外人不好多言。"高宗的心意于是定了下来。

许敬宗私下里说："农民多收了10斛麦子，还想换个老婆！何况一国之君要立皇后，和别人又有什么关系？为什么随便议论呢？"武昭仪命仆人将这话告诉了高宗。

十月十三日，高宗下诏说："王皇后、萧淑妃用毒酒阴谋杀人，废为庶人。母亲、兄弟全部削除官爵，发配岭南。"

十九日，群臣上奏，请求册立皇后。于是高宗下诏，立武氏为后。

十一月初一，司空李世勣受高宗的命令，拿着印玺在大殿前册封武昭仪为皇后。当天，群臣在肃义门朝拜皇后。

原皇后王氏和原淑妃萧氏，都被关押在别院。高宗挂念她们，私下去看她们，看到屋子封闭得很严密，只在墙上留了一个小洞送食物。

高宗十分感伤，大喊说："皇后、淑妃你们在哪里？"王氏哭泣着回答："我们犯下罪过，已经是奴婢，哪里还有尊称！"又说，"皇上如果挂念从前的情分，让我们改过自新，请将这个院子赐名为回心院。"

高宗说:"朕会命人去安排的。"

王氏听到宣布命令的时候,拜了两拜说:"祝皇帝万岁! 武昭仪承受皇恩,我死有余辜。"武后听说了这件事,大怒,派人把王氏和萧氏各杖打100下,砍去手足,装在酒坛子里,说:"让这两个女人连骨头都醉掉!"几天后两人便被残忍地杀死。

萧淑妃临死时大骂说:"阿武邪恶狡猾,如此残忍! 愿来生为猫、阿武为鼠,活生生地扼住她的喉咙。"从此宫中不养猫。不久,王氏便被改为蟒氏,而萧氏则改为枭氏。

武后以后多次看见王氏和萧氏的鬼魂作祟,披头散发,浑身滴血,死前的惨状始终出现在她的脑海中。 后来移居蓬莱宫,仍挥之不去。 所以她经常住在洛阳,终身不回长安。

兴告密任酷吏

垂拱二年(公元686年)三月,太后武则天命令铸造铜匦,以接受人们准备给她御览的所有奏疏。 铜匦分为四格,东边的叫"延恩",进献赋颂、请求做官的,将奏疏从此投入;南边的叫"招谏",接受议论朝政得失的奏疏;西边的叫"申冤",有冤枉委屈的投入;北边的叫"通玄",议论天象灾变和军机大事的投入。 每格上面只有一个孔,奏疏从孔里投进去,只能投入,一般人却不能取出。 而且每格均有专人负责管理。

徐敬业造反的时候,侍御史鱼承晔的儿子鱼保家教他制造刀、车和弓弩,徐敬业失败后,他侥幸捡了一条性命。 武则天想广开言路,了解更多的事情,鱼保家便上书请求铸造铜匦,武则天十分高兴。 过了不久，鱼保家的仇人暗投奏疏，告发他曾经为徐敬业制造兵器，杀伤很多官军，他最终也被处死。

武则天自打徐敬业造反，怀疑天下人多半都想谋害自己，她又长期独揽大权，在宫内的行为也不端正，知道宗室大臣怨恨，心里不服，因此想以血腥的杀戮来威慑他们，于是大开告密渠道。

如有告密者，官吏不得询问，都给他们提供驿马，供应五品官标准的食物，使他们能去武则天所在的地方和她当面对话。 即使是农夫或者打柴的人，武则天也要亲自召见，并由客馆供给食宿。所说的如果符合旨意，就破格授予官职；即使与事实不合，也不问罪。

于是一时间告密之风盛行，人们小心翼翼，唯恐哪儿做得不对，被人抓住把柄去告密。

有一个叫索元礼的胡人，猜透了武则天的用意，通过告密方式获得武则天召见，被授予游击将军，武则天命令他审查监狱里的案件。 索元礼性情残忍，虽只审问一两人，他一定也会牵连出几十人甚至上百人。 武则天对他的工作成绩十分满意，为此多次召见他并赐予重赏，以树立他的权威。 于是尚书都事周兴、侍御史来俊臣等眼红者纷纷效仿。

周兴接连升官，做到秋官侍郎，来俊臣升官到御史中丞。 他们相互勾结，私下蓄养无赖数百人，专门从事告密。 要想诬陷一个人，动辄就让他们几处同时告发，所告的情形大致相同。

来俊臣与司刑评事万国俊共同撰写了数字的《罗织经》，专门教那些门徒如何陷害无辜的人，编造罪状，安排情节，就连细节都写得十分翔实生动。

武则天接到告密，就派索元礼等人审讯。 他们创造了多种残酷至极的刑讯方法,单只刑具木枷一类,就有诸多名堂,如"定百脉""突地吼""死猪愁""求破家""反是实"等。

每次有囚犯来,就先陈列刑具,叫他们一一观看。囚犯们看了大多两腿发抖,冷汗直冒;这时一旦做出要用刑的样子,即使是清白的人也被吓得认罪招供。

每次有赦令来,来俊臣总是命令狱卒先将重要犯人处死后再宣布。武则天认为他们忠心耿耿,于是更加宠信。朝廷内外对这几个人的畏惧,远远超过虎狼。

武周天授二年(公元691年),当时武则天已经称帝,周兴被人告发谋反,武则天派来俊臣审讯他。来俊臣与周兴在一起,边吃饭边讨论事情,来俊臣故意神秘地对周兴说:"囚犯多数不肯认罪,应当用什么办法呢?"

周兴说:"这太容易了!拿一口大瓮,用炭火在四周烤,让囚犯钻进里面,就没有什么不承认的了。"

于是来俊臣让人拿来一口大瓮,按周兴说的办法,在四周堆上火烤,然后站起来对周兴说:"有宫里的文书,命我审问老兄,请君入瓮!"

周兴惶恐万分,立马叩头认罪,依法应当处死。武则天宽恕了他,将他流放岭南,结果途中被仇人杀死。

神功元年(公元697年)六月,来俊臣诬告监察御史李昭德,而此时他也因为得罪武氏诸王及太平公主,被关进监狱判处死刑。当奏章呈上去后,武则天迟迟不批,本想赦免他,但身边的人都不同意,所以最后还是判了来俊臣死刑。

初三那天,李昭德、来俊臣一起在街市被斩首。当时的人都为李昭德鸣不平,而为处死来俊臣拍手称快。

武则天知道天下人都痛恨来俊臣，故意颁下制书，列举他的罪恶，并且说："应该诛灭他全族，使百姓的怨愤得以洗雪。同时也要查抄他的家产。"

当时无论是官员还是百姓，在路上相见时都互相庆贺，说："从今往后，睡觉可以安心，背脊可以贴在席子上了。"

李隆基诛韦氏

唐睿宗景云元年（公元710年），安乐公主希望韦后临朝，自己便有机会成为皇太女，就与韦后的一些党羽谋划，在糕饼中放上毒药让中宗吃掉。六月初二，中宗在神龙殿驾崩。

韦后先没有公布消息，自己总揽朝政，伪造遗诏，立温王李重茂为太子，政务由皇后主持、相王李旦参谋。初四，韦后召集群臣为中宗发丧，同时自己临朝摄政。初七，年仅16岁的李重茂即位。

中书令宗楚客伙同韦后同党，劝说韦后效仿武则天称帝。宗楚客还想谋害李重茂，只是非常忌惮相王李旦及太平公主，便与韦温、安乐公主密谋将他们除掉。

相王李旦的儿子、临淄王李隆基，暗中在京师聚集智勇双全的人，谋划匡复李唐社稷。羽林军中有一支精锐部队，名叫"万骑"，李隆基和其中的豪杰之士都有深厚的交情。

兵部侍郎崔日用一向依附韦后及武氏，与宗楚客的关系十分密切，他得知宗楚客的阴谋以后，担心灾祸会牵连到自己，权衡利弊之后，派宝昌寺僧人普润向李隆基告密，并劝李隆基迅速发动。

李隆基于是和太平公主及公主的儿子卫尉卿薛崇简、西京苑总监钟绍京、尚衣奉御王崇晔、前任朝邑尉刘幽求、利仁府折冲麻嗣宗等人策划，决定先发制人，铲除韦氏集团。

韦播、高嵩二人为了在万骑军中树立威信，经常鞭笞士兵，使得万骑士兵都很怨恨他们。果毅葛福顺和陈玄礼进见李隆基，到他那里发牢骚，李隆基暗示他们要诛杀韦氏，两个人都踊跃请求，愿尽全力。万骑果毅李仙凫也参与了具体谋划。

有人建议李隆基应当将此事告知父亲李旦，李隆基说："我们是为了社稷效力，如果成功，福分归相王；万一失败，我们自甘受死，不会连累相王。如果告诉他，他同意的话，那么他也参与了谋划；如果他不同意，就会坏了大事。"最终也没告诉李旦。

二十日申时，李隆基身穿便服与刘幽求等人一同潜入禁苑，到钟绍京住的地方会合。钟绍京有些后悔，正欲拒绝，他的妻子许氏对他说："为国献身，老天一定会保佑的。而且你平时一直与他们谋划，现在即使不参加，也脱不了干系。"钟绍京于是开门拜见李隆基，李隆基拉着他的手与他一起坐下。

当时，左右羽林军将士在玄武门驻扎，等到夜里，葛福顺和李仙凫都到李隆基的住处，询问起事的信号，准备行动。将近二更，夜空中划过阵阵流星，刘幽求说："天意如此，时不可失！"

葛福顺拔出佩剑闯入羽林营，先把韦璿、韦播、高嵩三人斩杀，说："韦后毒死先帝，图谋社稷，今晚应当一起铲除韦氏，比马鞭高的人一律处斩。拥立相王为帝以定天下，如果敢有二心、帮助叛逆的，罪过牵连三族。"羽林军的士兵全都服从命令。

于是把韦璿等人的首级送到李隆基那儿，李隆基拿过灯验查之后，就和刘幽求等人一起出禁苑南门，钟绍京率领工匠200多人，拿着斧头、锯子紧随其后。

李隆基让葛福顺率领左万骑负责进攻,派李仙凫率领右万骑攻打白兽门,约定在凌烟阁前会合,随即大声鼓噪。葛福顺等人一起杀了守门的卫士,冲入宫门。李隆基率领士兵守在玄武门外,三更时分,听见喧哗声起,立刻率领总监及羽林兵入宫,在太极殿守卫中宗灵柩的南牙卫兵听到喧哗声之后,全都披甲上阵,共同响应。

韦后趁乱仓皇逃入飞骑营,被一个飞骑兵斩首,首级进献给李隆基。安乐公主正在对镜梳妆,也被士兵斩杀。

上官婉儿本已听从其母郑氏的话依附李唐,与安乐公主同床异梦。所以中宗驾崩后,上官婉儿起草遗诏,让相王李旦辅佐李重茂,但是宗楚客、韦后把遗诏内容改掉。

李隆基率军入宫的时候,上官婉儿拿着灯笼带领宫人急忙上前迎接,把她起草的诏书草稿给刘幽求看。刘幽求请求免她一死,李隆基没有答应,在旗下把她斩了。当时李重茂住在太极殿,刘幽求说:"大家约好了今天晚上拥立相王,应该速速定下来呀!"李隆基急忙阻止他,把守宫门,收捕宫内的韦氏族人,并把韦后所有亲信之人一一铲除。天快亮的时候,宫内宫外已经平定下来。

二十一日,李隆基出宫拜见父亲李旦,因事先未通知父亲而叩头谢罪。李旦流着泪抱住他说:"宗庙社稷得以保全,全赖你的功劳呀!"于是大家迎接李旦入宫辅佐李重茂。

李隆基下令关闭宫门以及京城城门,派万骑士兵分头搜查韦氏余党。宗楚客身穿丧服,骑着一头黑毛驴出逃,刚到通化门,看门的就说:"你不是宗尚书吗?"说完摘掉他的布帽,将他抓起来就地斩杀了。

二十三日,太平公主传达李重茂旨意,将皇位传给李旦,李旦坚决推辞。

二十四日,李重茂在太极殿面西而坐,李旦立在中宗灵柩旁。太平公主与刘幽求商定,要依李重茂的制书把皇位传给李旦。

当时李重茂坐在御座上,太平公主上前对他说:"天下人心已经归附相王,你这个小孩子也该让位了。"说完把他拉下来。当天,睿宗李旦即位,李重茂恢复温王爵位。

贤相姚崇、宋璟

姚崇担任唐玄宗的宰相,一次回家为儿子办丧事,告假十几天,结果政事堆积如山,同任宰相的卢怀慎不能决断,十分惶恐,入朝向玄宗谢罪。

唐玄宗对他说:"朕把天下大事委托给姚崇,只是让你做一个安抚俗人的雅士而已。"

姚崇假满,重新入朝,过了不久,便把所有的事处理妥当,颇为得意,回头对紫微舍人齐浣说:"我做宰相,可以与谁相比?"齐浣没有回答。

姚崇又说:"我与管仲、晏婴可以相比吗?"

齐浣说:"管仲、晏婴的法度虽然不能流传后世继续实施,但也能够终身实施。您制定的法度经常更改,似乎比不上他们。"

姚崇说:"那究竟如何呢?"

齐浣说:"可以把您比成救时的宰相。"姚崇很高兴,放下手里的笔,说:"救时的宰相,也是很难做到的啊!"

卢怀慎与姚崇同时担任宰相,自认为才能比不上姚崇,所以每遇事情都让姚崇处理,当时人们将他称为"伴食宰相"。

唐玄宗开元四年(公元716年),姚崇因儿子收礼、下属受贿，担心自己受到牵连，屡次请求辞去宰相职务，推荐广州都督宋璟代替自己宰相一职。

宋璟任宰相，致力于人才的选拔，根据才能授予官职，使得文武百官各司其职，刑罚赏赐从来不徇私情，在朝廷上也敢于犯颜直谏。玄宗十分敬畏他，有的时候即使不合自己的意愿，玄宗也能够听从。

姚崇和宋璟先后担任宰相，姚崇善于随机应变，宋璟长于秉公守法。两个人的志向操守不同，但都尽心竭力辅佐玄宗，使得这一时期的赋税劳役宽松平和，刑罚减省，百姓安乐。

唐代的贤德宰相，前有房玄龄和杜如晦，后有姚崇和宋璟，其余的没有一个能与他们相提并论。姚崇与宋璟进见的时候，玄宗经常起身迎接；离开的时候，玄宗也要到殿前平台上送他们。等到李林甫做宰相，虽然受到宠信的程度超过姚崇和宋璟，但玄宗却从未对他有过如此的礼遇。

奸相李林甫

吏部侍郎李林甫奸猾狡诈，与宦官以及后宫嫔妃交结，让他们监视玄宗的动静，皇上的一举一动他全都知道，因此每次上奏，总能摸准玄宗的心意，深得玄宗赞赏。

当时，武惠妃在后宫中最受宠爱，生了寿王李清，其他的皇子都不能相比，就连太子也渐渐地被疏远了。李林甫于是让宦官告诉武惠妃，愿意尽力保护寿王。武惠妃十分感激，便暗中替他说好话，因此李林甫被提升为黄门侍郎，后来又升任为宰相。

李林甫做宰相后，凡是才干声望或功劳业绩超过自己，以及得到玄宗信任、权势地位将要威胁自己的，他都会想尽办法将他们除去，而且他尤其忌惮文人学士。

他有时候假装对人很好，表面上说着甜言蜜语，暗中却阴谋陷害。所以世人都称他："口有蜜，腹有剑。"

玄宗曾经在勤政楼游乐，垂下帘幕观看乐舞。兵部侍郎卢绚本以为玄宗已经不在这里，就提着马鞭拉着辔头，从楼下穿过。卢绚风度清雅，玄宗看着他走远，感叹他有如此含蓄的风度。

李林甫知道后，就召来卢绚的儿子，说："你父亲一向很有名望，现今交州、广州急需人才，皇上想让你父亲去，不知你父亲意下如何；如果害怕远行，就要被贬官，不然，只有以太子宾客或者詹事的身份在东都任职，也是优待贤士的职位，怎么样？"

卢绚畏惧，于是主动请求担任太子宾客或詹事。李林甫说违背众望，就任命他为华州刺史。上任不久，又诬告卢绚有病，不理政务，把他贬为太子詹事、员外同正。

玄宗曾经问李林甫说："严挺之现在在哪里？此人有才，应该重用。"严挺之当时为绛州刺史。李林甫退下后，立刻召见严挺之的弟弟严损之，告诉他："皇上对你哥哥十分赏识，为什么不趁机上奏说得了风疾，请求回京师治病？"严挺之便听了他的意见。

李林甫又拿着严挺之的奏报对玄宗说："严挺之年老体衰，得了风疾，应当授以散职，让他治病疗养。"玄宗感叹了很久，于是任命严挺之为詹事，让他去东京休养。

李林甫的儿子李岫任将作监，认为父亲权势过大，对以后十分担心。曾经与李林甫游览后园，指着做工的民夫对李林甫说："大人担任宰相很久了，仇人遍布天下，如果有一天灾祸降临，想要像这些民夫一样，也是不可能啊！"

李林甫听了很不高兴，说："形势已经这样了，又有什么办法呢？"

唐朝建立以后，任用忠厚的名臣担任驻扎边疆的守将，任期不让太久，不让朝臣兼任，不让身兼数职，功名卓著的往往入朝担任宰相。到开元年间，玄宗为防御少数民族进攻，所以边疆守将10多年都不换，任职期限开始变长。

李林甫当宰相，想杜绝边将入朝为相的途径，觉得胡人没有文化与谋略，就上奏说："文臣担任将帅，胆小不敢打仗，可以任用出身贫寒的胡人。胡人勇敢果断，熟习战斗；出身贫寒，则朝中没有朋党。陛下若真能以恩惠加以笼络，他们一定会竭尽全力报效朝廷。"

玄宗认为有道理，开始重用安禄山。从此，胡人开始担任各道节度使，精锐部队都戍守北部边疆，造成内轻外重的形式，最后安禄山差点儿颠覆了李唐江山。这都是李林甫为求取专宠、巩固地位的阴谋酿成的恶果。

玄宗晚年自以为天下太平可以高枕无忧了，于是深居宫中，沉迷于声色娱乐，把政事都委托给李林甫。到天宝十一载（公元752年）去世，李林甫担任宰相长达19年，造成天下大乱的局势，而玄宗却执迷不悟。

杨贵妃受宠

玄宗宠爱的武惠妃死后，玄宗心里怀念不已。后宫女子几千人，都不称合他的心意。

有人对玄宗说，寿王李瑁的妃子杨氏的美貌天下无双，果然，玄宗见了以后便深深为她痴迷了。

玄宗让杨妃自己请求做女道士，号"太真"，然后再让人暗中将她接入宫中。太真体态丰满，容貌娇艳，通晓音律，生性机警，善于揣摩附和玄宗的心意。

不到一年，杨妃便得到如同武惠妃一样的恩宠，宫中都称她为"娘子"，对待礼仪与皇后相同。

天宝四载（公元745年）八月，玄宗册封杨太真为贵妃，赐她的父兄也都为高官。杨贵妃的三个姐姐也都被赐予京师的府第，待遇非常显赫。

杨贵妃深受玄宗的宠爱，每当她骑马时，高力士都为她拿马鞭牵辔头，专门为杨贵妃织绣衣服的工匠多达700余人，朝廷内外争着给她进献器物、衣服和珍宝。

岭南经略使张九章与广陵长史王翼因进献了精美的物品，张九章加封三品，王翼入朝任户部侍郎，所有人都效仿他的做法。

民间传唱着这样的歌谣："生男勿喜女勿悲，君今看女作门楣。"

杨贵妃喜欢吃新鲜荔枝，玄宗就命令岭南每年都用驿马以最快的速度送到京城，到了长安，颜色味道都还没变。

天宝五载（公元746年），杨贵妃因为嫉妒泼辣，对玄宗有失礼数，惹恼了玄宗，就下令把他送回她哥哥杨铦家里。一早上，玄宗都郁郁寡欢，到了中午还不吃饭，左右侍从总是不合心意，屡屡被鞭笞捶打。高力士想试探玄宗的心意，就请求把贵妃院中储备的器物给贵妃送去，总共装了100多车，玄宗把自己的食物也赐给了贵妃。到了晚上，高力士跪下上奏，请求迎接贵妃回来，于是打开宫门让贵妃入宫。从此玄宗对杨贵妃的宠爱更加深了一层，后宫所有人都无法与她相比。

天宝九载（公元750年）二月，杨贵妃再次违背了玄宗的心意，被送回杨家。户部郎中吉温让宦官对玄宗说："妇道人家见识短浅，违背圣上的心意，陛下不必吝啬宫中一席之地，让她老死宫中算了，而忍心让她在宫外受辱呢？"玄宗也有悔意了，就派宦官把自己吃的饭赐给贵妃。

杨贵妃哭着对宦官说："我罪该万死，感激陛下的不杀之恩，让我回家。现在要永远离开宫阙，金玉珍宝玩物，都是陛下赏赐的，不值得献给陛下，只有头发是父母给我的，愿献给陛下，表达我的真诚。"于是剪下一束头发献给玄宗。玄宗马上命高力士将她再次迎回宫中，从此更加宠爱她。

马嵬之变

唐肃宗至德元年（公元756年）六月初九，崔乾祐攻下潼关。

这一天，哥舒翰手下的人来长安告急，玄宗临时召见他后，只派遣李福德等人率领监牧兵前往潼关救援。等到黄昏，平安火未见，玄宗开始惶恐不安，于是召见宰相商议对策。

杨国忠自己兼任剑南节度使，听说安禄山反叛，立刻命令副使崔圆在蜀中暗中备办物资，以预防有急变时投奔到此。此时，他首先提出玄宗避难蜀地的计策。玄宗同意。

十一日，百官上朝的人连平时的十之一二都不到。临行前的晚上，玄宗命令龙武大将军陈玄礼整顿六军，厚赐将士钱帛，挑选闲置厩马900多匹，这些事都对外隐藏着。

十二日黎明，玄宗仅与杨贵妃姐妹、皇子、皇妃、公主、皇孙、杨国忠、韦见素、魏方进、陈玄礼以及贴身宦官、宫人从延秋门出宫。玄宗经过国库时，杨国忠请求把它烧掉，说："不能为叛贼看守国库。"

玄宗情绪低落地说："叛贼来了得不到国库物资，一定会加倍向百姓搜刮征敛，不如将东西留下，让朕的百姓少受些苦难吧！"

这一天，文武百官中仍有人上早朝，走到宫门，还听到漏壶报时的水声，三卫仪仗整齐依然。宫门开启之后，只见宫人往外乱出，朝廷内外混乱嘈杂，所有人都不知皇帝去了何处。于是王公、士民四出逃窜山谷，平民争相闯进皇宫以及王公贵族的府第，抢夺金银财宝，有人还骑着毛驴上殿。国库中的大盈库也被焚烧了。

崔光远、边令诚带领众人救火，又雇人代理府、县官员分别看守国库，将10多名为乱者处死，局势才稍见安定。崔光远派儿子前往洛阳见安禄山，边令诚也将城门钥匙献给安禄山。

十三日，玄宗等人来到马嵬驿，将士一路上饥饿疲倦，十分愤怒。陈玄礼认为祸患是杨国忠所致，想要杀死他，就通过东宫宦官李辅国告诉太子。太子犹豫不决。

适逢吐蕃20多位使者拦住杨国忠的马，对他抱怨没有吃的，杨国忠还没来得及答复，军士们便大声呼喊："杨国忠与胡虏谋反！"有人向他射箭，把他的马鞍射中了。

杨国忠逃跑到西门内，被军士追赶上杀死，尸体被宰割肢解，军士用枪挑着他的头挂在驿门之外，他的儿子杨暄以及韩国、秦国夫人全部被杀。

御史大夫魏方进说："你们这些人怎么敢杀害宰相？"众人把他也杀死了。

韦见素闻声出来察看，被乱兵用马鞭抽打，脑血流地。众军士说："不要伤害韦相公。"将他救起，幸免一死。

军士包围驿馆，玄宗听到喧哗声，问外面何事发生。左右的人回答说杨国忠谋反。玄宗拄杖走出驿门，慰劳军士，命令各自回队，士兵们都不反应。

玄宗让高力士询问原因，陈玄礼对答说："杨国忠谋反，贵妃不应当再侍奉皇上，希望陛下割舍恩情将她正法。"

玄宗说："朕自会处理。"他走进驿门，拄杖而立。

过了许久，京兆司录韦谔上前说道："众怒难犯，安危就在顷刻之间，希望陛下速做决断！"说完叩头，血流满面。

玄宗说："贵妃常年居住在深宫，绝不可能知道杨国忠谋反！"

高力士说："贵妃确实无罪，然而将士已经杀死杨国忠，而贵妃还在陛下左右侍奉，难道能够自觉心安？希望陛下审慎考虑，只有将士心安陛下才能安全。"

玄宗便命高力士将贵妃带到佛堂，把她勒死。然后抬着尸体放置在驿馆庭院，招呼陈玄礼等人进来察看。

玄礼等人便脱下铠甲，叩头谢罪。玄宗对他们进行了慰问犒劳，让他们将贵妃已死之事告诉军士。

玄礼等人都呼喊万岁，拜了两拜才出庭院，于是整顿军队，准备继续前行。韦谔是韦见素的儿子。

杨国忠的妻子裴柔与其小儿子杨晞以及虢国夫人、夫人之子裴徽都逃走了，到了陈仓。

县令薛景仙率领吏卒士兵抓住他们，全部处死。

安禄山没有想到玄宗仓促西行，派遣使者让崔乾祐的军队停止前进留守潼关，前后10天，才派遣孙孝哲率领大军进入长安。

安禄山命令搜捕百官、宦者、宫女等，每捕获几百人，就派士兵送往洛阳。凡是诸王、侯、将、相的侍从，玄宗西行而家属留在长安的人，全被处死，连婴孩也不放过。陈希烈因为晚年失却恩宠，怨恨玄宗，同张均、张垍等人都投降了叛军。安禄山任命他们为宰相，其余的朝士也都被授予官职。于是叛军的势力迅速壮大，西面威胁汧陇，南面侵扰江汉，北面分割河东道的一半。然而叛军的将领都只是粗犷勇猛并无深谋远虑，攻克长安后，认为得志，日夜放纵饮酒，追逐声色财宝、收受贿赂，并未打算再向西进攻了，因而玄宗能够安然入蜀，太子北行也不用担心有被追逼的危险。

裴冕、杜鸿渐等向太子上书，请求太子遵照玄宗在马嵬驿所颁发的诏命，继位称帝，太子不答应。裴冕等人称："将士都是关中人，日夜思念返回家乡，所以不畏崎岖艰险跟随殿下远涉沙漠边塞，是希冀能够建立尺寸之功。假如一旦离散，很难再聚集起来。希望殿下尽力遵从众人心愿，为国家社稷着想！"一连上表五次，太子才应允了。

七月十二日，肃宗即位于灵武城南楼，群臣舞蹈行礼，肃宗痛哭流涕。尊崇玄宗为上皇天帝，大赦天下，更换年号。

安禄山指使孙孝哲在崇仁坊杀死霍国长公主以及王妃、驸马等人，把他们的心脏挖出，来祭奠安庆宗。凡是杨国忠、高力士的党羽以及安禄山平素所厌恶的人全都被杀死，共有83人，有的人被铁棒敲开脑盖，血流满街。二十二日，又杀死皇孙以及郡主、县主共20多人。

新唐书

武则天称帝

弘道元年（公元683年）十二月，唐高宗李治驾崩，遗诏中让太子在灵柩前即位，军国大事有难以决断的，征询天后武则天的意见。

太子李显即位，是为唐中宗。尊武则天为皇太后，一切政事由她定夺。

次年正月，中宗想任命皇后韦氏的父亲韦玄贞为侍中，又想授给乳母的儿子五品官，中书令裴炎坚持劝谏。中宗大怒，说："我就是把天下送给韦玄贞，也是可以的，竟然还要吝惜侍中这个小小职位！"裴炎害怕，报告武则天，秘密计划废黜皇帝。

二月初六，武则天在乾元殿召集群臣，裴炎与中书侍郎刘祎之、羽林将军程务挺、张虔勖率领卫兵入宫，宣布武则天的诏令，废黜中宗为庐陵王，并让他退位下殿。

中宗说："我犯了什么罪？"

武则天说："你想把天下送给韦玄贞，这是大罪！"

初七，武则天立豫王李旦为皇帝，是为睿宗。朝政大事仍由武则天决定；让皇帝居住在另外的殿宇，对政事不准过问。

初九，武则天命令左金吾将军丘神勋前往巴州，检查原太子李贤的府第，以防意外发生，实际上是暗示丘神勋杀了李贤。丘神勋到达巴州以后，把李贤幽禁在别的房间，让他自杀。

十二日，武则天驾临武成殿，皇帝率领王公以下的官员将尊号奉上。十五日，武则天到大殿前，派礼部尚书武承嗣册封继位的皇帝。从此以后，武则天经常驾临紫宸殿，垂挂浅紫色的帷帐，临听朝政。

九月，武则天的侄子武承嗣请求追封武氏先祖为王，立武氏七代祖先的祖庙，武则天答应了。

裴炎进谏说："太后母仪天下，应当作为表率向百姓显示公平，不应该偏私自己的亲戚。您这样做，不怕像汉朝吕氏一样败亡吗？"

武则天说："吕后将权力委任给活人，所以败亡。现在我追尊死者，并不会有什么损害！"

裴炎回答说："应当防微杜渐，防止它继续发展。"武则天没有听从。

二十一日，追尊武则天五世祖父武克己为"鲁靖公"，五世祖母为"夫人"；高祖父武居常为"太尉""北平恭肃王"，曾祖父武俭为"太尉""金城义康王"，祖父武华为"太尉""太原安成王"，父亲武士彟为"太师""魏定王"；高祖母、曾祖母、祖母、母亲都有王妃册号。

垂拱二年（公元686年）正月，武则天下诏还政于皇帝。睿宗知道武则天不是出于真心，于是上表辞让。武则天于是重新临朝，行使皇帝的职权。

天授元年（公元690年）十一月初一，冬至，武则天在万象神宫祭祀天地，大赦天下，开始使用周朝的历法，改永昌元年十一月为载初元年正月，以十二月为腊月，夏历正月为一月。

凤阁侍郎宗秦客，改造"天""地"等12个字进献。正月初八，朝廷下令推行。武则天自己更名为"武曌"，改"诏"为"制"。

九月初三，侍御史傅游艺带领 900 多关中百姓到皇宫前上奏，请求改国号为"周"，赐皇帝姓武氏。

武则天并未同意，但提升傅游艺为给事中。结果百官以及宗室亲族、远近百姓、四夷酋长、和尚道士共 6 万多人，都上表提出与傅游艺相同的请求，皇帝也上表请求赐姓武氏。

初五，群臣上奏，说：有凤凰从明堂飞进上阳宫，又飞回去停在左台的梧桐树上，过了很久，飞往东南方；还有赤雀数万只聚集在朝堂。

初七，武则天同意了皇帝与群臣的请求。初九，武则天登上则天楼，大赦天下，以"周"代"唐"，更换年号。十二日，上尊号为"圣神皇帝"；以睿宗皇帝为皇位继承人，赐姓武氏；皇太子为皇孙。

宰相狄仁杰

武周天授二年（公元 691 年），洛州司马狄仁杰被朝廷任命为地官侍郎、同平章事，当了宰相。武则天对狄仁杰说："你在汝南的时候，政绩卓著。你想不想知道有谁诬陷过你？"

狄仁杰道谢说："如果陛下认为我有过失，请允许我改正；认为我无过失，是我的幸运。我不愿意知道是谁诬陷我。"武则天听后十分赞赏。

长寿元年（公元 692 年），左台中丞来俊臣诬陷狄仁杰等七位大臣有谋反意图。以前，来俊臣曾奏请武则天下命令：一经审问就承认谋反的，可免死罪。等到狄仁杰等人入狱，来俊臣便用这道命令引诱他们认罪。狄仁杰回答说:"大周改朝换代,万象更新。我是李唐旧臣,甘愿受到诛戮。谋反确是事实!"于是来俊臣对他的逼迫就没那么严了。来俊臣的属官王德寿对狄仁杰说:"您一定可以减免死罪。我已受人指使,想找一个升官的机会,劳烦您把杨执柔牵连进来,可以吗?"狄仁杰说:"皇天后土,竟然要狄仁杰干这种无耻之事!"说完一头撞在柱子上,血流满面。王德寿害怕,向他道歉。这个案子后来被查出,七位大臣都是被诬陷的。于是武则天将他们释放,但都降职录用,狄仁杰被贬为彭泽县令。

万岁通天元年(公元696年),契丹入侵,武则天重新起用狄仁杰,命他担任魏州刺史。前任刺史独孤思庄害怕契丹突袭,将百姓全部赶进城内,让他们修筑工事。狄仁杰到任后,将百姓全都遣回,让他们回家抓紧时间务农,说:"敌人还远着呢,用不着这样烦劳百姓!万一敌人来了,我自己抵挡他们。"百姓们十分感激。

后来狄仁杰任宰相时,武则天让宰相们各举荐尚书郎一名,狄仁杰举荐自己的儿子狄光嗣,于是被任命为地官员外郎。狄光嗣十分出色,武则天高兴地说:"春秋时晋国大夫祁奚,举荐自己的儿子,你足以成为他的继承者了。"武则天对狄仁杰十分信任和器重,群臣中没有人能比得上他。她常常称狄仁杰为"国老",而不叫他的名字。狄仁杰总是在朝堂上当面进谏,武则天也总是会听从他的意见。

狄仁杰曾经陪武则天游玩,遇到大风,狄仁杰的头巾被吹落在地上,他的坐骑也受惊不受控制。武则天让太子李显追上惊马,抓住它的辔头,把马拴好。狄仁杰屡次以年老多病为由,请求辞官,武则天都不同意。入朝觐见的时候,武则天经常不让他行跪拜礼，说："每当看到您跪拜，都让朕也感到身体疼痛。"

武则天还不让狄仁杰夜晚值班，并告诫他的同事说："如果没有军国大事，就不要去烦扰狄公了。"

久视元年（公元700年），狄仁杰去世。武则天泪流满面，十分痛惜地说："朝堂无人了！"从此以后，朝廷一有大事，如遇群臣不能决断时，武则天就会叹息着说："老天为什么这么早就让狄老离我而去呢！"

张柬之复兴李唐

武周神龙元年（公元705年）正月，武则天患重病，麟台监张易之和春官侍郎张昌宗在宫中弄权，张柬之、崔晔与中台右丞敬晖、司刑少卿桓彦范，以及相王府司马袁恕已暗中谋划诛杀他们。

张柬之对右羽林卫大将军李多祚说："是谁让将军拥有现在的荣华富贵？"

李多祚流着泪说："高宗皇帝。"

张柬之说："现在高宗的儿子被张易之和张昌宗这两个小子威胁，将军报答高宗恩德的时候到了！"

李多祚说："只要对国家有利，末将一切听从您吩咐，不敢顾惜自己的身家性命。"于是指着天地发誓，与张柬之、崔晔等人商定计策。

当初，张柬之接替荆州都督府长史杨元琰的官职，有一次二人泛舟长江之上，到江心的时候，谈到武则天以周代唐的事情，杨元琰慷慨激昂，似有恢复李唐江山之意。张柬之做了宰相以后，就引荐杨元琰担任右羽林将军，当时就对他说："你还记得你在江心时说的话吧？授予你今天的官职是有原因的。"张柬之还任用桓彦范、敬晖与右散骑侍郎李湛，命令他们都担任左右羽林将军，掌握禁军的兵权。

张易之等人因此而起了疑心，张柬之随后又任用张氏兄弟的党羽武攸宜为右羽林大将军，他们才安心。不久，灵武道安抚大使姚元之从灵武入朝，张柬之和桓彦范都说："大功即将告成！"于是把计策告诉姚元之。桓彦范把事情告诉了他母亲，他母亲说："忠孝不能两全，应以国事为先。"

当时太子李显在皇宫北门居住，桓彦范和敬晖前去进见，将他们的计策告诉了太子，太子表示同意。

二十二日，张柬之、崔晔、桓彦范与左威卫将军薛思行等人率领500多羽林军到玄武门，派李多祚、李湛与内直郎、驸马都尉王同皎去东宫迎接太子李显。太子犹豫不决，不肯出来，王同皎说："先帝把江山托付殿下，殿下无故遭幽禁废黜，人神共愤，已经23年了。现在上天引导人心，大家同心协力，诛灭凶恶小人，匡复李唐江山，希望殿下去玄武门一趟以满足大家的期望。"

太子说："凶恶的小人的确应该诛灭，但是圣上正在生病，恐怕会惊扰到她呀！请各位以后再计划吧。"

李湛说："将相们不顾家族为社稷献身，难道殿下却要将他们推入火坑？请殿下亲自去制止他们。"太子于是决定出宫。

王同皎把太子抱到马上，跟随太子到玄武门，撞开宫门进入。武则天在迎仙宫，张柬之等人在走廊里斩杀了张易之和张昌宗，然后进入武则天居住的长生殿，侍卫将她包围。

武则天吃惊起身，问："何人犯上作乱了？"

众人都说："张易之、张昌宗谋反，我们奉太子之命将二人斩杀。因为担心事情泄露，所以没有向您奏报。我们在禁宫动兵，罪当受死！"

武则天看见太子李显,说:"是你干的? 那两个小子已被杀了,你可以回东宫去了。"

桓彦范上前说:"太子不能再回东宫了。 以前天皇把爱子托付给陛下,现在他已经长大,一直在东宫为太子,天意人心,思念李氏已久。 群臣铭记太宗、天皇的恩德,所以奉太子命令诛杀贼臣。 希望陛下传位于太子,以顺从天意人心!"

李湛是李义府的儿子,武则天看见他,对他说:"你也参与诛杀张易之了吗? 我对你们父子不薄,才会有今天!"李湛十分羞愧,无言以对。

武则天又对崔晔说:"其他人都是由别人推荐提拔的,只有你是朕亲手提拔的,你怎么也背叛朕呢?"

崔晔说:"这也是为报答陛下的恩德。"

于是武则天将张昌期、张同休、张昌仪等人全都处斩,与张易之、张昌宗的首级一起悬挂在神都天津桥南边示众。

二十三日,武则天颁下制书,朝政由太子李显代理。 次日,武则天传位李显。 第三天,李显即位,重登大宝,是为唐中宗。

二月初四,大唐国号恢复,郊庙、社稷、陵寝、百官、旗帜、服色、文字,全都恢复成高宗永淳年间以前的样子;中宗以后又立妃子韦氏为皇后。

太平公主伏诛

太平公主冷静沉着,聪明而有谋略,武则天觉得她与自己很像,所以在众多的子女中特别喜爱她,经常让她参与机密谋划,然而她自小畏惧武则天的威严,武则天在世时从来不敢染指权势。

张柬之等人诛杀张易之、张昌宗兄弟的时候,太平公主也有功劳。 唐中宗时，韦后和安乐公主都畏惧她，她又和太子李隆基一起诛灭了韦氏。 太平公主几次建立大功，地位日益尊崇，唐睿宗经常与她商量朝政大事，每次她入朝奏事，都和睿宗一起坐着谈很久。 如果有时没有上朝，睿宗就让宰相到她家里征求她的意见。

宰相每次上奏，睿宗动辄询问他们："是否与太平公主商议过？"又问，"与三郎商量过吗？"然后才会批准。 三郎，是指皇太子李隆基。

太平公主想做的事，睿宗全都会同意。 朝中群臣自宰相以下，不论升官还是贬职，全都由她一句话决定；其余由她举荐而担任要职的士人更是多得无法计数。 她的权势甚至超过了睿宗皇帝，由此很多人到她府上拜访。

太平公主忌惮太子李隆基，所以经常在睿宗面前挑拨，企图让他废掉太子。 睿宗生性淡泊，又喜好道术，他汲取以往宫廷变乱屡屡发生的教训，听了太平公主的话，打算自己让出帝位，以避免灾祸。

唐玄宗先天元年（公元712年）七月，睿宗颁下诏书，要将帝位传给李隆基。

八月初三，李隆基即位，便是唐玄宗。 玄宗尊奉睿宗为太上皇，凡三品以上官员的任命，以及重大的刑狱政务都由太上皇定夺，其他事务则取决于皇帝。

此后，太平公主倚仗太上皇的势力，继续专擅朝政，与玄宗时有冲突发生，朝中七位宰相之中，有五位出自她门下，超过一半的文臣武将也都民的号令行事。

太平公主与同党们一起谋划，想要废掉玄宗；又与宫女元氏合谋，打算用毒药害死玄宗。

开元元年（公元713年）七月，侍中魏知古告发太平公主计划于本月四日发动变乱，是由常元楷、李慈率领羽林军冲进武德殿，而窦怀贞、萧至忠、岑羲等人则在南牙起兵响应。

玄宗于是召集岐王李范、薛王李业、郭元振以及龙武将军王毛仲、殿中少监姜皎、太仆少卿李令问、尚乘奉御王守一、内给事高力士、果毅李守德等人商定计策，准备诛杀太平公主。

初三，玄宗命令王毛仲调集空闲马厩中的马匹与禁军300多人，从武德殿进虔化门，召见常元楷和李慈二人，将他们斩杀，在内客省逮捕了贾膺福和李猷，把他们带出来；又在朝堂上逮捕了萧至忠和岑羲，把他们全都斩首。窦怀贞逃进壕沟里，后来自杀，于是斩戮他的尸首，将他改姓为毒氏。

太上皇听说发生变乱，登上承天门的门楼。郭元振上奏说："皇上奉太上皇诰命，诛杀窦怀贞等人，并无其他大事。"

玄宗寻找太上皇，到了门楼，太上皇就颁发诰命，宣布窦怀贞等人的罪状，并因此大赦天下，只有逆臣的亲戚党羽未得到赦免。

初四，太上皇唐睿宗颁布诰命："从现在开始，军政国事、刑赏教化，一切由皇帝决定。朕喜好清静无为，从此修身养性，以遂平素的心愿。"当天，太上皇就移居于百神殿中居住。

太平公主逃进山寺，过了三天才出来。唐玄宗诏令她在家中自尽，她的儿子与党羽共有数十人被处死。

安禄山反叛

安禄山本是营州地方的混血胡人，原名阿荦山。母亲是一名女巫师，父亲死后，带着安禄山嫁给了突厥人安延偃。刚好突厥部落衰败溃散，他就同安延偃哥哥的儿子安思顺逃到幽州，冒姓安氏，取名禄山。

有一个混血胡人名叫史窣干，与安禄山本是邻居，两人生日相差一天。长大后，成为朋友，都做了互市牙郎，以勇猛而名闻当地。

幽州节度使张守珪以安禄山为捉生将，只要他每次带几名骑兵出去，都能擒获几十名契丹人回来。又加上安禄山狡猾，善于揣摩人的心意，所以深受张守珪的喜爱，把他收为养子。史窣干曾为张守珪立下大功，张守珪上奏任命他为果毅，后又提升为将军。史窣干入朝奏事，玄宗与他说话，对他十分喜欢，就赐名为"思明"。安禄山后来担任平卢兵马使，为人灵巧，善于讨人欢喜，人们多数都称赞他。玄宗身边的人到了平卢，安禄山都会用厚礼去贿赂他们，他们回去后尽说安禄山的好话，因此玄宗更加认为安禄山是个贤能之人。

天宝元载（公元742年），朝廷把平卢分出来，另立军镇，任命安禄山为节度使。次年正月，安禄山入朝，玄宗对他十分宠幸，允许他随时入朝。一年后，他又被任命为范阳节度使，后来还让他兼任御史大夫。安禄山身体肥胖，大腹便便，垂下来超过膝盖，据说他的肚子就有300斤重。他外表看上去憨厚老实，内心却异常奸猾。

安禄山在玄宗面前应对敏捷，且诙谐幽默。玄宗曾经拿安禄山的肚子开玩笑说："你这个胡人肚子里装了什么东西，竟然这么大？"

安禄山回答说："没有什么其他的东西，有的仅是对您的一片忠心！"玄宗十分高兴。

玄宗曾经让安禄山进见太子，安禄山却不跪拜太子。左右的人催他跪拜，安禄山站着说："我是胡人，不懂得朝廷的礼仪，哪里知道太子是多大的官啊？"

玄宗说："太子是将来的皇上，朕去世以后，太子就会成为新的君王。"

安禄山说："我愚蠢浅薄，只知道有陛下一人，并不知还有太子。"不得已，然后跪拜。玄宗听信了他的话，对他更加宠信。

玄宗曾经在勤政楼设宴，群臣都坐在楼下，却专门为安禄山在自己座位东边设了金鸡障，安置床榻，让安禄山坐在前面，并命令把帘子卷起来以示荣宠。又让杨铦、杨锜以及杨贵妃的三个姐姐与安禄山以兄弟相称。

安禄山可以出入禁宫，就趁机请求杨贵妃收他为干儿子。玄宗与贵妃一起坐着，安禄山却先跪拜贵妃。玄宗问他为何这样行礼，安禄山回答说："我们胡人先母而后父。"玄宗十分高兴。

天宝十载（公元751年），玄宗下令在长安为安禄山修建宅第，花费巨资，建得十分壮丽。所用器物极其豪华，连宫里的都比不上。玄宗经常对监工的太监说："胡人眼界大，别让他笑话我。"

安禄山过生日，玄宗和杨贵妃赏赐他很多衣服、珍宝、器物和丰盛的酒食。过了三天，又召安禄山进宫，杨贵妃用锦绣做成大襁褓，把安禄山裹起来，让宫女用花轿抬着。唐玄宗听见后宫的欢笑声，就问原因，左右侍从说贵妃正为儿子三天洗身。玄宗亲自前往观看，十分开心，赏赐给杨贵妃洗儿金银钱，又重赏了安禄山，尽情作乐，然后才罢休。从此安禄山在禁宫可自由出入，不受限制，有时候与杨贵妃同桌吃饭，有时候一整夜不出宫，即使有丑闻在宫外流传，玄宗也不怀疑。

安禄山请求兼任河东节度使，玄宗就让原河东节度使担任羽林将军，任命安禄山为河东节度使。安禄山兼任三镇节度使，掌握大权赏罚自主，日益骄纵。安禄山因为过去见了太子从不下拜，如今见玄宗年事已高，一旦驾崩，将由太子继位，因此心中有些害怕。又见朝廷武备松弛，颇有轻视中原的野心。

李林甫去世后，宰相由杨贵妃的远房堂兄杨国忠担任。安禄山因为李林甫比自己狡猾，所以对他十分畏惧佩服。等到杨国忠任宰相，安禄山颇为看不起他，两人便产生矛盾。杨国忠屡次说安禄山要谋反，可玄宗却不相信。安禄山虽然早就有叛乱的想法，却因玄宗待他很好，想等到玄宗死后再反叛。这时杨国忠因为与安禄山不和，多次上言告他有谋反之意，玄宗不信。杨国忠又多次以事激怒安禄山，想让他立刻反叛以取信于玄宗。安禄山最终决定立刻造反。

天宝十四载（公元755年），安禄山自八月以来，多次犒赏士兵整顿军马。这时，正好有官员入朝奏事回来，安禄山就假造敕书，召集所有将领，拿出伪造的敕书交与众人看，说："皇帝有密诏，让我带兵入朝，讨伐杨国忠，众将领应随军征战。"将士们听了，都十分惊讶，互相对视，但也无人敢反对。

十一月初九，安禄山率领自己统辖的军队及奚、契丹、室韦兵共计15万人，号称20万，在范阳起兵造反。

当时唐朝经过长期的和平，百姓已有几代没有经历战争，突然得知范阳有战事，远近都受惊动，恐慌不已，一时间整个中国顿时陷入动荡之中。

张巡死守睢阳

唐肃宗至德二载（公元757年）正月，安庆绪派尹子奇率领13万大军攻打睢阳。许远向张巡求援，张巡随即率领军队从宁陵进入睢阳。张巡的兵力有3000人，与许远合兵一处，共有

6800人。

叛军投入全部兵力发起进攻，张巡亲自督战，勉励将士，昼夜苦战，有的时候一天里交战20多次。一共打了16天，俘虏叛军将领60多人，杀死叛军士兵两万多，守军士气备受鼓舞。

许远对张巡说："我性情怯懦，也不懂用兵，你智勇双全，请让我为你坚守，你为我作战。"从此以后，许远只负责调集粮草、修理武器，在城中接应，张巡负责用兵作战。叛军攻城不下，乘夜撤离。

三月，尹子奇率大军二次攻打睢阳。张巡对将士说："我蒙受国家恩德，誓死坚守城池。但是考虑大家为国献身，战死沙场，而赏赐不能依照功勋，十分愧对大家。"将士们慷慨激昂，奋勇请战。

于是张巡杀牛设宴，犒劳士兵，让所有士兵都参战。叛军看见官军士兵少，都嘲笑他们。张巡举着战旗，率领众将领冲入叛军阵中，叛军溃败。是役斩杀叛将30多人，杀死士兵3000多人，把叛军追出90里地。

第二天，叛军又聚集在城下，张巡率领士兵日夜出战，交战了几十个回合，屡次挫败叛军的锋锐，但叛军仍然围攻不止。

七月，尹子奇又征召几万名士兵，再攻睢阳。在这之前，许远在睢阳城里囤积了6万石粮食，虢王李巨让他分一半给濮阳、济阴二郡，许远坚决争辩，但未能如愿。

济阴得到粮食后，不久就献出城池投降叛军，而睢阳城里的粮食却不够用。将士每人每日供给米一合，夹杂着茶叶、树皮吃。叛军粮道畅通，损失士兵可再征召。睢阳守城的将士战死，得不到补充，也无粮食应急。士兵死伤，最后只剩下1600人，都因为饥饿疾病不能战斗，终于被叛军包围。

张巡准备守城的器具抵抗敌人。叛军架设云梯，像半个彩虹，上面安置了两百名精兵，推到城墙下，想让士兵跳进城里。张巡事先在城墙上凿了三个孔洞，待云梯靠拢时，从一个洞里伸出一根大木，顶端安置铁钩，钩住云梯，使其不能后退。又从另一个孔洞里伸出一根木头，顶住云梯，让它不能前进。剩下一个孔洞中伸出一根顶端有铁笼的木头，装着燃烧物焚烧云梯，云梯从中间折断，上面的士兵全部被烧死。

叛军又用钩车钩城头上的阁楼，钩到的地方全都塌陷。张巡在大木头的末端安置连锁，锁头安置大铁环，套住叛军的钩车头，用皮革车拔进城里，再把车上的钩头砍断，然后把车放回去。叛军又制作木驴攻城，张巡熔化铁水灌进去，立马将其销毁。

叛军又在城西北角用土袋和木柴堆成台阶，想借此爬上城楼。张巡不与争锋，每天夜里，偷偷地把松明与干草投进去，过了十几天，也未被叛军察觉。张巡乘机派军队出战，派人顺着风势纵火焚烧，叛军无法救火，火势持续了20多天才熄灭，偷袭计划再次失败。

张巡所做的，都是随机应变。叛军佩服他的智谋，再也不敢进攻。于是在城外挖了三道壕沟，用木栅将城围起来，张巡也在城内挖掘壕沟拒敌。

坚守睢阳的士兵死伤越来越多，仅剩下600人。张巡与许远把城池分开镇守，张巡镇守东北，许远镇守西南，二人与士兵同甘共苦，日夜奋战，不离城楼。有攻城的贼军，张巡用逆顺的道理劝说他们，经常有人脱离敌军前来投诚，为张巡死战，前后有两百人之多。

城中处境日益困难，张巡让南霁云率领30名骑兵突围出城，向临淮的贺兰进明求援。南霁云出城以后，叛军几万人拦截，南霁云率领骑兵径直冲入敌阵,横冲直闯,所向无敌,而南霁云这边只死了两名骑兵。

南霁云抵达临淮,拜见贺兰进明,贺兰进明说:"现在睢阳城不知是存是亡,派援兵去用处也不太大!"

南霁云说:"睢阳城如果被攻陷,我以死向你谢罪。而且如果睢阳被叛军攻占,接着就是临淮,这两座城池就像唇齿相依,没有不救之理。"

贺兰进明十分欣赏南霁云的勇敢,但仍不听他的劝说,逼他留下,准备了酒食与音乐,与南霁云坐在一起。南霁云慷慨激昂,流着泪说:"我来的时候,睢阳已经断粮一个多月了!我虽然想自己吃,但实在咽不下去。您坐拥强兵,就眼睁睁看着睢阳陷落,却丝毫没有救援的心意,难道是忠臣义士应当做的吗!"

于是将自己一个手指咬断,给贺兰进明看,说:"南霁云既然不能完成主将的命令,请求留下一个指头作为信物,回去报告主将。"在座的人无不为之落泪。

南霁云知道贺兰进明终究不肯出兵,于是离去,到达宁陵,与宁陵城使廉坦共同率领步兵、骑兵3000人,冲进叛军的包围圈,且战且进。到了睢阳城下,又与叛军大战,毁坏敌营,自己的士兵也死伤很多,入城时仅剩1000余人。城中的将士、官吏知道没有救援,都放声痛哭。叛军知道没有援兵,攻势更加猛烈。

到了十月,城中粮食已经吃完,有人主张放弃睢阳向东撤退。张巡与许远商议,认为:"睢阳是江淮地区的保障,如果睢阳被攻占,叛军就可以长驱直入,侵占江淮。而且我们的将士饥饿疲惫,撤退也一定逃不远。古时候战国诸侯还互相救援,何况我们周围还有很多朝廷的驻军!不如固守,等待救援。"

树叶吃完以后,就杀马吃。马杀完以后,便捕食鸟雀、挖掘地鼠。鸟雀、地鼠吃完以后，张巡连自己的爱妾也杀掉，给士兵们吃，许远也杀了他的家奴，然后把城里的女人全部杀了吃掉，接着是老弱的男子。城里的人都知道不能免死，却无一人叛逃，最后只剩下400人。

初九，叛军登上城头，将士已无力再战。张巡向西拜了两拜，说："我已经尽力，不能保全睢阳城，活着既然不能报答陛下，死了当为厉鬼杀贼！"城池被攻陷，张巡与许远都被俘虏。

尹子奇问张巡说："听说将军每次作战，都眼角撑裂、咬碎牙齿，这是为何？"张巡说："我想吞掉叛贼，只是力不从心。"尹子奇用刀撬开张巡的嘴巴看，里面只有三四颗牙齿还在。

尹子奇认为张巡十分忠义，并无杀他之心。他的部下说："这样守节的人，终究不会为我们所用。再说他深得军心，不杀了他，后患无穷。"于是尹子奇把张巡与南霁云、雷万春等36人全部斩杀，把许远送往洛阳。张巡临死前，神情坦然自若。

颜真卿宁死不屈

唐德宗建中三年（公元782年），淮西节度使李希烈自己号称天下都元帅、太尉、建兴王，发动士兵谋反，并且还与此前自称冀王的朱滔、自称魏王的田悦、自称赵王的王武俊以及自称齐王的李纳相勾结。

次年正月，李希烈派手下将领攻陷汝州。德宗询问宰相卢杞有没有好的办法，卢杞一向忌恨颜真卿，就回答说："李希烈年轻骁勇，仗着自己曾经立过功就不把别人放在眼里，手下的将佐没有人敢劝阻他。

"若能选出一位儒雅的朝廷重臣，奉旨宣示恩泽，向他讲明逆顺祸福之间的道理，李希烈一定会洗心革面，改过自新。那么不用派出大军，就能让他归服。

"颜真卿是玄宗、肃宗、代宗三朝旧臣，忠心耿耿，刚正果决，名扬四海，为天下人所信服，是最合适的人选！"德宗称是。

正月十七日，德宗命令颜真卿前往许州，传达皇帝的旨意，让李希烈归服。诏书一颁下，满朝文武都十分恐慌。

颜真卿乘坐驿车到达东都洛阳，郑叔则对他说："您这一去，一定难逃一死。还是稍等几日，看看后来有没有新的命令。"

颜真卿说："这是皇上的命令，我能躲得了吗？"于是出发。

李勉上表说："丧失一位元老，是国家的羞耻，请留下颜真卿。"李勉又派人阻拦颜真卿，但未能赶上他。

颜真卿写了封信给儿子，只是让他"供奉家族祭庙，抚育各个幼子"而已。

颜真卿到达许州，正打算宣读圣旨，李希烈让他的千余个养子围着他不停地辱骂，拔出刀向他比画，装成要割了他的肉来吃的样子。颜真卿站着不动，神色不变。李希烈急忙用身子挡住他，挥手命令众人退下，把颜真卿安置在馆舍，礼貌地对待他。

李希烈打算将颜真卿放回去，适逢刚投降的汝州别驾李元平也在座，颜真卿当着他的面指责，李元平惭愧地站起来。李元平给李希烈暗地里写了封信，劝他把颜真卿留下。于是李希烈改变主意，把颜真卿留下，不放他回去。

此前以节度使谋反又各自为王的朱滔、王武俊、田悦、李纳四人，纷纷派使者至李希烈处，上表称臣，劝他称帝。使者在李希烈面前拜舞，劝李希烈说："朝廷杀了功臣，天下百姓已不再相信他们了。都统英明威武，简直是上天授予的，而且功业盖世，皇上已经开始对您怀疑，您将会有韩信、白起那样的灾祸了。希望都统早日称帝，让天下百姓都知道他们有所归依。"

李希烈把颜真卿叫来，对他说："现在冀、魏、赵、齐四王派遣使者，不谋而合，让我称帝。 太师看这样的情形，难道我只是因为被朝廷怀疑忌妒而无处容身吗？"

颜真卿说："这乃是四凶，怎么能叫四王！ 你不保住自己立下的汗马功劳，效忠朝廷，反而与乱臣贼子在一起，是准备与之一起寻死吗？"李希烈很不高兴，让人把颜真卿扶出去。

有一天，颜真卿与四镇的使者一起宴饮，四镇的使者都说："早就听说太师有很高的名望，现在都统准备称帝，而太师恰好到来，是老天爷让您做都统的宰相啊。"

颜真卿呵斥他们说："什么宰相！ 你们知道有个因为痛骂安禄山而被杀的颜杲卿吗？ 那是我哥哥！ 我已经 80 岁了，只知道宁死不屈，难道还会因为你们的诱骗而屈服吗？"四镇使者都不敢再说话。

于是李希烈让 10 名甲兵在馆舍里看守颜真卿，还在院子里挖了一个坑，威胁说要将他活埋。 颜真卿神色安详，看着李希烈对他说："生死天注定，你不用费那么多心思，搞那么多花样。 赶快给我一剑，岂不是更让你痛快！"李希烈听了，急忙向他赔不是。

唐德宗兴元元年（公元 784 年）正月，李希烈准备称帝，让手下的人向颜真卿询问礼仪方面的事情，颜真卿说："我虽然曾经做过礼官，但是我只记得诸侯朝见天子的礼仪！"

李希烈即帝位，将国号设为大楚，还设了文武百官，又派遣他的将领辛景臻对颜真卿说："你既然不愿意投降，那就干脆自焚吧！"于是在他居住的庭院里，堆起柴火浇上油，然后点燃。 颜真卿向火堆快步走去，辛景臻赶紧将他拦住。

八月初三，李希烈看到官兵接二连三打了胜仗，害怕会有事端发生，就派中使到蔡州去杀害颜真卿。中使到了说："有敕书！"颜真卿叩了两个头。

中使说："今天赐颜真卿死。"

颜真卿说："老臣并未立过功，理当被赐死。不知道使者是哪天从长安出发的？"

中使说："我是从大梁来的，不是从长安来的。"

颜真卿说："那你只是贼寇派来的，怎么能说是敕书呢？"于是中使勒死了颜真卿。

李泌孤身入陕

唐德宗贞元元年（公元785年）七月，陕虢都兵马使达奚抱晖将节度使张劝用酒毒死，自己总揽军中事务，希望求得节度使的旌节，同时还私下从李怀光的将领达奚小俊处获得援助。

德宗对李泌说："如果蒲、陕联合谋反，就不好制服了。而且达奚抱晖如果占据了陕地，就会阻断水陆运输。不得不麻烦你去一趟。"

初八，德宗任命李泌为陕虢都防御水陆运使。德宗打算派神策军保护李泌去陕地上任，问李泌："你需要多少人？"

李泌回答说："陕州城三面悬崖绝壁，若攻打，不知何时才能攻克。就请让我一个人入城吧。"

德宗说："你一个人怎么进得了城呢？"

李泌回答说："陕州城的百姓，并不都是有违朝廷命令的，只是达奚抱晖一人作恶多端而已。若带大批士兵进城，他定会紧闭城门。现在我一个人到陕州近郊，达奚抱晖派大军前来，则实在太不相称；如果他只派一个小校来杀我，可能反而会为我所利用。

"而且，现在河东所有人马都驻扎在安邑，节度使马燧入朝，希望陛下颁下敕令，让马燧与我同时离开。陕虢人如果意图陷害我，就会担心河东调军讨伐他们，这也算是制造一种形势吧。"

德宗说："你虽非去不可，但朕正想重用你，与其失去你，还不如不要陕州。朕还是换别人去好了。"

李泌回答说："除了我没人能进入陕州。现在事变刚刚发生，大家的心意还没有定下，所以可以出其不意，攻其不备。其他的人犹豫不决，不能决断，达奚抱晖决心已定之时，就无法再进去了。"德宗答应了。

李泌召见陕州过来上奏的官员，以及在长安的将领官吏，对他们说："皇上因为陕州、虢州在闹饥荒，因此不任命我为节度使，而任命我为水陆运使，想让我监督江淮地区的粮运去赈济灾民。陕州行营在夏县驻扎，如果达奚抱晖愿意服从指挥，就让他来统领行营；若能立功，则赏赐给他节度使的旌节。"

达奚抱晖的探子骑马向其报告了这一消息，达奚抱晖稍稍定下心来。

李泌向德宗一五一十地说明原委，还说："我想陕虢士兵想得到粮食，达奚抱晖想得到节度使的旌节，那他就不会加害于我了。"德宗称好。

十五日，李泌与马燧一起向德宗辞行。两日后，德宗任命李泌为陕虢观察使。

李泌出潼关以后，鄜坊节度使唐朝臣带着步、骑兵3000人排列在关外，说："我受陛下密诏，一路保护你前往陕州。"

李泌说："与皇上辞别之时，已下旨准许我相机行事。这次谁也不能跟来，若有人跟着我，我就无法进入陕州了。"唐朝臣因为接受了诏命，所以不敢擅自离开。李泌写了一纸文书，让他回去，然后骑马飞奔前行。

达奚抱晖没有派将佐出城迎接，而是接二连三派出探子。李泌夜晚在曲沃留宿，将佐们不等达奚抱晖下命令，就前来迎接。李泌笑着说："我快要大功告成了。"

李泌距离州城还有15里的时候，达奚抱晖也出来迎接他。李泌夸奖达奚抱晖代理政事、保全城池的功劳，说："军中的传言不必在意，你们的职务都与以前一样。"达奚抱晖出来后，十分高兴。

李泌既已入城管理事务，宾客、将佐中有人请李泌屏退他人，说是有事要禀告，李泌说："在更换将帅的时候，军中的人都定不下心来。我来了以后，自然会妥帖安排。我不想听你说这些事情。"从此以后，心里不安的人都安定下来。李泌只是索取账簿文书，整治粮食储备。

次日，李泌把达奚抱晖召到住处，对他说："我不是因为怜惜你才给你留了活路，只是顾及以后危机四伏、疑虑重重的地方，朝廷任命的将帅都没有用武之地，所以才没有杀你。你为我带着灵牌、奠仪与器物去祭奠前任节度使，千万记住不要再进入潼关，自己找个安身之处，悄悄地接走家人，我担保你安全。"

李泌向德宗辞别时，德宗把登记参与作乱的75人的名单交给李泌，让李泌杀了他们。李泌已经把达奚抱晖送走，中午的时候，李泌向皇上派来的宣慰使奏报说："我已经把达奚抱晖打发走了，请不要再株连其他的人。"

德宗又派遣中使到陕州，下令务必杀了参与作乱的将领。李泌没有办法，把兵马使林滔等5人送到京城，恳请德宗赦免他们。德宗下诏，遣送他们去戍守天德，但一年多之后，终于还是杀了他们。达奚抱晖逃亡后，不明去向。

李愬雪夜入蔡州

唐宪宗元和九年（公元814年），彰义节度使、淮西留后吴少阳去世，其子摄蔡州刺史吴元济隐瞒死讯，向朝廷谎称吴少阳生病，由自己统领藩镇军务。

第二年初，吴元济派军队侵扰抢掠，甚至到了东都洛阳附近。宪宗下诏削夺吴元济官爵，命令宣武等十六道进军讨伐。由于朝廷多处用兵，加上讨伐军队中一些将士消极观望，作战不力，因此讨伐并不顺利。

元和十一年（公元816年）底，宪宗下诏让太子詹事李愬担任唐、随、邓节度使，讨伐吴元济。次年正月，李愬来到唐州。当时唐州的军队屡次战败，死了很多人，士兵们都害怕作战。

李愬得知这种情况，就对出来迎接的人说："皇帝知道我性情温和柔弱，能够忍辱负重，所以让我来抚慰你们。至于攻城野战，就不关我的事了。"大家相信他的话，定下心来。

李愬亲自看望将士，体恤受伤的士卒，不摆威严的架子。他准备攻下蔡州，就向朝廷上表，要求增加兵力。他亲自询问投降的将士，因此对敌方地形的远近险易、兵力的虚实布置都了如指掌。

敌将吴秀琳投降，李愬抚着他的背，好言安慰他，他的3000人马统统臣服。吴秀琳的将领李宪有胆有识，李愬替他改名李忠义，用为手下。

之后李愬与吴秀琳商议袭取蔡州的事，吴秀琳说："非李祐不能成功。"李祐是淮西的骑兵将领，很有谋略，李愬派人趁他外出之时将他捉了来。李祐过去杀过很多官军，将士们争着请求杀他，李愬不答应，给李祐松绑，以礼相待，对他信任有加。

九月，李祐向李愬进言说："如今蔡州的精兵要么在洄曲，要么在边境戍守，在州城守卫的都是老弱残兵，可以乘虚而入，直抵州城。等到敌军有兵力反击之时，吴元济已经被我们捉住了。"李愬认为很有道理。

十月十五日，李愬命令马步都虞侯、随州刺史史旻驻扎在文城，命令李祐与李忠义率领敢死队3000人作为前锋，自己与监军率领3000人作为中军，命令李进诚率领3000人作为后军。

军队业已启程，还不知道朝哪个方向前进。李愬说："尽管向东前进！"军队走了60里路，夜里到达张柴村，歼灭了所有戍守的淮西士兵和掌管烽火的人，占领了敌军的栅垒。

李愬命令将士稍稍休息，吃些干粮，整顿装备，留下500义成军镇守张柴村，截断洄曲与各条道路上的桥梁。然后连夜率领兵马出了张柴村，各路将领询问开进的方向，李愬说："到蔡州讨伐吴元济！"

众将领大吃一惊，监军哭着说："果然中了李祐的奸计了！"

当时，风雪大作，旌旗都被吹裂了，到处都是冻死的人马。天色阴暗，从张柴村往东去的道路，都是官军从来没走过的，人人都觉得必死无疑，但是都畏惧李愬，不敢违抗。

半夜，雪下得更大了。军队走了70里路，终于到达蔡州城下。城外有一个喂养鹅鸭的池塘，李愬命令哄赶鹅鸭，遮掩军队行走的声音。自从以前的节度使吴少诚谋反，已经有30多年没有官军来到蔡州城下了，所以蔡州人毫无戒备。

十六日，四更，李愬抵达蔡州城下，城里无人知晓。李祐和李忠义用锄头在城墙上掘出坑坎，率先登城，强壮的士兵紧随其后。

守卫蔡州城门的士兵正在熟睡，李祐等人把他们全部杀掉，只留下巡夜打更的人，让他照旧敲打木梆。于是打开城门，让大军进城。入城时，依旧采用这种办法，城里的人都没有发觉。

鸡鸣之时，已不下雪，李愬已经进入吴元济的外宅。有人向吴元济报告说："官军到啦！"

吴元济还在睡觉，笑着说："只是关着的俘虏作乱而已，等天亮后就把他们都杀了。"

又有人来报告，说："州城沦陷啦！"

吴元济说："这一定是洄曲的子弟来找我，请求派发冬装。"

他站起身来，走到院子里聆听，听到李愬军的号令："常侍传话。"响应人数近万。

吴元济开始担心，说："这是什么常侍，竟能到这里来？"因此带了人马，登上牙城，抵抗官军。

李愬派遣李进诚进攻牙城，毁坏了牙城的外门，攻下装兵器的仓库，获取了很多兵器。十七日，李进诚再次进攻牙城，焚烧了牙城的南门，当地居民争先恐后背着柴草来帮助官军，射在城墙上的箭如同刺猬身上的刺一样密集。

申时，城门被毁，吴元济在城楼上投降，李进诚用梯子接他下来。次日，李愬用囚车把吴元济押送往京城，并且派人通知了在外监军的宰相裴度。

牛李党争与扫除宦官

翰林学士李德裕乃李吉甫之子，因中书舍人李宗闵曾在对策时指责李吉甫，李德裕由此怀恨在心。李宗闵又因与翰林学士元稹争权夺利产生过节。

唐穆宗长庆元年（公元821年），右补阙杨汝士与礼部侍郎钱徽负责科考之事，西川节度使段文昌、翰林学士李绅分别写信拜托钱徽录取自己的好友为进士。公布榜时，段文昌、李绅拜托的人都落榜了。被录取为进士的人中有：郑覃的弟弟郑朗、裴度的儿子裴譔、李宗闵的女婿苏巢、杨汝士的弟弟杨殷士。

段文昌对穆宗说："今年礼部很不公道，录取的进士都是公卿子弟，并无真才实学，是靠贿赂走关系上榜的。"

穆宗询问翰林学士，李德裕、元稹、李绅都说段文昌所言极是。于是，穆宗下令让中书舍人王起等主持复试。

四月十一日，下诏废除郑朗等10人进士出身，将钱徽贬为江州刺史、李宗闵为剑州刺史、杨汝士为开江令。

有人建议钱徽把段文昌、李绅写给他的信交给皇帝，穆宗一定会了然于心。钱徽说："我问心无愧，得失没有关系，为什么把别人的私信拿出来，这并不是君子应该做的！"把那些书信拿出来烧了。当时此事被传为佳话。

之后，李德裕、李宗闵各分朋党，倾轧延续了40年。

户部侍郎牛僧孺一向为穆宗赏识。以前韩弘的儿子右骁卫将军韩公武为他父亲谋划，用钱财交结朝内外人士。

韩公武死后，韩弘不久也随之而去，幼孙韩绍宗继承家业，他家主藏奴和吏人到御史府诉讼财产问题，穆宗很同情，命人拿来韩弘家的全部账簿，亲自审阅。

朝廷内外有权的人中好多人接受了韩弘的贿赂，只见有一行红字这样写道："某年月日，送给户部牛侍郎1000万钱，牛侍郎没有接受。"

穆宗高兴地拿给人看，说："我真是没看错人啊！"

唐穆宗长庆三年（公元823年）三月七日，穆宗下诏让牛僧孺担任中书侍郎、同平章事。

这样，牛僧孺和李德裕都有望做宰相。

李德裕调任浙西观察使，8年一直处于这个职位，由此以为是李逢吉排斥自己，援引牛僧孺为相。

因此牛、李之间的矛盾日益激化。

敬宗继位后，不务政事，沉迷娱乐，亲近小人，爱好踢球，喜欢徒手搏斗，禁军及各道争相推荐力士，还把1万缗钱交给内园令招募力士，时令侍奉在敬宗左右；敬宗又喜欢夜里独自打猎捉狐狸。他性情暴躁，气量狭小，有的力士仗着敬宗的宠爱而不恭敬，便流放出去，财产没收入官；宦官犯了小错误，常被鞭棍痛打，大家对他既恨又怕。

唐敬宗宝历二年（公元826年）十二月八日晚，敬宗打完猎回宫，与宦官刘克明、田务澄、许文端以及击球军将苏佐明、王嘉宪、石从宽、阎惟直等28人饮酒。敬宗酒喝得很痛快，到屋子里换衣服，殿上的烛火忽然熄灭，苏佐明等人在宫中刺杀了敬宗。

刘克明等假传敬宗圣旨，命翰林学士路隋起草遗诏，以绛王李悟暂管军事。九日，宣布遗诏，文武百官在紫宸殿外的小屋拜见绛王。

枢密使王守澄、杨承和，中尉魏从简、梁守谦共同决定，用卫兵迎接江王李涵入宫，调集左右神策、飞龙兵讨伐乱党，将他们全部斩杀。刘克明投井未遂，被捞上来斩首，绛王也被乱兵杀害。

当时事情发生得很仓促，因翰林学士韦处厚通晓古今之事，王守澄于是与他商量当晚的安排。王守澄等想要对宫内外发布号令，但一时找不到借口。韦处厚说："名正言顺地讨伐乱党，在道理上没有讲不通的地方，怎么能够犹豫，有所逃避忌讳！"

王守澄又问："江王准备以什么样的程序登基？"

韦处厚说："明天早晨，当以王室敕令的名义向朝廷内外宣布内乱已被平定，然后群臣几次上表劝进，由太皇太后下令册封江王即位。"

当时，完全按照韦处厚的办法进行，来不及再向主管部门征求意见，所有的仪法，全由韦处厚安排，没有不妥之处。

十二月十日，由裴度代理宰相。江王在紫宸殿外的小屋接见百官。次日，把敬宗时宠幸的小人及赵归真等术士全部流放到岭南或边远地区。

十二日，文宗即位，将名字改为李昂。十五日，尊母萧氏为皇太后、王太后为宝历太后。

文宗还没有即位的时候，已深知穆宗、敬宗二朝的弊政。即位之后，励精图治，提倡一切从简。主管部门供奉宫内每年的开销，一律按照贞元年间的旧例办。裁减了教坊、翰林、总监的冗员1200余人。停止供应给各司新加的衣服粮食。御马坊场和近年另外贮藏钱谷所占的陂田，全都退还给主管部门。以前要求征集的织绣、雕镂等物品，全都不再征集。

敬宗时代，每月临朝不过一两次，文宗开始恢复旧制，每月逢单日必定上朝，与宰相和大臣们共商国是，每次都商量好久。以前虽然设立了待诏官，从来也没有召问过，现在经常向他们咨询。朝廷内外一致庆贺，认为天下有希望了。

元和末年以来，宦官日渐嚣张，他们控制天子，权倾天下，没有人敢说什么。

唐文宗大和二年（公元828年），文宗亲自主持制举策问。

贤良方正刘蕡在对策中极言宦官专横的危害，其大意是："陛下首先要忧虑的应该是宫闱的政变、社稷的危殆，要防止篡弑的隐患，应该居正位而近正人，远离宦官，亲近忠善的大臣，辅相得以专任职事，臣僚得以安心奉职。 为何要重用那几个宦官，用他们总领天下大政！ 忠贤没有被作为亲信，宦官却拥有废立的权力，致使敬宗不得善终，而陛下也不能开始得光明正大。"又说，"皇帝的权力日渐衰落，藩臣跋扈，那样，政事、刑赏不由天子控制，只能由诸侯来决定是否征伐。 陛下为什么不堵塞阴邪者的道路，摈斥亵狎的宦官，以此粉碎他们掌控政权、威胁皇帝的图谋，使他们知道该恪守本分！ 以前秦灭亡于强暴，汉则毁于微弱。 强暴导致贼臣惧死而谋害皇帝，微弱导致奸臣窃权而凌驾人主。 陛下如果真能把国家大权交给宰相、把兵权交给将领，那么，所有人就会顺畅地执行陛下的命令，众人就会信服您的所作所为。 现今兵部不理兵籍，只能做奉朝请；六军不主兵事，只能空拿勋阶俸禄。 观军容使全由中官执掌，诸监军使纳入内臣的职司。 头戴盔弁的武将都把文臣视为仇敌，军中士兵都轻视手无寸铁的农民。 没有剪除凶逆的智谋而有作威作福的狡诈，没有保卫社稷的勇力而有侵暴闾里的残忍。 指挥藩臣，势凌宰相，无视王法，违纲乱纪；培植军队的势力上以限制皇帝，盗用天子名义以驾驭英豪，他们有篡弑谋反的野心，却没有报效朝廷的抱负。 这恐怕不是先王治理国家的本意吧？"

闰三月，贤良方正裴休、李郃、李甘、杜牧、马植、崔玙、王式、崔慎由等22人中了进士，都被授予官职。

考官左散骑常侍冯宿等见到刘蕡对策，都打心眼儿里佩服他，但因畏惧宦官，不敢把他录取为进士。

诏命公布之后，人们议论纷纷，都认为公平。 谏官、御史准备向文宗报告，执政阻拦了他们。

李郃说："刘蕡落榜，我们这些人登科，真是太惭愧了！"于是上疏，认为："刘蕡的对策汉魏以来无人能及。 因为刘蕡指责了大臣，主管部门不敢报告，这样只怕忠良之臣再也没有办法，朝廷纲纪将因此而受到破坏；况且臣下的对策比起刘蕡的真是差得太远，请求收回已经授予臣下的进士出身，以此来表彰刘蕡的忠直。"

这个上疏也没有向文宗报告。

刘蕡因此没能进入朝廷做官，最后也只能是节度使幕府里幕僚所带的寄禄官。

唐文宗大和四年（公元830年）正月十六日，文宗下诏让牛僧孺担任宰相、兵部尚书。从此，牛僧孺、李宗闵两人共同排挤李德裕的同党，慢慢地将他们驱逐出朝廷。

唐文宗大和六年（公元832年）十一月十九日，任命前西川节度使李德裕为兵部尚书，次年又任命李德裕为宰相。李德裕入宫道谢，文宗同他谈到乱党谋反的事情，李德裕说："现在1/3的朝中之士为朋党。"

当时，给事中杨虞卿与堂兄中书舍人杨汝士、弟户部郎中杨汉公、中书舍人张元夫、给事中萧澣等互相勾结，依附权要，上冒犯执政，下阻挠有关衙门，横行霸道。文宗知道以后怨恨在心，所以和李德裕谈话一开始就说起朋党。李德裕借机排挤他自己所不喜欢的人。

以前，左散骑常侍张仲方曾经对夸赞李吉甫的言辞不屑一顾，李德裕一担任宰相，张仲方就装病不再出来。

三月五日，任命张仲方为宾客分司。

唐文宗大和八年（公元834年）十月十三日，任命李宗闵为中书侍郎、同平章事。十七日，任命中书侍郎、同平章事李德裕为山南西道节度使。

李德裕向文宗上表请求留在京城长安。于是二十九日任命李德裕为兵部尚书。

李宗闵说:"任命的诏书已经发下去了,不应再按李德裕的请求把他留在京师。"

十一月二十九日,文宗重新任命李德裕为镇海节度使,不再担任宰相一职。

这时,李德裕、李宗闵各有朋党,同一个党的互相援应,不是同一个党的互相排挤,文宗非常担心这种情况,常常叹息说:"铲除河北的乱贼容易,消灭朝廷的朋党就难啦。"

唐文宗大和九年(公元835年),此前,宋申锡获罪,宦官嚣张跋扈;文宗虽然表面上宽容他们,内心却不堪忍受。李训、郑注得到文宗宠幸之后,体会到皇帝的内心想法。李训借着进讲的机会,经常用含蓄的言辞来打动文宗。

文宗看重他的贤能,心想将重任交付给他,而且因为李训、郑注都是王守澄推荐而后提拔的,宦官不会怀疑,所以暗中向他们透露了自己内心的真实想法。

李训、郑注从此便把铲除宦官作为自己的使命。

二人彼此援应,日夜商谈;他们的话,文宗没有不听的,因此一时很有声势。郑注多在宫廷里面,有时休沐放假,送礼的门庭若市,礼物堆积如山。局外人只知李训、郑注倚仗宦官的势力作威作福,不知他们和文宗已有密谋。

文宗即位,右领军将军仇士良有一份功劳;王守澄百般压制,两人积怨已久。李训、郑注为文宗出主意,提拔仇士良以削弱王守澄的势力。

五月二十一日,文宗任命仇士良为左神策军中尉,王守澄心中很是恼怒。

人们都说是宦官陈弘志谋害了宪宗。这时陈弘志担任山南东道监军,李训建议文宗召陈弘志进京。

九月二十一日,陈弘志在清泥驿途中被杖杀。

郑注请求任凤翔节度使,门下侍郎、宰相李固言表示反对。

二十五日,文宗任命李固言为山南西道节度使、郑注为凤翔节度使。

李训虽靠郑注得官,但等他权势地位盛极一时,心里就很猜忌郑注。他打算联合朝廷内外的力量诛灭宦官,所以,他撺掇郑注出任凤翔节度使,其实想等到宦官诛灭以后,连郑注也一并除掉。

二十六日,皇帝下诏让右神策军中尉、行右卫上将军、知内侍省事王守澄担任左右神策观军容使,同时担任十二卫统军。李训、郑注为文宗出谋划策,表面上授予王守澄各种官职,实际上是在逐渐夺去他的权力。

李训、郑注暗中建议文宗,请求除掉王守澄。

十月九日,文宗派宦官李好古到王守澄家中,赐给他毒酒一杯,追赠他为扬州大都督。李训、郑注本来是通过王守澄而被提拔的,最后反而谋杀了王守澄。人们都为王守澄被李训等害死而高兴,也痛恨李训、郑注的凶狠歹毒。

至此,元和年间的逆党几乎都被铲除了。

扫平藩镇

以前,李师道图谋对抗朝廷,判官高沐和同僚郭昈、李公度几次劝谏他。判官李文会、孔目官林英向来被李师道信任并重用,李师道听信他们的谗言而疏远高沐等,让高沐去主持莱州事务。

这时,林英来报告事情,让传话的吏员偷偷告诉李师道说:"高沐秘密与朝廷联系。"李文会随后谗谤,李师道于是杀了高沐，同时将郭昈拘禁起来。 凡是军中劝说师道臣服皇帝的人，都被李文会指控为高沐同党而加以拘禁。

唐宪宗元和十三年（公元818年），淮西平定之后，李师道开始担心，不知道该怎么办了。 李公度和牙将李英昙趁机劝说他，让他把儿子送给朝廷作为人质，并献出土地以示归顺。

李师道听信了他们的意见，派遣使者向宪宗上表，请求让长子到长安侍奉皇帝，并答应献出沂、密、海三州。

宪宗应允，并派遣左常侍李逊到郓州宣慰。

裴度在淮西的时候，布衣柏耆建议韩愈说："吴元济被擒获以后，王承宗恐怕被吓坏了，我愿意带着裴丞相的书信去劝说他，可以不费吹灰之力就让他归顺。"

韩愈转告裴度，裴度就让柏耆捎上了他写的书信。

王承宗十分害怕，哀求魏博节度使田弘正，乞求让他的两个儿子入宫作为人质，并愿献德、棣二州，输缴税赋，请皇帝下诏任命官吏。

田弘正为他上表求情，宪宗开始不答应。 田弘正就接连奏请，宪宗才答应了。

四月一日，魏博派遣使者送王承宗的儿子王知感、王知信及德、棣二州图印到京师。

幽州大将谭忠劝刘总说："自从元和年间以来，刘辟、李锜、田季安、卢从史、吴元济，倚仗着自己的兵力，自以为天下人对他们无可奈何。 但转眼之间，身死家灭，这大概是老天爷在惩罚他们吧！ 况且现今天子神圣威武，苦身焦思，缩衣节食，为的是培植军事力量，他每时每刻都在惦记着平治天下！ 现在王师纷纷向北开来，赵人已经献了十二城，我真的是为您担心啊！"

刘总边哭边拜，说："听先生一席话后，我已下定决心。"便一心一意归附朝廷。

李师道昏聩无能，只和妻子魏氏，家奴胡惟堪、杨自温，家婢蒲氏、袁氏及孔目官王再升谈论军中事务，大将和幕僚都无法参与。魏氏舍不得送儿子去朝廷做人质，便与蒲氏、袁氏一起对李师道说："自先人李正己以来，已据有这12个州，为何要平白无故将它们割出去献给朝廷？如今统计境内的军队不下数十万，等到真的打不过朝廷时，再献州地也不算晚。"

李师道听后觉得非常后悔，就想杀掉李公度。幕僚贾直言对李师道说："现在大祸将临，难道是高沐的冤气造成的？若此时再将李公度杀死，淄、青军府就危险了。"

李师道便拘禁了李公度，把李英昙迁往莱州；李英昙还未抵达莱州城，就把他勒死了。

户部侍郎李逊来到郓州，李师道将武装布置好后出来相迎。李逊盛气正色，为他说明去从利害，要他讲痛快话，由他回去禀告皇帝。

李师道与同党商议后，出来表示歉意说："以前由于顾及父子之情，同时又为将士所迫，所以一直拖延，没有实际行动，如今烦劳你特意过来，我哪敢再有三心二意！"

李逊察觉到李师道并非诚心诚意，回京后报告宪宗说："李师道执迷不悟，恐怕还须武力解决。"不久李师道上表说军队不同意纳质割地。宪宗非常愤怒，决意讨伐李师道。

五月十三日，宪宗任命忠武节度使李光颜为义成节度使，与他共商诛灭李师道之事。

七月三日，宪宗下令宣武、魏博、义成、武宁、横海等军一起讨伐李师道，任命宣歙观察使王遂为供军使。

唐宪宗元和十四年（公元819年）二月，李愬的弟弟李听袭击海州，占据东海、朐山、怀仁等县。 李愬在沂州击败平卢军，占领丞县。

李师道获悉官军逼近，征发民众修治郓州城壕，整修防守工事，甚至征发归女，百姓更加恐慌，心生怨恨。

李师道让都知兵马使刘悟带领1万多士兵驻扎在阳谷，以抵抗官军。 刘悟为人宽厚，对士兵不甚约束，军中都称他为"刘父"。 待到田弘正渡过黄河，刘悟的军队没有防备，交战几次，全都失败。 有人对李师道说："刘悟不强调军纪，只会收买人心，恐怕有别的打算，应该早有安排。"

李师道就想杀了刘悟，不想消息走漏，被刘悟占了先机，偷袭郓州城诛杀了与李师道合谋的20多人。 文武将吏惊喜万分。

刘悟见到李公度，二人拉着手哭泣；又把贾直言从狱中放出来，安置在幕府里。

刘悟从阳谷袭击郓州的时候，派人向田弘正密告了这个消息，说："如果成功了，就举烽火相告，万一城中戒备森严，没办法进入，希望田公派兵相助。 成功了，一切功劳都归于田公，刘悟不敢居功。"还让田弘正进驻阳谷军营。

此时，田弘正见到烽火，知道是成功了，派使者前去祝贺。

刘悟把李师道父子三人的首级放在盒子里，派使者送到田弘正军营，弘正大喜，写信向朝廷宣告消息。

淄、青等12州全被平定。

二月十四日，田弘正捷报传到。 十七日，命户部侍郎杨于陵为淄、青宣抚使。 二十一日，李师道首级被送到长安。

自代宗广德年间以后，藩镇在河南、河北30余州霸道横行，自己任命官吏，不向朝廷进贡，已有60年了。 从李师道伏诛以后，藩镇全都遵从朝廷的约束。

甘露之变

唐文宗大和九年（公元835年）九月，文宗下诏让兵部郎中知制诰、充翰林侍讲学士李训担任礼部侍郎、同平章事。李训从流放的罪人到重新被起用，刚刚一年，就被加封为宰相，并且深受文宗信任。

李训有的时候在中书门下办公，有的时候在翰林院办公，决断朝政大事。宰相王涯等人对他阿谀逢迎，生怕他不满意。从神策军护军中尉、枢密使以至禁军各将领，见到李训的人都畏惧他的权势，见到他都以礼相迎。

李训虽然是通过郑注被提拔的，但等他权倾天下时，心里又很忌妒郑注。他意图联合朝廷内外的力量来铲除宦官，因此不久以前，他说服文宗让郑注出任凤翔节度使。但他还打着另外的小算盘，就是等诛除宦官后，一并除掉郑注。

郑注和李训谋划，打算等郑注上任以后，挑选壮士百名，每人带一根白色棍棒，怀里藏着利斧，作为亲兵。十一月二十七日，朝廷在浐河旁安葬王守澄，到时候，郑注奏请文宗让自己进去护卫，借机将亲兵带入墓地。同时上奏请求，命令神策军护军中尉以下的所有宦官都到浐河旁为王守澄送葬，然后郑注下令关闭墓门，率领亲兵用利斧将宦官全部诛杀。

定好计划后，李训又和他的同党密谋，说："如果计划成功，那么就只能全归功于郑注，不如让郭行余和王璠借口奔赴镇所上任，多招募一些壮士作为自己的部下，同时调动金吾兵和御史台、京兆府的官吏和士兵，抢先郑注一步诛杀宦官，然后把郑注一起除掉。"

邠宁节度使郭行余、河东节度使王璠、左金吾卫大将军韩约、京兆少尹罗立言和御史中丞李孝本，平日都为李训所器重，所以让他们担任要职，李训只和这几个人及宰相舒元舆谋划，其余的人都不知晓。

十一月二十一日，唐文宗驾临紫宸殿。文武百官列队排好以后，韩约没有请安，而是奏称："夜里甘露降临左金吾衙门后院的石榴树。"于是手舞足蹈，拜了两拜，宰相也率领百官祝贺文宗。

李训、舒元舆乘机劝文宗亲自前去观看，以承受老天爷赏赐的福气，文宗应允了。百官退下，在含元殿列队。辰时刚过，文宗乘软轿出紫宸门，到含元殿升殿，首先下令宰相和中书、门下两省的官员到左金吾后院查看甘露，他们过了许久才回来。

李训奏报说："我和众人查看，怀疑甘露是假的，不可以急着诏告天下，以免全国各地都来朝贺。"

文宗说："竟有此事？"于是命令左右神策军护军中尉仇士良、鱼弘志带同各位宦官，再次前往确认甘露真假。

宦官走后，李训急忙召郭行余、王璠说："快来接旨！"王璠吓得腿直哆嗦，不敢上前，只有郭行余一人叩拜在含元殿下。

这时，郭行余、王璠的部下有几百人，都带着兵器，等候在丹凤门外。李训已经先派人去叫他们，让他们进来执行命令。结果，只有河东兵来了，邠宁兵竟然没有来。

仇士良率领宦官们到左金吾后院去观看甘露，韩约满头大汗、脸色大变。仇士良十分奇怪，问："将军这是怎么了？"

过了一会儿，院中的帐幕被风吹了起来，仇士良看见很多拿着兵器的士兵，又听到兵器碰撞的声音。仇士良等人恐慌至极，赶紧向外逃窜，守门的卫兵正要关门，仇士良大声呵斥，门没能关上。

仇士良等人跑到含元殿，向文宗报告宫中有变乱。李训看见了，赶紧命令金吾卫士："快上殿来护驾，每人赏钱100缗！"

宦官们说："形势危急，请陛下回宫！"立即抬起软轿，迎上去搀扶文宗上轿，冲破殿后的丝网，急忙从北门出去。

李训拉住文宗的软轿，大声说："我还没有上奏完，陛下不能入宫！"这时，金吾卫士已经登上含元殿，罗立言率领京兆府的巡逻士兵300多人从东边冲来，李孝本率领御史台随从两百多人从西边冲来，共同登上含元殿，斩杀宦官，宦官们被打得落花流水，大声喊冤，死伤了十几个人。

文宗的软轿蜿蜒向北进入宣政门，李训拉着软轿更加急迫地呼喊。文宗呵斥李训，宦官郗志荣挥拳用力将李训打倒在地。文宗的软轿进入宣政门，大门立刻关上，宦官们都高呼万岁。正在含元殿上朝的百官恐慌至极，四处逃跑。

李训知道大事不好，于是脱下自己的官服，换上随从官吏的绿色衣服，骑马逃走，并且在路上大声叫喊，说："我有何罪，竟然遭到贬逐？"因此人们都没有怀疑。

宰相王涯、舒元舆回到政事堂，共同讨论，说："陛下不久就会派人打开延英殿，召集我们商议。"中书、门下两省的官员来询问王涯等人所为何事，三人都说："我们也不知道怎么回事，各位先请回吧！"仇士良等宦官知道文宗参与了李训的谋划，愤怒至极，口不择言。文宗羞愧畏惧，不敢多言。仇士良等人命令左右神策军副使刘泰伦、魏仲卿等人，分别率领500个禁兵，带着兵器从紫宸殿冲出去讨伐贼党。

王涯等正准备吃饭，官吏报告说："有士兵冲出宫来，逢人就杀！"王涯等人赶紧落荒而逃。中书、门下两省和金吾卫的士兵，外加官吏1000多人争先恐后往外逃跑。过了一会儿，大门被关上，没有逃出去的600多人全都被杀死。

仇士良等人部署兵力，将各宫门关闭，搜查南衙各司衙门，捕捉乱党。各司的官吏卫士，以及正在里面买卖酒食的百姓商贾，共有1000多人，全部被杀，尸横遍野，血流成河。各司的大印、地图和户籍档案、衙门的帷幕及办公器具都被一抢而空。

仇士良等人又派遣左右神策军各出动1000多名骑兵，出城追击逃跑的乱党，还派兵在京城里大肆搜捕。

舒元舆换了衣服，独自骑马从安化门逃出，被禁兵追上逮捕。

王涯徒步走到永昌里的茶馆，被禁兵抓了起来，押送到左神策军中。王涯当时已年过七旬，被戴上镣铐，实在无法忍受严刑逼供，于是屈打成招，声称与李训谋反，想拥立郑注为皇帝。

王璠回到长兴里自己家中，关闭大门，命令手下的卫兵严加看守。神策军将领到他的门口，大声呼喊，说："王涯等人谋反，朝廷想让您让宰相，护军中尉鱼弘志派我们前来祝贺！"王璠大喜，出门相见。

神策军将领向前，再三向他表示祝贺，王璠这才得知上当了，流着泪跟随神策军将领离去。到了左神策军中，见到王涯，王璠说："你自己谋反，为何要连累我？"

王涯说："要不是你以前担任京兆尹的时候，向王守澄透露宋申锡诛除宦官的计划，怎么会有今天？"王璠低头不语。

神策军又在太平里逮捕了罗立言，以及王涯的家属仆人，都关押在左右神策军中。户部员外郎李元皋是李训的远房表弟，李训其实并未任用他，但也被抓起来杀了。

前岭南节度使胡证是京城的富豪，禁军士兵想掠夺他的财物，就借口搜捕贾𫗧，闯进他家，将其子胡溵杀害。禁军又闯进左常侍罗让、翰林学士黎埴等人家中，将他们的资财一抢而空。京城里的无赖恶少也乘机报私仇,荼毒生灵,掠夺财物,互相殴斗;尘埃四起,遮天蔽日。

二十三日,文武百官进入朝中。直到太阳出来,大明宫右侧的建福门才开。只闻宫中命令说,每个人只能带一名随从进入。里面禁军手持刀枪,戒备森严。到了宣政门,门尚未打开。当时因为没有宰相和御史大夫率领,百官没有列队,一片混乱。

唐文宗亲临紫宸殿,问:"宰相为什么没来?"

仇士良说:"王涯等人谋反,已经拘禁在监狱里了。"然后呈上王涯的供词,文宗召左仆射令狐楚、右仆射郑覃等人上殿确认。

文宗悲愤至极,问令狐楚和郑覃说:"是王涯的笔迹吗?"

令狐、郑两人回答说:"是的!"

文宗说:"若真像你们所言,罪当处死!"于是让令狐楚和郑覃二人留在政事堂,帮忙处理朝政。又让令狐楚起草诏书,诏告天下。

令狐楚在叙述王涯、贾𫗧谋反情况的时候,言语浮泛,一点儿也不肯切,仇士良等人非常不满,因此没用令狐楚为宰相。

这时,仍旧有人在坊市中抢劫掠夺。朝廷命令左右神策军将领杨镇、靳遂良等人各自率领500人,分别把守主要路口,杀掉了十几个人后乱况才平息下来。

贾𫗧换下官服,躲到百姓家里过了一夜。他心里清楚自己没有地方可以逃跑了,于是穿着丧服,骑驴到兴安门,说:"我是宰相贾𫗧,被小人陷害,你们可以逮捕我,送到左右神策军去!"守门的卫士于是逮捕了他,送到右神策军中。

李孝本换上六品、七品官员穿的绿色官服,但依旧佩戴着五品以上官员才能用的金带,以帽遮脸,独自骑马逃往凤翔,打算去投靠郑注。到了咸阳城西,被追兵追上,囚禁起来。

李训一向与终南山的僧人宗密关系很好，因此去投靠他。宗密打算替李训剃发，然后藏在寺院里，他的徒弟都觉得不妥。李训只好出山，意图逃奔凤翔，被周至镇遏使宋楚抓了起来，戴上镣铐，押送回京城。

走到昆明池，李训考虑到神策军后会被严刑逼供，就对押送他的人说："抓住我的人一定可以得到荣华富贵。我听说禁军到处搜捕，他们一定会来夺走我，你们不如将我的首级送到京城！"押送他的人相信了，斩下他的首级，送往京城。

左神策军派遣300个士兵，以李训的首级引领王涯、王璠、罗立言和郭行余；右神策军派遣300个士兵，押着贾𫗧、舒元舆和李孝本，献祭于宗庙社稷；按着在东西两市游街示众的惯例，命令百官过来围观；最后在京城独柳树下，把一干人众腰斩，并把首级挂在兴安门外示众。

李训等人的亲戚，无论亲疏老幼，全部被诛杀。妻女还活着的押入宫中，充作奴婢。围观的百姓都怨恨王涯增加茶叶税收，或大声辱骂，或朝他身上砸瓦片石块。

在这之前，郑注根据早先与李训说好的，率领亲兵500人已经从凤翔出发，到达扶风县。扶风县令韩辽因为得知了他们的阴谋，没有迎接他们，携带县印和下属官吏士兵逃往武功。郑注得知李训失败的消息，于是又返回凤翔。

仇士良等人派人携带文宗的密敕，把它交给凤翔监军张仲清，下令让他讨伐郑注。张仲清疑惑惶恐，不知如何是好。押牙李叔和劝张仲清说："我假借您的名义，以美言相劝，郑注一定会来，然后屏退他的亲兵，在坐席上把他杀了，就能马上平息这场动乱。"张仲清同意了，于是埋伏士兵等待郑注。

郑注仗着自己的兵力，所以未起疑心，径直进入凤翔城见张仲清。李叔和把郑注的亲兵引到门外，款待酒食，只有郑注和几个随从进入监军使院。郑注饮完茶，李叔和就拿出佩刀杀死了他，然后立刻关闭大门，诛杀了所有郑注的亲兵。

张仲清将文宗的密敕拿出来给将士们看。于是诛灭郑注家族，又一起诛杀了凤翔节度副使钱可复、节度判官卢简能、观察判官萧杰、掌书记卢弘茂等人及其党羽，共计1000余人。

王仙芝、黄巢起义

唐懿宗即位以后，朝廷日益腐败，战争不断，向老百姓征收的苛捐杂税也越来越多。潼关以东地区连年遭受水旱之灾，州县官吏不上报实情，反而欺上瞒下，很多老百姓都被饿死，又没有别的办法，只好互相聚集做盗贼，因此抢劫事件频发。

唐朝地方州县的兵力很少，加上太平已久，士兵们都不知道如何打仗，每次和乱贼打斗，官军多半失败。唐僖宗乾符二年（公元875年），濮州人王仙芝召集百姓数千，在长垣县起事。

次年，王仙芝与他的党羽尚君长率领军队攻陷了濮州、曹州，军队逐渐扩大到几万人。唐天平军节度使薛崇出兵讨伐，王仙芝将他们击败。

冤句人黄巢也聚集了几千人响应王仙芝。黄巢年轻时，与王仙芝都把贩卖私盐作为谋生的手段。黄巢擅长骑射，性格豪爽仗义，略懂历史经书，屡次参加进士科考试都没有考上，于是索性做了盗贼。

黄巢与王仙芝一起攻略州县，横行山东，百姓被朝廷的各种赋税压得喘不过气来，困顿窘迫，都争相归顺黄巢。几个月里，队伍就壮大到几万人。

乾符三年（公元876年）九月初二，王仙芝攻陷汝州城，将唐汝州刺史王镣抓了起来。王镣是宰相王铎的堂兄弟。消息传来，东都洛阳的百姓都大吃一惊，纷纷携家带口逃出城去。十一日，僖宗颁下敕令，赦免王仙芝与尚君长，并授予他们官位，想以此让他们投降。

十二月，王仙芝率领军队进军蕲州。蕲州刺史裴偓是王铎主持科考时被录取的进士。王镣被抓了起来，拘在王仙芝军中，为王仙芝写信让裴偓投降。裴偓于是与王仙芝约定，收回申、光、庐、寿、舒等州的军队，停止作战，并答应为其向朝廷上奏请求官爵。

同时，王镣也认为裴偓的提议可行，劝王仙芝照办。裴偓于是大开蕲州城门，请王仙芝及黄巢等30多人入城，设宴饮酒，并赠给王仙芝他们很多财物，以示诚意。

宰相们大多数反对说："先帝懿宗就没有赦免庞勋的罪过，最后庞勋没过一年就被斩首了。现在王仙芝不过是一个小毛贼，不能与庞勋相比，若免他一死，还授予官爵，岂不是长敌人气势！"

王铎下定了让王仙芝投降的决心，僖宗同意了。于是下诏，任命王仙芝为左神策军押牙兼监察御史，派遣中使把委任状送到蕲州，亲自交给王仙芝。

王仙芝得到委任状，非常高兴，王镣、裴偓都前来祝贺。宴席还没有结束，黄巢因为朝廷没有授予自己官爵，十分恼怒，对王仙芝说："我们曾经发誓要横行天下。如今你独自获得朝廷的官爵，要奔赴长安担任禁军左军军官，准备怎么处置我们这5000多个弟兄？"因此殴打王仙芝，王仙芝头部被打伤，他们的部众也喧哗不已。

王仙芝害怕触犯众怒，就拒绝了朝廷的任命。之后又带领人马在蕲州大肆掠夺，蕲州城内的百姓，不是被赶出蕲州，就是被杀害，居住的房屋全部被焚毁。

裴偓逃奔鄂州，中使逃奔襄州，王镣被囚禁在王仙芝的军营里。从此，贼军中3000多人跟从王仙芝与尚君长；2000多人跟随黄巢，兵分几路。

乾符五年（公元878年）二月，官军在黄梅打败王仙芝军队，5万多贼军被杀死，王仙芝也被官军斩杀，王仙芝手下的士兵到处逃跑。

当时黄巢正率军攻打亳州，尚君长的弟弟尚让，率领王仙芝军队中剩下的士兵归顺了他，推举他为首领，号称"冲天大将军"，改年号为王霸，并授予属下官爵。

旧五代史

晋王灭燕

燕王刘守光有一次穿上皇帝的红袍，看着身边的将帅们说："现在天下局势不定，群雄竞起，逐鹿中原。我兵强地险，也想称帝一方，你们意下如何？"

孙鹤说："目前内难刚平，国困民穷，西有晋王虎视眈眈，契丹在北边也不安分，现在就想称帝，恐怕不合适。大王只要养士爱民，练兵积粮，德政既修，四方臣民定当归顺于你。"燕王听了很不高兴。

后梁太祖乾化元年（公元911年）八月十三日，刘守光即皇帝之位，把大燕作为国号，改元应天。任命梁使王瞳为左相、卢龙判官齐涉为右相、史彦群为御史大夫。就在他当上皇帝那天，传来了契丹攻占平州的消息，燕人为之十分惊恐。

十一月二十八日，燕帝刘守光率兵两万南侵易定，把容城包围。义武节度使王处直赶紧派人急禀晋王。

十二月十四日，晋王派蕃汉马步总管周德威带领3万士兵，向燕国进发，以解易定之围。

次年正月十八日，周德威率兵到达幽州城下，刘守光派人找梁太祖寻求支持，当时正逢太祖有病。二月，太祖身体刚好，就准备亲自攻伐镇、定，以救燕国之急。

三月梁太祖率兵渡河北上，声称拥有50万大军。晋忻州刺史李存审这时率部驻防赵州，手下的兵力单薄，裨将赵行实建议撤回土门暂时躲避；李存审没有同意。后来听说梁太祖派贺德伦带兵攻蓨县，李存审就对史建瑭、李嗣肱说："咱们大王正在对付幽、蓟，无力对我们支援，南方的事就靠咱们几个人了。眼下蓨县处在危难时刻，我们怎能坐视不救！假如敌人攻下蓨县，肯定就会西侵深州、冀州，那样会导致不堪设想的后果。我准备和诸位一起用奇计破敌。"

于是，李存审就带兵扼守下博桥，命史建瑭、李嗣肱兵分两路去抓梁军俘虏。

史建瑭把部下按五队分列，每队100人，一赴衡水，一赴南宫，一赴信都，一赴阜城，他本人亲率一队深入梁军防线，和李嗣肱协作，只要遇到出来搜集粮草的小股敌人就全部擒获，先后共抓了数百名俘虏。

第二天相会于下博桥，把抓来的俘虏大部分杀了，只留下几个人，砍掉他们的胳膊后放回，对他们说："你们回去代我向朱全忠转达，晋王的大军已经到了！"

当时，蓨县尚未攻下，梁太祖亲率杨师厚所部5万人，和贺德伦联合攻打。初八，梁太祖率兵刚刚到达县城西，安营扎寨都还来不及，史建瑭、李嗣肱就各率300骑兵，打着梁军的旗帜，穿着从梁军俘虏身上脱下来的军服，混杂在征集粮草的梁军士兵中间，直闯敌方驻地内。

傍晚，晋军攻向贺德伦营门前，杀死守门士兵，放火烧营，大呼大叫，弓矢乱发，左右冲击，一直到黎明时才携俘获的敌军离开。梁军营中乱成一片，不知如何是好。

正好这时被砍掉胳膊放回来的俘虏又带来了消息，称晋王大军已抵达。梁太祖听说大吃一惊，当即烧掉营寨，连夜率部南逃，丢下了不计其数的军资器械。

梁太祖惊魂稍定，又让侦察的骑兵出去，回来报告说："晋军主力并没有来，这次来的只是史建瑭的游骑。"

太祖又羞又恼，身体状况愈加糟糕，连轿子都无法乘坐。

在贝州等了10余天，溃散的梁军才慢慢集结到一块儿。

五月，燕帝刘守光派其大将单廷珪率精兵1万人迎战晋军，在龙头冈遭遇周德威部。

两军交上手后，单廷珪一看见周德威，纵马持枪追上前去。枪尖刚触到周德威的背部，周德威避开了，反过身来一棍把单廷珪从马上打落，当场把他活捉，绑赴军门。

燕兵失去主将，被迫撤回。周德威率骑兵乘胜追击，燕兵大败，晋军杀敌3000人。

闰五月十五日，梁太祖病情加重，他对身边的亲信说："我在位30年了，想不到太原余孽竟如此猖狂！晋人看来野心不小，老天又不肯让我多活几年。我死以后，我的儿子们都不是他的对手，我死后将没有葬身之所了！"一边说一边哽咽，说完就晕厥过去了，片刻之后才苏醒过来。

太祖长子郴王友裕早死。其次是养子博王友文，深得太祖宠信，让他留守东都大梁，并兼任建昌宫使。其次是郢王友珪，其生母是亳州营妓，当时友珪正担任左右控鹤都指挥使。其次是均王友贞，任东都马步都指挥使。

当初元贞张皇后在世时端庄有礼、足智多谋，很受太祖的尊重。张皇后去世后，太祖就纵情声色，无所顾忌。因为儿子们不住宫中，他便常常召儿媳们到宫中去侍候他，趁机大行淫乱之事。友文有个美貌的妻子王氏，太祖对她最为宠爱，虽然没有将友文立为太子，但私心总是偏向于他。友珪对此心怀不平。友珪有一次做了点儿错事，太祖毫不心软地把他打了一顿，友珪心里自此更加惴惴不安。

太祖病重时，让守候在身边的儿媳王氏把友文从东都召来，准备与他诀别，以及托付后事于他。友珪的妻子张氏也日夜在太祖身边侍候，得知这一消息后，就暗中告诉友珪说："皇上把传国玉玺交给王氏，由她带着前往东都，我们怕是活不长了！"夫妻二人相对而泣。左右亲信有人劝友珪说："铤而走险，情急生智，为何不另谋他计？"

六月初一，太祖让宣政使敬翔传令，将友珪贬为莱州刺使，命他即刻上任，任命公布后尚未正式发文。当时凡是被贬官的人大都将被赐死，友珪因此恐慌更加。

初二，友珪改穿便服悄悄溜进左龙虎军，找到统军韩勍，和盘托出自己的计划。

韩勍因看到功臣宿将多因小过被杀，担心自身难保，便和友珪共同谋划变乱。

韩勍带领牙兵500人，跟着友珪和左右控鹤都指挥使属下的卫士，一起潜入宫中藏起来。等到半夜，杀死宫中卫兵闯进寝殿，太祖身边侍候的人们见状都各自逃命。

太祖惊坐起来，喊道："谁在造反？"

友珪回应道："不是别人！"

太祖恨恨地骂道："我本来就怀疑你这个贼子没安好心，真后悔没早点儿杀了你！"

友珪咬牙切齿地说："你这个老贼就该不得好死！"

友珪身边的一个仆夫冯廷谔一刀刺进太祖肚子，刀尖穿过了后背。

友珪拿了张破毯子随便裹在太祖身上，就在寝殿内挖了个坑埋起来。

友珪秘不发丧，派供奉官丁昭溥赶往东都，命均王友贞将友文杀死。

初三，友珪借太祖之名颁布诏令说："博王友文阴谋造反，派兵闯进宫中，幸赖郢王友珪忠孝，率兵诛灭叛逆，让朕得以无事。但朕因受此刺激，病情加重，故命友珪暂主军国政务。"

韩勍想出了个计谋给友珪，拿出大量府库金帛赐予各个部队和朝廷百官，以便笼络人心。

初五，丁昭溥从东都返回，禀告了友文的死讯，友珪这才发丧，并宣布太祖遗命，友珪正式即皇帝之位。

后梁末帝乾化三年（公元913年），正月二十日，郑王朱友珪在太庙举行大典，大赦天下，改元凤历。

郢王朱友珪既篡得帝位，立刻过上荒淫无耻的生活，为所欲为，朝廷内外对他极为愤恨，友珪虽广赐金帛加以笼络，还是没人愿意效忠于他。

驸马都尉赵岩和左龙虎统军、侍卫亲军都指挥使袁象先都对友珪的篡位不满。赵岩一次到大梁办事，均王友贞便与他密谋除掉友珪。赵岩说："此事招讨使杨师厚是关键。有他一句话，禁军都可以为我所用，这事就能很快办成。"

于是，均王便遣自己的亲信马慎交前往魏州动员杨师厚说："郢王弑君篡位，人心同愤，现在均王乃众望所归，您如果能够因势成事，那真是盖世之功。"并且许诺事成后赏50万缗钱给杨师厚犒军。

杨师厚召集手下将佐们说："当初郢王篡位时我没有起兵讨伐，现在已分出了君臣又无故起事，这样合适吗？"

有人说:"郢王弑君杀父,就是贼;均王举兵复仇,就是义。讨贼是天经地义的,哪有什么君臣的名分! 您要是不参与,等均王成功后,您以后还怎么过得下去呢?"

杨师厚恍然大悟,就派部将王舜贤去洛阳,和袁象先私下沟通,又派招讨马步都虞侯朱汉宾率兵屯驻滑州在外接应。

赵岩回到洛阳后,也和袁象先共谋大计。

二月十七日晨,袁象先等率禁兵数千人冲进宫中,朱友珪得知有变,即与妻子张氏及心腹冯廷谔跑到宫城北墙楼下,准备翻墙逃跑。 发现无法逃脱后,友珪就让冯廷谔先把他妻子杀死,再杀死他本人;冯廷谔最后也自尽了。

事发之后,洛阳的10多万部队大肆在城中抢掠,朝廷各机构的官员纷纷逃散,中书侍郎、同平章事杜晓和侍讲学士李珽都死在乱兵下,门下侍郎、同平章事于兢和宣政使李振被人刺伤。 一直到傍晚,城中才不再动荡。

袁象先、赵岩带着传国玉玺去大梁迎接均王朱友贞。

朱友贞说:"大梁本是国家创业之地,何必非得定都洛阳!"遂即位于大梁,年号仍是乾化三年不变;追废友珪为庶民,恢复博王友文的官爵。 友贞更名为朱锽,其后又改叫朱瑱。

四月,晋将周德威率大军向幽州南门挺进。 二十日,燕帝刘守光派人致信周德威请和,言辞谦卑哀怜。

周德威对使者说:"我受命讨伐有罪之人,不可能谈和。"他不给燕帝回信。 刘守光更害怕了,派人第二次苦求请和,周德威这才报告晋王。

十月,晋军攻占了卢龙节度使下辖的州郡,燕帝刘守光困守幽州孤城之中,只好派人向契丹求援。

契丹因刘守光反复无常,说话不算话,拒绝出兵。

刘守光多次求降于晋军，晋军疑其有诈，始终不肯答应。最后，刘守光登上城墙向周德威说："等晋王来，我就把城门打开向晋王投降。"周德威便派人报告晋王。

十一月初六，晋王命监军张承业留守晋阳，亲自带领军队向幽州进发。

二十三日，晋王单人匹马前往幽州城下会见刘守光，对他说："当初朱氏篡唐，我本来想与你一道联合河北五镇之兵兴复唐朝，谁知你不怀好意，居然模仿朱全忠称帝的行为。镇、定二帅一心一意臣服于你，而你却出兵相侵，才导致了我们今日之战。成败兴亡之际，你准备怎么办？"

刘守光说："我现在是俎上之肉，任大王随意发落。"晋王听了这话顿生怜悯之心，当场折箭为誓，说："你只管出来相见，我一定不会处置你。"刘守光推辞说过几天再出城投降。

自刘守光篡夺王位以来，其爱将李小喜出了许多坏主意，都得到刘守光的认同，因此李小喜权倾境内。眼下刘守光打算打开城门出去投降，李小喜竭力劝阻。当晚，李小喜本人越墙出城，向晋军投降，并说城中守兵已经没有粮食和体力维持下去。

二十四日，晋王督命各支部队四面攻城，一举攻占幽州，将软禁多年的刘仁恭及其妻儿抓获，但刘守光却携妻儿逃窜。二十五日，晋王进入幽州城。

燕帝刘守光准备逃到沧州去投奔刘守奇。当时是寒冷的冬天，刘守光的脚踝都冻肿了，而且又迷了路，走到燕乐县境内，白天不敢露面，只好躲在山谷里，饿了几天，他让妻子祝氏出去乞食。

祝氏来到农民张师造家，张对这蓬头垢面的妇人很好奇，一问，她就实说了。张师造得知了刘守光的藏身之处，就带人抓走了他和他的三个儿子。

初六，晋王正在吃饭，刘守光在官兵的押送下来了。

晋王对刘守光说："你这个做主人的，怎么这样千方百计对客人避而不见呢？"他让人把刘守光和其父刘仁恭都安顿在客馆里，并给他们送去衣服和饭菜。

后梁末帝乾化四年（公元914年）正月十五日，晋王在欢呼声中将五花大绑的刘仁恭父子押进晋阳。十九日，将刘氏父子献于太庙，刘守光在晋王监视下行刑。刘守光大叫："我死了倒没什么不甘心的，可是是李小喜献计让我不投降的。"

晋王派人叫来李小喜，李圆瞪双眼呵斥刘守光说："你奸淫亲属，行如禽兽，也是我教的吗？"晋王看到他如此对待旧君，很是反感，先把他斩了头。

刘守光又央求道："我擅长骑马射箭，大王如果想建立霸业，不如留下我为你效忠吧！"

刘的两位妻子李氏、祝氏责备他说："到如此田地为何还要贪生！我们愿意先您而死。"说完遂延颈就戮。

刘守光一直到死依然没有停止哀号乞怜。

晋王又命节度副使卢汝弼等把刘仁恭押送到代州，刺其心血为先王李克用之墓祭奠，然后砍了他的头。

周德威大败梁军

后梁开平四年（公元910年）十一月，后梁太祖觉得赵王王镕和晋王有勾结的可能，就发兵攻打赵王领地。这使王镕感到很恐慌，就派遣使者向燕、晋请求援兵。

燕王刘守光不肯发兵，想坐观赵、梁之斗，好坐收渔利。晋王李存勖派周德威率领军队，穿过井陉，驻扎赵州。后梁太祖得知赵晋联盟，就派宁国节度使王景仁率领军队前去攻打。

十二月，晋再次收到赵王王镕的求援，晋王任命蕃汉副总管李存审镇守晋阳，自己亲自率领军队从赞皇向东进发，义武节度使王处直跟随其后。二十五日，李存勖率兵到达赵州，与周德威会合。

晋军擒获出来割草打柴的后梁士兵两百人，李存勖问他们说："起先从洛阳出发之时，后梁太祖有什么号令？"后梁士兵回答说："后梁太祖告诫上将说：'来自镇州的王镕是个易变之人，终究要成为子孙的祸患。现在把精锐部队全都交付给你，镇州哪怕固若金汤，你也一定要为我拿下来。'"李存勖听了，命令将所俘的后梁士兵送抵王镕处。

二十六日，李存勖率领军队前进，到了离柏乡30里之处，派遣周德威等人率领胡人骑兵逼近后梁军营挑战，对方拒不迎战。

二十七日，晋军又向前推进，距离柏乡5里，扎营于野河之北。然后又派遣胡人骑兵逼近后梁军营纵马射箭，又施以辱骂。

3万步兵、骑兵在后梁将韩勍等的率领下，分三路追击挑战的晋兵，铁甲和头盔上都装饰着华丽的丝织品，镂刻金银花纹，光彩闪烁，晋军士兵从远处瞥见，士气为之低落。

周德威对大将李存璋说："梁人的目的不在战斗，分明是卖弄军势强而已。不挫伤他们的锐气，就无法振作我军。"

便在军中环视然后厉声说："他们都属于汴州的天武军，都是屠夫、酒徒、佣工、商贩之流，衣服盔甲虽然鲜艳，但十不当一。捉住他们一个人，就足够让自己富有了，这是奇货，不能错失啊！"

于是亲自带领精锐骑兵1000多人，向梁军阵形两端进攻，左右奔驰冲击，进出敌军军阵好多次，将 100 余人俘获。然后边战边退，到野河为止。后梁军也撤退了。

周德威对李存勖说："敌人的声势很盛，应当按兵不动，静候他们士气跌落。"

李存勖说："我孤军远道而来，救别人的急难，对付这支不怎么样的军队，应该速战速决。你却要握兵不动持重求稳，这是为什么呢？"

周德威说："镇州、定州的军队，擅长坚守城池，却短于野外作战。我军所仗恃的是骑兵，擅长在平原旷野里作战，可以纵马奔驰冲击。现在对抗离军营寨门太近，战马没有施展四足的地方。况且以少战多，如果敌人知道我军的虚实，那就危险了。"

李存勖不高兴，退入帐中躺在床上，没有一个将领敢开口。

周德威和监军张承业相见，说："大王一下子打了胜仗就开始轻敌，不自量力追求速战。现在与敌人相距咫尺，两军之间仅有一河之隔，敌人如果造桥过河，进逼我军，我军士兵立刻就会被消灭。不如退兵到高邑，将敌人引出营寨之外，他们出击我们就回营，他们回营我们就出击，另外派轻骑兵劫夺他们的后勤补给，不过一个多月，必能获胜。"

张承业就进去，掀开帐子拍着李存勖说："现在难道大王能安睡？周德威是老将，懂得打仗，别忽视他的话！"

李存勖骤然起身，说："我正在考虑他的话！"

当时后梁军在营寨内闭门不出。有后梁兵来投降，盘问他们，回答说："王景仁正在大量建造浮桥。"李存勖对周德威说："你说中了。"当天，军队拔营，退保高邑。

由于柏乡一带向来没有草料储备，后梁军队只好自己割草。晋军每天用机动部队袭击他们，后梁士兵只好躲在营寨里。周德威派遣胡人骑兵在后梁军四周纵马奔跑射箭，辱骂他们，后梁军怀疑有埋伏，更加不敢出击，只好铡碎屋顶的茅草和草席来饲养马匹，因此饿死许多马匹。

后梁乾化元年（公元911年）正月初二，周德威与别将史建瑭、李嗣源亲率精锐3000开近后梁军营大门辱骂，王景仁等人大怒，率领全军出战。周德威等边打边退，到达高邑南边。

晋将李存璋率领步兵在野河岸上列阵，后梁军队人数众多，争相向前抢夺桥梁。镇州、定州的步兵抵挡他们，李存勖料想无法抵御，对匡卫都指挥使李建及说："后梁军队一旦过桥，就不能再遏止他们了。"李建及挑选步兵两百名，拿着武器奋勇喊叫，经过奋力战斗，终于把后梁军打退。

李存勖登上小土山，观望战斗的情况，说："后梁士兵一点儿军纪都没有，我军士兵整齐安静，我们一定能够胜利。"

战斗从巳时进行到午时，打了两个时辰依然维持平局。李存勖对周德威说："两军已经交战，不可能再把他们分开，现在决定我们胜负的时刻了。我先冲上前去，你可以随后跟上。"

周德威拉住战马，劝谏说："看后梁军的情形，以逸待劳可将其制服，不能轻易用力量战胜他。后梁士兵向营地30多里的地方前进，即使带着干粮，也没有空闲时间吃。日落以后，腹中饥渴难耐，身外刀箭相加，士兵疲劳倦怠，一定有退却之心。这时，我以精锐之师对他们突袭，一定能获大胜。现在还不可以攻击。"李存勖于是就没有出击。

当时，魏州、滑州的后梁兵列阵于东，宋州、汴州的后梁兵列阵于西。到太阳下山的时候，后梁军没有吃东西，斗志全无，王景仁等带兵稍稍退却，周德威赶紧大喊："梁兵逃跑了！"晋军士兵也鼓声激烈抢着向前攻打。魏州、滑州军队先行退却，李嗣源率领兵众在西边阵前大声喊叫，说："东阵已经逃跑，现在就只有你们孤身作战！"后梁士兵惊慌失措，于是军队大败。

李存璋率领步兵追逐逃散的后梁士兵，大声呼喊："梁人和我们都是人，父兄子弟运送军粮的不杀。"结果后梁士兵都脱下铠甲，扔掉兵器，喧闹声惊天动地。

赵兵怀着后梁军屠杀守卫深州、冀州士兵的仇恨，不顾争抢钱财，只是挥舞利刃追杀后梁兵。后梁的龙骧、神捷两军的精兵几乎被全歼，从野河到柏乡，陈尸千里。

王景仁等人率领几十名骑兵逃走。晋军夜里到达柏乡，梁军已撤，抛弃的粮食、财物、器械不可胜数。总共斩杀两万多人。

李嗣源等人追赶到邢州，整个河朔地区震惊不已。保义节度使王檀严密戒备，然后打开城门接纳残兵败卒，给予钱粮，并将他们遣返回家。

李存勖好优伶

后唐庄宗李存勖从小就对乐律感兴趣，所以十分宠爱优伶，经常让他们在左右侍奉。优伶们出入于皇宫，经常对士大夫调戏，大臣们非常愤恨，但又不敢对他们生气。也有反而去依附请托，希望依靠优伶求得朝廷恩泽的。有时四方藩镇也对他们行贿。

优伶中耽误政事最恶劣的，景进应数第一。景进喜欢采集一些民间小故事说给李存勖听，李存勖也想知道一些外面的情况，于是就将景进纳为自己的心腹。

景进每次向李存勖汇报，李存勖都要将左右清退才与他相谈，因此景进得以说别人的坏话，干预朝政。从将相大臣以下，全部臣属都对他感到害怕。滑州留后李昭钦通过景进向皇宫进贡，结果被任命为泰宁节度使。

　　优伶中懂得大忠大义的也有。李存勖有时自己涂上粉墨，和优伶一起在宫中演戏，让宠妃刘夫人高兴，艺名叫作"李天下"。

　　有一次他在演戏的时候，一直喊"李天下，李天下"，一个叫敬新磨的优伶突然上前打他的耳光。李存勖变了脸色，众优伶也惊愕不已。敬新磨从容地说："治理天下的人只有一个，你还喊谁呢？"李存勖听了很高兴，赏赐他很多财物。

　　李存勖曾经到中牟打猎，百姓的庄稼被践踏了。中牟县令站在他马前进谏说："陛下是老百姓的父母，父母怎么能够将他们据以生活的东西践踏了，大王想让他们饿死吗？"李存勖十分生气，斥责他，让他滚蛋，并准备杀死他。

　　敬新磨赶紧追上县令，将其抓回，责骂他说："你当县令，难道不知道我们天子喜欢打猎吗？你为什么要放任百姓在这儿种地来耽误天子打猎呢？你罪该处死！"然后就请示庄宗处死他，李存勖笑了笑，就不再追究了。

　　在打胡柳战役时，后梁俘虏了优伶周匝，李存勖常常思念他。后来后唐军进入汴梁，那天周匝在马前拜见李存勖，李存勖十分高兴。周匝流着眼泪对李存勖说："我能活到现在，全靠梁教坊使陈俊、内园栽接使储德源的帮助，希望陛下能封赏他们两个州作为报答。"李存勖答应了。

　　宰相郭崇韬劝李存勖说："助陛下夺江山的，都是英豪忠勇的人。如今大功刚刚告成，这些人中还没有一个人得到封赏，却首先任命优伶为刺史，怕会失信义于天下。"因此周匝的建议没有实行。一年之后，优伶周匝一直在李存勖身边说这件事，李存勖对郭崇韬说："我已经答应过周匝，让我都不好意思见到这三个人。你讲得都很对，但通融通融我吧。"

最后，李存勖任命陈俊为景州刺史，将宪州刺史任命给储德源。当时亲军中有跟随李存勖转战南北九死一生却没有封得刺史的，知道这件事后都愤慨不已。

石敬瑭甘当儿皇帝

后晋天福元年（公元936年），储藏在洛阳以及各辖区的财物被后唐河东节度使石敬瑭全部运回晋阳，他以补充军需为借口，但大家心里都明白他图谋不轨。

当初，石敬瑭想试探一下后唐末帝李从珂的真实意图，以自己体弱多病为由屡次上表陈说，请求解除兵权，调往其他藩镇。李从珂和执政大臣们就是否同意他的要求这个问题进行了商讨，把他调去镇守郓州。房暠、李崧、吕琦等人极力劝阻，认为这样做是不行的，李从珂听后，犹豫了很久。

五月初二晚上，李崧有急事请假在外，值班人员只有薛文遇一人。李从珂和他议论河东方面的事情。薛文遇说："俗话说：'在路上盖房子，三年也盖不成。'陛下要凭借自己的意志决断这件事。群臣们以个人利益为核心，哪里肯说心里话？以我看来，河东方面，让他移镇他要反，不让他移镇他也要反，只是早晚不同而已，提前把他消灭了才是正确的做法。"在这之前，术士说今年会有贤人来辅佐国家，提出奇谋，安定天下。李从珂以为这就应验在薛文遇身上了，所以听了他的话，非常高兴，说："我的心意因为你的话而豁然开朗，不论成功还是失败，我决心去做了。"立即把任命官职的名单罗列出来，交付学士院草拟诏书。

初三，将天平节度使的官使授予石敬瑭，任命马军都指挥使、河阳节度使宋审虔为河东节度使。诏书一出，石敬瑭的名字一传到满朝文武的耳朵里，都面面相觑，惊讶得脸色都变了。

初六，李石敬瑭被李从珂派来的人催促赴郓州上任。石敬瑭很是疑惧，便和他的部下商议说："我第二次来河东的时候，皇上曾当面答应我终身不免职，我的职位也不会被人取代。现在又忽然有了这样的命令，莫不是怀疑我要造反？我如果不造反，朝廷就会先发制人，绝不可以坐以待毙，死在路上呢！如今我以生病为理由暂且上表朝廷，来观察朝廷的意向，如果对我宽容，我就臣服他。如果对我用兵，那我就要另做打算了。"幕僚段希尧极力反对，他为人纯朴直率，石敬瑭因此并不责怪他。节度判官华阴人赵莹劝石敬瑭去郓州赴任。观察判官平遥人薛融说："我是个书生，军旅之事真是一点儿也不懂。"都押牙刘知远说："您带兵已久，得到士兵的衷心拥戴。现在以险要的地势作为盘踞之地，兵强马壮，如果在这儿起兵，布告天下，可以成就帝业。只凭一纸诏令就自取灭亡的事情不可以做啊。"

掌书记洛阳人桑维翰说："皇上刚即位的时候，您入朝觐见，蛟龙不可放归深渊的道理皇上难道会不知道？然而最后您还是得到了河东节度使这个重要的职位，这说明天意要把最有用的工具送给您。

"明宗皇帝虽已驾崩，但人们还十分爱戴他，当今皇上以庶子旁支的身份继位，民心并不归附。您是明宗心爱的女婿，现在您被皇上判处谋逆的罪名，这不是叩头谢罪就能获得赦免的，想要保全自己就必须竭尽全力想出一套计划。

"石敬瑭国主和您一向以史弟相称，现在他们的部落，就在距此不远的云州与应州。您若真能推心置腹、委屈自己来侍奉他们，那么紧急事态一旦出现，可以随请随到，还用担心会不成功吗？"石敬瑭听了，决心谋反，不再犹豫。

初十，石敬瑭已经叛乱的消息由昭义节度使皇甫立报告给朝廷。石敬瑭给李从珂上表说："当今皇帝是养子，皇位不该由你继承，请传位给许王。"

李从珂气得把石敬瑭的奏表撕碎扔在地上，下诏书回答说："你本来没有疏远过鄂王，你在卫州的所作所为，天下人都知道。所谓传位给许王之类的鬼话，没有人会相信？"十四日，石敬瑭的官职和爵位被李从珂下诏剥夺。随后，调遣各路军队前去讨伐。

七月，石敬瑭派遣使者向契丹求救，让桑维翰草拟向契丹称臣的表文，并请求以对待父亲的礼节对待耶律德光。还约定事成之日，割给契丹卢龙一道以及雁门关以北各州的土地。刘知远劝谏说："称臣就可以了，以对待父亲之礼侍候他不合适。多送他金银布匹，就足以向他借兵，不必割让土地。割让那么多土地，恐怕日后的中国会面临更大的麻烦，到时后悔也来不及了！"石敬瑭不听。表文送到契丹，契丹国主耶律德光阅后大喜，对他母亲说："儿子接连梦到有使者在石敬瑭的派遣下到来，如今果然如此，这是天意啊！"于是写了答复的国书，答应一到中秋节当举全国兵力前往增援。

九月，五万骑兵在耶律德光的带领下，号称三十万，从扬武谷向南，旌旗络绎不绝，长达50余里。耶律德光的骑兵一到，晋阳城外的后唐军队就被打败了。当天晚上，石敬瑭出晋阳北门见耶律德光，耶律德光握着石敬瑭的手，只恨相见太迟。

十一月，耶律德光对石敬瑭说："我为了救你特地从三千里外赶来，一定要有所建树。我看你气概不凡，识见过人，中原的主人非你莫属。我想将你立为天子。"石敬瑭推辞了很多次，这时他的部下也纷纷劝进，石敬瑭这才同意。

石敬瑭便被耶律德光册封为大晋皇帝，解下自己身上的契丹衣冠授给他。石敬瑭正式即皇帝位，是为后晋高祖。割让幽、蓟、瀛、莫等16州之地给契丹，而且还答应每年将30万匹布送给契丹。

郭威建后周

后汉隐帝乾祐三年（公元950年）十一月，后汉隐帝称帝以后，枢密使、右仆射、同平章事杨邠处理政务，枢密使兼侍中郭威主管军事，归德节度使、侍卫亲军都指挥使兼中书令史弘肇掌管警卫，三司使、同平章事王章管理财赋。

杨邠公正忠诚，退朝回家不接待因私事求见请求帮助的人，虽然接受馈赠，但有富余则往往献给国家。史弘肇督察京城，路上没有人会反映自己丢的东西被捡走。这时正是契丹蹂躏之后，公家和私人都很困难，王章尽可能地搜刮过去没有搜刮到的财富，缩减用度，充盈国库。接着李守贞、赵思绾、王景崇三人结盟叛乱，朝廷连年用兵而供给不缺；到叛乱平息，赏赐将士之外尚有盈余，因此国家比较安稳。

隐帝身边受宠爱的人渐渐掌权，太后的亲戚也对朝廷政事横加干预，杨邠等人屡次试图禁止。太后有个熟人的儿子求补军职，史弘肇生气地把他杀了。高祖刘知远把宫中仓库交给武德使李业掌管，隐帝即位后更加得宠。李业想得到空缺的宣徽使一职，隐帝和太后也婉转告诉了掌权的大臣；杨邠、史弘肇认为朝中官员依等级次序来递补，不能因为是外戚就可以破格提拔，李业才放弃了这个职位。按等级次序，内客省使阎晋卿应升为宣徽使，但很久没有得到递补；枢密承旨聂文进、翰林茶酒使郭允明都得到隐帝的宠爱，但官职很久也未能得到提升，于是都把恨转向掌权大臣。被罢免了平卢节度使一职的刘铢从青州回来，长期只有奉朝请的闲散名义，没有升官，常常当面咒骂掌权的大臣。

隐帝刚刚服满三年丧，就听音乐，把锦袍玉带赏赐给艺人。艺人到史弘肇那里道谢，史弘肇生气地说："士兵守卫边疆，艰苦战斗，还没有东西奖赏他们，你们何德何能竟得到这些奖赏？"于是把这些赏赐都要了回来归还给朝廷。

隐帝要立他宠爱的耿夫人为皇后，杨邠认为太快；耿夫人死了，隐帝要用皇后的礼仪埋葬，杨邠也不同意。

隐帝年纪渐大，讨厌被大臣控制。隐帝对杨邠等人感到越来越不满，不能消除，身边的人便乘机在隐帝面前诋毁杨邠他们："杨邠等人专断放纵，总有一天要叛乱。"隐帝相信了。有一次，隐帝听见夜里的工场打铁声，怀疑有紧急军情，直到天亮也没睡着。

司空、同平章事苏逢吉和史弘肇不和，知道史弘肇受到太后的弟弟李业等人的忌恨，便屡次用话来刺激他们。隐帝便和李业、聂文进、后匡赞、郭允明准备设计将杨邠等人除掉，还把此事告知太后。太后说："怎么可以随便杀害大臣！这事更应该和宰相商量。"

李业当时在场，说："先帝曾经讲过，朝廷大事不要和懦弱胆怯的书生协商，会耽误别人。"太后还是劝他们不要那样做。

隐帝气愤地说："国家的事情，妇人是不会懂的！"说完便拂袖而去。

十二日，李业等人告诉了阎晋卿他们的计谋，阎晋卿恐怕事情不会成功，便到史弘肇家中想把这件事告诉他，但没有受到史弘肇的接见。

十三日早晨，杨邠等人上朝，从广政殿冲出几十个身穿铠甲的士兵，在宫殿东边的走廊上将杨邠、史弘肇、王章杀死了。

宰相、大臣在聂文进的匆忙召集下在崇元殿按次序排好，宣布隐帝的话说："杨邠等人谋反，已被处死，与卿等共同庆贺。"又在万岁殿前召集各军将领，隐帝亲自对他们讲话，说："杨邠等人把朕当小孩儿看待，朕现在才能真正做你们的君主，你们可以没有别的忧虑了！"将领们下拜表示感谢，然后向皇帝告退。

隐帝又召集以前的节度使、刺史等到大殿上来，告诉他们杨邠等人谋反被杀的事。分别派出使者带领骑兵去杀死了杨邠等人的全部亲戚党羽、侍从。

史弘肇对待侍卫步军都指挥使王殷特别好。杨邠等人死后，隐帝下了密诏并派供奉官把密诏送到澶州、邺都，命令太后的弟弟镇守节度使李洪义把王殷杀死，又命令邺都行营马军都指挥使郭崇威、步军都指挥使曹威杀死郭威和监军、宣徽使王峻。又把天平节度使高行周、平卢节度使符彦卿、永兴节度使郭从义、泰宁节度使慕容彦超、匡国节度使薛怀让、郑州防御使吴虔裕、陈州刺史李谷用急令调入朝中。将枢密院事务交由苏逢吉代管，前平卢节度使刘铢代理开封知府，侍卫马军都指挥使李洪建代管侍卫司，内侍省使阎晋卿代理侍卫马军都指挥使。

这时，朝野震动，人人自危。苏逢吉虽然讨厌史弘肇，但并未参与李业等人的阴谋，知道此事后很惊愕，私下对人说："事情发生得太仓促了，主上如果问我一句话，也不至于发展到现在这种地步！"

李业等人让刘铢杀害郭威、王峻的家属，刘铢很残忍，连婴儿也不放过。又让李洪建杀害王殷的家属，李洪建只命人监视他们，还供给他们饮食。

十四日，使者到了澶州，李洪义懦弱怕事，害怕王殷知道密令的事，还不敢轻举妄动，便带孟业去见王殷。

王殷囚禁孟业，派节度副使陈光穗告诉郭威密诏之事。

郭威召来枢密吏魏仁浦，把诏书告诉他，说："该如何是好？"

魏仁浦说："公是国家的大臣，功绩和声名卓著，手握重兵，占据着重要军镇，一旦为小人所诬陷，遭此意外之祸，不好向朝廷解释。事情到了如此地步，不能干坐着等死。"

郭威便召集郭崇威、曹威等将领，告诉他们杨邠等人冤死的事和有关密诏的情况，并且说："我和杨公等人披荆斩棘，追随先帝夺取天下，受先帝嘱托，辅佐太子，竭力保卫国家。现在诸公已死，我怎么能苟活于世呢！你们应当执行皇上的命令，割下我的首级回报皇上，但愿不要牵累你们。"

郭崇威等人都哭泣着说："天子年幼，这一定是皇帝身边的人指使的，如果让这些人得志，国家能安宁吗？我们愿意随公入朝为自己申诉，清除那些祸害之人，使朝廷得到清平。您不能无辜被杀，蒙受千载的恶名。"

翰林天文赵修己对郭威说："您无辜受死实在没有什么好处，不如顺应大家的心愿，挥兵南下，这是天意所指。"

郭威将邺都交由他的养子郭荣镇守，命令郭崇威率领骑兵为先锋，自己统率大部队紧随其后。

慕容彦超正在吃饭，接到诏书，立即放下匙子和筷子入朝，受到隐帝的委托，掌管军事。十六日，吴虔裕晋见隐帝。

隐帝知道郭威统率大军南行，商议出兵抵抗。前开封尹侯益说："邺都守军的家属都在京城，朝廷军队不能轻易离开京城。不如紧闭城门以挫伤他们的锐气，让他们的母亲、妻子登上城楼招引他们，这样就可以不战而胜。"

慕容彦超说："侯益老了，这不过是懦弱的想法罢了！"

隐帝便遣派侯益和阎晋卿、吴虔裕、前保大节度使张彦超率领禁军向澶州进军。

当日，郭威到达澶州，李洪义迎接他入城。见到郭威时，王殷痛哭流涕，并带领自己的部队跟随郭威向南渡过了黄河。

隐帝派人暗中跟踪郭威。

郭威捉住了他，在他的衣领中塞入自己的奏章，让他回去告诉隐帝说："臣昨天接到诏书，伸出脖子等死。郭崇威等人不忍心杀臣，说这都是陛下身边那些无耻小人对臣的谗害，逼臣南行，到朝廷请罪。臣求死不成，又不能改变他们的举动！臣过几天就会到达朝廷。陛下如果认为臣真有罪，臣哪里敢逃避刑罚呢！如果真有进谗言害臣的人，希望把他捉住押到军前正法以快人心，臣哪里敢不劝说诸军退归邺都！"

十七日，郭威奔赴滑州。十八日，义成节度使宋延渥投降。郭威把滑州仓库的财物拿出来慰劳将士，并告诉他们说："听说侯令公已从南方统率各军向我军奔来，现在就要和他相遇，跟他打仗不是入朝觐见应有的道理，不是我们打败他们，就是我们被他们杀害。我想成全你们的功名，不如执行上次的密诏，我死而无悔。"

将士们都说："国家对不起公，公没有对不起国家，这就是为什么大家都一马当先就像报自己的私仇一样的原因所在。侯益他们有什么可怕的呢！"

王峻当众宣布："郭公说了，等到攻下京城，听任大家抢掠10日。"将士们欢呼雀跃。

十八日，李业等人请求用国库财物奖赏各军，苏禹珪认为不能这样做。李业在隐帝面前下拜请求苏禹珪说："请相公为天子着想，不要吝惜国库。"于是赏赐禁军每人20缗，下等军每人10缗；也给投奔郭威的将士的家属发放赏钱，并要家属同自己的亲人通信，以便引诱他们归附朝廷。

十九日，郭威的军队到了封丘，京师人心惶惶。

太后哭泣着说："如果不按李业的话去做的话，国家该亡了！"

慕容彦超自恃骁勇，对隐帝说："就臣看来，北军不过小虫子罢了！我一定把他们的首领抓到陛下面前！"

慕容彦超退朝，碰到聂文进，询问北来军队的人数及其将领的姓名，知道后感到有些害怕，说："这帮家伙的势力颇为强大，还真不能轻视哩！"

隐帝又派左神武统军袁䴔、前威胜节度使刘重进等统率禁军和侯益等会合，驻防在赤冈。

慕容彦超统领大部队驻扎在七里店。

二十日，郭威的军队和隐帝的军队在刘子陂相遇。隐帝想亲自前往慰劳军队，太后说："郭威是我们家的老朋友，除非死到临头，怎么会闹到这种地步！不如按兵守城，赶快送诏书给郭威，观察他的意向，必然会有一定的说法和道理，这样或许还可以保全君臣之礼。千万不要轻易出去。"隐帝不听。

当时有很多警卫军都跟随而来，太后派使者告诫聂文进说："要特别留心！"

聂文进说："有臣在，就算郭威有再大的本事也可以擒获。"

到了黄昏，南北两方的军队相安无事，隐帝回宫。慕容彦超夸口说："陛下来日宫中无事，希望再次出来看臣打败贼军。臣不必和他们打仗，只需训斥他们一番，命令他们解散回营就可以了。"

二十一日，隐帝要再次出宫，太后努力劝阻失败。

阵势摆好后，郭威告诫将士们说："这次打仗是为征讨小人而来，而不是来和天子作对，千万不要先发起进攻。"

过了很久，慕容彦超带着轻骑兵作为前锋发动攻击。郭威和前博州刺史李荣率领骑兵抵抗。慕容彦超因战马跌倒几乎被擒，狼狈带兵退却，死了100多名部下。各军士气受挫，开始有人投向北军。

侯益、吴虔裕、张彦超、袁鹇、刘重进都偷偷地去会见郭威，郭威把他们送回各自的军营，又对宋延渥说："天子处于危难之中，公是陛下的近亲，应该带亲兵前往护卫，并请附带禀奏陛下。希望能在臣的营中恭候到陛下的到来。"

宋延渥还没有到达隐帝的大营，见溃散的士兵纷乱如云，只好折路而返。等到天黑，南军多数向北军投降。

慕容彦超率领10多名部下骑马奔回兖州。

这天夜里，隐帝独自和三位宰相以及侍从官吏几十个人住在七里寨，其余官兵都溃散逃走了。

二十二日晨，郭威望见高坡上高扬着天子旌旗，便下马脱下头盔，准备前往晋见隐帝。到了那里，发现隐帝已经不在那儿了。

隐帝打马奔回王宫，到达玄化门，遭到刘铢在城门上用箭射击。隐帝掉转马头，向西北走到赵村时，已有追兵赶到。

隐帝下马逃到百姓家中，被溃散的士兵杀死。苏逢吉、阎晋卿、郭允明自杀。聂文进想要逃跑，被追赶上来的士兵杀害。李业逃往陕州，后匡赞奔赴兖州。

郭威闻知隐帝遇害，痛哭着说："这是我的过错呀！"

郭威到了玄化门，刘铢向城外射箭，箭矢如雨一般密集。郭威从迎春门入城，派前曹州防御使何福进带兵守卫明德门。各军大肆抢掠，烟火四起，彻夜不停。

士兵进入前义成节度使白再荣的家中，把白再荣抓了起来，又将他家洗劫一空，之后对白再荣说："我们过去曾是您的部下，一旦如此无礼，以后就再无颜见您了！"说完割下他的头，然后离去。

吏部侍郎张允，家中十分富有，但生性吝啬，连妻子都不让她管事。常常把很多钥匙拴在衣服下面，如佩玉般的响声随着他走路的动作发出来。这天夜里，他躲在佛堂的天花板上，谁料上来躲藏的人越来越多，天花板被压坏，都掉了下来。士兵剥走了张允的衣服，他就被冻死了。

过去，隐帝曾经宠爱作坊使贾延徽。他和魏仁浦是邻居，想吞并魏仁浦的房屋来扩大自己的居处，屡次把不利于魏仁浦的话说给隐帝听，几乎把魏仁浦置于死地。这时，有人逮住了贾延徽并把他交给魏仁浦，魏仁浦说："趁着国家动乱来报私仇，这种事我做不出来！"郭威知道这件事后，更加善待魏仁浦。

右千牛卫大将军赵凤说："郭侍中起兵，是要把恶人从君主身边清除出去，使国家得到安宁。但那些家伙如此胡作非为地害人，简直是强盗行径，哪里是侍中的本意！"他手执弓箭，坐在巷口的交椅上，抢东西的人一到，就被他射死，因而抢劫从他所在的街巷绝迹。

二十三日，兵士捉住了刘铢和李洪建，他们被囚禁了起来。刘铢对他的妻子说："我死了，你会成为人家的奴婢吗？"妻子说："看看你曾经干过的事，必然是这样！"

王殷、郭崇威对郭威说："不制止抢掠，今晚城里就会被抢劫一空了！"郭威于是命令将领们负责禁止军队的抢劫行为，谁不服从就斩首。到了傍晚，才平息了抢劫之风。

窦贞固、苏禹珪从七里寨逃回城中，郭威派人找到他们，他们的官职很快就被恢复了。窦贞固当宰相时，正值杨邠、史弘肇擅权，李业等人叛乱，他和他们相处时拿出庄重的态度来，不过是为了保全自己罢了。

隐帝的棺材在郭威的命令下被官吏迁移到西宫。有人请求按照三国时期魏国高贵乡公曹髦的事例，用公爵的礼仪埋葬隐帝，郭威不答应，说："在事情突然发生的时候，皇上没有得到我们的保护，罪过已经很大，再贬降皇上的身份又怎么行呢！"

太师冯道带领官员们谒见郭威。郭威看见冯道，仍然下拜，而冯道接受他的拜礼和平时没有什么不同，慢慢地说："侍中这次回来可真是困难重重啊！"

二十四日，官员们由郭威带领着到明德门向太后问安，并禀奏说："国政军务繁多，请早日确立继位的君主。"太后颁布命令说："郭允明杀死了皇帝，国家怎么可以没有君主？河东节度使刘崇、忠武节度使刘信，都是高祖的弟弟；武宁节度使刘赟、开封尹刘勋，都是高祖之子。请官员们商议，国君的人选要从中选出一个适宜的。"

刘赟是刘崇的儿子，高祖喜欢他，以对待亲儿子的待遇对待他。郭威和王峻入宫，在万岁宫朝见太后，提出君主由刘勋继承的建议。太后说："刘勋久病，身体虚弱，不能起床。"

郭威出来告诉将领们，将领们请求见刘勋，刘勋在太后的授意下被身边的人用床抬起来让将领们看，将领们才相信。于是刘赟在郭威和王峻的商议下被拥立为帝。二十六日，郭威带领官员们上表请刘赟继承皇位。有关部门受太后的旨意选择日期，准备天子的乘车，去迎接刘赟入宫即皇帝位。郭威禀奏太后派太师冯道和枢密直学士王度、秘书监赵上交前往徐州迎接。

郭威讨伐李守贞、王景崇、赵思绾时，每次见到朝廷诏书对军事都处理得很妥当，便问使者："这些诏书是谁写的？"使者回答说，是翰林学士范质写的。郭威说："这个人可以做宰相！"这次一入城，他便找到了范质，十分高兴。当时正下着大雪，郭威亲自给范质披上自己穿的紫袍，起草太后命令和迎立新君的礼仪都由他负责。

二十七日，郭威带领官员们向太后提出意见："等皇帝来到朝廷，要超过10日，国家大事还请太后临朝处理。"

二十九日，太后开始临朝处理国事，王峻被任命为枢密使，袁鸘为宣徽南院使，王殷为侍卫马步军都指挥使，郭崇威为侍卫马军都指挥使，侍卫步军都指挥使的职务被交给曹威，陈州刺史李谷权判三司。

镇州、邢州禀奏："契丹皇帝率领大批人马入侵，进攻内丘县，五天没有攻下，死伤甚多。后有叛变的500名守军接应契丹入城，全城军民遭屠杀。又攻下了饶阳县。"

郭威奉太后之命大举进攻契丹，国事暂时委托窦贞固、苏禹珪、王峻，军事委托王殷。

十二月初一日，郭威自大梁出师。

郭威到达滑州，逗留数日，使者奉刘赟之命前去慰劳。

将领们互视左右，接受命令不下拜，私底下互相说："我们攻下京城，屠杀抢掠，罪过很大，如果刘氏再当皇帝，我们的后代子孙还能有活的吗！"

郭威闻此言论，即带兵奔赴澶州。十八日，太后派苏禹珪到宋州去迎接继位的君主。

十九日，郭威渡过黄河，在澶州住宿。二十日早晨将要出发时，数千名将士突然喧哗起来，郭威让人将门关上。

将士爬过围墙、登上房屋进来了，说："天子要待中自己来当。将士与刘氏已誓不两立，他不能再做皇帝了！"

有兵士将黄旗扯破披在郭威身上，大家搀扶着他，高呼万岁，震天动地。于是将士们护卫着郭威朝南而去。

郭威便上书太后，请求祭祀后汉列祖列宗，视太子为母。

二十三日，郭威到达韦城，写信安慰大梁的居民说，昨日我们离开黄河，请不要忧虑疑惑。二十五日，郭威到了七里店，官员们在窦贞固带领下前来拜见迎接，并劝郭威即皇帝位。郭威驻军皋门村。

武宁节度使刘赟已到了宋州。王峻、王殷闻澶州军变，派侍卫马军都指挥使郭崇威带领700骑兵前去阻止刘赟，前申州刺史马铎被派往许州巡逻防备。

郭崇威突然到达宋州，在官署的门外摆开阵势，刘赟害怕得关上了，登楼质问郭崇威。

郭崇威回答说："澶州军队哗变，郭公忧心陛下被蒙蔽，故派崇威来值班警卫，没有别的事！"

刘赟召见郭崇威，郭崇威不敢进来。郭崇威在与冯道交谈后方才登上楼。

刘赟边哭泣边紧握郭崇威的手，郭崇威把郭威的意思告诉他，请他放心。

过了一会儿，郭崇威从官署出来。当时，护圣指挥使张令超率领自己的军队替刘赟值班，徐州判官董裔劝告说："郭威一言一行，已显露谋反意图。路上的人都说郭威已经做了皇帝，陛下若一意孤行，祸患必速！请迅速召见张令超，讲明利害关系，让他奉命夜劫郭崇威夺其部队。明天，抢劫睢阳的金银财宝，招募士兵，到北面的晋阳去投奔您的父亲刘崇。刚刚平定京师地区的郭威,哪有时间追赶我们? 这才是上策。"

刘赟仍然犹豫不决。 这天夜里,张令超被郭崇威私下说服,张令超带兵归附了他。 刘赟十分恐惧。

郭威写信给刘赟,他因诸军所迫不得已才如此;现在要冯道先回来,留下赵上交、王度侍候刘赟。

冯道向刘赟辞行,刘赟说:"寡人这次从徐州来,靠的就是有30年宰相经历的您,所以没有疑虑。 郭崇威夺去了我的警卫部队,如此危急态势,公有何妙法?"

冯道沉默不语。 客将贾贞屡次用眼盯着冯道,意欲杀了他。 刘赟说:"你们不要胡来,此事与冯公无关。"

郭崇威把刘赟迁到官署外面的住所,杀掉了他的心腹董裔,贾贞等人也尽数被杀。

二十六日,太后下令,把刘赟废为湘阴公。 马铎带兵进入许州,刘信又惊又怕,自刎身亡。

二十七日,太后下令,任命侍中郭威为监国。 朝臣和地方官员都相继上表劝郭威即皇帝位。

二十九日夜,郭威军营中有个步兵将领酒醉,扬言:往日郭威做皇帝得到了澶州骑兵的支持,今日步兵也可以支持他。 郭威立即把他杀了。

后周太祖广顺元年(公元951年)正月初五,后汉太后下令,由郭威掌管皇帝的印信,让他即皇帝位。

郭威从皋门入宫,登基大典在崇元殿举行,下令说:"朕为周朝的后裔、虢叔的子孙,国号叫作周为好。"随后便以"周"为年号,举国大赦。 对杨邠、史弘肇、王章等人都追封官爵,由公家安葬,并寻找他们的子孙,根据各自官级任用。

官员中那些负责仓库管理的人,不得收取斗余(量剩下来的粮食）、称耗（多称以备损耗的物品）；过去地方官吏为了讨好皇室而以赋税所系之各进献钱财的恶习，统统废除。对于犯有盗窃罪和通奸罪的人，都依照后晋高祖天福元年以前的刑法来处理；只有叛逆罪的人才能实行株连，其他罪犯不得株连亲属、不得没收家产。对于后唐庄宗、明宗和后晋高祖的陵墓，周围安排了人看守，均为10户；后汉高祖陵园中的职员、宫女，每年如何祭祀及守陵的安排，都和过去一样。

当后唐衰败的时候，盗贼很多，原来的刑法已不能适应需要，另行制定严厉的刑法，规定盗窃布帛3匹即处死。后晋天福期间，增加到5匹。奸淫有夫之妇，只要真正发生过关系，男女双方都处死。后汉刑法，偷盗一文钱以上的人全是死罪；不是叛逆罪，也往往整个家族都遭杀害，家产充公。

后周太祖郭威即位后，这些陋习都得到了整治。

新五代史

后周北伐

后周世宗显德六年（公元959年）二月初一，后周世宗命令王朴到河阴对黄河河堤的情况进行视察，把闸门设立在汴水的入口处。 初七，命令侍卫都指挥使韩通、宣徽南院使吴延祚，征调徐、宿、宋、单等州的几万民夫疏浚汴水。 初九，命令马军都指挥使韩令坤从大梁城东边挖掘河道以引汴水入蔡水，使陈州和颍州到大梁的漕运通畅，命令步军都指挥使袁彦把五丈渠疏通好，使它流入东边的曹水、济水、梁山泊，以便青州和郓州到大梁的漕运通畅，派去的京都地区及滑州、亳州的民夫有数千人。

淮南发生饥荒，后周世宗下令把米借给那里的百姓。 有人说："百姓贫穷，怕是无力偿还啊。"

世宗说："百姓是我的孩子，哪里有孩子处境危急做父亲的却袖手旁观呢！ 怎么可以要求他们一定要偿还呢！"

后周世宗显德六年（公元959年）三月十九日，后周世宗下令，北方领土尚未收复，他将要到沧州去；任命义武节度使孙行友保卫定州西山路，防止契丹被北汉所救；任命宣徽南院使吴延祚代理东京留守兼开封府尹，三司使张美代理大内都部署。 二十二日，命令侍卫亲军都虞侯韩通等率先出发。

韩通在四月十五日的报告中说，从沧州开通水道进入契丹国境，在乾宁军南边修建栅寨，修补损坏的河堤，开泄水口36个，就能打通前往瀛州和莫州的道路。

十六日，世宗到达沧州，当天即率领沧州境内的数万步、骑兵，直奔契丹国境。河北州县不是皇帝经过的地方，老百姓对此一无所知。

十七日，世宗到了乾宁军。王琪作为契丹宁州刺史投降世宗。

二十日，世宗柴荣命令将领们水陆并进，水陆两都部署分别由赵匡胤和韩通担任。

二十二日，世宗柴荣乘龙船沿河北上，船首尾相连，长达数十里。二十四日，抵达独流口，逆水西进。二十六日，到达益津关。契丹守将终廷辉不战而降。

从这里往西，水路逐渐狭隘，大的战船行驶不便，便舍弃了水路。二十七日，世宗柴荣登陆向西行进，在野外宿营，警卫部队不到五百人，吓坏了随从的官员。

周围徘徊着一队队契丹骑兵，但不敢逼近。

二十八日，赵匡胤先到瓦桥关，契丹守将姚内斌不战而降，世宗柴荣进入瓦桥关。

二十九日，契丹莫州刺史刘楚信不战而降。

五月初一，侍卫亲军都指挥使、天平节度使李重进等才领兵到达，契丹瀛州刺史高彦晖就缴械投降。

至此，瓦桥关以南全部攻克。

五月初二，世宗柴荣设宴招待将领们，共商夺取幽州的大计。将领们认为："陛下离开京都不过四十二天，还没有和契丹交锋就取得了燕南的土地，此等功绩古今罕有。现在幽州北面聚集了大量的契丹骑兵，不宜深入。"

世宗柴荣听了不以为然。

这一天，世宗派刘重进攻克了固安县。世宗亲自到了安阳河，派人去筑桥，见天色已黑，宿于瓦桥关。当夜，世宗生病，便停止进攻契丹。

契丹穆宗派使者日驰七百里赶到晋阳，命令北汉孝和帝刘钧侵扰后周，知道世宗南下的消息，便停止了这个计划。

六月，世宗想任用枢密使魏仁浦为宰相，有人以魏仁浦不是科举及第为由反对。

世宗说："从来任用宰相，都选择文武兼备有才能和有谋略的人，科举及第并不是必要条件啊！"

十五日，让魏仁浦担任中书侍郎、同平章事，原来的枢密使官职不变。

魏仁浦虽然身居高位，但能谦虚谨慎。世宗性情严厉急躁，身边的官员中有违犯世宗意旨的，魏仁浦总是主动承担责任来加以挽救，使面临死亡的人十之七八得以保全性命。因此，他虽然出身于管理文书的小吏，却能官至宰相，而且当时的人都认为他当之无愧。

世宗又让宣徽南院使吴延祚担任左骁卫上将军兼枢密使，加封归德节度使、侍卫亲军都虞侯韩通和镇宁节度使兼殿前都点检张永德二人为同平章事，侍卫亲军副都指挥使仍由韩通兼任；任命赵匡胤兼殿前都点检。

十九日，世宗病危，召集范质等人到跟前接受遗命。世宗说："王著是朕过去在王府时的老朋友，我如果死了，应当让他当宰相。"

范质等人出来后，互相说："王著终日酗酒，哪能当宰相！这句话不可让他人知道。"

就在这天，世宗逝世了。

世宗还是晋王的时候，注意韬光养晦，才干不外露，等到做了皇帝，打败高平的敌人，他的英勇才让人刮目相看。他指挥军队，号令严明，没有人敢违犯；进攻敌人时，箭矢和石块落到他身边，其他人吓得面无血色，而他却若无其事。他根据时势的变化做出的决定，往往出人意料。很勤政，各个衙门中的档案，看过了就不会忘记；揭发隐藏的坏人坏事，像神一样明察秋毫。有空时就召集有学问的人一起阅读历史，讨论政治上的得失。他不喜欢奇珍，不喜欢享乐。经常说起太祖郭威养成王峻、王殷的奸恶，以致君臣之间的关系不能始终保持，所以能当面批评大臣们的过失，能承认错误的，就赦免；谁有功劳，就重赏。他对文官武官都重用，而且能物尽其用，人们都敬畏他的英明和感激他的恩惠，因此能够打败敌人，扩大领土，所向无敌。然而他执法太严，官员们有极小的工作失误，就往往要处以极刑，即使是德高望重的人也不宽恕，可是事后又后悔；到了晚年则比较宽容。

二十日，宣布遗诏，梁王柴宗训登基帝位，这年他才7岁。

赵匡胤兵变

宋太祖赵匡胤是北宋建立者，原籍涿州，生于洛阳夹马营。父亲赵弘殷是一名武将。

赵匡胤小时候家境不错，所以他读书、习武两方面学习得都很不错。随着年龄增长，他在射箭、骑马方面的天赋逐渐表现出来，弓马娴熟，技艺过人，在文才武艺方面都超过了父亲。

赵弘殷在担任后唐庄宗李存勖的战将时战功卓著。自从李存勖在兵变中被杀死以后，自己的根基和靠山也没有了，渐渐受到了别人的排挤、打击和冷落。后唐政局不稳，不断出现战乱，赵家过得愈发艰难。后唐灭亡，后晋兴起，赵匡胤也逐渐长大成人。看着父亲日益衰老，赵匡胤决定到外面的世界去闯荡一番，寻找一条属于自己的生活之路。这一年，他21岁。

赵匡胤离开家门，首先去投奔父亲以前的同僚或者朋友。这些身居高位之人，却都对赵匡胤冷如冰霜，甚至冷嘲热讽。他来到凤翔节度使王彦超的驻地，希望能够找到一个安身之地，没有想到王彦超却像对待要饭的一样，赏了几贯钱就把他打发走了。闲极无聊，赵匡胤曾去一些街头的赌摊儿上赌钱，逢赌必输。有一次，他的手气极其顺利，连赌连赢，身前积下一堆铜钱。正得意时，却一不留神遭人暗算，他被几个无赖打昏在地，并抢走了全部的家当，不但赢来的钱没有保住，连身上原有的钱物也丢失了。他懊恼之余，发誓再也不沾赌博。"赵匡胤的赌——没个赢"这句歇后语也成为民间的流行语。

赵匡胤性格内向，英气内敛，心地宽大，厚重威严。他非常要强，意志坚定，坚忍不拔，有很强的忍耐力和反弹力。虽然身处逆境，却没有悲戚衰微委琐之气。他流浪到襄阳以后，四处游逛，然后落脚于一座寺庙。这座寺庙的住持年近百岁，鹤眉苍髯，目光如炬，城府宏阔，察人颇深。他见赵匡胤方面大耳，昂首阔步，衣衫破旧但精神饱满，举手投足异于常人，感觉此人不是等闲之辈。一番交谈以后，赵匡胤的阅历、见识、谈吐、气度与厚重坦诚，让住持深为佩服。他断定此人器宇不凡，将来必成大事，便为他指点迷津，告诉他南方平安、北方战乱，如果想有作为，必须敢入乱世，乱世出英雄。赵匡胤听后恍然大悟，找到了两年来自己连连碰壁的症结所在：自己一直活动在太平地区，以存身为目标，却忘记了这些地区太平盛世无处施展本事的现状。这句回答让老僧大为敬佩。他让赵匡胤在寺庙里休息了一段时间，然后为他打点行装，厚赠资财，帮助赵匡胤北上创业。为了保存他的体力，老僧让赵匡胤骑着寺里唯一一头极为健壮的毛驴，让他放松身心，轻松北上。

赵匡胤来到北方后情况果然不一样了。他来到河北邺都，在后汉枢密使郭威手下做了一名普通士兵。第二年，郭威发动兵变，推翻后汉，建立后周。赵匡胤因作战有功，开始领导一小队禁卫军。郭威去世后，柴荣登基，赵匡胤任职于中央禁军。

柴荣进攻北汉，在高平受挫。当时任宿卫将的赵匡胤对同事说："危急关头，正是我们卖命的时候！"又对张永德说，"敌人骄傲轻敌，只要努力定能取胜。你的部下有许多能左射的，请你带部队登上高处做左翼，我带部队做右翼，两翼合击。胜利就在此一举了。"张永德表示同意，两人各带两千人参战。战斗中，赵匡胤身先士卒，奋勇杀敌，士卒拼死作战，无不以一当百，北汉兵很快就被击溃。

战后，柴荣破格提拔赵匡胤为殿前都虞侯，担任后周禁军中的高级将领。同时委托他整顿禁军，要求他裁汰老弱士兵，选调精锐骨干，组建殿前司诸军。赵匡胤认为机不可失，于是把罗彦环、田重进、王彦升等自己结交多年的亲信安排到殿前司诸军中下层军官的岗位上，形成一个上下贯通的指挥系统。然后，又以高级将领的身份，主动结交了其他高级将领。在经过深入考察以后，他与石守信、王审琦、杨光义、王政忠、刘廷让、刘庆义、刘守忠、李继勋、韩重斌结为"义姓十兄弟"，标榜刘关张"桃园三结义"的精神，精诚团结，共同创业。柴荣认为赵匡胤敦厚持重，重情重义，越来越信任他。北周进攻南唐，夺取江北十五州。赵匡胤战功赫赫，被提升为忠武军节度使兼殿前都指挥使。

赵匡胤开始变得位高权重。

在这次任职以后，赵匡胤开始注意自己的社会形象，以礼待人，言谈举止淡泊安恬，一改以前那种粗重豪放的草莽作风，变得成熟稳重起来。他一方面刻意攻读经史，一方面重视团结文人，赵普、楚昭辅等人先后成为他的座上宾。他开始用心组建自己的"智囊团"。赵匡胤的战斗骨干队伍、高级官员队伍、智囊谋士队伍以不同的方式，开始为他出谋划策。

后周显德三年（公元956年）三月，让赵匡胤一直不敢大展拳脚的宰相王朴病死。六月，周世宗柴荣也突然死去，7岁小孩儿柴宗训即位。赵匡胤悄悄地准备了半年，然后开始了最具有他个人特色的夺权行动。

后周显德七年（公元560年）正月初一，后周群臣正在朝贺新年之际，辽和北汉却突然联合入侵。大敌当前，刻不容缓，德高望重的赵匡胤在正月初二带领全部精锐部队迅速出征，抵御敌军侵略。当天下午，军队驻扎在开封府附近的陈桥驿。夕阳西下时，一个自称通晓天文地理的军校大讲天上"一日克一日"，两日互搏，后出来的大太阳打败了原来的小太阳。"这就是天命！"赵匡胤的心腹谋士楚昭辅在一边大为感慨。经过一番宣传，这一奇怪的话题迅速在全军蔓延开来。第二天清晨，众多将校在帐外高声呼喊："愿太尉为天子！"赵匡胤走出大帐，有人给他披上了一件黄袍，众人当即跪倒，山呼"万岁"。军队迅速回京，控制都城局面，柴宗训被迫宣读有人早已准备好的退位诏书，赵匡胤即帝位。赵匡胤宣布定国号为宋，改年号为建隆。

李煜亡国

南唐后主李煜原名李从嘉，字重光，号钟隐，是南唐元宗李璟的第六子。

　　李璟的长子李弘冀下面就是李煜,然后依次是李从善、李从益、李从谦、李从信。李弘冀气量狭小,猜忌多疑,被立为太子以后,终日惴惴不安,担心被夺太子之位。他认为叔父李景遂想夺取他的帝位,就悄悄派人毒死了他。此后,他又开始怀疑李煜也想谋取他的位置,伺机陷害李煜。

　　李煜的父亲李璟的文学造诣极高。受父亲的影响,李煜在诗词、书法、绘画等方面也有很深的造诣。他每日用心钻研文学艺术,对国事漠不关心,也很少研究治国方略、统治方法、军事斗争、农业生产、百姓生计等现实问题,认为那是皇帝应该关心的事。他无心去做什么皇帝,自然也就不上心了。

　　天有不测风云。太子李弘冀在毒死叔父李景遂以后不久,也不明不白地突然死去了。李璟想立李煜为太子,李从善一个朋友对他说:"李煜德行浅薄、意志懦弱,又诚信佛教,不适合做君主。李从善果敢稳重,应该立为太子。"李璟听后大怒。不久,李煜被封为吴王,以尚书令身份参与处理日常政务,居住在东宫之内,成为太子。

　　两年以后,元宗李璟迁都南昌,称南昌为南都。临走前,正式立李煜为皇太子,留在京城管理朝政。为了帮助李煜治理国家,元宗特地安排严续和殷崇义全面辅佐李煜,同时命令张洎处理奏章。六月,李璟病故,李煜登基称帝,正式把名字李从嘉改为李煜。几个月后,北方的宋朝派遣使臣前来祝贺,李煜恭敬接待。他深明本国实力与宋朝野心。为了维持与宋朝的关系,保住自己的小朝廷,李煜恭敬地与宋朝相处。他命令改革所有的政治用语,诏改为敕,中书、门下省改为左右内史府和左右内侍府,尚书省改为司会府,翰林院改为艺文院,御史台改为司宪府,大理寺改为详刑院,枢密院改为光政院,客省改为延宾院。 同时各种官号也有所改动,尽可能使这个小朝廷更像宋朝的下属机构,以期能够苟延残喘。

南唐的努力没有太大的效果。"卧榻之侧,岂容他人酣睡。"宋太祖的一句话,为南唐带来了灭顶之灾。 北宋的军队厉兵秣马、势不可当,很快攻入金陵。 南唐政权结束,李煜等人沦为阶下囚。

李煜被送往宋朝,宋太祖赵匡胤封他为光禄大夫、检校太傅、右千牛卫上将军。 后来又封他为违命侯。 李煜成为亡国之君,等待他的是饱受屈辱的终身监禁。

宋太祖死后,宋太宗赵光义即位。 他心狠手辣、狭隘多疑,从不想看到别人轻松快乐。 李煜的生日是七月七日,这天是乞巧节,在江南非常流行。 当天,李煜为了排遣内心深处浓浓的忧郁,令其歌伎在住处演练其新作《虞美人·春花秋月何时了》。 优美动听的旋律传到院子外面,令许多人为之伤情。 赵光义接到报告,龙颜大怒,当晚即命人用毒药毒死了李煜。 天意弄人,一首优美的词,竟然了结了李煜凄凉孤苦的一生。

宋 史

赵匡胤黄袍加身

宋太祖赵匡胤，涿州人。后唐天成二年（公元927年）生人，出生地是洛阳夹马营。后汉初年，赵匡胤已经成年，他整日游手好闲，以漫游为乐，恰遇朝廷征用李守真为枢密使，便前去投奔。由于他勇猛善战，战功显赫，多次被提拔。

周世宗柴荣成为皇帝后，委任赵匡胤典掌禁军。当时，北汉进攻后周。周世宗率军讨伐，双方在高平关交战。战斗伊始，后周将领樊爱能等就临阵脱逃，形势千钧一发，就在这时，赵匡胤领兵攻进北汉军中，北汉兵招架不住，被冲得七零八落，赵匡胤乘胜进攻河东城，并火烧城门，眼看就要攻入城中，不料赵匡胤右臂受箭伤，世宗怕赵匡胤有意外，下令撤军回营。柴荣对赵匡胤的英勇非常赞赏，提升他为殿前都虞侯。

后周显德三年（公元956年）春，赵匡胤随周世宗讨伐南唐，两军在淮南展开大战。赵匡胤率军在涡口击溃敌军数万，并斩杀了南唐兵马都监何延锡等将领。为了守卫淮南，南唐征集15万大军，由大将皇甫晖、姚凤等率领，结营清流关下，要与后周军展开生死大战。双方大战数十回合，胜负难分。

赵匡胤奋起神威，杀入南唐军中，所向披靡。后周军队乘势掩杀，南唐军大败而走。赵匡胤率军紧追不舍，南唐军溃不成军，只得向清流关逃去。 赵匡胤兵临城下，南唐大将皇甫晖、姚凤说："我们都是各为其主，希望能摆开阵势，决一死战。"赵匡胤含笑答应。 皇甫晖、姚凤整顿军队，列阵而出。 赵匡胤催马直取皇甫晖，不一会儿便斩杀了皇甫晖。 姚凤见势不妙，拨马就逃，赵匡胤飞马追上，生擒姚凤。 南唐军见主将一死一俘，斗志全无，弃城而逃，赵匡胤率军攻取了城池。

赵匡胤的父亲也是当时禁军将领。 他率兵半夜在城下喊门。 赵匡胤说："虽为父子，但城门的关开，事关朝廷大事，不能徇私。"开城门时已是翌日清晨了。

后周大将韩令坤攻下扬州（今江苏扬州）后，南唐援军赶到，韩令坤见敌军声势浩大，心中害怕，就考虑与部下商量撤退。 周世宗命令赵匡胤率兵两千赶往六合。

赵匡胤下令："扬州兵马敢有退过六合者，砍断双足！"韩令坤不得已保卫扬州。 不久，赵匡胤又在六合东面大败南唐齐王李景达军，杀敌 1 万多人凯旋。 周世宗拜赵匡胤为殿前都指挥使。 不久，又提拔为定国军节度使。

南唐皇帝忌惮赵匡胤，就想离间周世宗与赵匡胤。 他一面放出谣言说赵匡胤与南唐有联络，放出消息给周世宗；一面又派人送信给赵匡胤，并赠银 3000 两。 赵匡胤将银两和信件全部交给后周内府，离间计破产。 第二年，被拜为忠武军节度使。

后周显德六年（公元 959 年），世宗北征，赵匡胤为水陆都部署。 后周军队行军至莫州，赵匡胤率军先到瓦桥关，收降守将姚内斌，击溃敌军数千骑兵，平定燕南。 进军路上，周世宗阅览四方所报文书，发现一个书袋，装着一个小木牌，长约三尺，上面写着"点检作天子"，世宗感到奇怪。 当时后周的殿前都点检是张永德，世宗感到担心，就班师回朝了。 到京师后，周世宗立即撤了张永德的职,封赵匡胤做殿前都点检。

后周显德七年(公元960年)春,北汉联合契丹进犯后周。当时周世宗刚刚过世,周恭帝才7岁。朝廷封赵匡胤为统军大将。后周军队走到京城东面的陈桥驿时,安营扎寨。这时,天现异兆。军中有个叫苗训的人,精通天文,与门人楚昭辅一齐观察天象,发现红日之下又有一日,两日共悬天上,周围是若隐若现的黑光,经久不退。这夜五更天左右,周军将士会集在陈桥驿的驿门边,说要推立点检做皇帝。有人出面阻止,但众人不听。快到天明,将士们聚集在赵匡胤的大帐周围,让赵匡胤之弟赵光义进屋告知此事。赵匡胤惊醒,急忙出帐查看。只见许多将佐手持刀枪围在帐前,纷纷大喊:"现在朝中无主,我们要您当皇上。"还不等赵匡胤回答,就有人给他披了一件黄衣,众兵将一起跪下山呼"万岁",并将赵匡胤拉上坐骑。赵匡胤马上大声说:"你们会听我的指挥吗?"众将一齐下马回答:"愿听从指挥!"于是赵匡胤发令:"我本来是太后、恭帝的臣下,你等不得侵犯。朝中大臣,原都是我的同事,你们也不得凌辱。朝廷的府库、百姓的家,你们也不得骚扰侵犯。遵令者有重赏,谁若违犯,格杀勿论。"众将允诺。

赵匡胤即刻整军,回转京师。驻守京师的副都指挥使本来想抵抗,结果被大将王彦升诛杀在家中。

赵匡胤进城后,登上明德门城楼,下令要将士返回各自营房,自己仍回原来公署。

不一会儿,众位将领拥着宰相范质他们来拜见。见面后,赵匡胤流着眼泪说:"我违心从事,实在愧对天地,到了现在这个地步,实在不清楚该怎么办。"范质等还来不及答话,将领罗彦环就按剑大叫:"国中无主,点检应做天子。"范质等朝臣相顾无言,迫于无奈，便跪下磕头称臣了。周恭帝年幼无知，符皇后一个妇人从没见过这种场面，一个劲儿地哭。朝中百官见后周大势已去，只得请周恭帝禅位与赵匡胤。赵匡胤改封周恭帝为郑王，尊符皇后为周太后，然后他们都搬到了西宫。

本年正月，赵匡胤大赦天下，把年号改为建隆，国号称"宋"。赵匡胤即为宋太祖。

宋太祖杯酒释兵权

赵匡胤称帝后，尊母亲杜老夫人为皇太后，册立夫人王氏为皇后。太祖原配夫人贺氏早在后周显德五年（公元958年）就因病去世，留有一子两女。后来又娶了王氏。

这天，杜老夫人第一次作为皇太后接受赵匡胤的拜见，整个大殿都显庄重。赵匡胤向皇太后行礼之后，众位大臣齐声庆贺。但杜太后毫无喜色，反而显出闷闷不乐的样子，身边的人很不理解。一个人恭恭敬敬地对太后说："您儿子当了皇帝，您为什么不高兴呢？"太后答道："我知道'皇帝难当'。皇帝乃万民之主，如果治国有道，这个位子当然十分尊崇。但是，要是失势，连个普通百姓都当不了，所以我很忧心！"在如此欢庆的仪式上，杜太后提醒赵匡胤"居安思危"，大家很佩服。赵匡胤激动得再次向太后施礼，同时严肃地说："您的教导我永远忘不了！"

赵匡胤即位不久，就感到皇帝不好当。这天，太祖在后苑用弹弓打雀鸟，正高兴呢，内侍禀报说，一位官员有急事请求召见。一听说是急事，太祖说："快宣。"这位官员见了太祖，奏报的却是一般的事情。这么稀松的事，令太祖没了兴致，太祖十分生气。他训斥这位官员说："您怎能因此事来打扰朕呢？"这位官员分辩道："我奏报的虽然不是什么紧急大事,但是要比打鸟急。"太祖见他不仅不认错,还敢嘴硬,不由得心头火起,他捋起袖子,挥拳打得这位官员满口流血,牙齿也掉了两颗。这位官员面不改色,弯下腰,不慌不忙地拾起那两颗牙齿,装进口袋中。见此情景,太祖更怒,大声骂道:"你把牙齿捡起来,是要告我吗?"这位大臣说:"臣自然不能告陛下的状,但是史官自会记下这件事的。"史官记下这事,自己会被后世指责。想到这一层,太祖转怒为喜道:"你对了,我错了。"同时,赐给这位官员若干金帛,表示慰劳。这件事情再次使他认识到,当了皇帝,不约束自己就要出事。

宋太祖力倡节俭,他自己和嫔妃、公主的衣着,都不讲究。对于政事,太祖认真处理,勤于治国。为了体察民情,他曾经微服私访。有大臣上奏说:"圣上九五之尊,微服私访,这太不爱惜自己了;一旦发生危险,国家就会有大祸。"太祖微微一笑,说道:"帝王之兴,自有天命。当年周世宗总怕别人篡位,凡耳大有福相的将领,一定变着法儿找个罪名把他杀了。但是,我每日伴其左右,他却不能加害于我。"这以后,他微服私访的次数更多了。他说:"天命所归人自为之,你们不必管我。"为了统治国家,实现长治久安,赵匡胤经常和亲信大臣赵普商议国事。一天,他又把赵普召进宫中商议大事。赵匡胤叹了口声,对赵普说道:"自唐末几十年来,帝王换了12个,其中改姓者5次,连年争战,民不聊生,这是什么原因?我想使天下太平,长治久安,怎么做才行呢?"

赵普一听这话,十分高兴。他说:"陛下考虑这等大事,实有黎民之福。改朝换代频繁,战乱频生,原因无他,只是由于藩镇权重、皇帝势弱,这一切都是君弱臣强的局面造成的。要想解决这个问题，太好的计策也没有，只需削弱他们的权力，控制他们的钱粮，收夺他们的精兵，这样便足矣……"

刚说到这里，赵匡胤就接口说道："无须多言，我已了解。"当时手握大权的是哪些人呢？首先就是石守信、王审琦等人。他们早年就和赵匡胤有交，陈桥兵变时有功，而且，手握重兵，对皇室是个威胁，随时都会叛乱，改朝换代。赵普曾不止一次地提醒赵匡胤削减他们的兵权，但太祖不放在心上。他对赵普说："石守信这些人我信得过，他们不会叛变的，你多虑了。"赵普答道："我担心的不是他们有意背叛您。我仔细观察过，这几人都缺乏统御部下的才能。我怕的是万一有变，他们不能力压众军，酿出兵变，局面就会失控。"说到这里，赵匡胤立即想起陈桥兵变，部下把自己拥上皇位的那一幕，太险了，切勿等闲视之。

抚今追昔，赵匡胤因此有了更清醒的认识。从唐朝天宝十四年（公元755年）安史之乱起到唐朝灭亡，150多年间，藩镇割据，战乱不断，唐朝四分五裂，日趋衰落。到唐末黄巢大起义以后，唐朝已经名存实亡。从后梁开平元年（公元907年）朱温建后梁代唐，到赵匡胤建立宋朝，这50多年更是走马灯般改朝换代。五代十国的统治者，从藩镇起家，拥军割据一方，称帝称王。兵力强盛的藩镇，骄横不可一世。他们还公然说什么"天子，应该兵马强壮者当之"。必须夺取石守信等人的兵权，赵匡胤决定即刻实施。而且，手段要巧妙，以免叛乱。

建隆二年（公元961年）七月的一天，赵匡胤宴请手握重兵的将领石守信等人。喝到酒兴正浓之际，赵匡胤忽然支开宫中杂役，以亲切口气对石守信等人说："没有你们的拥护，我不会有今天。然而，做天子也太难，还不如做节度使，我整夜都睡不安稳哪！"石守信等听后大感不解，他们发问道："您怎么了？为什么睡不安稳呢？"赵匡胤答道："这有什么不明白的？谁都想当皇帝，我能不操这个心吗？"赵匡胤说出这样的话，石守信等惊慌不已，赶紧叩头说："您不能这样说，现在天命已定，哪个还敢再有异心？"谁知赵匡胤一针见血地说："我相信你们。然而，如果部下贪图富贵，把黄袍加在你们身上，那时你等推得掉吗？"这时候石守信等都听明白了，他们一边流泪，一边叩头，说道："臣等愚笨，没有想到这一层。请陛下可怜我们，告诉我等该如何做。"

赵匡胤这才从容地开导石守信等人说："人生苦短，何不多积累金钱，好好享受呢？如果你们解除兵权，做个地方官儿，那样你们就可以选择好田地、好府第，自己享清福，还给子孙们留下基业。还可以找一些歌儿舞女，饮酒欢乐，颐享天年。朕还可以同你们结为儿女亲家。这样君臣之间两无猜疑，和谐相处多好？"听了这一番话，石守信等人恍然大悟，马上叩头谢恩，他们说："陛下如此关照我们，真是生死之情、骨肉之亲啊！"

第二天，他们就纷纷称病辞职，赵匡胤立即接受请求，收回了禁军统领权，然后赐给了他们大量金帛，让他们到地方做节度使。这就是历史上有名的"杯酒释兵权"。通过这种办法，赵匡胤牢牢掌控军权，巩固了自己的皇位。

赵普治天下

赵普字则平，幽州蓟县人。早年，后唐幽州节度使赵德钧连年征战，民不聊生，赵普的父亲赵回率领全族迁徙到常山，后又迁居到河南洛阳。赵普平时稳重且话比较少，镇阳豪门魏氏很器重他，纳其为婿。

后周显德初年，永兴军节度使刘词征召赵普为从事，刘词死后，留下表章向朝廷推荐赵普。周世宗讨伐南唐淮南，赵匡胤打下滁州，宰相范质上奏章推荐赵普为滁州军事判官。当时，正好赵匡胤的父亲在滁州生病卧床，赵普每天都要去照料。所以，赵父给他族人的待遇。赵匡胤曾经和赵普交谈，很欣赏他。有一次，朝廷抓获100多名盗贼，按律当斩，赵普怀疑这些人中有无辜者，请求太祖对他们进行审讯，结果很多人被判无罪释放。淮南平定后，赵普调补为渭州军事判官。赵匡胤遥领同州节度使，将赵普提拔至推官；后赵匡胤调任宋州节度使，上表朝廷升赵普为掌书记。

赵匡胤率军北征契丹，途中驻扎陈桥驿，醉卧帐中。他被将士推为天子，赵普和赵光义入帐报告赵匡胤。赵匡胤打着呵欠懒洋洋刚起床，将士们就已披盔戴甲，佩带利刃，欢呼喧闹着拥着他到统帅旗下。等到赵匡胤接受后周恭帝禅让继承大统后，赵普因为辅佐赵匡胤建立新王朝立下功勋，被授予右谏议大夫，充任枢密直学士。

乾德二年（公元964年），范质等三名宰相一齐被撤职，太祖封赵普为门下侍郎、平章事、集贤殿大学士。由于中书省暂时没有宰相，所以无人在敕书上签署。赵普向太祖呈告此事，太祖说："你只管把敕书呈上来，我替你签署可否？"赵普回答说："这是有关机构官员的职事，不是帝王应管的事情。"于是太祖命令翰林学士搜寻前例以效之，窦仪说："如今皇弟赵光义是开封府府尹，同平章事，等同于宰相，可以签署敕书。"太祖就叫赵光义在敕书上签署后赐给了赵普。赵普当上宰相后，太祖视其为臂膀，事情不分大小，全都听取赵普的意见后再做决定。

太祖几次身穿便服出宫到大臣家去，赵普每次退朝回家，依然穿宫服。 有一天，下着大雪快晚上了，赵普估计皇帝不会出宫了。 过了很久，有人敲门，赵普赶紧出去开门，见皇帝站在外面，赵普慌忙跪拜迎接。 皇帝说："晋王也要来。"一会儿晋王到了。 在堂屋中央铺上两床褥子，大家席地而坐，做着炭烧肉，赵普的妻子为大家依次斟酒，皇帝称呼她嫂子。 趁着这个机会太祖就和赵普商议怎样攻取太原。 赵普说："太原遮挡着西、北两面的强敌，如果被大宋攻克，那么这些敌人需我们单独处理，不如先放下，等到平定了南方各国，太原那小地方，还能逃得了吗？"太祖笑着说："正合孤意，我谈这事，只是特地来试试爱卿的。"

乾德五年(公元958年)春天，赵普加官为右仆射、昭文馆大学士。 不久赵普离职为母亲服丧，太祖下诏起用服丧期间的赵普处理政事。 赵普于是劝说皇帝派驻各州使者，征发丁壮并登记他们的姓名送到京城，以增强禁军力量；各州设置通判，让他们主管钱谷税收。 由于采取了这些措施，使得国富兵强。

开宝二年(公元969年)冬天，赵普曾经生病，太祖亲自去看他。 开宝三年春天，太祖又亲临赵普府第安抚他。 开宝六年，太祖皇帝再次亲临赵普府第。 当时吴越王钱俶派遣使者送信给赵普，以及10瓶海产品，东西就放在屋檐下。 恰巧太祖驾到，仓促之间赵普没及时藏好，太祖回头看到问是何物，赵普不敢隐瞒。太祖说："海产品一定是好东西。"立即命人把瓶打开，瓶里装的全是瓜子形状的金粒。 赵普害怕地磕头："我还没有拆开钱俶的来信，实在不知道瓶里装的是什么。"太祖感叹说："不如收下，他们以为国家大事都是你独掌呢！"

赵普执掌朝政果敢决断，甚至有些专横，得罪群臣。 当时官方禁止私自贩运陕西、甘肃的大木料，赵普曾经派遣亲信小吏去买木盖房，扎成巨大的木筏运到京城来建造自己的府第。 小吏趁机私自偷运大木料，借赵普之名来京城贩卖。被三司使赵砒查到这事上奏太祖，太祖十分愤怒，立即下令补排朝班，准备下旨罢其官职，亏得王溥奏明实情他才逃过一劫。

按照惯例，宰相、枢密使每次在长春殿等待进见时，是在同一间屋子里休息。太祖听说赵普的儿子娶了枢密使李崇矩的女儿，立即下旨把他们分开。卢多逊担任翰林学士时常向皇帝揭赵普的短。正巧有个叫雷有邻的人到登闻院击鼓告状，控告堂后官胡赞、李可度受贿枉法，刘伟伪造代理官职的公文，赵孚称病拒赴四川等事情，他们都是赵普亲信。卢多逊趁召见之机全都上奏太祖，太祖极为生气，把这些事情交给御史台审问，全部依法惩戒，还让雷有邻到秘书省任职。从此后，赵普就失宠了。太祖下诏让参知政事和赵普轮流执掌宰相的印信、上朝时可以领班、可以和宰相一起奏事，以削弱他的权力。不久，赵普被免职出朝，担任河阳三城节度使、检校太傅、同平章事。

太宗太平兴国初年赵普入朝，改任太子少保，迁太子太保。卢多逊常污蔑赵普，入朝好几年，郁郁不得志。就在这时柴禹锡、赵镕等人告发秦王赵廷美狂妄谋反。太宗召见赵普询问，赵普表示愿意在中枢机构任职调查此事。退朝后赵普又向太宗上书，陈述自己曾参与太祖、昭宪皇太后顾托的皇位传承大事，言辞十分恳切。太宗为之动容，召见赵普加以安慰勉励。不久提拔赵普为司徒兼侍中，封为梁国公。在此之前，秦王赵廷美在朝见皇帝时位列宰相之前，到这时，因为赵普是元勋老臣，二度称相，赵廷美上表请求排到赵普的后面，得太宗允诺。涪陵县公赵廷美阴谋败露，以及卢多逊被流放南方，都是赵普一人之力。

太平兴国八年（公元983年），赵普调任武胜军节度使、检校太尉兼侍中。太宗在宴席上写诗为他饯行，赵普捧着诗篇流泪说：

"陛下赐给我的诗，我要刻在石头上，我死后和它一块儿葬在地下。"太宗感动极了。　第二天，太宗对宰相宋琪说："赵普有功于国，我和他是忘年之交，如今他年事已高，不允许我再用政务琐事来烦劳他，我选择了一个好地方来安置他，因此写了首诗来表达我的心意。　赵普和我都感激涕零。"宋琪回答说："昨天赵普来到中书省，捧着皇上的诗篇流泪，对我说：'我的余生，没有什么可以报答皇上的恩情，只希望下辈子再为皇帝尽忠。'我昨天听到赵普说的这番话，今天又听到皇上的话，可见君臣善始善终，各司其职，可以说是两全其美了。"

　　淳化三年（公元992年）春天，赵普因自己年老多病，让留守通判刘昌言代自己奉表奏请辞去官职，太宗派中使坐驿车飞快赶去安抚，赵普前后三次上奏请辞。　太宗拜赵普为太师，封为魏国公，赐给他宰相的俸禄，让他养病，等他痊愈后再召见他。

　　太宗还派特使赐给赵普诏书说："你不久因小病多次请辞，我因坐镇一方是重任，需要你辅助，所以任命你为太师，以示尊敬贤良。　我等待你病愈的消息，希望君臣能相见。　你要保重身体，以慰朕心。"七月，赵普就去世了，享年71岁。

　　太宗听到赵普的死讯感到震惊和哀悼，对自己身边的大臣说："赵普辅佐先帝，与我又是故旧，能够决断大事。他过去曾有过对不起我的地方，你们都清楚。　我当了皇帝以来，总是优待尊重他，赵普也竭尽全力报答我，他真是国家栋梁，我非常痛惜他的去世。"太宗流下了眼泪，身边大臣为之动容。　为此，停止上朝5天，太宗到赵普灵堂去吊唁哀悼。　赠赵普为尚书令，追封他为真定王，赐谥号为忠献。　太宗为赵普撰写了神道碑铭，亲自用八分书写好后赐给赵普家属。　派遣右谏议大夫范杲代理鸿胪卿，料理后事。

当初，太祖发迹之前，赵普就和他交往，太祖称帝后，赵普仍把太祖卑微时的不足挂在嘴上。太祖性情豁达，对赵普说："如果在老百姓中就能预见谁是天子宰相，那么人才就都能物色到了。"赵普从此以后就不再说这些事了。赵普年轻时只是一心为官，不读书，为相之后，太祖经常劝他读书。赵普年老后甚爱读书，常常一回家，关上门拿出书籍，读书一整天。翌日处理政务，处理起来果断利落。到赵普去世后，家里人打开书箱一看，原来是《论语》20篇。所以后世流传说赵普"半部论语治天下"。

赵普深谋且有远虑，虽然也有忌妒人的时候，但还是能以国事为重。宋初，居宰相之位的人大多心胸狭隘遇事沉默，赵普刚毅果断，无人能比。他曾经上奏举荐某人担任某官，太祖不应；第二天再次上奏，太祖还是不用；第三天，再奏。太祖发怒，把奏章撕碎掷在地上，赵普面不改色，跪在地上拾起撕碎的奏章走了。过了几天，赵普把撕碎的奏章补好，再次像以前那样上奏推荐。太祖方才醒悟，给此人封了官。又有一些大臣应当升官，太祖对其中一人素来厌恶，不给他升官。赵普一再恳求，太祖发怒说："我就是不给他升官，看你怎么办！"赵普说："刑罚是用来惩治恶人的，赏赐是用来酬谢功臣，这是古今通行的道理。况且刑罚和赏赐是天下之事，不是陛下私人的刑罚和赏赐，怎么能因为陛下您个人的喜怒就专断呢？"太祖愤怒离去，赵普也就跟随在他身后。太祖进入后宫，赵普站在宫门口，迟迟不肯离去，终于得到了太祖的应允。还有一次，太宗听信了弭德超的逸言，认为曹彬意图谋反，适值赵普再次担任宰相，他为曹彬分辩并为他做了担保，使事情的真相得以明白。太宗感叹道："我误听不明，差点儿铸成大错。"当天就放逐了弭德超，对曹彬没有改变。

祖吉当地方长官时非法牟取财利，被揭发后身陷囹圄。案件审理完毕，案卷文书尚未结束。 南郊祭天的礼仪即将举行，太宗恨他贪财，派中使去告诉大臣说："郊礼大赦时不赦祖吉。"赵普上奏说："败事抵罪应当明正典刑。 然而国家选择郊祭之时大赦天下，是通于天地、告于神明的，不能因祖吉破坏陛下的大赦令。"太宗赞许赵普的意见，就收回了圣旨。

真宗咸平初年，追封赵普为韩王。 咸平二年，真宗下诏说："前太师赵普，胆识超群，才高辅臣，拥戴太祖建立宋朝，开启大宋基业，即使吕望讨伐纣王的勋劳、萧何指挥谋划的功绩，大概也超不过他。 赵普一人辅佐太祖、太宗两朝，为国尽忠30年，使朝廷的声望得以茂盛，分散了藩镇的权力。 他为人正直，不谋私利。 应当让他享受朝廷祭祀的供奉，永享福禄。"

铁脸将军狄青

西夏王朝建立后，频频出兵骚扰北宋边境。 北宋相当被动，由于北宋的军队都是分散在各个堡垒里的，总人数虽然多，但兵力分散。 而西夏人每次作战都是集中优势兵力，攻宋军一点，加上战斗力强过宋军，所以屡屡得胜。

皇帝没办法，只好下诏让各地挑选精壮士兵保卫边疆，狄青当时是个小军官，也被派往了前线。 狄青每次出战前，都会在脸上戴个铁面具，把头发披散，然后拿上一根长枪冲入敌阵，奋勇杀敌。 西夏人没有见过这样打仗的宋军，都以为是天神下凡，还没交手腿就软了，败下阵去。 别的将领老吃败仗，而狄青却总是获胜。 他在边境和西夏打了4年仗，大大小小的战役打了25次，受了8次箭伤，但无所畏惧，每次作战仍然身先士卒。 狄青有一次在安远和敌人交战，身负重伤，但当敌人再次杀到，他马上一跃而起，忍住伤痛跨上战马继续杀敌。将士们佩服他，纷纷跟着他杀敌。狄青立下了不少战功，西夏人"闻狄色变"。

尹洙担任经略判官的时候，狄青去拜见他。二人促膝长谈，尹洙认为他是个奇才，向经略使韩琦和范仲淹推荐说："它日必为大将。"韩琦和范仲淹一见到狄青就十分惊奇，待他非常热情。范仲淹还送了一部《左传》给他，对他说："不读史的大将，那只是匹夫之勇。"狄青从此改变了自己的志向，开始发愤读书，逐渐掌握了用兵之道。狄青战功累累，升迁得很快。

宋仁宗听说狄青是员良将，想见见他。恰好西夏军入侵渭州，狄青必须率部迎敌，所以没有能参见皇帝，宋仁宗就命令他画一幅形势图呈交上来。两国修好后，狄青调任到其他地方担任重要军职。

狄青是士兵出身，当时为避免士兵出逃，在每个士兵脸上都要刺字。狄青当然也不例外。他经过十几年的打拼，出人头地，可他脸上的字迹还在。很多人觉得这样让他很没面子，皇帝也下令让他用些药弄掉刺字。狄青对皇帝说："陛下是以军功把我提拔上来的，并没有看我的出身门第。我之所以有今天始于刺字。我宁可留着它来勉励我的部下，告诉他们，只要为国效忠，他们也能和我一样，所以不要让我弄掉。"皇上很满意，把他提拔为枢密副使（武将不允许担任枢密使，所以枢密副使是北宋武将能够担任的最高官职）。

不久，云南侬智高发动叛乱，攻城略地，给北宋的统治造成极大威胁，还把广州围了起来。别的将领久攻不下。宋仁宗非常焦虑，这个时候狄青站出来请命，他说："我是士兵出身，如果不去打仗的话就没有办法报效国家了。所以请给我一支军队，必胜敌军！"皇帝认为他很有勇气，把征讨侬智高的事情交给他全权处理。

在此之前，宋军因轻敌损失几员大将，极大损害了宋军的名誉和士气。狄青告诫部下，千万不要轻易和敌人交战，听令行事。广西当地一个将领陈曙乘狄青未到，擅自率领8000人和叛军交战，结果惨败于昆仑关。狄青知道这事后非常生气，他把陈曙抓了起来，又叫出当时临阵脱逃的30个将领，详细盘问，然后把他们拖出去斩首，部下无不心惊胆战。

狄青下令全军休息10天，敌军密探回去说宋军不会马上进攻。谁知道第二天狄青就带领骑兵，乘夜攻下了昆仑关，在归仁铺摆下了阵势。敌人大为惊讶，再加上失去了昆仑关这个险要地势，士气大落，但也没有办法，只好与宋军决战。战事非常激烈，宋军前锋孙节阵亡，敌人士气大振。狄青手执白旗，领兵从两翼杀出，出其不意，攻入敌阵侧翼，大败敌军，一直追杀了50里，杀了数千人。侬智高不得已趁天黑放了一把火逃走，当时有士兵发现一具穿龙袍的死尸，大家都说那是侬智高，想把这个消息上报给朝廷，狄青说："要不是他呢？宁可让侬智高跑了，也不能欺骗朝廷来换取赏赐和功名！"

狄青出发的时候，宋仁宗很担忧他，说："狄青向来声名显赫，敌人一定怕他。他身边的人一定都得是亲信，绝不可大意，应该防备敌人用卑鄙手段暗害他。"于是派人飞马赶去告诫他。等到得知狄青已经平定叛乱后，宋仁宗对宰相说："快议如何封赏，迟了就不够诚意了。"

狄青为人谨慎周密，少言，他计划一件事情一定很周详，看准时机才会提出来。他带兵打仗之前一定会先整顿军纪，赏罚严明，和士兵同甘共苦，深得士民拥护。狄青还不喜欢贪图功劳，经常赏赐部下。当年推举他的尹洙后来被贬官，死在贬所，狄青力所能及帮助他的家人。

狄青后来死于口上毒疮。几十年后，宋神宗考察了近代将帅，认为狄青虽然出身低微，但很有谋略，人才难得。于是怀念狄青，下令把狄青的画像挂在宫里，厚待了他的后代。

明道先生程颢

程颢字伯淳，世代居住在中山，后来从开封迁至河南府。程颢中进士后，被提拔为上元县主簿。

茅山有处水池，产五色龙，像蜥蜴一样。大中祥符年间曾取了两只送进都城，一只中途弄失，负责运送的宦官说是腾空飞走了。民间恭敬地把它奉为神物，不敢懈怠；程颢却命人捕取五色龙，晒成肉干分给了百姓。

后来程颢任晋城令。当地百姓缴的税粮多用于边疆，用车运送则道路太远，就地籴粮则太贵。程颢便选择富户预先贮存粮米以候调用，省下很多钱。百姓有的诉讼到县里，程颢一定要教育他们孝悌忠信，教导他们在家依理侍奉父兄，外出遵理侍奉官长。又根据乡村的远近组建伍、保，使他们共同劳作，有灾有难能互相救济，并且互相监督，使违法者无处容身。

凡是孤独残疾之人，要求亲戚乡邻负责，照顾他们。远行旅客经过这里，有了病都能得到护养。每乡都设立学校，程颢有暇就到乡校中，与乡亲们聊天。儿童们读的书籍，他亲自校正句读。替换不好的教师，还选择乡校子弟中学习优秀的，集合起来亲自教导他们。他还组织乡民们建立社团，制定条规，惩恶扬善，使他们能勉励自己，有羞耻心。在县任职3年，百姓视其为父母官。

熙宁初年（1068年），由吕公著推荐，程颢被提拔至太子中允、监察御史。神宗早就知道他的名字，屡次召见，每次拜退时，皇上一定说："朕想常和你聊聊。"有一日，皇上从容地向他问询，直到正午时刻，程颢才急步退出。有下人责备他："御史不知道皇上没有吃饭吗？"

程颢谏言很多，大抵以端正心志、抑制贪欲、访求贤能、培育英才为要，务求以一个"诚"字感悟皇上。曾劝皇上预防还未萌生的欲望，勿忽视知识，皇上鞠躬说："我定谨记教诲。"

王安石以变法推政，朝廷内外都不以为然，谏官们攻击得很厉害。程颢接旨到宰相办公的政事堂议事，王安石正在气头上，程颢不急不火地说："天下大事并非一家私议，希望您平心静气地听一听。"

王安石感到很惭愧。自从王安石掌权，程颢再也不言"功利"。

在职八九个月，多次论说时政，最后说："自古以来复兴治道、创立事功，还没有朝野内外人人都说不可而能够成功的。即便有所小成，而让急功近利的人得到重用，崇尚道德的风气越来越衰退，这尤其不是朝廷的福啊！"于是请求辞去谏官职务。王安石原本是他好友，到这时虽然政见不合，却不怨他，只让他出任京西路提点刑狱，程颢坚决推辞，改任佥书镇宁军判官厅公事。

程昉治理黄河，调用澶州兵卒800名，过于残暴致使士兵出逃。官员们畏惧程昉，不愿收留。程颢说："士兵为生存才回来，不收留必定要叛乱。假如程昉恼怒，责任我来负。"随即亲自打开城门慰劳他们，约定休息3天再去服役，兵卒们非常高兴。程颢又把事情的过程表奏朝廷，得到允许不再派他们前往。程昉事后说："澶州兵卒溃逃，是程颢引诱的，我要向皇上告他！"程颢听到这话，说："贼喊抓贼！"果然，程昉没敢上奏朝廷。

曹村埽（在今河南滑县）决口，程颢对郡守刘涣说："曹村决口，京城危急，作为臣子，如能用身体堵塞决口也应去做，让我领兵。"刘涣把郡守的印交给程颢，程颢立即赶到决口处，激励士卒。一些人不赞成，认为徒劳人力而已。程颢派了些善于游泳的人渡过决口，又拉了粗大的绳索渡过一些兵卒，两岸一齐堵塞决口，不几日就成功了。

程颢被任命为扶沟知县。宦官王中正巡察保甲，威震四方，各处州县争着用豪奢的供奉取悦他。主管迎接的官吏向程颢请示，程颢说："我们乃穷县，不能仿照别的县，向民间索取财物，这违反法律，只有知县用的旧青布帐子可以使用。"哲宗即位后，召程颢为宗正丞，赴任前就离世，享年54岁。

程颢天资过人，修养有道，一身正气凛然，门人和朋友追随他数十年，从没有见他有过气愤严厉的面容。遇事总是优游处理，如遇突发事件，也不动声色。

从十五六岁时开始，他和弟弟程颐听了汝南周敦颐讲学，对科举生厌，慨然立下求"道"的志向。他们通读古籍，深入研究老庄、佛学将近10年，然后反求之于儒家经典，终于获得了"道"。秦汉以来，无出其右者。

程颢教人自"致知"至"知止"，自"诚意"至于"平天下"，自日常洒扫应对以至于穷理尽性，循循善诱，很有次序。他批评当世学者厌恶浅近切实的学问而追求深奥高远，以至于终无所成。

程颢的去世，士大夫不管是认识还是不认识，没有一个不哀痛的。文彦博采集众人评论，题写墓碑，称他为"明道先生"。他的弟弟程颐为他的文集作序说："周公没世后，圣人之道不行于世；孟轲死后，圣人之学不传于久。先生在一千四百年之后，得不传之学于儒家遗存经典，以振兴斯文为己任，辨别异端，驳斥邪说，使圣人之道焕然复明，重现光彩于当世。正可谓自孟子以来，继承道统者只有先生一人而已。"

士林领袖欧阳修

欧阳修，字永叔，庐陵人。4岁丧父，母亲郑氏决意不嫁，亲自教欧阳修读书，家里贫穷，欧阳修甚至用芦苇在地上练习写字。欧阳修自小才智超群，读书过目成诵。

宋朝兴起已经将近百年，而文章的体裁风格，依然传承旧的习气。雕琢文字讲究对偶，格调萎靡，士人守旧，议论卑下而气势衰落。苏舜钦、柳开、穆修等人，都有意用写作来张大文风，但笔力不足。欧阳修客居随州时，无意中发现唐代韩愈的遗稿，读过后非常钦佩。于是苦心探求其中的精妙，以致废寝忘食，立志追赶韩愈与他并驾齐驱。欧阳修参加进士考试，为礼部状元，中甲等进士，调任为西京推官。他开始与尹洙交游，写作古文，议论时事，互相视为良师益友。他和梅尧臣来往作诗互相唱和，以善写文章而扬名内外。

景祐年间为馆阁校勘。其间因为替范仲淹说话，被贬为夷陵令。后官复原职，参与编撰《崇文总目》。庆历三年（1043年），任太常丞、知谏院，赞成"庆历新政"。新政失败，撰写《朋党论》为范仲淹等人申辩。因屡遭陷害，先后出知滁州、扬州、颍州等地达11年之久。至和元年（1057年），任翰林学士兼史馆修撰。嘉祐二年，任礼部贡举，他排抑险怪奇涩的"太学体"，一改当时文风。嘉祐五年，任枢密副使，次年拜参知政事。至神宗年间，欧阳修先后出知亳、青、蔡三州。

欧阳修以高风亮节自重，由于数次遇人诽谤，60岁时，便一再请求归隐，皇帝则每次都慰勉嘉奖予以拒绝。等到任青州知州时，又因为请求朝廷停止发放青苗钱，受到王安石的指责，所以请辞意愿更强。熙宁四年（1071年），以太子少师归隐。熙宁五年（1072年）逝世，追授太子太师，谥号文忠。

欧阳修初至滁州，自号醉翁，晚年改号六一居士。他天性刚毅坚强，打抱不平，虽有机关陷阱在面前，也不回头。虽然屡遭贬逐，他都意气自如。当他被贬为夷陵县令时，没好玩儿的东西，于是找出前任官员已经判定的刑事案卷反复审核，看到被颠倒是非曲直的案件不胜枚举，于是仰天长叹说："一个荒凉僻远的小城尚且如此，那么天下错案之多就能预料了。"

从此以后，他处理案件绝不敢疏忽大意。读书人求见他，他再不谈风雅，只谈论政事，他认为文学修养只能对自身有所滋益，政事却事关国民福祉。他担任过好几个州的地方长官，不求功名，处理政事宽简而不扰百姓，所以他所任职的地方百姓都感到方便。有人问他："你为政宽缓简便，但从不影响政务，这是什么缘故呢？"

他回答说："把放纵百姓当成宽缓，把办事粗疏说成简便，那必将荒废政务，百姓也就要受苦了。我所说的宽缓，是不急功近利；我所说的简便，是不把事情办得复杂琐碎罢了。"欧阳修幼年丧父，母亲曾对他说："你父亲做地方官时，经常秉烛批阅文书案卷，经常放下案卷而叹息。每次询问，他总是说：'这是要判死刑的案件啊，我千方百计想使他不死，但是没有办法啊。'我问：'人力可以求生吗？'他回答说：'我求他生而不能成功，那么死者和我都没有遗憾了。我常常避免他们死，尚且不能避免误为死罪，而世上有些人偏要置他们于死地，不知有多少人冤死。'你父亲平素教育同族子弟时，常常这样讲，我就记住了。"欧阳修听后力行终生。

欧阳修写的文章浑然天成，铺陈收缩都恰到好处。文辞简洁明快，言实通达，广征博引，都用最纯正的道理加以判断来折服人心。成就超群无人能及，所以天下的读书人都一致敬他如先生。他在文学、史学上都有卓越成就。他是北宋古文运动的领袖，为唐宋八大家之一。他的作品说理畅达，委婉抒情。他力倡引荐后辈，凡他欣赏皆扬名内外。曾巩、王安石、苏洵、苏洵的儿子苏轼和苏辙等人，作为平民隐居家乡时，不被人所了解，欧阳修就宣扬他们的声名，认为他们必会扬名内外。

欧阳修对朋友非常忠实，重情重义，朋友在世时，他会推荐帮助他们，朋友去世后，便鼎力帮助朋友的家庭，有始有终，仁至义尽。

欧阳修喜习古文化，凡是周代、汉朝以来的金石遗文、断章残篇，他都尽量收集记录下来，仔细稽考研究它们的异同之处，并记载收获于金石文字后面，对金石文字逐个考究，取名为《集古录》。他奉皇帝的命令纂修《唐书》的纪、志、表，又独立写成了《五代史》，义法严谨而简约，大多继承了《春秋》笔法。苏轼为《欧阳修文集》作序说："论理与韩愈相似，议政与陆贽相似，叙事与司马迁相似，诗词歌赋与李白相似。"有见识的人认为此乃精当评论。

苏轼学问渊博

苏轼，字子瞻，号东坡居士，眉州眉山（今属四川）人。宋仁宗嘉祐二年（1057年）考中进士，主政地方数年，也曾在朝廷中任翰林学士兼侍读。但因其不阿权贵，为官正直，所以仕途多波折。

其父苏洵，也是一位著名的文学家。他27岁才开始苦学，最终大器晚成。作为父亲，他对儿子苏轼当然影响颇深。苏轼的弟弟苏辙，也是文学名家。父子三人，在文学史上被人称作"三苏"。苏轼刚刚10岁时，父亲苏洵就外出游学。教育子女的重任，就由母亲承担了。程氏在家中主持家政，养育子女。她对苏轼的要求很严格，亲自教他读经史等书籍。程氏是有心人，不仅教苏轼读书识字，还要苏轼加强道德修养。她特别重视史书中那些人物传记，总是耐心地将这些篇章中的重要之处讲给苏轼听，要他熟记。一次，程氏教苏轼读《后汉书》。读到《范滂传》时，程氏被范滂母子不畏强暴、刚正不阿的崇高精神深深地感动，不禁放下书来，喟然叹息。年幼的苏轼同样被范滂母子打动了，他天真地对母亲说："如果我长大后跟范滂一样，不惜舍身就义，母亲愿意吗？"程氏肃然回答儿子道："如果你能跟范滂一样，我也可以跟范滂母亲一样。"

苏轼20岁时，已经饱览群书，对古今政治得失，他一过目就能够指出其要害。他学问渊博，著文颇多，尤喜读贾谊、陆贽的书。

当时宰相王安石变法，苏轼只是个开封府推官，但他上书神宗皇帝，揭变法之弊。

宋哲宗时，苏轼做杭州知州。杭州近海，水难喝，人烟稀少。唐朝刺史李泌最早引来西湖水，开发六井，老百姓喝上了好水。后白居易又疏浚西湖之水，引入漕河，以漕河水灌溉农田千余顷，于是杭州百姓日益富足。西湖中多杂草，从唐朝到五代时，年年治湖。北宋建立之后，没有这样做，杂草太多，淤积为田，西湖变小了。苏轼看到茅山一河可以专门接受江潮，盐桥一河可以专门接受湖水，就疏通两河与漕河相连。又修造了堰闸作为道路。杭州地区的人种菱果，春天就全部割除，寸草不留。并且雇人在湖中种菱，使杂草不再生长，出售菱果集资修湖，用救荒的剩余之钱万缗、粮食万石雇人修堤。大堤修成，在堤上种植芙蓉、杨柳，远远看去，极其漂亮，杭州人称为苏公堤。

苏轼与其弟苏辙及父亲苏洵一同被列入唐宋八大家。苏轼有次自评："文章就像行云流水，开始没有一定的规范，只是按一种自然形式，当行则行，当止则止。"

范仲淹改革

范仲淹是北宋名臣，他在朝廷的重要性能从他的谥号"文正"中看出来。一般一个朝代最重要、贡献最大的大臣才能用"文正"作为谥号，可见范仲淹之才能。

范仲淹两岁丧父，母亲带着他改嫁到朱家。范仲淹少年时期在外地求学，昼夜不停地苦读，冬天疲倦到了极点，他就用冷水来洗脸，再接再厉。他穷得只能靠喝粥来维持生活，这种生活极其艰难，但他却坚持了下来，从来没有叫过苦。

功夫不负有心人，范仲淹终于考上了进士，从此出人头地。他为了报答母亲，当官后首先做的就是把母亲接来照料。

应天知府晏殊闻范博学多才，就请他主持教务。范仲淹在任期间，向朝廷递交了万言书，奏章里力倡改革，但没有获得朝廷重视。

范仲淹一直都诲人不倦。来向他请教学问的人很多，他在闲暇时，几乎把时间全部放在了教学上面。范仲淹经常用自己的俸禄结求学者买吃的，结果导致自己的孩子穿不上新衣服。当时士大夫之所以注重品行节操，就得益于范的努力。

西夏入侵以后，宋军连吃败仗。范仲淹请求参与保卫边疆，于是被派到延州，负责那里的军事。按北宋旧例，不同级别的将领带兵数量也不同，发生战事，先由地位低的军官出征，如果战事不利，再派高级点儿的去。范仲淹认为："不按将领能力，只按照地位高低来决定出阵先后顺序，这是自取灭亡。"他认真视察将士，从中精选出1.8万人，把他们分成6部分，每部配一将领，分别给予训练。到作战的时候，根据敌人的形势调遣他们轮流出阵抗敌。

范仲淹苦心经营边防，取得了很大效果，在他的领导下，北宋官兵焕然一新，日益强大。范仲淹还重视和少数民族搞好关系，把和西夏人勾结的羌族拉了回来，恩威并施，让他们效忠北宋，削弱了敌人的力量。

西夏求和后，范仲淹被召回朝廷，升任为枢密副使。当时的副宰相王举正胆子小，不敢得罪人，仁宗不满。谏官欧阳修等人上奏称范仲淹有宰相之才，请求朝廷罢免王举正而改任范仲淹，于是朝廷任命他为参知政事。他并不领情："这种官职是靠谏官的话就能得到的？"他坚决不应允，请求和韩琦一起到外地去视察边防。

宋仁宗对当时朝廷的种种弊端很不满，他期盼和平，富国强兵，所以经常向大臣们询问执政策略。范仲淹对别人说："皇上非常相信我。不过凡事都有个先后缓急，以前长期积累下来的弊病，并不是短期就可解决的啊。"宋仁宗听说后，马上给他下了诏书，让他当面奏对。范仲淹觉得推托不掉了，于是写了一份《答手诏条陈十事》，详论了自己的改革措施。有以下十点：

一、完善官吏升降制度。

二、限制随意升官，比如大臣的子弟禁止任要职。

三、改革科举考试制度，使其更加公平。

四、改革地方吏制。

五、均衡公田（官员在任时期归其所有的土地，算入俸禄），尤其要补助那些没有发给公田的官员。

六、重视农业生产。

七、整顿军备，建立府兵制。

八、将赦令落实到底，严禁拖后。

九、严刑峻法。

十、减轻徭役。

宋仁宗看到后很高兴，除了建立府兵制一条之外，全部核准，命令各地实行。这些改革遭到了保守派的攻击，加上规模过于浩大，执行的官员又有很多以改革谋私，所以遭众人非议，不停地在宋仁宗面前说范仲淹的坏话。正好这个时候，边境传来警报，范仲淹被调出京城，他一走，反对派更加猖獗。范仲淹压力非常大，只好主动辞去了宰相一职。没过多久，他的改革宣告失败。

范仲淹对母亲很孝顺，因为母亲生前一直很穷，所以后来他家境好转，但没有客人时，几乎只吃素。他注重家乡教育，还在家乡设了义庄来救济本宗族贫苦的人。范仲淹喜欢举荐贤才，很多名臣都是他的门生。范仲淹64岁那年去世，去世时，羌族首领数百人为他举哀，如丧生父。宋仁宗也为他的死悲伤了很久，并亲自为他撰写碑文。范仲淹家教非常好，他4个儿子日后都功成名就。

岳飞精忠报国

岳飞，字鹏举，相州汤阴（今河南省境内）人。自幼重气节，为人厚道，少言寡语。他家里穷但用功读书，最爱读《左氏春秋》《孙吴兵法》等书。他身强力壮，未成年就能使300斤的弓、8石的弩，后从周侗师傅学习骑马射箭，得师传承，能左右开弓。周侗死后，每月的月初月底，岳飞就到他墓上祭奠。父亲认为岳飞为人忠义，说："若有机会，大可以为国尽忠。"

北宋灭亡后，宋徽宗第九子康王赵构即皇位，南宋建立。岳飞上千言书，大致的意思是："陛下登基，国家有了新君，而且各处的军队都来效忠，可以想办法讨伐金国之敌了。金兵一直轻视大宋，我们正可乘金兵懈怠之时反击。朝中宰相黄潜善、汪彦直等人不能按你的意愿恢复国土，而是侍奉着你一天天向南逃，这恐怕让中原百姓失望。我希望陛下能抓住时机，亲自率领各路大军北渡黄河，全军将士一鼓作气，大可恢复中原。"宋高宗赵构读后，认为岳飞是越职上书，削夺了他的官职，但他仍然满腔忧国之情。

绍兴三年（1133年）秋天，皇帝召见岳飞。高宗亲书"精忠岳飞"四字，制成大旗赠给他，封他做神武后军都统制，仍为制置使，猛将李山、吴全、吴锡、李横、牛皋等全部归属岳飞辖制。绍兴四年（1134年），身为荆南鄂州制置使的岳飞再度上奏，请求"直捣中原，恢复故疆"。绍兴七年（1137年），岳飞两度上奏，请求尽复京畿、陕右，"长驱以取中原"。

岳飞多次入见高宗，高议收复失地。又上疏高宗，称"金人之所以在河南建立刘豫伪齐国，是想践踏中原，以中原人打中原人，金要趁机休养，坐山观虎斗。我希望陛下能给我时间，以趁机进军东京、洛阳（今均属河南），据守河阳（今河南孟州）、陕府（今河南陕县）、潼关（今属陕西），并号召五路投降金人的叛军，办妥后再率王师前进，金兵必然放弃开封而逃向河北（今河北大名）、京畿（今河南开封）、陕右（今西安）地区便可恢复了。继而攻取浚州（今河南浚县）、滑州（今河南滑县），经营两河地区，如此必能擒刘豫、灭金兵了。国家的长久之策，尽在于此。"

高宗回答说："有你这样的忠臣，朕很心安。军事进退，我不会从中牵制你。"后又将岳飞召到寝所对他说："能否中兴国家就看你了。"并命岳飞节制光州（今河南潢川）。

绍兴十年（1140年），金兵进攻亳州，宋将刘锜告急。岳飞领诏驰援。

岳飞派张宪、姚政前往。高宗赐岳飞手书："军事行动全靠你了，朕决不干涉。"岳飞又派王贵、牛皋、董先、杨再兴、孟邦杰、李宝等分别驻守西京、汝州（今河南汝安）、郑州（今河南郑州）、颍昌（今河南院内）、陈州（今河南淮阳）、曹州（今山东曹县西北）、光州、蔡州（今河南汝南）等郡。又命梁兴渡黄河，集结忠义社，夺取河东（今山西永济）、北州县。派军队援助刘锜，西援郭浩，自己率军直逼中原。出发前，向高宗密奏："请你先正国家之本，用以安抚民心，然后勤谨理政，以表示一直铭记雪耻大志。"

高宗收到密奏后，更加欣赏岳飞，加他少保衔并任河南、河北诸路招讨使。不几天，岳飞派出的各部分别出击。岳飞大军驻在颍昌，各路将领分道出战，岳飞率领轻骑驻守郾城（今属河南），兵锋强劲。

金兵统帅兀术，十分害怕，召集龙虎大王等将领商议，认为其余各部不足为惧，独有岳飞势不可当，想引诱岳飞军马到来，然后拼全力一战。朝野内外听到此信，无不担忧。高宗下诏要岳飞谨慎处理，岳飞说："这正说明金已无计可施。"于是每天派人挑战，并谩骂诱敌。兀术大怒，会合龙虎大王、盖天大王以及韩常的兵马进逼郾城。岳飞命其子岳云领兵直冲敌阵，并告诫岳云："不取胜，先斩你！"岳云奋勇杀敌，金兵死尸遍野。

原先，兀术有一支劲旅，都身穿重铠甲，用绳子将三匹马绑起，号称"拐子马"，宋军无法抵挡。此役，兀术派出了1.5万名"拐子马"投入战斗。岳飞领将士，手持麻札刀，遇敌后只管低头砍马腿。"拐子马"本为三人相连，一马扑倒，整个就得停滞。这样，官军奋勇杀敌，大败"拐子马"。兀术悲痛地说："自海上起兵，全倚仗'拐子马'，现在全完了！"

郾城大捷后，岳飞正准备渡黄河以攻取中原，而宰相秦桧则要以淮河划界，将淮河以北拱手相让，他还要御史台的官员们奏请高宗令岳飞班师回朝。

岳飞上奏："金兵锐气全失，溃不成军，拼命逃跑渡河。各方豪杰争相杀敌，士兵斗志高涨，正是恢复中原的大好时机，不可错失良机。"

秦桧知道很难制止岳飞恢复中原，于是下令张浚、杨沂中等部先行班师，然后以岳飞孤军深入，久驻有危险为理由，下令班师，一日以12道金牌催逼。

岳飞愤恨交加，痛惜流泪，向东哭拜道："我们10年的努力付诸东流！"岳飞不得已撤军，百姓悲痛地说："我们顶着香盆、运送粮草迎接官兵杀贼，金贼都知道。您撤军后，我们都会死于金兵之手。"岳飞也痛哭不止，他取出朝廷诏书给大家看，说：

"我不能抗命擅自留下。"一时哭声大震。岳飞军马留驻5天，等待百姓迁徙，跟他南迁的老百姓像潮水一样。岳飞即刻奏请安置百姓在汉上六郡住下。

理学大师朱熹

朱熹字元晦，徽州婺源（今属江西）人。朱熹自幼聪颖，刚会说话，父亲指着天告诉他："这是天。"他问："天之上为何物？"父亲很惊异。朱熹开始跟老师读书时，老师给了他一部《孝经》，他看了一遍，就在上面题写道："只有这样做才算人！"曾和孩子们一块儿在沙上玩耍，自己在沙上作画，一看，画的竟然是八卦。朱熹18岁中举人，绍兴十八年（1148年）考中进士，任泉州同安县（今属福建）主簿。做同安县主簿期间，朱熹择青年才俊做门生弟子，每天讲授圣人修身养性之理，还严禁妇女出家当尼姑、道姑。

孝宗即位，下诏征求进谏朝政的直言之论，朱熹上书说："帝王之术应先精研事物的原理得到真知，以便完全掌握事物的变化，使事物所包含的意义和道理，细微之处也能明察。这样自然就能意诚心正，可以自如地治理天下。"又说，"和战的大计不能及时决定，错误在于求和。金人对于我们，有不共戴天之仇，不能与他们讲和是很显然的。希望能公正判断，锁国闭关，断绝和约，任用贤能，严明法纪，肃正风俗。数年之后，国富兵强，依据国力，再看敌方内部危机的深浅，逐步振作起来，相机恢复旧土。"还说，"天下利病，决定于百姓之乐苦，百姓的安乐与痛苦，决定于州县官的贤明与否。而监司是州县官的'纲'（直接领导者），朝廷又是监司的'本'（最高指导者），欲令百姓安居乐业，朝廷才是根本。现今的监司中，那些奸邪贪污声名狼藉者毫无顾忌地暴政害民，没有一个不是宰相、御史等高官的亲朋和宾客，只是您不知道罢了。"

淳熙五年（1178年），史浩再任宰相，朱熹被提拔为知南康军（今江西星子），诏令允许就近赴任，朱熹辞官，不许。到任之后，兴利除弊。当时正遇大旱，他的正确措施，拯救了很多百姓。灾情结束之后，他还请求朝廷按照规定恩赏捐粮救灾的人。朱熹还时常去府学招学生，并为他们讲学。他寻访了白鹿洞书院的遗址，奏请朝廷重建书院，并制定了院规。

陈俊卿以前宰相的身份出任金陵（今江苏南京）知府，拜见皇帝时力荐朱熹。皇上提朱熹为提举江西常平茶盐公事。值浙东灾荒，丞相王淮奏请朝廷改任朱熹为提举浙东常平茶盐公事。刚被任命，就写信给别的州府，请他们代为招募米商，并宣布免征商税。等他到任，外地船只运来的粮米已经集中到这里。朱熹每日体察民情，在境内巡行视察，单车不带随从，所到之处从不预先通知。郡县官吏害怕他严明的风范，有的甚至自动辞职，他所管辖的地区秩序井然。凡是赋税、募役、酒类专卖（榷酤）等政策，若有违民意一律整顿改革。在救荒之余，随事处置，定着眼未来。有些贬低朱熹的人，说他为政无能，但皇上对王淮说："朱熹政绩甚大。"

台州（今浙江临海）知州唐仲友与丞相王淮是同乡亲家，吏部尚书郑丙、侍御史张大经交相推荐他，升为江西提刑，尚未赴任，朱熹到台州视察，众人投诉唐仲友。朱熹查明真相，连上三个奏章，都被王淮扣压。朱熹更加坚决地弹劾，唐仲友也出来辩解，王淮才把朱熹的奏章呈报皇上。皇上命宰相的属官审定，都司陈庸请求命令浙西提刑遣廉明正直之吏去调查，仍命朱熹速到重灾区州郡视察。朱熹当时留驻台州未行，接到诏书之后，继续上表章论奏，前后共上了6次表章，王淮不得已，便削夺唐仲友新职转给朱熹。朱熹拒不接受，遂离开台州回到任所，请辞奉祠。

当时郑丙上疏诋毁程颢、程颐以影射朱熹，王淮又提升太府寺丞陈贾为监察御史。陈贾面圣时，首先就论奏说："近日有人倡导'道学'，大体都是借'道学'之名来推行奸伪之学，希望考察并罢免此类人。"这实际就是指朱熹。淳熙十五年（1188年），王淮罢相，朱熹入朝奏事。有位朋友提醒说，他所提倡的"正心诚意"之道是皇上所不愿听的，告诫他别再那样说了。朱熹说："我平生所学，就是这四个字，怎能隐忍沉默欺骗君主呢！"禀奏之后，皇上对他说："好久没见你了，当年浙东唐仲友的事，朕心里明白。如今让你做清要的官，不再以州县的事务烦卿了。"第二天，任命朱熹为兵部郎官，朱熹以脚病为由请辞。兵部侍郎林栗曾和朱熹谈论《易》《西铭》，不能达成一致，弹劾朱熹说："从来只是偷窃张载、程颐学说的绪余，称作'道学'。所到之处经常带着门生数十人，狂妄地模仿孔子、孟子游历之风范，不肯担任职务，虚伪随处可见。"皇上说："林栗言之过激！"太常博士叶适上疏和林栗辩论，说林栗所言没有一点儿是真实的，"称为道学"一语尤其不实，以往王淮结党营私排斥忠臣，就用的是这种办法。适逢胡晋臣被任命为侍御史，召对时，首先论奏林栗执拗不通，排斥歧见，无事生非，指学者为结党，于是林栗被贬至泉州知州。朱熹再次辞官，除授宝文阁直学士、主管西京嵩山崇福宫。

宁宗即位，授朱熹焕章阁待制、侍讲。开始，宁宗即位称帝，韩侂胄自恃拥立有功，在朝中执政。朱熹担心他会危害朝政，多次进谏皇帝，并约吏部侍郎彭龟年共同论奏。朱熹因此而被免官奉祠。庆元元年（1195年）初，赵汝愚做了丞相，招贤纳才，朝内外都殷切期望国家从此会得到治理，而独有朱熹担心韩侂胄专权，既多次对皇上谈及此事，又多次写信提醒赵汝愚。赵汝愚认为韩侂胄易制，不以为意。结果，赵汝愚也因诬陷被逐出朝廷，韩侂胄独揽大权。

庆元二年，沈继祖为监察御史，诽谤朱熹，皇上下诏撤销朱熹职务并停止奉祠。朱熹的门人蔡元定也被遣送道州（今湖南道县）。庆元四年，朱熹以年近七十，请求致仕。庆元五年，获得批准。次年朱熹去世，享年71岁。病危之时，亲自写遗嘱给他的儿子和门人范念德、黄干，殷切地勉励他们治学。第二天，朱熹即溘然长逝。

朱熹中进士50年，在地方做官9年，家中本就贫寒，少年时投靠父亲的友人刘子羽，居住在建州的崇安（今属福建），后来搬迁到建阳的考亭（在今福建建阳西南）。"箪瓢屡空"，饮食不继，而他却处之泰然。学生远道而来，待以粗菜淡饭。他常常向别人借钱借粮以供食用，但决不取不义之财。

朱熹被贬后，韩侂胄的势力更大了。何澹任御史中丞，首先劾奏门户之学，为文虚诈，沽名钓誉，请求辨别他们的真伪。刘德秀在长沙（今属湖南）做官，不被敬重，后来做了谏官，首先论奏前宰相留正引用"伪学"的罪状，"伪学"的名称第一次出现。太常少卿胡纮说："近年伪学猖獗，图谋不轨，希望宣谕大臣，权且停止进拟。"没有几天，朱熹便被免职。前御史刘三杰奏论朱熹、赵汝愚、刘光祖、徐谊之流是前日的"伪党"，至此已变成"逆党"，结果当天刘三杰被升右正言。右谏议大夫姚愈论奏说道学和权臣结成死党，妄图篡位。皇上便诏告天下，于是攻击"伪学"的行动一天比一天加紧，甚至有人主张斩朱熹。当时，读书人中效法朱熹，稍稍以儒者出名的人，没有了容身之地；从朱熹游学而有独立人格不愿同流合污的人，都隐居山林。而那些依附门户阿谀奉承的怯懦之人，改换门庭拜他人为师，过门而不入，甚至换下读书人的衣服，在集市上游荡嬉戏，以便显示自己不是"伪党"。而朱熹却一如往常讲学，有人劝他把学生都遣散了，他笑而不答。朱熹去世将下葬，谏官禀奏说，四方"伪党"勾结在一起，为"伪学"之师送葬。他们聚会之时，不是信口妄谈时人短长，就是批判时政，希望命令当地官员管束他们。朝廷信以为真，并采纳。

嘉泰初年（1201年），"伪学"得以解禁。嘉泰二年，下诏说："朱熹已经致仕，授华文阁待制，赐予他致仕的恩泽。"韩侂胄死后，下诏赐予朱熹呈献遗表的恩泽，追赠谥号为"文"。理宗宝庆三年（1227年），赠太师，追封信国公，后改为徽国公。

朱熹治学，大体是"穷理以致其知，反躬以践其实"（穷理尽性以获得真知，反身自用以付诸实践），而以"居敬"为主。曾说圣贤"道统"的流传，在典籍中有所记载，儒家经典的宗旨不明，而"道统"的流传才变得隐晦。倾其毕生心力，研究探索圣贤经训，所著的书都流传于世。朱熹去世后，朝廷把他关于《大学》《论语》《孟子》《中庸》的训解（即《四书集注》）确定为官学的教材，又有《仪礼经传通解》尚未完稿，也列入官学，一共有100卷文章，与学生的问答语录共140卷，《别录》10卷。

辽 史

耶律阿保机建契丹国

辽是我国的一个封建王朝，历经210年。后梁贞明二年（916年），契丹族耶律阿保机称帝，即辽太祖。当时以契丹为国号，神册为年号。天显二年（927年），辽太宗耶律德光改国号为辽。

耶律阿保机的祖父匀德实，曾经常年任职部落联盟首领夷离堇。他雄才伟略，善于用兵，在部落联盟对外扩张过程中屡立战功。在内部治理上，匀德实提倡发展农牧业，深受各部落百姓爱戴。

贵族耶律狼德嫉恨匀德实的名声，将其谋杀，夺其职权。匀德实的妻子萧月里朵为了躲避耶律狼德的追杀，带着阿保机他们悄悄地跑到突吕不部藏了起来。耶律狼德被推翻以后，他们才重见天日。

家庭教育、环境熏陶与特殊经历，使耶律阿保机的见识、胆量、立身标准和处世方法，都与众不同，他以其祖父为榜样。他成年以后，气质非凡，胆量超群，在同龄人之中有着很强的号召力。在他伯父耶律释鲁的扶持下，耶律阿保机成为部队首领。他率领军队南征北战，战功卓著。几年以后，耶律阿保机实现了自己的目标，成为部落联盟的领袖——集军政大权于一身的夷离堇。这一年，耶律阿保机31岁。

成为夷离堇以后，耶律阿保机全力对外扩张，获得大量的奴隶与财富。南面的代北地区、西南面的河东怀远军、东面的女真部族，都尝到过耶律阿保机铁军的苦头。契丹族的战斗力，已今非昔比。

唐朝此时已时日不多，藩镇割据，内战不断。立足太原的河东节度使李克用看到唐室将亡，准备改朝换代，便派使臣唐令德前往契丹，要求结盟，将来共同分割天下。耶律阿保机目光敏锐，远见卓识，他立即答应唐令德的请求。两国订立盟约后，出动士兵共取幽州，大获全胜，这一胜利，为契丹人以后挺进中原扫清了道路。

耶律阿保机在位时，与中原地区的各个割据势力分别发展了友好密切关系，利用他们的先进技术，努力在当地发展农业、畜牧业和冶铁、纺织、制盐等手工业，使契丹各部的社会经济迅速发展。耶律阿保机指挥军队，以武力征服了女真等部落。他在军事、政治、外交等方面的声望不断地提高，逐渐为全族人民所称颂。唐朝天祐四年（907年），耶律阿保机通过部族联盟，成为契丹族新领袖——可汗。

10年以后，耶律阿保机批准大臣们建言的"大圣大明皇帝"的尊号，改年号为神册（916年），定国号为契丹，契丹开始登上历史舞台。

耶律楚材功定八荒

耶律楚材，字晋卿，辽朝东丹王突欲的第八代孙。他的父亲是很有才学的耶律履，曾受到金世宗的信用，官拜金朝尚书右丞。

耶律楚材3岁时父亲便死了，是母亲杨氏将他抚养成人。其母幼时便教他读书，及长成后更博览群书，因此十分博学，对于天文、地理、律历、术数、佛学、道学、医学及巫术、卜卦等，无所不晓。尤其会写文章，才思敏捷，提笔成章，文笔优美。

金宣宗贞祐二年（1214年），宣宗把都城迁到汴京（在今河南开封附近），完颜福兴以尚书职务留守燕京（今北京）。耶律楚材被提升为左右司员外郎。金朝燕京被元太祖铁木真所平，听闻其名，便召其来见。耶律楚材身高八尺，声音洪亮，一脸胡须。铁木真很看重他，曾对他说："我帮你报与金的世仇如何？"耶律楚材回答道："我虽然是辽人，但我父祖曾经在金朝做过官，既为金臣，岂敢以臣子之身寻君王报仇！"铁木真认为他说得很有道理，就将他安置在自己身边，为示亲近，称其吾图撒合里。吾图撒合里是蒙古语长胡子的人的意思。

铁木真初建蒙古国，每年对西域都有战事，而对中原则无暇顾及。手下官员私自积累财富，有的私产达到数万金，而国家财政则未收一分一毫。铁木真的亲近官员别迭等人说："汉人对国家没有一点儿好处，凡是攻占了汉人的地方，可以将那里的汉人杀光，变其农田为牧场。"耶律楚材反对这样做，他说："皇上马上就会需要军国物资以备南征之需。要是能将所占中原地区地税、商税、盐、酒、铁及山泽之利做个统一、合理的规定，每年光收税就会有近50万两、布帛8万匹、粟40余万石，则军需足矣，怎能说汉人对蒙古国没有贡献呢？"其言被铁木真认为很有道理，便道："这事就交给你替我办。"于是，耶律楚材上奏请设立燕京等十路征收课税使，皆以读书人为正副长官，如陈时可、赵昉等都是宽厚的读书人，是当时最合适的人选，原各省各部旧人仍充作幕僚。

辛卯年（1231年）秋天，铁木真到云中地区，设于当地的十路征收课税使把征收课税的账目以及所收来的金银布帛全部拿出来给他看。铁木真笑着对耶律楚材说："你跟随在我身边，国家财政支出就不愁了，汉人中还有像你这样的能人吗？"耶律楚材回答道："他们之中比我有能耐的多得很，我没有才干，勉强留下来为皇上所用。"他的谦恭甚得铁木真之心，当场赐给他酒喝，他不久便升任中书宰相之职,事无大小,都先与他商量。 铁木真死后,他又得到太宗窝阔台的信任,继续任中书令。

壬辰年(1232年)春,太宗窝阔台南征金朝,太宗于渡河时说,百姓中逃难者,来投降蒙古的就免死。 有的蒙古官员说:"急难之时来投的百姓,一旦情势有所缓和就又跑了,这样只不过帮助了敌方。 对这些人不可宽恕。"耶律楚材建议凡降民中立誓永不再叛者可免去死罪,请求制作数百面旗帜交给这些降民,许其回乡种田避乱。 耶律楚材的这个建议最后得到了窝阔台的同意,此举保全了许多人的性命。

按照蒙古原来的规矩,凡是进攻敌方城池,若遇守军抵抗还击,一旦攻下城池,必全数处死守军。 蒙古军快要攻下汴梁城时,大将速不台派人对太宗说:"金人长久抗拒,我们攻城部队多有伤亡,应于城克后屠城。"

耶律楚材听说后,立即骑马赶去对太宗奏道:"我军将领士兵征战数十年的目的就是土地和人口。 得土而屠城,那土地有什么用!"太宗还犹豫未决,耶律楚材又说,"多产者与有才艺者多在汴梁,如果都杀了,国将恐无可用之人。"太宗深以为然,下诏只诛杀完颜氏一族,其余的人都放过不问,当时约有147万人聚于汴梁城避难,都因为耶律楚材的一席话而避免了杀身之祸。

丙申年(1236年)春,耶律楚材在诸王聚会上蒙太宗亲自敬酒,并对他说:"我这样完全相信你、任用你,是遵从了先帝太祖的遗命。 没有你,就没有中原的今天。 我之所以能睡个安稳觉,也全拜你所赐。"

一次,两名道士在朝中争名夺利,结党营私。 其中一个道士诬告另一个道士的两个属下是逃跑过的军犯,并勾结道士杨惟中与得宠宦官,将那两个属下抓起来杀害了。 耶律楚材不齿他们所为,就将杨惟中抓了起来。 那个得宠宦官知道后,就在太宗面前告了耶律楚材一状。太宗偏听偏信,一怒之下捆绑耶律楚材,不一会儿又很后悔,下令将他释放。

耶律楚材不肯让人松绑,对太宗说:"我身为事关国体的辅国之臣。皇上因臣有罪,才下令捆绑,应当明确向百官宣布,有罪不能赦免。现在要释放我,说明我没有犯罪。皇上怎能视辅国之臣如儿戏随意处置?如果这样下去,国家大事将如何处理?"他的强硬之态使其他官员都为他捏了把汗。太宗则说:"我虽贵为天子,又怎能不犯错误呢?"又以好言劝慰。耶律楚材于是又对太宗陈上有关时务的十项方针,主要是:信赏罚,正名分,给俸禄,官功臣,考核为官好坏,均定科派差役,选工匠,务农桑,规定上贡的土特产,重视漕运等。而太宗也一一施行了这些针对时弊的措施。

甲辰年(1244年)五月,耶律楚材55岁时病逝,此时太宗已薨,皇后执掌朝政,她十分哀痛,给予厚礼厚葬。后来耶律楚材遭诬陷,说他长期居于宰相之位,贪天下朝贡赋税之半。皇后于是就派近臣麻里扎到耶律楚材家去检查,结果只有10余张七弦琴、一些书画、金石、遗文等物而已,此事作罢。

耶律倍让天下

天显元年(926年),耶律倍随辽太祖讨伐渤海国,最终攻下了扶余城。当时辽太祖打算统计户口,耶律倍进谏说:"如今刚刚攻得渤海国就统计人口,老百姓必定会骚动不安。倘若乘着这破竹之势,直接攻打渤海国都忽汗城,肯定会胜利的。"于是辽太祖听从了他的建议。耶律倍与大元帅耶律德光为前锋,乘天黑包围了忽汗城,渤海国王走投无路,便请求投降。不久,又反叛,辽太祖就攻占了忽汗城,将渤海国国名改为东丹国,将忽汗城改称天福城,封耶律倍称王,主持东丹国国政。并赐给天子衣帽,建年号为甘露,耶律倍于是上任执政。太祖告诫耶律倍说:"这地方邻近大海,不能长久地待在这儿,我是为了表现我的爱民之心,才留下你在这儿安治。"太祖的车驾将要返回朝廷,耶律倍便作歌以献。等到太祖辞行时,太祖对耶律倍说:"能够有你治理东部国土,我就不担心了。"太祖到仪坤州前,耶律倍号啕大哭地为他送行。

不久,各部落大多叛乱,大元帅耶律德光征伐平定了他们。太祖去世的讣告传来后,耶律倍当天就赶到了太祖陵墓的所在地。耶律倍得知皇太后要立耶律德光为帝,便对公卿大臣们说:"大元帅耶律德光的功德已施及人神,为中外之人所景仰,应该让他主持国家大政。"因此,与文武百官一道请求皇太后立耶律德光为帝,而自己让出帝位。因此,大元帅耶律德光登上了皇帝的位置,就是辽太宗。

太宗即位后,耶律倍受到猜忌。辽太宗将东平改称南京,就让耶律倍迁到此地居住,还赶走了老百姓,又安置了卫士暗中监视耶律倍的行动。耶律倍回到南京后,便命令王继远写了《建南京碑》一文,又在西宫建造了藏书楼,写作了《乐田园诗》。唐明宗得知这些情况后,便立即派人拿着书信渡过渤海秘密召见耶律倍,耶律倍就乘机去海上打猎。后唐使者再次来到,耶律倍对身旁的部下说:"我把天下让给了太宗,如今反而被猜忌,我不如去到别的国家,以此获得吴太伯那样让位于弟的名声。"于是他立了一块木头在海上,木上刻有诗句:"小山压大山,大山全无力。羞见故乡人,从此投外国。"他后来携带高美人,载着书籍,漂洋过海而出国了。

金 史

海陵王南下攻宋

1149年，海陵王完颜亮弑金熙宗自立，次年改元天德。在他谋朝篡位之前，曾经与他的亲信私下谈起自己的志向，说："我这一生有三大志向：国事都由我做主，这是其一；率军攻伐别国，捉住其国君向他问罪，这是其二；娶天下第一绝色美人为妻，这是其三。"他自立后，第一个愿望已经实现；又挑选130名良家美貌女子以充实后宫，第三个愿望也大体落实，唯有第二个愿望还没有实现。所以，完颜亮于金正隆六年、宋绍兴三十一年（1161年），于女真、契丹、奚绪诸族征发壮士24万，又强征汉族壮丁入伍，编为32军，还征发3万名水手作为水军，共计50余万，号称百万，开始从水陆两方面进攻宋朝了。

完颜亮采取声东击西之计，先调派一路军队由陕西凤翔进攻川陕的宋军，转移宋朝廷的注意力，随即亲率主力大军出寿春向江淮挺进。

南宋君臣虽已获悉完颜亮真想南下攻宋，却并不了解其详细作战计划，于是在北方前线采取均衡防御的战略，分别将刘锜、吴玠任命为淮南江南浙制置使、四川宣抚使，各自率几路兵马抗击金兵。

完颜亮还怕川陕方面的牵制措施不足以迷惑宋军，又遣两万兵力佯攻淮阴。刘锜中计,匆匆将其主力调至淮阴设防备战。

九月二十六日,一路金军部队向信阳攻来,宋朝的中军统制赵撙正驻守德安府,听到信阳告急,急命部将宋奕留守德安,自己亲率骑兵驰援。

岂料金军此举仍为完颜亮诱敌之计。金军不等赵撙抵达信阳即转攻蒋州。淮河上游一带的宋军无法预计金兵南下方向,只是被动防御,疲于应付。

在淮河下游,宋军更加被动。宋军主帅刘锜因完颜亮派出的两万金军而颇为踌躇。刘锜为抗金名将,而此时重病缠身,仅能靠稀粥勉强维持,已咽不下饭。他判断金军极可能从淮阴入手,沿运河南下,直趋扬州、镇江,然后从镇江渡长江取宋都临安。因此,刘锜不顾病体,亲率大军由扬州进援淮阴,同时在淮河中布下调来的数十艘战船,欲与金军在淮河下游会战。

刘锜的病很重,一天只能走30里。因重病之人,神志或已不甚清晰,刘锜将主力军调往淮河下游一隅,中游防守空虚的问题顿时显露出来,完颜亮的调虎离山之计初获成功。

到十月初,金军已开始小规模进攻川陕、淮河上下游一带,唯有淮河中游自寿春至濠州的一段毫无动静。其实,完颜亮正欲率主力进攻此处。

完颜亮发现,南宋将守卫主力调至淮河下游和上游,中路空虚,马上率大军从正阳搭浮桥渡过淮河。宋将李显忠驻守寿春,因寡不敌众,计划退守庐州,他的参议官刘光辅向其献计依山林之险设伏,见机而动。李显忠便率百余骑埋伏在山林险要的地方。谁料金军神速,先锋已达淮河对岸,掩袭宋军之背,李显忠引军迎战,俘获金兵数人。一会儿获悉金军之力将至,自料不敌,于是就撤退渡江。完颜亮的大军便占领了蒋州、寿春。

然后，完颜亮打了宋军一个措手不及，率军急赴庐州、和州。这时，刘锜正在淮阴与两万金兵对垒，时时派小股部队渡河袭击敌人，却不知早已中了完颜亮之计。

兵贵神速，完颜亮认为以数十万大军之众，不宜奇袭扬州，并渡江直捣临安，于是派大将萧琦率数万轻骑急赴藕塘，由滁州袭取扬州。

完颜亮派遣奇兵急进优势极为明显：既能乘虚袭取扬州，从侧翼掩护金军主力渡江，又能截断刘锜之军的退路，使宋军腹背受敌。

但是大将萧琦并没有领会完颜亮的意图，竟在藕塘休整数日，致使刘锜率军先金军一步自淮阴退入扬州，使完颜亮功亏一篑。

萧琦休整够了，才派遣大军进攻滁州西北的清流关，守卫此关的宋军寡不敌众，无法抵挡，金军遂入关，兵临滁州城下。宋滁州知州陆廉弃城逃跑，金军不费一兵一卒即拿下滁州，安抚百姓，纪律严明，秋毫无犯。萧琦还立斩了一个纵火烧民居的金兵，并揭榜以号令诸军。

当初，淮南转运使杨抗曾令各州县每隔十里即在乡村驿路上设置一个烽火台，台下积草数千束，以备点燃，又令乡民各置长枪备战。金军到后，正好将烽台下的数千束草充作马的饲料，乡民逃跑时丢下的长枪也都被金军捡去了。

萧琦占领滁州后，继续麾军东进，进攻真州。真州守将邵宏渊以两面滁河为屏障，金军全是骑兵，没法渡河，所以不设防。岂料金军以当地人为向导，绕道滁河上游的竹冈镇，仅仅过了半天就绕到真州城下。金兵突袭之时，邵宏渊仍在饮酒作乐，仓促应战，大败而逃。萧琦则一直率军追至扬州，甚至来不及进城。

这时，完颜亮也攻取了庐州、和州，攻至采石时，欲从当地杨林渡江。至此，南宋的江淮防线陷入总崩溃。正当完颜亮的攻宋大计顺利进行之时，金太祖之孙完颜雍在辽阳称帝，废完颜亮帝号，仍为海陵郡王，并派他平定黄河以北的广大地区。完颜亮大怒，情急之下，治军严苛，欲尽快灭宋北还，结果激起兵变，被部下杀死。完颜雍派使者与宋议和，如此，金兵始退。

完颜亮南下攻宋之役，未能亡宋，实属宋之侥幸，实在是侥幸。如果萧琦不在藕塘逗留好几天，如果完颜亮没有后院起火，能够全力以赴进行灭宋大计，南宋必亡无疑。

尽管完颜亮的灭宋大计未能成功，但其战略战术极其高明，其战线之长、气魄之大、谋划之周，在中国军事史上也是很少见的。

昭德皇后乌林答氏

昭德皇后乌林答氏，其祖先为乌林答部首领，该部世居海罗伊河，后来率部落归附完颜部，居住在上京，皇族完颜氏世代与之通婚。

乌林答氏聪颖敏捷、孝顺慈善，容貌端庄，仪表肃穆，还在家中时，就深为同族人所敬佩看重。嫁给世宗完颜雍之后，侍奉公婆孝顺谨慎，治理家务井井有条，尽心尽力恪守为人妻的职责。世宗的父亲宗辅伐宋，得到一条皇帝所佩的白玉带。宗辅去世后，世宗把这条玉带当宝物珍藏起来。乌林答氏对世宗说："此物并非王府应有之物，应当献给天子。"世宗认为她说得很对，就把玉带献给了熙宗，使熙宗皇后裴氏凤心大悦。熙宗在位晚年，经常酗酒发怒，但是从不猜忌世宗。

海陵王完颜亮因得位不正常猜忌宗室。乌带向海陵王诬陷秉德，说他企图拥立世宗。海陵王处死秉德后，乌林答氏劝世宗应取悦海陵王，如辽代的骨睹犀佩刀、吐鹘的良玉茶器之类，都是罕见的宝贝。海陵王认为世宗对自己敬畏有加，由此对他猜忌疑虑之心大减。

乌林答氏生性贤惠，无妒忌之心，她常常为世宗挑选妃嫔使其子嗣繁茂。即使自己的儿子允恭降生后，这种做法也未曾变。一次乌林答氏患病，世宗探视护理，几天都不曾离开。乌林答氏说："大王对待我过好，知道的人明白是在探病，不知道的人必谓妾身有专宠之心。"又说，"做妻子的职责，最重要的是端正家风。只担心自己德行不足，以将家事治理得井井有条，又怎么能仿效嫔妾的做法，一心为自己打算呢？"

当金世宗任职济南之时，海陵王不安好心征召乌林答氏前往中都。乌林答氏暗中考虑：自己如果在济南自杀，海陵王必处死世宗，只有接受诏命，离开济南以后再自尽，世宗才能获免。于是对世宗说："妾身必当全力以赴，不会拖累大王。"

她将王府仆从张谨言召来，对他说："你是大王的心腹，可以替我到东岳泰山祈祷，我绝不会辜负大王，此心可照日月。"又召来众位家人，告诉他们说，"我自从年轻时出嫁到现在，从未见到大王做过违背道义的事情。现在皇帝对宗室中人诸多疑心，都因为家中奴仆不是良善之辈，因对主人不满而故意诬陷的缘故。你们都是先王在世时的旧人，应当怀念先王旧日的恩德，千万不要肆意妄为。如有不从者，我纵使在阴间也看你的所作所为。"

大家都哭泣起来。乌林答氏离开济南以后，随行者料其必不肯见海陵王，会早早自做打算，就十分谨慎地提防看护她。走到良乡，离中都还有 70 里，随行者的提防稍有放松，乌林答氏便伺机自尽而亡。但海陵王仍然怀疑是世宗教她这样做的。

世宗由济南调任西京留守，路过良乡，曾嘱其女鲁国公主葬乌林答氏于宛平县土鲁原。世宗即位后，大定二年(1162年)，将乌林答氏追封为昭德皇后，单独立庙。命令有关机构改葬乌林答皇后，让皇太子允恭前去祭奠。皇后侄子天锡也被授予太尉头衔，石土黑的后人都加授世袭猛安。世宗对天锡说："我与皇后订婚之时年仅四五岁。你的祖父石土黑太尉把我抱到他的膝盖上说：'我7个女婿中年纪最小的这个，将来定然会光大我的家门。'现在皇后改葬的日期已定，终是应验了你祖父当年所言。"

大定八年(1168年)七月，太子允恭的儿子章宗完颜璟降生。世宗欣喜地告诉允恭："得到了社稷嫡传的继承人，我心甚慰。这都是皇后留给你的阴德啊。"大定十一年(1171年)，皇太子过生日时，世宗到东宫出席宴会。饮酒正酣之时，让豫国公主起来跳舞。世宗流下了眼泪，说："这个女儿的母亲乌林答皇后，恪尽为人妻之职责。我之所以不再立中宫皇后，就是因为考虑到乌林答皇后的德行，已无人能出其右。"

大定二十九年(1189年)，乌林答皇后与世宗合葬在兴陵。章宗时，有关机构上奏说为避讳太祖谥号中的"昭德"二字。于是乌林答皇后被改谥为明德皇后。

"小尧舜"金世宗

辽国逐渐衰落时，北方的女真族却日益开始强大。部分辽化程度较深的女真人被辽国迁入自己的内地，编入户籍，称为熟女真。而大部分仍居于粟来江附近的女真人，共有72个部落，称为生女真。这时的女真人仅以渔猎畜牧为生，并无书写文字。契丹人经常欺侮他们，称为"打女真"，女真人还被迫进献人参、貂皮、名马、蜂蜡等等。女真人不甘受契丹人的欺凌，在首领完颜阿骨打带领下，起兵反辽，并多次大败辽军。辽天祚帝天庆五年、宋徽宗政和五年（1115年），完颜阿骨打称帝，建立金国，定年号为收国。阿骨打史称金太祖。

金太祖收国七年（1123年），阿骨打薨，弟完颜晟即位为帝，史称金太宗。金太宗天会三年（1125年），金灭辽。第二年，就是宋钦宗靖康元年，金兵南下，长驱直入直取宋都开封，将徽、钦二宗劫走，此为著名的"靖康之耻"。第二年，赵构在南京（今河南省商丘市）称帝，北宋从此结束，南宋开始，由此开始了南宋与金的对抗。

女真是奴隶制社会，他们占领了华北，便推行奴隶制，使那里的生产力受到严重的破坏，但是女真奴隶制也因受汉人影响而逐渐崩溃。女真统治者意识到奴隶制度非常落后，就开始重视农业生产。太祖、太宗的时代，他们的首要任务是征伐和掠夺，没有更多的力量顾及发展农业生产。而熙宗和废帝海陵王时代，他们不但要征伐，还为内部纷争所累，也无法顾及农业生产。到了金太祖完颜阿骨打之孙世宗完颜雍即位，大金已历五朝，开始努力发展农业生产，卓有成效。

1161年，世宗继位，金建国已经将近50年。前几代皇帝，不管其个人对汉人持什么态度，均十分仰慕汉族文化。因此，他们都提倡要认真学习汉文化。尽管完颜希尹创制了女真大字，世宗自己还创制了一套女真小字，但他们还是积极学习各种汉文书籍经典。因为译为女真文的汉文经典，其数量远不能满足学习的需要。

金世宗是一个民族意识很强的人，他极力维护女真人的传统文化。他受汉文化影响极大，讲话的时候经常是引经据典。他也十分赞赏儒家思想，因此，他在自己的治世活动中，儒家"仁政"也是其指导思想的重要组成部分。

世宗晚年的时候，曾经谈到："帝王固然以宽厚仁慈为施政的美德，但是像梁武帝那样因宽厚仁慈而导致纲纪大坏也是不可取的。朕曾经思考过这个问题，我认为赏罚分明，就算是宽厚为政了。"

他还说，以前的君王许多都不知民间疾苦，他们之所以失掉天下，这也是重要的原因。他还举一位中国君主为例：当臣下上奏百姓无粮可食，他竟反问臣下，百姓为什么不吃干腊肉呢？

正是基于这种思想，他常去郊外观察庄稼长势以了解民间疾苦。金朝的统治基础是女真人。金朝统治者以猛安谋克户的形式来组织女真人，每三百户为一谋克，每四谋克为一猛安。它是民政、军事的双重组织形成。

金军南下以后，也将此形式推广到分散于各地的女真人，称为猛安谋克户。猛安谋克户过去不会种田，现在也自然不会种国家所分田地。并且，他们又享有某些特权，更加自恃有所倚仗，不喜农耕。有的人把田里的桑树、枣树砍掉当柴卖。还有些猛安谋克户自己不种，租其地与汉人耕。

大定五年（1165年），世宗派人去查处砍桑、枣树做柴卖的行为；大定二十一年（1181年），又下令猛安谋克户亲身躬耕，实在无力耕种才可以出租。他用这些措施鼓励女真人学习汉人的农业生产技术。

女真人习惯于放牧，所以南下不久曾经划路两侧5里内为放牧用地，5里以外才允许农民耕种，此举十分不利于农耕。

大定十一年（1171年），有官员上奏此举给农民造成的不便，世宗听后说："对百姓不利的事，朕一旦得知定全力避免。"便下令让农民像过去一样耕种。有人反映，一些豪强之家，强占大量耕地，百姓则无地可种。海陵王时代的参政一家就占了800顷。有的人家平均每人占30顷，以致损害了普通百姓的生计问题。世宗当即决定，凡是占地10顷以上的，超出的部分都抄籍入官，就是都收归国有，然后分给贫苦百姓耕种。还有些迁徙的猛安谋克户，在原籍和现住地两处都占有土地，凡如此者也规定必须交还一处。

大定二十二年（1182年），有人反映一些猛安谋克户仍不亲事农耕。有一个百口之家的猛安户，其田中竟无一苗。世宗听后很生气，问道："那里的劝农使干什么去了？一定要治他的罪！"并下令，分别打有地不种猛安户60大板、谋克户40大板，租他们地种的农民无罪。

世宗还注意减轻农民的负担。大定二年（1162年），他下令禁止大户转嫁徭役负担给贫民。有人提出建议说，可向几个路预借租税以缓解国家财政紧张。世宗说，国家的财政虽然紧张，可是不能因此加重百姓负担。他没有同意这个建议。

总之，由于世宗相对宽松的治国之策，有利于激发农民的生产积极性，也有利于女真社会由畜牧渔猎为主转变为以农业为主，金朝中叶出现了经济全面恢复、发展和繁荣的新景象。群臣皆尽忠职守，举国一片太平祥和，家给人足，仓廪有余，天下和平，四方人民安居乐业。国家粮食储备也比较充裕，所储之粮可备3年之需。他在世时在各地设立了很多常平仓，他去世后，他的孙子章宗继位，常平仓有3700多万石储粮，4年食之不尽。

金世宗治世有方，使得金朝中叶出现了盛世景象，因此史称他为"小尧舜"。

元 史

一代天骄成吉思汗

元太祖铁木真,奇渥温氏,蒙古人。他的父亲也速该早年在征讨蒙古塔塔儿部落时,俘获其酋长铁木真,此时适逢妻子月伦生下太祖,于是为纪念自己的武功,便以铁木真为太祖之名。当时的蒙古草原,各氏族部落还处于逐水草而居的游牧生活阶段,只有泰赤乌部落在诸部中日渐强盛起来。泰赤乌各部感到本部头领凶暴残忍,又见铁木真待人宽厚,经常把裘和肥马赐予他人,非常高兴,赤老温、哲别、失力哥也不干、朵郎吉、札剌儿、忙兀等人皆叛离泰亦乌部,率部众前来归顺铁木真。

壬戌年(1202年),铁木真出兵兀鲁回失连真河地区,讨伐按赤塔塔儿、察罕塔塔尔两部落,出兵之前誓师:"此战若胜不可抢夺敌对方遗弃的财物。谁要抢夺了,战事结束后要全部拿出来。"果然,这场战争大获全胜,本族按弹、火察儿、答力台三人背约夺敌财物,铁木真大怒,三人抢夺之物全数被分给了其他士兵。

第二年,铁木真将军队移往斡难河上游地区,策划攻打王罕部。王罕部原是其盟友,后反目成仇,铁木真曾几度打败王罕部。这次,铁木真派遣了两个人假称为啥撒儿所派之人至王罕部,说:"我的兄长太子失踪,妻子又被大王俘获了,我现在无容身之处。如果大王不计前嫌，念及旧情，我愿投靠大王。"王罕相信了这一席话，于是派人跟随这两个使者携其一袋血前往，准备双方结盟时用。

他们一到，便作为铁木真的向导，引其率军赶往折折运都山，出其不意袭击王罕，取得大胜。王罕与亦剌合逃脱，王罕长叹一声道："我为我儿所误，今日之败，悔之晚矣。"王罕逃出途中路遇乃蛮部落的将领，终于被杀。亦剌合逃到西夏，每天靠抢掠食物生活，不久被西夏逼走，逃往龟兹，最后被龟兹国王出兵所杀。

甲子年（1204年），铁木真在消灭王罕后，又召集部众会于帖麦该川，商量讨伐乃蛮部落。群臣都认为当时正是春天，战马枯瘦，不若至秋季再行征讨。铁木真的皇弟斡赤斤说："应该办的事，就要早点儿办，战马枯瘦明显是托词。"别里古台也说："乃蛮部声称要夺我弧矢，消灭我们，是看不起我们，我们应当团结一致，同生共死。他们自以为势力强盛，口出狂言，若我方出其不备给以袭击，就可能取得胜利。"二人的主张使铁木真非常高兴，说："你们有这样的信心，何愁不胜！"于是进兵攻打乃蛮部，于建忒该山驻军。

铁木真派虎必来、哲别二人为前锋，乃蛮部的太阳罕从按台赶来，于统悔山驻军，与蔑里乞部酋长脱黑、克烈部酋长阿怜太石、狠剌部酋长忽都花别吉以及秃鲁班、塔塔儿、哈答斤、散只兀诸部会合，人多势众。当时，一受惊老马由蒙古部落军中跑到乃蛮军营中，太阳罕见了，对部众说："蒙古军马瘦弱至此，若我们施以诱敌之计，则一战可胜。"他的部将火速入赤回答道："先王作战时，勇往直前，毫无后顾之忧，兵贵神速，现在你莫非因畏惧而拖延战机？如果害怕，不如遣后妃来统帅军队作战！"

太阳罕被其激怒，当即打马上前，向蒙古军挑战。铁木真以哈撒儿主持中军，当时，札木合随从太阳罕来参战，视铁木真军队为不堪一击的虎口羔羊。现在看这气势，已不是往日可比了。于是率领部众先行离去。当天，双方大战到傍晚，铁木真擒杀了太阳罕，其他部落联军也一败涂地，连夜逃窜，逃至山崖险境中坠崖而死者不计其数。第二天，残余敌军全部投降，还有朵鲁班、塔塔儿、哈答斤、散只兀四个部落也归顺了铁木真。不久，再出兵征讨蔑里乞部，其首领脱脱逃往太阳罕的兄长卜欲鲁罕处，部属带儿兀孙献其女以归顺铁木真，不久又背叛而去。铁木真到泰寒寨，派遣李罗欢、沈白两人率领右军前往讨平。至此，蒙古草原已基本被铁木真所统一。

丙寅年（1206年），铁木真与诸王群臣大会于斡难河边，建树九游白旄，即汗位，大家共上尊号，称他为"成吉思汗"。

成吉思汗统一蒙古建国后，先后西征西夏和中亚、南欧，又一度制衡金朝，南征北战，武功显赫。二十二年（1227年）七月，成吉思汗在西征攻灭西夏回军的途中，突然身染重病，几天以后，病逝于萨里川老徒军营。

铁木真临终口授左右灭金大计，他说："金朝精兵主要在潼关（今属陕西）一线，南有连山为依据，北有黄河为险阻，很难一下子攻破。若向与金有世仇的南宋借道进兵，南宋必然应允。这样我军便可以从南宋的唐（今属山西）、邓（治今河南邓州）两州出兵，直捣大梁（在今河南开封西北），金朝必慌忙由潼关调兵救援。然而，数万大军匆匆忙忙从千里之外赶来，即便及时赶来，终是人困马乏，也无法参战，这样，我们就一定可以打败金兵。"说完就死了，终年66岁。

成吉思汗为人深沉，胸有谋略，善于用兵，灭40多个敌对部落才得以统一蒙古,后来又平定了西夏。他纵横朔漠,创造了无数丰功伟绩,不愧为一代天骄。

蒙古灭金

1227年七月,成吉思汗在征讨西夏时突然得病,卧床不起。临去世前,他以未能灭金为憾,并将其灭金大计面授诸子群臣,说完就死了,儿子窝阔台即汗位。

当时,由于西夏被灭,窝阔台的第一要务便是伐金。正像成吉思汗所说的,金国认为蒙古大军灭西夏后,会从西北南侵,所以在潼关一带调集20万精兵布阵。蒙古欲突破金之防线,殊为不易。

窝阔台汗三年(1231年),蒙古军在陕西作战的战果并不十分理想,窝阔台于是召诸王大将商议伐金之策,成吉思汗的第四个儿子拖雷请窝阔台屏退众人,密奏道:"金主以汴京为都20年来,不过以黄河潼关天险为屏。我军如果出兵凤翔,借道汉中,不到一个月就能到达唐、邓等地。金人失去了所仗天险,必自顾不暇,我军攻金就像探囊取物一样轻而易举了!"

窝阔台听拖雷道出成吉思汗遗策大喜,因此决定派大军从三路伐金:一路由斡陈那颜统领,从济南出发,进击汴京之东;一路由窝阔台亲自统领,先攻河中、孟津,以牵制守卫潼关、黄河天险的金军;第三路即蒙古的迂道伐金部队,拖雷统领3万精骑,南下迂回于唐、邓之间,以攻金之侧背。

拖雷统军从凤翔驰至宝鸡,派朔不罕出使南宋,请宋廷出兵助蒙古伐金,并借路背后袭击金军。朔不罕到了宋朝沔州青野原后,因向宋索要粮草,南宋守将张宣竟将其杀死了。拖雷因此于盛怒之下，当即亲领3万铁骑强渡渭水，攻破南宋北边之屏障凤州，此役，宋朝有数十万兵民死于战乱。

这时，拖雷计划东进袭金，又担心四川方面的宋军会绕至蒙军背后反扑，于是分军一部南攻四川，击破四川北部140余座城池，宋军突然遭到蒙古袭击，纷纷远逃。后来蒙军在兴元府、洋州间会合，乘宋军不备绕过凤岭攻下宋朝的金、房二州，直奔钧州。

钧州以北，就是金国地界，邓州、唐州在钧州东北方。拖雷攻势迅猛，一举突破南宋地界，依成吉思汗遗计，下一步作战方略即是经邓、唐直趋汴京。金左右宰相完颜合达、移剌蒲阿闻讯大惊，赶忙从潼关抽调大军南下至邓州防守，各地亦派军赴援，于顺阳城会合。

拖雷在今湖北老河口市一带麾军急渡汉水，因船少，大军整整用时4日方抵达北岸。合达、蒲阿也引兵来战。蒙军过河之后，突然不见了踪影。金军连续4日不得蒙军去向，合达、蒲阿认为，蒙军此时必已渡汉水返回。

不久，金哨兵来报，说是蒙军在光化对岸枣林中隐藏。合达、蒲阿便率军至枣林的后方，想乘蒙古军不备而袭之。没想到，其动向早已被拖雷侦获，反而忽至金军阵前而击之，拖雷乘金军仓促迎战之机遣百余铁骑截获了金兵的辎重，合达、蒲阿见势不妙，忙引军退入邓州城。

合达、蒲阿既入城，拖雷不想在坚城下驻军，便命令部将札剌儿率3000骑殿后，其余则率军绕过邓州继续北上，金国十几万大军被置于身后而不顾。

由于金军精锐都在前线，后方空虚，所以邓州之敌被拖雷所避后，如入无人之境，一路势如破竹，攻破金之泌阳、南阳、方城、襄城等地，径逼汴京。合达、蒲阿担心汴京被蒙军乘虚所破，匆匆率军出邓州城追击蒙军，与蒙军殿后部队激战，蒙将札剌儿不敌，被金军追击至钧州。

当时，风雪大作，人马僵立，两军对峙于三峰山，有些金军已挨饿3天，饥寒交迫，皆无斗志。金潼关守军调防之机为窝阔台所乘，袭取河中府，派大将温不花等率万骑驰援拖雷。这时拖雷已麾军将金军包围，并在通往钧州途中设伏。

金军突围至钧州，半路即遭伏击。当时疲惫不堪的金军见蒙古军队层出不穷，不由大乱，几乎全军覆没。

合达仅率百余骑突围至钧州，蒲阿则一个人逃回汴京。此时窝阔台也率部来援拖雷，两军围攻不用几日便攻克钧州，擒杀了完颜合达。

窝阔台亲至拖雷军营，慰劳他说："多亏有你我军才能获得大胜！"拖雷十分谦虚，说："臣哪敢居功？这都是上天的神威、大汗的福报啊！"

拖雷迂道袭金，尽管未能直捣汴京，但金军防御部署已被打乱。防守潼关金军仓促赴援，疲于奔命，窝阔台则乘机南下，将潼关全部守军收降。

拖雷歼灭合达、蒲阿之部，金廷的汴京门户大开，金廷再也没有力量组织对蒙军的抵抗了。移剌蒲阿在逃回汴京的途中，遭遇蒙古骑兵，不屈而死。经此一役，金军实力大为削弱。不久，蒙古大军兵围汴京，金主完颜守绪与蒙古议和失败，落荒而逃。

蒙古窝阔台汗六年（1234年），宋理宗端平元年，金天兴三年，蒙古与南宋合围蔡州，金哀宗在城破前传位于完颜承麟，然后自杀。完颜承麟与守城金兵全部战死，金朝就此灭亡。

蒙古迂道灭金的大迂回战略行动，使人不得不惊叹其气魄，是中外战争史上罕见的著名战例。在这次战役中，金朝的灭亡稍显悲壮，而宋朝君臣的反应却卑鄙可笑。蒙古军借宋地伐金，宋既不敢拒绝，又无力阻挡，使蒙古军如愿以偿，由此南宋为蒙古所鄙。最可悲的是，在金将亡时，宋朝廷还认识不到唇亡齿寒的道理，为报世仇轻率出兵助蒙古灭金，金灭亡后不久，南宋也重蹈覆辙，遭到了同样的下场。

元朝创始人忽必烈

忽必烈是成吉思汗小儿子拖雷的第二个儿子，其兄蒙哥继窝阔台汗位，任命忽必烈负责南方的军事。忽必烈重用儒臣，求贤若渴，每至一地，必亲自求访。当时汉人虽然被蒙古人看不起，但如果得闻汉族贤才，他一定亲自去拜访，使其任职于自己府中。

忽必烈灭掉大理后，采纳了禁止部下乱杀人的意见，此后他一直遵守这个誓言，这使人民的抵抗得到大幅缓解。

蒙哥在攻打合州的时候受了重伤，很快就死了。当时忽必烈正在湖北一带作战，一听到蒙哥逝世的消息，为回去争夺汗位马上与南宋议和。这个时候，留守的小弟弟阿里不哥已经擅自征兵，企图夺取汗位。一些大臣和王爷则支持忽必烈登上了汗位，不久，阿里不哥也在部分大臣的支持下称汗，双方各不相让，冲突严重。忽必烈手中控制着汉地的人力物力和财力，比阿里不哥优势大得多，很快就将其击败。忽必烈以为阿里不哥一蹶不振，不曾乘胜追击。一年后，阿里不哥卷土重来，戈壁一战，忽必烈虽胜，但没有抓到他，也没有取得决定性的胜利。双方10日后再战仍胜负未分。当时两派势力势均力敌，但支持阿里不哥的察合台家族的首领阿鲁忽突然阵前倒戈。阿里不哥被迫迎战，阿鲁忽不敌，最后只好向忽必烈投降。忽必烈并没有杀他，只是把他囚禁了起来。

忽必烈坐稳了汗位后，就把目光放在了南宋身上。在和阿里不哥作战的时候，一批汉人突然背叛了他，但很快就被镇压了下去。但忽必烈由此对汉人心生猜疑，他再也不像以前那样对汉人言听计从，而是采取了一系列抑制汉人权力的措施。他废除了汉人诸侯的世袭特权，汉人将领的兵权也遭分化和削弱，在地方上实行军民分治。另一方面，他开始重用色目人，让他们牵制汉官。

忽必烈虽然对汉人抱有疑心，但仍有汉人亲信。比如汉人刘秉忠就很受他信任，就是此人提出让忽必烈自立为帝改国号为元。忽必烈建立元朝后，被称为元世祖，将大都定为国都。他设立的政府中枢机构是中书省，设枢密院主管大部分军务。元朝不同于前代的特色就是在各地设立了行中书省这个机构，简称行省，今天"省"这一级行政单位即由此而来。

忽必烈为巩固蒙古贵族的统治还在大多数机构里面设立了达鲁花赤一职，由蒙古人或者色目人担任，是掌握最后裁决的各机构最高长官。

将国家内政整顿好后，忽必烈就开始大举入侵南宋，很快就灭掉南宋，统一了中国。

忽必烈也继承了先辈开疆拓土的热情，不止攻南宋。忽必烈把高丽当成是进攻日本的跳板，高丽多次奉命准备军粮、船只，但多有不满。忽必烈一不做二不休，发兵攻打高丽，很快就获得了胜利。他把高丽设为行省，但保留高丽国王的称号。高丽直至元末仍未获得独立。

占领高丽后，忽必烈遣使日本而未达。第二年，高丽国王派人代替蒙古使节向日本递交国书，日本政府拒不答复，此后元朝使者再次遭拒。 忽必烈生气了，决定发兵讨伐日本。 三次征讨皆遇台风，首次更是全军覆没，虽然有少量士兵登陆成功，但由于缺乏补给，都失败了，最后日本也未被攻克。

忽必烈把全国人民分成四个等级，第一等级是蒙古人；第二等级是西域各国的色目人；第三等级是原金朝治下的汉人；第四等级是南人，是原来南宋统治下的人民。 优待前两个等级之人而歧视后两个等级之人。 这种民族政策造成了很大的民族矛盾，是元朝灭亡的原因之一。

忽必烈享年80岁，在他在位的35年里，结束了中国长达400多年的南北对峙的局面，是我国历史上出色的政治家。

忽必烈访贤重士

元世祖忽必烈是蒙古成吉思汗的孙子、拖雷的儿子、元宪宗蒙哥的弟弟。 忽必烈在青年时，就怀有治理天下的宏伟抱负。 他在所到之处必"访求贤才"，虚心求教。 汉人中懂得经邦治国之道的儒生，只要为其所访，必使其供职府内。 他的周围聚集了一批英士贤才，其中文武全才的南朝儒士也不少。

蒙古乃马真后三年（1244年），忽必烈把赵璧、董文用、窦默、子聪和尚等人收于帐下。 不久，窦默又向他推荐了难得一见的贤才姚枢。 他献陈治国之书给世祖，全书分"修身、力学、尊贤、亲亲、畏天、爱民、好善、远佞"8类30条，共数千言，所论剀切，处处是远见卓识。 忽必烈读后非常赞赏，之后遇事每每请教于他。

元定宗二年（1247年），子聪和尚又举张文谦给世祖，张被封为王府书记。 当时，忽必烈为其封地刑州民生凋敝所苦，张文谦挑选乌托、刘肃、李简三人赴邢州治政后,民户增加了10倍。 从此,儒士更得忽必烈重用。 他听说真定路经历官张德辉很贤能,便把他请到府中求教。 儒臣误国的观点遭到张德辉批驳,张以他房中一个银盘打比方道:"创业的君主治国正如制造这个盘子的良匠一样,精选白银,按照规矩把它制出,为的是此物可传于后世。但首先应当选择恭谨敦厚的人掌管它,这样它才传之后人。 否则,不仅仅会出现破损,恐怕还会被人偷了去。"忽必烈沉思良久,深深折服。

张德辉推时下有名儒士魏璠、元裕、李冶等20余人给世祖。在回真定之前,张德辉向世祖提出七大当务之急,即"敦孝友、择人才、察下情、贵兼听、亲君子、信赏罚、节财用"。 忽必烈龙心大悦,以后仅仅以其字称之。

宪宗元年(1251年),忽必烈的同母兄蒙哥即位为大汗,他奉命总领漠南汉地军政庶事。 姚枢劝他道:"如今天下,恐怕汉地土地最为广阔,人民最为殷富,财物也最为丰饶。 大王如果全据为己有,那天子还有什么? 日后天子必悔此决定。 不如只掌握兵权,其他的事一律交有司负责。 这样才可确保平安无事。"忽必烈深以为然,依其言取得了蒙哥的信任。 另一方面,子聪劝他仿效西周的周公,辅佐兄长治理国家,并详细提点他为政各方面的注意事项。

宪宗三年,忽必烈依徐世隆等人言,平定云南时,按照儒家所谓"不滥杀无辜者才能得天下"的道理,命姚枢在街头巷尾树上书"止杀"二字的帛旗。 后来他在之后征南宋的过程中一直试图遵守"王者之师,有征无战"的誓言,纠正"威武有余,仁德未洽"的倾向,南宋臣民的抵抗便大大减弱了。

宪宗九年(1259年),蒙哥大汗死在军中。 汗位的归属在蒙古上下引发了激烈的争论，忽必烈得郝经、张文谦、商挺、廉希宪等人献策，抓住时机，先发制人，击败了阿里不哥一派，成功夺得汗位，建元中统（1260年）。

忽必烈即位后，就治国管理民众等问题求教于安子聪、史天泽、许衡等人，他们参照古制旧典，又依据元朝实际情况给出了一整套有关国家机构和官职制度的设想。起先，蒙古从元太祖成吉思汗以来，国家初到，诸事多为便宜行事，所设置的官职和机构都非常简单。位置最高的是断事官，在三公之上，丞相称作"大必阇赤"，只设左右万户掌军权。后来仿效金朝的制度，设立了行省以及元帅、宣抚等官职。这次，子聪等人的建议被忽必烈采纳，在中央设置了总理政务的中书省、掌管兵权的枢密院、负责官员升降的御史台，在地方上设置了隶属中书省的宣慰司，下辖路、府、州、县，此外还设置了隶属于御史台的提刑按察司。这些机构都"官有常职，位有常员，食有常禄"。元代机构官职至此日臻完备。

至元八年（1271年），忽必烈又采纳子聪和尚的建议，改国号"大元"。这个新的国号取《易经》"大哉乾元"之寓意，意思是国土辽阔，祚运永昌。

《授时历》的编撰

郭守敬从小志趣就和别人不一样，他感兴趣的是计算和工程，而非游戏。他祖父和刘秉忠、张文谦等人是好朋友，便命郭守敬随他们学习。

刘秉忠和张文谦担任了忽必烈的幕僚，忽必烈称帝后不久，张文谦便举荐郭守敬给他，说他精通水利，是个难得的人才。忽必烈当时正在广求人才,就催促张文谦赶快将郭守敬带来面圣。

郭守敬一见到忽必烈就提出了6个建议,他主张为漕运之便重开北京附近的古运河,另外还要开凿周围好几条运河,可以多灌溉上万顷土地。郭守敬的建议使忽必烈很高兴,说:"像你这样干实事者能配领俸禄。"于是任命他为提举诸路河渠一职,专门负责兴修水利一事。

几年后,郭守敬跟随张文谦供职于西夏故地。当地的中兴州本来有两条古代修建的河渠,周围还有10条古渠道,大大小小的支渠有68道之多,但因战乱日久已经荒废。郭守敬一上任就带领当地百姓修筑堤坝、疏通河道,很快全部修复了这些河渠,为当地百姓造了福。

第二年,郭守敬升任为都水监,他上奏说:"中兴州至东胜一段,水路只需行四昼夜,如果能开凿水道的话,可大大节省时间。"他还说,"金朝的时候,从燕京西面的麻峪村引了卢沟河一条支流出来,称为金口河,它灌溉了周围一大片土地。只因当地官员担心河渠受战机影响出问题,就用大石头把它堵住了。现在如果重新开凿的话,则于灌溉、航运二者皆有利。再在金口西面挖开一条尽可能深且宽的分水渠,就可以防止洪水危害京城了。"忽必烈均采纳了这些建议。

元朝建立后,刘秉忠曾上书提出已沿用数百年的《大明历》已经出现了一定的误差,需要修订新历法,但还没有来得及实施他就去世了。忽必烈来南宋后忆起了刘秉忠之言,就派郭守敬负责天文测量并进行计算。郭守敬认为,只有精确测量才可保证历法准。当时用于测量的浑仪是宋代在汴京制作的,而与元都燕京有纬度之差,加上年久失修,已经不能够准确测量了。郭守敬修复了浑仪的缺陷。另外,他还制作出更加便于使用的简仪和高表等新式测量工具。

郭守敬深知测量地点不同，所得数据也不同，所以最好多在几个地方设立观测站，这样才能得到最准确的数据。其意见为忽必烈采纳，设置了14个监候官，把他们派往各地进行天文观测。东至高丽、西到滇池、南达海南朱崖、北至铁勒皆有观测站，得到了大量精确的数据。

第二年，新历法编写完成，经10年检验未有误差，表明了其准确性。经后人研究，新历法计算出的地球绕太阳一周的时间，与当今测量只有26秒之差，和现在公历的周期几乎完全相同，而郭守敬也因早公历302年的新历法成为中国历史上最伟大的天文学家之一。正式颁布的新历法以《授时历》为名。虽然新历法已经颁布，但它的计算方法和有关的数据还没有正式定稿，郭守敬就将其整理的所有资料分门别类后，编成了26卷的计算方法和数据表。他担任太史令后就把这些资料上交给朝廷，另外官府也收藏了他写的许多天文著作。

有人向朝廷上报说从永平行船，经过滦河河道，可以上达开平；还有人说卢沟河如果经麻峪村行船，可以到达寻麻林。这些传言打动了忽必烈，派郭守敬去做实地调查。郭守敬到了当地后一看，发现那两个地方根本不能通航。不过他的新建议则是于北京开一条新渠，在积水潭汇流，然后从东、南方向出城，沿河修筑调整河水的小闸以保证通航。忽必烈依郭守敬的方法修成新渠，确实比老渠方便了许多。以前从陆地上运粮食，不知道要累死多少驴马，而现在从水上运，从有利于节约成本、提升运粮速度效率两方面，忽必烈对郭守敬大加赞赏。

元成宗时期，朝廷准备开凿铁幡竿渠，郭守敬建议挖50至70步宽的渠道。可人们觉得他的方案耗资巨大，于是削减了1/3。

没想到第二年山洪暴发，渠道由于不够宽，导致漫出渠道的洪水冲毁了大批民房，差点儿把皇帝的行宫都给淹了。元成宗对大臣们说："郭守敬真是神人啊！未依其当初之言，悔之晚矣。"

大画家赵子昂

赵孟𫖯字子昂，他是宋太祖儿子秦王赵德芳的后代。赵子昂从小就很聪明，14岁的时候因为宗室的身份担任了真州司户参军，于国亡后隐居故乡。

忽必烈派程钜夫去江南寻找人才，程便向忽必烈推举了寻得的赵孟𫖯。赵子昂才华横溢，相貌出众，忽必烈看到他后很高兴，给他赐座。赵子昂被指为南宋宗室，不宜近身侍奉，忽必烈却不为所动。当时刚刚设立尚书省，忽必烈请赵子昂起草诏书，写成后拿给忽必烈看，忽必烈看了之后很满意，说："甚合朕意。"忽必烈想重用赵子昂，但很多人反对，这事不得不作罢。

一年后，赵子昂被任命为兵部郎中。当时负责供应外来使臣食宿的驿站隶属兵部。而那些使臣奢侈浪费，驿站无法满足他们的要求，只好强索于百姓，搞得民怨沸腾。赵子昂针对这一现状向中书省申请增加驿站的经费，使百姓负担大减。元朝发行了很多纸币，由于种种原因发行遇到了困难。忽必烈派赵子昂责问江南官员怠慢改令之因，授予他可以拷打官员的权力。赵子昂却未责打一人便顺利完成任务。

赵子昂深为忽必烈宠爱有加，有一次赵子昂在皇宫围墙外面行走的时候，由于道路狭窄，不小心掉进了河里。忽必烈因此而移周墙两丈，以防赵子昂再掉进河里。赵子昂为官清廉，虽为大官仍家贫，忽必烈下令赐给他50锭钞钱贴补家用。

忽必烈有一次问赵子昂对叶李、留梦炎二人的看法。赵子昂回答道:"留梦炎是我父亲的朋友,他为人忠厚守信,能谋善断,有大臣的器量。而读叶李书后感觉不一样。"忽必烈说:"那你就认为留梦炎比叶李好了?留梦炎为前朝状元,官至丞相一职。留梦炎不但不规劝当权的贾似道,反而对其曲意逢迎。叶李当初是个老百姓,却勇于冒死上书朝廷。我看叶李比留梦炎强,我知道你是因为留梦炎是你父亲的朋友,所以不敢说他的不是。"

赵子昂出来后对彻里说:"皇上批评留梦炎不敢言贾似道乱政。现在桑哥比贾似道还坏,而我们如果现在不揭发,日后必受牵连。我说话皇上不会听的。但您很得皇上信任,为民除害是君子义不容辞的事,所以此举还望您尽力。"彻里对桑哥也很不满,他便依赵子昂之言揭发了桑哥的罪行,当时也有很多大臣弹劾桑哥,大臣之言使忽必烈下令彻查桑哥。最后桑哥的罪恶被一一揭发出来,忽必烈就把他杀了。

忽必烈曾经问赵子昂:"宋太祖、太宗谁是你的先祖?"赵子昂回答道:"我是宋太祖的第十一代孙。"忽必烈又问:"那你可了解宋太祖之行为?"赵子昂说不了解。忽必烈说:"宋太祖的行为我都了解,有很多值得我学习的地方。"赵子昂觉得若自己久为皇帝身边侍臣的话,一定会被猜忌,于是自请外放。赵子昂到外地做官后,对百姓们很好,有神断之称。

元仁宗即位后,召赵子昂回京,善待之。元仁宗曾和大臣们讨论文学,认为赵子昂可以和李白、苏轼等人媲美,还称赞赵子昂才学出众,尤善书画,非他人可及。很多嫉妒他的人在皇帝面前说他坏话,仁宗皆不由所动。有人上书说赵子昂是宋朝皇室后代,不宜参与国史之修订。皇帝说:"赵子昂是世祖皇帝亲自提拔的,我对他那么好,让他主管修订国史,这是对他的信任。众卿不必多言！"赵子昂有几个月没有上朝，皇帝一问才知道他是因为年事已高甚为畏寒，才闭门不出，马上下令赐给他貂皮大衣。

赵子昂博学多才，写了不少书。他精通音乐，写了《琴原》和《乐原》。赵子昂的书法也很出名，曾有个天竺的僧人不远万里来求他的书法，拿回国后，更是被天竺人奉为国之珍宝。赵子昂的画更是古今一绝，尤其是画马，简直惟妙惟肖。杨载认为，赵子昂的书画之名很大程度上掩盖了其才能。知其书画之名者多不知其文学成就；而了解他文学成就的人，又不了解他的政治才干。人们都觉得杨载的说法很中肯。赵子昂终年69岁，死后被追封为魏国公，谥号文敏。

明 史

红巾军起义

元朝统治末年，黄河经常闹水灾，朝廷征发大批民工兴修水利以消水患，治理黄河。这本来是一件好事，但治河经费遭贪官污吏层层克扣，民工连饭都吃不饱，可还得在皮鞭之下拼命劳动，不免怨声载道。

当时民间盛行白莲教，有个叫韩山童的人组织了白莲会，许多贫民被招入会中，向他们宣传佛祖很快就要派弥勒佛下凡来拯救百姓。这些饱受官府压迫的百姓，一听到弥勒佛要来拯救他们，当然感恩戴德地加入其中。

韩山童见治河工程闹得民怨沸腾，觉得是个好机会。其下属刘福通，对韩山童说，百姓不满异族统治，怀念前朝，所以干脆打着宋朝皇帝后代的旗帜争取群众，必一呼百应。韩山童觉得他说得有理，自称自己并不姓韩，而是姓赵，是宋徽宗的后裔，而刘福通则是南宋大将刘光世的后代，老百姓为之所感，纷纷拥戴他们。

官府得知他们准备起义的消息。刘福通等人逃到深山里躲了起来，而韩山童没有来得及逃跑，被处死了。于是刘福通成了首领，率部揭竿而起，治河的民工多是白莲会的成员，听到起义的消息后纷纷杀掉河官，前来投奔刘福通。因此刘福通的势力很快波及很多地方，聚集了10多万人。刘福通的军队皆头裹红巾以区别于官兵,所以老百姓把他们称为红巾军。

元朝统治者听说爆发起义,赶紧调兵遣将来镇压。可平素只知欺压百姓的元军早已不复当年之勇,一上战场就败下阵来,红巾军连战连捷。

这时,起义的大潮已遍布各地,徐寿辉在黄州起义,布王三和孟海马在湘水和汉水一带举起义旗,芝麻李在丰、沛一带造反,郭子兴则占领了濠州,这些人都自称红巾军。

刘福通为巩固自己的地位便将韩山童遗孤韩林儿立为皇帝,称"小明王",建国号为宋。刘福通排斥异己,独揽大权,红巾军也军纪废弛,很快战斗力就下降了。元军抓住机会,太康一战获得大胜,刘福通保护韩林儿逃往安丰,后来逐渐恢复了力量。

刘福通为夺取地盘,兵分三路,他命令李武和崔德率军攻下商州,准备夺取关中;毛贵等人攻打山东河北一带,准备进攻大都;关先生和破头潘负责分散元军兵力,侧应毛贵攻大都。元军防守非常脆弱,往往是各地府将望起义军之风而逃,根本没有组织起有效抵抗,所以起义军一路上势如破竹。但刘福通胸无大志,无力约束在外打仗之将,导致他们各自为战,所过之处烧杀抢掠,失去了民心。且不分兵驻守所得之城,他们一走,元军就回来占领了。起义军越打越弱,被元军大察罕帖木儿连连打败,最终包围。100多天后,起义军的粮食都快吃完了,刘福通束手无策,只好带着韩林儿杀出重围,逃到安丰去了。而起义军因内部矛盾重重,更加削弱了其势力。

此时关先生的部队攻陷大宁,进攻上都,田丰又攻占了保定,起义军的形势才刚有一定恢复,刘福通却欲治李武、崔德攻打关中时观望不前之罪,二人一气之下率部投降了元军。元军得以集中兵力攻打北方关先生等人的部队,很快就将其歼灭,然后回过头来攻打刘福通。

刘福通在救援益都的时候吃了败仗，起义军也损失了许多优秀将领。此时张士诚被朝廷招安，也来攻打刘福通，他的部将吕珍将安丰团团围住，韩林儿无奈之下求救于朱元璋。朱元璋欲压制张士诚，于是率兵前来增援。可惜晚了一步，吕珍已经攻下了安丰并杀死了刘福通，朱元璋击败吕珍后，明里命人接走韩林儿，却暗中命廖永忠凿沉船于途中，韩林儿被淹死了。

这个时候，红巾军余部也被基本肃清，徐寿辉被部将陈友谅杀害，朱元璋已兼并了郭子兴之部，红巾军从此退出了元末农民战争的舞台。

和尚当皇帝

朱元璋可说是中国出身最低微的开国皇帝。他是濠州钟离人，排行第八，正好又是重字辈，其父因识字不多就给他取名重八。朱元璋家里非常贫穷，他从小就给人放牛为生，仍是不能温饱。后来濠州发生旱灾，朱元璋的父母和大哥都饿死了。朱元璋实在没有办法，只好出家皇觉寺。

谁知道才过了50天，皇觉寺也断粮了，只得遣朱元璋出寺四处化缘为生，其实也就是以和尚的名义要饭而已。朱元璋要饭生活详情已无人知晓，3年后他又回到了皇觉寺。郭子兴在濠州举行起义，濠州城便遭元军所围。皇觉寺也被战火摧毁，朱元璋走投无路，只得投靠郭子兴。

郭子兴当时正在招兵买马，他见朱元璋虽然貌不惊人，但却透着一股机灵劲儿，就任命他当了个十夫长。每日朱元璋都在军中刻苦练习武艺，还学习兵法。他给郭子兴出了不少好主意，很得郭子兴欢心。郭子兴觉得朱元璋日后必有出息，就把自己的养女马氏嫁给了他。这下朱元璋一跃成为主帅亲戚，在军中的地位更高了。

朱元璋多次居中调停郭子兴与起义中另外将领的关系。有一次那几个将领居然把郭子兴抓了起来，准备杀害他。郭子兴被朱元璋所救后更为信任他。

濠州解围后，朱元璋招募了100名同村之人，自己成为他们的首领。朱元璋觉得起义军的几个首领皆不能成大事，决定自立门户，把招募来的人交给别人，自己带着徐达等人攻打定远，得到3000降兵。随后又打败元将张知院，接收了他部下两万士兵。又任命途中相谈甚欢的李善长为军师。

朱元璋害怕因年轻而无威信，于是想办法提高自己的威望。有一次朱元璋故意将郭子兴命其领兵的消息秘而不宣。他和将领们约定第二天议事，等开会的时候，朱元璋和他们讨论问题，他对各种问题的分析都很有条理，使将领们心生佩服。朱元璋又决定修筑城墙，限期3天。3天后，除他自己负责的部分外，别人均不能按期完成。这个时候朱元璋才拿出郭子兴任命他的文书，对将领们说："我奉命统率你们的部队，现在你们都误了工期，该怎么办？"此时将领们才感到畏惧，慌忙跪地求饶，从此朱元璋在军中立了威。

郭子兴病死后，他儿子郭天叙继承了他的位子，朱元璋成了郭天叙的手下。朱元璋很不服气，说："大丈夫岂能受制于人！"他不听郭天叙的号令，改奉韩林儿为主。

朱元璋积极招兵买马，常遇春、廖永忠兄弟、俞通海等能征善战的猛将均被其招至麾下。朱元璋决定攻打集庆，他说："攻打集庆必先攻下采石。采石虽然防守坚固，但我们可以从不易防守的牛渚处发动进攻。"于是他先夺取了牛渚，采石也顺利拿下了。

也来进攻集庆未成的郭天叙被杀。他的部队走投无路，投奔了朱元璋。朱元璋乘势攻打集庆，挟活捉的敌将陈兆先逼降了数万敌军。投降的敌人都害怕朱元璋会杀他们，朱元璋在他们当中选出 500 精兵，让他们充当自己的侍卫，对他们没有一丝防备之心。降兵感念朱元璋的信任，都安定了下来。朱元璋把集庆改名为应天府，以此为根据地发展自己的势力。他自任吴王，表面上听命于小明王，不久便将其害死了。

随后，朱元璋最大的敌人陈友谅也被他打败，他最终灭掉了元朝，登上了皇帝的宝座，定国号为明，他就是明太祖。登基后，朱元璋陆续剿灭了各地割据势力，统一了天下。

史上留名马皇后

元顺帝至正十二年（1352 年）二月二十七日夜里，安徽定远人郭子兴率领数千人冲进濠州城（今安徽凤阳），抢占了州府衙门，更杀害官吏，由此起义。不久，此事传遍了淮河流域，四面八方的人们纷纷来投濠州起义军。

元顺帝得知这一消息，立即派大将彻里不花前往镇压。但是，彻里不花畏惧起义军，就在离濠州城 30 里的地方安营扎寨。为了邀功，他只得滥杀百姓而称得胜。这更使元朝人心背散，颓势难挽。

三月初一早晨，濠州城里一片忙碌，城墙下士兵不断往来巡逻；城门处哨兵弓上弦、刀出鞘，大有一触即发、如临大敌之势。这时候，城门口走来一个衣衫褴褛的和尚，对哨兵说要求见郭大帅。哨兵见这一高个黑脸的和尚，面部稍长，下巴略大，前额微突，长相实在奇特，不免起疑，便严加盘问。一会儿就吵了起来。哨兵将和尚当作元军奸细捆了起来，并派人赶快向郭子兴送信。

一会儿，郭子兴骑着一匹高头大马飞奔而来，和尚立即迎上前说："成大事者，怎么让手下人随便捆绑壮士呢？"和尚的话语和相貌使郭子兴觉得不是平常人，心中便有几分喜爱，待从盘问中知道和尚为部下汤和举荐而来，家乡就在太平乡孤庄村，更是按捺不住内心的高兴，一连说了几个"好"字，当下就决定委以亲兵之职，并任命他为十夫长。

这个相貌异于常人的破衣僧人，就是后来明朝的开国皇帝、太祖朱元璋。投奔郭子兴正是他反元起义之初，这一年他刚好25岁。

朱元璋聪明而有谋略。出身世代佃农之家。17岁时，由于灾荒和瘟疫，他的父亲、母亲、大哥相继去世。为了不至于饿死，他出家皇觉寺。不久，因遇灾害，庙里没了粮食，他又只得衣着破烂地开始了四处化缘的流浪生活。晨起赶路，暮投古寺，在3年多的流浪生活中，他踏遍了淮西一带的山山水水，返皇觉寺时已20岁。几年的流浪生活开阔了他的眼界，增长了社会阅历，也锻炼了坚强的意志和体魄。

投奔郭子兴以后，他常在军事上出谋划策，无论问题如何困难，他总能想出一个万全的办法来。他机智、勇敢，每次军事行动，总任先锋之职；他也总能不负众望，胜利而归。由此，郭子兴更加看重朱元璋，他便更忠心耿耿。

郭子兴的养女马氏，宿州（今安徽宿州）人。其父马公名不详，母亲郑媪，很早就去世了。当初杀了人的马公逃到定远（今安徽定远），和郭子兴过从甚密，于是就把女儿托付给他。马氏在其父死后被郭子兴待如亲生女儿,后来就把马氏许配给了朱元璋。

元至正十二年(1352年)五月里的一天,马氏与朱元璋成亲。这年马氏21岁,她就是后来明太祖朱元璋的孝慈高皇后,留名于青史。 朱元璋娶了大帅的养女为妻,身份自不同以前,此后,军中上下都另眼看待,称他为"朱公子"。

洪武四年,太祖派礼部尚书陶凯到宿州为马氏皇后的父亲马公立庙,并亲自撰写了祭文。他在祭文中写道:"朕闻古来开国名君,必得贤后以为内助,才能定其大业。"言外之意,是赞扬马皇后的贤德。 综观史实,朱元璋能平定天下,建立明朝,马皇后给了他很大帮助。

朱元璋与马氏成亲时,他们正忙于元末农民起义,而且要不时处理一些错综复杂的事情和矛盾。 别的不说,单是搞好和郭子兴的关系,就绝非易事。

郭子兴,定远土豪出身,他们兄弟三人,都是经营生计的能手。 由于门户低微,常受地方官的欺侮,因此忍气广纳江湖好汉,交结江湖朋友,终于在濠州揭竿而起。但郭子兴性子急躁,又嫉才妒能,无容人之量且偏听偏信,优柔寡断,所以常和同僚、部下闹意见,伤和气。 朱元璋则不同,他办事周到,敢作敢当,有勇有谋,胸怀豁达,所以颇得人心。 但这样的朱元璋却犯了郭子兴之忌。 由此,丈人和女婿之间的关系有时难免紧张。

当郭子兴遇到难事,需要朱元璋帮助调理时,就爱其胜于亲子;当郭子兴处理问题比较顺手时,对朱元璋就态度冷淡。 每到这时,朱元璋就格外谨慎,态度极为温顺,语言尽量委婉。 同时,马氏也极力逢迎养母张氏,让她在郭子兴面前说些朱元璋的好话,使二人的紧张关系得以缓解。 尽管如此,朱元璋仍免不了吃些苦头。

一天,郭子兴在濠州城内的大帅府召开讨论今后军事行动的重要会议。会上,将领们各执己见,议论纷纷,始终意见不统一。郭子兴极为烦躁。

这时,朱元璋则从容地详述了自己的想法。他指出:坚守濠州为立足所必需,但是若想突破元军之围,必须向其他地方发展。他还对可发展的地区一一做了分析。朱元璋见地得当,受到了很多人的赞许,但使郭子兴颜面尽失。第二天,郭子兴就找了个借口,将朱元璋关押,还嘱咐伙房厨师不得送饭。到了傍晚,军营晚饭已经开过了,马氏担心丈夫挨饿,她来到伙房,乘厨师不备,很快拿起一个炊饼往外走,刚出伙房门,就迎面碰见张氏,只得藏炊饼入怀,上前拜见。刚出锅的炊饼烫得马氏紧皱眉头。张氏见神情有异,详加询问,才知道事情的原委,急令取出炊饼,马氏的乳房已被烫烂。后来,由于张氏劝说,朱元璋才得以释放。

这件事情发生不久,由于当时淮河流域灾荒连年,粮食歉收,濠州也深受影响,马氏便在自己的住房里私存了一些粮食、蔬菜及各种肉类,以备朱元璋不时之需,而马氏却常常只吃半饱。这使朱元璋深为感动,直到登基后,仍念念不忘,还常常讲给大臣们听,每当和大臣们讲起往事,也总要述说马氏的贤惠,认为堪比大唐长孙皇后。

在戎马倥偬中,朱元璋养成了随思随记的习惯,后人称此为"札记"。朱元璋曾念过一些书,粗通文墨,但有些字还是不会写。因此,他的札记常常出现空白,有的地方还画了许多符号。马氏不但为人贤惠,而且喜读诗书,识字颇多,因此经常帮助朱元璋整理札记,查漏补缺,添改错字。这对朱元璋随时总结经验教训,运筹帷幄起了重要的作用。马氏在帮助朱元璋整理札记时,还经常提出劝告：平定天下，建立大业，不可滥杀无辜。

1368年正月，朱元璋称帝，建立大明，他改应天为南京（今南京市），作为明朝的都城，定年号为"洪武"，册封马氏为皇后。朱元璋在太和殿与大臣们议论国家大事，有时结果不甚满意，回到后宫，就大发脾气。

这时，马氏就温和地劝诫他：不可乱发脾气，更不能因此滥杀无辜。参军（王或将军的重要幕僚）郭景祥驻守和州（今安徽和县），有人检举郭景祥之子曾欲弑父。朱元璋听了非常生气，哪有儿子杀父亲的道理呢？他决心对此大逆不道之行严惩不贷，想杀掉郭景祥的儿子。马氏知道了这件事，劝朱元璋说："郭景祥只有一个儿子，传言未必属实。如果真的把他的儿子杀了，郭家就绝后了。"

后经调查，郭景祥的儿子果然受了冤枉。守严州的李文忠不守国家法纪，在那里胡作非为。朱元璋欲调回李文忠，询问马氏看法。马氏说："严州靠近敌境，轻率地更换将帅，不妥当。况且，李文忠平时为人正派，不可轻信杨宪之言。"朱元璋采纳了马氏的意见。

后来，李文忠在边境锐意经营，而且立了大功。曾为太子老师的大学士宋濂，后来牵扯到孙子宋慎的罪行，被逮捕了，要判死刑。马氏向朱元璋建议："老百姓家里为了子弟请老师，尚且讲究礼节，有始有终，何况当皇帝的呢？况宋濂已告老还乡，不应牵进此事。"

朱元璋并未应允。晚上，马氏陪朱元璋吃饭，她既不吃肉，也不喝酒。朱元璋感到奇怪，问怎么回事。马氏说："我为宋先生做祈祷啊！"朱元璋听了，也于心不忍，扔下筷子站了起来，第二天就下命令宋濂无罪开释。

还有一次，朱元璋发怒痛斥宫人，马氏也假装发了脾气，下令捆宫人议罪于宫正司。朱元璋问："这是为什么？"马氏回答说："自为帝王，不可凭自己喜怒赏刑下人。在您发怒的时候处置他，难免会加重。应交宫正司以示公正。何况，您定罪也要通过有关部门去执行才对啊！"

洪武元年（1368年）八月，北征大将徐达等人攻克元大都，献许多珍宝给朱元璋。马氏问朱元璋道："我怎么没看到帝王的真正宝贝呢？"朱元璋回答说："朕知你心意，只有人才是真正的宝贝，唯法可安邦定国。"马氏接着说："正如您说的那样。我愿您广得贤才以辅社稷！"稍稍停顿了一会儿，马氏又说，"国家的法律如果轻易更改就会产生弊病，一旦弊病丛生就会出现奸宄。国乱则民困，一旦人民极度穷困就要闹起乱子。"马氏之言使朱元璋甚为感叹说："你说得实在对啊！"于是命令女史把马氏的话记录下来。

洪武十五年（1382年）八月，马氏病了，许多大臣便求访名医，祈求她早日康复。马氏对朱元璋说："死生不能由个人决定，祷告有什么用呢？神医也无长生不老之术。一旦吃了药没有见效，若因此而牵怒他人，实非我所愿。"

马氏病危之际，对朱元璋道出临终遗言："希望您尊重人才，虚心听取意见，谨慎处理问题，做事有始有终，使群臣百姓各安其职。"八月二十五日，马氏去世，时年51岁。九月五日，朱元璋于孝陵安葬马氏，追谥为孝慈高皇后。马氏皇后去世时，朱元璋放声痛哭，悲不自禁。而马氏也是他唯一的皇后。

开国第一将徐达

徐达与朱元璋自幼便是好友，朱元璋回家乡招兵买马，徐达就跑去投奔了他。朱元璋很看重徐达，于是选其为随行去定远的几十人中的第一个。在跟随朱元璋渡江的时候，冲锋在前者总是徐达和常遇春。攻下集庆后，朱元璋让徐达率军攻打镇江，打下来后，因为徐达军纪严明，安定了城中百姓。

张士诚当时也在打江苏的主意，他已经打下了常州，但徐达已先一步打下镇江。陈友谅也想来占便宜，却被徐达和常遇春在九华山下迎头痛击，光活捉的就有3000人。常遇春说："这些人都能打仗，必除之以绝后患。"徐达却不同意这样做，决定向朱元璋请示。但当天晚上常遇春就擅自坑杀一半俘兵。朱元璋很生气，下令把剩下的俘虏全部放走。从这件事上朱元璋更看重徐达，开始命令他统率各部。

鄱阳湖大战刚开始的时候，由于敌我势力悬殊，所以很多士兵都对胜利不抱信心，士气很低落。徐达为了鼓舞士气，身先士卒，先败陈友谅前锋。这场胜利使兵士士气大振，最终赢得了胜利。

朱元璋打算讨伐张士诚，李善长建议先休整再去。徐达说："铺张浪费的张士诚，为人苛刻，他手下的将领也沉迷于财宅美色，不足为惧。在他们军中真正起作用的是那三个谋士，不过他们都是书生，目光短浅。若我方大军压境，一定可以取胜。"朱元璋便依其计而行，封其为大将军，带领水军20万进逼湖州。徐达派兵绕到敌人后方，切断退路，将敌人全部消灭，轻松拿下湖州。张士诚派吕珍率领6万人来援救，又遭徐达重创，吕珍等人全部投降，张士诚也差点儿被俘虏。徐达和其他将领一起包围了平江，架高台用以俯观城内的情况，又置大威力火药大炮于台上，炮轰平江城，最后逼降了敌人。此役徐达俘虏了张士诚，收编其部队25万。城即将攻破的时候，徐达对常遇春说："部队进城后，我驻扎在左边，你去右边。"他又下令，"禁止抢劫、拆毁民房，违令者斩。"部队进城后秋毫无犯，没有人抵抗他们。

当时的人一提到名将，首先就想到徐达和常遇春。他们两人英勇有才干，都是朱元璋的爱将。常遇春勇猛剽悍，擅长冲锋陷阵，而谋略则是徐达的长项。常遇春打了胜仗后难免滥杀无辜，而徐达则军纪严明，对百姓秋毫无犯，即使他抓到间谍，也都以恩相待，所以多数人都愿意跟从徐达。朱元璋曾经对将领们说过："徐达军纪严明，最有大将之风，你们都不如他。"身为北伐主帅的徐达，为平定北方立下汗马功劳。

朱元璋建立明朝后，任命徐达为右丞相和太子少傅。命他继续南征北战，灭掉了元朝，为朱元璋统一天下立下了汗马功劳。

天下安定后，徐达每年春天都会在外统兵，直至冬末才返京还印于朝。朱元璋对徐达很好，仍以兄弟相待，而徐达反而更加谦虚谨慎，深得朱元璋的好感。朱元璋曾经说："徐大哥乃国之栋梁，至今仍住在原来的老房子，可以把我当吴王时期的住宅赐给他。"徐达坚决推辞。有一天，朱元璋和徐达闲游此宅，把他灌醉后抬到卧室。徐达醒过来后，吓得赶紧跑了出来，跪下高呼死罪。朱元璋在一旁甚为欣慰，下令给徐达盖了另外一栋房子。胡惟庸当丞相的时候，欲攀附徐达，徐达不齿其人品，不愿和他打交道。怀恨在心的胡惟庸贿赂徐达的看门人福寿，让他陷害徐达。徐达知道后也没有追究福寿，只是常常劝朱元璋防范胡惟庸。后来胡惟庸果然因为谋逆而被处死，朱元璋因此更加看重徐达。不久，天象发生变化，月亮侵犯上将星座，朱元璋很忌讳这事，不免疑心徐达。徐达在北平生了病，背上长了毒疮。稍微好点儿后，朱元璋就派徐达的长子徐辉祖代表自己去慰劳他。第二年，徐达就去世了，当时有被朱元璋毒死的传言。

徐达去世后，朱元璋亲至葬礼以示悲痛，把他列为开国第一功臣。朱元璋曾经称赞他说："令行禁止。不居功自傲，不贪图女色财宝，处理问题不偏不倚，没有过失。当世有此美德者只一徐达。"

明相李善长

李善长，字百室，定远人。幼时好读书，长于计谋，尤其精通法家言论，善估时局。朱元璋攻打滁阳（治所在今安徽滁州）时，李善长曾到营中拜见他，朱元璋知道他是当地的士绅俊杰，对他礼遇甚厚，以书记之职将其留任军中。

朱元璋曾随便地问他："当今天下之乱，什么时候才会平定下来呢？"李善长答道："秦末大乱，一介布衣出身的汉高祖，豁达大度，知人善任，杀人有节制，五年就成就了帝业。现在元朝气数已尽，公出生于濠州（今安徽凤阳），与汉高祖起家的沛县相距不远。山川王气，都在公身上。若效法刘邦所作所为，何愁不可得天下？"朱元璋很赞赏他的话。他随着朱元璋攻克滁州，负责供应粮饷，又常进言献策，深受朱元璋器重。

朱元璋威名日盛，前来投奔归降的诸将，皆须先过李善长一关，再向朱元璋推荐。然后再代替朱元璋款待礼遇他们，使他们都能安心效力。如有人事纠纷，李善长就受命进行调解。

曾经有一段时间，郭子兴听到一些非议朱元璋有二心的流言，于是稍微削夺了朱元璋的一些权力，同时又想拉拢李善长至麾下，但李善长却坚决推辞了。通过这件事，朱元璋对李善长更是倚重，当朱元璋自己带兵攻击鸡笼山寨时，便命李善长领一路军队留守本营。元将通过谍报知道详情后，便来劫营，但中李善长之伏被击败，由此朱元璋更加钦服他的才能。

李善长为朱元璋策划从采石渡过长江，事先张榜示众以防兵士扰民，从而采石城攻下后城内秩序井然。其后攻打镇江时，朱元璋担忧诸将纵士卒扰民，就假装发怒要把一向骄纵的将士予以军法处置，李善长也假装竭力劝解，很多将帅才得以免罪，并做出种种保证，果然镇江城攻下后，甚至有的百姓都不知道曾有军队来过。

朱元璋任江南行中书省平章的同时，李善长也被任为参议。当时宋思颜、李梦庚、郭景祥等都是朱元璋的僚属，然而李善长则几乎包揽了军机进退赏罚章程等事。

李善长在朱元璋称吴王时，官居为右相国。李善长熟悉史例，裁决果断，又善于文书辞令。朱元璋的招纳告示，均由他起草并书写。朱元璋每次亲征，都命他居营自守，朱元璋待他堪比刘邦待萧何。

在李善长的筹划下，兵将皆各安其职，后方安全。吴元年九月，朱元璋论功行赏，封李善长为宣国公。其后，因官制改以差为上，就任命李善长为左相国。

朱元璋称帝后，追祀祖考及册立后妃太子诸王，李善长皆被任为大使。将帅觐见之礼、社稷郊祭之礼、六部官制、官民丧服及朝贺东宫之仪等等，无不出于其手。朱元璋又命他监修《元史》，编《祖训录》《大明集礼》等书。朱元璋委李善长与众儒协调办理天下神祇封号、封建诸王、爵赏功臣等大小事宜。

洪武三年（1370年），朱元璋大封功臣，皇帝说："善长身为文臣，虽无战功，但侍奉朕时日长久，供给军中粮饷，保障后方境民安定，功绩甚大，堪居六公之首。"于是授他开国辅运推诚守正文臣，特进光禄大夫、左柱国、太师、中书左丞相，封韩国公，岁禄四千石，世袭罔替。当时封公的人，除李善长外，仅有徐达、李文忠、冯胜、邓愈、常遇春及其儿子常茂六位，而李善长位居第一，后世还有传赞他为当今萧何的诗词。

建文帝叔侄相残

朱元璋称帝后，常考鉴各朝得失，以助明治。他仿鉴出身和经历相似的汉高祖刘邦。刘邦是历史上第一个平民出身的皇帝，他一介布衣起家，最后创立了汉朝四百年基业。朱元璋觉得自己和刘邦很相似，遇事多效仿刘邦。

第一件事是立太子。朱元璋认为，立太子是稳固江山的保障，那么，谁当太子呢？朱元璋依祖制立长子朱标。于是，在洪武元年（1368年）正月朱元璋即皇帝位的同时，就立朱标为太子。

第二件事是封诸子为王，分封诸藩以保护中央。为此，洪武二年（1369年）四月，朱元璋立制分封诸王。三年（1370年）四月，封第一批皇子9人为王，其中封四子朱棣为燕王。十一年（1378年）正月，封第二批皇子5人为王。二十四年（1391年）四月，封第三批皇子10人为王。立诸分封诸事皆定，朱元璋认为朱氏天下从此可以无忧了。

朱元璋对太子朱标的教育很有计划。他在皇宫中修建了名为"大本堂"的图书馆，收集许多图书放在里面；又选全国名儒，专给太子讲课，还选了些聪明的少年陪伴太子学习；他本人也经常为启发太子而吟诗作赋。这样，到了洪武十年（1377年），太子标23岁，就开始见习从政。其实，早在洪武五年（1372年）十二月，朱标就已学习理政，那时朱元璋就命令百官，有事先禀于太子。

洪武二十四年（1391年）八月，朱标奉父命视察关中，顺便考察秦王朱樉在西安的活动。时值秋高气爽，风物怡人，太子朱标离开京师，渡过浩浩的长江，经徐州，奔洛阳，入潼关，一路跋涉，最后到达西安。他巡察完毕，于初冬返京。三个多月的旅途疲劳，以及繁忙的事务，而太子原本就体弱，如此更是不堪重负，从此一病不起，卧床四月，尽管朱元璋命令御医精心治疗，仍未见效，于洪武二十五年（1392年）四月撒手人寰。

朱元璋想到自己白发人送黑发人，痛苦极了。一天，他实在忍不住，就在皇宫的东角门，面对群臣大哭起来。翰林学士刘三吾劝他："您尚有皇孙可依，不必过虑。有他可担大任国家可保！"出于对太子朱标的感情，以及立嫡长子的传统习惯，朱元璋立了太子标的儿子年仅10岁的朱允炆为皇太孙。

允炆天生外貌有缺陷，头盖骨又偏又歪。一次，朱元璋摸着他的脑袋，叹着气说："怎么像半边月亮呢？"由于允炆聪明，学习努力，性情宽厚，渐得朱元璋喜爱。当时，朱元璋于京至甘肃地区共遣九子镇守，以备北方蒙古贵族的袭扰，他们的王号分别是辽、宁、燕、谷、代、晋、秦、庄、肃，被称为"九边"。

一天，朱元璋和允炆在一起聊天，朱元璋说："朕令你九个皇叔驻守边境以御外敌，只要边境上没有战争，则你皇位无忧。"不料允炆却说："如果叔叔们有异心，谁来对付呢？"这个出乎意料的问题使他竟沉默了好大一会儿，最后才问："你的意思怎样呢？"允炆回答："以德争取他们的心，以礼约束他们的行，如若不行，则削藩警之；再不行，就更换他们的封地；最后之计唯有派兵讨伐了。"朱元璋听了，默默地点了点头。

允炆的想法并非没有根据。皇叔们不满他被立嗣，每次返回京城，都要以长辈的口吻教训他。这使允炆不得不防备他们。一天，他坐在东角门，将侍读黄子澄召到面前，低声问："我如何控制拥兵自重的叔叔们呢？"黄子澄给允炆讲了汉景帝采纳晁错意见，削除吴楚七王之乱的故事。允炆听了十分高兴，说："听了你的主意我就放心了。"

洪武三十一年（1398年）闰五月十七日，朱元璋照常与大臣们议事，回宫，觉得十分疲倦，便躺在床上，想略微休息一会儿。谁知竟是长眠，时年71岁。朱元璋虽突然而死，但仍备下了遗嘱。

他在遗嘱中写道："我上承天命，有天下31年，每天忧国忧民，勤勤恳恳，励精图治，以期造福万民。怎奈我出身寒微，不像古代帝王那样知识渊博，在赏善罚恶上，也不及古人。现在死去，这也乃天命，切勿过于念朕。皇太孙朱允炆仁爱聪明，忠孝友爱，很得天下人心，可以继承皇位，希望内外文武大臣同心辅佐朝政，使国民安心。我死后，皆不以金玉丧祭，孝陵山川一仍其旧，不要改造。天下臣民，只需守丧三日，不要妨碍民间嫁娶。各诸侯王都回各自封国，不要到京师来。其他没有提到的，皆依此遗诏之意而行。"

洪武三十一年(1398年)闰五月十八日，21岁的允炆继承了皇位，第二年改元为"建文"。因在位时间太短，史称建文帝。

建文帝援引朱元璋的遗诏，禁止各位王叔回京师会葬，这引起了诸王极大的不满。不久，燕、周、齐、湘、代、岷诸王又同时操练兵马，准备进京问罪。消息传到京城，建文帝感到很不安。他和兵部尚书齐泰以及黄子澄商量对策，定下了削藩之策。按齐泰意见，应先除手握重兵、野心勃勃的朱棣。但黄子澄不同意，他认为燕王已有准备，不容易除掉，可先削夺其他诸王，以孤立燕王，再制服燕王就容易了。事情就这样决定下来。

洪武三十一年（1398年）六月，建文帝出其不意，首先将周王削掉爵位，贬为庶民，迁往云南。十一月，废代王，困于大同。建文元年（1399年）四月，又相继废掉岷王楩、湘王柏、齐王榑。这就使燕王孤立无援，甚感不安。

朱棣，洪武三年（1370年）被封为燕王，十三年（1380年）从南京来到封地北平（今北京，古代亦称燕京），十五年（1382年）孝慈高皇后马氏去世，朱棣和诸王子回京奔丧，事后，朱元璋让为马氏祷告的许多和尚随诸王回到封地，为马氏皇后祷告，跟随朱棣的和尚俗名姚广孝，法号道衍。他甚得朱棣喜爱。道衍诡秘地对朱棣说："您如果用我，我送一顶白帽子给您戴。"原来，"王"字加"白"字成"皇"字，道衍的意思，要助朱棣夺位。朱棣便将道衍带到了北平。

当时，燕王府是元朝的故宫（今北京故宫西半部）。朱棣为准备夺位招了许多有本事的人在府内操练兵马，还在地下修建大型铸兵器之所。为了遮掩叮当叮当的声音，他以鹅、鸭叫声掩盖。朱棣当时还不敢马上造反，因为在朱元璋去世一周年时候，朱棣曾派自己的三个儿子高炽、高煦、高燧到京祭典此时尚未返回。朱棣要谋反，三子皆必死无疑。于是，朱棣写信给建文帝，说自己有病，请求遣还三个儿子。

建文帝找黄子澄商量对策，黄子澄认为，不如放还其子以迷惑燕王，然后对他突然袭击，定可成功。这样，朱棣的三个儿子便被送回燕京。燕王重得三子大喜，连声高喊："天助我也！天助我也！"

洪武三十一年（1398年）十一月，建文帝派工部侍郎张昺任北平布政使，谢贵、张信为都指挥使，负责燕地最高军政事务，实则为监视朱棣，此乃削燕王权力的第一步，倘若燕王有异动，则立斩不赦。

由于建文帝步步紧逼，激化了叔侄矛盾。建文元年（1399年）六月，燕王为争取时间，遮人耳目，施装疯之计掩护自己。他忽而在北平的闹市中大声呼喊，其声尖厉无比，忽而走进酒店，抢夺别人喝酒的杯子。张昺和谢贵听说此事，便前去探其属实。只见燕王在六月天气里，坐在火炉旁，还冷得直发抖。但是，张、谢并未中计，通过燕王府长史葛诚的密告，知道了燕王发疯的全部内幕，便速来报与建文帝。

建文帝和黄子澄等人商量后，决定立即对燕王下手。都指挥使张信于此关键时刻向燕王告密，泄露了建文帝的计划。七月初四，借身体康复之名设宴的朱棣，席间设计擒杀了张昺、谢贵，初五，燕王正式打起了"靖难"的旗帜，正式反叛。

朱棣废除了建文年号，设置了自己的政府机构。二十四日，建文帝下诏讨伐朱棣。从此，大明叔侄间的王位争夺战正式开始。从建文元年（1399年）七月开始，到建文四年（1402年）六月结束，叔侄为争夺皇位整整激战3年。

建文四年（1402年）六月十三日，朱棣率军攻进明朝国都南京的金川门，他前后簇拥着精兵数千。一时间，南京城里战马嘶鸣，人声嘈杂，矛戈相击，刀光剑影。朱棣经过激战后拿下南京，他随即命令士兵团团包围皇宫。突然间，皇宫里火势熊熊，黑烟弥漫。朱棣急忙紧催坐骑，遣人进宫，把守各门，不放任何人出入。但还是晚了一步，搜查后，建文帝还是下落不明。

后来，关于建文帝的下落，民间有许多传说，莫衷一是，表达了老百姓对建文帝的同情和对朱棣夺位的不满。实际上，当皇宫起火的时候，皇后葬身火海，8天以后，她的尸骨被当成建文帝的尸骨而秘密埋葬。建文帝呢？他确实逃出了皇宫，但下落不明，最后不知死在何处。

清朝乾隆元年（1736年），追谥建文帝为恭闵惠皇帝。

郑和下西洋

郑和是回族人，祖籍云南（今云南晋宁），原来姓马，小名为三保，所以世称三保太监。他初为北京燕王府侍从，靖难之役时跟随燕王起兵，立有战功，被提拔为统领太监。

燕王朱棣打败侄儿建文帝登上皇位，世称成祖。成祖怀疑建文帝远逃海外，想寻找到他的下落，并且宣扬国威于四海，显示中国富强，于是在永乐三年（1405年）六月派郑和为使者，与他的同事王景弘一起，带领一支船队出使西洋。

这支船队上的近3万人中，除了兵士和水手外，还有技术人员、翻译、医生等，他们乘坐62艘长44丈、宽18丈且满载金币的大船。船队从苏州刘家河出发，经海道到福建，再从福建五虎门扬帆出海，首先到达占城，然后依次到达各番国，每到一国，郑和就宣读明朝天子的诏书，并赐给各国君长礼物，如有不服者则武力征伐之。

永乐五年（1407年）九月，郑和第一次出使归来，携许多番国使者返回明朝朝见天子。郑和还献上俘获于旧港的酋长。成祖十分高兴，给郑和许多奖赏。旧港就是原来所称之为三佛齐的番国，酋长陈祖义，常抢掠海上外来旅人。郑和出使来到这里时，派人召谕他，他诈降以抢掠船队。结果被郑和打败，陈祖义被擒。献俘后被明成祖斩杀于市曹。

永乐六年（1408年）九月，郑和再次出使锡兰。国王亚烈苦奈儿诱郑和入国，勒索金币，又派兵抢劫郑和船队。郑和却乘其国内空虚之机，率领部众两千余人，攻其国都于不备，俘虏了亚烈苦奈儿和他的妻子及部分属下。抢掠郑和船队的贼人听说后，回援却不敌郑和。九年（1411年）六月，郑和将俘虏献给朝廷。成祖赦其罪令其归国。当时，交趾已被攻灭，明朝在这里设置了郡县。周边各番国更加震惊，纷纷前来明廷朝见。

永乐十年（1412年）十一月，成祖派郑和第三次出使西洋。郑和来到苏门答腊。苏门答腊的前伪王子苏干刺正准备谋杀国主自立为王，但郑和未赏赐于他，一怒之下率兵攻击郑和部队，被郑和打败，在喃渤利擒拿苏干刺和他的妻子。永乐十三年（1415年）七月回朝，成祖大喜，厚赐郑和及部下。

永乐十四年（1416年）冬天，满剌加、古里等19个番国遣使朝贡于明，回国时，成祖又派郑和一同前往，以回赏各国。到永乐十七年（1419年）七月回国。永乐十九年（1421年）春再次出使，第二年八月回国。永乐二十二年（1424年）正月，旧港酋长施济孙请求世袭宣慰使，郑和又被成祖派往那里颁赐文书印信。回国时，成祖已死，仁宗已登基，当时是洪熙元年（1425年）。

这一年二月，皇上派郑和及曾一同出使番国的军队开赴南京守备。南京设守备，正是始于郑和。宣宗宣德五年（1430年），皇上登基已经几年了，一些偏远的番国仍没有前来朝贡，于是在六月，宣宗再次派出郑和等出使西洋，经过17个番国方才返回。

郑和历永乐、洪熙、宣德三朝，先后7次奉命出使西洋，到过占城、爪哇、真腊、旧港、暹罗、古里、满剌加、渤泥、苏门答腊、阿鲁、柯枝、大葛兰、小葛兰、西洋琐里、加异勒、阿拨把丹、南巫里、甘把里、锡兰山、喃渤利、彭亨、急兰丹、忽鲁漠斯、比剌、溜山、孙剌、木骨都束、麻林、剌撒、祖法儿、沙里湾泥、竹步、榜葛剌、天方、黎伐、那孤儿等 30 多个国家。郑和的远游可谓人类历史上的伟大创举。通过远游他被收集到了不可胜数的宝物，并且，举世闻名的麦哲伦航海和哥伦布发现新大陆皆远远晚于郑和下西洋。

郑和在宣德年间的出使颇有成效，前来朝贡的远方番国数量明显增加。然而与永乐时相比，仍然略显冷清。不久之后郑和便逝世了。

郑和之后，由于倭寇不时入侵东南沿海，当局不得不禁航，于是像郑和这样大规模的航海也就只能暂停。加之后明朝逐渐衰微，后人怀念明帝国的辉煌，不仅对郑和的事迹津津乐道，更有人将其事迹编为演义在民间广泛传播。

郑和七下西洋，宣扬了国威，展示了我们劳动人民的精湛造船技艺，在一定意义上促进了民族的自强。郑和胆识兼具，圆满完成了明王朝寄予的使命，他是我国的民族英雄。

土木堡之变

明朝有个叫王振的太监，他读过几年书，后来被阉割送进了宫。由于当时的太监很少能识文断字，于是明宣宗决定让他服侍太子——也就是后来的明英宗。

年幼的明太宗即位后便把王振当成最知心的人，委任他为司礼监，主要职责是帮助皇帝批阅奏章。司礼监权力很大，而明英宗又疏于政事，于是所有政事都交给王振去做。当时有三位德高望重的大臣辅政，他们在的时候，王振还不敢放肆。后来那 3 个大臣相继故去，王振就开始得意起来。朝中大臣不得不对其唯命是从,有几个大臣就是因为惹王振不高兴,充军的充军,杀头的杀头,很快大家都不敢说话了。

明英宗将王振看作自己的老师,对其言听计从。文武百官都称呼王振为"翁父",有的没骨气的大臣为了升官发财,还对王振阿谀拍马,朝廷上下一片乌烟瘴气。就在这个时候,北方的瓦剌人把目光投向了中原。

瓦剌其实是蒙古的一支,他们表面上臣服于明朝,实际上却厉兵秣马,一直在寻找进攻明朝的时机。有一年,瓦剌首领也先派了3000名使者到北京进贡马匹。所谓进贡,其实就是和明朝做生意,顺便捞点赏赐。王振发现瓦剌派来的人数不对,认为他们有欺骗的嫌疑,于是压低了赏赐和马价,并谴责了也先。也先很愤怒,趁机发动了对明朝的攻击。

瓦剌人率先进攻大同,镇守大同的军队抵抗失败,守将牺牲。边境的官员连忙向朝廷告急。明英宗召集大臣开会讨论,王振的家乡蔚州离大同不远,他担心家乡受到瓦剌人的蹂躏,于是竭力鼓动明英宗御驾亲征。兵部尚书邝埜和侍郎于谦认为亲征的条件并不成熟,反对明英宗亲征。但明英宗只相信王振,最终决定亲征。

皇帝亲征,当然要大张旗鼓,他带了100多个文武官员和几十万大军出发。虽然明军人数众多,但由于没有做好充分准备,一路上又遇到瓢泼大雨,军队士气非常低落。有大臣劝明英宗撤退,反被王振大骂了一顿。

几天后,为诱使明军深入,也先主动撤退。王振不听众人劝阻,贸然下令追击。第二天,他的亲信告诉他这是敌人的计谋,王振才停止了追击,下令撤退。在撤退的途中,瓦剌军突然杀来,负责断后的吴克忠和吴克勤兄弟双双战死。朱勇和薛绥率领 3 万骑兵前去救援，被敌人包围，两人均战死，全军覆没。 这个时候，明军溃败之势已成，应该赶快撤退。 由于那里离蔚州很近，王振又想回家乡炫耀一番，便竭力劝英宗赴蔚州歇脚。 刚走了几十里路，王振觉得不对，他担心人多势众把家乡的土地踩坏了又下令往回走。 这下子时间全给耽误掉了，让瓦刺人追了上来。

这个时候，大臣们纷纷建议去怀来，而王振却带着大军逃往没有可供防守的城墙的土木堡。 这就意味着一旦瓦刺发起进攻，明军将没有依靠。 另外，王振想到还有 1000 多辆辎重车辆没到，更坚定了去土木堡的决心。 邝埜见势不妙，赶忙之间向明英宗奏请要求前往居庸关。 王振疾言厉色道："你这穷酸书生，再胡乱插手军事，小心你的小命！"邝埜说："我是为了社稷着想，为何要用死来威胁我！"王振命令把邝埜赶了出去。

明军经过长途行军，又累又渴，但土木堡并没有水。 大家动手挖井，挖了十几米深也没见到有水。 土木堡附近有一条河，已经被瓦刺军占领了。 这时候瓦刺人把明军围住，明英宗只好派人去求和。 为了让明军放松警惕，也先假装同意议和，以准备新一轮进攻。

王振听说也先同意议和，放松了戒备，下令让士兵自己找水喝。 士兵们纷纷跳出战壕，朝那条河跑去。 瓦刺人发动了突然进攻，明军顿时大乱。 禁军将领樊忠怒火中烧，他揪住王振的衣领，大骂："我为天下人除去你这个奸贼！"说完一锤将王振砸死，然后冲去敌阵厮杀，不久中枪身亡。 明英宗见大势已去，不免心中绝望，不再做任何抵抗，最后被瓦刺人俘虏。 几十万明军死伤大半，明朝陷入了建国以来最严重的二次危机当中。

海瑞罢官

海瑞，字汝贤，琼山（今属海南）人。乡试中举人后向朝廷奏了《平黎策》，提出在琼山黎族居住区设置道和县等行政机构，加强对黎族人的管理，保持应变山地区安定。有识之士都认为他说得很对。

海瑞任南平教谕时，一次御史到学宫里来巡视，学宫官员都跪伏叩见，只有海瑞不跪，只行一长揖礼，说："我们晋见御史，本应行礼，然而这里是老师教学生的地方，所以不能向您下跪。"后来海瑞升任淳安知县。身穿粗布衣，家食粗粟饭，总督胡宗宪曾对别人说："昨天海瑞母亲生日，他竟买了两斤肉！"

胡宗宪的儿子经过淳安，因不满驿馆管理人员，将其吊起拷打。海瑞说："过去胡公负责部事，曾下令接待官员不能铺张。现在这个人的行装饱满，一定不会是胡公之子。"打开他的包裹，里面有数千两银子，海瑞将这些银子没收交官库，并派人向胡宗宪汇报情况，胡宗宪也无法怪罪海瑞。都御史鄢懋卿路过淳安，海瑞也是简单招待，并对他说淳安是一小县，招待不周，无法让他满意。

懋卿怀恨在心，但因知道海端的为人，只能无可奈何地离开。后来他暗中要巡盐御史袁淳上书弹劾海瑞和尚书霍韬之子霍与瑕。当时海瑞已经提升为嘉兴通判，海瑞因此被贬为兴国州判官。很久以后，陆光祖负责选拔大官，提升海瑞为户部主事。

当时明世宗已登基很多年，因深居西苑，吃斋崇道，经常不理朝政。督抚大臣争相奉上祥瑞之物，礼官则专门为此上表祝贺。朝臣中，自从杨最、杨爵上书反对崇道而获罪后，朝中便对此噤若寒蝉了。 嘉靖四十五年（1566年）二月，海瑞上了一疏，称：

"我认为，君主是万物之主，责任十分重大。 要想胜任这一职责，就只有责成大臣和其他人勇于针砭时弊。 请让我尽一尽做臣子的忠心，为皇上讲一讲道理。

"古时候的汉文帝是个贤明的君主，贾谊还曾为他讲道理，这不是对汉文帝要求太严，而是因为文帝虽然讲仁政，但有时也会懈怠。 这就是贾谊所担心的。 皇上拥有远远超过汉文帝的英明之资。 然而，文帝能够充分发挥仁恕性格，为政节省，爱护百姓，使他统治期间钱粮衣足，刑罚废置。 而皇上您则励精图治不久，就突发一些幻想将英明用在了别的地方，一心一意崇奉道教，耗费天下人力物力，大兴土木，20多年不上朝视事，国家法纪混乱不堪。

"多年来，委政于他人，致使朝政混乱，您长期不与太子相见，别人都认为您不讲父子之情。 您猜忌、诽谤甚至杀戮朝臣，人们都认为您不讲君臣之义。 您贪于玩乐很少回宫，人们都认为您不讲夫妇之礼。 现在的天下，官吏贪暴横行，人民无法生活，天灾频繁，各地盗贼此起彼伏，皇上试想一下，这样如何得了？

"之前皇上罢除宰相严嵩，杀其子世蕃，一时人心大快。 然而，罢除严嵩之后并非世道就十分清明了，和汉文帝时比还差很远，主要因为天下很久都没有对您讲真话了。 古时候皇上有过错，主要靠大臣们给以帮助改正。 现在皇上修斋信道，大臣们只知道跟着您进香，一听说有祥瑞之物出现，大臣们便众口一词上表祝贺，皇上要建宫室，相关臣工便尽力经营，皇上要买香买宝，负责财务的度支官员便派人四处求购。 总之，皇上要错误地做什么，各位大臣均悉数照办，没有一个人肯为皇上纠正错误，溜须拍马的气氛太厉害了。 然而，一些人心里惭愧，退朝之后在背地里议论，这真是犯了欺君之罪啊！

"皇上的失误很多，尤其是斋醮。斋醮是为了求长生不死。自古以来的圣贤之人教导我们，修身立命就是要'顺受其正'。从来没有听说有人长生不死。尧、舜、禹、汤、文王和武王都是圣人，最终还是离开了人世，臣下也从没有听说有哪一个道士从汉、唐、宋活到现在。皇上以陶仲文为师学道，陶仲文已死，而皇上又怎能求长生呢？至于什么仙桃，什么天乐，更加怪诞虚妄。

"宋真宗曾在乾祐得到一本天书，孙夷则说：'天怎么会说话？还有什么书！'桃必定要采摘才能得到，药必须是制成的。现在无缘无故得到这两种东西，它们怎么能不请自来？说是'天给予的'，难道是用手递过来的吗？这一定是皇上左右的奸臣，制造一些假话妄语来欺骗您，而您却错误地相信了，以为真有其事，这太不应该了。

"皇上本来知道斋醮并无益处，应清醒认识错误，勤于朝政，与宰相、侍从、言官一道商办国家大事，改正这几十年来的错误，做一个像尧、舜、禹、汤、文王和武王一样的帝王，各位朝臣也一雪几十年来阿谀奉承之耻，而做一个像皋陶、夔、伊尹、傅说一样的大臣，还怕天下不能达到大治，还有什么事会处理不好？这对皇上来说并不难，只要振作精神就行了。

"皇上不但不励精图治，反而耗费精神寻求长生不老，这种办法实际上只是捕风捉影，茫然不可知，只会竹篮打水一场空。现在，朝中大臣食了皇上的俸禄而只知道阿谀奉承皇上，那些官职低微的人则因为害怕而不讲实话。我愤恨于这种现象，所以冒死上奏，愿为皇上尽点微力，只希望皇上能听进去。"

世宗看了海瑞的上疏，愤怒地把疏丢在地上，对左右的人说：

"赶快去将他逮捕起来，不要让他逃走了。"宦官黄锦在旁边说："这个人向来就痴得有名，听说他知道上疏会触怒皇上，就买了一副棺材，与妻子诀别后在朝中等待降罪，家中的下人都四散而去了，他不会逃跑的。"世宗听了无话可说，过了一会儿，又将书取来看了几遍，深为感动，将书留在身边几个月，不仅没有降罪，并且夸赞说："此人可以与商朝的忠臣比干相比，但我却不是纣王。"

后来世宗身体有病，烦恼不乐，与内阁首辅徐阶商议让位于太子之事。世宗说："海瑞的话说得都对，我现已病了这么久，怎能上朝处理朝政呢？"又接着说，"我自己不珍惜身体，才得了这种病，如果我能照常上朝，也就不会被海瑞这么骂了！"于是，将海瑞逮捕关在锦衣卫狱中，追究他的指使人。交付刑部后，海瑞被拟罪处死，结果报给世宗，世宗没有批示下来。后来，户部司务官何以尚以为世宗不想杀海瑞，便上疏请求释放他。世宗大怒，下令锦衣卫将何以尚打了100棍，关在监狱中，日夜拷问。两个月后，世宗死了，穆宗继位，他们两人都得以释放。

世宗刚死，管理监狱的主事就听说了。他以为海瑞一定会被释放重用，于是准备酒食款待海瑞。海瑞以为是自己被处死前的酒食，就大吃大喝了一顿。后来这个主事附在他耳边告诉他："皇上刚死您就要受重用了。"海瑞道："真的吗？"即刻放声大哭，将刚才所吃的东西全部吐了出来，昏死在地上。

这一夜，海瑞哭声不绝。之后果然被释放官复原职，不久改为兵部主事，提升为尚宝丞，调大理寺。

海瑞后来历任南京、北京左右通政。隆庆三年（1569年）夏，海瑞以右佥都御史巡抚应天十府，应天的贪赃不法者都害怕他，大都自己辞职不干了。有权有势的人家听说海瑞要来都把红色大门漆成了黑色。监管织造的宦官，也减少了自己车马的随从。

海瑞除旧革新，请求疏浚吴淞，以方便百姓。他还大力抑制豪强，扶助贫困。凡是贫民土地被兼并，他便夺回还给他们。徐阶罢相后回乡居住，海瑞对他照样铁面无私。他令行禁止，雷厉风行，下属也小心执行使令，不敢违背，甚至有豪强之家因害怕而迁往别处。有些奸猾之徒乘机告刁状，所以有些势家大户也有时被冤屈。海瑞又裁减邮传费用，禁止公款招待士大夫，由此遭到许多人的怨恨。给事中舒化上书指责海瑞迂腐，不懂得如何为政，应让他在南京当一个清闲无事的闲差，但穆宗仍下诏表扬他。

不久，因给事中戴凤翔弹劾海瑞包庇奸徒，打击豪绅，被调督南京粮储。海瑞巡抚吴地才半年，老百姓听说他要离开，号啕大哭不止，家家挂上他的画像以示纪念。

万历十五年（1587年），海瑞去世，百姓皆为之哀悼，朝野为之震动。

王守仁平定叛乱

王守仁是明代儒学大师，在陆九渊"心即理"学说的基础上创了自己的心理学体系，是继朱熹之后对理学思想界影响最大的人。他不仅是一代理学宗师，还有很高的政治和军事天赋。

王守仁年少的时候就经常到塞外考察地理形势，考上进士后，王守仁针对西北边境军事提出了8条意见，但没有引起朝廷重视。

兵部尚书王琼很喜欢王守仁，提拔他为右佥都御史，负责巡抚南安府和赣州府。这个时候，各地人民纷纷起义抗议朝廷过分剥削，官吏们都束手无策，王守仁却用计布置耳目，并命令广东、福建的军队围剿。凭借自己的军事才能，剿灭了起义军。当时王守仁能立下如此辉煌的成功，很多人都把他当作神仙。朝廷论功行赏，升任他为右副都御史。

一直怀有野心的宁王，经过精心准备后发动了叛乱。王守仁听到宁王叛乱的消息，马上赶到吉安府，鼓励大家为朝廷效力。王守仁派出大批间谍，让他们散布朝廷进攻宁王老巢的谣言。他还写信给宁王的宰相李士实和刘养正，让他们怂恿宁王尽快向东攻打南京，好让朝廷乘虚攻占南昌。这其实是他施的反间计，故意泄露信的内容，让宁王产生怀疑，一直按兵不动。10多天后，宁王得知并无军队攻打南昌，才知道上了王守仁的当。宁王一怒之下出兵占领了九江和南康，并进逼安庆。

当时各地自发起来反抗宁王的人马纷纷和王守仁会师，有人请求去援救安庆，王守仁听说宁王在南昌只留了很少的守军，说："现在九江和南康都沦陷了，我们如果越过南昌而去安庆的话，就会被敌人切断退路，这样就腹背受敌了。南昌防守空虚，我们如果攻打南昌的话，我们在鄱阳湖上迎击前来救援的敌人，一定能取胜。"结果南昌兵实在太少了，还没来得及把敌人主力部队吸引过来，就攻破了南昌城。

听说南昌被围的宁王，赶紧带领围攻安庆的部队回来援救。王守仁设下伏兵打败了宁王的部队。宁王退守樵舍，把船全部拴在一起，结为方阵，王守仁用小船突然发动火攻，把宁王的副船烧掉了。宁王逃跑时自己乘坐的船不小心搁浅，王守仁的部将王冕追上去将其活捉。宁王本以为精心准备了几十年的叛乱会势如破竹，直捣京城。但他遇上了王守仁，结果叛乱仅持续了35天就被平定了。

此时明武宗已经亲征抵达南昌。皇帝身边的太监们大多和宁王有勾结，王守仁以前递上的奏章中就说过："盯着皇帝位子的人不只是宁王一个人，请皇上罢斥小人从而挽回天下人的忠心。"那些小人很恨他。宁王叛乱被平定后，他们又开始嫉妒王守仁的功劳，纷纷诬陷王守仁与宁王勾结，只是因为考虑到事情不能成功，所以才讨伐宁王的。明武宗是个贪玩的皇帝，好不容易亲征了一次，却没见到叛军，心里也很不高兴。有人为让皇帝过瘾，怂恿他命王守仁将宁王送到皇宫。王守仁不愿意把宁王交给那些小人，上书请求向皇帝本人献俘，并劝阻皇帝亲征，但没有得到同意。那些小人以为王守仁是个弱书生，为让他出丑，命他当众射箭。谁知道王守仁三发三中，丢尽了那些小人的脸。那些人于是千方百计在皇帝面前说他坏话，皇帝不信，说："王守仁是有道之人，不可能造反！"王守仁为了保住性命，把功劳全部归到皇帝身上，又记了很多皇帝身边宠臣的战功，才堵住了那些人的嘴。

王守仁将平定叛乱的功劳全部给了别人。不过他是很旷达的人，日后他还平定了好几次叛乱，为明朝江山的巩固立下了汗马功劳。

贪玩误国的明武宗

明武宗是明孝宗的独子，一出生就被立为太子。明武宗15岁即位，他本来聪明好学，受身边宦官的影响，他开始成天游玩嬉戏，养成了一身坏毛病。他登基后，刘瑾等宦官，通过唆使武宗沉溺玩乐，控制了朝政，当时的人把他们称为"八虎"。

"八虎"中势力最大的人是刘瑾，得罪他的大臣都没有好下场，当时的民谣里说："一个坐皇帝，一个立皇帝；一个朱皇帝，一个刘皇帝。"可见刘瑾之骄横。很多正直的大臣都上书劝谏明武宗不要耽于玩乐，罢黜身边的小人。但明武宗根本听不进去，为当老板，他还在宫中设立商店，而"八虎"却变本加厉地祸乱朝政。

刘瑾势力虽大，但他和另外"七虎"之间的关系并不好，与张永尤其水火不容。朝廷派杨一清征讨安化王时，张永任监军。平定叛乱后，杨一清劝张永想办法除掉刘瑾，得到了张永的首肯。张永弹劾刘瑾图谋造反，明武宗对此不敢掉以轻心，就派张永抄刘瑾的家。张永等人在抄家过程中制造刘瑾谋反的假相，最终让武宗将刘瑾处死。

刘瑾虽然死了，但是武宗依然不改宠信小人的本性。他没有儿子，就认了很多义子，这些义子到处横行霸道，其中最受明武宗宠信的是江彬和钱宁。

明武宗力大无比，常因与虎搏斗而受伤，但没有人敢劝谏。他觉得皇宫不好玩儿，在宦官的唆使下建了一座充满了玩物和美女的豹房供他玩乐，成天在里面鬼混。他非常好色，有个总兵马昂将自己已婚的妹妹献给了他，很快就迷住了明武宗，自己也因此成为明武宗的宠臣。马昂是个没有廉耻感的小人，明武宗看上了他的爱妾，为保官位他也把爱妾献给了皇帝。

明武宗特别喜欢军事，他总认为自己很有军事才干，非常渴望能够带兵打仗。蒙古小王子入侵边境，明武宗知道后非常高兴，决定率军亲征，检验自己的军事才能。朝中大臣纷纷反对，为堵大臣的嘴，他给自己起名叫朱寿，并封自己为威武大将军，以朱寿的名义出征。明武宗到达边境后命王勋领大同守军出战，自己负责指挥。不久，他率军在应州和官军主力会师。小王子听说皇帝在应州，派遣主力部队加以攻打。明武宗高兴坏了，亲率大军抵御。 小王子觉得很难取胜，于是率军退却。 明武宗乘胜追击，杀了个痛快。 不过为了保护他，士兵无法全力作战，只杀掉16个敌人，明武宗还亲手杀了个敌人，但明军却死了52人、伤500多人。 明武宗有勇无谋，在战斗中多次陷入险境，将士们拼命救护才没有被俘虏。 事后，他还命令王勋向朝廷报捷。

第二年，明武宗游兴大发，到密云游玩。 当地百姓以为他要搜索美女，只好躲起来。 他觉得密云没意思，又任命朱寿，也就是他自己统率大军出征西北，在太原住了下来，当地美女几乎被他搜刮一空。 回朝后没几天，他又动了南下寻找南方女子的心思。 大臣们终于忍不住了，纷纷劝谏。 他恼羞成怒，开始大肆报复，把100多个大臣抓到诏狱里日夜拷打，竟有一个叫张英的大臣被活活打死，从此以后再也没有人敢多嘴了。

宁王发动叛乱的消息传到京城后，明武宗非常高兴，下令亲征。 但就在他下令亲征的那一天，宁王的叛乱就被王守仁平定了。 明武宗率领大军刚到涿州，王守仁平定叛乱的奏章递了上来。 可他还是继续南征，并一再下令不准王守仁献俘，要亲自去抓敌人。 明武宗到了江南后，与当地美女成天淫乐。 他在扬州的时候，曾去妓院玩了一圈，扬州妓女因此身价大增。 并且，为了弥补没能亲手抓住宁王的遗憾，想出了一个很荒唐的主意。

他命令王守仁将宁王绑在广场上，自己亲自骑着马向宁王冲去，将其抓获，以满足自己亲手擒获的心理欲望。 一个月后，他在泛舟游玩的时候不小心掉进了水里，虽然被救了上来，但因受惊而染病，回到北京后不久就去世了。 他本来身体很强壮，但由于长期淫乐，导致身体虚弱，可谓咎由自取。 明武宗没有留下后代，他死后由堂弟继承了皇位。

严嵩乱天下

严嵩是明孝宗年间进士，他文章写得很好，被选为庶吉士，后来因病回家。他在家乡隐居期间，成天吟诗作赋，名声很好。病愈后被任命为侍讲，又担任了国子监祭酒。明世宗统治时期，严嵩官拜武英殿大学士，掌管礼部事宜。年过60岁以后他仍然非常勤奋。明世宗很欣赏他，让他解除了礼部的职务，专门在西苑值班，并加太子太傅头衔。

严嵩内心险诈，为排除大学士翟銮这一障碍，就唆使党羽诬告他，把翟銮排挤出内阁。翟銮走后，严嵩掌握了内阁大臣的最重要的权力。严嵩根本不让别人插手，接替翟銮入阁的大臣曾叹息道："我名为内阁大学士，实际上只是个旁观者！"

明世宗希望长生不老，对神仙的事很有兴趣，严嵩便胡乱捏造祥瑞来哄明世宗开心，以此巩固了自己的地位。当时倭寇经常到我国沿海地区骚扰，严嵩派干儿子文华到沿海视察，他为了报答严嵩，在当地大肆搜刮财宝，把钱都用来孝敬严嵩。沿海的防备江河日下，倭寇更加猖狂了。

严嵩的儿子严世蕃更不是个好东西，特别贪财。他对朝中大臣的收入了如指掌，任何一个职位能贪污的钱数他也非常清楚，所以任命官员的时候，他对每个职位都明码标价，到他家行贿的人络绎不绝。严氏父子给自己家修的住宅非常豪华，占了好几条街，成天在里面饮酒作乐。严世蕃听说南昌有个地方有王气，就在那里为自己造了房子。

比严嵩资格老的夏言对他很不客气，经常排挤严嵩的党羽。不久，夏言决定弹劾严世蕃，严嵩父子十分害怕，跪在夏言床前大哭，夏言才放过他们。 严嵩得知明世宗的宠臣陆炳不喜欢夏言便与陆炳结交，共同对付夏言。 等到夏言失去明世宗的信任后，他以河套地区被蒙古占领为理由弹劾夏言，最后害死了夏言。

严嵩其实也没有什么本事，只会讨好明世宗爱面子。 严嵩就抓住这点想方设法激怒他，以铲除异己。 很多大臣都上书弹劾严嵩，但由于他老奸巨猾，加上明世宗昏庸无能，这些大臣很多都被严嵩残害。

时间一长，明世宗对严嵩专权也渐渐有所不满，开始亲近另一个阁臣徐阶。 徐阶为了争权，指使党羽弹劾严嵩，但没有成功。 然而后来严嵩年纪大了，世宗的诏书看不懂的地方越来越多，于是严世蕃经常代阅诏书。 后来严嵩的妻子死了，严世蕃要守丧，不能跟随严嵩上朝，代他答复诏书了。 严世蕃的缺阵带给严嵩很大困难，很多诏书他都不能回答，只能派人拿回家让严世蕃代答。 严世蕃好色，守丧时期耽于淫乐，诏书拿回家后他往往腾不出时间处理。 有好几次宦官在旁边催得很急，严世蕃的答复又迟迟不来，严嵩被逼得没有办法，只能自己亲自答复。 由于他水平有限，逐渐失去了明世宗对他的宠信。

后来万寿宫失火，严嵩冒冒失失地请明世宗搬到南城暂居。 南城是当年明英宗被软禁期间住的地方，他的建议犯了明世宗的忌讳。 而徐阶负责重新修建的万寿宫让明世宗非常满意，从此徐阶彻底取代了严嵩的地位。 严嵩害怕，召集全家拜见徐阶，对他说："我严嵩迟早是个死，我的家人全靠您照顾了。"徐阶对于严嵩的请求不置可否。

受明世宗宠信的道士蓝道行受徐阶所托说严嵩坏话，让明世宗下了除掉严嵩的决心。 御史邹应龙得知这个消息后，主动上书弹劾严嵩。 明世宗以其对严世蕃管教不严，勒令其退休，将严世蕃交大理寺问罪。

严世蕃获罪后依然与倭寇勾结。事发后被论罪处死,严嵩全家被罢官为民。后严嵩被抄家,穷困潦倒,不久就老死了。

三朝重臣张居正

张居正,字叔大,湖北江陵人,世称"张太岳"或"江陵先生"。他从小聪明过人,15岁时即为明诸生,巡抚顾璘看到他的文章后非常惊奇,认为他有治国之才。居正乡试中举人后,顾璘把自己的犀牛皮腰带送给他,并且说:"日后你将成为国家栋梁,腰缠玉带,这犀带还不足以显示你的身份高贵。"嘉靖二十六年(1547年)中进士,选庶吉士,每天研究学习治理国家的典章制度。内阁大学士徐阶等人十分器重他,授予他翰林院编修一职。中间曾因事还乡,不久又回京任职。

张居正面目清秀,长须垂至腹部,办事果敢,自认为有豪杰之风。但他为人深沉,有城府,性格为人难以捉摸。严嵩为内阁首辅时,忌恨徐阶,与徐阶相好的都回避严嵩。张居正则能相处自如,严嵩也很器重张居正,任他为右中允,主管国子监司业之事。国子监酒高拱与他关系很好,并且期望他能进入内阁。

不久,张居正仍回翰林院任职,又任裕王府讲读官,教授裕王。裕王认为他很贤能,王府里的宦官也都与他相处甚好。不久任右谕德兼侍读,进为侍讲学士,并负责翰林院事宜。

徐阶取代严嵩为内阁首辅,十分信任张居正。世宗死时,徐阶起草遗诏时曾与张居正共同商量谋划很多问题。不久,张居正升任礼部右侍郎兼翰林院学士。裕王继承皇位一个多月后,便将张居正与原来裕王府的另一名侍讲官陈以勤一起召入内阁,张居正的官职是吏部左侍郎兼东阁大学士，不久又充任《世宗实录》的总裁官，晋升为礼部尚书兼武英殿大学士，并加少保兼太子太保头衔，而多年前他还任五品学士官。

当时的内阁首辅徐阶资格很老，徐阶和内阁另一名大学士李春芳都待人谦虚有礼。入阁最迟的张居正却俨然以宰相自居，对六部官员十分倨傲，从不听取别人的意见，偶尔谈点自己的看法又很中肯，因此，别人都有点敬畏他、看重他。

徐阶退休回乡后，要他的三个儿子都小心地为张居正办事，听他的话。当时的内阁首辅高拱十分痛恨徐阶，唆使言官几次弹劾徐阶，并牵连到他的几个儿子。张居正在高拱面前为徐阶一一解释，说好话，使高拱心里稍稍有所改变主意。

这时，张居正被高拱的门客诬告收了徐阶之子3万两银子，高拱于是讽刺张居正。张居正脸色大变，指天发誓绝无此事，言语恳切良苦，高拱只得道歉说自己失察。

从此两人就有了些隔阂。高拱又对跟张居正很好的宦官冯保有意见。穆宗病危，张居正将冯保引为内助，与他一道秘密安排后事，而高拱则要去掉冯保。

穆宗死，神宗继位，宦官冯保以两宫太后的诏旨将高拱驱逐出内阁，张居正成了内阁首辅。当时神宗仅仅9岁。

明神宗一切委任张居正，张居正也以天下为己任，中朝外朝各官都听张居正的。张居正劝神宗遵守祖宗以来的成规，不要随意有所改变，当务之急则是讲学、亲贤、爱护百姓、节省开支，神宗十分同意。

张居正又实行大计，考核朝廷官员，罢斥那些不称职的及追随高拱的官员。又以皇上的名义下诏申饬教训大臣们，百官一时都小心谨慎，不敢轻举妄言。

当初世宗尊崇两位皇太后，照旧例，皇后与天子的亲生母亲可以并称皇太后，只是加上的徽号有所区别。宦官冯保想对神宗的生母李贵妃献媚，要张居正对皇后和世宗生母一视同仁，得到了张居正的同意，于是尊皇后为"仁圣皇太后"，李贵妃为"慈圣皇太后"，二者从此就没有区别了。慈圣皇太后迁到乾清宫居住，抚养年龄尚幼的神宗，冯保掌握内廷，而朝廷大权则全部委任张居正。

张居正主持朝廷大政，推行尊重朝廷主权、考核官吏职责、严格奖励和惩罚、统一朝廷号令等措施。朝廷一旦有事，虽在万里之外，也立即令行禁止。黔国公沐朝弼多次违反法令，应该逮捕，朝廷对此非常为难。张居正则提升沐朝弼的儿子，要他回家将父亲捕来，朝弼不得不来。捕来后，又赦免了他的死罪，囚禁在南京。

漕运疏通后，张居正认为每年春天以后才开始征收赋税，这时运粮，河水或涝或旱，张居正采纳了漕臣建议，督促船工士卒冬天开始收运粮食，到年初全部运出，以减少水患给漕运带来的损失。

这样一来，充实了国库粮食，可以供上10年开支。互市时买马，张居正又下令减少太仆营中的种马，将马卖给老百姓，这样，太仆积攒马价金银达400多万两。又制定考察官员政绩的考成法。起初，六部和都察院要巡抚、按察司考察的事情，许多都没有回报，张居正下令以后要根据事情的大小、缓急回复，失误了就要抵罪。从此，谁都不敢隐瞒任何政事，朝廷政治走上了正常轨道。

在这一年，南京有个给事中被小宦官酒后侮辱，百官都请求追究治罪。张居正将言论最为激烈的赵参鲁贬官外放，以取得宦官冯保的欢心，事后又慢慢地劝冯保裁减宦官，抑制他们的不法行为，六部政事禁止宦官干预。对于奉旨办事的宦官，张居正又经常派人暗地里监视，冯保身边的宦官都怨恨张居正，心里对冯保也有意见。

张居正往往对出外巡视的御史大臣也不客气，很想压压他们的气焰，所以他们做事稍微有错，就会受到他的谴责诟骂，并下令对他们的长官严加考察。

给事中余懋学请求朝廷为政宽厚一些，被张居正认为是在责备自己，削了他的职。

御史傅应祯又就这个问题上书，言辞更加恳切，张居正下令将他投入锦衣卫狱，当廷杖责后戍边。给事中徐贞明等人一起到监狱看望，并送他酒食盘缠，也被张居正贬官外放。御史刘台按察辽东军事，错报军情，张居正准备按以前的例子绳之以法，却被刘台上书指责专权利法。

这时正倚重张居正的神宗，看了刘台的上书便大怒，将刘台逮捕下狱，打了100棒，下令戍边。张居正上书建议只削他职，救下了刘治，但后来，还是寻故让他戍边。自此以后，给事中、御史都害怕张居正，心里很不服气。

当时，皇太后因神宗年幼，对张居正十分尊重，同为内阁大学士的吕调阳对他唯命是从，后来吏部左侍郎张四维入阁，对张居正也像下级对上级一样，不敢以同僚相处。

张居正喜欢建功立业，讲究与下属相处的方式方法，善于用人，许多人也愿意为他尽力。蒙古俺答汗与明朝讲和，很久没有扰乱边防了。只有靠近东边一带小王子的部众大约10余万人，借口不能与明朝在边防互市贸易，多次骚扰。

张居正调李成梁镇守辽东，戚继光镇守蓟门。李成梁因多次打败进犯之敌被封为宁远伯，在蓟州的戚继光也防守有度。张居正对他们都给以大力支持，边境十分安宁。 两广督抚殷正茂、凌云翼等也多次破贼立功。 浙江有兵民作乱，张居正派张佳允前往安抚，浙江很快安定了。

所以人们都称赞张居正知人善任。 不过，他执法也很严明。 他核实驿递，裁减冗官，清理学校，都很有成效。 他规定，不准官员公费旅行，往来与商人一样自己支付。 衙门机构短缺属员，不是特别需要不给补充。 限制人口的州县扩充科举考试指标，这样，抱怨的人也很多。

张居正的父亲死了，他上书请求回家安葬。 神宗派尚宝少卿郑钦、锦衣指挥史继书护送他回乡，给他三个月假期，要他葬礼完后就赶快回京。

神宗又命巡抚按察司各位大臣赐给张居正玺书，又专门雕刻了一枚"帝赉忠良"银印章赐给他，让他可以像杨士奇、张孚敬一样对皇上上密折言事。 又告诫内阁次辅吕调阳等："不要轻易决定大事，派人到江陵，听张居正处理。"张居正在行前推荐礼部尚书马自强、吏部右侍郎申时行入阁。 马自强向来对张居正不满，这次意外地被张居正推荐入阁，对他非常感谢，而申时行和张四维都与张居正亲近，张居正这样精心安排完，才放心回家葬父。

神宗刚刚即位时，不到 10 岁，宦官冯保十分细心地照看他的饮食起居。 神宗稍有不听话时，他便告诉对他管教很严的慈圣皇太后，每次总是严厉责备，并且说："要是张先生知道了，怎么办？"于是神宗从小就很害怕张居正。

神宗年龄大了以后，对此十分反感。 神宗十分喜爱引导他游玩的小宦官孙海、客用。 慈圣皇太后命冯保将孙海、客用逮捕起来，拷打之后驱出了皇宫。 张居正又条列了孙海等人的罪状，请求将他们的党羽全都斥逐掉，又下令司礼监以及其他宦官都对自己过错一一条列，然后由皇上决定去留。并且劝神宗不要耽于游玩宴乐，而要起居有节，为多生后代蓄养精神，要节省奖赏费用，拒绝接受珍宝玩物，亲自处理朝政，多学习治理国家的经验，等等。

看在太后的面子上神宗不得不答应，而内心里却对冯保和张居正十分不满。

张居正生病后，神宗多次下谕慰问他的病情，赏给他很多银钱为他治病。张居正病了四个多月，一直没有痊愈。百官都为他斋醮祈祷，很多地方的大臣也都为他斋醮。神宗让张四维等负责处理朝政的一些小事，大事就派人到张居正家中请他处理。

起初，张居正还能胜任，后来因身体虚弱，无法全都看完，但还是不让张四维等插手。后来病情恶化，他要求辞职回乡。神宗下诏挽留，称他："太师张太岳先生。"张居正知道自己的病已经难好了，推荐前礼部尚书潘晟和尚书梁梦龙，侍郎余有丁、许国、陈经邦。后又推荐重用尚书徐学谟、曾省吾、张学颜、侍郎王篆等，神宗把这些名字都写在御屏上了。

潘晟，是冯保强令张居正举荐的，当时张居正已神志不清。他死后，神宗停止上朝表示哀悼，并下谕祭祀九坛，以国公和师傅的礼节对待。

戚继光抗倭保国

戚继光，字元敬，世为登州（在今山东东部）卫指挥佥事，父戚景通，曾官至都指挥，署理大宁都司，后调入神机坐营，为人品行端庄。戚继光一表人才，潇洒倜傥胸怀大志。虽然他家境贫寒，但他勤于读书，通晓经史大义。

明世宗嘉靖年间，戚继光承袭父职，任山东登州卫指挥佥事，在山东防备倭寇。不久改任浙江司参将，将部众分守宁、绍、台三郡防备倭寇。后来又调到浙江任参将。当时倭寇四处为害，因此他在山东和浙江时的主要任务，都是抗击倭寇。

嘉靖三十六年（1557年），乐清、瑞安、临海被倭寇侵扰（今浙江东部沿海一带），戚继光因道路受阻，救援失时，被朝廷酌情予以处理。不久与抗倭名将俞大猷会合，将汪直等倭寇余党包围在岑港（今属浙江），但因长时间没有攻克，朝廷便免去了他的官职，要他戴罪抗倭。这股倭寇逃走后，其他倭寇又在台州（今属浙江）烧杀抢掠。给事中罗嘉宾等弹劾戚继光抗倭无功，而且与外番勾结。朝廷正要问罪，但因戚继光平定汪直有功，官复原职，改为负责防守台、金、严三郡。

戚继光到浙江时，见卫所军士不熟悉作战，于是请示朝廷在作战英勇的金华、义乌人中招募了3000人，对其进行严格训练，教他们作战布阵之法，如何使用长短兵器。他所训练的这支军队精悍而勇敢，是以后抗倭的主力。

戚继光根据南方地势多沼泽、不利追逐奔驰的特点创造了一种新的阵势，使作战时步伐便利，这种阵法后世称为"鸳鸯阵"。

戚继光同时又精心改造战舰、火器、兵械，精心策划选购，要求精益求精。他所创建的这支军队称为"戚家军"，后来在和倭寇作战中，威名远扬，使倭寇闻风丧胆。

戚继光及其"戚家军"曾在浙江、福建、广东、山东、河北等沿海地带多次击败倭寇，戚继光成为当时抗倭斗争中最重要的将领。戚继光训练军队很有办法，所以他手下的军队军纪严明，作战有方，常常打胜仗。

戚继光曾将他的军事思想等加以总结，写成《纪效新书》《练兵纪实》《武备新书》等书留传后世，所以戚继光去世以后，继任者以戚继光在任时的做法抵御倭寇，也保持了海疆几十年无事。

戚继光读书多，有智谋，深谙武略，威震四方。戚继光壮年时，膝下只有一个20多岁的儿子，很有胆略。他在军官中受父亲影响，所以也很懂得用兵之道。他和戚继光手下的其他将领一样，能独当一面抗击倭寇，称得上是戚继光的得力助手。

有一次，戚继光派儿子带着一个副将出外作战。未料儿子和手下的副将由于麻痹轻敌，大败而归。戚继光得到战败的消息，立刻命令将儿子和副将绑到在校场集合的各路将士面前。戚继光怒不可遏，当众宣布两人的罪状后，便喝令左右按军法处死二人。众将领一听戚继光要处死儿子，纷纷跪下请求宽恕这两个人，被戚继光拒绝。在场的全体兵士也都跪下求情，不为所动的戚继光，仍然命令将两人处死了。戚继光夫人在家听到丈夫要处死儿子的消息，立刻派人飞骑赶来，请求代儿子一死。待使者赶到校场，戚继光已经处死了儿子。众将士对此大为震动，私下里说道："戚将军对儿子都这样毫不姑息，如果我们不出全力，结果也就可想而知了。"

嘉靖四十年（1561年），倭寇在桃渚、圻头抢掠。戚继光率兵迅速赶到宁海（今属浙江），扼守住桃渚，在龙山打败倭寇，追到雁门岭。

倭寇逃走，乘虚袭击台州，戚继光亲手打死其首领，在瓜陵江歼灭了全部残敌。这时，圻头的倭寇又奔袭台州，前往仙居的戚继光将其全歼。先后经过九次激战，俘虏倭寇1000多名，歼灭的不计其数。总兵官卢镗、参将牛天锡又在宁波、温州大败倭寇，平息浙东倭患后，戚继光官升三级。福建，广东沿海的倭寇流入到江西。江西总督胡宗宪传命戚继光支援，被戚继光攻破的倭寇逃往建宁，戚继光率军撤回浙江。

第二年（1562年），倭寇大举侵犯福建。温州、福宁、连江等地的倭寇联合攻下了寿宁、政和、宁德（均在今福建北部）；南粤与福清、长乐等地的倭寇联合攻下了玄钟所，并进犯龙岩、松溪、大田、古田、莆田（在今福建东部沿海一带）等地。当时宁德已多次被倭寇攻下。离城10里有一四面都是水路的横屿岛，地势险要，倭寇把据点建在了那里，官军不敢进攻，他们在那里盘踞了有一年多。新来的倭寇在牛田营建巢穴，而他们的长官则驻在兴化（治今福建莆田），以便东南互相声援。

福建方面连连告急，戚继光受胡宗宪之命再次追剿。戚继光先时攻横屿，士兵边用草填淤边前进，攻破横屿，斩敌2600人，乘胜进兵福清，捣毁牛田贼营，残敌逃往兴化，戚继光迅速追歼，半夜四鼓时追上倭寇，连下60个营寨，斩杀敌人1000多，天亮进城，得知胜利消息的兴化百姓，纷纷以酒食犒劳官兵。戚继光乘胜班师，军队抵达福清，又斩杀200余名从东营登陆而来的倭寇，福建的倭患也基本上平息了。

戚继光回到浙江后，越来越多的来自福建的倭寇将兴化城包围了一个多月。

刘显派8个士兵在衣服上绣上"天兵"二字入城投书，全被倭寇杀害。倭寇在杀了这八人后，让自己的士兵穿上这8个人的衣服，扮成刘显的士兵，骗过了守城将领，进入城中。他们在夜晚斩杀守关士兵，打开了城门。守城的副将翁时器、参将毕高逃走，通判奚世亮代理府事遇害，倭寇在城中烧杀抢掠一空并逗留约两个月，同时又攻破平海卫（在今福建东湄州湾畔）以为据点。

兴化城告急时，皇上就已命俞大猷为福建总兵官，戚继光为副总兵。

兴化陷落后，刘显和俞大猷不想进攻，准备用大军合围，困死这股倭寇。

嘉靖四十二年（1563年）四月，戚继光率领浙江兵马赶到兴化近郊，福建巡抚谭纶下令任命戚继光为中军统领，刘显为左军统领，俞大猷为右军统领，联合进攻平海卫。戚继光率中军最先入城，刘显与俞大猷率军紧紧跟上，2200百名敌人被杀，夺回被掠人口3000多。谭纶上表请功，戚继光功居首位，刘显、俞大猷稍次一等，嘉靖帝告天祭祖、赏赐官兵以庆贺胜利。戚继光先因攻下横屿之功，晋升为都督金事，这次又被提升为都督同知，并代替俞大猷为总兵官，世袭千户。

第二年二月，1万多倭寇余党群集，围攻仙游（在今福建木兰溪畔），戚继光仅用三天即打败城下倭寇，追击逃敌，在王仓坪斩杀数百名敌人，其中有许多慌不择路掉下了悬崖，数千名残兵逃到漳浦蔡丕岭（在今福建漳州）一带。

不久以后，福宁（在今福建霞浦）遭到浙江倭寇侵犯，戚继光督率参将李超打败敌人，又乘胜追击永宁（在今福建泉州湾南）倭寇，斩杀敌首300多。

戚继光治军，号令严明，赏罚公允，部众都乐于从命。他和俞大猷都是有名将领。他在胆识上比俞大猷果断勇猛，在品格上较为欠缺。老将俞大猷治军稳重，而戚继光则用兵神速，神龙见首不见尾，多次打败倭寇，名声比俞大猷更为显著。

戚继光后来的遭遇并不好。他任抗倭将领时，宰相张居正对他全力保护，只要有人进戚继光的逸言，他总是不听，或干脆将此人调任。所以，没有后顾之忧的戚继光便全力戍边，战绩辉煌。待张居正逝世后，继任者却不断对他进行打击，先后被调任、免职，最后竟被剥夺了俸禄。戚继光最终在这样的境况下去世了。

魏忠贤陷害东林党

明神宗万历二十三年（1595年），顾宪成被革职，回乡后在无锡的东林书院讲学。顾宪成名气很大，很多人来听他讲学，他又喜欢议论朝政，抨击一些当政的大臣。朝廷里也有很多人支持他，但恨他的人却把支持顾宪成的人称为"东林党"。

东林党人坚决反对宦官专权，和当时的齐、楚、浙三党水火不容，相攻不已。明光宗死后，他的妃子李选侍赖在乾清宫不走，东林党领袖左光斗上奏说："乾清宫是天子才能住的地方，只有皇后才能长期居住，李选侍没有资格住在乾清宫。"最后，左光斗和杨涟联合把李选侍从乾清宫赶出，维护了明熹宗的地位。至此，东林党在党争中大获全胜，掌握了朝政大权。

但明熹宗信任魏忠贤而不信任东林党。齐、楚、浙三党不甘心失势，他们见魏忠贤势力最大，就纷纷投靠他，结成了阉党，在朝中为所欲为。

看不惯阉党作为的东林党人，纷纷上书弹劾。天启四年（1624年），杨涟率先上书弹劾魏忠贤，一共列举出他的24条大罪。听说后非常害怕的魏忠贤，跑到明熹宗面前哭诉，糊涂的明熹宗当即火冒三丈，下旨斥责杨涟。

当时魏忠贤一手遮天，他出门的排场和皇帝一模一样。阉党官员们拼命奉承他，称他为"九千岁"，皇帝知道后也没有说什么。

不久，东林党人魏大中、黄尊素等70多个官员接连冒死上书弹劾魏忠贤，但上书如石沉大海，魏忠贤毫发无伤，杨涟和左光斗反而被罢官。决定反击的魏忠贤唆使党羽写了《东林点将录》

《同志录》等书诬陷东林党人，制造舆论。 第二年，魏忠贤干脆兴起大狱，逮捕杨涟、左光斗、袁化中、魏大中、周朝瑞、顾大章6人，交给锦衣卫严刑拷打。 逮捕左光斗的时候，百姓们都围在马前啼哭，连前来抓他的人都被感化了。

6人一开始不肯承认阉党的诬陷，但为了日后申冤他们不得不避免被折磨致死。 他们天真地认为司法部门会秉公执法，所以就被迫做了假口供，以图日后翻案。 早就料到这一招的魏忠贤假传圣旨，不把案子交给司法部门，而是让东厂审讯，这个时候大家才后悔失算了。 为缓解他们的刑狱，很多正义之士纷纷捐款，凑钱准备送给狱卒。 但阉党根本不给他们这个机会，凑钱的当天晚上，就把杨涟等人迫害死了。 杨涟耳朵里被钉上铁钉，被沉重的麻袋活活压死；左光斗全身都被烙铁烧得稀烂，脸上全是烫伤，左腿膝盖以下的骨头都露了出来……6人全部受尽酷刑惨死。

魏忠贤下令把东林党人全部从朝廷赶出，一年后，又大捕东林党。 在逮捕苏州的周顺昌时，苏州市民纷纷上街请愿，请求释放周顺昌。 市民们拦住魏忠贤走狗、南京巡抚毛一鹭的轿子，被惹急的士兵，把镣铐往地上一扔，吼道："我们是东厂派来的，谁敢阻拦？"市民们大怒，骂道："我们还以为是皇上派来的，结果是东厂的走狗！"大家一起向他们冲去，用石块、瓦片狠狠地砸向他们，揪住他们痛打。 看到势头不对的毛一鹭钻出轿子，躲在粪坑里才逃过一劫。 周顺昌最后还是被抓走了，追究这件事的阉党们抓起了带头的5个人，给他们定了死罪。 那5个人面无惧色，在刑场上还大骂魏忠贤，围观的群众伤心得掉下了眼泪。

东林党领袖高攀龙、周起元、周顺昌、缪昌期、周宗建、黄尊素、李应升7人在这次大追捕中被捕杀。人们把杨涟等6人称为"前六君子"，把高攀龙等7人称为"后七君子"。 血腥镇压东林党的阉党并没有猖狂多久，一年后，明思宗登基，将魏忠贤等人处死，为东林党人平反。

收复台湾第一人

嘉靖年间的倭寇之祸，是明朝最主要的外患之一，我国东南部沿海遭荼毒20余年。直至嘉靖末年，倭寇才被明军驱出闽、粤地区，可仍流窜到台湾及附近海域为非作歹。

1601年，倭寇又进犯福建沿海一带，福建地方长官沈有容与铜山把总张万纪奋起反击，大败倭寇。倭寇残部退回台湾。

台湾历来是中国的领土，明朝时被称为"东番"，又叫"大员""大圆""大湾"（为当时平埔族番社之名，闽南话音译为"大员"），后衍化为"台湾"。

沈有容击退倭寇后，便计划主动出击，收复台湾。当时沈有容部屯驻于石湖，攻击倭寇需渡过台湾海峡，实为不易。但不畏艰险的沈有容毅然率战舰21艘出海，打算突然袭击倭寇，出奇制胜。

明代的战舰，不过是大木船而已。沈有容的船队航行不久，天气突变，狂风怒号，巨浪拍空，巨浪掀翻了7艘战船。沈有容率幸存的14艘战船历尽艰险，终于横渡海峡，迫近台湾西南海岸。

倭寇发觉后，非常害怕，急忙驾船应战，有进无退的明军，都殊死作战，终于击败倭寇，击沉他们的战船6艘，斩首15级，夺回被倭寇掳掠的中国百姓370余人。

明军登陆台湾，当地居民箪食壶浆以迎王师，台湾于是得以光复。捷报传到明廷，没有参战的一些文武将官皆述功受封，沈有容作为真正的大功臣却仅被赏赐了一点儿银子而已。

沈有容,字士弘,宣城(今属安徽)人,万历七年(1579年)武举人,史载他孩提时即"走马击剑,好兵略"。这位几乎被我们遗忘的民族英雄是我国从外国侵略者手中夺回台湾的第一人。

台湾被沈有容收复3年后,即到了万历三十二年(1604年)八月,荷兰侵略者企图侵占澎湖岛,沈有容率兵前往荷兰军营中,申以大义,辞气慷慨,凛然难犯。为其胆略慑服的荷兰军首领,率船队离开了澎湖岛。

万历四十四年(1616年),日将村山秋安又率战舰13艘、士兵3000余人进攻台湾,因途中风吹散了舰队,村山秋安率3艘退回日本,其部将明石道友率三艘在台湾北部登陆,马上遭到台湾兵民的围攻追击,走投无路的倭寇全部自杀。还有7艘战舰被吹到福建海域,在进犯金门岛时,又被沈有容击败,两艘战舰被击沉,其余五艘仓皇退回日本。这是沈有容抗击外侮、维护祖国领土完整所立的又一功勋。

后世都知道民族英雄郑成功收复了台湾,却很少有人知道在郑成功之前还有一个名叫沈有容的民族功臣曾收复台湾,并保卫台湾、金门、澎湖诸宝岛安全。

袁崇焕抗敌

努尔哈赤建立后金王朝后,多次入侵明朝边境,并大败明军于萨尔浒,辽东局势非常危急。老将熊廷弼被朝廷派去镇守,但巡抚王化贞妒忌熊廷弼,两人配合得很差。努尔哈赤进攻广宁时,王化贞临阵脱逃,独木难支的熊廷弼只好退回山海关。战后朝廷追究责任,将熊廷弼杀了。

当时明朝缺少将才，好容易有个熊廷弼，却又给杀掉了，兵部找不到负责辽东军事的将才，非常犯愁。这个时候，从山海关观察地形回来的兵部主事袁崇焕说："让我去吧，只要给我兵马钱粮，我肯定能守住。"将希望寄托在他身上的朝廷，给了他20万两军费，授予他关外军队的指挥权。

经过多年战争，关外已经很荒凉了，大学士孙承宗决定把军队驻守在宁远，命令满桂和袁崇焕前往。袁崇焕在宁远修筑了一座坚固的城池，让宁远成为关外的重镇。满桂善于用兵，袁崇焕尽忠职守，两人配合得很好，发誓与宁远城共存亡。他们又关心部下，将士们都乐意为其效力，很快便扭转了边境的局势。

在这个关键时候，朝廷罢免了孙承宗，阉党高第接替了他的职位。高第说关外守不住，让所有部队都撤回山海关。袁崇焕不同意，他说："我宁可死在宁远，也坚决不撤走！"高第没办法，只好把其他城池的人撤走，明朝辛辛苦苦铸就的防线毁于一旦。

以为明军容易对付的努尔哈赤派大军渡过辽河，抵达宁远城下。这个时候宁远城内只有1万多人，又没有任何援军，而后金兵多达13万。镇定沉着的袁崇焕召集起将士，亲自咬破手指头写下死守宁远的血书。将士们纷纷请求以死报国，没有一个人退缩。袁崇焕命令烧掉城外的房子，将守城的器械全部运到城内，等待后金兵的到来。他还写信给后方的将领，告诉他们，从宁远逃回的官兵，一经发现，一律斩首。这样一来，城里的人心安定了下来，一心一意等待杀敌报国。

征战数十年的努尔哈赤，根本不把小小宁远城放在眼里，他觉得这只不过是他前进路上一个小钉子罢了，在后金铁蹄下，宁远城迟早会覆灭。可是他想错了，当后金兵举着盾牌攻城的时候，他们遇到了前所未有的抵抗。袁崇焕指挥明军，用弓箭、石块杀伤了大批后金兵。但后金兵一向能征善战，前赴后继，形势非常危急。在这紧急关头，袁崇焕动用了西洋大炮，将后金兵杀得血肉横飞。后金从来没有见过威力如此之大的武器，吓得纷纷后退。努尔哈赤见宁远城固若金汤，下令暂时收兵回营。第二天，后金兵继续猛攻，袁崇焕不慌不忙，下令用炮猛轰后金兵多的地方。无数后金兵被炸得粉碎，连努尔哈赤也受了重伤，不得不下令撤退。宁远的包围被解除了。努尔哈赤一世英雄，没想到居然在小小宁远栽了跟头，他又气又恨，加之伤势严重，很快去世了。

靠打仗起家的袁崇焕清醒地认识到，和后金不能硬拼。努尔哈赤死后，使者被他派去吊唁，顺便观察对方的情况。后金继承者皇太极虽然对袁崇焕恨之入骨，但表面上还是热情招待了明朝使者。袁崇焕想和后金议和，正出兵朝鲜的皇太极怕袁崇焕偷袭，所以同意议和。本来朝廷准许了议和的意见，但后来觉得不合适，又下旨禁止了。袁崇焕认为议和是收复失地的最好办法，极力坚持，但朝廷没有采纳。

当时赵率教驻守锦州，后金征服朝鲜后，又对锦州发动了进攻。赵率教以议和拖延时间，等待援军。袁崇焕认为不能动用宁远的兵，只派了4000精锐骑兵绕到后金背后偷袭。后金进攻锦州实际上是想把宁远的军队引出来，真正目的是宁远。后金见袁崇焕没有上当，计谋失败，也就退兵了。袁崇焕不救锦州被魏忠贤等指责失职，所以论功行赏的时候只给他加了一级俸禄而已。很多为袁崇焕抱不平的人，慑于魏忠贤的霸道，都不敢说话。

明思宗即位后，杀掉了魏忠贤，重新任用袁崇焕，还赐给他尚方宝剑。当时辽东大将毛文龙在后金后方组织的一支军队对牵制后金起了很大作用，但是他和袁崇焕政见不合，有的时候不听从袁崇焕的调遣。想严明军纪的袁崇焕用尚方宝剑将他杀了。毛文龙的死是明朝的一大损失,他的部将纷纷投降后金,而后金也少了个后顾之忧,这也是袁崇焕的一个错误。

闯王来了不纳粮

李自成,米脂(今属陕西)人,世代居住在怀远堡李继迁村寨。他的父亲李守忠,因为起初没有儿子,去华山进香祈求生子,之后他梦见神灵告诉他:"破军星将投胎做你的儿子。"不久就生下了李自成。

李自成小时候曾在一个艾姓的大户人家放羊。长大成人后,在银州当驿站小卒。他善于骑马射箭,生性争强好胜,曾多次犯法。知县晏子宾曾将他逮捕,要处死刑,他逃脱以后当了屠户。

崇祯元年(1628年)陕西一带出现大饥荒,延绥(治今陕西榆林)缺少兵饷,固原(今属宁夏)州库被士兵抢空。白水、府谷、宜川等地农民同时造反起义。李自成的舅舅、安寨的贩马人高迎祥和饥民王大梁一起聚集众人响应。高迎祥自称闯王,王大梁自称大梁王。第二年春天,崇祯皇上下诏以杨鹤为三边总督捕贼。参政刘应遇斩杀了在白水起义的农民王二、王大梁,参政洪承畴打败王左挂,起义之人才稍微有些害怕。

起初,起义军从渑池(今属河南)渡河,李自成投靠了势力最强的高迎祥的队伍。进入河南后,李自成与兄长之子李过结识了李牟、俞彬、白广恩、李双喜、顾君恩、高杰等人,从此单独组成一支队伍。

李过、高杰善战,顾君恩善于谋划。明朝总督陈奇瑜率兵来剿,张献忠等向商(今河南安阳)、洛阳方向逃走,李自成等在兴安地区(治今陕西安康)的车箱峡被包围,当时大雨连下两月,战马无食多被饿死,弓箭也多失落。 李自成采纳了顾君恩的计谋,向陈奇瑜左右之人行贿,假意投降。 李自成这支队伍并未被陈奇瑜放在眼里,他同意让他们投降,传令各位将领不要杀他们,凡路过的州县还为他们准备粮草。 李自成军队刚刚走出车箱峡,就大声鼓噪,大肆屠杀所过七个州县的百姓。 这时,略阳(今属陕西)方面的数万起义军也前来会合,一时声威大震。 总督陈奇瑜被朝廷罢了官,李自成由此出名。

崇祯八年(1635年)正月,各路农民军相会于荥阳(今属河南)。 李自成、老回回、革里眼、左金王、改世王、射塌天、横天王、混十万、过天星、九条龙、顺天王以及高迎祥、张献忠共13家72营共同商议怎么抵抗官军,大家都拿不定主意。

李自成说: "就算单枪匹马,我也要抵抗到底,何况我们还有10万人马! 官兵能把我们怎样? 我们可以分兵几路出击,成败听天由命。"大家都同意。 李自成又提出,革里眼、左金王抵挡四川、湖广方面的官军;横天王、混十万、过天星守卫黄河一线,抵抗陕西方面的官军;高迎祥、张献忠以及李自成等向东方突击,老回回、九条龙往来策应。 他还命射塌天、改世王支援横天王,以抵御强大的陕西官军。 凡攻下城池、所获得的战利品由大家均分。 大家都听从李自成的这一安排。

在此之前,害怕农民军向南进犯的南京兵部尚书吕维祺请求调兵加强凤阳(今属安徽)皇陵的防守,未得到朝廷回报。 等到高迎祥、张献忠率兵东下,江北官军力量单薄,固始(在今河南沈丘)、霍邱(今属安徽)很快被攻下。 寿州、颍州被农民军占领,知州尹梦鳌、州判赵士宽战死。

原尚书张鹤鸣被农民军杀死,他们乘胜攻占了凤阳,烧毁明皇陵,皇陵留守朱国相等全部战死。 消息传到北京,身穿孝服的崇祯痛哭不已，派官向祖庙告罪，捕杀了漕运都御史杨一鹏，由朱大典取代，征兵讨伐农民军。

农民军将"古元真龙皇帝"几个大字写在旗帜上，饮酒欢庆。李自成请求张献忠将守备皇陵的一个善于吹奏乐曲的小太监给他，结果遭到拒绝。李自成大怒，与高迎祥一道回军向西，并在旧德（治今河南商丘）与过天星会合，一同进入陕西。张献忠独自一军东下庐州（治今合肥）。

崇祯十一年（1638年）春，农民军在梓潼（今属四川）被明朝官军打败，李自成逃到白水一带，结果粮尽。洪承畴、孙传庭率军在潼关一带夹击，李自成几乎全军覆没，与刘宗敏、田见秀等18骑突围逃到商洛山中。当年，由于张献忠已在谷城投降，李自成势力更为孤单。

第二年夏天，张献忠在谷城再次起兵。李自成大喜，出山把余部全部集结了起来。陕西总督郑崇俭派兵围攻，他下令："包围敌人一定要留个缺口。"李自成于是率部从缺口走脱，突破武关，前往投靠张献忠。然而他察觉张献忠想杀他，因此潜逃。杨嗣昌当时在夷陵督师，传令要他投降官军，将他包围在巴西、鱼腹山中，手下许多将领向官兵投降，李自成走投无路，想自杀却被养子李双喜劝止。

刘宗敏是蓝田（今属陕西）的一个铁匠，作战勇敢，也想投降。李自成和他一道散步到林中庙宇内，对他说："别人说我可以当皇帝，何不卜一卦？如果不吉利，你就把我的头献给官军投降。"刘宗敏同意了，结果三次卜卦，三次都是吉兆。刘宗敏回到营房，就杀掉两个妻子，对李自成说："我誓死跟着你干。"

军中将士听说后，也多有杀掉妻子誓死跟着干的。李自成烧掉全部辎重，率队轻装出发，由郧、均地区到河南。当时河南大旱，斗米一万钱，数万饥民投入李自成的军中。 李自成军力大振，从南阳（今属河南）出山，攻占宜阳（今属河南），杀知县唐启泰，接着又下永宁、万安、偃师（今均属河南）等地。 这时已是崇祯十三年（1640年）十二月了。

不好酒色的李自成，生活简朴，粗茶淡饭，能与部众同甘苦、共患难。 罗汝才妻妾数十人，衣被鲜丽华美，营帐中备有女乐数部，生活奢侈，遭到了李自成的鄙视。 罗汝才有数十万部众，他用山西举人吉珪为他出谋划策。 李自成和罗汝才一个善于攻城，一个善于作战，两人配合就像左右手一样。

李自成攻下宛、叶、梁、宋等地后，兵马强壮，将士一心，想凌驾于各路首领之上的李自成对罗汝才有些顾忌。 一天，他在酒席上把罗汝才的好友贺一龙绑架，第二天早晨派20名骑兵杀罗汝才于营帐之中，部众全部收归己有。

李自成在中州（今河南一带），烧毁所有攻占的城市，渡过汉江后，他想以荆、襄之地（今湖北一带）作为根本，改襄阳（治今湖北襄樊）为襄京，并修好了供自己居住的襄王宫殿。 其他府县也大多改了名称。

牛金星教李自成创设官府，封官拜爵。 李自成没有儿子，侄儿李过和妻弟高一功是他的左右亲信。 他封田见秀、刘宗敏为权将军，李岩、贺锦、刘希尧等为制将军，张鼐、党守素等为威武将军，谷可成、任维荣等为果毅将军，共有5营22将。 又设置了上相、左辅、右弼、六政府侍郎、郎中、从事等官，设置防御史在险要之地，府里长官称府尹，州称州牧，县称县令。

当时，原来荥阳大会时的13家72营农民军首领或死或降，只剩下李自成和张献忠两支人马了。 而李自成势力最强，他自称新顺王。

一天，他召集牛金星等文臣武将讨论军队去向。牛金星提出进军河北，攻打北京。杨永裕则建议先攻占金陵（今南京），以达到截断漕粮道路的目的。顾君恩对此都不同意，他说："攻占位于长江下游的金陵不会有困难，但这样做大事太慢了。直接攻打北京，一旦失利将没有退路，现在这样做又显得过急。关中（今属陕西）是大王的家乡，那里地势有利，占据关中，就等于三分天下有其二了。我主张先夺取关中，建立基业后再向三边进攻，扩大军事力量，攻取山西，最后进攻北京，这就进可攻、退可守，万无一失了。"李自成采纳了他的建议。

崇祯十六年（1643年）十月，潼关被李自成攻下，明军总督孙传庭战死。李自成接连攻下华阴、渭南、华商、临潼等州县（今均属陕西）逼近西安，守将王根子打开城门接纳农民军进城。李自成任命刚俘获的秦王存枢为将军，任命永寿王谊况为制将军。巡抚冯师孔及十余下属官员被杀，布政使陆之棋等全部投降。李自成让士兵在西安大肆抢掠了三天才下令禁止。他改西安为长安，称为西京。

第二年春正月初一，李自成在西安称王，国号为"大顺"，改元"永昌"，改名自晟。曾祖以下的先辈都被追尊，加谥号，并以李继迁为太祖。设天佑殿大学士，以牛金星任其职。增设六位政府尚书官职，又设置了弘文馆、文谕院、谏议、直指使、从政、统会、尚契司、验马寺、知政使、书写房等官职。

李自成攻下山西后，直逼京师。这年三月十三日，放火烧昌平（今属北京），总兵李守铄战死。在这之前，农民军为侦探京师虚实，常派人扮为商贾进入京师卖货，或伪装成各部衙门的小卒刺探机密。朝廷有什么计划、措施，一下子就回报李自成军中知道。当农民军抵达昌平时，被派去刺探农民军军情的兵部人员全部被俘获，致使京师都不知道农民军的先头人马已到了平则门。十七日，崇祯皇帝查问军情，群臣都无法回答。农民军很快开始围攻京师九门，九门外朝廷三大营全部投降了农民军。北京城之前就缺乏粮饷，再加上守城墙的士兵缺乏，只得以宦官代替。后来，守城的大权就被这些宦官所掌握了，百官不得过问。

十八日，农民军攻城更为激烈。驻军于彰义门外的李自成，派投降过来的太监杜勋翻进城墙见崇祯皇帝，要求他让位。崇祯大怒，大声斥责他，并下令亲征。

傍晚，太监曹化淳打开彰义门，放农民军进城。在煤山之上的崇祯帝，看到京师烽火连天，叹息道："真苦了百姓！"徘徊良久，回到乾清宫，下令将太子和永王、定王送到贵戚大臣周奎、田弘遇家中，用剑击杀大公主，又逼迫皇后自尽。第二天天还未亮，皇城就已失守，崇祯下令鸣钟召集文武百官，但没有一人前来。于是，他再上煤山，在左衣襟上写下遗书后在山亭中自缢而死，太监王承恩也在他身边自缢。

李自成从攻占西安起，就开始建置百官，攻占京师后更改了明朝官制。六部改为六政府，司官改称从事，六科改称谏议，十三道御史改称直指使，翰林院改称弘文馆，太仆寺改称验马寺，巡抚改称节度使，兵备改称防御使，知府改称府尹，知州改称州牧，知县改称县令。

李自成面南召见百官，牛金星、刘宗敏、宋企郊等在他左右杂坐，按次序呼叫名字，分三等授予职务。对明朝降官，委用从四品以下官员，三品以上只用了原侍郎侯恂一人。其余的勋戚、文武大臣如周奎、朱纯臣、陈演、魏藻德等共800多人，全部送到刘宗敏营帐中严刑拷打，有的皮肉被烧烙，有的四肢被折断，用尽酷刑。

北京还未攻下时，明朝山海关总兵吴三桂接到崇祯皇帝的诏书，率兵救援京师。刚到山海关，京师陷落。他正在犹豫不决时，他父亲吴襄遭李自成逼迫写信招降。吴三桂准备投降，但率兵到达滦州（治今河北滦县）时，听说刘宗敏抢走了他的爱妾陈圆圆，十分愤怒，便又迅速回军赶到山海关，打败山海关的农民军。

愤怒的李自成亲率10余万部众，并将吴襄也带在军中，进攻山海关东面，又另派将领从一片石越过山海关，准备前后夹击。吴三桂害怕了，投降清兵以求救援。四月二十二日，李自成20万大军列阵关内，从北山连绵到海边。

清兵面对农民军摆开阵势，吴三桂则列阵右边，双方大战，吴三桂军杀伤数千农民军，农民军也奋力拼搏。正在双方僵持之时，清兵从吴三桂军右边突然出击，冲击农民军，一时万马奔腾，箭如雨下，老天又刮起大风，飞沙走石。带着太子在高处观战的李自成，见清兵投入战斗，立即催马急走。清兵追杀40里，农民军大败，自相践踏，死者不计其数，遍地是尸体，血流成河。李自成被清军追至永平，恰遇先到永平的吴三桂，于是杀死吴襄，逃回北京。

四月二十九日，李自成在北京称帝，旋即放弃北京逃到西安。顺治二年（1645年）二月，清兵进攻潼关，农民军首领马世耀率军60万迎战，大败。潼关失守，李自成放弃西安，由龙驹寨到武冈，进入襄阳，逃到武昌。清兵分两路紧追不舍，接连攻下邓州、承天、德安、武昌（今均属湖北），一直追到农民军老营，李自成大败，军队损失惨重。

当时，左良玉东下，武昌空虚，李自成在此屯驻了50多天。此时军队还有50余万，他把江夏（今武昌附近）改为瑞符县。但在清军追逼之下，部众很快或降或逃。李自成逃往咸宁、蒲圻，到通城（今均属湖北），进入九宫山（在今湖北、江西交界处）。

这年九月，李自成留下李过守寨，在率骑兵到山中找粮食时，被山中村民包围，无法走脱，于是自缢而死。

另有一种说法是：当时村民正在修筑堡垒准备抵抗，看到农民军人少，大家一拥而前，争相厮杀，陷进泥潭之中的李自成被铁锄击杀。山民剥去他的衣服，看到他穿的龙衣、金印，又看到尸体瞎了一只眼，才知道死者就是李自成。当时清兵又派认识李自成的人去验证尸身，然而尸体朽烂，已无法辨认了。

吴三桂借清兵

崇祯十七年（1644年），已建立大顺政权的李自成攻入北京，崇祯帝上吊自尽，明王朝灭亡。李自成认为江山已经打下来了，成天躲在皇宫里，不思进取，他手下的将士们四处抢掠，想多带点儿钱回老家当大财主，斗志渐渐被磨灭了。他们拷问明朝的官员，逼他们把钱财交出来。其中有个叫吴襄的大官也被抓起来打了个半死，家产全被没收。有人告诉李自成，吴襄有个叫吴三桂的儿子，现任山海关总兵，手下部队战斗力很强，对大顺政权是个威胁。如果把他招降了，不仅少了个威胁，也壮大了自己的力量。于是李自成命令吴襄给吴三桂写信，让他投降。

吴三桂本来是被派到宁远驻守的，起义军快打到北京的时候，他奉命返回支援。刚到山海关，就听说了北京城被攻占的消息，于是就停了下来。这次收到父亲的信，他很犹豫，因为瞧不起那些农民出身的起义军，他并不乐意投降，可不投降的话，大顺军有上百万人，自己一个小小总兵是肯定抵挡不住的，而且北京的家产尚在，所以他决定先去北京看看情况再说。

他正要出发，恰遇一个留在北京的家人，向他哭诉崇祯帝惨死，国破家亡，吴三桂面不改色，口头上敷衍了几句。那家人看他没什么反应，又说："贼兵抢光了家里的东西，老爷被他们拉出去打，还关了起来，少爷您看怎么办？"吴三桂这才问道："陈夫人呢？"陈夫人就是名妓陈圆圆。她被崇祯帝皇后的父亲周奎买下，想献给皇帝。但崇祯帝并不好色，没有看上陈圆圆。后来周奎请吴三桂吃饭，在酒席上，吴三桂被陈圆圆迷得神魂颠倒，干脆厚着脸皮向周奎索要陈圆圆。陈圆圆就这样当上了吴三桂的小妾，吴三桂非常宠爱她，与陈圆圆重新团聚也是他这次想回北京的重要原因。

那个家人告诉吴三桂，陈圆圆在抄家的时候被李自成的大将刘宗敏抢走了。这句话激怒了吴三桂，他咬牙切齿地说："此仇不报，誓不为人！"

他马上下令紧守山海关，所有将士全部换上白衣白甲，宣称要为死去的崇祯帝报仇。他也知道自己的兵力不是大顺军的对手，于是派人给关外的清政府写信，说自己愿意投降，只求派兵帮助他对付李自成。

当时睿亲王多尔衮掌握大权，他接到吴三桂的信后非常高兴，认为这是进兵中原、夺取江山的好机会，马上接受了吴三桂的投降，并率领大军开赴山海关。吴三桂亲自迎接，并和多尔衮歃血为盟，并剃掉头发，改成清朝人的发型。

听说吴三桂不肯投降的李自成把吴三桂留在北京的亲人都杀了，然后率领20多万大军杀向山海关。多尔衮知道李自成的军队很厉害，于是命令吴三桂打先锋，他带领清兵埋伏起来，想等他们两败俱伤后再出击。

战斗开始时，吴三桂带领大军向李自成的部队冲去。李自成兵多，采用两翼冲锋的方式将吴三桂的人马包围起来，吴三桂的部下不愧是久经沙场的精兵，在人数上处于劣势的情况下拼死突围。双方僵持不下，喊杀声惊天动地。

正在这时，突然刮起一阵狂风，顿时天昏地暗。多尔衮抓住时机，下令清兵出击，受到突然袭击的大顺军乱了阵脚，直到风停了之后才发现周围都是留着辫子的清兵。大顺军受到吴三桂和清兵的两面夹击，死伤惨重，回到北京后已经没多少士兵了。李自成见北京守不住了，于是抓紧时间举行了登基大礼，第二天就逃出了北京城，不久起义军失败。

而多尔衮则带领清兵开进北京城，并把顺治帝接了过来，老百姓本以为清兵只是来帮个忙就走。没想到最后连清朝皇帝都接来了，这才知道从今以后要受清朝的统治了，大家都很愤怒，骂吴三桂是汉奸、卖国贼。

史可法战死扬州

崇祯十七年（1644年）四月，史可法听说李自成进犯京城后，马上发动将士准备北上。在浦口渡江的时候，传来了北京沦陷的消息。史可法号啕大哭，换上孝服为皇帝发丧。这个时候，南京的大臣却都在为谁应被立为皇帝争论不休，张慎言等人认为按血缘关系排列的话，应该拥立福王朱由崧。但福王贪于玩乐，而潞王比较贤明，所以很多大臣主张立潞王，史可法也同意这个意见。凤阳总督马士英却和阉党余孽阮大铖勾结起来拥立福王。当史可法把不能拥立福王的理由告诉他们的时候，马士英和高杰等人已经把福王送了过来，史可法等人只好去迎接福王。

福王正式监国后，大家推举史可法、高弘图和姜曰广三人为内阁大臣。 刘孔昭非要争着入阁，被大家以明朝没有勋臣入阁的先例为由制止了。 刘孔昭大怒："就算我不行，那马士英又为什么不能入阁？"结果又把奸贼马士英弄进了内阁。 两天后，史可法被任命为礼部尚书兼东阁大学士，和马士英等人一起入阁。 史可法掌管兵部事宜，马士英仍然主管凤阳军务。

日夜盼望能当宰相的马士英，看到史可法位于自己之上，就把当初史可法写给他的、不能立福王的信给了福王，并带兵入朝，请福王即帝位。 不想和小人作对的史可法于是请求到淮扬一带监督军事。 江北地区被马士英分成4个镇，由刘泽清、高杰、刘良佐和黄得功4人管辖。 这4个人互相之间不服气，经常爆发冲突。他们都想进驻扬州，高杰捷足先登，其他3个人也都学他的样子大肆抢劫江淮一带。 朝廷命令史可法去调解，除了高杰之外，其他3人都听从命令。 高杰是四镇中最骄横跋扈的一个，他和黄得功交战，错在高杰，经过史可法调停，事情才得以解决。 高杰驻守在扬州，非常凶暴，但史可法对他开诚布公，用君臣大义来开导他。高杰逐渐被史可法所感动，接受了他的管束。

史可法虽任权力很大的督师，但他从不敢奢侈浪费。 他没有儿子，妻子劝他娶妾，他说："公事那么忙，哪里有空管这事？"除夕夜他还在批阅文件，太累的时候就让厨师给他拿点儿酒菜来。厨师说肉食都分给将士们过年了，他就拿调料来下酒。 史可法在军中从不喝酒，但这天晚上他一口气喝了几十杯酒，想起先帝的恩德，不禁黯然泪下，很快就趴在桌子上睡着了。 天亮后，等在辕门外的将士们被知府任民育告知说："督师平时很难得休息，这天晚上他能睡得这么好，不容易啊。"他命令打更的人仍旧打晚上的更，并告诫左右不要吵醒他。

清军打到宿迁后，史可法派人向朝廷告急，马士英却说："他不过是想给将士们请功罢了。"不久，高杰被许定国杀死，他的部队全部溃逃。 听到这个消息后，史可法流着眼泪说："不能再在中原有所作为了。"几天后，清兵来到城下，包围了扬州。 第二天，总兵李栖凤和监军副使高岐凤两人率部投降，防守力量被大大削弱。 史可法让文武官员分别驻守在城墙上，自己亲自驻守地势最为险要的西门。 他已抱了必死的决心，并写信给家人要求葬自己于孝陵附近。 两天后，清兵开始攻城。 史可法组织军队拼死抵抗，大批清兵被杀。 清兵很快就发现西北角是明军的防守重点，于是用大炮猛轰该处，将城墙轰塌。 史可法见城已被攻破，想拔剑自尽，但被一个参将救了下来，并送他到小东门让他逃命。 但史可法不忍百姓被清军屠杀，于是大叫："我是史督师！"最后被清兵抓住，惨遭杀害。

清兵在攻打扬州的时候死伤惨重，入城后一连屠杀了10天之久。 10天后史可法的义子史德威入城找他的遗体，但由于天热，城中尸体都腐烂了，根本无法辨认。 一年后，他的家人将他的衣服埋在了扬州城外的梅花岭下，后人在此立祠纪念他。

清史稿

努尔哈赤起兵

　　努尔哈赤生于明嘉靖三十八年（1559年），由于继母对他不好，从小就饱尝生活的艰辛。但他的意志并没有被困难消磨掉，他长大后学了一身本领，而且聪明过人。古勒城主阿太是努尔哈赤伯父的女婿，一次努尔哈赤的祖父和父亲去看望阿太。当时阿太正被明朝总兵李成梁攻击，阿太手下有个叫尼堪外兰的人投靠了明军，骗阿太打开城门，引明军前来攻陷了古勒城。努尔哈赤的祖父和父亲都死在乱军之中，他和弟弟舒尔哈齐则当了俘虏。李成梁的妻子见他二人一表人才，就偷偷放走了他们。

　　努尔哈赤回到部落后，唯一的财产就是祖先留下的13副盔甲。五城族的龙敦等人借口害怕受到牵连，多次加害努尔哈赤，有一次还打死了他的护卫。有一天夜里，努尔哈赤抓到一个偷袭者，左右都要把他杀了。但努尔哈赤不想让仇恨加深，下令将他放了。他派人问明军，说："我的祖父和父亲犯了什么罪？"理亏的明军把他们的尸体还给了努尔哈赤。他说："尼堪外兰是我的仇人，请你们把他交给我。"但明军没有理睬他。

　　努尔哈赤25岁那年正式起兵报仇。第一次讨伐尼堪外兰的时候，因援兵没有及时赶到，尼堪外兰得以逃脱。努尔哈赤紧紧追赶，一直追到了明朝的边境上，明军出来反击，尼堪外兰趁机逃走。 努尔哈赤这一仗虽然没有杀掉尼堪外兰，但树立了自己的威信，很多部落都跑来依附，他的实力壮大了很多。

努尔哈赤经过多年的战争，基本统一了女真各部，登基称帝，定国号为"金"，历史上称为"后金"。

两年后，努尔哈赤下令整顿军备，决定寻找机会攻打明朝，颁布了所谓"七大恨"：一、明军无故杀害他的父、祖；二、明朝偏袒女真族的叶赫等部，对建州部不公；三、明朝违反双方划定的边界范围，强令努尔哈赤赔偿所杀越境人之命；四、明朝派兵保护叶赫部，干涉女真内政；五、明朝支持叶赫部，将许给努尔哈赤的女子转嫁蒙古；六、明朝强迫努尔哈赤退出已经开垦耕种的柴河、三岔、抚安，不让女真人收获当地庄稼；七、明朝守备尚伯芝在建州作威作福。

努尔哈赤还建立了八旗制度，分女真人为8个旗。 八旗制度是由牛录制度发展而来的，早在女真没有统一的时候，人们是按部落的次序行军打猎的。 每10个人设一个首领，称为"牛录额真"，也就是箭主的意思。 努尔哈赤把女真人合并起来，规定每300人为一个牛录，设一个牛录额真，这里的"牛录额真"是"佐领"的意思。牛录额真以下设两个副手，也就是骁骑校。 5个牛录为一个甲喇，首领为参领。 5个甲喇组成一个固山，固山就是旗的意思。 刚设立旗的时候只有黄、红、白、蓝4个旗。 后来兼并的部落越来越多，4个旗明显不够用了，于是又增加了镶黄、镶红、镶白和镶蓝4个旗。 这样，八旗制度正式登上了历史舞台。

战斗力非常强的八旗军队，接连打下了东州、抚顺等重要城池。 不久，又在萨尔浒歼灭明朝前来讨伐的大军。 从此，后金成为明朝最大的敌人。

努尔哈赤赢得萨尔浒大战后，休整了几年，又相继攻陷沈阳、辽阳。

第二年，努尔哈赤再次打败了明朝的援军，攻占了广宁。明朝大将王化贞和熊廷弼因为此役的失败而被杀。努尔哈赤节节胜利，在他志得意满的时候，却遇到了久攻不下的宁远城，死伤惨重，只好退兵。

努尔哈赤回到沈阳后就病倒了，他对儿子们说："我自从25岁起兵以来，战无不胜，攻无不克。真不甘心被袁崇焕阻挡！"不久，他就病死了，终年68岁。

多尔衮辅政

多尔衮是努尔哈赤的第14个儿子，因为性格最像父亲，最受努尔哈赤宠爱。努尔哈赤临死的时候曾指定多尔衮为自己的继承人，但由于当时多尔衮太小，而大多数人又支持手握重兵的皇太极，所以多尔衮并没有能登上皇帝宝座。

从弟弟手上抢到皇位的皇太极对多尔衮还是挺不错的。多尔衮和他的同母兄弟阿济格、多铎三人都能征善战，巩固了后金，逐渐控制了八旗中的正白旗和镶白旗。皇太极死后，多尔衮想依照努尔哈赤的遗言继位，但皇太极的长子豪格势力也很大，双方争得很厉害。因为反对者很多，多尔衮就退让了一步，同意立皇太极的儿子为帝。但豪格年富力强，于是他就挑选了最年幼的福临为帝。福临就是顺治帝。多尔衮立了福临，自任摄政王，控制了朝政。

多尔衮有勇有谋，与一般的满洲贵族不同的是，他深知今后进兵中原，光靠军队是不够的，毕竟满族人口有限，不可能长期单独统治这么大的国家，所以他非常尊重汉族知识分子。但没过多久，就发生了一件让他头疼的事。

多尔衮的弟弟多铎勇猛善战,最受多尔衮的喜爱。多铎是个粗人,汉人从来都入不了他的法眼,但他对汉族女子倒是兴趣很浓。他看上了大学士范文程的妻子,不顾范文程朝廷重臣的身份,经常派人到范文程家附近侦察,想伺机抢人。范文程知道在满洲汉人没有地位,虽然自己官很大,但也惹不起多铎。可多铎派人天天在附近骚扰,忍无可忍的范文程把这事透露给了多尔衮。多尔衮知道这事后非常生气,马上狠狠处罚了多铎。多铎平时最尊敬多尔衮,于是乖乖认罚,再也不敢打范夫人的主意了。

多尔衮这一招很快就把汉族大臣的心揽了过来,从此他们对清王朝也更加忠心了。深受感动的范文程向朝廷上书,提出了进兵中原的计划。多尔衮觉得有理,于是带领大军向山海关进发。

走到半路上,他们被吴三桂派来的人拦住了。原来明朝已经灭亡,山海关总兵吴三桂的家被抄了个精光,小老婆也被起义军抢走了。愤愤不平的吴三桂不敢和起义军开战,只好派人去见多尔衮,请求清朝借兵给他。这时多尔衮正愁难以攻下山海关,看到吴三桂主动来降,高兴坏了。他到山海关和吴三桂签订了盟约,帮助吴三桂打败了李自成。

清兵进入北京后,多尔衮召集明朝官员,告诉他们自己是来替他们报仇的,不会伤害他们。他还假惺惺地为崇祯皇帝发丧,赢得了民心。多尔衮占领北京后,决定把都城从盛京迁到北京,但遭到了反对。他说:"太宗皇帝曾说,如果打下了北京,就马上迁到那里,以便占领中原。必须要迁都。"几个月后,顺治帝带领文武百官开进了北京城,清朝正式成为统治中原的大帝国,多尔衮立了头功,被封为皇叔摄政王。

多尔衮权力越来越大,很多国家大事都是他一个人说了算。就连皇帝的玉玺,他也给搬到自己家里去了。已经有了两个旗的多尔衮还嫌不够，把正蓝旗也划归自己名下。当时皇帝也只掌握正黄旗和镶黄旗两个旗，多尔衮的势力比皇帝还大了。

多尔衮虽然足智多谋，但清朝贵族的某些恶习他并未改掉。满族人抢占土地用的是圈占法，也就是让人在规定的地方跑马，跑完一圈回来，这一圈的土地就归那个人所有。多尔衮入关后还用这个办法划分土地，被圈走的土地上的百姓只能搬家，但不能带走财产。光是在北京，满洲贵族就圈走了1000多万亩土地。汉族人还被迫到满族人门下当奴隶，如果谁敢逃走的话，抓到后就处以重刑。这些措施大失人心，但多尔衮根本没有意识到这一点。

顺治帝不满于多尔衮的骄横，多尔衮死后，顺治帝抄了他的家，剥夺了他的爵位，一直到乾隆时期才恢复他的名誉。

康熙帝平三藩

当年清政府入关，为其打天下的既有满族人也有汉族人。孔有德、吴三桂、尚可喜和耿仲明是汉族人中功劳最大的4个。清政府为了表彰他们的功劳，将他们封为亲王：孔有德被封为定南王，吴三桂被封为平西王，尚可喜被封为平南王，耿仲明被封为靖南王。孔有德阵亡于平定明朝余党的战斗中，所以实际上只剩下3个汉族王爷。吴三桂势力最大，占据了云南和贵州，尚可喜驻防广东，耿仲明驻防福建。他们在当地拥兵自重，一年的军费开销占了整个清朝一半以上的财政支出。康熙帝当然无法容忍这种状况。

然而康熙帝还不敢随便动他们，入关之时，顺治帝曾与他们盟约，让他们永守南方，而且绝不猜疑。不过三藩尤其是吴三桂非常骄横，他任命的官员比朝廷任命的还多。多年来，云南不但没向中央交过一分钱,中央反而还要负责他们的开支。 而且吴三桂等人能征善战,手下的士兵都是身经百战的良将猛士,人数还不少。 他们要是造反,朝廷还不一定是对手呢。

康熙帝派到云南等地的官员根本没有实权,权力都掌握在那3个藩王手中。 长期这样下去,康熙帝心里当然不舒服了。

正好尚可喜觉得自己岁数大了,驻守在广东越发力不从心,加上思念故乡,所以请求让儿子尚之信继承王位,自己回辽东养老。 康熙想借此机会试探另外两藩的态度,于是下令批准尚可喜回老家,但不准他儿子继承王位,平南王的头衔实际上被剥夺了。 这样一来,平西王吴三桂和靖南王耿精忠(耿仲明之孙)怀疑这里有问题,越发坐不住了。 同样地,他们也想试探下康熙帝的态度,于是假惺惺地提出要撤除藩王职位,回家享清福。

见三藩主动提出撤藩,康熙心里很高兴,但还拿不定主意,就召集大臣开会商议此事。 很多大臣都认为吴三桂等人的请求是假的,如果同意他撤藩,他就会造反。

康熙帝果断地说:"吴三桂等人一向骄横,不论是否撤藩都会造反,还是应该先下手为强。"他下诏同意吴三桂等人撤藩。 这下可把三藩惹怒了,尤其是认为清朝入主中原是他的功劳的吴三桂。 现在一个20岁的小皇帝居然敢动他,不想反也不行了。

吴三桂早就精心准备,他先杀掉了云南巡抚朱国治,逼迫贵州提督李本深和巡抚曹申吉投降。 然后换上明朝将军的衣甲,到永历帝的墓前痛哭了一把,号称自己要为明朝报仇。 不过他好像忘了,是他亲手勒死的永历帝。 可人们却没有忘记,所以真正愿意起来响应他的人很少,不过另外两藩倒是也跟着举起了反旗。

吴三桂造反的消息传到北京城后,康熙帝下令将吴三桂的儿子吴应熊抓起来当人质,然后调兵遣将讨伐吴三桂。 吴三桂的部队久经沙场，手下猛将如云，清军被杀得防不胜防，很快就攻下了很多地方，一直打到了湖南一带。

就在这个关键时刻，镇守广西的孙延龄也起兵响应吴三桂，这样一算，中原的一半都落入了叛军之手，清朝陷入了开国以来最大的危机。

康熙帝知道叛军以吴三桂为首，只要打败了他，其他乌合之众很容易对付，所以他一开始就集中力量和吴三桂周旋。

吴三桂虽然以反清为名，其实还是想自己做皇帝，他以为只要自己带头起兵，各地反清势力都会起来响应他，然而因为他臭名昭著，起来响应的人寥寥无几，清朝军队很快就掌握了战争的主动权。吴三桂又气又恨，很快就病死了。几年后，清军攻入云南，历时8年，康熙帝终于平定了三藩。

《尼布楚条约》

雅克萨是黑龙江上的交通枢纽，早在顺治七年（1650年），哈巴罗夫就率俄军入侵此地，占领了雅克萨。哈巴罗夫在该地修筑了城堡，作为入侵黑龙江的重要据点。清王朝非常重视这一行动，再加上东北本来就是满族的发源地，他们怎么会让沙俄的魔掌伸进来呢？很快，沙俄军队就被打败，被赶出了黑龙江。

沙俄始终不想放弃这片土地，康熙四年（1665年），沙俄侵略者趁清政府把注意力都放在内政上面，重新占领了雅克萨。

康熙帝平定三藩之乱后没多久，沙俄人再次在雅克萨修筑城堡，在当地胡作非为，当地人民都管他们叫"罗刹"（佛经里的一种妖怪）。康熙帝听说沙俄人如此乱来，气急之下亲自赶赴盛京，下令准备讨伐沙俄。

康熙帝先礼后兵，他先派人送信给雅克萨的俄军首领，让其尽快撤走。但俄国人根本不加理睬，反而还向雅克萨增兵，非常狂妄。康熙帝让将军萨布素进兵雅克萨，先撤走当地粮食，迫使俄军断粮撤兵。但萨布素并没有执行这个命令，对他很不满的康熙帝于是任命都统彭春统领1.5万人出征，并侦察了雅克萨的地形，得知俄军不满千人，他收复雅克萨的决心更加坚定了。

彭春率领大军很快就包围了雅克萨。在进攻之前，彭春派人给俄军送信，要求俄军主动撤兵，并归还俘虏的中国居民。倚仗着坚固城池和先进武器的俄军，根本不理彭春。彭春大怒，强攻雅克萨，不久，一批前来支援的俄国人被清军消灭，雅克萨成为一座孤城。当天晚上，清军在城南修筑了防御工事，佯装以这里为据点进攻，却在城西城东架设了大炮。第二天天一亮开始攻城，红衣大炮威力果然惊人，轰得俄军东躲西藏。没有防火设施的雅克萨城，很快就变成了一片火海。俄国军事长官没有办法，只好投降。康熙帝宽待战俘，他事先就嘱咐彭春不可在敌人投降后还杀害无辜。就这样，在保证不再侵犯中国领土的条件下，清军释放了俄军战俘，而且还让他们带走财产和武器，并将700多名俄国儿童和妇女遣返俄国，还将不愿回国的俄国人安置在了盛京。雅克萨大捷让康熙非常高兴，重重奖赏了彭春等将士。

但是彭春没有想到，沙俄政府一向背信弃义。他攻下雅克萨城后，只是将城堡烧毁，既没有割掉庄稼，也没有留下士兵把守。结果才过了两个月，俄国人卷土重来，重新占领了雅克萨。

几个月后，康熙帝知道了俄国人重占雅克萨的事，他立即部署第二次征讨雅克萨。这一次他把攻取雅克萨的任务交给了黑龙江当地官兵，由萨布素指挥。不久，萨布素率领两千人赶到雅克萨城，从南北两个方向发起进攻。激战数日后，击毙百余俄军，其中包括俄国督军托尔布津。但是由于城墙非常坚固，一时很难攻破，只好坚持长期周围的方法。这一招非常管用，俄军粮食储备本来就不够，等围到年底的时候，800多人只剩下了150多人。

俄国人见形势危急，只好派使者和谈。康熙帝为了表示和谈的诚意，下令给雅克萨的俄军一些粮食。他派索额图和佟国纲作为谈判大臣前往色楞格斯克，康熙帝指示使节团，尼布楚、雅克萨、黑龙江流域不管主流支流都是中国领土，不能让给俄国人。使节团走到半路，因为噶尔丹攻打喀尔喀草原，被迫返回，最后双方决定在尼布楚谈判。

索额图等人和俄国使节戈洛文开始了谈判。戈洛文无理纠缠，以尽可能地占领中国领土，索额图为了打破僵局，提出以尼布楚为界，并把尼布楚给俄国，但戈洛文没有接受。当时欧洲传教士负责翻译，他们暗中帮戈洛文出谋划策，让中国进一步让步。最后中国做了让步，提出以格尔必齐河为界，这个提议已经突破了康熙帝提出的底线。沙俄同意了这个提议，双方签订了《尼布楚条约》。清政府在这个条约中做出了很大让步，将尼布楚周围及其以西割给了沙俄，但收回了雅克萨，将俄国的侵略势力赶出了中国，避免了和沙俄的战争，中国可以腾出手来对付反叛的噶尔丹。

三征噶尔丹

清朝蒙古族分为三部：漠南、漠西和漠北。清政府已经直接统治了漠南蒙古，而漠西蒙古势力最强。漠西厄鲁特蒙古准噶尔部首领噶尔丹野心勃勃，以成吉思汗自比，希望建立一番功业。这时喀尔喀蒙古内部出现不和，噶尔丹乘机攻打喀尔喀，逼走了土谢图汗和喀尔喀宗教领袖哲布尊丹巴。康熙二十九年（1690

年），噶尔丹继续发动进攻，在他的铁蹄下蒙古草原成了人间地狱。

康熙帝命令理藩院尚书阿喇尼和兵部尚书纪尔他布率领6000人尾随噶尔丹，计划援军到达后再发动进攻。但阿喇尼被噶尔丹的种种暴行激怒了，他来不及等待援军就贸然出战，结果被打得大败。

噶尔丹见朝廷的军队不是自己对手，继续嚣张地向内地进攻，一直打到离北京城仅700里的乌兰布通。面对野心勃勃的噶尔丹，康熙帝决定亲征。他任命二哥福全为抚远大将军，从古北口出兵；五弟常宁为安北大将军，从喜峰口出兵。康熙帝离开北京后不久患了重感冒，亲征计划取消，各路人马由福全指挥。

噶尔丹把军队布置在大红山下，几万匹骆驼被四脚捆住躺在地上，在背上驮上箱子，再蒙上一层湿毯子，环绕在军队四周，士兵躲在"驼城"后面对清军放枪射箭。但清军没有被这种小伎俩难倒，福全一声令下，大炮和火枪对准"驼城"的一段集中力量攻击，很快就打开了一个缺口。清军趁机猛烈攻击，蒙古军队纷纷溃逃。噶尔丹的侄儿策妄阿拉布坦早在噶尔丹进入漠北之前就率领5000人逃了回去，这时他趁机占领了空虚的噶尔丹后方。见势不妙的噶尔丹马上派了个喇嘛到清军主营求和。福全请示康熙帝，康熙帝发现这是噶尔丹的缓兵之计，下令马上攻击。但晚了一步，噶尔丹已经率领几千残兵败将逃走了。

噶尔丹惊恐于乌兰布通的惨败，他向清政府表示从此以后再也不敢侵犯喀尔喀。但是他贼心不死，野心勃勃，居然暗地里和沙俄相勾结。沙俄一直对中国图谋不轨，对噶尔丹此举求之不得。噶尔丹有了沙俄撑腰，底气足了，又开始蠢蠢欲动。

乌兰布通之战两年后，噶尔丹就撕下了面具，杀害清朝使者，并要求清政府遣返漠北蒙古逃难的牧民。3年后，噶尔丹率领3万骑兵进攻漠南。噶尔丹号称已经向沙俄借到6万鸟枪兵，威胁漠南蒙古各王公。

康熙三十五年（1696年），康熙帝决定兵分三路亲征，他亲率中路军从独石口出发，直扑战略要地克鲁伦。噶尔丹根本不相信康熙帝会亲征，当他从被康熙帝放回的俘虏口中得知皇帝真的来了，慌忙撤退。

噶尔丹不战而逃，康熙帝于是下令大军全速追击。这个时候，另外两路大军也赶到了，形成了对噶尔丹的夹击之势。

东西两路大军会师后继续前进，在昭莫多遭遇噶尔丹的先头部队，双方激战到傍晚仍然不分胜负。噶尔丹见无法攻破清军阵地，便计划夜晚逃跑，但是清军早就防着这一招。清军主帅费扬古派出一支部队绕到敌后，发动突袭。受到前后夹击的噶尔丹全军崩溃，只带了几十个骑兵杀出重围。康熙帝采取收抚降众的政策，彻底孤立了噶尔丹。策妄阿拉布坦也接受了清政府的册封，如丧家之犬的噶尔丹，仍坚决不肯接受清政府的招抚。

康熙帝见噶尔丹冥顽不灵，马上发动了第三次亲征。蒙古各部受到了极大震动，噶尔丹的亲信们也纷纷上书表示愿意归顺。噶尔丹走投无路，只好服毒自杀。

从此清朝控制了阿尔泰山以东的漠北蒙古地区，扫除了蒙古地区一大不安定因素，对蒙古的统治加强了，也让沙俄染指草原的美梦破灭。

诸皇子争位

清朝本来没有立太子的制度，皇太极和顺治帝都是通过诸王大会产生的。而康熙帝则是由顺治帝临死前留下的遗诏指定为继承人。 通过鳌拜专政，康熙吸取了教训，认为早立储君，从小培养，就不会有权臣专权的情况。 康熙十四年（1675年），二皇子胤礽被立为太子。

康熙帝非常疼爱胤礽，立储没多久就为他请了很多名臣当老师，还对他亲自教导，教他如何处理国事，如何带兵打仗。 等胤礽稍微大点儿后，他还带胤礽到宫外去巡游，让其了解民间疾苦。康熙帝花了很多心血培养胤礽，一心想把他培养成为一个合格的接班人。 没有辜负父亲期望的胤礽，少年时期就文武双全，聪明过人。 他满20岁后，康熙帝就开始让他亲自处理一些国事，希望他日后能够继承大统。

但后来，胤礽越来越不懂事，康熙帝第一次亲征噶尔丹的时候生了重病，不得不返回京城。 胤礽迎驾的时候没有表现出一点儿担心，让康熙帝非常伤心，从此对胤礽的感情淡薄了许多。 康熙帝第二次亲征噶尔丹之前，为考验胤礽，命其监国。 但胤礽的表现让康熙帝非常失望，回朝后的康熙发现很多政事都没有处理，增加了对他的不满。 康熙三十七年（1698年），康熙帝大封诸皇子，各位皇子们趁机培植自己的势力。

胤礽的外公索额图是太子党的首领，他非常支持胤礽登基当皇帝，难免露出蛛丝马迹。 康熙帝察觉后将他囚禁在宗人府，削弱了太子党的势力。 胤礽为人骄傲自大，他跟随康熙帝南巡的时候，在各地敲诈勒索，并因为小事就要处死地方官。 为政宽厚的康熙帝，见胤礽如此残忍，心里更加不满。 康熙四十七年（1708年），康熙帝和几个皇子一起巡游塞外，在回京路上，劳累的胤祄生了重病，胤礽丝毫没有把这件事放在心上。 康熙帝见胤礽如此缺乏手足之情，对他斥责了一番。 胤礽不但不认错，还大发脾气，而且每天晚上都在康熙帝的帐篷周围活动，让康熙帝心神不宁,怀疑他有异心。康熙帝当机立断废掉了胤礽太子之位,并在回京后将他软禁起来。

太子被废,诸皇子为登上皇帝宝座而蠢蠢欲动。大阿哥胤禔率先发难,他上奏说:"如果要杀胤礽的话,不用父亲动手的。"他这番话中除去胤礽、自己当太子的意图相当明显。康熙帝听了之后将他痛骂一番,还革去了他的王爵,把他囚禁起来。八阿哥胤禩聪明过人,礼贤下士,康熙帝对他印象本来很好,但由于他长期反对太子,康熙帝一怒之下革掉了他的贝勒头衔。除了这些人之外,康熙还审查过三阿哥胤祉、四阿哥胤禛、五阿哥胤祺、十三阿哥胤祥等人,但没有降罪。十四阿哥胤禵因为帮胤禩说好话,和九阿哥胤禟一起被赶出乾清宫。让康熙帝震惊的是,当他暗示可能重新立胤礽的时候,竟无人站出来保举胤礽,大多数人都站在胤禩一边。康熙帝考虑了很久,最后还是恢复了胤礽的太子地位。

为了安抚诸皇子,康熙帝对他们大加封赏,恢复了除胤禔之外的皇子的爵位。势力最大的胤禩,因为康熙帝对他监视严密,所以不敢轻举妄动,别的皇子也在韬光养晦。这一时期的胤礽处境比较好,和康熙帝的关系也比较融洽。但胤礽并没有抓住这个好机会,他甚至说:"从古到今,哪有人当了40年太子的?"他还拉拢了很多大臣结党营私,康熙非常失望,不久后又革掉了他的太子之位。胤礽被废后并不甘心,他在朝廷准备讨伐策妄阿拉布坦的时候写密信让党羽推荐他为大将军。胤禩一心想扳倒他,收到这个消息后就告发了胤礽。此后还有很多大臣想让康熙帝恢复胤礽太子之位,结果适得其反,他们的做法让康熙帝觉得太子党势力已经形成,所以胤礽也未再被立为太子。

八阿哥胤禩见太子再次被废,心思浮动,但康熙帝警告过他不要痴心妄想。胤禩很生气，干脆故意激怒康熙，彻底断绝了自己的太子之路。胤䄉因为被康熙帝重用，也产生了夺储之意。胤祉仗着和康熙帝关系最好，也在四处活动，而最有谋略的胤禛却不动声色。

胤禛伪装诚孝，博得了康熙帝的好感。他还为讨好康熙故意为其他皇子说好话，逐步让康熙帝对他另眼相看。康熙帝临死的时候将皇位传给了胤禛，也就是雍正帝。

王夫之上传下教

王夫之是明末清初著名的思想家、学者，字而农，湖南衡阳人。因其曾筑土室居于石船山中，故学者又称之为船山先生。明朝崇祯壬午年（1642年），王夫之与哥哥王介之一道乡试中举。明末农民起义军张献忠部攻陷衡州，邀他前往，王夫之不从，躲到南岳，农民军将他父亲王朝聘掳去，扣为人质，意图逼其就范。

王夫之自己用刀将身上刺得遍体鳞伤，叫人抬去见张献忠，愿替父做人质。张献忠见他伤很重，便将他和王朝聘一起放归了。明亡后，清兵南下，王夫之曾在湖南衡山举兵抗清。兵败后，又入南明永历朝廷。后来失望于永历朝的腐败，辞职归隐。此后便在石船山中修建了一间土房子，取名"观生居"，发愤著述，前后40余载。他隐居时，曾有地方官因慕其名声，请他出山，其不为所动。

王夫之善诗文词曲，精于学术，他的著作共有220卷。其中收入《四库全书》的有：《周易稗疏》《考异》《尚书稗疏》《春秋稗疏》。收入《四库全书》目录的有：《尚书引义》《春秋家说》。 王夫之治学，从汉儒辞章考据入手，进而研究宋代程颢、程颐、朱熹、张载等名家的义理之学。 他的著作《大学衍》《中庸衍》，对陆九渊、王阳明关于"致良知"的说法提出反对意见，而赞成朱熹的观点。

他熟谙张载的《正蒙》一书。 他说张载的学说是继承了孔子、孟子的思想，但由于张载是一介布衣，生活在民间，没有达官贵人为他吹捧，他的学问才不及邵雍的学问流传广。 之后，王夫之开始研究人与自然的关系，研究阴阳法象的本原，在《正蒙》的基础上进一步深入阐释。 他所写的《思问录》两篇，都是从小处着手，加以分析阐述，说明原因结果，道理讲得十分清楚，历经久远依然光彩夺目。

至于他提倡道教，驳斥上蔡学者蔡良佐、象山学者陆九渊、姚江学者王守仁等人的一些观点，虽然言辞有些过火，但分析议论十分严谨，观点上不乏可取之处。 康熙十八年（1679年），吴三桂在衡阳称帝，有人请他提笔写《劝进表》，王夫之说："吴三桂本来是一个亡国之臣，本应该为国而死，现在怎能让这种不道德的人当皇帝！"于是遁入深山，写了《祓禊赋》来表达这种意思。 吴三桂被平定后，清朝的封疆大吏听说了王夫之这件事后，表示赞许，吩咐州县长官赠给粮食布帛并求见，王夫之借口有病推辞了。不久之后，他便去世了，葬于大乐山高节里，他生前自己写了一个墓碣"明遗臣王夫之墓"。

当时天下饱学之士，以容城（今属河北）孙逢奇、盩厔（今属陕西）李颙、余姚（今属浙江）黄宗羲、昆山（今属江苏）顾炎武最为著名。 王夫之的刻苦可与李颙相比，他对明朝的忠贞胜过孙逢奇，他学问渊深，见识广博，有气节，可与黄宗羲、顾炎武两位君子媲美。 然而，上述几人甘心隐居，声望越来高，虽然誓死不出入清朝官场，仍博得大小官员交口称赞，天子也为之向往，所以他们的著作流传于世。只有王夫之逃入深山，与瑶人生活在一起，虽然他的影响不出山林，但有生之年得以免于剃发。

40年后，他的儿子王敔将他遗作献给时任宜兴督学潘宗洛，这才有机会被选入《四库全书》，并名列清史稿《儒林传》。但他的书还是没有流传开，直到同治二年（1863年），曾国荃在江南刊刻他的著作才得以全部发行。

王夫之之所以能在清初始终保持民族气节，而且建功于学术，成为著名思想家，与他父亲王朝聘注重对他的教育有关。王朝聘是明天启元年（1621年）的乡试副榜贡生，平时对子女的教育严格有方，众人都很赞叹。

王朝聘教育子女的方法很独特，他不会对子女声色俱厉，而总是和风细雨地加以诱导。如果孩子们做错了，他总是和颜悦色地加以正面教育，耐心启发诱导。王朝聘不允许子女学博戏、马球以及武艺杂耍这类游戏，有时候，他会让子女们对弈。平时闲坐，就将一些先人的语录，分析讲解给子女听，有时还教他们一些历史，讲给他们古代先贤的故事等。王朝聘常常与子女挑灯长谈，直至深夜。

王夫之小时候不懂得自我约束，常说错话，王朝聘却不急着责备，只是严肃地看着他，让他自己从内心反省。等到王夫之发自肺腑地觉得自己错了，流着眼泪表示一定加以改正后，他才加以批评诱导，帮助儿子加深对错误的理解。而王夫之继承了父亲家教的优良传统，对子孙们的教育也很重视。

王夫之曾以诗歌的形式教育儿子立志不要向世俗妥协，他在诗歌中写道："立志之始，在脱习气。习气熏人，不醪而醉。……袖中挥拳,针尖竞利。……岂有丈夫,忍以身试。……焉有骐驹,随行逐队。无尽之财,岂吾之积。目前之人,皆吾之治。特不屑耳,岂为吾累。潇洒安康,天君无系。……以之读书,得古人意。以之立身,踞豪杰地。以之事亲,所养惟志。以之交友,所合惟义……"

大意是立志之初不要受世俗之气影响。人很容易受世俗之气的影响,就像人喝酒会醉一样。那些受了世俗之气毒害的人,常在袖子中挥拳,暗箭伤人,又为一些蝇头小利争论不休。哪里有大丈夫甘心去跟他们学的?又哪里有骏马愿意跟这样的庸俗之辈为伍?财富无尽,但不是我们这样的人所应积蓄的。眼前看到的那些人的品性,我们要引以为戒。我们实在是不屑于像他们一样,愿意为财产所累。潇洒脱俗、平安健康才是我们心之所向,可以无拘无束,思想自由奔放。用如此境界读书,古人的深意才能了然于胸。只有用这种境界立身,不怕不能做豪杰。用如此境界去奉养长辈,高尚的情操、志向才能得以培养。只有用这种境界去结交朋友,才不会冒犯到他人。

王夫之还写过一首诗教育自己的侄孙要志趣高尚、志向远大。他写道:"传家一卷书,唯在汝立志。凤飞九千仞,燕雀独相视('凤'喻志趣高远的人,'燕雀'喻胸无大志者)。不饮酸臭浆,闲看旁人醉。识字识得真,俗气自远避(告诫侄孙要远避俗气,不受世俗影响)。人字两撇捺,原与禽字异。潇洒不沾泥,便与天无二。"

这一首诗和上一首诗可说是将王夫之的教子思想表现得淋漓尽致,他要求儿子、侄孙等立志脱俗,有些话说得极其深刻。比如说"人"与"禽"有根本的区别,财富之类的东西无须追逐,要潇洒脱俗,出淤泥而不染,就可达到人的最高境界,信哉斯言!

一代名儒黄宗羲

黄宗羲，字太冲，余姚（今属浙江省）人。其父是明朝御史黄遵素。黄遵素与杨涟、左光斗都属东林党人，因弹劾大宦官魏忠贤而被害死在锦衣卫监狱中。

崇祯继位后，黄宗羲进京申冤，但当他到达京师时，魏忠贤一党已被扳倒并诛杀，他便上疏请诛杀魏忠贤的同党曹钦臣、李实。在阉党许显纯、崔应元被审讯时，他出面对质，当堂从衣袖中抽出铁锥将许显纯刺得遍身流血，又殴打崔应元，为祭奠父亲灵位又将他胡须拔下带回，他还追杀牢卒叶咨、颜文仲，因为正是这二人害死了他父亲黄遵素。

当时，曹钦臣早已被牵涉进魏忠贤奸党一案中，李实上疏辩解，说原来诬告东林党人的那份奏疏不是他自己写的，又暗地里送黄宗羲白银3000两，想让他就此罢手。黄宗羲立刻上奏朝廷说："李实今天还敢公开行贿，辩解之言决不能信！"在对质时他又用锥刺李实。这项案子完结后，黄宗羲与各冤家子弟一起在监狱门前祭祀死者，声震朝野，崇祯皇帝听到后叹息道："忠臣孤儿，令人心痛啊！"

回乡后，黄宗羲治学更加努力。他十分痛恨科举考试禁锢人才的弊端，总想将其改变。他读遍了家中所有藏书，又到同乡姓钮的世学楼、姓祁的澹生堂，南中地区姓黄的千顷堂、姓钱的绛云楼抄书，并且在南雷建起了续钞堂，以承接东发堂，继承东发先生黄震的余绪。山阴县的刘宗周在蕺山治学传道，黄宗羲奉父亲遗训与之交往。当时越中地区的学人继承海门周氏学问，将儒学援引进佛学之中，将姚江派学说毁坏殆尽。黄宗羲与其他60多人相联合，竭力反对他们的学说。所以，刘宗周的弟子虽然都重于名望德行，而抵抗满清的功劳却不如黄宗羲。黄宗羲的弟弟宗炎、宗会均才气过人，他亲自教育他们，人送美誉"浙东三黄"。明朝灭亡后，黄宗羲参与了南朝政权的抗清斗争，失败后开始隐居乡间，一心向学。

清康熙十七年（1678年），一些博学鸿儒开始被朝廷所征诏。翰林院掌院学士叶方蔼写了一首诗寄给黄宗羲，意思就是让他赶紧应诏为朝廷效力，但被他推辞了。不久，叶方蔼奉朝廷诏书同掌院学士徐元文一道监修《明史》，想让他担任顾问一职，浙江总督、巡抚亲自前来聘请，他又推辞了。于是请皇上下令，浙江巡抚派人将他所写的书中有关明朝历史的部分抄录下来，送到京师。虽然黄宗羲自己不愿效忠于清廷，但他并不限制自己的后代，他的儿子黄百家就曾参与修史。有一天，徐乾学在内阁当班，与康熙谈到明末遗老的问题，他又举了黄宗羲，并说："我弟弟徐元文曾经上疏推荐过他，可惜年事已高不能为官。"康熙则说："可以将他召到京师，我不要他做事。如果来京后不习惯想走，再派官员送回。"乾学说他太老，并且坚决不来，康熙非常感慨，认为人才难得。

黄宗羲虽然没有赴京师修史，但文臣们修《明史》时就一些重大问题都会请教他。《明史》中的《历志》是吴任臣编写的，吴任臣从千里之外写信给他，说他不审阅不敢定稿。有人认为《宋史》专门设置了《道学传》是元朝修史之人的错误，修《明史》时要加以改正。朱彝尊说这话时，将黄宗羲的信拿给大家看，《明史》最终删掉了《道学传》一节。

黄宗羲死时，享年86岁。

黄宗羲的学问，也是继承了刘宗周的学风。关于诚意慎独的学说，既严密又实在。他曾说，明朝学者讲学，总是只抄录一些只言片语，而将《六经》丢于一边，束之高阁，不切实际地游说清谈。所以，要求学就必须先读完经书，读经书目的是为了付诸实践。要不像迂腐先生，就要兼读史书。史书读少了，事物变化的道理就弄不清楚，读书虽多，但不用心思考，则只是一种庸俗学问。所以要对上下古今、诸子百家、天官、地志各种书籍多读，用心思考才能有所收获。

黄宗羲一生著作等身，学术著作有《易学象数论》六卷、《授书随笔》一卷、《律吕新义》二卷、《孟子师说》二卷，文集有《南雷文案》《诗案》，现在共有《南雷文定》十一卷、《文约》四卷存在。他还著有《明儒学案》六十二卷，十分详尽地叙述了明代文人讲学的流派以及分合得失，《明文海》四百八十二卷，2000多位明人的文集收录其中，自称该书与《十朝国史》相承接，《深衣考》一卷、《今水经》一卷，《四明山志》九卷，《历代甲子考》一卷，《二程学案》二卷，编辑《明史案》二百四十四卷，还有《明夷待访录》一卷，里面的学问都讲究经世致用。

顾炎武是这样评价黄氏之书的："夏、商、周三代的政治可以恢复了。"天文方面，黄宗羲则有《大统法辨》四卷、《时宪书法解新推交食法》《圆解》《割圆八线解》《授时法假如》《西洋法假如》《回回法假如》各一卷。

后来的梅文鼎根据《周髀》讲述天文，世人感到惊奇，认为这种神秘无法解释，人们都不知道从黄宗羲开始已经进行了这方面的研究。晚年他又编辑了《宋元学案》，与《明儒学案》合在一起，就是一部专门讲述700年来我国儒学门户的著作。

汤若望传法东土

汤若望,原名约翰亚当沙耳,日耳曼人。明朝万历时期,意大利人利玛窦将西方的天文历算知识带到中国来,中国士大夫徐光启与他交游,得以了解到一些先进的科学知识。

明朝崇祯初年,很难精确推算日食时间。徐光启上奏说:"钦天监的官员测算天文现象用的是郭守敬的办法,时间一长,很容易出问题,应该及时修正。"崇祯皇上听取了他的意见,专门设置了修订历法的机构,令徐光启任监督,推算的重任则落到汤若望身上。

徐光启死后,李天经暂代监监一职,他将汤若望所写的有关著作上奏给朝廷。经过多次与台官测算日食和气候节气,考定闰月先后时间,汤若望的办法被证明十分准确灵验。崇祯皇帝认为西洋的方法果然可取,于是要台官按照这个办法修订《大统术》,但遗憾的是,《大统术》还没有修完,明朝就灭亡了。

清朝顺治元年(1644年),睿亲王多尔衮攻入北京城。当年六月,汤若望上奏道:"我在明朝崇祯二年(1629年)来到北京,采用西方新学对中国的旧历法进行修正,制造了测量日月星晷、定时考验的许多仪器,但大部分被农民军毁灭了,准备重新制造后再呈献朝廷。现在用新法推算今年八月初一日食的情况,把京师日食限定分秒和起复的方位,以及各省所见不同的情况也开列出来,呈献朝廷。"睿亲王多尔衮便决定修订历法的工作继续交由汤若望。

七月,礼部请颁布新历法。多尔衮说:"修订历法用以明确时候节气,向来为帝王所重视。现在使用新的历法,顺应天意,应定名《时宪历》，用以表达朝廷敬天爱民的好意。从顺治二年起颁行新历。"汤若望又上言："全年的节气、太阳出入、昼夜时刻划分是历法的重点。现在的节气、日时、刻分、太阳出入、昼夜时刻，其推算的依据是路程的远近，并且我又增加了历首，以便于人们使用。"多尔衮称赞他制历精准。

八月初一有日食，多尔衮命汤若望和大学士冯铨，率领钦天监官员到观象台测算验证。结果只有汤若望所制定的新历法完全吻合，《大统历》《回回历》的测算方法与现实有出入。

清世祖迁都北京后，当年十一月，令汤若望负责钦天监事宜。他坚辞不就，皇上不允许，并且下谕要汤若望遵照圣旨行事，率领下属一道精修历法，整顿钦天监规章，有消极怠工、玩忽职守的，立即上奏朝廷。后又加他太仆寺卿，很快又改为太常寺卿。

顺治十年（1653年）三月，赐他法号"通玄教师"，敕书是这样写的：

"国家要大展宏图伟业，首要任务就是授时定历。上古羲和以后，汉朝有洛下闳、张衡，唐朝有李淳风、僧一行，对于天文历法，每代都有修正。元朝郭守敬所制历法已经甚为精密，然而关于经纬度数，与自然现象还有一定差距，后来晷度偏差一年一年地变大。

"汤若望从西洋东来，精通象纬历法，并被徐光启力荐，中国治历法的专家如魏文魁等都赶不上你。但因为你远道而来，不是中国人，人们选择对你的成功视而不见，所以你始终没有得到重用。我奉上天旨意入主中原，你为我修订《大清时宪历》，最终成功。又能行事端正，保持优良品德，尽职尽责。现在特意赐给你一个美名，以昭告天下。你帮助我朝制定历法，弥补了数千年来的缺失，这是天意。"很快又提升他为通政使，官秩是正一品。

钦天监原来设置了回回科，汤若望的新历法实行后，过了一段时间，就不再设置回回科了。顺治十四年（1657年）四月，已被革职的回回科秋官吴明炫上奏皇帝："我的祖先默沙亦黑等十八姓本来是西域人，自从隋朝开皇年间来到中国研究历法，并进朝为官，已经有了1059年时间，专门负责研究天上各宿星的行止。顺治三年，钦天监掌印汤若望对我回回科说，凡是日食、月食、太阴五星互相侵犯、天象占验等，一律不准上奏。我看到汤若望推算，天上水星二月、八月都会看不见。现在二月二十九日水星明显仍在东方。而且据我推算，八月二十四日晚仍可看到水星。这都与天象占验有关，我一定要向皇上报告。请求皇上恢复回回科，以便后世能看到这门快要被中断了的学问。"

他又向朝廷呈上了当年以回回术推算一阴五星陵犯书及日月交食、天象占验的图像。在另外一疏中，他还向皇帝汇报了汤的另外三个错误，一是遗漏了炁星，二是颠倒了觜参星，三是颠倒了罗计星。八月，顺治皇帝下令内大臣爱星阿和各部院大臣都到观象台测验水星。未果，于是商量要治吴明炫的罪，罪名是上奏内容与事实不符。这一罪行按清律应当绞死，但后来也不了了之。

康熙五年（1666年），新安卫的官生杨光先来到京师，将他的个人著作《摘谬论》《选择议》两书上呈皇帝，指责汤若望新历法的十个错误。并且指出，他选择荣亲王的葬礼时间错误地用了《洪范》中的五行。康熙让议政大臣会议讨论这些问题。

大臣们得出结论后上奏："历代旧历法，每天分十二个时辰，分一百刻。新法改为九十六刻，致使康熙三年立春提早来临。汤若望错误地奏称春气已在参觜二宿星上应验，要求设调次序，紫炁二星宿在四月份居然被删。上天保佑皇上万寿无疆，历法也应无穷。汤若望只献上两百年的历法，选择荣亲王的葬期，正阴阳五行他不采纳，却采用《洪范》五行，所选择的山向、年月都犯了杀气，这事不能小觑。汤若望和刻漏科杜如预、五品挈壶正杨宏量、历科李祖白、春官正宋可成、秋官正宋发、冬品正朱光显、中官正刘有泰均处以极刑，原监管之子刘必远、贾文郁、宋可成之子宋哲、李祖白之子李实、汤若望义子潘尽孝应通通砍头。"

圣旨下来后，汤若望由于入朝为官多年且年事已高，杜如预、杨宏量因勘定陵地有功劳，一起免死，重新议罪。议政王等又经重议，定汤若望流放，其他的照原议不变。皇上又下令汤若望可以不用流放，李祖白、宋可成、宋发、朱光显、刘有泰全部斩杀。从此不再使用汤若望的新历法。

圣祖玄烨亲理朝政后，用南怀仁治理历法，杨光先被罢免，新法得以重新启用，其时汤若望早已离开了人世。

"和珅跌倒嘉庆吃饱"

和珅，自幼家贫，但他戴着八旗子弟的桂冠游手好闲，整天在街上晃荡。他19岁的时候，父亲死了，他世袭了三等轻车都尉。后来，又进入皇宫任三等侍卫一职。到乾隆四十年（1775年），熬到了御前侍卫兼副都统，相当于副侍卫队长。这是一个可以接触皇上的差使，和珅凭着他的机灵和看风使舵的本事，得到乾隆的赏识。第二年就被授予户部侍郎、军机大臣兼内务府大臣，又兼步军统领、税务监督总理行营事务等肥缺。

乾隆四十五年（1780年）发生了云南总督李侍尧贪污案件，和珅奉命查办此案。和珅通过审问李侍尧的仆人，弄清了案情。但和珅知道皇帝非常看重李侍尧，就在皇帝面前把话说得很委婉。

后来他看出李侍尧在皇帝跟前已经失宠，就又把云南吏治如何废弛、府库亏空之事在乾隆面前大肆渲染了一番。乾隆觉得和珅很能干，在查办了李侍尧后，提升他为户部尚书、议政大臣兼都统。乾隆一高兴，又选中和珅的儿子给和孝公主当驸马，和珅就又成了皇亲国戚。

乾隆皇帝非常宠信和珅，在让他担任兵部尚书的同时，把户部的三个库也交给他管理。不久，御史钱沣弹劾山东巡抚国泰和布政使于易简收受贿赂、徇私枉法，搞得各州县府库空虚。乾隆便派和珅和都御使刘墉带着钱沣去查办。和珅表面上摆出一副公事公办的样子，私底下却秘密派心腹去山东给国泰送信。因为他以前收过于易简的大量贿赂。

和珅、刘墉率领着钱沣和查库查账人员，去山东调查这件事。只见银库干净整洁，银子都在大红纸中包着，整整齐齐地码成垛，检查之后完全正确。

钱沣注意到，这库房一尘不染，银包也都是新的，明显精心准备过。而且银包的形状，上下不同。第二天，刘墉和钱沣突然又带人来查库，上面的银包被搬走后，打开下面的银包，果然上下不一样，下面的银锭还有万利银庄的印记，就又派人去查万利银庄的账目，查出万利银庄前日借给县衙白银3000两。司库只好承认，是山东巡抚从银庄暂借银两，好补齐账目。

钱沣对国泰和于易简的弹劾被证实，和珅只能无可奈何地看着自己的两个朋友被处斩。回京后，和珅因为查办国泰、于易简之案有功，乾隆皇帝又给他加了太子太保、国史馆正总裁、轻车都尉、吏部尚书协办大学士等官衔，又赐他一等男爵的称号。

转眼到了乾隆五十一年（1786年）。御史曹锡宝发现和珅家奴刘全居然有一栋像皇宫一样漂亮的私宅。在当时，人及其住宅、车马、衣服等等都是分等级的，不按自己的标准行事，就是犯法。与皇帝一样的标准，是杀头之罪。曹锡宝准备弹劾刘全，但却在酒后说了出去。正在承德的和珅听后，急派人回京，要刘全把超标的房子立即全部扒掉，并盖一所陋室来替代。

乾隆皇帝接到曹锡宝的奏疏，就这事询问和珅。和珅装模作样地说：既然有人弹劾，就请陛下核查一下吧。当曹锡宝一行看到刘全陋室之时，曹锡宝被惊呆了。几天前还真真切切的殿宇，却已经消失不见。乾隆帝无奈，只得免去曹锡宝现职，仍在原部从事一般工作。

曹锡宝心里窝囊，大病而死。而和珅在仕途上却大展宏图。但乾隆也想，曹锡宝的弹劾，不会毫无根据。就以和珅担任税务监督已经八年为由，撤了他的职。为了避免和珅多心，不久又把他从一等男爵升为三等伯爵。但乾隆皇帝对他已没有那么信任。

乾隆五十五年（1790年）是乾隆的80岁大寿，寿诞的庆典由和珅主持。乾隆皇帝这时年龄已经很高，但心情很好。他觉得自己当政的50多年间，国家富强，社会繁荣，人民都会爱戴他的。可就在这时，内阁学士尹壮图却上了一份奏书，说几年来官吏腐败，徇私枉法，侵夺国家财产，各省的吏治松弛，府库空虚，应彻查此事。

乾隆帝问和珅派谁去好，和珅心里犯了嘀咕。他知道各省府库空虚。但由于他收受了许多地方的贿赂，在这关键时刻就得保护人家。再说，如果贪官污吏通通落网，自己也难逃干系。现在皇帝要派人调查，人选就很关键。他思忖半天，提议派庆成去。

庆成非常高兴接到这一任务，因为他明白，有两种调查方法。 想要真查很简单，因为这些人肯定有问题。 但这样做，他必然成为各省要员和和珅的眼中钉。 再就是假查。 那样，各种贵重的礼物，他会收到手软。 为了让和珅放心，他当晚就到和珅家拜访。

庆成找了个借口，说要准备和挑选合适人员，拖延了几天，然后就领着调查组和尹壮图奔山西大同而去。 第二天，尹壮图就要求去查银库。 但庆成却以头痛为由推托。 第三天，府衙派人来请，他们才去。 他们查了几天，又是查账，又是对库，却没有发现丝毫问题。

其他各处也都如此，庆成每次都以旅途劳顿为由，先去当地旅游景点游玩，直到得到当地官员的暗示，查账查库工作才开始。 尹壮图只好承认弹劾不实，被下到刑部大狱中。

嘉庆四年（1799年）正月，身为太上皇的乾隆皇帝去世。 这时四川湖北的农民起义愈演愈烈。 吏科给事中王念孙上书，对于镇压农民起义提出36条建议，第一条就是要求惩办和珅。 嘉庆帝立即逮捕和珅审讯。 和珅见大势已去，对所有罪名都不辩解。 嘉庆帝宣布了和珅的20条罪状，最终将其赐死。

嘉庆帝命令抄和珅的家。 和珅的房屋，很多都是用只有皇宫才能使用的名贵楠木建成的，有的仿照宁寿宫，有的模仿圆明园。 他的坟墓也是皇家陵园才有的样式，被百姓称为"和陵"。 他家珍珠之大连皇冠上的都不能比。 皇宫里也没有的大宝石，他家有几十块。 库内的银子和衣服总价值超过千万两。 夹壁墙中，藏黄金2.6万多两，私库藏银6000多万两。 地窖里埋白银300多万两。 在各地当铺钱庄的资本10余万两。 连家奴刘全的资产都有20多万两。 和珅抄家所得，有10亿两白银，全部被没收充公。

所以俗语称：和珅跌倒，嘉庆吃饱。

辛酉政变

咸丰帝逃到热河后,把六弟奕䜣留在北京城和英法联军谈判。奕䜣为了和谈的顺利进行,对侵略者有求必应,最后签订了《北京条约》,大量国家主权利益被出卖了。

不过咸丰帝还没来得及高兴,就在次年死在了热河,他只有一个儿子,也就是皇贵妃叶赫那拉氏所生的载淳。载淳当年才6岁,不可能处理朝政。无奈之下,咸丰帝让肃顺等8个大臣辅佐他。为了防止辅政大臣专权,咸丰帝分别将两枚印章赐给正宫皇后钮祜禄氏和叶赫那拉氏,凡是朝廷颁布的谕旨,无这两枚印章不能生效。咸丰帝很清楚叶赫那拉氏的野心,而且她还是载淳的生母,一旦她要专权,无人牵制她。所以咸丰帝还留了道密旨给钮祜禄氏,让她能够牵制叶赫那拉氏。

载淳即位后,年号同治。钮祜禄氏晋封皇太后,徽号慈安,又将叶赫那拉氏封为皇太后,徽号慈禧。由于避暑山庄的东暖阁住的是慈安,而西暖阁住的是慈禧,所以一般把她们两人称为东太后和西太后。

8个辅政大臣里面独独缺少奕䜣的名字,这出乎人们的意料,因为奕䜣的才干和地位是有目共睹的,再说他是咸丰帝的亲弟弟,按理应当让他摄政。奕䜣对咸丰帝没有把他列入辅政大臣非常不满,开始联合驻京大臣们一起反对肃顺等人。

肃顺等人仗着自己是辅政大臣,骄横跋扈,他们眼里根本没有太后和同治帝。性格懦弱的慈安倒是没什么,但野心勃勃的慈禧对此却非常不满,她决心要变被动为主动。

当年八月初一,奕䜣从北京赶到热河吊唁咸丰帝,在咸丰帝灵前痛哭流涕，博得很多人的好感。祭礼完毕后，奕䜣入宫朝见两位太后，她们把肃顺等人飞扬跋扈的情况告诉奕䜣。奕䜣当即表示，热河是肃顺的地盘，必须要回京后才能动手，而且越快越好。但是太后却怕英法联军会从中作梗，奕䜣表示一切包在他身上。因为肃顺等人一向仇视洋人，侵略者们早就想把他们赶下台而扶植新的代理人了，奕䜣在谈判中赢得了洋人的好感，所以洋人会站在奕䜣一边的。一切布置完毕，奕䜣就赶回了北京。

这之后不久，山东道监察御史董元醇提出让太后垂帘听政、选择亲王辅政等公开和八大臣唱反调的建议。他的奏章得到了两位太后的赞同，第二天，两宫太后就抱着小皇帝面见八大臣，要他们讨论董元醇的奏章。八大臣当然很反对这个建议，他们纷纷强烈反对，声称自己只效忠于皇帝而不是太后。当时场面一片混乱，同治帝吓得哭了起来，太后们无以反驳。八大臣退朝后写了一道批驳董元醇的奏章，但太后不肯盖章，八大臣威胁不盖章他们就罢工，两宫太后无奈只得盖章。

八大臣赢得了首轮交锋，更加得意了。而太后们则知道了自己的真实处境，尤其是心胸狭窄的慈禧，更是视他们为眼中钉。当时清朝的两支嫡系部队分别掌握在僧格林沁和胜保的手中，两人和肃顺有矛盾，所以在奕䜣的劝说下愿意为太后效力。军事实力最强的曾国藩在这场斗争中并没有表态，老奸巨猾的他只是静观其变，虽然肃顺曾经来拉拢他，但是曾国藩丝毫不为所动。太后派的实力已经占了上风，肃顺等人却蒙在鼓里，他们太相信皇帝遗诏的威力了，再加上奕䜣对他们一直尊敬有加，很快就消除了八大臣的警惕心。

不久，太后返回了京城。此时肃顺尚未回来，他是八大臣的主心骨，他的缺席让其他 7 个人无所适从。当天太后就下了谕旨抓了八大臣，分别关押在宗人府和监狱里面。太后下令将肃顺斩首示众，端华和载垣赐死，其他几人发配边疆。就这样，八大臣完败，奕䜣也夺取了大权。当时太后和奕䜣都是20多岁的年轻人，人们对他们期望很高，希望他们能够帮中国摆脱内外交困的现状。可谁也没有想到，正是这几个年轻人，尤其是慈禧，把中国带入了更加痛苦的深渊。由于政变发生在干支纪年中的辛酉年，因此此次政变被称为"辛酉政变"。

曾国藩组织湘军

曾国藩出生于湖南双峰县一个农民家庭。他祖父是个普通的农民，但善于为人处世，好打抱不平，对曾国藩影响很大。他父亲是个秀才，从小对他悉心指导，让他掌握了儒家经典。他28岁那年考中了进士，开始进入翰林院为官。

咸丰二年（1852年），曾国藩被朝廷派到江西主持乡试，在考场上得到了母亲去世的消息，曾国藩只好回家奔丧。就在这段时间，太平天国运动兴起。当时八旗兵和绿营兵是清朝军队的主要组成部分，八旗兵早已腐朽不堪，绿营兵也一样。对付太平军的主要是绿营兵，这些腐败的军队在太平军面前不堪一击，太平军几乎所向披靡。清政府下令各地兴办团练武装，想用当年扑灭白莲教起义的方法消灭太平军。曾国藩虽然还在为母守孝，但一向效忠朝廷，于是他仍然响应朝廷的号召，担任了湖南团练大臣。

曾国藩仿效戚继光当年的方法，将一批精壮农民招募入帐，认真加以训练。和别人不同的是，他任命的将领都是书生。起初募兵很少，只有500来人，号称"湘勇"，但就是这500人却成为清朝历史上战斗力最强军队的先驱。曾国藩礼贤下士，不管对方地位高低，他总是彬彬有礼，所以很多人都愿意投奔他。曾国藩害怕当地人民响应太平军，所以镇压那些敢于起来反抗的人是毫不留情的。他曾在一个月期间就捕杀了200多人，留下个"曾剃头"的外号。很多人不满于他的残暴，也看不起他那支由农民组成的军队。终于有一天，正规军和湘勇爆发了冲突，曾国藩很生气，找到湖南巡抚申诉，但巡抚正好对他也有意见，根本没有理他。曾国藩没有办法，只好带领手下搬到别的地方，远离正规军。有人问他为什么要忍让，他说："现在国难当头，万不能把私人恩怨放在皇上的恩德之上啊！"

部将郭嵩焘和江忠源建议，由于太平军多在东南一带活动，而东南多河流，所以一定要练水军。曾国藩觉得这个主意不错，想方设法凑了一笔钱造了一批战船，又招募了1万多人，日夜训练。曾国藩的部队基本上都有血缘关系，往往一个营里的官兵都是一家人，这样便于管理。他基本上也是自筹军饷，打了胜仗之后默许士兵抢劫战利品，这样就激励了士兵们勇猛作战。曾国藩觉得这支军队已经初具规模，想试试身手了。

没过多久，太平军进攻湖南，曾国藩准备带领自己的部队大干一场。他率领大军东下，谁知道刚一出发就遇上大风，损失了几十艘战船。陆军也是屡战屡败，曾国藩的水军主力在靖港被太平军打得全军覆没。曾国藩又羞又气，当场投水自杀，被部下及时救起。亏得湘军大将塔齐布在湘潭打了个大胜仗，才没有让他颜面全失。等他回去后，被湖南当地官员嘲笑讽刺，闹了个大红脸。不过曾国藩从不轻易认输，他从这次失败中吸取了教训，决定一切从头开始。他重新整顿了军队，攻下了岳州和武昌，朝廷任命他为湖北巡抚，但从官职上讲并不算升迁。曾国藩为人一向谨慎，他率领水军东下攻打江西，在田家镇大破太平军。庆功宴都还没来得及摆，曾国藩的水军就被引入鄱阳湖，太平军摆出关门打狗的架势，曾国藩的旗舰也被击中起火，他跳入水中才捡了一条命。幸好这不是影响战局的一仗，所以朝廷没有治他的罪。

曾国藩还花大钱为湘军配备了新式武器，他弟弟曾国荃也很有才能，在镇压太平天国运动中发挥了重要作用。曾国藩为了让弟弟攻下南京，分别派左宗棠和李鸿章进攻浙江和苏南，牵制太平军的援军。曾国荃则率领湘军主力拼命攻打南京，足足攻了半年多，终于攻占了南京城，镇压了太平天国运动。

曾国藩将理学看得非常重，他一生兢兢业业，严谨持家，严于律己，但他并不是保守的人，反而是洋务运动的推动者，并影响了整个晚清大局。

虎门销烟

乾隆末年，中国已经由盛至衰，而西方资本主义国家正在大搞工业革命，迫切需要广大的市场和原料产地。英国人以为中国有4亿人，市场应该非常广阔，可是他们想错了。中国当时自给自足的自然经济占据主导地位，除了个别富人之外，没有人对英国的钟表、洋布、玻璃等东西感兴趣。相反，中国的丝绸、陶瓷、茶叶却在西方广受好评，所以很长一段时期，西方不但赚不到中国人的钱，反而因为要换取中国的产品而花费大量银子。英国人觉得长期这样下去对他们不利，就开始打鸦片贸易的主意。

鸦片是从罂粟的汁液中提取的一种毒品，初期服用可以振奋精神，一旦上瘾很难戒掉，长期吸食鸦片还会伤害人体健康。在英国本土，早就禁止贩卖和吸食鸦片了，但为了赚中国人的钱，英国政府默许罪恶的鸦片贩子向中国走私鸦片。到了道光帝时期，鸦片已经成为中国社会一大公害。很多有见识的官员都站出来疾呼消灭鸦片，最坚定的就是林则徐。

林则徐在任湖广总督的时候就禁止过鸦片，收获颇丰。他根据自己禁烟的经验向道光帝上书，列举了鸦片的种种危害，并主动要求前去禁烟。道光帝被他的奏章感动，决定派林则徐为钦差大臣，到广东负责禁烟活动。

当时广东是鸦片走私的中心地带，因为广州是清政府开放的唯一一个通商口岸，外国人只能和广州13家官办洋行交易，当然，鸦片也在其中。那些官商财迷心窍，虽然明知鸦片是违禁之物，但仍然帮助英国人销售鸦片。林则徐一到广州就下了禁烟令，并通告英国驻华商务代表义律。

义律凭借对中国官员的了解，认为林则徐是"新官上任三把火"，他一方面借故拖延，另一方面派人给林则徐行贿。谁知道林则徐大为生气，还把行贿的抓了起来，警告义律，如果还不交出鸦片的话，中国政府一定严惩不贷！

义律召集鸦片贩子开会，商讨对付林则徐的策略。有人提出个建议，说林则徐好歹也是个钦差大臣，奉旨前来查禁鸦片，如果没有一点儿成果皇帝不会轻易饶过他。干脆象征性地给他点儿鸦片，让他能交差就行了，这样宾主尽欢。义律觉得这是个好办法，于是给林则徐送去1000多箱鸦片，说这已经是全部的鸦片了。林则徐不相信英国人只有这么点儿鸦片，英国人既然敬酒不吃吃罚酒，那就没办法了。林则徐下令把英国商馆封锁起来，任何人都不准进出。

商馆的水和食物都靠从外面运进来，现在一封锁，里面就开始叫苦连天了。没几天鸦片贩子们就受不了了，只好向林则徐低头投降，全部鸦片一并交出。林则徐派人一清点，一共有2.2万多箱！要是流入中国市场，要残害多少中国人哪！

如何处理这么多鸦片呢？有人建议用火烧，但林则徐否定了这个意见。当年他在湖广禁烟的时候用过火烧法，事后发现鸦片经火烧后还可以渗入土里一部分，大烟鬼们可以把泥土挖出来提炼，还是能得到鸦片。他有个更好的主意。

1839年6月3日，广州虎门海滩迎来了林则徐和清朝地方官员一行人。他早就命令提督关天培在海滩上挖了两个大池子，且都有一个洞连接大海。林则徐一声令下，销烟开始。士兵们把箱子打开，取出里面的鸦片，一劈两半，跟盐和生石灰拌在一块儿，然后倒入水池。生石灰遇水会发热，和鸦片产生化学作用，这样鸦片就彻底销毁。等销毁一批鸦片后，就把事先挖好的洞打开，让废水流入大海。围观的百姓们发出一阵又一阵震天动地的欢呼。

前后历经20多天，两万多箱鸦片全部被销毁。虎门销烟大长了中国人的威风，英国鸦片贩子的嚣张气焰受到了很大打击。但英国人不会就此善罢甘休，不久，他们就发动了罪恶的鸦片战争。

魏源作《海国图志》

魏源，字默深，湖南邵阳人，道光二年（1822年）在顺天科举中一举中第，宣宗道光皇帝看了他的试卷大为赞赏。后来，他参加会试时落选，未能成进士，主考官刘逢禄对此十分惋惜，专门写了篇《两生行》以记其事。两生是指他和龚自珍。这是两位非常有才华的考生，都大有名气。魏源落选后出钱买了个中书官。

道光二十四年（1844年），魏源考上进士。以知州身份到江苏代理兴化知府。

道光二十八年（1848年），兴化发大水，负责河务的官员要开闸放水，魏源力谏不从，他亲自到总督府前击鼓请愿，总督陆建瀛飞马调查，才得以防止此事。

老百姓非常感谢魏源。后来补为高邮知府，因为驿站传递出现迟误事故，被免职。副都御史袁甲开在朝堂上为他求情，恢复了官职。咸丰六年（1856年）去世。

魏源胸怀大略，很有抱负，也非常熟悉朝廷的典章制度。他谈论起古往今来的历史变迁、朝政得失、学术流派，讲起来有理有据，让众人钦佩。他曾经说过黄河流向应该恢复旧河道北流。

到咸丰五年（1855年），黄河铜瓦厢缺口，果然北流。他交给总督陶澍一篇文章《筹嵯篇》，文章指出："所谓盐法，自古以来，只有防止盐场营私的制度，没有关于防止邻国走私的制度。要防止邻国走私，只有削减盐价来阻止。如果不裁减各种开支，成本和价格根本不会降低。不改变制度又怎能裁减开支？"因为天下长时间太平无事，魏源的主张遭到很多人反对。直到汉口发生火灾后，陆建瀛才决定实行魏源的主张。

魏源看到中国幅员辽阔，清朝前期的武力征战更多于以往。于是他根据史馆藏书和许多私人藏书，整理分析，写成《圣武记》，共40多万字。

晚清时期，外国殖民主义者入侵，他认为要筹划有关外国事宜，须先了解各国实情，于是他又以史书和林则徐初步译成的《四州志》为依据，写成了《海国图志》一书，共100卷。他的其他著作还有《书古微》《诗古微》《元史新编》《古微堂诗文集》等。

林则徐与鸦片战争

林则徐,字少穆,福建侯官(今福州)人。从小机警敏捷,在同伴中鹤立鸡群。20岁乡试中举人,巡抚张师诚希望他能成为自己的幕僚。嘉庆十六年(1811年)考中进士,选为庶吉士,授任翰林院编修官职。

道光十七年(1837年)出任湖广总督。第二年,鸿胪寺卿黄爵滋上书表示鸦片应当严厉禁绝,道光皇帝要朝廷内外的大小官员讨论此事。林则徐上书表示完全同意黄爵滋的意见。

他说:"如果不彻底禁烟,10多年之后,不仅钱财外流,朝廷无法筹集粮饷,而且人人受此毒害,朝廷军队的战斗力也会大打折扣。"

道光皇帝完全同意他的意见,要他入朝觐见。林则徐到京师后,道光皇帝召见了他十九次,任命他为钦差大臣,代表朝廷到广东禁烟。

道光十九年(1839年)春,林则徐到达广州,当时的两广总督邓廷桢的禁烟令已下,开始捕拿烟贩。西洋鸦片贩子首领查顿回国避风头去了。林则徐知道水师提督关天培忠诚勇敢,要他整顿兵马,严加防备。

他传令英国领事义律搜查没收鸦片烟土,并驱逐走私烟土的趸船,共收缴了烟土两万多箱,他亲自到虎门查收,在海边烧毁,前后历经20多天。他又规定了外国商人走私鸦片的罪名和处理办法。以处理外国人的犯法条例为根据,凡有走私烟土者,立即按法论处,货物全部没收,并要各国签字画押,保证永不再犯。除了英国领事义律其他各国都表示接受。

林则徐知道英国居心不良，于是他亲自查看了沿海炮台，时刻防备着英国入侵。他以虎门（在今广东东莞）为第一道防守门户，横档山、武山为第二道门户，第三道门户则是大小虎山。海道到横档分为两支，右边有许多暗沙，船舶无法通行；左边经过武山前，水深便于航行，这是外国船只进出的必经之地。

关天培提议在这里设置二层木排、铁链，加高虎门旁边的河角炮台，后来进出广州的英国商船都不敢经过这里。义律请求让他的船只到澳门装货，实际上是想将囤积的鸦片在那里私下贩卖，林则徐严厉地斥责了他，没有放行，他的船只只好偷偷地停泊在尖沙咀外的海洋里。

在这段时间，恰好发生了英国人打死中国人，又将凶手隐匿不交之事，林则徐于是下令不再供给英国船上食物，撤回了船上的买办、工人，英国商船陷入四面楚歌。

义律以索取食物为名，用货船装运士兵进犯九龙山炮台，被清军参将赖恩爵击退。林则徐上书朝廷报告此事，道光皇帝十分高兴。

御史步际桐对林则徐指出，可以免除英国人写保证书的形式。但林则徐不同意这种看法，他认为这种保证外国人很重视，不愿轻易答应签字画押，我方就更应该向他们索取，态度应该更加坚决。

不久，澳门的洋人头领在义律的请求下出面说情，表示愿意让载有鸦片的船只回国，其他货船让清朝官方检查。

九月，英国商船已经写好保证，驶向广州口岸，但义律又派兵船拦住商船，开炮进攻广州。关天培率领游击将军麦廷章奋勇还击，英国船队被击退。

十月，虎门官涌遭到英军入侵，清兵分五路迎敌，六战六胜，清政府下令停止与英国的贸易，并宣布了他们的侵略行径，又下令福建、浙江、江苏等地严防海口。林则徐在这之前已被任命为两

江总督,这时又调任两广总督。当时,广州知府曾望颜请求与各国的交往通通中断,禁止渔船出海。林则徐上书指出:

"自从断绝了与英国的贸易关系,使其他国家获得颇丰。其他各国得到了通商好处,而英国却受到了损失,这正好用外国人来制服外国人。如果一概断绝通商,各国一定会联合起来。广州人以出海捕捞过生活,一概禁止出海,百姓靠什么生活呢?"

当时英国船只停泊在广州口岸之外,用利益引诱中国的不法之徒进行鸦片交易。道光二十年(1840年)春,林则徐下令关天培雇用以船为家的渔民暗载枪炮,埋伏在口岸外,到夜晚因风放火,烧毁了停泊在英国大船附近的不法之徒的船只,这才没人再敢去与英国人在海上做鸦片生意了。

五月,英国的鸦片船在磨刀洋被烧毁。林则徐从侦察人员那里得知英国船只扬帆北去,上书请下令沿海各省戒严,并且指出,狡猾的英国人如果直接到天津恳求通商,请优待他们,对他们表示友好,然后按照嘉庆年间已有的例子,将他们从内地送到广州。

六月,英国船只到了厦门,闽浙总督邓廷桢拒绝它们入境。进犯浙江的英国兵船则攻下了定海、宁波。林则徐上书朝廷请罪,并密谏,他认为对英国侵略军的战争不能停止。他的大意是:"英军因为没有成功地进犯广东,于是转而到浙江沿海地区骚扰,虽然这种情况出乎我意料,但他们穷途末路已是昭然若揭。只因为他们狂妄自大成性,所以越是无路可走,就表现得越狂妄,试图威胁我方,甚至另生奸计,以图阴谋得逞。当这一切行不通时,一定会俯首帖耳。我只是担心有些人会认为内地船炮无法抵挡敌船,战不如和。要知道外国人变化无常,他们得寸进尺,如果不打掉他们威风,祸患就多了。其他各国也都仿效英国,必会后患无穷。"书中又请求让他戴罪到浙江,跟随部队作战立功。

七月，义律到天津，给直隶总督琦善致书，声称都是由于广东的禁烟运动才挑起两国的战争，应该主要由林则徐和邓廷桢负责。销烟之后，英国的赔款要求遭到林则徐拒绝，所以义律才来天津告状。道光皇帝听到琦善转来的话后开始动摇了。

当时，英国兵船不断进犯广东，接连在莲花峰下和龙穴洲吃了败仗。捷报还没有到达朝廷，道光皇帝就已下了一道诏书，称："国内鸦片横行，特意派林则徐到广州会同邓廷桢查办，原来主要是想肃清内地的鸦片烟，断绝鸦片往来，要他们二人随时随地妥善办理。但自从他们查办以来，对内奸滑之徒仍然犯法，并没有肃清，对外依然有鸦片源源不断涌入国内，却引起沿海战事发生，各省纷纷征调人马，耗费军饷，都是因为林则徐等没有把事办好。"

之后，林则徐遭到严厉训斥，并要求他立即回北京，而以琦善代替了他。不久又决定撤去他的官职，并要他回广东配合调查。琦善到广州后，义律要求赔偿鸦片烟价，厦门、福州开商埠通商，道光皇帝大怒，再次下令迎战英军。

道光二十一年（1841年）春，授予林则徐四品官衔，协同防守浙江镇海。当时琦善虽然因为擅自做主割让香港被捕治罪，但中英之间是战是和依然悬而未决。

当年五月，道光皇帝下诏，斥责林则徐在广东禁烟时对英人措施失当，解除了他的职务，遣送到伊犁戍边。当他走到开封时，恰逢黄河决口，朝廷又令他就地停留处理此事。到第二年完工后，仍然被押送伊犁。而这时英军多次打败防守浙江、江南的清军，这年秋天，中英两国签订了《南京条约》。道光三十年（1850年），林则徐在潮州因病逝世。

林则徐才识过人，对待下属推心置腹，平易近人，因此人人都愿为他效力。

他所到之处，政绩突出。道光末年，东南漕运发生困难，道光皇帝私下询问他解决办法，林则徐逐条上书说明了自己的补救办法。他提出的《畿辅水利议》，咸丰皇帝本想下令筹办但最后不了了之。

东南沿海战事发生后，别人都认为英国最强大，要主要提防，只有林则徐说："中国最大的祸患，应该是俄罗斯。"后来他的话被实践所证明。

镇南关大捷

19世纪后期，法国在和英国争夺加拿大和印度失败后，远东地区成了他的目标。越南首当其冲，1883年，法国侵略军突然攻占越南首都顺化，强迫越南成为法国的被保护国。当时越南的保护国是中国，所以越南多次派使者向清政府求援。

清政府早就被西方列强打怕了，但碍于面子，只好下令派遣军队援助越南，但又不许他们主动出击。同年十二月，法国军队突袭了驻扎在越南山西的清朝军队，中法战争爆发。

第二年七月，中国福建水师被法国海军偷袭，由于指挥官的懦弱无能和清政府的退让政策，这支舰队很快就被歼灭了。此时，清政府才被迫向法国宣战。

在越南的中国军队由于缺少后援，加上武器装备落后，很快就失败了。越南很快被法军占领，之后，法国继续进犯中国广西边境。两广总督张之洞深感缺乏人才，因此把已经退休的广西提督冯子材推荐给朝廷，让他带兵抵抗法国侵略者。

冯子材曾经跟随向荣和张国梁镇压过太平天国运动。他作战非常勇敢，有一次他一天之内攻破太平军70多个营垒，张国梁拍着他的肩膀说:"你的勇敢让我自惭形秽啊!"冯子材立了很多战功,被封为副将。 中法战争爆发时他已年过七旬,早已告老还乡。 当张之洞邀请冯子材出山的时候,最初被他拒绝。 但经不住张之洞频频邀请,最终答应出山,和两个儿子组织了一支军队开赴越南前线。 他虽然不满苏元春资历不如自己,官却比自己大,但听说谅山镇南关情况不妙时,还是马上赶了过去。 防守镇南关的清军不战而退,镇南关被法军占领。 法军非常得意,放火烧掉了镇南关,然后撤退了。

冯子材赶到镇南关后,命令士兵在周围修筑一道长墙,集中部队在此地严防死守,防止法军从镇南关进入中国。 法军知道冯子材不好对付,就对外宣称自己进攻的日期。 冯子材料定法军一定会提前来,所以决定抢在敌人进攻之前发起攻击。 当时众人无心作战,冯子材据理力争,亲自率领军队奇袭法军营地,取得胜利。

冯子材的进攻让法国人始料未及,他们下令兵分三路,包抄镇南关。 冯子材对将士们说:"法国人如果这次还能打进来的话,我们将无颜再见铜陵两广的父老乡亲。"将士们士气大振,发誓定会守住镇南关。 法国人仗着武器先进,先用大炮猛轰了一阵,把长墙炸了好几个缺口出来,然后派非洲雇佣军和当地的教匪轮流攻击,想冲出个缺口。 各位将士在冯子材的率领下痛击敌人,法军一点儿便宜也没占到。 第二天法军又扑了上来,冯子材用大旗指挥各路将领抵抗,下令临阵脱逃者格杀勿论。 法军大炮又轰开了几个缺口,城墙上甚至爬上了几个法国人。 冯子材见形势危急,大喝一声,手持长矛跳出长墙和敌人展开肉搏战。 随他冲上去的还有他的两个儿子。 将士们见70多岁的冯子材如此英勇,群情激昂,纷纷冲出去和敌人展开殊死搏斗,附近的百姓也拿着锄头钉耙前来助阵杀敌。 法军近战能力差,慢慢地不占上风只能撤退。 清军在冯子材的带领下越杀越勇，法国人很快就被赶跑，取得了镇南关大捷。法军死伤1000多人，几十个军官丧了命。两天后，冯子材乘胜攻下了文渊，几个城池也接连被收复，法军大败。

越南百姓对法军暴行早已忍无可忍，听说冯子材来了，全都跑出来迎接，争相慰问。很多民团都是越南人自发组织的，他们打着冯子材的旗号痛击法国侵略者，很多人主动跑来为清军带路、提供粮食。正当清军节节胜利的时候，朝廷竟然发来诏书要求停止追击。冯子材万分悲愤，但也只能听从命令。原来腐败的清政府担心法国的报复，难得打个胜仗，就想借着这个机会和法国人议和。当时法国国内情况也好不到哪儿去，前线连吃败仗，士气低落，内阁也因为这事倒台。他们一听到清政府想议和，就十分痛快地答应了。清政府为了求和，不惜继续出卖国家利益，虽然是战胜国，却像战败国一样同法国签订了丧权辱国的《中法条约》，把大量国家利益出卖给了法国人。全国上下一片骂声，却无可奈何。冯子材含恨从越南撤军，走的那天，越南百姓含泪送他们离开。清军撤走后不久，法国人终于攻占了越南，把它作为自己的殖民地。

黄海大战

日本通过"明治维新"逐渐强大起来，周围诸国成为他侵略的目标。

1894年，朝鲜爆发东学党起义，清政府应朝鲜政府之邀入朝镇压，野心勃勃的日本则也趁机派兵入朝。不久起义被镇压了下去，朝鲜政府要求中日两国撤兵，清政府也表示要和日本同时撤兵。而日本政府决心扩大事端，继续向朝鲜增兵，很快清军在牙山被日军突袭,两国正式开战。

当时的清政府拥有亚洲第一的北洋舰队,日本的海上实力比不过清政府。但是由于海军军费被挪用给慈禧太后修建颐和园,导致海军军备陈旧落伍。而日本向西方购买了当时最先进的军舰,在质量上高于北洋舰队。

在朝鲜和日军作战的清军节节败退,朝鲜全境很快被日军占领。朝鲜是清朝的附属国,所以清政府命令北洋舰队负责运送援兵去朝鲜。日本一直对北洋舰队虎视眈眈,一心寻找机会和它决战。不久,中日两国舰队在鸭绿江口大东沟海面相遇。当时日本舰队为了迷惑清军,悬挂的是美国国旗,等靠近之后突然换上日本国旗开始进攻清军。

北洋舰队奋起反抗,战争进入胶着状态,海面上炮火连天。由于日本突袭在先,所以排好了有利队形,而清军被动防守形势不利。日本军舰所用的炮弹是一种最新式的穿甲弹,被它打中后并不会马上爆炸,而是钻进钢板里之后才爆炸,对战舰摧毁力非常大。而清军用的还是老式炮弹,弹头一接触硬物即爆炸,虽然战斗力也还可以,但对战舰损害却微乎其微。以上原因导致战斗一开始北洋舰队就落入下风,很快,"超勇"和"扬威"两艘小型战舰就被击沉了。

北洋舰队的旗舰是大型铁甲舰"定远"号,提督丁汝昌指挥各舰阻击日军,但因为军舰年代久远,一炮打去反而震裂了自己的甲板。丁汝昌从甲板上掉下来受了伤,定远的军旗也被敌人打落。北洋舰队没有了帅旗,士气大落,局势一片混乱。

正在此时,致远号管带邓世昌急忙将自己军舰的旗帜挂了起来,代替定远号指挥战斗。在邓世昌的指挥下,局面逐渐被清军掌握。但是邓世昌的英勇举动却引来了日本军舰的疯狂进攻,致远号被日舰紧紧围住,对其展开猛烈炮轰。此时一些贪生怕死的清军将领不敢继续战斗下去了，方伯谦作为济远号管带率先掉头逃跑。邓世昌见济远逃跑，气得破口大骂。但败类的胆怯只能让英雄的形象更加高大，邓世昌等爱国官兵仍然在不利的情势下和日本舰队厮杀在一起。

邓世昌所指挥的致远号虽然不是最先进的战舰，但一样英勇作战，和日本主力舰吉野号杀在了一起。吉野是日本舰队中最先进的战舰，速度快，火力猛，和致远号实力相当。但战斗正酣时，致远号的炮弹却用光了。邓世昌见吉野号嚣张的样子，气得两眼喷火。致远号上的官兵见炮弹用光了，局势开始混乱。邓世昌大呼道："今天只有为国而死了！但是即使我们死了，也不能给大清海军的军威抹黑！没有炮弹，我们还有这艘船。吉野是日本的主力舰，我们把它撞沉的话，敌军肯定会大乱！这就是我们报国的方式！"他的精神鼓励了所有人，大家都安定了下来。邓世昌下令全速向吉野号冲去，想撞沉它。吉野号上的人没想到邓世昌竟然想同归于尽，吓得不知所措。但另一艘敌舰向致远号发射了鱼雷，将船击沉。邓世昌和全舰250名官兵都掉进了大海。丁汝昌见邓世昌落水，赶紧驾驶定远号去救。但邓世昌拒绝上船，别人给他的救生圈也被他一并扔掉，自溺而亡。致远号上的官兵也没有一个逃跑求生的，全部壮烈牺牲。定远号上的将士们在邓世昌的激励下开始猛攻敌舰，将日军旗舰松岛号打成重伤，使其退出了战场。

黄海海战中，北洋舰队共有4艘军舰受损，虽然损失惨重，但主力尚存。可李鸿章生怕他辛苦打造的舰队再次受到重创，竟然不许它们出港迎战。最后这些军舰都成了日军的活靶子，全军覆没。甲午战争战败后，清政府被迫签订了《马关条约》，将台湾岛割让给了日本。

李鸿章出将入相

李鸿章，字少荃，安徽合肥人。父亲李文安，官至刑部郎中一职，原本姓许。李鸿章在道光二十七年（1847年）考中进士，选庶吉士，授任翰林院编修。李鸿章与曾国藩交往密切，做学问讲究经世致用。

洪秀全在南京建立太平天国，侍郎吕贤基任安徽团练大臣，上奏希望得到李鸿章的辅助。咸丰三年（1853年），庐州被太平军攻陷，李鸿章建议先用兵攻取含山、巢县，然后再设法恢复庐州（今合肥）。巡抚福济拨给他兵马，他接连攻下二县，庐州也于第二年夺回。因多次立功，提升为道员，赏给花翎。

咸丰十一年（1861年），曾国藩攻下安庆，想要一举拿下太平军的都城南京。恰好江苏缺乏主帅，他力荐李鸿章可堪大用，江苏、浙江的士绅也来请求派兵。同治元年（1862年），朝廷下令让李鸿章招募7000人入淮军，率领旧部刘铭传、周盛波、张树声、吴长庆、曾国藩军中将领程学启、湘将领郭松林、霆军将领杨鼎勋等前往江浙。他又请求朝廷下令让举人潘鼎新、翰林院编修刘秉璋，传令弟李鹤章管理全军事务。

当时太平屯驻在长江沿岸，李鸿章租用了外国人的八艘汽船，穿过太平军2000多里的防线，抵达上海，特别组织起一支军队，这就是淮军。淮军简朴的衣装遭到了外国人的嘲笑，李鸿章说："军队的可贵之处在于善于作战，服装美观只是其次，到和我军打一仗后，再笑不晚。"不久，朝廷下诏要他署理江苏巡抚。

当时英法两军进驻上海。美国人华尔招募了数千名外国兵，攻下了松江、嘉定、青浦、奉贤等地（今均属上海），称为南路军；淮军和湘军则由程学启率领进攻南汇（今属上海），号称北路军。

四月，南路军被太平军击败，并占领嘉定、奉贤，华尔放弃青浦逃到松江。程学启率1500人屯驻在新桥（在今上海松江县）。太平军将新桥包围了数十层，踏尸前进。程学启大开营寨向外冲突杀敌，逼退了太平军。李鸿章亲自率军赶来支援，太平军撤围而逃。李鸿章乘胜进攻泗泾（今属上海），解了松江之围。外国军队看到作战神勇的湘军，都为之惊叹。湘军、淮军从此声威大震。

同治三年（1864年），朝廷看到江宁（治今南京）久攻不下，督促李鸿章率军一起攻打。李鸿章认为攻破江宁是迟早的事，借口拖延时间。

六月，江宁被湘军攻克，捷报传来，李鸿章便兵分三路，一路由刘铭传、周盛波率领，从东坝出发攻取广德（今属安徽），一路由潘鼎新、刘秉璋率领从松江出发攻取湖州（治今湖州），一路由郭松林、杨鼎勋率领从上海经海上支援福建。太平天国运动平定后，李鸿章被封为一等肃毅伯，赏赐双眼花翎顶戴。

同治八年（1869年）二月，李鸿章以湖广总督协办大学士兼代理湖北巡抚，十二月，下诏要他救援贵州，还没有出发，又临时改为陕西。第二年七月，他率军剿灭北山土匪，正好天津教堂发生事端，朝廷要他带兵北上。

结束了教案一事后，他又被调任直隶总督兼北洋通商事务大臣。十月，日本请求通商，朝廷又授他为全权大臣负责与日本签约一事。同治十二年（1873年）五月授他大学士，仍然留任总督。六月，授任武英殿大学士，第二年改任文华殿大学士。

清朝的旧制，军机处掌握相权。李鸿章与曾国藩都是大学士，名为宰相，但都是以总督兼任，并不是真宰相。然而朝野内外都对他们寄予厚望，朝中主政人的名声也比不上他们。朝廷也要借重他们，因为他们管理的都是海防、外交等重大事宜。

李鸿章想用西洋各国的新法引导中国走上自强之路，军事是他的着眼点，尤其注重培养人才。起初，他曾与曾国藩一道上疏请朝廷选派去美国留学的青少年，每年120人，以20年为期，学成回国效力，但都不了了之。

李鸿章希望朝廷坚持这项活动，未果。随后，朝廷分派学生到英、德、法各国留学。后来建立海军，大都是由这些留学生担任将校。在上海时，他便上书请设立外国学馆，后来到了天津，他又上书请设立武备海陆军，又设立各学堂，中国研究军事学自此开始。

他还曾创议制造轮船。在奏疏中，他说："西洋人专门依靠坚船利炮，在中国横行。在这种情况下说要赶走外国人，简直是天方夜谭。即使退一步而言，要与他们讲和，守住疆土，没有先进武器是不行的。一些读书人只懂得书中的迂腐之论，寻求目前一夜苟安，而提出停止制造轮船的建议。我认为国家可以省去其他费用，而只有养兵设防、练习枪炮、制造轮船的费用不能节省。要节省开支，必然什么事情也办不成，国家没有立足之本，又何谈自强呢？"

李鸿章主持国事，众人的意见很少能影响他。他任直隶总督达30年，京师没有发生大乱。他一心研究外国政学、法制、兵备、财用、工商。一旦发现西方的新武器，他一定要千方百计购买到手，以防万一。

机器制造局、轮船招商局，磁州（治今河北磁县）、开平（在今河北唐山、古冶间）煤矿和铁矿以及漠河（今属黑龙江）金矿都是他设置的；又广建铁路、电线和织布局、医学堂；购买铁甲兵舰，修筑大沽、旅顺、威海的船坞台垒，为学习水陆军械技艺选送武官去德国；筹划与日本通商，派人驻日本经营；创设公司船到英国贸易。以上这些经营，都是中国历史上的创举。

起初，李鸿章办理海防事务，可以每年从朝廷得到400万两。后来朝廷不能照拨，户部又建议有所限制，不让购买船舶器械。李鸿章虽然多次提出这个问题，但事权不属于他管辖，非常无奈。

李鸿章筹划海防10多年，训练士卒，整顿装备，震慑了海内外许多外国人，认为没有上10万人马，就攻不下旅顺、天津和威海。所以俄国和法国的入侵，退兵的原因都是知道中国有所防备。甲午战争中，日本侵入中国，九连、凤凰、大连、旅顺被接连攻陷，又占据威海卫、刘公岛，夺取我国的兵舰，北洋海军全体覆没。朝廷撤了他的直隶总督一职，以王文韶代理，而命李鸿章前往日本议和。

光绪二十一年（1895年）二月，李鸿章到达日本马关，与日方全权大臣伊藤博文、陆奥宗光谈判。日本多方要挟，李鸿章被人刺伤面部，伤势很重，但他依然镇静自若。日本天皇派人看望他，向他谢罪。于是双方订立了马关条约。条约共有12条，其中主要有中国割让台湾给日本、战争中侵占的领土日本必须归还。七月，李鸿章回到北京，进入内阁处理朝政。

当年十二月，俄国沙皇加冕，李鸿章代表清廷前去祝贺，并顺便访问德、法、英、美等国。第二年正月，他向皇上告辞出发，鉴于他年事已高，出远门辛苦，皇帝下令派他儿子李经方、李经述一路同行服侍。李鸿章在国外声名远播，他所到之处都给予最高待遇，有的人甚至称他为东方的"毕士马克"（即德国的"铁血宰相"俾斯麦）。

他与俄国谈判新条约，后来总理衙门与俄国驻华大使签约，这就是世传的《中俄密约》。7个月后，李鸿章回到北京复命，面见两宫，两宫表示慰劳，并命他在总理各国事务衙门当值。

光绪二十四年十月，两广总督由李鸿章担任。光绪二十六年（1900年），朝廷赏他可以用方龙补服。

不久，义和团在北京闹事，北京城被八国联军攻占，太后和皇帝逃到了西安。下诏要李鸿章入朝，担任议和全权大臣兼直隶总督。诏书中说："尔这次回京，国家的安危存亡系于一身，希望你勉为其难，努力将事情办好。"李鸿章听说义和团闹事，日夜兼程，先派兵把京郊附近的义和团剿灭，然后独闯北京城，前后左右都是八国联军人马，李鸿章整天与他们的使臣、将帅谈判议和，最后定和约共12条，第二年七月签订，各国渐次撤退。

大乱之后，京师被洗劫一空。李鸿章上书提出善后事宜，为互通有无，要开放市场，对民众施粥给米，很快安定了北京城。不久，他又奉朝廷诏书推行新政，设立政务处，他任督办大臣，很快又兼署总理外务部事。病死任上，死时79岁。

顾命重臣张之洞

张之洞，字香涛，直隶南皮人。年少有大志，博览群书，看书过目不忘，善作诗文。同治二年（1863年）中进士，由于别具一格的廷试回答，以一甲第三名被授为编修。同治六年（1867年），担任浙江乡试副考官，随后又任湖北提督学政。同治十二年（1873年），四川乡试由他主管，就地授为提督学政。很多才智出众者被他录取，其门下都暗喜可得治学途径。光绪初年，提升司业，再升洗马。

张之洞一介书生能身居要职，遇事大胆直言，确是一位济世良才。 俄国人计划归还伊犁，与出使俄国大臣崇厚签订新约18条。张之洞奏论其过，认为崇厚按论当斩，撕毁对俄条约。 此疏上达朝廷后，崇厚被罢官职，并被治罪，侍郎曾纪泽被派往俄国，商议改约事宜。 光绪六年（1880年），张之洞被授为侍讲，再升至庶子。 又因为曾纪泽在与俄签订条约时太固执，只辩边界事务，而不争商务而多次上奏，并在奏章上附带陈述设防、练兵之策。 张之洞共上疏七八次。

从张之洞上奏议政开始，宝廷、陈宝琛、张佩纶等人同时崛起，纠弹时政，号称清流之士。 光绪七年（1881年），张之洞由侍讲学士提升为阁学，然后又担任了山西巡抚一职。 布政使葆亨、冀宁道王定安等贪财营私先后遭到张之洞的弹劾，推荐廉明官吏五人，逐条上奏治理山西之要务，未果，便被调去任两广总督。

光绪八年（1882年），法越战事起，张之洞建议援军应当速达，以示战意，只有如此才可从中调解。 唐炯、徐延旭、张曜等人被他推荐担任将帅。 光绪十年（1884年）四月，两广总督张树声解职，专门负责治军，于是两广总督由张之洞担任。 正在这时，云贵总督岑毓英、广西巡抚潘鼎新都出去督师，尚书彭玉麟在广东治军。 越南将领刘永福，以前是中国人，他率军英勇作战。 法军攻越，未能攻下，又分兵进攻台湾，占据基隆。 朝廷的主张是战是和一直悬而未决，张之洞到后，气氛倒向主战一边。 彭玉麟平素很有威望，他虚心听从了张之洞的意见。 张之洞奏请主事唐景崧招募强兵出关，以协助刘永福作战。 朝廷颁旨就地加封刘永福为提督，授唐景崧五品卿衔。 这时唐炯、徐延旭也都已升至巡抚，他们因阻挡前敌而被免职，朝廷并且要将推荐他们的人定罪。张之洞独以筹饷、练兵之功，被免议罪。

越南一战中，广西军队战败，朝廷下令罢免潘鼎新，命提督苏元春统领其军，而张之洞又奏请派提督冯子材、总兵王孝棋等前往。这俩人都是宿将，于是由滇越两军共同扼守镇南关，殊死拼杀，遂克谅山。正好法军提督孤拔攻闽、浙时，坐船被炮毁，孤拔死去，而这个消息还未传到我军，法国因此愿意停战，朝廷最终也愿意议和。授李鸿章为全权大臣，签订条约，以北圻为界。张之洞一直耻于议和，因此暗自图强，设立广东水陆师学堂，创建枪炮厂，开办矿务局。他上奏请求发展海军，每年拨专款购买兵舰。他又建立广雅书院，武备和文事并举。光绪十二年（1886年），张之洞兼署巡抚。他更改了很多两粤的边防事宜，写成《沿海险要图说》一书进献。在粤6年之后，调补湖广总督。当时海军衙门奏请修筑京通铁路，许多官员认为铁路有害不同意修建。翁同龢等为了便于用兵，请求试修边地；徐会澄请求改修德州至济宁之路，以利漕运。

张之洞建议道："修路之利，运输土产、重视民生最首要目标，征兵、运饷次之。现在应当从京城外的卢沟桥开始，经河南到达湖北汉口镇。这是干线枢纽，一旦河北铁路建成，则三晋之路接于井陉，洛城为郑陇马交会之处；自黄河以南，则东引淮、吴，南通湘、蜀，万里声息，刻期可通。其有利之处在于：内处腹地，敌人罕至，是一利；原野广阔，坟地、房屋容易避开，是二利；厂盛站多，役夫商客可舍旧图新，是三利；以一路四通八达，人货辐辏，足以使饷源富足，是四利；近畿如发生事端，短时间内便可聚集淮楚精兵，此五利；太原富藏煤铁，如果运输便利，必然会增加开采量，此六利；如果海上用兵，漕运依然可畅通无阻，此七利。有此七利，则应当修建。北路由直隶总督负责，南路由湖广总督负责，另由河南巡抚协助。"张之洞接到圣旨，他的建议被朝廷采纳，并调他到楚任职。 大冶产铁，江西萍乡产煤，张之洞又奏请在汉阳大别山下设炼铁厂，并兼设枪炮、钢、药专厂以辅助修路。 又因荆襄适宜种植桑、棉、麻，且皮革丰富，便设立织布、纺纱、缫丝、制麻革等局，相应地大修堤坝，发展水政，使其可顺利发展。 此后，湖北各业逐渐发展起来。 光绪二十一年（1895年），中国东部战事吃紧，张之洞代替刘坤一担任两江总督。 他上任的第一件事就是巡阅江防，购买新造后膛炮，改筑西式炮台，设专将专兵负责。 教练由德国人担任，名为"江南自强军"。 采用东西法规制度，广设武备、农、工、商、铁路、方言、军医等学堂。 不久还任湖北。 是时，中国在对外反侵略斗争中屡遭败绩，朝中之士每日商议变法，废除八股文，改试策论。张之洞说道："废八股，不是要废除《五经》《四书》，因此，文体仍然必须端正，要严格命题之意。 否则国家重视教化的宗旨便显不出，必定导致不读经文，背道忘本，事关重大啊。 现在应当首场考试史论及本朝政法，第二场考试时务，第三场最后考试经义。 分别随场决定去留，层层顺次录取，流弊方能减少。"又说，"武科应当取消骑射、刀石，专试火器。 如果想要改变重文轻武的习尚，士兵也要读书认字，用科举来激励军人读书。"光绪二十四年（1898年），政变发生，张之洞事先写有《劝学篇》，表露心迹，因此得免于议罪。

光绪二十六年（1900年），义和团进京，当时刘坤一为两江总督，李鸿章为两广总督，袁世凯为山东巡抚，邀请张之洞一起与外国领事签约以保全东南。 等到联军内犯、两宫西走之时，东南侥幸无事。 第二年，和议成功，两宫回銮。 张之洞因有功被封为太子少保。

由于战局大势已定，张之洞便与刘坤一联名上奏变法三疏。

其中谈到中国积弱不振的原因。他们提出应当变通者有12项，还有11项需采用西法。于是朝廷停止捐纳买官，征书吏，考察差役，抚恤刑狱，筹划八旗生计，屯卫和绿营分别被裁减和淘汰，确定矿律、商律、路律、交涉律，实行银圆，征印花税，发展邮政。最重要的一条，则是设立学堂，停止科举，奖励游学。这些都分别付诸实施。

1902年，张之洞担任督办商务大臣，两江总督也由他代理。为给他祝寿，有一个道员私献商人的20万黄金，请求在海州开矿，张之洞立刻弹劾，罢免了他。他考察盐法利弊，设立兵船缉捕私盐，税收逐渐增加。第二年，张之洞入宫觐见，担任经济特科阅卷大臣，并厘定大学堂章程，事毕之后，仍受命还任。张之洞在向皇上辞行奏答时，希望真正做到满汉一家，以彰圣德，遏制叛乱萌生，深深打动了皇帝。旋即裁撤巡抚，命张之洞兼任。

1906年，张之洞晋升协办大学士。之后被召进宫，升任体仁阁大学士，授为军机大臣，兼管学部。1908年，粤汉铁路也由张之洞督办。

德宗与慈禧皇太后相继去世后，国家大事由醇亲王载沣处理。张之洞因是顾命重臣，晋升为太子太保。一年后，朝中亲贵逐渐当权，他们以权谋私。朝廷商议设立海军时，张之洞认为海军资金不足，可以缓立，这次争辩终以他的失败而告终。张之洞于是上书称病辞官，不久便去世，终年73岁，他的死震动了朝野。

张之洞身材矮小，满脸巨髯，风度仪表严峻整齐。他为官所到之处，政绩卓著。他致力于宏大事业，从不问费用多寡。他爱才好客，门下吸引了众多当时名士。他担任疆吏数十年，一直到他去世，家里田地未增一亩，其清廉可见一斑。

康有为与"百日维新"

　　康有为，字广厦，号更生，原名祖诒，广东南海人。光绪二十一年(1895年)中进士，在工部任职。少年时跟随朱次琦游学，通经博史，犹喜公羊派的学说。谈到孔子改制时，提倡把历史纪年始于孔子诞生年代。为了尊孔，他首先聚集了门徒讲学，还曾赴京师呈递万言书，议论变法。给事中余联沅弹劾康有为妖言惑众，诋毁圣人，无法无天，请求把他所写的书都烧掉。

　　中日甲午战争后议定条款时，康有为联合各省在京参加考试的举人联合上书朝廷，请求拒绝议和、迁都、变法、未果。这就是所谓的"公车上书"。康有为后来又单独上书，由都察院代奏，上述光绪帝后，深合他的心意，下令将它誊录存放，以便考虑。康有为再次请求光绪帝让大臣们讨论变法之事，开办制度局讨论新的制度，另外设立法律局等机构以推行新的政事，都下发交总理衙门讨论。

　　光绪二十四年(1898年)，康有为领导的保国会在北京成立，尚书李瑞棻，大学士徐致靖、张百熙，给事中高夑曾等人，都先后向光绪帝力荐康有为，这时康有为才被光绪帝召见询问。

　　康有为极力陈述："四边的外夷交替入侵，国家形势危急，如果不实行新政变更旧法，就不能自强。变更法制的推行要统筹全局，遍及到用人行政等各个方面。"光绪帝感叹道："怎奈我在做事时处处有人掣肘啊！"康有为说："就皇上现在手中有的权力，实行可以变法的事情，抓住要点加以谋划，必能力挽狂澜。只是朝廷的大臣们都很守旧，应当广泛召见职位低的官员，破格提拔任用，另外请求陛下下诏表示哀痛，可以收拾人心。"光绪帝认为都很对。

康有为从上午辰时入见,离开时已是太阳西斜,光绪帝命令康有为在总理衙门章京上行走,特别准许他可以专门上奏折谈事情。不久侍读杨锐、中书林旭、主事刘光第、知府谭嗣同也被光绪帝征召参与新政。

光绪帝不断接到康有为的陈条,于是皇帝下诏制定科举考试的新章程,取消考试时用《四书》中的句子做试题,政策和时事成为考试内容,开设京师大学堂、译书局,兴力农政,奖励新的著作和新式机器,把各省的旧式书院改为学校,允许士民百姓上书言事,下诏开始实施新政。

新政措施引起了守旧派的强烈反对。他们对此感到怀疑恐惧,纷纷起来指责康有为,御史文悌又对他痛加弹劾。光绪帝先命令官方报纸由康有为督办,又催促他离开北京。

光绪帝虽然亲政,但是遇到事情仍旧是西太后做主,看她的眼色行事。长期以来,他感到备受外侮,于是竭力想要变法图强。他采纳康有为的意见,准备用三个月的期限推行新政,震动了国内外,万众瞩目期待。

这就是历史上所称的"百日维新"。但是由于仕途新人被骤然起用,事机不能保密,便促成祸端。当时盛传光绪帝将要用军队包围活捉西太后,人心惶恐疑惑。光绪帝下朱批告谕杨锐等人商议,进行调和,朱批中有"朕的皇位恐不久矣"的话,在《杨锐传》里都有记载。

于是慈禧太后把持朝政后新法彻底废除,"百日维新"成了昙花一现。她认为康有为结党营私,混淆视听,削夺了他的官职,并下令逮捕他。康有为事先得到消息逃走,才得以幸免,他的弟弟康广仁和杨锐等人没有逃脱被处死。慈禧又认为康有为有犯上谋反的反叛行为，制造煽动阴谋，颁布朱批谕告向国内宣示，悬赏捉拿，他的家产也被没收。

康有为连夜离京南下，由英国兵船迎接抵达吴淞。当时传说光绪帝已经遭到幽禁废黜，而且将被杀掉，康有为便起草了遗书，要投海殉节。英国人告诉他这些都是误传，康有为这才脱身逃走，先后逃到日本、南洋，又遍游欧美各国。所到的地方都谋划设立保皇会，创办报纸，筹集经费计划再次举事，屡次遭到艰难险阻而不稍停。他曾经组织了富有会，在长江汉水一带发动事变，但被清朝官兵破获，处死了他的同党。清政府连续下令大搜捕，焚毁了他的著作，阅读他主办的报纸、文章的人都一并判罪。

起初，慈禧太后打算废掉光绪帝，就说他生病了，让太医来会诊，借故把他长久禁闭在瀛台。光绪帝的生命危在且夕，前途未卜。

康有为听到消息以后，首先揭露了这个阴谋，并进行抗争劝阻，他的举动也得到了一些外国的支持。两江总督刘坤一说"君臣之分已定，中外之口难防"，光绪帝的龙椅才得以保全。

义和拳起事，宣扬灭洋人杀新党，慈禧太后想借义和拳树立自己的威信，便造成了后来的大乱。只要与康有为有私交，动辄以康有为同党的罪名遭到奇祸。

宣统三年（1912年），湖北爆发革命，清朝才开放党禁，免除了因为参加戊戌政变而获罪的人的罪名，这时已经在国外流亡十几年的康有为才开始打算回国。

当时革命军已经决定实行共和政体，且君主立宪是清政府所主张的，而康有为却创议实行虚君共和政体。他认为"中国的皇帝制已有数千年的历史，不能突然改变，且清代历朝的德行恩泽已深入人心，保留皇帝的尊号来统率全国的五大民族，以消灭战乱平息纷争，这种做法是最为可取的"。

内阁总理大臣袁世凯实行共和政体，于是清朝政府下了皇帝退位的诏书。康有为知道这种决定不能由空话来挽回和阻挡，于是想联结握有军权的人以加强自己的地位，对当时的执政者进行游说，几年过后却仍是一无所成。1917年，张勋复辟，任命康有为担任弼德院副院长。张勋打算实行君主立宪制度，但君主共和政体却一直是康有为的心之所向。张勋复辟失败，康有为逃到美国使馆，不久重返上海。

1918年，发生了驱逐溥仪出宫一事，同时修改了对清朝废帝的优待条件，康有为打电报到北京进行力争，大意说：大清皇帝和民国临时政府共同议定的优待条件，永远有效，由英国大使保证，且各国都得到了正式公文的通知，用来昭示重要的信用，无疑是国际条约。现在政府擅自改变条文，强迫对方签字认可，甚至强闯皇宫，侵犯皇帝，欺侮并驱逐后妃，查抄没收宫中的宝贝器物，不顾国家的信誉，仓促之间签订协定，那么以后国内国际的法律条约，都可以立即废除。

宣统退位

1908年，软禁中的光绪帝突然去世。然后，病床上的慈禧把醇亲王载沣叫到跟前，宣布他的长子溥仪将继皇位。

第二天，作恶多端的慈禧太后就死了。没过多久举行了登基大典，溥仪正式即位。当时溥仪才3岁，只能让载沣抱着他坐在龙椅上。大典仪式复杂隆重，很快就把溥仪吓哭了，载沣觉得这样隆重的典礼上皇帝却又哭又闹，不成体统。他只好哄儿子："就快完了，马上就可以回家了。"在场的大臣们听后大吃一惊，在这种场合下说如此不吉利的话，大家都觉得兆头不好。

当时资产阶级革命派在孙中山领导下早就在国内外展开了轰轰烈烈的推翻清王朝的革命运动，并发动了多次反清起义。虽然很多以失败告终，不过革命派并没有灰心丧气，他们坚信革命总有一天能成功。

慈禧在世的时候为了缓和国内矛盾，实施"新政"，其实就是把当年戊戌变法那一套改头换面了一下。本来这次变法颇有成效，对巩固清政府的统治起到了一定的作用，但清政府根本不愿放权，搞出一个不伦不类的皇族内阁。这种做法不但让革命派无法接受，而且得罪了朝中的汉族大臣，很多主张立宪的大臣也倒向了革命派一边。

1911年，为了解决随新政而来的财务问题，清政府竟然下令将四川铁路的修筑权收回国有。当年四川人民为了不让外国人插手路权，纷纷出钱购买铁路股票，好不容易才把路权收了回来，而清政府却把铁路宣布国有，而且毫无补偿，简直就是赤裸裸的抢劫。四川人民愤怒了，展开了保卫路权的行动。清政府非但不解释，反而下令血腥镇压。四川人民只能揭竿而起。当时驻扎在湖北的新军大多都被调往四川镇压保路运动，导致湖北防守空虚，给了革命党机会。

驻守武昌的新军受革命党人影响很大，早就准备起义了。1911年10月9日，革命党人孙武等人在汉口租界制造炸弹的时候不慎发生了爆炸，起义用的文告和起义者名单被巡捕发现，只能提前举行起义。10月10日晚上，武昌新军工程营班长熊秉坤带领士兵冲进军火库抢夺武器。随后，炮兵和步兵也行动起来，占领了总督衙门，接着占领了武昌。汉口和汉阳的新军也跟着起义，革命党人很快占领了武汉三镇。第二天，新军成立军政府，推选黎元洪为都督，中华民国宣布独立。武昌起义不久，各省纷纷响应，南方各省大多宣布独立。

这个时候，清政府为挽回局面不得不起用袁世凯。谁知道袁世凯早就和革命政府有来往，他心里想的不是挽回败局，而是如何篡夺大权。当时革命党领袖孙中山以推翻清政府为己任，他本人是不愿意让袁世凯掌握大权的。但是大家都不愿意发生战争，认为能推翻清政府就足够了，让谁掌权都一样。孙中山为了保卫革命果实，表示可以让出大总统一职。

当时控制清朝政权的是宣统帝的养母隆裕太后，她是光绪帝的皇后，根本不关心宣统帝。但她害怕革命推翻自己的统治，所以一切都听从袁世凯的。

袁世凯借口自己无法扑灭革命党人燃起的燎原之火，他建议宣统帝退位，自己可以保证皇族的生活和安全。太后根本不懂国家大事，只好接受了这个意见。1912年2月12日，宣统帝下诏宣布退位，清王朝的历史终于结束了。革命政府给出了非常优厚的条件，同意清王朝留在故宫，每年提供400万两银圆生活费用，皇帝的私人财产和人身安全等都会得到保护。辛亥革命算是成功了，但没过多久，根据协议，袁世凯出任中华民国临时大总统，革命果实最后被这个野心家夺走。中国从此又进入了一个混乱的时代，直到新中国成立。